eye

守望者

———

到灯塔去

Tennessee Williams

Mad Pilgrimage of the Flesh

John Lahr

身体的疯狂朝圣
田纳西·威廉斯传

〔美〕约翰·拉尔 著
张敏 凌建娥 译

南京大学出版社

"The lives of most people are insulated against monotony by a corresponding monotony within their own souls."
   Tennessee Williams
(Hence the extreme tedium of their existence, which seems intolerable to those more sensitively organized, finds them inherently adapted to it as tropical climates are adapted to animals like the crocodile, with thick skins and sluggish circulations. — Alas for the poet, the dreamer, who is not equipped with this admirable insulation! He fights a solitary battle against the world's dullness — the others, conscious of no such enemy in the field, think him a madman who is struggling with phantoms!"
                    Tennessee Williams
                    March, 1939
                    California

Revision — "The lives of most people are insulated against monotony by a corresponding monotony within their own souls. Hence the extreme tedium of their existence, which might seem intolerable, finds them inherently adapted to it, as animals like the crocodile, with thick skin and sluggish circulation, are adapted to life in a sub-tropical climate. — Alas for the poet, the dreamer, who has emerged unarmored from the womb of nature — who has been cast into the world without this indispensable insulation! He fights a solitary battle against the world's dullness —

献给
康妮·布思
德博拉·特雷斯曼
乔治斯·博哈特
及
玛莎·鲁比·拉尔

在我看来,艺术于我是精神趣事。①

——马克·罗斯科

---

① Mark Rothko, *Writings on Art* (Dexter, Md.: Thomas Shore, 2006), p. 45.

目　录

序　言 ···················· I

第一章　热血沸腾与个人情怀 ·········· 1
第二章　心不我待 ··············· 73
第三章　缺场之情色 ·············· 159
第四章　逃遁之心 ··············· 227
第五章　崩溃之惊雷 ·············· 295
第六章　巨人国 ················ 367
第七章　怪　癖 ················ 421
第八章　挥手求救 ··············· 487
第九章　漫长的告别 ·············· 545
第十章　突如其来的地铁 ············ 625

致　谢 ···················· 647
年　表 ···················· 651
参考文献 ··················· 663
注　释 ···················· 672

序　言

"我们唯一的历史责任就是改写历史",奥斯卡·王尔德说。*①在我看来,威廉斯其人其作的历史正是其中一例。自从他 1983 年去世以来,已有 40 余本关于威廉斯的书籍陆续面世。它们大多不过是闲言碎语,或者自说自话,或是学术花边,鲜有阐释,而阐释原是评论的本职所在。不过,这批数量可观的图书中还是有几本可圈可点。一是莱尔·莱弗里奇(Lyle Leverich)的《汤姆》(*Tom*)。该书提到了一些珍贵的、前所未闻的威廉斯童年逸事。二是艾伯特·J. 德夫林(Albert J. Devlin)和南希·M. 蒂施勒(Nancy M. Tischler)精心合编的两卷本《田纳西·威廉斯书信集》(*Selected Letters*)。尽管该书仅收录了剧作家 1957 年前的书信,但它表明威廉斯不仅是明星剧作家,也是书信高手。三是玛格丽特·布拉德姆·桑顿(Magaret Bradham Thornton)主编的精装本《田纳西·威廉斯日记》(*Notebooks*)。该书收录了威廉斯 1936 年到 1981 年的一些日记,不乏琐碎,但亦扣人心弦——可谓一本痛苦日历,记载着他为自由、理智与天赋而顽强展开的"斗牛犬之战"。四是由收信人主编的《五点钟天使:田纳西·威廉斯致玛丽亚·圣

---

① 以星号标识原书注释,具体条目可结合页边码检索。——编者注

贾斯特书信集，1948—1982》（*Five O'clock Angel: Letters of Tennessee Williams to Maria St. Just*，1948—1982）。该书虽有不诚之处，但可以读到威廉斯如何热情、亲昵而细致入微地描述彼此多年友情的起伏。上述图书，连同剧作家生前就已经出版的年轻的威廉斯写给唐纳德·温德姆（Donald Windham）的书信，堪称把握威廉斯内心世界的全球定位器。定位器传出的数据使得绘制一张关于威廉斯其人其作的新地图不仅可能，而且势在必行。

早在 1939 年，威廉斯就发誓，非"我自己内心写照"*的戏不写。彼时，他不过刚刚才有了自己的经纪人，获得了洛克菲勒基金会的一笔资助，明确了未来职业之路。此后几十年时间里，他敞开心扉呐喊，结结巴巴，声嘶力竭，一直坚守自己的原则："写简单质朴、直抒胸臆而骇人听闻的戏……要道出一切自己看到的真相……毫不遮掩或逃避，无所畏惧、无愧无悔地直面生活。"*他的剧作就是他的情感自传，是他内心突变的快照。因此，讲述剧中的故事便是讲述他本人的故事，反之亦然。但是，要如何娓娓道来呢？

"事实上，没有人对我来说是举足轻重的"，1945 年 4 月 22 日威廉斯在首次接受《纽约时报》采访时口无遮拦地说。他接着讲："我喜欢交朋结友，愿意与他人交往，几乎和谁都行……但我更愿意结交能在某方面帮助我的人，我的大多数友谊都是偶然发生的。"*只要谈起他的工作——他生命中的一片净土，威廉斯便显示出他最机警、最善谈、最幽默、最脆弱又最坦诚的一面。鉴于太多人和威廉斯有过交往，留下的书面记录让人看得头晕目眩，我在按图索骥追寻威廉斯人生轨迹的时候，便尽量坚持抓住那些对他戏剧生涯最有影响的人，以及让他愿意敞开心扉的人——奥德丽·伍德（Audrey Wood）、詹姆斯·劳克林（James Laughlin）、伊利亚·卡赞（Elia Kazan）、谢里尔·克劳福德（Cheryl Crawford）、布鲁克斯·阿特金森（Brooks Atkinson）、唐纳德·温德姆、保罗·鲍尔斯（Paul Bowles）、保罗·比奇洛（Paul Bigelow），以及玛丽亚·圣贾斯特夫人（Lady Maria St. Just）。为了更加直观地再现威廉斯与他们交往的戏剧，我时而引用，时而评说，就像写《纽约客》人物专访文章那样，我有意让他们不同的声音在书页上交锋。

这部传记来得不同寻常。早在1983年，威廉斯遗产管理处的人就联系过我，问我是否愿意写一本经他们授权的威廉斯传记。我料想，他们多半是考虑到我当时写的剧作家乔·奥顿（Joe Orton）传记《竖耳聆听》（*Prick Up Your Ears*）大获成功。他们还答应会迫使一个叫莱尔·莱弗里奇的新手退场。此君是旧金山的舞台剧制片人，从没写过书，但威廉斯曾两次授权他来讲述自己的故事。如果威廉斯遗产管理处宣布我是官方授权的威廉斯传记作者，可想而知，戏剧界人士就会拒绝与这个投机者合作。当时我儿子才七岁，妻子是英国人，我们正住在伦敦。我没有答应。

时至1994年，我已是《纽约客》杂志的资深剧评家。莱尔·莱弗里奇和哥谭书坊的安德烈亚斯·布朗（Andreas Brown）找到我，希望我能帮忙解除威廉斯遗嘱执行人玛丽亚·圣贾斯特夫人对莱弗里奇刚刚完稿的《汤姆》（上卷）所下的五年禁令。我后来在《纽约客》上发了一篇报道，披露威廉斯遗产管理处的所作所为（这篇题为《圣贾斯特夫人与田纳西》的文章内容简要地出现在本书中）。经过漫长的努力，禁令得以成功解除，莱尔和我也因此成了朋友。他问我，如果他有什么不测，我是否愿意完成这份工作。说起来，我们俩对威廉斯家人心理状况的认识，对如何写好威廉斯传记，都各持己见，但我们一致相信威廉斯的伟大，并相信有责任"正确报道他的事业"*。我答应了莱尔。

几年后，我去旧金山给一台戏写剧评时得知莱尔已经去世了。他的确把我的承诺写进了遗嘱，我也的确已准备好要写这本书了。

这部传记尽管是作为莱尔的《汤姆》(下卷)开工的——我从他那里继承了七箱联邦快递寄来的文档和 70 盒录音磁带(这些资料对我而言大多没派上什么用场),完工时却是另一番风貌。为了重新阐释威廉斯的戏剧及其人生,我需要重访威廉斯的童年,采取一种不同于莱尔百科全书式编年史的路线。正是因为这一文体上的差异,诺顿出版社决定将《身体的疯狂朝圣:田纳西·威廉斯传》作为单独的传记出版。

第一章

热血沸腾与个人情怀

> 马上出场的人是真理的化身——笨拙、胆怯、无能,甚至有点儿愚痴。但他带来了真理,进步因他而生。他不是创造就是摧毁,拒绝中庸或妥协。
>
> ——克利福德·奥德茨
>
> 《时机已至:克利福德·奥德茨 1940 年日记》*

> 我怀疑对我产生影响的只有契诃夫、D. H. 劳伦斯——以及我的人生。
>
> ——田纳西·威廉斯

1945 年 3 月 31 日晚,48 街的剧场剧院——位于纽约百老汇剧院区相对冷清的西边,戏票售罄的《玻璃动物园》(*The Glass Menagerie*)首场演出在 8:50 分拉开帷幕,* 比原计划晚了十分钟。34 岁的剧作家田纳西·威廉斯坐在第六排左侧过道座位。他身着一件掉了一粒扣子的灰色法兰绒西装、一件水绿色衬衫,系着一条老套的浅色领带。用后来某剧评文章中的话来说,他看起来"活像一个穿上了礼拜日盛装的农场伙计"*。他边上坐着好友、搭档唐纳德·温德姆——他们正一起创作浪漫喜剧《你碰了我!》(*You Touched*

Me!）。同一排几个座位之外，他那穿着入时、身材娇小的经纪人奥德丽·伍德正紧紧攥着今夜同伴的手，后者是大名鼎鼎的舞台设计师罗伯特·埃德蒙·琼斯（Robert Edmond Jones）。她脑海里总回荡着一句话。在前一天糟糕的总彩排上，她丈夫兼生意合伙人威廉·利布林（William Liebling）说："你们的最好水平就是首演之夜观众看到的样子。"* 就在演员们一一拿到彩排反馈意见的时候，该剧新手制片人路易斯·辛格（Louis Singer）溜到她身边悄声说了一句："告诉我——您该很懂戏的——这是不是您此生看到的最糟糕的彩排？"伍德一时语塞。之后，她果断点头称是。

伍德深信威廉斯和她自己的直觉。她父亲威廉·伍德是一位剧院经理，从小就带她看戏，并让她有机会接触戏剧经营事务。她和利布林1937年创建的经纪人公司代理了一批后来在戏剧行业极具影响力的人：威廉·英奇（William Inge）、卡森·麦卡勒斯（Carson McCullers）、罗伯特·安德森（Robert Anderson）等剧作家，马龙·白兰度、蒙哥马利·克利夫特（Montgomery Clift）、保罗·纽曼（Paul Newman）、奥黛丽·赫本、伊丽莎白·泰勒、娜塔莉·伍德（Natalie Wood）等演员，还有导演伊利亚·卡赞和乔舒亚·洛根（Joshua Logan）。但是，做了她六年客户的威廉斯此时尚未尝到成功的滋味。发现威廉斯的才能之后，她在1939年愚人节那天写信给这位尚不为人所知的作家："从我了解的情况来看，你应该就是那一类我能为之提供帮助的作家。"* 她断定他"不是气数已尽的剧作家"，而是"前途无量"。* 那年5月，威廉斯开始和伍德合作，伍德即刻将他的短篇故事卖给了《故事》（*Story*）杂志。威廉斯写信给伍德说："你对我的作品感兴趣可是有点儿冒险。"* 事实证明的确如此。在百老汇的首演之夜，伍德比坐在那里的任何观众都更了解威廉斯处境的不确定性。"那是我人生特别特别低谷的时期，"威廉斯回忆当时的心态，"我没法继续再干一些糊口的活儿了,我天生不适合做这类工作,像什么餐厅服务员、电梯员,甚至电传打字机操作员……如果让我再干一年,我觉得我肯定熬不过去。"*

说起来都令人难以置信,但扮演《玻璃动物园》中的年轻叙述者汤姆·温菲尔德的演员长着一对招风耳,还已经年过半百(51岁)。他叫埃迪·道林(Eddie Dowling),同时也是该剧的导演和制片人。舞美设计师乔·梅尔齐纳(Jo Mielziner)设计了透明的第四堵墙——一个透明纱幕,让巷子外面和防火梯处的灯光单独或同时打开,它与温菲尔德家简陋但不失雅致的室内布景共同营造剧中的柔和氛围。道林站在这透明的第四堵墙前,开始了他的开场白。"是的,我的兜里有戏法,我的袖子里有玄机,"叙述者说,公开了威廉斯的洞察力,"但是我和台上的魔术师不同。他给你的是假象,却看起来像真相。我给你看的是真相,却装扮成令人愉悦的假象。"*

随后,灯光从道林身上淡出,淡入到阿曼达的扮演者洛蕾特·泰勒(Laurette Taylor)身上。阿曼达,不幸的温菲尔德家的女家长,正步入舞台后方的厨房。欢迎泰勒出场的掌声震耳欲聋——要知道,这可是一位在舞台上活跃了30余年的老牌明星,早在1903年,年仅16岁的她就在百老汇出道了。本场演出正值她61岁生日前夜,也是她阔别五年后重返百老汇。之所以"阔别",是由于她此前因醉酒搞砸了一台戏,导致其停演,演员工会为此暂令她停止演出。*自从剧作家丈夫哈特利·曼纳斯(Hartley Manners)1928年去世之后,泰勒戏称自己开始了"史上最漫长的守灵"*。"她出演的许多剧目首演后便被停演。剧院经理都瞧不起她,他们认为我去找她简直是疯了。"道林说。*剧院管理层都是生意人,在他们看来,泰勒已经是"酒鬼中的酒鬼"*,所以对她避而远之。可是,公众对她的忠诚还是坚如磐石。"这种情形我们之前从未见过,因此

威廉·利布林与奥德丽·伍德,1942 年

有点妨碍了演出,而且这让她忘乎所以。这真的让她有些忘乎所以。"道林后来回忆起迎接泰勒的掌声所引起的麻烦时说道。*为了保证演出时间,也为了安抚观众,泰勒捋了捋眼前的头发,对着电话讲起来。"我是阿曼达,"她手握听筒说道——她在那儿即兴表演,直到掌声逐渐停息,"我是阿曼达。我要跟你谈谈。"*观众终于安静了下来。"这时正好我进门说道,'妈,我有好消息告诉你',"道林回忆道,"但她没有按台词回答我,而是直接把我带到了第二幕。"*

伍德之所以请道林执导《玻璃动物园》,是因为他1939年成功将威廉·萨洛扬(William Saroyan)微妙而诗意的剧作《生命时刻》(The Time of Your Life)搬上了舞台。当她急急忙忙把威廉斯那只有50页的剧本拿给道林时,他已为《满怀激情的国会议员》(The Passionate Congressman)的选角忙活了两周。"奥德丽,我喜欢你送来的剧本,我要买下来。"他告诉她。"买它做什么?"伍德问道。"我说:'我们要上演这部剧。'她说:'你会在剧前安排一个开场戏吗?毕竟这剧也太短了。'我说:'我们不会这样做。我们会让它足够长。'"道林说道,并加了一句,"让那个小伙子到我这儿来一趟。"*

道林见到的是"一个在痛苦中煎熬的古怪小伙子"*。他对百老汇,以及深谙百老汇票房之道的大师们——所谓"百老汇那帮人"——都非常警惕。"他不相信。他只是坐在那儿看着。他已受尽了磨难。我觉得我说的话他连一半都没听进去,"道林回忆说,"他的心思在别处。他在自己内心做决定。""他问我:'这剧会在百老汇上演,您是认真的吗?'我回答:'哦,如果我不是认真的,我便是在浪费你的时间、我的时间,便是在浪费金钱。我只认百老汇。'此后,他没再多话便走了,不见得特别兴奋。他啥都没

5

多说。"

"成功像一只怯生生的老鼠——你警觉的时候它决不出来。"威廉斯曾这么写道。* 他肯定没有看到《玻璃动物园》一剧的潜力。他曾将它贬斥为"令人作呕的东西","一时冲动之举而非出于爱",他在几部草稿的扉页上如此发泄自己的不满——"一部无聊至极的剧""一部满目皆废的剧""一部抒情剧",并在提交的终稿上写道,"一部温柔的戏剧"。对于最后这一评语,他还附加了说明:"该剧没有奢望。把跨栏放低,让笨拙的奔跑者优雅而轻松地跨过。它所期许的,不过是一首温柔的小诗所唤起的效果。"

不过,那块盘旋在威廉斯头上、让他看不见这戏好在哪里的阴云并没有阻挡道林看到它的光芒。他没有按照合约导演完《满怀激情的国会议员》。"我放弃了板上钉钉的2.5万美元薪金来导演这部戏,我毁约的时候兜里连25美分都掏不出来。我总是囊中羞涩。"* 道林说。被毁约的制片人自然是怒气冲天,但是,道林对于手头新戏的满腔热情竟然还让其中一位制片人——路易斯·辛格在连剧本都没看的情况下就给《玻璃动物园》投资了五万美元。剧本都没读就注资还不是道林和辛格达成合约的全部。辛格一开始犹豫不决。"我说:'下决心吧。'他迟疑不定,我觉得他不会投钱了,"道林回忆说,"我说:'我告诉你我的做法。你知道百老汇交易的惯例。投资人与制片人五五分成,但投资人要等制片人开始挣钱后才可以回本,并开始五五分成。'他说:'是的,那是你的提议吗?'我说:'不是。我能和你达成的交易得是这么回事。你去拟份合约来,合约里写清你将不读剧本,不参加任何排练,在戏上演前没你任何事。你不参与这戏的任何事情,直到我们准备好了正式开演,直到所有账单都已付清。如果你能做到这点,我愿意让出一半的红利给你。你拿75%,我只拿25%。'这就是我们后来达成的交易。"*

现在,道林可以转而集中精力给这部只有四个演员的戏物色演员了。最大的挑战无疑是给阿曼达·温菲尔德——一位在美国南方文明礼节和清教戒律的双重束缚下挣扎的女性——物色合适的演员。在知名评论家乔治·吉恩·内森(George Jean Nathan)——他是电影《彗星美人》(All about Eve)里艾迪生·德威特的原型——的建议下,道林去拜会了洛蕾特·泰勒。她住在曼哈顿东60街14号酒店的顶楼,楼下就是科帕卡巴纳夜总会。道林说,"她在那儿已经蛰居12年了,与杜松子酒为伴"。道林回忆:"我等了很久她才让我上去。"她打开门时的样子吓了他一跳。他说:"她赤着脚,披着一件破旧的和服,头发一团糟。一副可怜模样。"他说服她先了解一下,给了她剧本。泰勒问:"这剧本上有你的电话吗?"然后就关上了门。*

没演戏让泰勒"手头拮据"*。为了维持生活,也为了不让自己因为独居在漂亮公寓而头脑僵化,泰勒为《时尚》(Vogue)杂志和《城里城外》(Town and Country)撰稿,写些短篇小说和文章。她还写了一部长篇,想卖给电影制片商,不过没有卖成。但是"整个冬天都没人找我演戏,这着实令人气馁",她写信对儿子说,"勇气上,我的确有那么点儿受挫,财务上受挫则更是毫无疑问"。

泰勒立刻坐下来阅读剧本。她后来说:"凌晨两三点钟的样子,我读完了《玻璃动物园》,对剧中的母亲形象思考了很多。"*透过阿曼达·温菲尔德身上弄巧成拙的忍耐力,泰勒意识到自己仍在经历的悲痛中所掩藏的喜剧性和悲剧性。"我回头就能看见她年轻时的样子。漂亮,但不太聪明,有许多异性追求者。当然,不止17位。她在剧中说17位,但那是撒谎。我明白她的丈夫为什么离开了她。她不停地说啊说,没完没了,终于,他受不了了。她在她的儿女面前唠唠叨叨,想让他们摆脱窘迫。她爱他们。因为他们,她拥有力量与坚韧。"*在此前的战争年代,泰勒拿到的剧本里那些妈妈形象

埃迪·道林在《玻璃动物园》中扮演叙述者

实在让人不敢恭维。用她自己的话来说，她们是"吐着烟圈的妈妈，脾气暴躁的可恶老泼妇——全都是非常令人讨厌的角色"。现在，她知道"真正合适的角色来了"。*

第二天，泰勒打电话给道林，约他再来她的寓所。泰勒在门口迎接他时臂下夹着剧本。道林记得"她打扮得整洁了些"。*泰勒问："你认为百老汇这种烂地方会买下这么一个可爱、精美、纤巧的小东西吗？"道林答道："我打赌会的。""那是我乐意听的话，"泰勒说，但接着说，"但是你要让我演的话，没有哪个剧院会答应的。"道林回答泰勒多虑了，安抚了她一下，说那是他该操心的事。他对她说："我们谈正题吧。请问您想要什么吗？"

"现在？你知道这世上我最想要的是什么吗？我想来杯马提尼酒。"泰勒答道。

"您愿意让我请您出去喝杯马提尼吗？"道林说。

泰勒在房间里转了一小圈，然后抬起一条腿。"她说：'我出不去呀，瞧。'"道林回忆，"她说：'瞧那些尼龙长袜，都已经烂得不像样了。现在还在打仗，你知道的。我连一双袜子也没有了。'我说：'我可以给您订购些东西。'"泰勒继续说："你是大人物，美国劳军组织的头儿。你有影响力。能给我弄几双尼龙袜吗？"

"您要多少袜子我都会给您弄来。我刚好要给出国慰问演出的剧团准备长袜。我今天就给您订好。"道林说。

"好，"泰勒说，"你的女一号有了。我来演那个南方人。"

找到了一位明星演员，道林很是激动。田纳西·威廉斯在14号酒店听完她的剧本试读后却激动不起来。道林记得，他们出来以后，威廉斯站在一排垃圾桶旁边求他："哎呀，道林先生，你可不能让那女人来演，她刚才演的那样子分明是个黑人妇女。我母亲可不是什么黑人妇女。我母亲是位淑女。""年轻人，"道林告诫他，"你会后悔说了刚才那些话。"他继续说："你等到大幕拉起的时候就知道了。你就等着瞧吧。"*

1944年12月16日,一行人准备坐火车去芝加哥看《玻璃动物园》的演出,威廉斯险些没赶上纽约中央火车站的火车。前一晚,威廉斯和一班人在城里聚会。他们是道林、路易斯·辛格、乔治·吉恩·内森及其女友朱莉·海登(Julie Haydon)——她在剧中扮演阿曼达的女儿劳拉·温菲尔德,还有马戈·琼斯(Margo Jones)——威廉斯称她为"得克萨斯龙卷风",还说服她担任该剧的联合导演,道林对此耿耿于怀,只肯称她为"我的助手"。他们在一家法国咖啡馆喝圣诞饮料,道林向威廉斯举杯:"要是我们的戏一上演,第二天,芝加哥的各大报纸就把我们的小伙儿捧成红人,那该是多好的圣诞礼物啊!乔治,你说是吧?""你那杯子还是等会儿再举吧,"内森打断他,"道林,你想得可是有点儿太美了。在我看来,除非这小伙儿能把剧本里那些烂透了的东西都删了,否则你说的那等美事连门儿都没有。他那里面有太多臭得跟林堡干酪似的玩意儿。他要是不删,你们元旦前就该打道回府了,那样我们可以在阿尔冈昆酒店喝上一杯新年饮料。"*

说完,内森让海登收拾好东西,准备起身离开。"像蒂尼·蒂姆(Tiny Tim)唱的那样,"他向在座的各位道别,"祝福各位快乐的先生,不要让任何东西使你们灰心,哪怕是我尖酸刻薄的智慧也不行。"* 这位著名的评论家刚一出门,辛格就开始哭。"我就知道,我就知道。"他啜泣地说。"你知道什么?"道林问。"伊尔卡·蔡斯(Ilka Chase)* 跟我说过。劳伦斯·斯托林斯(Laurence Stallings)* 跟我说过。(纽约市立大学)城市学院的校长、我的朋友都说过。还有我的经纪人朋友们。他们都跟我说我太蠢了,怎么能砸进去这么一大笔钱。我不想去芝加哥。内森先生说的那些我全都知道。""哎呀,是吗?你是怎么知道的?"道林逼问他。"你有一天把剧本

朱莉·海登与洛蕾特·泰勒在《玻璃动物园》中分别扮演劳拉与阿曼达

复印件放桌上,我拿来读了。"辛格答道。

威廉斯被这一幕刺痛了,尤其是内森的话。"他不是有意伤害你,"道林当天晚些时候跟他说,"别以为他不喜欢你,或者他对你这个人有什么意见……他是对我很失望,因为我对你没什么影响力。"道林接着安慰说:"回家吧,不要强迫自己去睡。带瓶杜松子酒回去。晚上好好放纵一下,带着酒劲来坐火车,但千万得赶上车去芝加哥啊。"*威廉斯并没有说他是否会去赶火车。他离开后,马戈·琼斯拉住道林的手臂,说道:"谢谢你,埃迪,他会去的。"第二天早上,威廉斯的确去了火车站。

启程前往芝加哥之前,威廉斯感觉前途未卜,一片茫然。"一切都听天由命了,"他写信给朋友"杰伊",也就是出版人詹姆斯·劳克林,"太多无法预料的因素——老妇人(指女一号泰勒)的脑筋、冷血银行家(指投资人辛格)的算计、捉摸不定的观众、捉摸不定的剧评家。我们还真是带了一个玻璃动物园上路,天知道我们到达终点时,还有多少玻璃动物能完好无损。"*

剧团在芝加哥只有 15 天时间准备首演。在看过一次早些时候的彩排之后,威廉斯在日记中写道:"哎,宝贝儿,看起来太糟了。"*泰勒在狭窄、铺着地毯的芝加哥彩排大厅平淡而僵硬的表演,还有她的临场发挥,着实让威廉斯倍感苦恼。"天哪,什么乱七八糟的!"*泰勒"再次插入自己的发挥"后,威廉斯冲着台上喊道。威廉斯给温德姆写信提到这次冲突:"她反过来朝我吼,说我是白痴,所有的剧作家都让她恶心,说她不只是做了 40 年的明星,还是一个能靠写作为生的作家,比我强。"

"她到底想要干什么?她在那个安静而隐秘得可怕的实验室里鼓捣着什么?"几年后,威廉斯这样写道,回忆起当初泰勒毫无起色的彩排表现如何令他的绝望与日俱增,"她在那儿坐着,身材矮小,体态浑圆,眼睛倒是明亮清澈,但常被拉到齐眉处的阔边帽檐遮住。我说'坐着'可不是随便说的,因为她的确不常起身,即使站起来了,也是不知所措地拖着脚来回走动,让人怀疑她是否意识到了自己正站着!她在想什么?她在做什么?发生了什么事?只有她的眼睛在彩排过程中显得活力四射。那种目光的投射和闪烁就像自身具有鲜活的生命力!那双眼睛在向内看,向外看!但看什么呢?还有吐词——老天!让她用舌头说话看起来多费劲啊,有时那些词压根让人无法辨别,只是含糊的喃喃自语……有时她都不愿意费劲儿站起来,去表演区划个十字。她只是口头示意一下:'现在我起身,我去那边。'她用手指着大概方向,有时更像指的是天花板而不是地板,你会想她是否打算像一个飞人一样飞檐走壁。'当我走到那边',她迟疑地继续说,'我打开我的小包,拿出一个手绢,有点儿抽鼻子。不,不是这样',她会突然改正自己,'我坐在那儿就像我现在坐的样子,什么也不做!'她会仰望上天赐予的灵感,目光炯炯有神,丝毫不顾我们在昏暗的排练厅里一脸茫然地望着她。那时我是记日志的。我现在没带在身边,但能记起这句:'可怜的洛蕾特!她嘟嘟哝哝支支吾吾!看似彻底迷失了!'"*

所有人都在担心演出效果。威廉斯发现自己被逼得最紧。道林居高临下——叫他"小伙儿"——催他改剧本。"道林先生……(徒劳地)试图让剧作家增加他的戏份(天知道,他永远都在讲要再多些!),"泰勒在给她儿子的信里写道,"田纳西是个南方人,30岁的样子,很固执,他们管他叫'一个不知感恩、傲慢无礼的家伙'。"*(威廉斯回答道林时会拉着调子慢吞吞地说:"在芝加哥,我找不到动笔需要的那种宁静。"*)

辛格唯恐血本无归——他甚至拒绝为劳拉需要的新连衣裙支付25美元,要求威廉斯改出一个皆大欢喜的结局。在一次关键的制片会上,辛格说他要劳拉和来访绅士——汤姆迫于母亲的压力请了一位工友来家里吃饭，希望对方可以成为妹妹的追求者——在戏结尾的时候走到一起。威廉斯真是崩溃了。马戈·琼斯知道威廉斯腼腆，说不出口，便替他表达了坚定的立场，"田纳西，不要改动那个结尾"，并猛力以拳击掌表决心。她的部分工作可谓保护威廉斯免受干扰。然后她调整自己沙哑的嗓音对制片人说："辛格先生，如果您让田纳西按照您的意图改动剧本，我可是会遍告城里每位剧评人，这里发生了幕后操纵。"* 威廉斯的结尾保住了。

《玻璃动物园》的芝加哥首演在1944年圣诞节后的一个下雪天。"那是一个奇怪的夜晚，"道林说，"谁也没有获得掌声，出场时都没有，什么也没有。那天天气很冷，而观众在前半场都缩成一团，好像要挤在一起取暖一样。"* 可是，随后媒体广告称该剧是"50年来最伟大的剧作"*。用奥德丽·伍德的话说，观看首演的观众"恭敬有余，热情不足"*。各方剧评都一片叫好，《芝加哥论坛报》剧评人克劳迪娅·卡西迪（Claudia Cassidy）的评论尤其如此。她和另一位德高望重的剧评家阿什顿·史蒂文斯（Ashton Stevens）"挺身而出为《玻璃动物园》摇旗呐喊"，伍德回忆说。即便如此，剧组还是举步维艰。没有预售票，前两周的票房收入又只有区区11530美元。道林回忆，"在那八周的时间里，我们忍饥挨饿。每周都在亏损4000到5000美元不等"。* 对于一部制片耗资7.5万美元的戏来说，这实在是不祥之兆*。《玻璃动物园》前后上演了共十周，大部分时间都濒临停演。

《玻璃动物园》的商业前景也许实在不容乐观，但洛蕾特·泰勒的人气与日俱增。大量剧评都对她赞誉有加，《芝加哥论坛报》甚至将她与著名女演员埃莉诺拉·杜丝（Eleanora Duse）相提并论。演艺圈业内人士开始蜂拥至伊利诺伊一探究竟——他们之中有斯宾塞·屈赛（Spencer Tracy）、凯瑟琳·赫本（Katharine Hepburn）、雷蒙德·马西（Raymond Massey）、马克斯韦尔·安德森

(Maxwell Anderson)、卢瑟·艾德勒(Luther Adler)、格利高里·派克(Gregory Peck)和鲁思·戈登(Ruth Gordon)。在看过该剧演出两遍后,戈登献给泰勒36朵玫瑰,并附诗一首:"泰勒小姐出演《玻璃动物园》/所有其他女演员顿时都成了讨厌鬼。"*

即便被如此大吹大擂,《玻璃动物园》也还是挨到最后一刻才签下了一家百老汇剧院。那时,威廉斯已坐上了冷板凳。他公开发表了自己给《芝加哥先驱美国人报》的编辑写的一封信,他在信中哀悼,"自从商人和赌徒发现戏剧可以成为他们金钱帝国的一部分之后,戏剧便被扭曲了"*。道林和辛格发现后恼羞成怒,将威廉斯的名字从百老汇演出前的剧目宣传材料中统统撤下。"乌烟瘴气的幕后!"距百老汇演出不到三个星期的时候,威廉斯写信给詹姆斯·劳克林说,"阴谋、反阴谋、愤怒、摔碎的门板——何等动物园啊!"他接着写道:"气氛一直紧张,你根本不知道整个剧团何时会分崩离析!演员们脱离角色——太让人难以置信!尤其是那些优秀的演员。"*

《玻璃动物园》的百老汇首演是在有史以来最暖和的3月31日。道林回忆:"我们提前一周到了纽约。整周我都在让他们彩排,因为我对泰勒小姐不放心。她在芝加哥得知要给这戏找一家纽约剧院的胜算实在不大,演出很可能就在芝加哥打住之后,就开始偷偷地喝上了马提尼酒。我是不怕事的,没什么事处理不好,但她喝酒这事把我吓坏了,吓呆了。"* 首演当晚,道林带着剧组彩排到下午5点,然后7点又把大家召集回舞台"快速地过了一遍"。* 扮演来访绅士的托尼·罗斯(Tony Ross)说:"我们不敢相信,大幕拉起的时候洛蕾特还会有力气演戏。"* 道林说:"整个剧团都指望着我,不过我非常清楚自己要做什么。"*

那天有点闷热,中央公园的树也开始冒新芽了。整个下午,威廉斯都在唐纳德·温德姆的陪同下在第二大道和第三大道逛旧货店,寻找第二幕需要的灯罩。他在宾夕法尼亚车站的一家书店逗留了一下,跟他的朋友、演员及剧作家霍顿·富特(Horton Foote)讲了《玻璃动物园》当晚在百老汇首演的事。富特比威廉斯小八岁,视他为"艺术上的老大哥"*。两位年轻剧作家都致力于创造一种新颖的、情感真挚的美国戏剧。富特读过威廉斯剧本的早期版本,并经他同意在邻里剧院的表演课上演过来访绅士那场戏。因此,他很想去看首演。威廉斯解释说,票都给了经纪人,他只有两张,是他和温德姆的。但他跟富特说他会想办法带他入场。

大约 5 点 30 分的时候,道林和妻子蕾到了剧院附近的酒店,想换下衣服,吃顿晚餐。道林回忆,这时突然下起了"倾盆大雨"。*"哎,真是太可怕了!"他说,"今晚是首演。这雨对票房固然无关紧要,反正票都卖光了。但是,对演出至关重要。试想一下,入场观众一个个都被雨淋得湿湿的,从头湿到脚,他们哪里能安心看戏?哎,迟不下,早不下,偏偏那会儿下大雨,实在不是个好兆头。"夫妻俩再出门时已经是 7 点差一刻,雨停了。"天上是我这辈子见过最漂亮的彩虹,整个剧院、广告牌、人行道……一切的一切都笼罩在它的光环之下,"道林说,"天空亮如白昼。那彩虹实在是太绚丽了——简直美轮美奂。我们傻傻地站在那里,仰望着彩虹,非常非常快乐。"* 他们走去剧院,一路"感谢着听过的所有神明,感到无比踏实"。*

道林夫妇拐进了一条巷子,从那儿可以直接走到剧院后台门口。这时,他们看见了洛蕾特·泰勒。她蜷缩在门口台阶上,屋檐水滴落在她身上。她醉了,"像一只被锁在屋外一整夜的猫,浑身都湿淋淋的"*,道林说。他们将她扶起来。她说:"你——好!蕾。你——好!埃迪。都是这雨闹的,我没事儿。都怪这雨。"* 此时,距离开演只有 90 分钟,道林夫妇带着泰勒走了走,给她喝了杯浓咖啡,又吃了罐西红柿汤。一小时后,他们带她去了化妆间,她在那儿洗了个淋浴。"我们能听到外面人声鼎沸。"* 道林回忆。制片人们喜笑颜开地在后台播报，都有哪些名流名媛前来捧场。"泰勒的情况我只字未提，没告诉任何人。"道林回忆说。

开演前15分钟，威廉斯带着霍顿·富特找到了在巷子里抽烟的道林。"埃迪，你能给他找个座吗？"威廉斯问。

"小伙儿，票早都卖光了，"道林说，又转向富特问，"你介意站着吗？"

"不介意，先生。"*

道林进入后台，消失了几分钟。

因为富特热忱而率真，威廉斯背后称他是"菠萝冰激凌汽水"*。也正是因为他的这种率真，威廉斯一直在心里琢磨可以让富特扮演来访绅士，或者汤姆。*

道林从后台出来了。"田纳西，告诉前台让他进去，站着看。"道林说。

"谢谢您，先生。"富特说。

"快点。"威廉斯对富特说。他们匆忙走出巷子，从剧院前门入场。*

威廉斯赶紧去找自己的座位，马戈·琼斯忙着在过道两侧和朋友们打招呼。"亲爱的，我跟你说，我们将让戏剧改头换面，我们会做到的。宝贝，我们会带上你。"剧院灯光暗下的前一刻，她还和富特滔滔不绝。

从第一次听泰勒在自己公寓毫无生气地朗读剧本开始，田纳西就担心自己的戏与百老汇无缘。他在离开泰勒公寓后与道林发生争执，求他换人的时候，就提到过自己夭折的戏剧《天使之战》(*Battle of Angels*)。那戏原本是要搬上百老汇舞台的。现在，他又担心了。"天啊，今晚这一场，我们会比波士顿的《天使之战》败得还要惨。"* 他说。

威廉斯在打字机前写《天使之战》

威廉斯从 1939 年末开始写《天使之战》。一年之前的 12 月 26 日，当时才从艾奥瓦大学戏剧学院毕业不久的威廉斯，从孟菲斯外公外婆家中邮寄出几个剧本参加纽约同仁剧团举办的新剧赛，并动身前往新奥尔良谋求自己的文学前途和身体的命运。威廉斯把一切赌注压在自己的想象力上。"清楚自己的机遇——抓住它"是威廉斯家的座右铭，他照做了。为了满足竞赛对参赛者的年龄要求，威廉斯少报了三岁。为了掩盖这一点，汤姆·威廉斯首次用了"田纳西"签名。在他提交参赛的剧本《无关夜莺》(*Not About Nightingales*) 中，主人公在结尾试图越狱时宣布："现在就是那个激动人心的时刻,去迎接意想不到的一切,去迎接奇迹,去迎接大胆的冒险,就像故事书说的那样!……去迎接一个可能的机会!我听说过有人还真的就险胜了。"* 威廉斯自己也进行了大胆的冒险,并且赌赢了。同仁剧团是 20 世纪 30 年代最具创新精神、最有影响力的剧团,剧团评委给他颁发了 100 美元奖金。他们还将他引荐给了奥德丽·伍德。

《天使之战》最初题名《激情之影》(*Shadow of My Passion*)。威廉斯认为,该剧是"对前辈剧作的巨大超越"。* 他写道:"我在剧中融入了自己对生活的全部感受。"该剧也是威廉斯第一次尝试将"抒情性和现实主义融为一体",代表着"(他)童年生活的世界"。* 他说:"我把自己青春期的激情符号全都注入了这部戏。它是我童年和青少年的融合。早在我有冲动写下这戏之前,戏里的故事就已经开始了。从我还是一个刚能记事的孩子时就开始了。记忆中,在神秘的三角洲地带,向晚薄暮初起的时候,还是孩子的我跟着外公——一位圣公会牧师,一趟又一趟地去拜访一家又一家乡村教民,好像永远都走不完。"*

《天使之战》是一部纵情自我、晦涩难懂、过于考究,甚至不无荒诞的戏,一则寓言。全剧聚焦于三个人物:一是濒临死亡的丈夫杰布,他视财如命且性格残暴;二是他尽职尽责而孤独凄凉的妻子迈拉,她因经济状况而让自己陷入了一场毫无爱情可言的屈辱婚姻;三是自由奔放而男性魅力十足的年轻人瓦尔,他的闪亮登场将虔诚而保守的密西西比州两河镇视为得体的道德规范牢笼撼动得咯咯作响。

威廉斯在塑造瓦尔这个人物的时候融入了太多的自我,简直可谓他重塑自我的神话。他让这个漂泊者拥有自己的非凡想象力(瓦尔在剧中称,想象力是"我最大的麻烦之一"*),给了他自己虚报的年龄(25 岁),给了他自己昔日怪异的工作习惯(卖鞋的同时在鞋盒上面写诗),给了他欲罢不能的爱欲沉沦(瓦尔被韦科的神秘女人尾随),给了他自己的文学志向(瓦尔正在写书——"当人们读到这本书,他们会感到恐惧。他们会说,这太疯狂了,因为里面说的全是真话!"*),甚至还给了他"泽维尔"(Xavier)姓氏——这姓氏听起来像"救世主"(Savior),看着像"塞维尔"(Sevier),后者可是威廉斯家谱中一位了不起的人物,使威廉斯家族与田纳西州第一任州长有了渊源。实际上,在决定用"田纳西"做笔名之前,威廉斯曾考虑过"瓦伦丁·塞维尔"。"田纳西"作为他笔名的最终选择,表明威廉斯有意将自己定位为某种意义上的开拓者。而"瓦尔·泽维尔"的取名同样有讲究,有关无畏:他是某种意义上的朝圣者——小镇有个传言,"他说他在探索世界和这世上的一切!"*——他给两河镇带来一种超然物外的感觉。对于害羞的威廉斯来说——威廉斯自称"我总觉得自己令人心烦,长得太丑"*,瓦尔是威廉斯的图腾,象征威廉斯新发现的天性解放,是他身体欲望满足的明证。"我也正开始感到一种强大的力量驱使我成为一个蛮荒之人,去开创一个新世界"*,该剧题记引用了这句奥古斯特·斯特林堡写给保罗·高更的话。

瓦尔的绰号叫"蛇皮"(他身着一件蛇皮夹克),他也恰如其分地是变化的使者。到小镇后,他走进一家布制品店找活儿干。很快,他便让小店闷闷不乐的女店主迈拉及小镇其他女人焕发出生命的活力。"体面是一种像小兔子一样易受惊吓的东西,"他跟迈拉讲,"我送给你一个更好的词,迈拉……爱。"*瓦尔浪荡子的神气很对女人们的口味:她们向他眉目传情,她们为他迷惑,她们对他产生幻想,她们追求他。他的出现宣告激情位居理性之上;在两河镇,这使他立刻成为诽谤和关注的焦点。"激情是令人自豪的,"镇上玩世不恭的野孩子卡桑德拉(桑德拉)·怀特赛德对他惺惺相惜地说,"这是他们给我们玩的字母积木中唯一一块有点意义的积木。"* 镇上的女人们向瓦尔面露渴望时，受到威胁的男人们开始瓦解并最终摧毁瓦尔的自由精神。

《天使之战》标题中的"战（斗）"意指浪漫的生命力与平庸的死亡力之间的冲突，从中不难看到威廉斯本人为摆脱自身压抑成长的局限，将自己重新界定为一个男人、一名艺术家而进行的战斗。"我们艺术界人士都是可爱的灰狐，其他人都是猎犬，"他1940年去墨西哥搞创作时，在一封信中这样写道，"屠夫、烘焙师、烛台匠人——还有出租打字机的、房东等——都是我们的天敌。我们不指望他们会宽大，我们也不会对他们宽大。听好了，这是一场殊死之战。"*

迈拉第二次到店铺时，不难看出她属于哪一类人。她身着"有光泽的黑缎子，上面有大朵大朵的红罂粟"*——睡眠和死亡的象征，与她那奄奄一息的丈夫、"光明之敌"*杰布很搭。她的言谈透露着妥协屈从。"你听到我下楼时在诅咒吗？内心里我一直在那样诅咒，"她告诉瓦尔，"我憎恨每个人；我希望这个镇子明天就被炸毁，每个人都死掉。因为——我不得不活在里面，可我宁愿死在里面——被埋葬。"* 随着时间的推移，瓦尔让她体会到了性，还有爱。她在激情中获得新生。

《天使之战》表明，威廉斯追求精神重塑，追求"新模式"，以此化解"漂浮在生活表层的支离破碎和浮渣残骸"。* 他说："我花了这许多年的时间改造自己，为了和一帮混蛋相处，在此过程中让自己厚脸皮，拒绝让自己温柔，以免温柔被拒。"* 这种原始人的再生力——去除心理屏障——在瓦尔的蛇皮夹克上得到象征性表达。这夹克被描写为"一个毫不羞耻的、炫耀的符号，象征着一头未被驯服的野兽！"* 同时，它也象征着瓦尔变幻不定的精神变形和他粗犷野蛮的天性。在瓦尔如基督一般被镇上愤怒的暴徒处以私刑后，蛇皮夹克是他身上唯一留存下来的东西。剧终时，它被巫医*挂在布制品店的后墙上,在一缕阳光下发光——一种显然意味着神圣的光辉。最后的舞台提示写道,巫医"似乎在它前面微微行了个礼。落幕时,从广阔的棉花地飘过来的宗教圣歌步入高潮"*。这一刻宣布了威廉斯的浪漫信仰:不是自己献身上帝,而是将自我变成神明。

1940年冬,威廉斯在墨西哥的阿卡普尔科收到一封电报,呼唤他回百老汇:

> 见报即回。我们正给你的戏物色演员,不日开始制片。
> ——特里萨·赫尔本(Theresa Helburn),戏剧公会,纽约*

自20世纪20年代后期尤金·奥尼尔成为戏剧公会的明星剧作家以来,戏剧公会声名鹊起。此后,他们接连推出了五部大受欢迎的戏,其中包括凯瑟琳·赫本出演的《费城故事》(*The Philadelphia Story*)。不过,到了1940年,他们急需寻找一颗文学新星保住声誉。选择《天使之战》无论对于戏剧公会,还是威廉斯来说,都是一把豪赌。

随着胜利感和岁月感同时袭来,威廉斯对自己不过刚刚开始的声色生活突然心生挽歌式怀旧之情,并为此难以忘怀。"我正越来越成为一个地地道道的享乐主义者"*,戏剧公会叫他回国的前后,威廉斯在给朋友的信中这样描述自己在国境以南所接受的感官生活教育。他坐在一家墨西哥酒吧的藤椅上,这样记录自己"26年人生"*中最为鲜活的几个瞬间:

> 我尤其记得新奥尔良的法国区,我在那里第一次体会到一名穷艺术家的生活。我记得他们把我们叫作"法国区的老鼠"。

我记得那里形形色色的男女：妓女艾琳画得一手好画，后来不知去哪里了；海伦在找一只迷路的黑猫时闯入我的生活；还有失业的商船水手乔，他写的航海故事比康拉德的要精彩得多，可那些故事在他住所失火时被烧了……蛋黄般明亮的阳光洒在窄窄的街道上，路边是宽阔而平滑的香蕉叶，雨总是悠然而来。从河面飘来的雾吞噬了铁骑上的安德鲁·杰克逊雕像……生活一直都在变得更加宽广、更加平淡、更加丑陋、更加美好。我记得搭车从圣莫尼卡前往旧金山去见威廉·萨洛扬，同时去参观金门国际博览会。萨洛扬不在，博览会非常精彩……我记得那些在南加州海滩晃悠的美好日子。我捡过雏鸟毛，每看到一只就往瓶里留下一根羽毛，然后以每根羽毛两分钱的价格卖掉。我还在米高梅电影公司对面的卡尔弗城卖过鞋，午餐休息时间都用来眼巴巴地指望一睹葛丽泰·嘉宝的芳容。可惜从未如愿。我还替人看管过一个小农场，就在拉古纳海滩的峡谷路以北，月亮初升的夜晚，远处传来狗吠声……还有在密西西比求学的日子。在春天的毛毛细雨中沿着乡间小路漫无目的地游走，穿过平坦、宽阔而肥沃的田野，一直走到河堤，走到柏树林，看见秃鹰们在天上悠然盘旋。那是一段忧郁的生活。迷惑、痛苦、不可理喻，但非常丰富、美好。*

威廉斯起身时看到美国记者、吃喝玩乐行家卢修斯·毕比（Lucius Beebe）穿着洁白的亚麻西装坐在对面的酒吧。他穿过广场，告诉对方自己的戏要在百老汇上演的消息。毕比和他握手表示祝贺，并问威廉斯在这一巨大成功、改变命运的时刻感受如何。"老了，"威廉斯说，接着补充道，"我年少轻狂、不负责任的青春岁月一去不复返了。"两人都沉默了，过了一会儿，毕比笑着问道："你有没有想过这戏可能会搞砸？""没有，"威廉斯说，"没想过会那样。"毕比说："你最好还是想一下，年轻人。"*

威廉斯于 1940 年冬在美国戏剧界崭露头角，此举被业内人士寄予了填补空白的厚望。当时，百老汇昔日寄予厚望的威廉·萨洛扬已经沦为笑谈。"萨洛扬还能写出一部好戏吗？"理查德·罗杰斯和洛伦茨·哈特①在音乐剧《酒绿花红》（*Pal Joey*）中大受欢迎的《拉链》（"Zip"）——它戏仿了吉普赛·罗斯·李②的文艺腔调——一曲中如此调侃。1940 年克利福德·奥德茨（Clifford Odets）的《晚间音乐》（*Night Music*）败北的时候，过去十年来一直为拓展美国戏剧表现力、增强艺术严肃性而奋斗的同仁剧团也处于摇摇欲坠之中（它最终于 1941 年正式解散）。奥德茨一直是剧团的明星和顶梁柱。在《等待老左》《醒来歌唱！》《金孩子》或是《飞向月球》③ 这些饱含哀伤和生机的剧作中，他捕捉到了 30 年代中期以来美国人在资本主义碾压下的心碎感。《晚间音乐》的失败和剧团的解散使得奥德茨暂时从好莱坞编剧行业隐退。* 在公众眼中，奥德茨已经取代奥尼尔成为美国最杰出剧作家。在同仁剧团开始增演奥德茨的剧目时，奥尼尔本人由于鄙视百老汇的"戏剧商店"，已经从商业戏剧中退出，打算创作一个由九部戏组成的系列剧（他最终仅完成了两部）。虽然威廉斯对自己跻身美国当代商业戏剧界持悲观态度——"我们能从自己高深莫测的魔术师高帽下掏出点什么来蛊惑这帮满头大汗的乌合之众呢？"* 威廉斯在写给朋友保罗·比奇洛的信中如此发问——威廉斯登上美国戏剧舞台之时，也正是美国生活中的一切，包括美国戏剧，即将改头换面之时。

"我们被该剧的成熟所欺骗，以至于低估了作家的不成熟。"* 导

---

① Richard Rodgers 和 Lorenz Hart，两人是下文《拉链》的作词人。（如无特别说明，本书脚注均为译者注。）
② Gypsy Rose Lee，英国滑稽戏艺人、脱衣舞娘。
③ *Waiting for Lefty*, *Awake and Sing!*, *Golden Boy*, *Rocket to the Moon*.

演玛格丽特·韦伯斯特（Margaret Webster）说。后来威廉斯自己也承认如此，他写道："可能从来没人在对舞台表演缺乏预先了解的情况下就进行戏剧创作。"*他对角色分配、制片人的干涉、演员的任性、后台的钩心斗角等一无所知，更为关键的是，他从来没有在压力下重新改写剧本的经验。*威廉斯说《天使之战》写于"我还不了解什么是镜框式舞台之时"*。然而，戏剧公会那时正在策划一场有四位明星加盟的制作。琼·克劳馥看了送去的剧本，认为该剧"低俗乏味"；*塔卢拉·班克黑德（Tallulah Bankhead）也收到了剧本（她告诉威廉斯："亲爱的，这戏我不可能接。"*）；最后，米丽娅姆·霍普金斯（Miriam Hopkins）也读了剧本。这是一位极具天赋但喜怒无常的影星，她正寻找机会重振自己日渐式微的演艺生涯。霍普金斯很想饰演主角，为了对最终的演出版本有更多的话语权，她甚至还参与了投资。1940年10月30日的《综艺》（*Variety*）报道称："霍普金斯可能会在那个乡巴佬的剧中出演天使。"

《天使之战》的制片人决定先在波士顿开始首场演出。谁都知道这地方的清教渊源。对威廉斯的经纪人奥德丽·伍德来说，这个决定标志着"一种深深的集体死亡冲动"。*而他们选定的首演日期，还与《嫦娥幻梦》（*Lady in the Dark*）的首演日期撞上了。后者是由莫斯·哈特（Moss Hart）、艾拉·格什温（Ira Gershwin）、库尔特·魏尔（Kurt Weill）联手打造，格特鲁德·劳伦斯（Gertrude Lawrence）主演的音乐剧。一流的剧评人必然会去报道全明星阵容的音乐剧，剩下——用威廉斯的话来说，"一帮一本正经的老处女"——来点评《天使之战》。

霍普金斯在自己位于纽约大使酒店的优雅公寓里举行香槟晚宴，威廉斯应邀前往，这是他们首次见面。他穿着灯芯绒夹克和马靴，还很有骑士风度地将马靴跷到霍普金斯的黄缎躺椅上。在事后写给家人的信中，威廉斯写道，霍普金斯"因为自己将在剧中扮演的角色快把屋顶都掀了"。他又补充说:"我觉得她想要把这戏变成她的专场演出。"*据当时也在现场的韦伯斯特说,在两人会面的大部分时间里,威廉斯"看上去没什么兴趣;米丽娅姆情绪一度变得有点激动,他应答的开场白是'从所有这些歇斯底里的话语中我所能得到的信息是……'"。韦伯斯特又补充道:"用《综艺》的话来说,这么说话等于在说'就此免谈'。"*但是这并没有阻止霍普金斯突然跳起来,并声嘶力竭地喊道:"我老了,累了,眼皮子底下都长皱纹了!"威廉斯欣赏霍普金斯在舞台上的美貌与才智,但此情此景只能让他认定,霍普金斯是"我所遇到的最喜怒无常的人,一个不折不扣的惹是生非之辈"。*

到《天使之战》首演时,霍普金斯果然没有辜负威廉斯对她的判断。她已经辞掉了三个扮演瓦尔的演员了。她严肃认真地对待剧本,彩排接近尾声时还在向威廉斯抗议:"看在上帝的分上,做点儿什么,做点儿吧!""我因不能为她做什么而心如刀绞,"威廉斯写道,"她为这部戏下了太大的赌注。它将标志着她胜利回归舞台,作为舞台剧女演员一展才华,不必拘束于最近糟糕的电影设备给她带来的困扰……唉,如果我的头脑清醒点儿该多好——如果我能暂时清醒,也不至于让这苦行僧般的狂热将我们一股脑儿卷入这场波士顿的灾难!"*

《天使之战》首场演出前只在剧院彩排了一天。韦伯斯特认为,除了"不尽如人意的演员阵容"*,还有复杂制片中的技术问题——最难的便是剧终布店被点燃时对天启般火焰的处理。威廉斯的剧本只需暗示,随着喷灯喷出火焰,大火将店铺吞噬——这大火既代表着暴徒的暴力,又象征着浪漫的净化。然而,波士顿首演要给观众营造出一种真实火焰的幻象。技术彩排的时候,当瓦尔和桑德拉在最后一刻对话,快被火焰烧到时,仅能闻到一股烟味。"布店横竖不着火,完全不着火,"韦伯斯特回忆说,"最后一次试衣彩排后,

MIRIAM HOPKINS, who will appear in the Theater Guild's production of Tennessee Williams' new play, "Battle of Angels," at the Wilbur Theater for two weeks beginning a week from tonight.

米丽娅姆·霍普金斯,《天使之战》主演

技术人员手抚《圣经》宣誓,布店一定会着火的,哪怕这意味着自焚。"

按照威廉斯对首晚演出的描述,演出一开始进展得很顺利,直到观众意识到,剧中的神秘主义者、画家维伊在她充满想象力的画布上将瓦尔绘成了基督。威廉斯说,那时"过道上传来了女士们先生们的窃窃私语,压低的唏嘘声和喷喷声中时而夹杂着观众离席时座椅的砰砰声"。终场时,灌得过满的烟罐向舞台释放的"硫黄味的滚滚浓烟"甚至"遮蔽了舞台前面的脚灯",威廉斯描述说,"所有剧院前排的观众都发出了愤怒的尖叫声、唠叨声和各种气急败坏的声音"。一场布店火灾顿时"像是罗马大火"。*

威廉斯后来这样回忆,"对于早已产生反感情绪的观众来说,这足以让他们群情激愤了"。前六排充斥着刺鼻的烟雾。观众们陷入眩晕和恐慌之中,"像笨重鲁莽的牛一样"奔向出口。"自那一刻起,舞台上发生什么都不重要了。"威廉斯说。没人理会最后瓦尔和桑德拉之间富于净化意义的诗意对白。威廉斯回忆,谢幕时霍普金斯"勇敢地微笑着,用她那纤细的手挥去烟雾",向奔向出口的观众背影鞠躬。管弦乐队撤下后,威廉斯还记得楼座上传来零星的掌声。*

有记载以来,还没有哪位著名剧作家职业生涯的初次亮相败得更惨。《天使之战》可谓为惨败树立了某种高标准。威廉斯给朋友写信称:"明媚的天使们在波士顿遭遇了暴打。"* 1896 年俄罗斯圣彼得堡上演安东·契诃夫的《海鸥》时,即使观众大声喝倒彩以至于演员听不见自己在说什么,他们也都坐到剧终以泄愤怒。威廉斯的朋友、诗人威廉·杰伊·史密斯(William Jay Smith)说,这场首晚演出使威廉斯目瞪口呆,哑口无言。史密斯回忆说:"他看起来像是要自杀,我都不敢让他一个人待着。"* 回到酒店后,史密斯为这位万分沮丧的作家读了几个小时约翰·邓恩的诗。

第一章　热血沸腾与个人情怀

次日清晨，威廉斯和伍德已经非常明了媒体对他们的公开羞辱——"这部戏让观众深刻体会到深陷泥潭是什么感觉"*（《波士顿环球报》）。他们穿过波士顿公园，去丽思卡尔顿酒店与制片人及其制作团队碰头复盘。在路上，一个小孩挥舞着一把玩具枪跳了出来，朝他们开枪。那突然砰的一声，伍德回忆说，"听起来如同大炮轰鸣"。伍德和威廉斯受到惊吓，抓住了对方的手。威廉斯说："这是戏剧公会在追杀我！"伍德回忆："我们都笑得前仰后合，因为我们知道，一会儿到酒店之后会是何种情景，我们也就只来得及大笑几声。"*

在会上，制片人要求大幅度减戏。威廉斯递给他们最后一场的改写版。他说："如果你们愿意替换成这个版本，我愿意在硫黄中爬行。"*然而，戏剧公会的大佬们可没心思承诺什么。公会导演劳伦斯·兰纳（Lawrence Langner）*开始大谈特谈公会是一个艺术机构。他说："如果我们不是这样的话，我们此刻会在佛罗里达晒太阳呢……而由于我们仍是艺术制片人，我们便在波士顿与一个默默无闻的剧作家争执。"威廉斯看看伍德，笑出声来。兰纳注意到了这点。"那时，"伍德后来给威廉斯写道，"我意识到，将来不管什么事情降临到你身上，你都会做你自己。'无论杯中苦与甜'，你都会挺身一饮而尽。老天作证，你已经这么做了——正在并将继续这样做。"

但仍有更多的"苦酒"*等待着威廉斯。戏剧公会的会员愤怒地指责这出戏污秽不堪，一些报刊评论员也如法炮制。一位波士顿市议会议员称这部戏"腐化"并要求停演，说："警察应该逮捕那些将这类表演带到波士顿来的人。"警长要求对那些被认为"不合时宜及有伤风化的"*对白做出修改；一名助理审查员称，戏里"太多台词话中有话"*，这加剧了对该剧的反对声。波士顿人民对于《天使之战》的憎恶传到威廉斯远在千里之外的家乡。密西西比州的

《克拉克斯代尔周报》称这位土生土长作家的戏写得"淫秽"*，歪曲了密西西比三角洲生活的风貌。

韦伯斯特说，"田纳西对此十分震惊，也备受打击"。威廉斯告诉她："对我来说，《天使之战》哪怕一无是处，但它起码是干净的，起码是理想化的。"*威廉斯说，在这部戏上演的大约一半时间里，"审查人员坐在前面，要求删去剧本中几乎所有能让人理解的东西，更不用说那些打动人心的地方了"*。为了抵制市议会的怒火，并为饱受指责的剧作家说话，米丽娅姆·霍普金斯召开了记者招待会，对于"淫秽"的指控发表了自己的看法，称媒体的这一指控"侮辱了优秀的年轻剧作者"。她说，"你们可以替我告诉大家，我霍普金斯还不至于沦落到不得不出演淫戏"，并补充说"淫"由观者生。*第二天，一家波士顿报纸的头条赫然就是《米丽娅姆·霍普金斯认为波士顿议会应该和茶叶一起被倒入波士顿海湾》。*

在几天后的一次制片会上，威廉斯被告知《天使之战》的演出就在波士顿打住，不会登陆百老汇。威廉斯反驳道："你们似乎不懂，我可是把心都交给了这部剧的。"*韦伯斯特告诉他："你不该那样袒露心扉，让寒鸦们都来啄你。"特里萨·赫尔本接着说："至少你不用赔钱吧。"*威廉斯事后回忆那一刻时说："我觉得自己没法回答，反正我口袋里也掏不出几个子儿来。"两周后，《天使之战》停演了，用威廉斯的话说："以便重组演员阵容，重写本子，一切都从头再来。"*威廉斯原本指望这戏上演能给他挣上八百美元，结果只得了区区二百。他给詹姆斯·劳克林写信说："真是一场惨败！"*

"《天使之战》这一番折腾下来，实在没什么能激励剧作家继续从事舞台创作，"韦伯斯特说，"我最苦恼的也就是这一点了。"*戏剧公会给会员们发了一封史无前例的自辩简讯，解释说："我们对该剧比你们还要失望。"简讯末尾这样写道："《天使之战》实在糟糕，但谁知道这位剧作家的下一部剧作就一定不会成功呢？"*"我现在处境困窘。需要极大的运气才能从中解脱,"威廉斯从基韦斯特写信给兰纳,他去那儿舔舐伤口,改写剧本,"几个星期前我还前途一片光明。现在我就是一个气泡,在波士顿化为乌有!"他补充说:"你们都知道我不止如此。但其他人不知道。"*

——

在波士顿被重重围困时,威廉斯曾写下一首诗——《楼梯上的演讲》("Speech from the Stairs"),似乎流露出他当时内心的变化。

> 啊,孤独的人,
> 那长长的染着血的带子,
> 那根将你和母亲衔接起来的,
> 那根让你的肉体不情愿地带着痛苦
> 降临世间的幽暗的索带,
> 现在终于永远地断开——
>
> 你必须转向星空寻求家世……*

浪漫的理想主义——认为美与直觉是一种救赎方式——应该是引领和激励青年威廉斯的信念。威廉斯在一封 1940 年写给朋友威廉·哈赞(William Hazan)的信中称,"艺术家的天赋在于,在理解永恒价值并与之对话的过程中使自己超越时空的局限",他援引了凡·高、D. H. 劳伦斯、凯瑟琳·曼斯菲尔德等人举例说明。他继续写道:"他们的激情中难道没有美吗?其中大多还充满着最纯粹的慈悲……愿我俩有勇气信仰这种激情——虽然世人会称我们是

玛格丽特·韦伯斯特,《天使之战》的英国导演

'唯美主义者''浪漫主义者''逃避现实主义者'——让我们坚信，这个世界是唯一值得我们献身的现实。"*

波士顿惨败之后，威廉斯仍在日记中对自己充满了信心。"AB——波士顿之后（After Boston）——的那些日子"，年轻而精力充沛的威廉斯写道，自己还是"充满激情与柔情——我的头脑——虽然捉摸不定、幻想联翩，但是真诚体贴、经验满满——我的内心依然纯净如初，在经历了这一切之后"。他补充道："过去——未来——时光的溪流——无论前方发生什么，总会有些什么让我免于彻底毁灭。"*他最窘迫的日子——他曾经穷得兜里只剩五美元，不得不暂时抵押了自己的打字机换取食物——大多是在卖力工作，以及对未来的美好幻想中度过的。威廉斯适应能力强，总能千方百计地走出人生低谷。他给伍德的信中写道："我自己选择了一条只能进不能退的路，我必须义无反顾地走下去，以生存之需能赋予人的所有信心和勇气。"*写作、旅行、性生活等各方面的冒险使他心存期望，保持乐观。在记录 1941 年《天使之战》被最后封杀那天的日记里，他同时也记下了："我转而空前地放任自己，沉溺于性自由。几乎夜夜新欢。"*他写道，这是"一段性体验丰富而刺激的时期——也是最活跃的时期。但我并非快乐，也并非不快乐"*。

在《天使之战》惨败后的那几年，伍德给威廉斯引荐了好些戏剧界的重要人脉，给他介绍了好些艺术赞助基金项目的机构，甚至还介绍他到过好莱坞——1943 年，他有五个月的时间都在给米高梅电影公司卖力，给当时的银幕女神拉娜·特纳（Lana Turner）写脚本——一部他称为"胶片文胸"*的电影，拿着米高梅的最低薪水——每周 250 美元。[那段时间，威廉斯同时也在写一个题为《来访绅士》（"The Gentleman Caller"）的电影剧本，两年后他将它改写成了舞台剧本《玻璃动物园》。]伍德能言善辩，为人庄重，被威廉斯视为母亲般的救世主。("亲爱的上帝之子"*，在给她的一封信中他这样开头。)在那些年里，是她对威廉斯的才华救世主般的信任让威廉斯撑了过来。他在给伍德的大量书信中尽情倾吐自己最深切的渴望。1942年9月初他写道："我要观众。有了观众，我便心满意足了，因为我可以在他们眼前倾吐他们在认识我之前无法接受的东西，他们是我在这个世间发现的卑微、无助、羔羊一样的一群人，我想要以堂吉诃德的情怀为他们发声，哪怕这声音同样卑微而无助。"*

威廉斯的戏剧世界和抒情之声似乎淹没在第二次世界大战的乱象之中。他对日记吐露心声："我看不见前途，任何人都看不见。"接着又说："我怀疑，这一切对于我们这些天生不是勇士的人尤其艰难。我们微不足道的作品会无人问津，遗失在历史长河中。"*他给一个朋友写道："我想要在自己作品中兜售的一切——我的诗意真理能给世界做出的奉献少得可怜——迅速屈服于战时市场、谎言、疯子般的笑，国家至上的鼓噪却直冲云霄，令人眼花缭乱！"他继续说："我们能对谁讲话，我们能为谁创作——我们能说什么——除了上帝保佑美国！"*

但是，在某种程度上，战争为威廉斯提供了他所需要的精神挑战。在1942年的日记里，他逼迫自己不要脆弱，不要动辄灰心丧气："我必须努力成为一位战后艺术家。保持清醒——活力四射——焕然一新。务必践行刚柔并济的悖论。务必活下去而不失温情。"*就是在这一段时间里，威廉斯开始梦想"一种新的戏剧形式，非写实的"，他称之为"雕塑戏剧"（sculptural drama）。"三幕剧……反正确实正在淡出历史舞台，"他写道，"这种形式、这种方法，适合一种由多个简短场景累积而成的新型戏剧，我认为这种戏剧正在步入历史舞台。"他设想，这种戏剧"类似某种克制的舞蹈，只有最基本、重要的动作。舞弄香烟，把玩玻璃杯——诸如此类现实主义戏剧中数不胜数的神经兮兮的小把戏将会过时。纯粹的台词、轮廓分明的人物形象将同时指向又遏制戏剧的情感冲击……无须谵妄的末世启示"。*

1941 年，威廉斯想要看到的新戏剧景象还是天上画饼。"我认为，在这一切死气沉沉之后，人们会有一种对生命的强烈渴望——日食之后，谁都想看见日光，"他在给威廉·萨洛扬的信中这样写道，"人们会想要阅读、看到、感知活生生的真相，并抵制那些他们被灌输的儿歌童话似的谎言。"* 然而，到了 1943 年，这种对变化的朦胧希望已经转为一种成熟的信念。他告诉霍顿·富特："我们必须记住，一种新的戏剧将在战后到来，随之而来的将是一种全新的戏剧批评，感谢上帝。"他继续说道："你将耳朵贴近大地谛听，实话实说，直到你听到随之而来的还有其他什么！那就是，所有这些人都会离去，离去—— 一个不剩！"他接着补充道："或许我们也会离去，但是——先前进吧！"*

在一个被战争灾难搅得天翻地覆的世界里，威廉斯对自己的作品失去了判断力。在重读了《玻璃动物园》早期的独幕剧版本后，他在 1943 年的一篇日记中写道："真糟糕。一定是哪儿出了毛病——我居然会写出这种狗屁东西。歇斯底里，空洞无物。"* 他的剧本修订工作进展缓慢，"提不起兴致"，他在 1943 年 7 月致温德姆的信中写道："戏里缺乏让我激动的情感风暴，因此我改起来劲头不大。"* "我一直对《来访绅士》甚是担忧，"1943 年 8 月威廉斯致信他的鼎力支持者马戈·琼斯，"我喜欢这本子里的故事和人物，但怀疑它吸引观众的程度，担心它的情节。"威廉斯向琼斯坦言创作这部剧简直如同"下地狱"。"到目前为止，每个人都喜欢这个本子，这是我创作生涯中前所未有的情况，我实在是惊讶不已，"威廉斯继续说，"也许，这是一种迹象，表明戏剧正在发生变化。"* 时至 1944 年 8 月，威廉斯总算杀青了，但仍疑虑未消。"《来访绅士》已经脱稿,"他致信温德姆,"毫无疑问,这是我呕心沥血之作。也是我为现存戏剧写的最后一部戏。"*

———

《玻璃动物园》首次登陆百老汇舞台的当晚,洛蕾特·泰勒才一登场便迎来观众雷鸣般的掌声,这使她有些飘飘然,直接跳到了下一场;舞台上扮演儿子汤姆的道林花了点时间才把她带回正轨。道林回忆说:"我说,'妈,别这样,求你了',她才像一只小猎犬般回过神来。"* 舞台两侧都为泰勒备了小桶。"在幕间不必上台的几分钟里,她都弯着身子在那儿呕得厉害。"托尼·罗斯回忆道。* 道林说:"她表演得如梦如幻。"* 所有台下的演员都到舞台侧翼来看她,他们一方面惊叹泰勒在台上的精湛表演,另一方面又惊恐于她在台下呕吐。"她体内什么都不剩了,可怜的人,可只要一上台就——简直不可思议!"* 罗斯回忆道。甚至坐在第六排的威廉斯也很快意识到,他正见证一个特殊时刻。他被泰勒"舞台上那超凡脱俗的气质"所震慑。他说:"我一生中从未见过这样的演出,它像是来自另一个世界。"* 后来他又回忆说:"泰勒的悲剧不是自身的原因,而是由于商业戏剧的低劣环境。商业戏剧让她的才华没有用武之地。她的才华宛如一盏吊灯、熠熠生辉、晶莹剔透、金光闪闪,却毫不协调地挂在了厨房里。"* 此刻,即便是坐在观众席中的剧评家们都觉得自己在见证一个奇迹,在目睹一桩稀罕事:随着舞台上阿曼达一面为自己儿女的未来忧心忡忡,一面情不自禁地回忆起自己久违的青春和希望,泰勒整个人就成了光芒与启示的化身。斯塔克·扬(Stark Young)后来在《新共和报》的剧评中这样感慨:"舞台上始终洋溢着一种只可意会、不可言传的恰到好处,每时每刻,每词每句,每一次轮到她开口时那种恰到好处都不尽相同。"

他接着写道:"技巧——技能与直觉的结合——到了泰勒这里便被赋予了如此多温情、温柔和智慧,以至于任何试图分析她演技的人都只能一筹莫展。唯有戏剧行家才可能明白舞台上正发生着什么,而且只是偶尔明白。"*中场休息时,伍德需要有人帮她放松高度紧绷的神经。罗伯特·埃德蒙·琼斯告诉她:"别再攥着我的手了,也别再用你的手肘戳我的腰,现在你没什么好担心的了。"*

《玻璃动物园》的开场是阿曼达叫汤姆吃晚饭,她对心不在焉的儿子说:"你过来坐下,我们才能祷告。"*舞台上泰勒散发出的不可思议的光芒让威廉斯和入迷的观众都觉得自己俨然也身在其中。威廉斯一直抱怨说自己的家犹如阴魂不散的"鬼屋"*,自己身居其中饱受惩罚性的窒息与迷茫。现在,泰勒俨然正将这一切置于眼前。

——

作为美国最具自传性的剧作家,威廉斯毕生总是以同样的方式开始敲打键盘:"我从某一情境中的某一人物开始——某一模糊的人物。如果我遇到了问题,我便设想出类似情景下的人物,营造类似张力。这是我解决问题的办法。"*他说,写作的裨益程度"与写作中情感张力的释放程度成正比"*。结束了一天的写作后——他会连续写作达八个小时——桌上和脚边到处都散落着草稿纸。这种杂乱无章有着更大的象征意义:他内心的混乱已被释放。对威廉斯来说,写作是一种心灵净化。"在这个世界上只有两种时刻我是愉快的、无我的、纯粹的,"他曾说,"一是当我在纸上发泄完毕之时,一是当我将所有恼人的欲望在年轻男子身上宣泄完毕之时。"*

威廉斯告诉《纽约时报》久负盛名的剧评家布鲁克斯·阿特金森,绝望是促使他戏剧艺术别具一格的动力。他说:"那种绝望使

34　我像尖叫的女妖一样去创作，而在想要尖叫的冲动下面涌动的是一种深深的、深深的充满爱意而温柔呼唤出的渴望。"* 戏里戏外，歇斯底里成了威廉斯的典型风格。威廉斯在诗中写过："我有一只巨大的创伤之眼/生在眉宇间/以自己的方式折磨/那闯入视野的所有形象。"* 他在剧中将这些形象搬上舞台，将自己备受困扰的内心世界——他曾将之描述为"一辆老爷车上的16个气缸"* ——大张旗鼓地公之于众。他感觉自己的每部剧都包含了"自己在创作该剧时内心世界的晴雨表"。"我是不由自主爱上戏剧的，有一种冲动在鞭策我。"* 威廉斯解释说。他提到艺术再现——重新呈现——自己内心世界的直接魅力。这个世界他似懂非懂，但绝对咄咄逼人，无外乎各种令人困惑又自相矛盾的心理投射（他称之为"非我的围困"）。

"我那汹涌澎湃的精神折腾需要某种比文字更鲜活的东西来表达，"威廉斯说，"在我看来，像契诃夫这样的文坛巨匠在写故事时其实是在描述戏剧。他们完全仰仗读者的敏感度。除非读者能在自己脑海中搭起一个舞台、竖起一个屏幕，将他们的形象投射其上，否则文坛巨匠们创造的一切都将荡然无存。而对于一部剧、一部搬上舞台的戏剧作品而言，谁都可以来看！无论观众理解与否，戏剧就在那里，真真切切地在那里！"* 威廉斯说，他开始感觉"仅仅是词语，还是缺乏活力，这不免令人沮丧。我需要一种可塑的媒介。我通过视觉来构思，通过声音、色彩和动作来构思"。他补充说："猛然间，我发现自己头脑中有个舞台：演员们不知从哪儿冒了出来……他们接管了舞台。"*

威廉斯20岁出头转向戏剧创作之前，还从未在后台待过。他说："我看过的专业演出也不过两三场，都是巡演剧团途经南部和中西部时的演出。我转向戏剧创作的想法如同青春期的身体冲动一样来得离奇。"* 然而，在20余年的岁月里，他已经近距离地观看了一些令人难忘又难以理解的家庭戏剧。威廉斯的童年毫无快乐可言，倒是不乏吵吵闹闹。他出生在一部充满仇恨的家庭剧里——这是一部战争剧，孩子们是不知所措的目击者。在《玻璃女孩画像》("Portrait of a Girl in Glass")这个后来孕育出《玻璃动物园》的短篇小说中，叙述者说："在五年的时间里，我几乎忘了家，我必须忘了它。我背负不起。"*

然而，对威廉斯来说，家从未从他的心上走远。在直面过去的幽灵时，他们的故事和声音都被不断写进了他笔下的人物。威廉斯的至亲包括慈祥的外公沃尔特·戴金牧师，以及他叫作"外外"的外婆罗西娜·戴金（威廉斯的童年在他们服务过的几个南方圣公会教区中度过），令他害怕但常不在家的推销员父亲科尔内留斯·科芬·威廉斯（CC），严肃有余但对儿女呵护有加的母亲"埃德温娜小姐"，弟弟戴金和不幸的姐姐罗丝——她在33岁时做了脑叶白质切除术，是美国当时最早做这种手术的几例病人之一。这些至亲和威廉斯本人及他那"不可调和的分裂"*本性，构成了小说家、文学家戈尔·维达尔（Gore Vidal）之所谓"他的基本保留剧目剧团"*。威廉斯对戏剧的钟爱让他得以倾吐内心世界，发泄出家庭疯狂中水火不相容的碎片。终其一生，他都是这场家庭剧的替补演员。对于威廉斯而言，将内心情感传递给观众，看到他们惊愕的反应也是令人欣慰的，这使他重回孩提时代的天真，让他们了解自己。要知道，他的家人是不了解他的。

据维达尔说——他偶尔和威廉斯在同一间房里写作，剧作家写作时完全沉浸在自己的想象世界；他"非常投入，一边打字还一边表演剧中人物的举动"*。《玻璃动物园》中寒酸的生活图景——窄巷子、防火梯、二手家具，如果不是威廉斯圣路易斯家的真实写照，也是一种对它的诗意再现。威廉斯七岁那年——1918年——他们举家搬迁至圣路易斯，以便CC在国际鞋业公司，也是当时世界上最大的鞋业公司，做了四年推销员之后能够转到该公司的管理岗位。关于此次搬家造成的令人窒息的创伤性影响可从威廉斯的以下诗句中感知一二。在这首写于1943年——当时威廉斯和父母住一起，已经在着手创作《玻璃动物园》——题为《送葬队伍》("Cortege")的诗中，威廉斯这样写道，"无处安宁/你对一切都失去了信念，除了丧失本身"*。

尽管威廉斯声称，他的家庭生活在搬迁到圣路易斯之前"完全没有恐惧的阴影"*，但他实际上已经深谙失去的滋味。他在四至六岁失去了双腿的活动能力（很可能是因为患了白喉，这使他在那两年里成了一个废人）；他喜爱的黑人保姆奥兹不辞而别；他的父亲就像《玻璃动物园》中缺席的父亲一样，"爱上了长途旅行"*，只是偶尔回家，而这种团聚又总充斥着吵闹。

在圣路易斯，威廉斯与母亲形影不离，对她言听计从。*他也接受了埃德温娜对丈夫和家庭喋喋不休的抱怨。他在《送葬队伍》一诗中写道，"他冬天般的呼吸/令她欲哭无泪"*。搬家后不久，折磨威廉斯余生的"蓝色魔鬼"*——抑郁症——也出现了。在他看来，《玻璃动物园》一剧的标题高度概括了家庭遭遇前所未有的城市暴力之时的不堪一击。他这样回忆：

> 我们从南方刚搬到圣路易斯时，只能住在一个公寓里，周边十分拥挤。我和姐姐已经习惯了宽敞的庭院、长廊和遮阴的大树，这种变化令我们震惊。我们住的公寓和北极的冬天一样快乐不起来。只有前厅和厨房有外窗。每个房间的窗户朝向一条几乎不见天日的狭窄巷子，我们沮丧地将这条巷子称为"死亡之巷"，而个中原因只在回顾时才显得可笑。附近有许多猫在巷子里窜，经常与狗打斗。时不时地会有一些缺乏警惕的小猫咪被追进这条只有一个出口的巷子。而这条死胡同的尽头就

在我姐姐卧室窗外，就在这儿，猫咪们不得不转身和它们的追捕者进行殊死搏斗。晚上，我姐姐会被它们的撕咬声吵醒，早上那骇人的残骸便躺在她的窗外。对于姐姐来说，这条巷子狰狞可怕。为此，她总是拉上窗帘，这样屋里也就总是显得昏暗。为了缓解这种阴郁的氛围，我和姐姐便把她的家具都漆成了白色；她挂上了白色的窗帘，她房里的架子上总是摆放着自己情有独钟的小玻璃物件。终于，虽然没有外面阳光的照射，这间屋子却也显得清新和雅致了。若干年后我离开家再回忆起家庭生活时，我最为生动、深刻的记忆都是有关姐姐的房间的。那里的摆设主要都是一些小玻璃动物。通过诗意联想，它们在我的记忆中代表了我的逝水年华中所有最温柔的情感。它们代表了小而温柔的一切，它们缓解了生活的刻板，让敏感之人能够忍受眼前的苟且。猫咪被碎尸的巷子是一回事——姐姐的白窗帘和小玻璃动物们是另一回事。它们之间的某处，就是你我所生活的世界。*

威廉斯家的贫困，既是物质上的，也是情感上的。正如威廉斯母亲埃德温娜在其回忆录《代我向汤姆问好》（*Remember Me for Tom*）中指出的一样，他们的第一个公寓都"称不上房子"*。"我们买不起独门独院的房子，所以一直在寻找宽敞的公寓楼，或出租的院子。"*她写道。在随后的十年里，他们共搬了九次家，每次都还得带上布尔乔亚生活的保障——客厅里的钢琴、电唱机、小汽车、本地乡村俱乐部的会员资格，还有后来的厨师。在密西西比州克拉克斯戴尔过着宁静的乡村生活时，威廉斯家是牧师家庭的一部分，可谓当地名门教养阶层。搬到圣路易斯，让他们不仅失去了原来的家，而且失去了名望。默默无闻的中产城市生活让他们每个人都感到不自在，自以为高人一等的埃德温娜尤其难以接受。她是美

童年的威廉斯与父亲合影

国革命女儿会的活跃会员（她虽生于俄亥俄州，却具有南方淑女的仪态举止），当年倾心于举止粗鲁的 CC，部分原因也在于他的祖辈是田纳西州的旺族。CC 的母亲伊莎贝尔·科芬祖上可追溯到弗吉尼亚的早期拓荒者；CC 的父亲托马斯·拉尼尔·威廉斯二世——田纳西便是以爷爷命名的——是一位极负盛名的政治家，家世显赫。但到了 CC 这儿，他成了一名挨家挨户上门的推销员，家族的英雄谱系似乎戛然而止。

威廉斯将自己的文学创作视为对父亲停滞不前生活的复仇，同时也是对祖辈勇敢冒险精神的复兴。"威廉斯家族抵抗了印第安人，保卫了田纳西州，"他写道，"而我已发现，年轻作家的生命无异于捍卫一座城池，抵御野蛮人的进攻。"* 在最初着手《玻璃动物园》中的素材，想要打造诗剧《美国的温菲尔德家》（"The Wingfields of America"）之时，威廉斯搅动了整个家族命运挣扎其中的那潭死水。诗剧中的叙述者开篇述说道："初时，温菲尔德家族的人极富冒险精神，他们迎难而上。"* 然后继续说：

    美国精神在他们的血液中经受了洗礼。
    他们是拓荒者……
    他们是
    再次向西部跋涉的人，
    因为已知的土地
    不足以容下他们

该诗引言的结尾部分如下：

    朦胧中透过生活的表层，温菲尔德家惊叹那份兴奋已无迹可寻，那最初某种美妙的东西亦不见踪迹

幼年的威廉斯与妈妈合影

那种美妙伴随他们
透过清晨的迷雾并穿过
山中的松林，骑着马，划着船，或是扛着枪——
去建设一个新世界！
他们建设了什么？一个世界！
然而它果真是一个新的世界？
温菲尔德家人略微试问。

威廉斯认为 CC 是"我所知道的最悲伤的人"*，他写道："他不是一个能够反省自己的行为会对家庭造成何种影响的人，也不是一个会改变自己行为的人。"* 他五岁时，母亲因肺结核离世了。威廉斯在其回忆录中写道，她的早逝让 CC 没学到母亲的平静。CC 实际上也没能学到父亲的克制。四次竞选田纳西州州长败北令托马斯·拉尼尔·威廉斯二世耗尽了绝大部分家产。CC 被送到一家又一家令人压抑的劣等寄宿学校就读，以胡作非为而著称。最后，他被送去军校，在一连串的违纪行为之后，他的"英勇品质"* 展露无遗。他桀骜不驯，从不安分守己。他一度突发奇想要成为律师，在田纳西大学法学院读过两年，随后又自愿报名参加了美西战争。但是法律和军事行业对自以为是、自由散漫的 CC 而言都太压抑了。有一段时间，CC 做了一家电话公司的地区经理，后来担任诺克斯维尔男士服装公司的旅行推销员。作为一名旅行推销员，他可以按自己的方式和运动准则来生活。在威廉斯早期剧作《纺织歌》(*The Spinning Song*) 中，父亲承认自己渴求"持久的兴奋"*；如果说 CC 前途命运不定，或者没有稳固的情感内核，那么人在旅途至少为他提供了某种方向。对 CC 来说，游走是治疗焦虑的一剂良方；一直以来，他那游走四方的作家儿子——他的朋友们叫他"鸟儿"——会采取同样的防御手段。"我有自毁的冲动，"威廉斯让

《天使之战》中的一个角色说,"我一直试图逃离它。"*

CC 和埃德温娜是他们那因循守旧时代的牺牲品。两人的生命都有些秘而不宣的东西。CC 给自己筑起了一道情感铁幕,从不谈及自己的父母或童年岁月,这使得他的情绪波动愈发任意而令人不解。同样,埃德温娜从不接受或理解她父母之间的秘密——她母亲受过修道院式的教育,是她"见过情感最不外露的人"*;父亲对她溺爱有加,威廉斯称其为"不是最具阳刚之气的男人"*。了解戴金牧师的戈尔·维达尔称,尽管牧师一生正派,斯斯文文,却对"希腊恶习"*颇有兴趣。威廉斯曾经暗示过戴金牧师天性中有某种任性——"他为人谦逊,关爱他人,但会不可救药地去满足自己的任何冲动"*——他让别人自行领会老牧师在下面这件事上拒不回答老伴的残酷,以及性方面的暗示。

1934 年的某一天,牧师在孟菲斯靠每月 85 美元退休金生活的时候,两个男人来找他。牧师将妻子大部分的储蓄给了他们——将价值 7500 美元的政府债券套现为 5000 美元。*"她问:'沃尔特,为什么呢?'不断地问,直到最后他说道:'罗丝,别再问了,因为如果你继续问,我就自个儿走了,你再也不会有我的音信了!'"威廉斯写道,"那时她从藤椅挪到了门廊的秋千上……外婆轻轻地来回荡着秋千,夜幕渐渐环绕着他们,他们一言不发……懵懵懂懂中,我感受到在两人的一生中,他们之间一直都有什么东西在缓慢而令人恐惧地逼近,他们对此仿佛也有所察觉。'沃尔特,为什么?'第二天早晨外公本来在忙什么,外婆什么也没说。突然,他走进小阁楼,从一个金属箱里拿出好大一堆硬纸板文件夹,里面装的是他多年来手写的布道文。他拿着这堆东西走到后院,来回走了好几趟……然后他点了把火,将 55 年来手写的布道文付之一炬……我清楚记得那熊熊烈火,但更记得外婆当时站在洗衣盆前脸上那无言的白光……她的目光一次也不曾瞟向窗外,那里,80 多岁的老绅士正在执行火刑来净化自己的心灵。'沃尔特，为什么？'没人知道！外公将这个秘密带入了棺材，那年他 96 岁，春天里走的。"*

"鸟儿（威廉斯的外号）告诉我，他认为外公因为与一个小伙子有染而被敲诈勒索了。"* 戈尔·维达尔写道。戴金牧师的临终遗言是"我想去基韦斯特"* —— 一个同性恋者云集的小岛，他和威廉斯经常光顾的地方，威廉斯 1950 年还在那里买了一处房产。戴金·威廉斯告诉记者："你会觉得，作为一位圣公会牧师，他理应愿意去天堂。"* 这话忽略了一点，对于一个像戴金牧师这样有隐秘同性恋倾向的人来说，基韦斯特就是天堂。

威廉斯常常抱怨，觉得自己"像个幽灵"*，在鬼魂出没的屋子里长大。必须明确的是，他不只是在一个鬼屋里长大，而是两个。鬼屋里的日常生活弥漫着秘密和不可言说的一切，给人一种身处假面舞会的感觉，与此同时给人造成一种显而易见、难以解释又极具破坏力的空虚感，如同《玻璃动物园》中的温菲尔德家一样。剧中，客厅墙上"面朝观众"的那张放大相片——阿曼达离家出走的丈夫在相片里带着"无法回避的微笑"*——就让人感觉如同幽灵一般萦绕在《玻璃动物园》的观剧体验之上，戏里戏外都不无讽刺意味。就戏外而言，那幽灵般的相片既蕴含了父亲缺席在威廉斯家庭生活中的确存在的事实，又是对这一缺席的致敬。对孩子们和他们自己来说，CC 和埃德温娜都是幽灵般的形象，既不可知亦无所知。CC 自己人生中不曾体会到浓浓的爱意和惬意，在选择人生伴侣的时候也不可避免地找了一个无法给他爱、令他惬意的人。威廉斯认为，母亲埃德温娜的个性中"严重缺乏细腻的情感"*。CC 遇见埃德温娜时是一个风度翩翩的 27 岁小伙子，埃德温娜则认为自己虽然 23 岁但已人老珠黄。* 他知道——推销员的必备素质——如何说服别人；他活泼、幽默又能说会道。阿曼达在《玻璃动物园》中说:"你们的父亲富有一样东西——魅力!"* 这与埃德温娜经常唠叨的幻灭感遥相呼应,她写道,"在搬到圣路易斯之前,我看到的只有科尔内留斯(CC)迷人、殷勤与欢快的一面"*(略而不谈在先前的那些日子里,CC只看到了她身上诱人和有趣的一面)。"我真搞不懂科尔内留斯和埃德温娜怎么走到了一起,"威廉斯家的朋友玛格丽特·布朗洛(Margaret Brownlow)说道,她出身显赫,家住诺克斯维尔,"对埃德温娜而言,生活索然无味。对科尔内留斯来说,一切都趣味盎然。他饮酒,他跳舞,他吸烟,他样样都来。埃德温娜对此眉头紧锁。她不是这样长大的,她不喜欢这一切。"她补充道:"她相当自命不凡。"*

埃德温娜搬到圣路易斯那年34岁。虽然和CC结婚已有11年,但这是一家人第一次离开父母独立生活。埃德温娜也是第一次下厨。CC去求婚的时候,戴金牧师告诉他:"埃德温娜不会缝纫,不会做饭。她只会做个交际花,其他什么都不会。"CC回答:"戴金先生,我不是在找一个厨师。"* 埃德温娜自己承认,她是一个被娇生惯养的独子;她对家务的无知成了贵族荣耀的徽章。但是,到了圣路易斯之后,她远离了父母,失去了以往的特权,不得不依靠自己,还得受限于自己和丈夫多年来所接受的维多利亚僵化教条的种种束缚。不久,出于不同理由,夫妻俩都让对方失望、恼怒。感觉受伤了的CC从过度饮酒中寻求慰藉,而埃德温娜是一个滴酒不沾的人,她定下一大堆规矩表明自己的不满。结果只能是两人开战。威廉斯的外公外婆关系融洽,是威廉斯心中亲密关系的楷模——"犹如罗马神话里的恩爱夫妻鲍西丝和费莱蒙……那就是他们的样子……我感恩上帝,让我在外公外婆身上看到了两个人可以如此相爱无间,宛若同一棵树"*。可是,他父母的关系则截然相反。他们"两人水火不容,并让彼此的分歧和冲突使孩子们的身心支离破碎"。埃德温娜理直气壮地声称,自己受到了丈夫的恐吓,威廉斯写道，CC一向进"家门时就像要把房子从里面一锅端掉一样"。*CC收入不错，但不愿拿钱出来；埃德温娜则不愿示爱，在某种程度上可谓情感恐怖分子。

埃德温娜漂亮、虔诚，也是个话痨，她曾发誓要献身给CC，现在却将全部心思都花在了孩子身上。（听到自己要做父亲的消息，CC表现得实在糟糕。当听到妻子怀上了他们第一个孩子罗丝时，他十分震惊，用埃德温娜的话来讲，"好像遭了雷劈一样"*。汤姆出生后，埃德温娜听见丈夫对女儿说："我们可不喜欢刚出生的那个小家伙，对吧？"* 而当埃德温娜告诉他怀上了第三个孩子戴金时，CC的反应是："那肯定不是我的！"*）CC日益感受不到来自家人的关爱和理解。对埃德温娜来说，她把孩子当成一种对抗丈夫残酷与背叛的堡垒。孩子们得到了她充分的关心与理解，CC则尽获她淋漓尽致的性冷淡和尖酸刻薄。1919年戴金出生后，CC被逐出婚床。埃德温娜从此不想要性爱，而CC则截然不同。戴金·威廉斯记得，CC"迫切想要那个，尽可能多要，哪儿的都行"*。

在《纺织歌》里，威廉斯戏剧化了其父母对峙的两难境地——这种局面在《玻璃动物园》里以一种更积极的方式得以表现：将父亲从尖酸刻薄的形象变成了缺席的诗意象征，将母亲从一个爱责骂的人变成了一个"拥有旺盛却迷茫的生命力"* 的人物。在《纺织歌》的一场戏中，一个小男孩儿正在一棵圣诞树下哭泣，这时他的父亲怒视着他；母亲责备父亲将他的"动荡不安"带回家里，并扬言，"我们的婚姻是个错误"。作为回应，父亲将对妻子的怒火转到孩子身上，他威吓孩子好好捡起积木——"你妈妈已将你变成女孩子了！"男孩儿"无助而又恐惧地望着他"，然后"跑到母亲身边寻求庇护"。接下来便是：

母亲：你吓到他了！……

父亲：对。看你还教孩子跟我对着干。

母亲：他们对你不熟悉，你就跟个陌生人一样。你要是一放假回家就这样把他们吓得半死，还不如别回来，继续做个陌生人好了……

（阿里亚德妮抱着一个娃娃进来。惊恐地站住，盯着看……）

父亲：他们是我的孩子。

母亲：你已经和他们脱离了关系。

父亲：我被剥夺了权利。

母亲：是的，但你是自找的！

父亲：劳拉，我们不要吵了，不要在今天！

母亲：（大叫着）看看可怜的阿里亚德妮！阿里亚德妮，过来！你醉醺醺的大喊大叫已经吓到她了。（女孩儿跑到她那儿）……看看你都做了什么？你毁了他们的圣诞节。他们和别的孩子不一样。他们更容易受伤，他们需要更多的保护……

父亲：我爱孩子们。

母亲：你爱孩子的方式太古怪了。

父亲：我爱你，劳拉。

母亲：你爱我的方式也一样古怪。

（他紧紧抱着她僵硬的身躯。）

父亲：你得设法让我安静下来，让我平静下来！

母亲：太晚了！*

CC心胸狭窄而且好滋事斗狠；他上了年纪后，身体开始出现与之相应的迹象。他只有一只眼睛能看见东西；一只耳朵在一次打牌斗殴中被咬掉了一块儿。（虽然他的耳朵接受过整形手术修复，

第一章 热血沸腾与个人情怀

但他在国际鞋业公司声誉扫地了。）心里装满了愤怒和怨恨，他冷漠、不屑一顾、脾气火爆，而且经常令人恐惧。"大部分时间，和他在一起的生活充斥着说得出或说不出的恐怖，"埃德温娜写道，"在我心中，我的丈夫变成了'愤怒男人'。"* 和埃德温娜一样，威廉斯也对 CC 避之不及。他们的家成了暴力的温床。"从那儿滚出来，我要杀了你"，CC 喝多了便朝埃德温娜大喊。据她说，CC 几乎每个月都威胁说要把他们赶出去。CC 高声嘶喊："带着孩子们滚，滚出去。"* 威廉斯写到他父亲粗哑生硬的嚷嚷声时说："你想要离那声音远点，把自己藏起来。"*

不妨举个例子。1933 年元旦那天早上 7 点，埃德温娜正在给孩子们准备早餐，CC 一夜狂欢后回到家。"我并没有意识到他喝了太多酒，错误地跟他吵了起来，"埃德温娜在日记中记着，"他突然暴怒并威胁我。我锁上房门并试图隔门与他理论。'打开门，否则我就撞进去！'我还没来得及开门，他已经付诸了行动。锁撞烂了，门正好撞在我的鼻子上，我头昏眼花地摔在了地上。这时罗丝醒了，听到了吵闹声，看到我躺在地上，流着鼻血，便跑到大厅尖叫：'救命啊，他要杀了她！'"* 在《天使之战》中，威廉斯表现了恶劣婚姻的某些特征。"我啊——我不得不忍受他！"迈拉跟瓦尔讲述她的丈夫，"哦！他一碰我，我就浑身起鸡皮疙瘩。"*

埃德温娜总喜欢挂在嘴边的一句话是，CC 只爱"两样喘气儿的东西：戴金和家里的那只狗"* 。（埃德温娜给 CC 起的绰号叫"尼尔"，也是家里一只狗的名字。）CC 会带戴金去看红雀队的棒球赛，去鲁杰里牛排馆吃 75 美分的 T 骨牛排，他对罗丝却很刻薄。有一次罗丝给他跳了个舞，他评价道，"就跟头牛似的"* 。至于他那个没有运动员体魄、腼腆有加、不乏女人气的大儿子——他是 CC 之后埃德温娜所的爱的第一位男性，CC 则是彻底诋毁。他嘲讽威廉斯是"南希小姐"；威廉斯在密苏里大学三年级参加美国预备役军官训练营没通过的时候——这对于威廉斯家族光荣的军人世家声誉而言无疑是一大耻辱，CC 残忍让他退了学，将他安置在国际鞋业公司工作——威廉斯将这份工作描述为"为了把人变成疯子……生不如死"*。CC 对儿子的抱怨和之后的精神崩溃置之不理，不讲情面的他认为，汤姆每月 65 美元的工资"大大超过了他自身所值"*。戴金回忆："爸爸不高兴妈妈给汤姆花钱。她在一家百货公司为汤姆买了件衣服，那账单让他们俩吵得不可开交。"*

威廉斯从未寻求或得到 CC 的多少赞许。"偶尔他会试图表达爱意，但没什么效果，他会让我跟他去市中心看电影，"威廉斯向剧评家肯尼思·泰南（Kenneth Tynan）描述他儿时与父亲的关系，"我会跟他去，但会因为怕他而吓得身体发直。每次都这样以后，他倍感挫败，后来就罢手了。"*"我觉得他是爱我的"，威廉斯这样提及父亲，但他从来都不是非常确定。他对 CC 棒喝的反应不是暴怒而是"忧伤"，他回忆道。*"（汤姆）不忤逆父亲。我只能猜测他在心灵上付出了多大的代价"*，埃德温娜说。"我已经开始将父亲的喝令看作——就我那时而言——雄健威得太不可理喻、无可辩驳，以至于那时的感受类似于一只筋疲力竭的动物正在继续遭受鞭挞，"威廉斯说，"当然了，在这绝望的不反抗中，一定蕴藏着一种无意识的愤怒，不只是冲着父亲，而是冲着我自身的胆怯和无能的屈从。这一点我意识到了，随着我年长一些，我发现内心一直潜伏着一种强烈的叛逆精神，伺机爆发。"*

威廉斯在自己成年后的多年里，都依然用他母亲幻灭的眼光来看待他那易怒的父亲。埃德温娜说她的婚姻是"整日整夜如履薄冰"*。威廉斯诗歌《送葬队伍》开篇为"冷，冷，冷／是你父亲无情的血液"，并继续写道："她经过他并从身旁绕开／走下楼梯，／不愿触碰／他抓过的门把手，／憎恶／他吃饭时用过的餐巾。"* 1943 年在圣路易斯创作《玻璃动物园》时，威廉斯写信给温德姆："老家伙

少女时期的罗丝·威廉斯

刚刚离开家,去他期待已久的西海岸旅行了。我们希望他永远不要回来,但是邪恶肯定会回来的。"* 这里"邪恶"和"我们"表明了威廉斯的偏见及与母亲对事情的看法"串通一气"。(他们内部联盟的另一个迹象是,威廉斯讲话时会明显地拖长腔调,慢吞吞地说话。这是他母亲才有的口音,CC 讲话是不带南方口音的。*)在威廉斯成年的大部分生活中,他都害怕回家。"我的父亲——如何再面对他?——我能够做到吗?"他在 1942 年的日记中写道,"或者我再逃走?——欺骗那个含辛茹苦供养我的可怜母亲?"* 1943 年的日记里则有这样的话:"我和父亲单独谈话了,这大概是过去十年或 15 年内我们第一次单独谈话。他已是一位可怜的老人,却依然可以是魔鬼。"他继续写道:"这无异于一出契诃夫的戏,只是更狂野,更悲哀。"* 当时,这一吵吵闹闹的家庭已经严重两极分化,就是吃顿饭都是 CC 独自一人先吃,埃德温娜和她父母随后再吃。

"这个家是多么阴暗而又令人不解啊,我的这个家,"威廉斯写信给温德姆,"我只有一个想法,就是要有力量,其他的都微不足道。我猜想那是我回家的目的。因为我不能给予他们任何帮助。"* "无所事事,只是待在家里喝酒,"威廉斯写信给伍德时提起了父亲,"我觉得他喝得醉醺醺的时候十分危险。母亲说他跟外公说话连恐吓带咒骂。"* 1945 年 3 月初,在《玻璃动物园》首演前最后一次回家时,威廉斯在家里待不下去。整个那一周从下午 5 点到凌晨 2 点他都不敢待在家里——"找各种理由离开,避免谈话和盘问!"他向劳克林吐露心声。他继续说:"今天晚上我 10 点就回来了——最早的一次——迎接我的是泉涌的眼泪和责备的话语——我如何能够解释或获得原谅,只能说——对,是真的,我忍受不了这里的生活,哪怕一年就回来一周,哪怕一周就待一个晚上!"*

第一章　热血沸腾与个人情怀

威廉斯的口才，同他的神经兮兮，也是家庭遗传的一部分。家庭暴力塑造了他的个性，言辞流畅成就了他的散文。他家族谱系上的三大家族——戴金家族、奥特家族①和威廉斯家族——都是有着良好教养的家族，口碑也不错。威廉斯成长过程中被丰富多样的语言环境所熏陶：圣经式的训诫、清教的老生常谈、古希腊罗马典故、上流社会的斟词酌句以及黑人的说教。他亲爱的外公戴金牧师——在威廉斯早年成长中扮演过重要角色——嗓音悦耳，爱好朗读（"他能背诵很多诗句，"埃德温娜说，"我确信汤姆爱书和我父亲有关。"*）。牧师也可说是讲坛上的演员。他在布道时——那些布道文写得流畅，读来朗朗上口——腔调里流出某种戏剧表演天赋。"把你们的帐篷支向天堂，支向飞升。"他缓慢而庄重地说，那是1901年，他第一次布道，威廉斯要十年后才出生。他最后一次布道是在1920年。此时的威廉斯早已习惯了仔细聆听外公充满隐喻的词句："当罪恶的暴风雨在你四周和你内心咆哮，当世界的地平线因前所未有的恶而越来越黑暗，务必步步靠近那万古磐石遮风避雨，直到暴风雨停息，直到正义之子光芒四射的荣光穿过漆黑的天空向你飞来，羽翼下藏着你的愈合之机。"*

埃德温娜和父亲一样喜欢说话，但她的言语方式属于另外一种类型。"我妈妈是一位肺女士（lung lady）吗？"*威廉斯刚学会说话时曾这样问。埃德温娜毫不含糊地回答是的，以为自己才学步的儿子是想说"年轻女士"（young lady），觉得很好笑。埃德温娜的确肺活量充足。"她总是在讲话，"戴金说，"从没有过安静的时候。

---

① 外祖母的家族。

你一迈进屋,她就立马开始了。"他继续说:"她喜欢通过讲话把焦点集中到自己身上。除了她自己,她不关注任何人。这就像是滴水——滴答,滴答,滴答。"*

埃德温娜不只是一个健谈的人;她是一个叙事事件,一湍令人无法抗拒的话语激流——她口若悬河的样子可谓形象生动,话语抑扬顿挫,华丽雕琢又令人困惑。口才,是她在无能为力的情况下力量的展现。她在孩提时代曾梦想成为一名歌剧演员;成年后,她的歌剧风格表现为一阵阵突如其来的佯攻、争吵和讲话——它们可谓她左右观众的表演,当众宣泄自己奔放的情感。戴金说,凭着华而不实的语言,"她试图赢得舞台"*。〔威廉斯在回忆散文《大白天下》("Let It All Hang Out")中写道:"埃德温娜小姐在躺下休息后至少还要谈一个小时。"*〕在她与 CC 的口水战中,威廉斯说,埃德温娜"几无败绩"*。

辞藻丰富是南方淑女的诱惑力法宝,如同拍苍蝇要拿糖来引诱。"女孩子光有漂亮脸蛋儿和优雅的身姿是不够的,"《玻璃动物园》中,阿曼达告诉汤姆,这时她开始讲自己当年一天接待 17 位来访绅士的传奇故事,"她还需要具备机智和口才来应付各种场合。……永远不能出口粗俗、普通、趣味低级。"*阿曼达在传播南方淑女之道,埃德温娜则直接活在其中。口才是一种工具、一种展示、一种声明。在埃德温娜这里,言语刷新了现实,为她杂乱无章的情感生活赋予了条理,将她的敌对情绪从自身转移开来,也使她变得不可知。"我总是喜欢忘掉一切不愉快,"*埃德温娜写道,"当我痛苦时,我通常假装快乐。我认为父母将自己的情绪发泄在孩子身上是不公平的……我相信,如果我没有假装让事情不像看起来那样糟,一切会更令人沮丧。我们在多大程度上需要生存,就必须在多大程度上当好演员。"*埃德温娜的孩子们要跟她生存下来,并得到他们需要的情感支撑,他们不得不专注于并介入她的叙述。《玻璃动物园》刚开始，阿曼达要进入她对过去的遐想时，威廉斯表达了这种共谋：

> 汤姆：我知道要发生什么！
> 劳拉：是的，但是让她讲吧。
> 汤姆：又让她讲？
> 劳拉：她爱讲。
> （阿曼达拿着一碗甜点回来。）
> 阿曼达：蓝山一个周日的午后——你们的母亲迎来了——17位！——来访绅士！……
> 汤姆：我敢说你一定很会讲话。
> 阿曼达：我跟你说，那时候的女孩子知道如何讲话。*

埃德温娜的语言壁垒意在让外界注意她，同时又伤害不到她。言语是某种建立信心的把戏，也就是说，她的话意在给他人和自己信心。"你跟埃德温娜一起坐着就想模仿她，"戈尔·维达尔说，"她长着一张相当冷酷的脸，非常长的上嘴唇，我过去常叫她'那只漂亮的灰雁'。田纳西觉得那真是太好笑了。"*埃德温娜认为威廉斯"孩提时观察力异常敏锐"*，他是母亲的绝佳观众，这点《玻璃动物园》可以为证——它重新讲述了她的传奇故事：南方淑女的教养，她的追求者，敬畏上帝的虔诚心，丈夫的抛弃，对幼子们的勇敢支持。埃德温娜所有的说教、连珠妙语和口头禅，以及它们对他人话语权的剥夺，统统被威廉斯吸收，并通过阿曼达演绎出来。*威廉斯回忆说，芝加哥首演时他和妈妈坐在一起。埃德温娜第一次看到自己的形象被搬上舞台时，她"看起来像一匹啃到荆棘的马儿。她触摸自己的喉咙，两手紧握，完全不能看我"*。洛蕾特·泰勒后来在后台问她："哎，威廉斯夫人，您如何看您的形象？""我的形象?"* 埃德温娜佯装不知,毫不理会泰勒傲慢无礼的言辞。

在自己的回忆录里,威廉斯礼貌地将母亲埃德温娜描述为"中度可控的歇斯底里症患者"*。像许多歇斯底里的人一样,她身体有问题。* 她性冷淡。"她以前每次和父亲同房都会尖叫,"威廉斯说,"我们这些小孩儿吓坏了。我们会跑到外面街上,邻居们会让我们进他们家。"* 戴金开玩笑地说,母亲是"反性生活联盟主席"*,"她不相信性,唯恐避之不及"*。埃德温娜描述自己对儿女的爱,而不是展示这种爱。吻和拥抱——母爱通常的肢体表达——不属于她的保留剧目。"她不会接触你的身体,"戴金说,"她不喜欢任何身体接触。我们从没有被她抱过、亲过,也不指望。"*

阿曼达和埃德温娜一样抵触身体接触。在剧情中,舞台提示显示,她只碰触过儿子三次。"不要跟我讲什么直觉!"她厉声斥责汤姆,训斥他捍卫人类激情,"本能是某种人们已经摒弃的东西!它属于动物!成年的基督徒不需要它!"* 对埃德温娜来说,精神上的自我牺牲取代了激情。这种替代,在威廉斯看来,将她变成"一个蠢到近乎犯罪的女人"*。秉持着威廉斯所谓"铁板一块的清教观念"*,埃德温娜代表了"她那个时代和背景所能产生的所有差错、谬误和曲解。她身上满是这些东西,她堪称这些错误的典范,即便是年岁增长也从未有所改变",他在 1946 年这样写道,并继续说:"生养出这样的'基督教殉道者'、这样的谬误范例,整个社会都应该受到鞭挞!"罗丝高中没有毕业,也没有工作,埃德温娜想让自己不幸的女儿将来能找个秘书的行当,就让她练习打字,而且就打一堆自我提升的说教,如:

> 无论哪种成就都是对努力的加冕、思想的王冠。借助自律、决心、纯洁、正义和专注,一个人会得到提升;借助兽性、懒惰、淫秽、腐败和思想的混乱,一个人就会走向堕落。*

像所有歇斯底里的人一样，埃德温娜擅长将自己的内心状态传给别人。她那种殉道士的眼神*——《玻璃动物园》第二场里就有呈现——甚至能够穿透 CC 强势的外表。威廉斯回忆，有天晚上父亲回来晚了，酩酊大醉地坐在餐桌旁，"她盯着他，那无言的痛楚表情，就像一只猎狗瞄准着灌木丛中的一小群鹌鹑"*。埃德温娜的表演能引起 CC 几近"疯狂的暴怒"*。到了孩子们这里，因为需要她的情感呵护，那份暴怒被压抑了。

由于埃德温娜将对身体的恐惧"强加"*给孩子们，田纳西、罗丝和戴金对自己的身体都感到陌生。戴金直到 37 岁结婚才有性体验*；罗丝去世时仍是一位处女，按照一份 1937 年法明顿州立医院的报告，她疯癫的初兆是"对家人性不道德妄想的反应"*；威廉斯自己承认，他直到 26 岁才第一次自慰，"那时不是用手而是用床单摩擦腹股沟，脑子里回忆在圣路易斯华盛顿大学游泳池一个跳水男孩儿从高台上裸体跳下时那无与伦比的优雅和潇洒"*。

在《玻璃动物园》中，劳拉在高中时就曾暗恋来访绅士吉姆·奥康纳，她对他产生的欲望令她浑身瘫软；她几乎站不起来去前面给他和哥哥开门。在威廉斯家里，对表露欲望的恐惧使得"性欲强烈"*的罗丝在异性面前弓起细肩，"讲话中带有一种近乎歇斯底里的活力，没有哪个小伙子知道如何应付"。威廉斯在《玻璃女孩画像》中写道："她并没有主动接近这个世界，就好像只是站在水边，两只脚总是害怕水太凉而不敢踏入。"*他刻画的劳拉跛了腿，这代表着罗丝的心理残疾。威廉斯自己的表现则是一种病态的羞怯。他从很小的时候开始，就"将感官与淫乱联系到一起，这种错误的看法在青春期之前、之后都在折磨我"，他发现"自己几乎完全不可能……在课上大声发言"。任何意味着暴露自己的事在让他兴奋的同时也使他困惑。"在其后的四五年时间里，这种情况几乎没有缓解，只要我的眼神撞上别人的眼神，我便会脸红，不管那人是男是女(但多数时候是女性,因为我生命大部分时间是和这个群体的人度过的)"*,他在回忆录中写道。这是一种持续了多年的腼腆。"我感觉最丢人的是自己不能与他人、与外界建立联系,"威廉斯在1942年一篇日记中写道,"我在人群中形单影只。我的舌头像是被上了锁。我虽身在人群之中,却游荡在自己的梦里,羞怯让我无法与人交谈、融洽相处。"*

埃德温娜曾夸耀,"我唯一相信的精神病专家是我们的主"*。威廉斯认为,母亲"比我的姐姐罗丝本质上更具精神病患者特征"*。"她似乎被一股盲目的自然的力量支配着"*,威廉斯说。她的妄想和恐惧传给了自己的孩子们,改变了他们的行为,让他们性格软弱,精神压抑。和阿曼达一样,她在遭受挫折打击之后把自己的欲望和恐惧都倾泻在自己的孩子身上。"你是我最有力的支撑!不要倒下,不要失败!"*阿曼达告诫被她理想化的儿子。很长一段时间,威廉斯和罗丝努力保持母亲所希望的形象:本分,有礼貌。在埃德温娜浪漫的幻想中,罗丝是一位南方淑女、未来的贤妻。同样,在《玻璃动物园》开头,阿曼达要求跛腿、没有约会的劳拉坐下:"坐下,小妹——我要你容光焕发、漂漂亮亮——坐等绅士上门拜访!""我不指望有任何来访绅士",劳拉说,她知道她的残疾使她不能过正常人的生活。"但是妈妈——"她说,"我——有残疾啊!"阿曼达连劳拉残疾这一最明显的事实都拒绝承认。"胡说!劳拉,我已经告诉过你永远不要、永远不要使用那个词。哦,你不是残疾,你只是有一点缺陷——甚至几乎看不出来!"她说。*在劳拉和我们面前,阿曼达虚构了这个世界,并让她的孩子们拒绝承认关于他们本性的真相。剧里这样写道:

  阿曼达:差不多是我们的来访绅士要到的时间了。(她如少女般扭向小厨房)你料想今天下午我们会款待多少来访绅士？……

劳拉：（独自在餐厅）我认为我们不会接待任何人，妈妈。

阿曼达：（再次出来，无忧无虑地）什么？没人——一个也不会有吗？你一定在开玩笑！

（劳拉紧张地回应她的大笑……）*

埃德温娜一心扑在自己的第一个儿子身上。戴金·威廉斯说："我妈妈非常喜爱我哥哥，我宁愿说过度喜爱。"*随着CC永远地从她的情感世界里被踢了出去，埃德温娜将婚姻中丧失的情感嫁接到年轻的汤姆身上。"她的丈夫在S出生后不久就抛弃了她，"威廉斯在1945年剧作《通往楼顶的阶梯》（*Stairs to the Roof*）之前的一部短篇故事中写道，"她下定决心不让这个男孩也离她而去。"*从那一天她给一向腼腆的12岁儿子买了一台十美元的打字机开始，在她心里，威廉斯就成了"妈咪的作家儿子"*。两人共同的自我幻想将威廉斯拴在了她的围裙带上，可谓一种华而不实的联合制作——这后来成了他的宿命。"不出几个月的工夫"，威廉斯给伊利亚·卡赞写信说，写作"成了我生命的中心……然后突然一天当我坐在这台二手（紫褐色的）安德伍德便携式打字机前（这是我收到的圣诞礼物），一个念头冒了出来：这是我的生命，这是我的爱！要是没有了它，我可怎么办？——这个念头在我心里引发了极大的恐惧，以至于大约——我忘了准确的时间间隔了——几天、几个星期！我无法写作。我成了一名写不出东西的艺术家！"*

作家威廉斯还真是失望的埃德温娜创造出来的。写作加强了他与母亲的纽带，同时也为埃德温娜提供了另一位战士，以抗击可鄙而倨傲的CC。戴金说，父亲"认为作家什么都不是，没啥出息，挣不了什么钱"*。"当我知道父亲认为我是一个无能的游手好闲之徒，我跟他一起在家里待着的时候就觉得很不舒服。"*威廉斯写道。

当父亲科尔内留斯蔑视汤姆的付出时,母亲埃德温娜则"加倍地给予他支持"*,莱尔·莱弗里奇在《汤姆》中写道:"不管是不是故意,她已经制造了一个报复的武器,在父子之间埋下了一个永难拔除的钉子。"对威廉斯来说,讲故事成了一种共谋,一种不辜负母亲活力和想象方式的努力,一种不愧对母亲对自己的看法的尝试。最终,孩子们需要扮演的角色负担重到无法承受。*

不被父亲认可,又被母亲重构——家里传递的无声信息是"你不能拥有自己的情感"——孩子们最终挣扎着为自己的情感真实争一席之地。CC 的暴力,加上埃德温娜的压抑,是威廉斯各种身体不适的根源,也导致他 1935 年在国际鞋业公司精神崩溃。"我是一个乖孩子。被谋杀了的孩子。"*他在日记中写道。可怕的家庭气氛也是制造疯癫的诀窍。威廉斯认为,姐姐罗丝和他自己一样都要忍受"神经脆弱"*,但她没有发泄口。渐渐地,无法阻挡地,她堕入自己无法知晓的世界。她跟一位医生说,她的"妄见"之一是,"她全家都精神错乱了"*。罗丝第一次犯病后,威廉斯回忆她"像个梦游者"走进他的小房间,宣告"我们必须一起死"。*一位精神科医生告诉 CC:"罗丝可能会在某个夜晚,拿把屠刀割断你的喉咙。"*"悲剧。我写下那个词时深明其义,"威廉斯在 1937 年 1 月 25 日的日记中记载,"我们家还没死人,但有一桩比死亡更丑陋、更可怕的事正在慢慢发生。"*

28 岁那年,迷惘而陷入妄想的罗丝第一次住进了法明顿州立医院。问诊的精神科医生陈述道:"洞察力完全缺失,尽管她有时说她精神上的疾病源于她的家庭问题。"*在威廉斯看来,罗丝的脑叶白质切除术在某种程度上说来是埃德温娜间歇性歇斯底里症的结果,让姐姐通过手术切除大脑用于记忆的部分之后强制性地回归纯真。"母亲决定做脑叶白质切除术。我的父亲不愿意做。实际上他哭了。这是唯一一次我见到他哭,"威廉斯说,"为什么要实施手术

与父母在一起的威廉斯

呢？实际上是罗丝小姐非常流畅地表达了自己的想法，但是她说的话让母亲震惊。罗丝爱让母亲震惊。"他继续说："罗丝说：'母亲，你知道我们这些在诸圣学院读书的女孩子，过去常常用从小教堂里偷来的圣坛蜡烛自慰。'母亲像孔雀一样尖叫起来！她冲到精神科医生那儿，说：'做点什么，什么都行，让她闭嘴。'"* 脑叶白质切除术是一个家庭悲剧；它终于永远地让罗丝契合了母亲埃德温娜想要的生活。如埃德温娜所写，罗丝"现在生活在一个只有美好记忆的世界里"*。

罗丝被迫顺从之处是威廉斯想要逃离的地方。他基本是逃向了写作，在那里他能够将自己和家庭的痛苦转变成另一种形式。在戏剧创作中，他找到一种既能将自己藏匿起来又能释放狂暴情感的策略。在舞台上，他能够消除他的恼怒。他说，写作是一种"外表昏迷，内心暴力"的行为。他将他的抒情冲动——他称之为他"人行道上的表演"——比作他某次见过的南方小姑娘的表演，她穿着"别人不要的华丽衣服"，朝她的朋友们大喊着："看我，看我，看我！"直到她摔倒在"一大堆脏兮兮的白缎子和撕裂的粉色网罩之中。仍然没有人看她。"*〔威廉斯的第一个短篇《隔离》（"Isolated"）——发表在五分钱一本的《少年生活》上——是一个只有三段的奇幻作品，讲述了一个大洪水的故事。故事主人公被洪水围困在一个别人看不见的地方，直到一个"搜寻尸体"*的搜救队救了他。〕罗丝没有释放自己愤怒的象征性途径，只能把气撒在自己和家人身上。脑叶白质切除术和弟弟的解决办法恰恰相反：外表暴力，内心昏迷。根据她实施脑叶白质切除术之前的精神科医生报告，罗丝受困于"躯体幻觉：觉得自己的心脏和胸一样大；认为她的躯体已从她的床上消失"*。脑叶白质切除术彻底把她变成了从前自我的幽灵。

这种幽灵气息被带进了《玻璃动物园》。*剧中的记忆碎片演绎出叙述者的内心戏剧。叙述者将自己置身于场景之外，表明了自己和威廉斯一样的幽灵般的超脱。剧作里充斥着无所不在的缺席。壁炉台上有一幅特意打上灯光的照片，那是温菲尔德家缺席的父亲穿着"一战"时的制服，用来提醒——似乎需要这样——CC 的离弃所产生的无所不在的影响力*：折磨全家人并让家庭分崩离析的痛楚。汤姆·温菲尔德——像年轻的威廉斯一样，将自己的抑郁描述为"内在的暴风雨，却很少外显"，这种抑郁造成了"我自己与所有其他人间的深壑"——感觉自己如果不是一个幽灵，也没有真实地活着。*"你知道把自己弄进一具钉好的棺材并不需要多聪明"，他说。汤姆习惯性地去看电影令阿曼达迷惑不解，而威廉斯完全理解。"人们去电影院，这样自己就不用动了！"他解释。*精神存活离不开假装。

结尾时，一个忧心忡忡的叙述者站在观众面前，困扰于自己内心世界的虚幻。"我到处游荡，"他说，"城市宛如枯叶般从我身边略过——要知道那枯叶曾是绚丽多彩的，后来才被风刮落，离开了枝头。我本该停下，但有什么东西在追逐着我……猛然间，我的妹妹摸了下我肩膀。我回头，凝视着她……啊，劳拉，劳拉，我曾试图离你而去，但我比自己的意图更忠实于你！"*此时，叙述者站在聚光灯下，沐浴在白色的光里——想象之光。

在戏刚开演那一刻，叙述者宣称他的袖子里有玄机；在最后这几十秒，他通过故事叙述和自己的诡计向观众展示，他对自己掌控自如。舞台变成了"仿佛舞蹈一般"*如梦如幻的鲜活场景，威廉斯在其中将他口中"我那注定失败的家庭"*变成某种辉煌。记忆中的无尽痛苦变成了一场哑剧表演，一场"室内哑剧"。舞台提示如此呼唤哑剧："室内场景的演出仿佛隔着一层隔音玻璃。阿曼达看起来像是在说着什么，安慰蜷缩在沙发上的劳拉。我们听不到母亲的话语，但她的愚痴已不见踪迹，她表现出尊严和悲剧的美。劳拉的漆黑头发遮住了脸庞，母亲说完后她才掀起头发向母亲微笑……阿曼达安慰女儿的时候，动作缓慢而优雅……"没有被家庭疯癫的记忆所击垮，叙述者现在控制着自己内心的骚动。"吹熄你的蜡烛吧，劳拉——再见了。"这是全剧最后一句台词。劳拉按照哥哥的吩咐吹灭了蜡烛。终场时无声的手势彰显了叙述者高超的戏剧表现力，也昭示了威廉斯戏剧的最终追求——用美来救赎沉浸于痛苦和羞辱之中的生命。*

———

《玻璃动物园》百老汇首演的幕布落下的时候，观众知道，戏剧史开启了新的篇章。"这是我前所未有的经历，之后再没有过，也不会再有。我人生中空前绝后之事就这样发生了，"埃迪·道林说，"这真的是一件振聋发聩、绝对振聋发聩的事。"演员们谢幕多达24次。洛蕾特·泰勒"伸展开陈旧的蓝色塔夫绸裙褶，好像就要再次跳起少女时代的华尔兹舞蹈一般"*。她在哭，"后台所有人都在哭"*，朱莉·海登的替补演员贝齐·布莱尔（Betsy Blair）回忆道。那年，百老汇的观众第一次起身高喊："作者！作者！"*喊声持续到威廉斯被哄劝着站了起来。在道林的帮助下，他爬上了舞台。观众们像威廉斯一样体验了他的童年时代——惊愕、困惑、恐惧与兴奋。在喧闹的人群面前，此刻的他看上去甚至像个孩子。身材瘦小，头发剪得很短，外套上有粒扣子都掉了。脸涨得通红的剧作家笨拙地向演员们弯腰行礼；这样做的时候，他是屁股朝着观众。*

幕布最后一次落下时，泰勒抱住道林。"埃迪，我什么也记不起来了，"她说，"我们成功了吗？"

我说："嗯，洛蕾特，你一定是把助听器落在家里了，因为从没有如此……"

她说："哦，我从不关注掌声。但演出时的那种安静，埃迪，那种安静是什么？"

"洛蕾特，我们在芝加哥的那13或14周已经了解了那种安静。"

"但，"她说，"纽约又不是芝加哥。纽约的观众聪明。"

我说："洛蕾特，这不是聪明不聪明的事儿，这些都是最基本的情感，我亲爱的姑娘。你还不明白我们演的是什么样的戏剧吗？"

她说："哦，不要跟我说那些废话。我说那些好玩的台词时为什么下面都没有反应呢？一点儿反应也没有。"

我说："嗯，你很快就知道了。"*

到后台来看演员的人太多了，剧院的安全幕不得不升了起来，这样那些极其兴奋但是进不去后台的人就可以在舞台上待一会儿。"这宛如一场世界杯联赛过后人们从看台走出去的场景。就是那样"，道林说。他继续道："之后，我们很长时间都是这样……我认为今后不会再有哪部剧如此受欢迎了。当然了，无论之前还是之后，也都没有哪个女演员像这位女士一样令人印象深刻。与伯恩哈特（Sarah Bernhardt）和杜丝一样，她成了传奇。这一切都源于威廉斯那一出可爱的戏。"*

《新共和报》眼光犀利的斯塔克·扬——他写的《玻璃动物园》剧评是最富启发性、最有见地的——认为，泰勒是"他们所有人中确凿无疑的第一位天才"。他写道："这里真实地演绎了最深刻、最自然、极具连贯性且触动人心的生活。"* 在后来的岁月里，威廉斯回忆起演员阵容时，描述其他演员"非常普通"*，对泰勒无与伦比的表演的记忆却从未褪色。"她的天资光彩照人，人间罕见；她的举止得体适恰，世上无双，"他在泰勒1946年去世后写道，"偶尔，只是偶尔，时间不会太长，如此厚重地笼罩着我们的困惑和混沌被这样的明晰和光亮穿透，让我们仍然可以相信，我们行走的隧道并非没有出路。"*

后来，参加首场演出的人都去美伦酒店参加为威廉斯举行的庆功宴，由伍德主持。威廉斯已经蒙了，压根没法跟人交流。他和温德姆消失在宜人的夜色中。他们在城里走了几个小时，忘了晚宴一事。"我并没感觉到巨大的成就感，"威廉斯说，"实际上，我一点儿成就感也没有感觉到。这本该是我人生最幸福的夜晚之一……我耗费这么多精力才取得了成功，但当我成功了，我的戏票成了城里最热门、最抢手的戏票，我却几乎感受不到心满意足。"* 威廉斯对他生命此刻的用词是"天意"——"猛然间，天意的安排，在我 34 岁的时候，《玻璃动物园》大获成功"。* 似乎是为了强调这部戏剧令人费解的好运气，他在自己的剪贴簿里保留着一张当日报纸上的星象图，显示了首演成功那个"神奇"之夜与"行星运行"之间的联系。*

在年轻剧作家阿瑟·米勒看来，《玻璃动物园》预示着他口中纽约戏剧界的"一场革命"。米勒写道："一下子，《玻璃动物园》将抒情性推到戏剧史上的最高水平……在（威廉斯身上），美国戏剧可能才首次发现什么是真正的口才和强烈的情感。"* 几年后，威廉斯的朋友卡森·麦卡勒斯评价该剧的重大影响时写道："在我看来，你的《玻璃动物园》开启了我们戏剧界的文艺复兴……创作气候大受鼓舞。"*

获得新生的不仅是美国戏剧。埃德温娜·威廉斯也获得了新生，她那孝顺的儿子将一半的版税给了她——《玻璃动物园》连演563 场，她因这刚到手的财富获得了自由，进而摆脱了自己灾难性的婚姻。"我很开心拥有我的自由，"她说，"太多年以来，屋子的四壁回响着愤怒的声音，现在终于迎来了平静。"* 洛蕾特·泰勒也重获新生，一举成为当时的风云人物。"邮差能按两遍铃，"她说，

"从此之后我的生活拨云见日。"* 一夜之间，在众人心中，汤姆·威廉斯脱胎换骨，成了剧作家田纳西·威廉斯。首场演出第二天，《纽约时报》头版这样写道："有一种释放感——从严冬中解脱出来的释放感，还有一种自由的承诺，不日免除些战争烦恼。"* 那天是1945 年星期日复活节。

首场演出几日后，威廉斯财运逆袭的消息通过电报传到了父母家中：

> 评论皆赞。表明大获成功。售票处排队人数众多。爱你们的汤姆。*

不过，也不尽是溢美之词。《纽约时报》就再一次没有把握住要点和机会。刘易斯·尼科尔斯（Lewis Nichols）在他的评论中将《玻璃动物园》斥为"谈论点儿战争，加上点儿心理学，再偶尔有几处浮夸的书写"*。斯塔克·扬在《新共和报》上予以回击："像那位尼科尔斯先生的反应和态度只会将我们的戏剧束缚住。我们在戏剧中需要的是一种语感、一种言辞中的质感与言辞中的共鸣和脉动。在母亲一角南方口音的背后是伟大文学的回声，或至少是对伟大文学的礼敬。里面蕴含着这种感觉，她来自某种传统，不是从一个盒子里随便蹦出来的。"* 在公开场合，泰勒喜欢告诉新闻界，"扮演阿曼达的时候，你得依仗观众的反应"*。私下里，她明白这个角色真正依仗的该是剧作家。"整个那周令人难以置信：那么多的喝彩！那么多的关注！！那么多的赞美！！！"她 4 月 8 日写信给儿子，"媒体铺天盖地报道这部戏和田纳西·威廉斯那个非同寻常的家伙（你自己也该看到了）。不管我这位女一号有多么出彩，这部戏本身才是当下最热门的。"*

戏上演后不到一个月就是第二次世界大战胜利纪念日,欧洲的战争结束了,富兰克林·德拉诺·罗斯福总统也去世了。美利坚合众国被长达15年的经济大萧条和五年战争所延迟的梦想,在渴望和失落的煽动下,似乎一夜之间就呈现了新的势头,一种光荣而又充满内疚的生存角逐一触即发。菲利普·罗斯(Philip Roth)在他的小说《美国牧歌》(*American Pastoral*)中将这一刻回忆为"美国史上集体陶醉的最伟大时刻",他写道:"牺牲和约束结束了……瓶盖儿掉了。"* 在接下来的十年里,美国的人均收入会增加三倍,是西方文明史上最大的财富增长。* 面对如此巨大的社会和经济变化,美国意识也不可避免地经历了某种突变。"任何东西都成为你争我抢的对象,"阿瑟·米勒说,"他们都争第一。罗斯福的逝世使整个国家的心理受到重创。父亲死了。这意味着人们的关注点迅疾而猛烈地从社会转向了自我。"他补充说:"这是在理解个人这一概念上的差异。"* 在下一个十年,这种向内的文化之旅表现为从社会现实主义到抽象表现主义的转变,从马克思主义到弗洛伊德学说的转变,从戏剧自然主义到威廉斯的"个人抒情主义"的更替。阿瑟·米勒的《推销员之死》——战后美国标志性作品之一——最初的标题是《头脑之内》(*The Inside of His Head*),可谓意味深长。*

"没有了形式便没有了生命或艺术的活力,"克利福德·奥德茨在1940年的日记中写道,"那么,什么会成为民主的新活力呢?"*《玻璃动物园》回答了这个问题。该剧将疲惫不堪和欣喜若狂的情感结合在一起,在时间维度上既回顾又前瞻,既外观又内省。其浪漫姿态、自我牺牲与个人利益之间的争辩完全捕捉到了国民心情。《玻璃动物园》中的人物出生在物资匮乏、停滞不前的战前20世纪30年代,而不是欣欣向荣的战后40年代。但是通过灵活的叙述者不顾一切地握住自己的生命,寻觅实现自我的价值,该剧直指偶然、超验的人类生存。阿曼达恐吓汤姆"不要自私自利!"* 但是汤姆最终投入自私自利的怀抱。个体在性、情感和精神上的耀眼挣扎——瓦尔特·惠特曼之所谓"我的天命"*——也是威廉斯关注的焦点。自我的卷入使得威廉斯的戏剧对于战时观众来说难以理解，但是，与如今和平时期的观众产生了共鸣。

由于童年遭受摧残的命运，威廉斯着手重塑他自己。"我以自己的鲜血筑起摇晃的支柱/……来抗御一切非我的围困。"*他在《围困》("The Siege")一诗中写道。他的早期日记和信件在自我想象的压力下不堪重负；有时，情急之下，它们蒙上了一种近乎宗教的语调。在他学习创作的那些岁月——"那要成为职业作家的向上的漫长旅程，那令人绝望蹒跚的攀爬"*——他向哈特·克莱恩（Hart Crane）祈祷，克莱恩的诗总是被他揣在外衣兜里，"我是您脆弱的如影随形的兄弟。与您一样的浪子。指引我吧"*，他在自己的日记中写道。有时，他也向安东·契诃夫祈求。"请赐予我一点点您的生命气息！"*他恳请。他为自己的成功和援助者点燃祈愿蜡烛。"我会为你和我点燃一支……一支十美分的蜡烛！"他写信给一位朋友，"我们会获得净化和救赎！——我这些日子勤奋工作。对我来说，成功或毁灭早晚会来，所以我要好好工作。"*

威廉斯重新创造自己，不切实际地计划成为一名艺术家、一个"人类的解放者——一个完全自由的人"*。"这个诗人、梦想家……孤军奋战，反抗世界的停滞不前——其余的人意识不到敌人存在，便认为他是一个与幽灵作战的疯子。"*威廉斯在他的那本哈特·克莱恩诗集里写道。但是，在争取这来之不易的自由之路上，他是付出了代价的——痛苦和孤独。"疗愈之光何时到来？"他在20世纪40年代的日记中祈祷，"何时那和平之指会安抚我的额头？啊，未来的日子——给我以征兆！给我一支蜡烛照亮我的路！啊，我身处何处？如此令人迷茫、犹豫不定。勇气，我的伙伴——向前。"*他所追寻的天堂是他自己的人格。他说："我还在寻找上帝吗？不，只是寻找自我。"*

在《玻璃动物园》中，阿曼达开口说的第一句完整台词是关于祷告的。她朝汤姆喊："你过来坐下，我们才能祷告。"祷告被再次提及时，来访绅士正坐下来与劳拉及家里其他人共进晚餐。"我觉得我们可以——现在——做祷告了。"阿曼达说。*但在戏剧结尾的时候，恩典只被授予了叙述者汤姆·温菲尔德。他忧心忡忡、坐立不安、深感愧疚，追寻真理使他居无定所。他靠着天才的好运气被投入这个世界，不再受世俗束缚，而是依靠想象力向空而起。通过他的文学才能——如戏剧结尾时阿曼达和劳拉的哑剧展示的一样——威廉斯的故事讲述乃恩典之举，具有一种如同恩赐的意义与美，救赎了他和别人的生命。

随着《玻璃动物园》的成功，威廉斯为之奋斗而姗姗来迟的东西——"我第一次捕获并抓住观众注意力的时刻"*——已经来了。他现在明白了那是什么：一种类似孩子渴望被拥抱的幻觉。"我们走向彼此，尽管慢，但是满怀着爱，"威廉斯在剧本的前言中写道，"我们还没有接触到彼此，只是由于我的胳膊不够长，不是因为他们的胳膊短或者有什么不一样。只要有爱和真诚，拥抱是不可避免的。"*

威廉斯新生命的喧嚣几乎立刻开始了。《时尚》杂志给他拍了照片：一件雨衣搭在肩上，侧影里，他显得沉默忧郁；他被《纽约客·街谈巷议》栏目采访；不到一周——他的版税估算一周多达一千美金——他便跟《纽约时报》抱怨美国税收系统的负担。"我猜想我是被宠坏了，"他告诉记者，"那是我一生中第二次要求客房送餐服务。"*压花花纹的请柬发了出去，邀请威廉斯刚结识的上流社会人士在雪利酒店与"埃德温娜·威廉斯夫人、洛蕾特·泰勒小姐、沃尔特·戴金牧师"见面"喝茶，饮鸡尾酒"。威廉斯在1943年给一位朋友写道，"这是戏剧界一个时代的黄昏，天知道此后会发生什么"*。后来的事实证明，答案就是他。

第二章

心不我待

> 我要什么？我要爱和创造力！——好！明白了！
>
> ——田纳西·威廉斯
>
> 《日记》，1938 年*

"祈请上帝予我慈悲，为我打开一扇门，指一条出路"*，威廉斯曾在一篇早年日记中如此祈祷。现在，随着《玻璃动物园》大获成功，慈悲如雨而至。该剧获得了普利策戏剧奖以外的所有主要戏剧奖项。1945 年 9 月，威廉斯的浪漫喜剧《你碰了我!》——他 1942 年曾称之为"最后一粒绝望地投向百老汇的文学骰子"*——在布思剧院上演，领衔主演是蒙哥马利·克利夫特（Montgomery Clift）。威廉斯那个"牢骚满腹的自我"*似乎蒸发了。尽管后来出版的《玻璃动物园》都会附上威廉斯 1947 年那篇闻名遐迩的文章——《成功的灾难》（"The Catastrophe of Success"）。在自己声名鹊起的时候写这么一篇文章，实在可谓"精神错乱"*的传奇，但是，在一举成名的最初那几个月，威廉斯还是欢乐无比的。

剧作家仅仅"几年前还在日记中坦白他连吃饭钱都不够"，现在却堂而皇之地享受客房送餐服务。"有一次我要了西冷牛排和巧克力圣代，但餐盘上的各种东西都被精心盖住了，以至于我错把巧克力酱当成肉汁浇在西冷牛排上。"* 他回忆。他还为自己买了一套价值 125 美元的西装,以匹配当时往来人士的豪华阵容。其中有尤金·奥尼尔,还有曾让他为自己写部戏的女演员凯瑟琳·康奈尔(Katharine Cornell),以及导演兼制片格思里·麦克林蒂克(Guthrie McClintic)——他答应把一些和自己关系不错的人推荐给威廉斯,这样他在春天去墨西哥时可前往拜访。威廉斯告诉麦克林蒂克,上次他在墨西哥的时候,"由于孤独——刚去那几天我简直要疯掉了——并……陷入几乎是命悬一线的境地。所以,要是能认识几个不会抹了你脖子,又和你不一样的人会是幸事"。他如愿以偿,同时发现,一旦贵为成功人士,走到哪里都有熟人了。他从墨西哥城写信告诉奥德丽·伍德,"在这里我已经遇到了下面这些人":"伦纳德·伯恩斯坦(Leonard Bernstein)、朵乐丝·德里奥(Dolores Del Rio)、罗萨·科瓦鲁维亚斯(Rosa Covarrubias)、诺曼·福斯特(Norman Foster,正在执导墨西哥电影)、罗姆尼·布伦特(Romney Brent)的姐姐、巴兰钦(George Balanchine)、查韦斯,以及许多国际舞台上(!)不如他们显赫的名人都邀请过我做客。"*

新年前,威廉斯搬回新奥尔良的法国区居住——1938 年开始,他便从那里开启了自己的艺术探险之旅。那时,汤姆·威廉斯入住图卢兹街上一间宾馆,入住登记时签名为"田纳西·威廉斯,作家"。* 现在,他的名字无须解释。"我到达大约一个小时后,"他写信告诉伍德,"宾馆老板冲出他的办公室,握住我的手,大呼:'威廉斯先生,这真是一种荣耀!我们在纽约看了您的戏。'"* 虽然威廉斯到后不久便遇到了三位记者,做了一次电台采访,但是他向伍德许诺,在新奥尔良他将"不接电话,如有必要,将采用化名"。他补充说:"我会再成为一个认真勤奋的小伙儿——其他一切都是虚荣。"* 一个月后,他又给伍德写信:"我在两部长剧之间换来换去，一个关于两姐妹的，在芝加哥开始动笔的，一个关于老处女的，在纽约开始写作的。目前我更多地在写两姐妹这出戏，故事发生在新奥尔良，取名《欲望号街车》——同名街车就从我住的公寓边上驶过，隔壁一条街上则有'墓地号'街车逆向营运。这些街车的名字也许让你觉得我的精神状态不佳，但事实并非如此。"*威廉斯已经向身体臣服；他新写的剧本戏剧化了这种屈从。随后的24个月是他创作生涯中最富于创造力的时期。*

1946年是个分水岭——威廉斯将同时初窥自己成功登上历史舞台和下台。这年的大部分时间，他有两部作品在百老汇舞台上演。《玻璃动物园》在美国四处演出。*他的第一本短剧集《27辆棉花车及其他独幕剧》（27 Wagons Full of Cotlon: And Other One-Act Plays）在书店销售。他似乎终于如愿以偿。他的行为举止也开始流露出某种信心和自大。"我不是那种走在街上回头率很高的帅哥。"*他说。但是一举成名让他并非健壮的身躯焕发出一种令人耳目一新的魅力；他正体验着成为公众人物之后的全新感受。"我皮夹克下面不穿衬衣，"他告诉伍德，"我几天不刮胡须，也没人说：看那个流浪汉。他们说的是，那就是写《玻璃动物园》的人！初夜权、贵族义务、嘉德勋章，集特权与荣誉于一身的家伙！"*

威廉斯留着胡子，开始进入新奥尔良社交圈。但成功也意味着威廉斯不需要走到外面的世界，世界会走向他。女人们开始向这位著名作家示好。"眼下我正遭受一位年轻女士不屈不挠的青睐"，他写信告诉詹姆斯·劳克林，一个叫西尔维娅的女人正黏着他，毫不理会他的不为所动，"几乎强制地"*让他上了去华盛顿特区的火车，观看1946年1月27日《玻璃动物园》的演出——罗斯福总统63岁寿辰庆祝活动的一部分。*"她属于那种对失败事业情有独钟的人，她的美丽足以使她拥有她想得到的任何人，但显然，吸引她的只有最抗拒她的那路人。因此，她不惜远道从纽约到了这儿，我竭尽全力的坦率至今也没能让她相信，不是所有人都能靠接近征服。一直以来，漂亮女人多少对我不屑一顾，我一度还曾因此极为痛苦，所以，眼前的新局面还真让我更加无法应对。"

威廉斯继续对劳克林解释说："不，我不想被'拯救'，没有人比我对目前周遭环境更满意。"* 他说，新奥尔良娱乐休闲街对他而言是"特别的环境"*。他发现这个享乐至上的城市比曼哈顿"更宁静"*。"如果你能想象一只猫在奶油松饼工厂的感受，你便能想象我回到法国区的喜悦了"*，他写信告诉伍德。威廉斯将自己在新奥尔良的愉悦细细分享给朋友、猎艳伙伴奥利弗·埃文斯（Oliver Evans）——威廉斯称他为"我亲爱的女儿"。"这里街上到处都是流动的风景，"他在给埃文斯的一封信中催促对方过来，"有人的扣子都要兜不住了，小个子、深色皮肤那种。我知道你离开修女们会伤心，但我毫不怀疑，你还是会偶尔到街上来放放风，出于某种虔诚与仁慈。"* 埃文斯没有受到诱惑。他回信写道："我的圣母，你拖了这么长时间不参加这里和其他地方的礼拜（比方说，格里高利酒吧、粉色大象酒吧、1—2—3 夜总会、时代广场桑拿等），已经在最虔诚的精英阶层中引起种种猜测，他们开始担心你可能被一个什么稀奇古怪的南方邪教拉下水了。"他说，埃文斯更愿意"在纽约再逗留一阵，享受目前贞洁生活中的神圣纯真，身边围绕着亲爱的圣凡士林会的修女们"。*

与纽约生活相比，威廉斯在新奥尔良的新生活还有一个令人愉悦的差异：他有钱了。"我心怀感激"*，他写信给劳克林。他支付得起奥尔良街 710 号一个天花板很高的公寓，装着 12 英尺的大百叶窗，阳台就对着圣路易斯教堂的背面。威廉斯说，这个公寓的"街对面便是一个黑人修道院，那里的奠基石很是搞笑……上面写着'圣约瑟夫……圣家女子修道院，1885 年 10 月 3 日大主教庞蒂法斯立'。庞蒂法斯大主教该是一位多么神圣的小伙子啊！"*

第二章　心不我待

甚至连威廉斯狂热的性之旅似乎也得到了圆满解决，获得了一种新的幸福。他生平第一次和一个人安顿了下来：男子气十足、活力四射的阿马多·"潘乔"·罗德里格斯-冈萨雷斯（Amado "Pancho" Rodriguez y Gonzalez）*。这是一个高个子、相貌俊朗的墨西哥人——"皮肤黝黑、头发黝黑、眼睛黝黑"——初见，威廉斯还误以为他是名斗牛士，而不是新奥尔良庞恰特雷恩公寓酒店的接待员。〔潘乔叫威廉斯"小公牛"（Torito）。〕"我希望有一个可爱的小丑做朋友，" 1943 年威廉斯在日记中吐露心声，"一个不乏忧愁但能让我快乐的人。我想要和性格狂野的人做朋友。" 在喝烈酒和容易激动的潘乔身上——伊利亚·卡赞形容他"桀骜不驯"——就连威廉斯的这个愿望都实现了。*

"有人陪伴的日子对我而言，既不习惯也不容易"，威廉斯在自传性故事《鲁维奥与莫雷纳》（"Rubio y Morena"）中如此回忆他们"前所未有的相处时光"。故事叙述者"最近成了所谓的名人"*，他的情人叫阿马达，最初被叙述者"误以为是男士"*；事实上，阿马达就是一位男士，"阿马达"这个名字就源于潘乔的名"阿马多"。"我最近忙得不可开交——和一个满脑子鬼把戏的小墨西哥人住在一起，大约有两个月了，"威廉斯 2 月 27 日写信告诉保罗·比奇洛，"我不介意她继续做生意，只要她留点精力让我快活就行，但是，最近只要生意没了，她倒头便睡。因此，我把她从床上踢走，让她滚到街上去。她长得不赖——立马去一个克里奥美人那里住下了。她还跟我在一起时，那人就极力想占有她，真得手了，他又感到极度不安。"威廉斯继续说："我给她写了一封不失温情的分手信，她误以为是我请求她回来。今晚她便回来了，带着两件衬衫、闹钟和香水⋯⋯这些墨西哥人真是让人着迷的小东西——假如你能受得了他们！"*

当威廉斯如此轰动地活着的时候，他家庭的命运，相比之下，显得史无前例地棘手。威廉斯告诉伍德,他的父亲从鞋业公司退休了,退居"卧室,酒瓶不离左右"。他写道:"他除了待在家里饮酒,无所事事。"* 威廉斯挚爱的"外外"在弹奏钢琴时突然肺出血,已于两年前去世,戴金牧师此后也就住在了女儿家——结果证明是一种既慷慨又令人不悦的安排。"家里的情况一定糟糕透顶,"威廉斯 1946 年 1 月 3 日写信跟伍德说,"我父亲……一直在家,所以可怜的外公不得不待在他的房间里……他们无法忍受彼此!"* 罗丝已经于 1943 年做了脑叶白质切除术,不再有记忆和欲望。埃德温娜尽职尽责地奔波于她那动辄吵吵嚷嚷的家庭敌对阵营之间,独自承受着痛苦,跟随着她的上帝。

"尽管家里一团糟,我自己还是相当幸运的,"威廉斯写道。"我觉得,上帝该步入我那醇香的厨房,手持利剑,一声不响地砍断我的头颅,因为和家里命运不济的女性比起来,我一直太幸运了。"* 此时,威廉斯已经获得了生活和工作中的一种平衡,一种《玻璃动物园》中预示过的重大内心变化。"我正醒来。"汤姆说,暗示自己要有脱胎换骨的转变。来访绅士吉姆看不出汤姆觉醒的迹象,没有表示赞同。"迹象发自内心,"汤姆回答,"我正计划改变。"*

"创作中采用人生经历需要五到六年的沉淀,"威廉斯在接受《时代》周刊采访时称,"它潜伏在无意识中——在那儿找到自身的意义。"* 在 1939 年,威廉斯发誓要让自己的戏剧是"我自己内心的写照……毫无遮掩的我"*。现在,六七年后,在新奥尔良的"理想条件"* 下以非凡热情进行写作的过程中,他一一回顾那些曾经妨碍他成熟,使他内心长期受蒙蔽而不自知的种种退让景象。写作,成为他有意识和无意识的努力,去记录当初自我压抑的蒙蔽。

"他不知道自己真正的欲望是什么",威廉斯这样描述安东尼·伯恩斯,1946 年的短篇小说《欲望和黑人按摩师》("Desire and the Black Masseur")里胆怯的 30 岁男主人公。伯恩斯像那个年龄的威廉斯一样,"由于太多的保护……脸庞和身体都有孩子般不成熟的样子,在挑剔的长辈面前,他的举止也像个孩子。他身体的每个动作、说话的每个语调变化和表情,都在向世界传递一种怯怯的歉意,似乎觉得自己不该无缘由地在那儿"。*对于"他的欲望,更该说他的本能欲望",威廉斯这样描述:"庞大得能将他吞掉,像一件外衣大得能改成十件小号外衣,或者可以说本应该有更多个伯恩斯才撑得起那件外衣。"*

然而,伯恩斯未经审视的欲望让他走向了毁灭——他最后实际上是被黑人魔术师所代表的性欲吞噬了,威廉斯本人的感官探索却使他达到了一种解放。在他向伍德提到的第二个剧本《解剖图》("Chart of Anatomy")里,威廉斯重新演绎了他本人从精神到肉体的转变。这是一部关于老处女的戏〔后来改名为《夏与烟》(Summer and Smoke)〕,讲述一本正经、尽职尽责的南方老处女阿尔玛·瓦恩米勒的故事。"阿尔玛小姐生长在牧师家的阴影下,我也是如此",威廉斯说,她"是我最喜欢的角色,因为我成熟得很晚,阿尔玛也是,她经历了最痛苦的挣扎"。*这部剧既是对他令人窒息的家庭的解剖,也是对他令人烦躁的欲望的礼敬,他终于得以从中超脱。

威廉斯由一个胆怯的处男向一名同性恋花花公子的转变,是他人生中一场具有决定性意义的战斗。他生长于一个遏制欲望的温床。埃德温娜的歇斯底里感染了她周边的一切事物和每个人。"请确保不能有任何印刷品之类的东西落入(我父母的)手中,"威廉斯在 1941 年便告知伍德,"有一天我母亲写信告诉我《美国场景》(American Scenes)里面的戏剧都是'关于下流家伙的肮脏细节',对前言中提到的亲人是个耻辱。我害怕她会把它们烧了以挽回我的名声。"* 埃德温娜极度的谨小慎微反映了一种基于她父亲布道的禁欲主义。"肉体意味着堕落的本性，那是从亚当夏娃那里遗传下来的；'为肉欲而生'是顺遂我们自心的运作和欲望，而没有用基督教教义来约束自己。"戴金牧师在1896年三一节后第八个星期日首次布道时提及。他继续说："人们容易为'肉体'的脆弱辩护，为屈服于诱惑找个借口。他们忘了屈服是一种罪；每一次战胜自我都有助于解决其他的冲突，我们存在就是要征服我们自己，'打一场好仗'。"*

埃德温娜像父亲一样善于用精神的亢奋来取代肉体的亢奋——一种精神的柔道，在这里，牺牲变成了激情。通过母亲的训诫和外公硬塞给他的书籍——《灵魂升天》*便是其一，关于正义的信息被带回家传递给威廉斯。"品性定义人——完整的人——看得见的、看不见的、已知的、未知的——完整，当然包括所有创伤，"戴金牧师宣说着，"品性产生于每天、每时的行为、语言和意念……抵御诱惑，顺从上帝的审判。"*威廉斯对品性的感知便是由这些教导自我牺牲的话语塑造的。"我已开始将感官与不净联系起来，这是一种在我青春期及以后折磨着我的错误认识，"他写道，"我是否曾对自己这样说（这在现在看来是这样），是的，汤姆，你是一个恶魔！"*

在《你碰了我！》一剧中——它可谓一种激情的序曲，一个虔诚的40岁英国老处女埃米——一位"拥有处女心灵的骄傲女业主"*——管理着一处住宅，里面住着她的哥哥科尔内留斯，一位嗜酒、长期受苦受难的老船长，以及他的女儿，20岁出头、胆小的马蒂尔达。科尔内留斯还领养了哈德里安，"一个21岁的年轻人"，他在空军待了几年后回到英格兰乡村的内陆家中，向这个封闭的环境注入一股外界的气息。舞台提示中对这个地方的描述是：它的雅致和优美"与世界格格不入"。按照演出版本的解释，这个故事是关于"这个男孩和这个女孩"如何克服埃米——她不代表"掠夺性母爱，而是代表咄咄逼人的不育"*——"浸染给他们的恐惧和含蓄"。*

该剧幽闭、恐怖、昏暗的环境——"如在水下"*，马蒂尔达说——映射的是威廉斯自己恶劣的家庭环境。"维多利亚风气实际上流行到20世纪20年代初期，而且至少依旧盛行于南方广大中上阶层，"1942年威廉斯写信告诉伍德，"比如，我就像在埃米和马蒂尔达这样的人身边长大一样。实际上母亲和她在哥伦布、吉布森港和纳奇兹等地的朋友们都会认为埃米有点'思想超前'。你们都忘了这些地方依然是多么守旧……害怕世界，但勇敢地直面世界而不是逃避是我所有经历中最为真实的，当我将它写入作品时，我总是惊讶别人没有很明确地领会这一点。"*

《你碰了我！》一剧即演绎了处女具有破坏力的天真——这是一种人们让自己与世界以及自身欲望皆成陌路的状态，又通过哈德里安这个人物演绎了那些欲望的释放在于对身体的了解。"处女状态大多是因为糟糕的环境及不利的社会条件"，科尔内留斯说。他继续说："埃米的处女状态是先天的……马蒂尔达的是后天的。像埃米这种处女状态是有毒的，一旦接触，就是最健康的体质都会被感染。"*

在给伍德的信中，威廉斯对马蒂尔达做了如下解释："不加干预的话，她会坠入与现实完全分裂的状态，即精神分裂症。"*威廉斯在马蒂尔达的困窘中看到类似罗丝的情况，"罗丝发现它太令人难以忍受而出逃，就像马蒂尔达正处于想要出逃的危险之中"*。（罗丝的脑叶白质切除术抹掉了所有关于欲望和抑制的记忆。）像哈德里安一样，威廉斯则因为愿意顺从于自己的性欲而获救。"我怀疑，对我成为一个作家最有裨益的，莫过于这许多年的孤独，'四处猎艳'，突然结识一个又一个陌生人，与他们发生关系，他们每个人都在我心里留下了鲜活的烙印。"*他在1950年写道。

《你碰了我！》第一次道出了威廉斯的启示。当哈德里安"抓住她的手指,不让她跑开",他向马蒂尔达讲出了他对性欲的发现:"新的奇妙,新的兴奋,新的激动!"他继续说:"我跟你小声说因为这——仍是个秘密。"剧中写道,哈德里安是性欲的化身,是"紧闭房子的对立面"。* 他也象征在撕开父母与子女关系纽带时性所起的作用。剧终时,埃米看到他抱着马蒂尔达走出房子,问:"你们去哪儿?""向前!"哈德里安回头答道。"向前走才是正道——老家伙的女儿要走的正道。"船长在幕落前说。*

对威廉斯来说,如此拥抱感官世界是一件来之不易,也是相对近期的事。性成熟——这也是男性成年必要的转变——这一演变在他身上令人遗憾地姗姗来迟。他将青年的自我描述为"这个可爱的清教徒"。他直到 26 岁才开始自慰。"我之前不知道那是怎么回事。当然,我听说过,但从没想过要自己试试。"威廉斯说。* 除了在艾奥瓦大学一次不幸地与异性交合,他一直到 27 岁都没有性生活。在《你碰了我!》中最具自传性的部分,孤儿哈德里安将性饥渴与一个孩童对食物的需求联系起来,并将自己对身体的痴迷与缺失母亲的抚慰联系起来:

> 哈德里安:……我成长中总想抓住某样已不在的东西——也许是我母亲的乳房。
>
> 埃米:(厌恶地)呃!
>
> 哈德里安:某样温暖又能让我安心的东西——我猜想那是我仍然在追寻的东西。被温存——被抚慰——被爱!……离开这儿后,我了解到人在世上的处事之道——努力工作并直面一切——但我仍有那种渴望,仍未获满足。被爱抚。现在,我感到那种需求比以往任何时候都强烈。那便是为什么我回到这里再试一回。*

第二章　心不我待

　　埃德温娜的孩子们必然是遗传了她对肉体的恐惧。她那清教徒式的恐吓回荡在威廉斯的戏剧中："不要退化为野兽。"*"对我来说——嗯，那是秘密，生存的法则——为突破人类局限而进行的持久的斗争和渴望已经唾手可得。"*"不要给我讲什么别人说本能如何如何！本能是人类已经摆脱的东西！它属于畜生。成年的基督徒不需要本能！"* 有很长时间，威廉斯让自己的本能生命受制于母亲的格言教导。由于不承认自己的性欲，威廉斯选择将自己的童贞保持到了他 20 多岁。他没有清晰的性别身份认同，不承认身体的欲望，加上他和父亲 CC 之间并没有建立起重要关系，他也不必摆脱父亲。与吵得不可开交的父母及外公外婆住在一起，他也看不到性和谐的夫妻榜样。

　　罗丝已经被性禁忌及其破坏力逼疯了；埃德温娜已经成了一个性冷淡的悍妇；CC 成了动辄暴怒的酒徒，被迫与妓女寻欢作乐；甚至戴金牧师都变得不认识自己。威廉斯还是青少年的时候，只要碰一下他人身体——他有时援引惠特曼的话，称之为"身体过电"*——就能让他产生性高潮，这可谓一种禁欲的防御机制。威廉斯回忆起他的第一个女性情侣黑兹尔·克雷默（Hazel Kramer）*时说："她性冷淡。她会让我数到 10 才肯让我吻她；我们认识的时候都是 11 岁，直到她上大学之前我们都是彼此心爱的人。她说：'汤姆，我们还太小，不要想这些事。'但是，我脑子里总在想着性。事实上，我第一次射精是在圣路易斯一条船上和黑兹尔跳舞的时候。她穿着一件无袖连衣裙，我手搭在她肩上，轻抚着她裸露的肩膀，我穿着白色的法兰绒裤子，就那样射了。我们当然不能再继续跳舞了。"* 后来，在艾奥瓦大学读书的时候，威廉斯回忆自己"深深地爱上了我的室友'绿眼睛'，但我们谁也不知道怎么办"。他继续说："如果他到我床上来，我会说：'你要什么？'我清教徒似的，不允许他吻我。但是他只要摸一下我的手臂，我就会射精。

毫无准备的、一触即发的高潮。"*

威廉斯大学年代的自我评价依旧回响着父亲对他的毁灭性评价。"我的缺点——自我中心、内向、病态、感性、漠视宗教、懒惰、羞怯、胆小——但是，如果我是上帝，我会偶尔为汤姆·威廉斯感到有点难过——他感觉不到愉悦和自在，有那么一点胆量，尽管他是一个臭娘们！"* 他在1937年的日记里写道。威廉斯感到"发育不良"；他抱怨自己的愚蠢幼稚："只有我的渴望、批判能力、自感不适的自知之明还说得过去。"* 在社交圈里，威廉斯经常感觉自己可怜巴巴，没法让别人感觉或看到他的存在。"为什么女人这阵子总是注意不到我呢？"他写道，"有时她们对我视而不见——我相信主要是因为我矮——还因为我在不太熟悉的人中间的时候懒得让自己变得风趣。"*

威廉斯步入异性恋的引路人，是丰胸的艾奥瓦大学学生贝特·赖茨（Bette Reitz）——威廉斯称之为一位"真正的女神"。她同情他羞怯的渴望，拨动了"母性的和弦"——可是，他作呕了，挑战失败。* 不过，第二天晚上成功了。"我……真被我自己深深打动了。"* 他说。午夜后回到兄弟会，站在厕所里方便时，他记得自己告诉了身边一位 ATO（Alpha Tau Omega）兄弟会的兄弟："'我今晚搞了一个妞儿。''不赖嘛。怎么样？''就像搞苏伊士运河。'我说，并觉得自己像一个完全成熟的男人。"根据他的回忆录记载，到第二年夏天，威廉斯"终于彻底确信自己是'同性恋'，感到无所适从"。*

在《夏与烟》中，阿尔玛·瓦恩米勒和约翰·布坎南在一张解剖图前辩论着抑制与逾越。"下面这部分是性器官，"布坎南指给阿尔玛看，"我满足它……尽力满足——而你不让它满足—— 一点都不让。"* 这两股力量的斗争是威廉斯面对自己身体时的挣扎。在1937年的日记中，他这样写道："我必须不要总想着身体，要把心思放到其他事情上去。"*两年后，一次元旦前夜的狂欢使他令人振奋地认识了"法国区的艺术界和放荡不羁的生活"。此后，威廉斯仍然致力于惩罚自己的欲望。"难道我只是畜生，任性、盲目、愚蠢的禽兽吗？"他写道（回应外公的一篇布道文）。"拥有一切优势的人会比禽兽好多少呢？……他做什么来培育精神世界，来滋养精神世界？在这疯狂的身体朝圣中有没有另外一部分不是它的同谋？"威廉斯问自己。*

在新奥尔良，威廉斯说，他首次"发现自己天生具有某种灵活性"*。但威廉斯到底多么富有灵活性还有待考验。当他终于在1939年6月11日那天有了初次的同性恋体验——至少是他在日记中首次清楚提到，威廉斯的反应和他第一次与异性发生关系一样：作呕。"被道格看上了，同他在一起的夜晚糟糕透顶，他的示爱举动令我反胃，"他写道，"纯洁！啊，上帝——有理想是危险的。"*

他在几天后的又一篇日记里，沿着同一思路继续写道："周六晚上的经历使我迷惑与局促不安，留给我的是精神上的恶心。"他写道："我与这世上那些满不在乎、性格外向的年轻人格格不入——我这一类人太难找寻，人总是梦幻破灭，失落沮丧——噢，该死！——我必须学会孤独并喜欢它——至少孤独中还有洁净——不至于和一些低俗、肮脏的家伙搞到一起去，他们只会将你身上的尊严一扫而光，让你自我厌恶！但是，上帝啊，这太难了。"*6月25日，他在日记中记载："我似乎又成了一向的我——充满神经兮兮的恐惧，宿命感，疲惫厌倦、了无生机的感觉压在我的心里和身上。噢，当然了，那不完全是我的常态。"*

1939年2月，威廉斯首次西行，同行者是一位名叫詹姆斯·帕罗特（James Parott）的异性恋年轻人——他是一名小号手，此前当过教师，想要去好莱坞试试当演员和音乐家的运气。"有个只是纯粹喜欢但不存私欲的人在我身边是很好的。"*威廉斯写道。不过，

3月6日开车到洛杉矶,帕罗特把威廉斯放下离开的时候,威廉斯突然间情感爆发:"我感到我马上要哭了——几乎不能控制自己的声音……我完全迷失了。"* 他因自称的"可怕的孤独"* 而怯懦得不像个男人。"要是明天我能遇到个人帮我一下该多好!——至少对我友善,缓解我的孤独。"*

6月7日的日记里,威廉斯提到他遇到了"一个令人愉快的人",一个驱车将他从圣莫尼卡送到伯克利的推销员。他说,这位推销员"具有非常敏锐的哲理思维——我们非常美好地交谈了几个小时,历经近期的许多伤痛和孤独后,这给我留下了非常美妙的印象。仅仅几个小时内如此深入地走进另一个孤独者的内心真是一种奇妙的体验"。威廉斯被这次无关性欲的偶遇所散发的魅力所震撼,他发现它"完美而完整"。"我本来可以过后找他",他说,但是他决定不那样做,因为继续"可能会破坏那份完美"。柏拉图式的友情是不含肉欲的;它们不会使生活陷入威廉斯所说"混乱!(乱七八糟)的状态"。* "我要的是某种直接、洁净和完美的东西,"他写道,"我为何不通过艺术来实现呢?"*

当威廉斯在那个夏末再次遇到帕罗特时,一切都不尽如人意。尽管帕罗特对威廉斯慷慨而有耐心,但两个朋友在一起并不开心。威廉斯将他们之间的紧张归于他那令人烦恼的情感需求。"我要求得太多,在友情中我给予得太多——因此我们之间有个荒漠,"他写道,"我的孤独使我像一棵藤蔓一样生长,缠住对我友善的人——如此一来,到了分手时刻,便很难松开藤蔓。"他继续说:"我所有的挚爱和友情最后都伤害了我。我的意思是让我痛苦,因为我对他们的情感要深得多。我被'忧郁魔鬼'紧追不舍——难怪我对擦身而过的人都会紧抓不放,因为我想要获得拯救。"*

威廉斯的人生在这一阶段是贫瘠的。这种极度的匮乏在《夏与烟》里有所反映。剧中,阿尔玛困守家中,身陷社交禁闭和情感禁闭。这种贫瘠让威廉斯过着一种彻底放弃、生不如死的生活。阿尔玛说:"为了忍耐而忍耐。"*与此相呼应,威廉斯在面对自身寂寞和性饥渴时发誓:"现在我必须为简单的忍耐赋予宗教仪式感——我必须忍耐、忍耐,还是忍耐。"*威廉斯承认,自己是"优雅撤退的高手,但在果断出击方面,我相当可悲地无能"*。

像阿尔玛一样——她遭受各种各样的身心不适,如心脏病、失眠、焦躁、倦怠,威廉斯也饱受一系列疾病折磨——表明他无声的绝望。*生命的枯燥无味让他陷入"一种怪异的恍惚生存状态",将他推向麻木。他写道:"一段时间后,我的心甚至忘了感觉难过。"*"日子可怕而沉重地流逝,就像公牛大热天奔走在尘土飞扬的路上,想要去哪里找一眼清泉——口渴至极,却不知道水藏在哪儿,"他写道,"啊,奇怪而可怕的公牛们,疲惫不堪的公牛们——君往何处?——去哪儿找?为什么?——要做什么!!"*阿尔玛"在将某种迥异于她老处女般、清教徒般的本性囚禁起来",威廉斯1961年说。他自己也莫不如此。"我需要有人拥着我,抱着我,用力将我从神经质的恐惧之壳中拖出来,"他写道,"我感觉要被毁灭了。是的,的确得有些什么要崩溃,马上崩溃,否则崩溃的就是我。"*

威廉斯必须学会不要自我压抑;这意味着跟天生的羞怯作战,这种羞怯让他不能表达或了解自己的情感。"最令我感到难堪的是我不能与别人、与这个世界交流,"他在日记中记着,"我在他们中间总是一个人单独待着,不说话。我漫游在自己的梦境里,羞怯让我无法开口,无法融入。但情况并非总是如此。一个突如其来的触摸就可以将我从恐惧之壳中释放出来。一旦解脱,我就可以自如地和人交谈起来。我需要溶剂。"*威廉斯在匪夷所思的身体排斥和理想化中长大,让他对自己天性的魅力失却了信心。"我是如此习惯于做个蠕虫"*,他在1937年写道。后来,他解释:"我从未有过任何性安全感。我只被雌雄同体的男性吸引……我发现女人比男人更为有趣,但我现在害怕尝试去和女人做爱……因为女人不像雌雄同体的男性那样让你感到安心。和一个精神上具有雌雄同体特质的年轻男子在一起,像与诗人在一起一样,一切更是精神层面的。我需要那样。"(1943 年,尽管威廉斯当时已是一位有剧作上演的剧作家,还是米高梅电影公司的签约作家,他仍在日记中表达困惑:为什么像新方向出版公司的杰伊·劳克林这样的人会想要找我,还想和我交朋友?"不理会我这样的无名小卒并不难。"*)他说,经验告诉他"认识我就意味着爱我"*。"我对任何在意我的人都是个麻烦——尤其是我本人,我当然是我自己唯一热烈的情人(同时也是自己憎恨而残酷的情人)!"*

最后,像阿尔玛一样,威廉斯在与男性的邂逅和挥霍的生活中寻得释怀。他最初与自己的同性恋本性做过徒劳的抗争。"我纯净一如既往——实际更纯净——根本上来说——啊,嗯……"* 在1939 年年底,他记下:"感谢上帝,我已经女色不侵了。"*

到 1940 年 2 月,威廉斯已经进入走马灯似的更换性伴侣阶段,时而异常兴奋,时而惊恐万分。"我头一次货真价实的同性关系发生在'二战'期间新奥尔良的新年晚会上,"威廉斯回忆,"一个非常俊朗的空降兵爬到我所在的烧烤阳台说,'下来到我这儿',我去了,他说,你想不想试试日光灯疗法?好啊,我来到一盏灯下面,他开始给我做。我就那样出柜了,非常愉快的经历。"* 威廉斯终于告别了漫长青春期的禁欲,但发现要享受成年人的性本能还是需要适应。"终于发泄出来了,"他在日记中写道,"不知为什么对此很讨厌。"* 两周后,他发现镜子里那个男孩的自我正在消失,他写道:"噢,主啊,我不知道现在过的生活意义何在。事情发生了,但意义不大……而且我还在变丑。近来,我的脸看起来如此阴沉、粗糙。我感到自己的青春几乎消失了。而现在是我最需要它的时候!"关于性,威廉斯写道:"那隐藏在皮肤下面不安分的丛林野兽,出来透了点气。"*

威廉斯解放了自己的欲望,却发现自己被贪欲所累。"我因那从不满足的欲望而痛苦,"他写道,"这种乱交真的很可怕。一夜情。好像谁也不在意再来一个。"他补充说:"仍在期待遇见爱情。"他了解到,性爱是一种释放攻击性的方式,而爱并没有进入这个方程式中。"那至为重要的情感事业还在明天之外,"他写道,"那才是我坐立不安的原因。也许热带日光——或月光——会激起某种我需要的东西。该死。"* 到了1940年年中,"这种糟糕的对生命中情感事业的追求"* 对威廉斯来说还是一样艰难。"我的情感生活已经是一连串不可思议的挫败了,"他在日记中写道,"昨晚是辉煌的反高潮——啊,爱情、战争与生活!什么时候会发生——会如何发生?"他又说:"憔悴、疲倦、紧张不安、烦闷苦恼、枯燥无趣——那就是缺乏两情相悦的爱给一个男人带来的一切。让我们希望它能激发他的创作欲——这种地狱似的孤独应该得到某种补偿。让我像个傻子一样做事、思考、存在——哭哭啼啼、琐碎、令人厌烦。"他在笔记里潦草地写着:"你朝我走来了——请快点走!我渴了!我要渴死了!"*

威廉斯很快便喜欢上了他的新生活方式,就像鲈鱼喜欢追逐水面的诱饵。每当他喝了点酒壮了胆子,他天生的羞怯便荡然无存。"一个房间里有六七个男性在场时,他的做法是去跟他认为最具吸引力的男性调情,如果不成,则再找下一个。"温德姆回忆道。他接着说:"如果这些办法都不灵验,还有基督教青年会的淋浴和蒸浴房。"* 威廉斯回忆起和温德姆在时代广场猎艳的情景:"他会让我去街拐角,去和那里成群结队的水手和美国大兵唐突而坦诚地示好,措辞直截了当,他们没把我当场诛杀还真是个奇迹。"威廉斯写道:"有时他们误以为我是皮条客,在为妓女拉客,还会回答我说:'好啊,女孩子在哪儿?'——我便不得不解释对象就是和我一起来的伙伴及我本人。然后,不知为何,他们会惊讶地瞪眼看我一会儿,然后放声大笑,挤在一起小议后,通常会接受拉客,去我伙伴在格林威治村的公寓或在我在基督教青年会的住所。"*温德姆认为,在早期如狼似虎的日子里,威廉斯的"日常目标就是24小时结束前找个人至少干上一回"*。

在不足15个月的时间里,威廉斯由一个谈性色变的人变成了一个无性不欢的人。*"我当时太过于沉溺性生活,因为此前太过于压抑。"*威廉斯告诉《花花公子》。"我欲火中烧,无异于一只发情的野兔",*1940年10月他写信告诉温德姆,那时他憋在乏味的家中。具有讽刺意味的是,他的母亲和外祖母——"南方清教最坚定的秉持者……似乎相信将性从现代舞台上消灭是我神圣而特殊的使命"*。他继续说:"所以我回去时,42街的那档子买卖给我排好队!"*一回到纽约,他日记里的自我形象就在好色之徒和窝囊废之间徘徊。他从一个甚至不愿意触摸自己的大男孩进化成他之所谓"变态色欲狂"*。"性欲对于人、对于动物,都是一种释放,"他说,"动物有发情期,而我一年四季都想要。"*

"昨晚出门艳福不浅,带得尤物归,"他写信告诉保罗·比奇洛,"活脱脱希腊大理石雕像般完美的身材,翻过身来同样美妙。人家要钱,我说,亲爱的,如果我有钱,我能住在这破地方吗?"*有时威廉斯的情人会惊愕于威廉斯饥渴之心的律动。"我总会因为心悸而使同床伴侣惊慌,"他写道,"今夜,我被惊慌失措的客人把脉了,一分钟'超过100次'。我想是太快了点。可我已经习以为常了,无非气喘吁吁一阵。再说,今夜值得心悸。机缘巧合,我破天荒地有了五次完美的交欢。"*

"世界每况愈下,看来有必要抓住能得到的快乐,要自私些,两耳不闻窗外事,只管干好自己的活儿。"*他写信给温德姆。在他的浪漫想象中,这一信念后来演变成类似某种成熟的宗教。"我想

第二章　心不我待

过一种简单的生活——有史诗般交欢的简单生活，"他在 1942 年写道，"我觉得，要在夏日好好干上一场那事儿，你得用一张大大的白色油布铺在床上。"同一年还写道："性伴侣的身体要彻底涂抹上很多矿物油或润肤膏。时间应该是在午后，最好刚刚午饭后，那时脑子迟钝……应该是个晴朗炎热的天气，地点离火车站的库房不远，场景应该是房子顶层的维多利亚式卧室，阳光从天窗直射到床上……如果对方是'南方美女'，自以为有点脑子，还有漂亮的臀部，则要明白无误地告诉对方他的魅力主要在哪儿，敦促对方至少在第一次高潮之前先忘了更加高尚的脑部活动。后面这一条来自我母亲的食谱书里肉食菜那页。"*

然而，每当威廉斯好色的微笑碰到了钉子，他就会变得垂头丧气。"我和三个讨厌的'美女'在运河街和法国区附近猎艳，"他在 1941 年写道，"他们让我感到无聊、恶心，我撤了，任由周六的夜晚沉浸在它自身的粗俗与嘈杂中。"* 有时威廉斯不只是遇到好事，也会遇到暴力。"今晚在波利尼西亚酒吧遇到个'烂人'——人生第一次被打了——打得不狠，但伤了精神，"他写道，"幸免于难。回到了安全之地詹姆斯酒吧，在那儿遇到了昨晚的同伴，我们继续一起猎艳——我又无功而返。"*

在《你碰了我！》中，威廉斯写道，"无处施予的温柔"不断增长，"直到它长成某种庞然大物。到最后，实在积压得太多。于是，内部发生爆炸——它们四分五裂"。* 他了解这种感觉。"现在，只要我在公开场合露面，孩子们就被叫进屋去，狗被放出来！" 1941 年，他写信给朋友说："我聚积的性机能足够将大西洋舰队炸出布鲁克林……我从未感到过如此强烈的强暴欲。"* 在某种意义上，威廉斯的性乱交充当了一种强有力的抗抑郁药，似乎给他停滞不前的内在生命提供了一种外在的冒险。在 20 世纪 40 年代初写的《围困》一诗中，对自己的身体既不喜欢又不信任的威廉斯将他的血液描述为水银，一种不稳定的元素，不成形而需要被盛装起来：

> 有时我感觉我的自我之岛
> 是一粒银色水银在溜，在跑
> 环绕着慌乱的镜面旋转
> 受到百万只大拇指的按压
>
> 于是我那夜必须去找寻一个人
> 素昧平生但一眼便知
> 那人的抚摸，恰到好处或如奇迹一般
> 让我心狂乱，让我无法逃跑。*

诗中提示，威廉斯好像不知道自己体内到底是什么——他需要进入他人身体才能拼贴起七零八落的自我。"我总是想要自己的那玩意进入性伴侣体内，"威廉斯说，"我是一个咄咄逼人的人，我想要给予，并认为这事应该是两厢情愿的。"* 他的性谵妄散发出一种既惶恐又拘谨的感觉。"在他房里，衣箱和手提箱里的东西都放得乱七八糟，他在一瓶凡士林旁边放了一瓶抗阴虱寄生病的库普雷克斯，还有一支预防淋病的软膏。和软膏放在一起的还有一个小拉绳袋——像当时卖烟草用的袋子，用来涂抹过药膏后套上，免得沾到衣服上。"温德姆如此描述威廉斯住在基督教青年会那段四处寻花问柳的日子。他接着说："不急于追求成功和取悦于人的时候，他（威廉斯）的行为常常显示出他不属于任何家庭，当然也显示出他从未处于母亲的监督之下——他那循规蹈矩的母亲堪称美国革命女儿会的董事。"* 恰恰相反，像威廉斯吸牙、舔嘴唇，以及一高兴就想吃东西的习惯一样——"我认为自己已经尽可能摆脱了教条束缚"*，他对着日记倾诉——乱交成为他忘记家、忘记家里致命压抑氛围的办法。

威廉斯经常抱怨自己感觉活得像个鬼，成了夜的居民。* 夜晚让他用色情来填补缺席感，那种自儿时起便跟随他的令人压抑的空虚感。"夜晚是正常成年人在家——与家人在一起的时光，"他在1942年的日记中写道，那时他已经与性叛逆者为伍，"对我们来说，夜晚是我们去寻求某种东西来填补空白的时间，而在常人生活里，家填补了这种空白。这并不那么糟糕，真的。通常我们空手而归。偶尔也会得手。"* 为了邂逅交欢对象四处游荡，犹如某种梦幻般的奥德赛回家之旅，如《玻璃动物园》中汤姆所说："于运动中去找寻空间中之所失。"* 这种令人上瘾的刺激主要在于被选中的感觉；它给予威廉斯气馁的自我以情感上的升华。他开始视性为"精神香槟"*，治疗忧郁的处方。

被选中的兴奋——"他眼里询问的神情"*——让他不再饥渴。"你正向我走来——请快些！……（你——你——这是你吗？——'正向我走来'？）"* 由于有人想要他，威廉斯的需求不再是问题；陌生人成了需求的一方。在这种意义上，威廉斯的猎艳预示另一种情感释放——每次成功，他被选上，他被接纳，让他知道他是真实的。摒弃了母亲的清教束缚，摒弃了基督教信仰，摒弃了他"正常的"自我，他拥抱了同性恋这一"反抗的地狱"*，并因此直面了他的动物本能。"我知道我自己是只狗，但——动物本能在个人自我中看起来不再令人难堪，"他写道，"旁人普遍认为这一点显而易见。"* "我有时都不太确定自己的猎艳之旅在多大程度上是为了有人同行的快乐，为了这种追逐本身，又在多大程度上是为了这种行为本身反反复复的表面满足，"威廉斯这样描述这段时期，"我知道在这个'同性恋世界'，我还没有体验到可以超越身体行为的爱情。"*

1940 年 6 月，"在我身体、头脑、精神资源处于最低谷时"*，威廉斯动身前往艺术家云集的马萨诸塞州普罗温斯顿，简称"P 镇"。不过，这一来自地名英文首字母的简称 P，在威廉斯这里更像另外一个英文单词的首字母，"朝圣"（Pilgrimage）——"身体的疯狂朝圣"。*他给朋友写信说，生活"美丽、宁静"，因为特定的养生法——"参加免费的康茄舞蹈课培训，创作一首长叙事诗，天天游泳，天天酗饮，夜夜欢愉"。*某日，在杰克船长码头一栋坐落在水上的两层简易房里，威廉斯惊鸿一瞥基普·基尔南（Kip Kiernan）——威廉斯后来将自己的第一本短篇故事集献给了他，并将他的照片一直放在钱包里随身携带，直到 20 世纪 60 年代遗失。*基尔南是加拿大人，原名伯纳德·杜博夫斯基（Bernard Dubowsky），为了逃避服兵役给自己起了新名字，并开始艺术人生。他和室友乔·哈赞（Joe Hazan）想要成为舞蹈家——乔后来成为威廉斯的密友，参加了杜瓦尔芭蕾舞学校初级班，然后获得部分奖学金转到普罗温斯顿美国芭蕾舞学校。"我们俩在芭蕾舞上都没有什么天赋"，哈赞坦言，说基普"就是没有跳芭蕾舞的天赋。他不是当舞蹈家的料。他以前在什么地方学过雕塑"。*

对威廉斯而言，基普本人就是雕塑。他身材匀称，肌肉健硕，这可能让他做舞蹈演员稳定性不佳，作为性爱偶像却是无与伦比。"我视力好的那只眼睛直勾勾地看着他，像鱼看到诱饵一样，"*威廉斯写道（他当时另外一只眼睛患有白内障），"我将永不忘记我第一眼见他的样子，他背对着我站在双眼炉灶前，我从来没见过那么宽阔而有力的肩膀，那么线条匀称的美臀！他不太说话。我想他感受到了我的冲动，并被那强度所威慑。"*威廉斯继续描述这一优美身材的其他配件："稍显斜视的莴苣绿眼睛、高颧骨和一张可爱的嘴。"*"当他从炉灶前转过身来，如果那时我再不理智一些，我还以为我正看着年轻的芭蕾舞神尼金斯基。"*威廉斯写道。值得一提的是，基普自己后来也"怀着自我陶醉的骄傲"*将自己与尼金斯基类比。几天后，威廉斯搬到基尔南和哈赞在杰克船长码头上的隔板房，与哈赞睡在楼下的轻便床上，而基普睡楼上的单人间。"他（威廉斯）有着南方人的魅力，基普也魅力十足，"哈赞记得，"所以我毫不费力地和他（威廉斯）成了朋友……从我和基普的交往来看，他曾与女孩儿有过和谐的性关系。我没有任何同性恋的迹象，压根没有。"*

不久后的 7 月某晚，威廉斯表白了他强烈的爱。他"疯狂的口才"*使基普沉默了一会儿。最后，基普说："汤姆，我们到楼上我卧室去。"*在给温德姆的信中，威廉斯特别记下了那令人销魂的时刻。*

我们夜里醒了两三次，每次醒来都如饥似渴地再来一遍。屋顶很高，像谷仓的阁楼一样，潮水在码头下轻轻拍打。天上星光璀璨。海风把卧室的门吹得大开，海鸥声声入耳。噢，天哪。我居然叫他宝贝……可我在他身上的时候，感觉更像是在给自由女神像或什么雕像抛光。他是如此健壮。一尊巨大的古希腊铜像复活了。但生了一张娃娃脸。一个俏皮、上扬的鼻子，眼睛斜视，下唇突出，头发在额头中央尤为浓密。我弯下身子，抚摸着他的每一个部位——他弓起喉咙，发出轻柔的、极度舒服的声音。他的皮肤如同一匹奔腾的骏马的皮肤般滚烫，散发着一种温暖而浓郁的气味。那是生命的气息。他非常安静地躺了一会儿，然后他的呼吸加快，身体开始猛冲。强烈而有节奏地猛冲，喘息声声，两手紧扣我的身体。然后就是突然的释放——他发出婴儿般满足的呻吟。我将头枕在他的腹上。有时就那样睡着了。睡过一会儿之后，我呢喃一句，"翻身"。他翻过身。我们使用男士润发油。我第一次进入时三秒就射了。第二次好些了，慢些了，床好像无比巨大。太平洋、大西洋、北美洲……现在我们累得动弹不得。过了很长时间，他悄声低语："我喜欢你，田尼。"——声音沙哑——紧张——羞于这么亲密的话语！我笑了，因为我知道他爱我！——之前从没有人如此彻底地爱过我。我感到了他身体向我传递的这一真理。我称呼他宝贝——告诉他睡吧。过了一会儿，他睡了，他的呼吸深沉均匀，他雄伟深沉的胸膛像一块大陆般在我身下缓慢而温暖地起伏。世界变暗了，世界变得温暖而硕大无朋。然后一切都不见了，我醒来时天亮了，床是空的——基普出去了——他在练舞——或是当裸体模特。除了他和我，没有人知道我们的秘密。现在你，唐尼，知道了——因为你能理解。请保存好这封信，一定要非常小心。这信只能给像我们这样不以此为耻的人看！*

在威廉斯的描述中，基普的雄壮是和女性（自由女神像）联系起来的，威廉斯的小巧则使他处于被母亲怀抱的婴儿位置。这是威廉斯本能地做出的联系——从叙述基普巨大的雕塑般的身体直接转到他长着"娃娃脸"*的形象。对威廉斯来说，这种体验是两个男人在母亲和孩子这两个角色之间的转换，以基普顺从了威廉斯和威廉斯的愉悦而告终。"昨晚，你让我明白何为美丽的痛苦"*，他们初夜后次日漫步沙丘时，基普这样对威廉斯说。"我知道基普爱我"，威廉斯写道。威廉斯动荡不安的心找到了欲望的目标。"我也知道一个晚上被弄醒四五次，反复承受我放飞的欲望不是一件容易的事。"*

在这种情感旋风中，威廉斯脸红的老毛病又犯了，折磨着他，让他将自己狂热的情感融入诗剧《净化》（*The Purification*）中，他的情感"前一刻还在狂喜——啊，我的农牧神！——下一刻就陷

威廉斯的初恋、舞者基普·基尔南

入彻底的绝望"*。一段时间后，根据他的自传《回忆录》(Memoirs)："基普变得奇怪地情绪化……我们一同去哪里的时候，他会突然消失，几个小时后回到床上时，他会温柔解释：'我刚才头痛，田。'"*有天晚上听完一场室内音乐会后，基普自己匆忙离开。"促使我去找和我一样饱受心理折磨的人，"威廉斯在日记中写道，"眼前的一切依旧让我百思不得其解——我需要的一切，我想要的一切，过去几个月来我狂热追求的一切，就在眼前。奇迹一般。令人难以置信。"他继续说："我害怕我已经失去了他……哎，我必须忍受何等的空虚之痛啊——现在，我平生第一次感到自己在靠近能使我生命完整的伟大现实。噢，K——不要离开太久——今夜孤独有我。"他担心基普离去——"这一切会没了？会没事？"*在一次匆匆从纽约返回普罗温斯顿的路上，他在日记中如此书写对基普的爱——但又不乏自负："我现在正被一个音乐家、一个舞蹈教练和一个语言教授所追求，其中一人开着他崭新的大别克带着我们在鳕鱼角到处跑。"他7月末的日记如此写道："他们都想要基普，但还是希望我不离左右，因为和我比起来，他明显不易接近——绝对难缠——我认为爱情又让我青春焕发了，或许也是因为这条蓝色工装裤。"*

据威廉斯记载，8月中旬，"一个女孩"——雪莉·布林贝里（Shirley Brimberg）——"出现了。"*她后来以雪莉·克拉克（Shirley Clarke）这个名字成为一位著名的纪录片导演。当时，威廉斯正和一群艺术家在海边沙丘上，包括当时尚未成名的文化明星杰克逊·波洛克（Jackson Pollock）。一脸严肃的基尔南骑着自行车过来了，"田，我要和你谈谈"，他说。基普坐在车把上，威廉斯骑着车回到普罗温斯顿镇上。"在回去的路上，他十分小心而轻柔地告诉我，闯进他们生活中的这个女孩已经警告他，我正把他变成同性恋，他已看够了那个圈子的事，他清楚他不得不抵制，因为那搅扰了他的生活，他是不能接受的。"*不久后的一天早晨，在基普的房间，威廉斯"让自己出了大洋相——辱骂一个愚蠢的小女孩"（他朝布林贝里扔靴子，"没打到她，但不是故意的"）。他在日记中写道："我的不幸全拜她所赐。我倍感恐慌，几近歇斯底里——蠢货！现在这一切该结束了。"*

真的结束了。"完了。"* 威廉斯在 8 月 15 日的日记中写道。他陷入一种深深的绝望，绝望的尽头回响着几十年前他孤独的童年时代感到的彻底无能。"我救不了我自己。需要他人来救救我，"他写道，"我将不得不一路穿行于这世界，将自己奉献给他人，直到有人接纳我。"他写道，失落"威胁着要将我彻底摧毁"。* 孤立无援、四面楚歌，他向上帝祈祷："你，无论你是何方神圣——眷顾无力自保之人的神圣——请施舍些许仁慈，赐福接下来几天的田纳西吧。"* 回到曼哈顿，他频繁地对日记说着基普的名字："哦，K——要是……多好——多好——多好。""K——亲爱的K——我真心实意地爱你。晚安。"* 他将分手的狠话写进了给基普的唯一一封信中："即日起，我正式将你遗赠给女性阴道，那漩涡必然会接纳你，无论我同意与否。"*

"你认为我把基普太当回事了吗？"威廉斯在《回忆录》中反问读者，"好吧，你们从未见过他。"* 在某种意义上来说，威廉斯从未停止与基普交往。在他们分手时，他写道："K，如果你还能回来，我将永不让你离开。我要用尘世爱情的聪明才智所能编制的每一根链条将你拴在我身旁！"* 基普再没有回来（他结婚了，1944 年死于脑瘤，年仅 26 岁*）；但通过威廉斯舞台艺术的魔力，在一定意义上，他从未离去。

"威廉斯只有等到将自己的生命付诸笔端才能真正拥有自己的生命"，戈尔·维达尔认为。他说，"起初，该是他对某人产生性欲。完美与否，这种欲望……会产生幻想。继而，这些幻想会被写成故事。如果欲望仍未获满足，他会再基于这个故事写部剧，然后——这就是为什么他是一位如此强迫性的笔耕不辍的剧作家——他会将戏剧搬上舞台,这样他会像上帝一样,轻松地将自己的原始经验重组成一种不是上帝的而是他自己的东西"。维达尔继续说:"沙滩偶遇的第一个真爱,那普罗温斯顿海滩上的舞者,以及其后来的死亡('他的大脑中长了一朵可怕的花')都不曾真的永远失去,而是随着威廉斯将之搬上舞台而成为他的永远。"*

"为了爱,我创造人物形象"*,威廉斯说。基普的形象不只局限在短剧《有点缥缈,有点清澈》(Something Cloudy, Something Clear, 1981)*当中。他的肌肉轮廓闪现在威廉斯后来给世人塑造的众多热辣性感的男主人公身上。《天使之战》中的瓦尔"有一种鲜活的原始特质、一种阳刚之美,身体灵活而具有一种强烈的吸引力"*;《夏与烟》中的约翰·布坎南"散发着一位史诗英雄般的鲜活和熠熠生辉"*;《玫瑰文身》(The Rose Tattoo)中的阿尔瓦罗"身材属于地中海类型的一种,像光滑的小公牛……有着极富雕塑感的躯干"*;《热铁皮屋顶上的猫》(Cat on a Hot Tin Roof)中的布里克"仍像一个男孩子般修长健美"*;当然了,《欲望号街车》中的斯坦利·科瓦尔斯基无须描述——他是"带电的身体"*,让人想起威廉斯给基普的道别信中所写的:"我像爱任何人一样爱你(以强健的阳刚之爱,惠特曼会说)。"* 写作使欲望之环圆满。

为了弥补基普离去后的沮丧,威廉斯步入性放纵。在墨西哥,他被一个潇洒、强健的墨西哥沙滩男孩强暴,那人游去他的橡皮艇,后来在他的沙滩棚屋内强暴了他。"我像个女妖般尖叫,一周都无法落座"*,他说。回到普罗温斯顿后,他会参加募集房租晚会上的纵欲狂欢;在米高梅公司工作的五个月期间,会在圣莫尼卡住处附近海洋大道的黑暗灌木丛里寻欢。"我刚和一个15岁整的美少年纵欲狂欢了,在帕利塞兹公园偶遇的,"他写信告诉温德姆,"我像一只被爱神之箭刺穿两次的受伤之鸟般呻吟。刚把他送回家,好让他赶在妈妈上完夜班回家之前到家。如果圣奥斯卡这个夏季没跟我签约,我会落到圣昆丁州立监狱,而不是墨西哥。"*

威廉斯在 1943 年的一次寻欢中被人打了,对方是他自己带回圣乔治酒店房间的水手。"他们为什么要打我们呢?我们触犯谁了吗?"*他在日记中写道。哪怕就是这种暴力他都留心记下了。"不是我喜欢挨揍,"事情过去几天后他在日记中写道,"但我还是不得不说,这种强烈的情感状态是艺术素材。"*

性事让威廉斯接地气,将他带入生活。"你指望从这种生活中得到什么?"在《街车》第一稿中,斯坦利问起布兰奇的性乱交。"得到生活。"她说。* 性也对所有绝对真理提出疑问。* "事情的真相是,所有人类理想都是不适合人类戴的高帽,太大了,"威廉斯在 1942 年的日记中写道,"骑士精神——民主——基督教——思想纯洁这一希腊理想(我认为最具吸引力的一顶)——所有这些都是大高帽!"*

欲望将威廉斯带进一片新领域,给他的文学创作力带来一种新感知。《夏与烟》和《街车》两剧便拾起了《玻璃动物园》所留下的威廉斯心理演变故事。(《玻璃动物园》宣告了威廉斯编织的浪漫自我——真理和"伴侣"的追求者。在开场白部分,成年的汤姆·温菲尔德夸口说,他"兜里有戏法"*。尽管性事在剧中只是被暗示了一下,但戏法之一就是性事。)通过阿尔玛和后来的布兰奇——她在该剧的一个早期版本中被描述为"充满了许多那种蓝色果汁"*,它们无异于爱神阿弗洛狄忒手中的鸽子或某人的车——威廉斯将他自己的乱交及其背后的原动力置入戏剧的中心。"她努力向他解释她的生活,但他能看到的只是乱交的细枝末节,而不是背后的惶恐不安和需要保护,而恰恰是这些强加给了她那样的生活"*,这是威廉斯 1945 年 3 月 23 日写给奥德丽·伍德的信中首次谈到

《街车》一剧时对布兰奇的描述。

"为了社会利益，我们这类人必须被彻底消灭"*，威廉斯1941年听到奥利弗·埃文斯讲这话的时候很是震惊。此人是威廉斯在普罗温斯顿遇见的一位诗人和英语教授，后来成了他的终身好友和旅伴。威廉斯对着日记倾诉了这"悲伤而尖酸"的一幕。"如果你认为我们危险，你为什么要那样做呢？你为什么不孤立起来？"他问埃文斯。"因为我腐烂了。"埃文斯回答。"我想知道我们有多少人有这种感觉，"威廉斯写道，"承受这种难以忍受的负疚之重？偶尔感到些许羞辱和许多悲哀是必然的。但感到内疚是愚蠢的。我是另类没错，但我也因此更深刻、更温和、更友善。我因此更能清楚地意识到他人的需求，我表达人类内心的能力在很大程度上也缘于自身这一处境。"*

威廉斯通过在自己作品中将性欲神学化来捍卫自己，不让自己陷入类似埃文斯那种负疚和耻辱。早在1942年他刚开始沦为色欲门徒之时，他凭直觉感知战争的经历会迫使美国人寻找自我牺牲之外的一种新信仰。"我们在干什么，我们这些将词语拼凑在一起的人，将自己的影子投射到舞台上的人？"他给广受赞誉的德国导演欧文·皮斯卡托（Erwin Piscator）写信说，威廉斯参加过皮斯卡托在纽约新学院大学举办的首期戏剧研习班，"只是竭力在创造一种新的、可靠的神话——或者说信仰——或者说宗教——来取代'一味忍耐'这种陈旧的、枯竭的、没有结果的神话？"*这种自我夸大遭到了皮斯卡托的批评，那是他们1942年第二次见面谈论《天使之战》的时候——"威廉斯先生，你写了一部法西斯戏剧——你笔下所有人物都在自私自利地追逐着他们生命中各自的小利益和小目标，漠不关心周边世界的冤屈与痛苦"*——事实上，这种自我夸大是威廉斯"地下魔鬼"*的写照，表明他需要"直白野蛮的创作方式"*将"地下魔鬼"困在舞台上。它应验了威廉斯1941年对威廉·萨洛扬预测过的"经历了死亡后对生命的无限渴望"*。威廉斯为欲望的"长手指"赋予一种神性。他称他自己的纵情声色为"希腊神话中半神半人精灵"之所为,具有一种神性。*威廉斯笔下的人物也成为肉欲的福音,在此过程中,魔鬼变成了天使。

在《天使之战》中,"太自私而无法爱人"*的瓦尔因其性欲而被焚烧至死,然而他的性欲却唤醒了密西西比州两河镇。该剧可谓威廉斯为自己别出心裁的浪漫福音书撰写教义的首次尝试。当他开始质疑救赎这一基督教古老神话——《夏与烟》一剧的题词来自里尔克:"谁,如果我呼喊,会听到我/在那天使的行列里?"*——他用一种新的、以抛弃基督教义为基础的救赎神话取而代之。在他的戏剧世界里,人的信条是力比多。他在1943年写过这样的话:"或许,世上最大的差异是有性生活和性生活很圆满之间的差异。"*

《夏与烟》中的约翰·布坎南在开场部分还只是一个小恶魔,*长大后则成了一个大恶魔,但他"纵情放荡的目的不过是缓解自己魔鬼般的骚动不安,算不得什么真恶魔"*。赌博、饮酒、搞女人,这位年轻的布坎南医生不过是浪漫过了头,将那控制不住的无意识的一切提升到了英雄主义的高度:"一位普罗米修斯似的人物,在停滞不前的社会中活得光芒万丈、生机勃勃。"*布坎南——他认为祷告是"精疲力竭的魔法"*——告诉虔诚的阿尔玛:"有待证明的一点是,世间最值得荣耀加身的人,或是那能竭尽全力让自己的感官得到——满足的人。""自我满足?"她问。布坎南回答说:"除此以外,别无他物。"*当然,阿尔玛体现着基督教的自我牺牲精神,信仰如此意义上的超越——"永不止息的奋斗,渴望超越人类力所能及的局限"。在她看来,布坎南虽然"天资超凡脱俗……但是他所关心的只是满足感官享受!"*结果,身体多余成为她和他的共同

问题。"我本应该被阉割了!"* 布坎南有一次情绪低落时跟阿尔玛承认,"你害怕我的身体,但我更害怕你的灵魂。"*

威廉斯用彼此的态度逆转解决这一问题。受压抑的阿尔玛最终让自己屈从于自身本性中自然而然而难以控制的冲动——她为自己的生命找到了狂野之处,而布坎南更致力于自己的医学职业,转向阿尔玛昔日严酷的精神追求。"我来这儿是想告诉你,你是否绅士对我而言不再那么重要了,而你却告诉我,我要坚持做淑女,"她"相当狂野地"笑着说,"情形对调了,真是报复。"*

沉溺与恪守、感性与灵魂之间的论争正是威廉斯那些年与自己的论争。性具破坏力;寻欢作乐的牵引力——《街车》中斯特拉表现为"被催眠了的宁静"*状态——使人远离讲究和使命。威廉斯知道,性欲能破坏人的思维,阻挠人的意志。"我无法创作,"他在日记中写道,"我大脑迟钝。我好像不太在乎什么了。可能这源于过度的性行为。可能我真的把我的半人半神精灵累垮了。"他又补充说:"我必须重拾纯净。一颗完整而没有分裂的心。某种简单而直白的东西。一种充满激情的平静……我还在寻找上帝吗?不——只找寻我自己。"* 在给哈赞的信中,他写道:"我祈祷有力量自己待着,苦行僧般。那是我最好的未来——禁欲和神圣的工作。但切记我是怎样的动物啊!"他继续说:"我已经开始以一种相当严格的方式生活。即使情绪极差,一天也只喝上一二杯,我平静地隐忍着自己的情绪,没有疯狂地逃去一醉方休或社交娱乐。当我想写首小诗的时候,我就坐下来,煞费苦心地想写一部长剧。这实在有些乏味……我体内的动物性在抵抗,想要做点消遣之事,比如写些伤感的诗歌或做点儿与性有关的事。不过,现在我明白了,无论是想要成长,还是想要生存,我必须更加约束自己,我决定这么做。"*

阿尔玛·瓦恩米勒精神上的 180 度大转弯是威廉斯自己的幻

杰拉丹·佩姬（Geraldine Page）所扮演的阿尔玛·瓦恩米勒在1961年电影版《夏与烟》中对天使行告别礼

影。像威廉斯一样，阿尔玛已经密谋策划了一次从"清教主义的牢笼"*中的逃亡。摆脱了父母和牧师住宅的束缚，她找到的宁静不是天国的安宁，而是与陌生人的欢愉和药片带来的极乐。"处方号是96814，"她在剧尾时说，"我把它当成上帝的电话号码！"*在威廉斯焕然一新的认识里，启示是一种心理满足。身体被精神化了：圣餐承诺的接受圣体，不是为了来生的复活，而是为了复活现世的身体。"我们的血液依然神圣，"他在《钢铁之冬》（"Iron Is the Winter"）一诗中写道，"对于口/心爱之人的舌是神圣的面包。"*

威廉斯1945年年末回到新奥尔良的时候——"我需要一种温柔的气候和更加温柔的人，"*他在日记中写道——他的性生活景象已经与他内心的情形一样具有戏剧性。"纽约吸引我的只是阳具，有时还难以挣脱。那里的性事太多了，"他给唐纳德·温德姆写道，"因为奥利维广场一带的蒸浴房、酒吧被突袭整顿，我落荒而逃后在谢尔顿酒店小有建树。要我放弃那点事确实困难——唉——我还没有准备好断绝与肉身的联系。好在新奥尔良也并非禁欲之所。"*

威廉斯的乱交还是很快消失了，因为他看好和新伴侣潘乔·罗德里格斯之间的关系。"我们的友情更多是精神上的而非性欲的，"罗德里格斯回忆，"类似两个一蹶不振的人努力活下来并互相扶持着。"*潘乔是威廉斯自与基普分手后渴望的那种"罕见的潇洒陌生人"*。"我不认为他是失望的，"罗德里格斯说，"那时我非常帅气……那时我非常具有吸引力，魅力十足。"他补充说："我的社交行为无可厚非，即使有时会喝很多酒。但是我总能在大家指指点点之前明智地离开。没有人见过我午夜后醉酒。"*

像威廉斯一样，潘乔类似一个流浪汉和孤苦无依的人。"我是战争伤员，"罗德里格斯说，"我有漫游癖。"他在美国陆军工兵部队服役过四年，其间有一段时间就驻扎南太平洋。"就在战火最激烈的地方,"威廉斯告诉马戈·琼斯,"后来他被从军队遣回了,退伍却没有得到任何荣誉,因为他自己昏了头,把有漫游癖的情况直言不讳地告诉了一位军官。所以他这段经历没有什么可以显摆的,甚至没有得到任何战后的军人补偿,我认为这太过分了。"* 罗德里格斯的大姐及其乐队在新奥尔良的月神夜总会——一个西班牙酒馆——弹奏钢琴,她答应为他找份工作,他就搬到了新奥尔良。潘乔到后不久,便遇到威廉斯。"直到我遇见他,我的生活才稍许安定下来,"罗德里格斯说,"我那时对自己缺少一种责任感。我想要做些有建设性意义的事情,但总有些什么东西使我做不成。"*

对付潘乔让威廉斯免于被自己的疯癫所击垮。酒醉后,潘乔性情暴烈;但他也让威廉斯的生活充满刺激。威廉斯说,潘乔激发出"我自身光亮的一面"*。他们在新奥尔良录制的一张廉价唱片上保存了两人充满柔情的嬉戏:

> 田纳西:这里是瓦尼拉·威廉斯正在采访罗德里格斯公主,他刚刚由蒙特雷来到此地……您已经到处逛过了吗?
>
> 潘乔:啊,是的,已经逛了。瓦尼拉,我已经逛了逛。嗯,我已经去过运河街了。
>
> 田纳西:哦,亲爱的,不要去运河街。运河街小姐没什么好的。您该去皇室街小姐和波旁街小姐那儿。您该去名人酒吧。那是新来的女孩们去的地方。
>
> 潘乔:名人酒吧?
>
> 田纳西:是的,女士……罗德里格斯公主,您赶紧动身去名人酒吧吧。那是假娘儿们都带着小淑女去的地方——他们会带22把手枪保护自己不受贱货们的侵犯。
>
> 潘乔:我知道,但我已经是名人了。我不想去那儿。

田纳西：噢，宝贝儿，您会在那儿艳压群芳的。那地方适合您。

潘乔：海报酒吧怎么样？

田纳西：海报酒吧不错，宝贝儿。我说的是不错个屁。这档子屁事儿，您是不想要的吧？*

"教养好的人发现要突破他们好教养的外壳并非轻而易举。他们一直生活那外壳的包裹下。"*威廉斯说。潘乔体现了威廉斯那种故意的倒退。以威廉斯良好教养的标准来衡量的话，潘乔便是垃圾。威廉斯已经使自己认同异教徒及本能的救赎，而本能犹如《夏与烟》尾声时阿尔玛所说那"来自深邃地下"*的凉水。几十年后，威廉斯告诉斯塔兹·特克尔（Studs Terkel），阿尔玛"愿意——当她放弃了自己的伟大爱情之后——最终愿意与一位英俊推销员安定下来"*。威廉斯这么说阿尔玛的时候，也是在说他自己。

潘乔便是他的英俊推销员。这个 25 岁的大男孩*性感十足、脾气暴躁、嫉妒心强、胸无点墨、原始粗野。*潘乔频繁且奇葩的错事使威廉斯的生活充满了跌宕起伏的情节剧。"我每晚都跟潘乔在一起，在那些他酷爱烈性酒的日子里，很多白天都基本沉浸在狂野之中"*，威廉斯在《回忆录》初稿中写道，正式出版时，他将潘乔改为了"圣者"（Santo），因为他是"某种非主流圣者"。*"开始，我每周仅在寓所和他欢娱两三个晚上，但是他决定搬过来，便搬来了，从此结束了我在新奥尔良的社交活动。"*

"我那段时间的行为举止让人难以恭维"*，潘乔说。当他行为不良时，他能瞬间让房间连一个人都不剩，他就是这么做的。"他制造的各种闹剧将体面之士都吓跑了，"威廉斯写道，"我不再接到花园区名媛初次社交派对的邀请了。"*他们的关系迫使威廉斯甚至更快地驶向他的欲望之海，变得甚至更加放荡不羁。"他无法

威廉斯与潘乔·罗德里格斯的合影

跟自己解释清楚这事,但不后悔"*,威廉斯在短篇故事《鲁维奥与莫雷纳》中写道,此文对两人关系做了深思。像故事中的叙述者一样,威廉斯"从未能相信有谁真诚地在意他"*。潘乔率真的热情"恢复了他的男性霸气。他内心清楚这一切,并心存感恩"*。

威廉斯还将潘乔写进了短篇故事《解剖图》中分裂的情感方程式。字里行间,他便是那个充满贪欲、性子火辣的墨西哥女孩罗萨·冈萨雷斯,"某种花哨俗艳类型,名字里有个Z!"*潘乔姐姐的俱乐部——月神夜总会——成了故事里的月亮湖赌场,"那里什么事都能发生"*,阿尔玛说那里"快乐,非常快乐"*。潘乔代表威廉斯对存在开展了奢靡而崭新的浪漫重组。他代表着异教,通过他,威廉斯找到了对本能的救赎。罗萨对具有非凡天赋的布坎南医生那种无法抗拒的潜在吸引力重塑了潘乔对威廉斯的内在吸引力——某种他既渴求又恐惧的东西。"有人曾像我今年夏天一样一路下坡如此神速吗？……像头涂了油的猪。"* 布坎南告诉罗萨，他竟与她短暂订了婚。罗萨为布坎南所做的便是潘乔对威廉斯所做的。作为他失败的催化剂，潘乔"拓宽了他体验的范围……那欲望的马戏团秋千，他原本在上面漫不经心地荡来荡去"*。潘乔所知不多，思考不多，言语不多；然而他的出现缓解了威廉斯的孤独，那种"被判决单独囚禁在自身皮囊之内"*的孤独。"在我结识的所有人中，你拥有最了不起、最温暖的心"*，威廉斯写信给潘乔，就像《鲁维奥与莫雷纳》里的叙述者一样，威廉斯发现自己竟然对他"已然生爱了"*。

1946 年 4 月下旬，为了躲避闷热潮湿的新奥尔良，让自己从完成《解剖图》的劳顿中获得些许休整，威廉斯决定启程前往新墨西哥州的陶斯住几个月，"呼吸洛博斯山脉和桑格雷克里斯托山脉之间的美好空气"*。他开着新买的帕卡德跑车——家里人取名为"小闪电"——出发了，打算途经圣路易斯时回家看看。潘乔当时在一个百货公司工作，他告诉威廉斯只消他到达目的地后一声召唤，自己就去新墨西哥与他会面。"我已经学会了怎么使用液压千斤顶和钳子，这真是我人生的里程碑！"*威廉斯在路上时写信告诉奥德丽·伍德。等他到了圣路易斯，他的汽车散热器和他在家人面前伪装的异性恋身份都坏事儿了。

"我到家时发现一封电报——已被家人打开读过了——电报里说他（潘乔）已辞掉工作，正起身去陶斯，问我能否在我到那儿前汇些钱给他维持生活，"威廉斯写信告诉唐纳德·温德姆，"我不必跟你讲这电报在家人中间引起的反应。我一回家，他们就开始盘问我潘乔和汇款是怎么回事。他还给我打了几次长途电话，母亲总是跑下楼抓起另一个话筒听我们谈话。如此一来，我几乎不得不讲了几句话就挂掉，尤其当他突然哭起来，并求我立刻离开这儿，因为他正在沙漠中间又孤独又饥饿！"威廉斯补充说："尽管我竭力伪装，但我猜现在全露馅了——你知道那情形能有多好！"*

"对不起，我不能跟你电话里说太多，"他给潘乔写信，保证汇款，"我家有两个电话，一个在楼上，一个楼下，母亲通常会听另一个。我吓坏了，担心你会说什么。"他继续说："我希望你马上给我写信，但往这个地址写的任何东西都请万分小心。让信看起来很随意，但要告诉我你住在陶斯的什么地方，喜欢吗——你认为在那儿会开心吗？……跟我在一起你不需多少钱，但我了解你，我恐怕你没有个职业什么的会感坐立不安。这些日子我会非常卖力地写作，这儿没有新奥尔良那样的圈子——不过我认为这是一件好事。不过，最重要的是我不久便能见到你了！"*

从圣路易斯去陶斯的第一天路上，威廉斯的车子和身体都开始出毛病。他感觉腹部刺痛。"被人刺了一刀似的"*，威廉斯写道。随着继续西行，他的身体和车子情况都越来越糟糕。在密苏里，他被确诊为痉挛痛和神经痛；到了堪萨斯，又被认为患有轻度阑尾炎；到了俄克拉何马，则被确诊为患有肾结石。威廉斯把车停在俄克拉何马城，改乘大巴到了陶斯。当地圣十字医院的修女告诉他，由于他发烧，还有白细胞数飙升到18000，他的阑尾可能已经穿孔了，需要立刻动手术。

"事态发展到如此严重的地步，我心委实惶恐，我觉得我要熬不过去了，"他写信告诉奥德丽·伍德，"潘乔陪我坐在医院里，当年轻医生为我刮干净腹股沟为手术做准备时，我写了遗嘱和证明。"*威廉斯写道："我没有什么可留下来的，只有《天使之战》的手稿，我将它留给了潘乔。"*潘乔接过遗嘱把它撕得粉碎。"他这人不时会表现得很有范儿，这一撕绝对有范儿。"*威廉斯说。威廉斯吸入麻醉药的时候体会到了"一种死亡感"*。"幽闭恐惧症、窒息感是最令我恐惧的"*，他后来如此解说那一刻的感受。随着他进入麻醉状态，威廉斯最后的话是："我要死了！我要死了！"*

威廉斯苏醒过来后，脱口而出的第一句话是"Dios Mio！"——西班牙语"天哪！""我不知道我为什么会用西班牙语，"威廉斯告诉奥德丽·伍德，"可能是西班牙文化的深刻影响吧！"* 医生告诉他没有找到坏掉的阑尾，但他们发现他患了小肠憩室炎，"一种罕见的肠道毛病"*。对他的知心朋友——奥德丽·伍德、詹姆斯·劳克林、保罗·比奇洛、唐纳德·温德姆——威廉斯更为详尽地叙述了这次痛苦事件。十年后，威廉斯向评论家肯尼思·泰南重新描绘这次手术时，形容自己所经历痛苦的措辞依然如故。

威廉斯躺在病床上等待康复的时候，一位例行查房的修女对他说："好吧，你现在情况挺好的。当然，几年后你可能还会患上这种病，不过我们迟早都得走，说不定哪时哪刻，不是吗？"* 威廉斯听了这话，觉得它近乎诅咒。"圣十字医院一位好心的修女到了我房间，建议我与主和好，因为不管我表现出怎样的好转，那也仅仅是暂时的。"* 他告诉劳克林。无论医生说什么，都无法消除威廉斯自己的看法——基于那修女的暗语和他自己对部分已坏肠道的分析——他认为自己患了胰腺癌。"我不知道你得了什么病，而且我不介意你得了什么，这和我无关。"* 这位穿了护士制服的修女告诉他，敢情她回到病房就是来发泄怒气的，而威廉斯那会儿还正在输血浆。

"自那以后，不管医生宽慰说什么不必多虑之类的，我就一直在期待哪天一命归天，而我其实从未真正盼望着死。"* 他写信告诉劳克林。威廉斯的人生获得了一种紧迫感和尽头感。手术后康复的第三天，他写信给唐纳德·温德姆："我正坐着边抽烟边码字，但感到自己在某种程度上彻底变了。我以前不知道生命于我如此珍贵或死亡如此令人害怕。"* 这件事真的成了分水岭。"这是绝望时段的起点"，他告诉肯尼思·泰南。此刻是个起点，在未来的三年里他认为自己是"一个年纪轻轻便濒临死亡的人"。*

为了摆脱死期将至的感觉,康复后的威廉斯离开陶斯埋头写作,还到鳕鱼角楠塔基特岛度过了一个愉快的夏天。他在松树街31号租了一座灰色隔板房并邀请了许多朋友来分散他的注意力。"每个人都注意到,这个房子很像温菲尔德一家住的房子,只是阳光更充足一些,"威廉斯写信给马戈·琼斯,"但是一周后便没有干净的床单和浴巾了,南方的腐败生活风气彻底战胜了新英格兰的天气。"*

那年夏天第一位应邀到楠塔基特岛的是个陌生人——卡森·麦卡勒斯。威廉斯写信称赞她的小说《婚礼成员》(*The Member of the Wedding*,1946),并建议他们在他死前见个面。戈尔·维达尔说:"她是一个极其无趣的人,威廉斯却觉得她不幸且有趣。"*威廉斯向劳克林坦白:"我从看到她的第一刻开始,就觉得她好似一个老朋友、好朋友,真是一见如故!"他继续说:"因为我手头的剧本写完了,我们正计划合作,将她的小说改写成剧本。我想这部剧将是我最后一次为百老汇写作。从现在开始,我要为尚不存在的艺术剧场(art-theatre)而创作。"*

麦卡勒斯像威廉斯一样勇猛无畏。她在《爱与时间之壳》("Love and the Rind of Time")一诗中写道:"那些发现活着比较艰难的人/更加努力地活着。"*她是南方人,同时与多病的身体、酗酒、不安全感及难以控制的性欲做过抗争。威廉斯称呼麦卡勒斯为他的"妹妹"。她后来会在自己位于纽约奈阿克村的房子里给威廉斯留一个写作间。"我感到一旦我能和你在一起,就什么也吓不倒我,我可以安心休息,"她写信告诉他,"我的自信——对于健康、对于工作、对于实现自我——都有赖于你。意识到我对你的依赖程度有时会令我不安。但并不尽然——我知道我们联手只会有好事发生。"*

威廉斯珍视那个夏季的记忆——"她中风前最后一个好年

头"*——包括麦卡勒斯下船时初次见面的情景*：穿着宽松长裤、戴着棒球帽的高个子女孩，露出不整齐的牙齿，灿烂地笑着。因为没有一个乘客看起来符合对她的描述，所以威廉斯和潘乔走上跳板想看看是否还有人在船上。就在那时，麦卡勒斯手里拎着两个旧手提箱，朝他们走来。"你是田纳西或潘乔吗？"*她问道。威廉斯介绍了自己。他建议他们去游泳；中午就喝醉了的潘乔和他们同行。他们在更衣室换好衣服。外面是一处露台，有一排长长的摇椅俯瞰水面；每张椅子上都坐着一位老妇人。"出于某种原因，潘乔不喜欢她们的样子，便将怒气转向她们，"威廉斯回忆，"以他最大的嗓门，朝这些行为举止非常得体的老妇人大喊着：'你们看什么看？一帮老色鬼！'"

"田纳西，亲爱的，那个男孩真棒，有他跟你在一起你真幸运！"*麦卡勒斯说道。

威廉斯说，他"根本不相信这点"。后来，麦卡勒斯也不信了。尽管如此，"他们回家了，过起了家庭生活"。*麦卡勒斯做饭，烧了"卡森土豆"*——橄榄、洋葱和土豆捣碎——还有热狗豌豆汤。晚上，她在客厅的立式钢琴上弹奏巴赫和舒伯特的乐曲。有时她和威廉斯在留声机上听苏萨（John Philip Sousa）的进行曲或为彼此朗读哈特·克莱恩的诗歌。白天，他们分坐长条桌两边各自写作——他完成了《夏与烟》，她开始《婚礼成员》的舞台剧改编。威廉斯说：对他来说，"卡森是唯一一个在我工作时我能容忍和我同在一个房间的人"*。麦卡勒斯同样心怀感激、彬彬有礼："我觉得你在作品中是个真正的合作者。"两年后改编完成时她给他写信说："应该感谢你的帮助。"*

"潘乔有一阵儿闷闷不乐。"*威廉斯说。威廉斯和麦卡勒斯之间的默契——他们的朗读、他们的写作、他们共同的南方身世——不可避免地引起了潘乔的嫉妒。潘乔开始滋事。"我的朋友潘乔一直

第二章　心不我待

与卡森·麦卡勒斯的合影，1946年

为我做饭，打理房间，节省了开支，"威廉斯秋季时给奥德丽·伍德写信，"但他现在处于一种令人难解的墨西哥式暴怒中，还说要收拾行囊去墨西哥。我认为部分原因是卡森的出现。他怨恨我们可以长时间谈论他不懂的文学。这一情况令我有点烦心。卡森倒好，看起来完全没注意到这一点。"* 威廉斯注意到了。他在给潘乔的一封信中这样说服他不要不理智：

1）你要知道，我的情感生活中除了你没有别人，也不想有其他人。

2）我从没把你看成被我雇用的人。那都是你单方面的想象。如果我们是男人和女人，这一切都会简单明了，我们会结婚，分享我们的生活和我们所有的一切。我以为我们实际正在做的事就是那样。当我说"潘乔在做饭,在做家务",我只是在说潘乔对我很好,在帮我。以你对我的了解,你应该意识到那就是我想表达的唯一意思。

3)我们正在走过的是一段黑暗而不确定的时期,也是一段我们应该满怀信念和勇气并肩齐行的时期,同时相信我们有能力重返光明。

4)我今生还从未像爱你一样爱过任何其他人。

5)你不仅是我的所爱,也是我的幸运。过去三个月以来,我一直生活在充满焦虑、无以言表的黑暗世界中,这让我看起来有所不同——你可能没想到,你差不多是让我浮出水面的唯一依靠。*

为了安抚潘乔,威廉斯在随后一年中带着他认识了与日俱增的名流——自己刚刚跻身其中的社会阶层。"当田纳西说'我想介绍你认识我朋友潘乔·罗德里格斯'时,他们期望看到的不过是一个戴着阔边帽的墨西哥小男孩,"潘乔回忆——他自视甚高,"很自豪,我认为我什么都知道。"* 遗憾的是,威廉斯为了安抚潘乔的不安全感所做出的努力最终只给他带来了更多的麻烦。潘乔的傲慢和脆弱是个有毒的综合体。当潘乔跟随威廉斯和麦卡勒斯参加与凯瑟琳·康奈尔及其导演丈夫格思里·麦克林蒂克的茶会时——当时后者期望妻子也许可以出演《解剖图》,麦克林蒂克对潘乔"极度反感"*。在这些出色的戏剧界人士中,潘乔成了流言蜚语和关注的焦点,威廉斯本人最后也被迫向马戈·琼斯承认,他是"一个墨西哥问题"*。麦卡勒斯闻到了一种傍大款的味道,认为潘乔是威廉斯创作生命中的障碍。"看在上帝分上,不要为潘乔发狂。你要保护好自己。"* 她给他写信说道。保罗·比奇洛将她的极度担忧告诉了他的伴侣乔丹·马西(Jordan Massie),也是麦卡勒斯的远房堂兄弟:

"卡森说田的墨西哥人把他全家都从得克萨斯州安置到了路易斯安那州,他们都住在新奥尔良,温暖无比!"比奇洛补充说:"田纳西不只得了一个包袱,就连包袱的包袱都给摊上了。我可知道那些墨西哥人,尤其是边境地区的,狡猾又精明,甩都甩不掉。"*

戴金·威廉斯1946年来看威廉斯的时候,也见识了潘乔的逾矩。戴金称,他某晚要宽衣休息的时候,潘乔来到他的房间。"我已经脱得只剩内裤,"他说,"他坐在我床上,紧挨着我,将他的胳膊搭在我肩上,友好地捏了一下我的乳头。'戴金,今晚我要你跟我睡。'"*"戴金整晚没睡,浑身颤抖,极度紧张,口中念着《玫瑰经》,"潘乔回忆,"我猜他是怕我做什么。"* 此次拜访过后,戴金写信给威廉斯谈了潘乔。他说,他不是"你社交上有益之人",并且"具有……嗯……你知道的,所有特性"。* 戴金在信中质问:"你怎么能对我和我们家做这种事?"* 威廉斯对此做出了言辞激烈的回复。据戴金说,威廉斯的回信"预示着我们之间曾经拥有的那种温馨的兄弟之情要终结了"*。

伴随威廉斯患病的消息,《解剖图》写作上的困难也传到了奥德丽·伍德耳中,她越发偏执地认为潘乔在对威廉斯造成不良影响。她让人相信这样的谣言:潘乔正在毒害她的客户。"无论我听到多少让我不必担心的话,都不能完全消除这种恐惧,即田可能真的处于某种危险中"*,比奇洛写道,他是利布林-伍德代理公司派去新奥尔良查清黑暗真相的人。"她怨恨我,"罗德里格斯说,"她害怕我会通过自己的行为毁了威廉斯。"*

那个夏末,威廉斯主动住进曼哈顿的圣卢克医院,检查发现并没有患胰腺癌。之后,他带着潘乔一起参加了几次与奥德丽·伍德的工作会谈,这让她很是生气。* 罗德里格斯说,10月份时,羞于启齿的威廉斯让他在晚餐上提出外国版税一事。"'奥德丽,版税的钱怎么样了?'"罗德里格斯以他惯常的方式直截了当地问,"她看着我说：'你为什么问我那个呢？'奥德丽永远没有忘记那事。她对我非常提防。"罗德里格斯继续说："从那时起，他们就开始了一场铲除我的运动。"* 伍德认为潘乔威胁到了威廉斯和她自己的活路。

"奥德丽想再次征求我的意见，她是否应该告诫田纳西，说他坚持让潘乔出席所有的会面并带他出国是个错误，而且眼下还正在谈拍电影的事。"* 比奇洛给马西写信，讲起拖了很久的《玻璃动物园》改编电影的协议。关于这一协议，潘乔早已专横指责伍德磨蹭。可以肯定地说，潘乔在让自己熟悉威廉斯的各种协议和收入。《玻璃动物园》以50万美元卖给好莱坞的消息固然是八卦专栏作家卢埃拉·帕森斯（Louella Parsons）昭告天下的，但抖搂合同详情的人还是潘乔。他在一张1946年10月17日新奥尔良的录音唱片里骄傲地宣布合同的详细条款："关于《玻璃动物园》电影版权的协议已经由查尔斯（费尔德曼）搞定了。就在昨天。百老汇剧作家田纳西·威廉斯创作的四人剧会获得40万的版税，相当于这影片净利润的百分之8又2/3，再加上40万的百分之1又1/3。40万预付款的一半于合同签订之日支付，其余部分来年1月16日支付。"*

不管准确的数字是多少——这个价格在当时是付给百老汇戏剧的最高纪录了——威廉斯摇身变成了富人。伍德担心潘乔会利用威廉斯对他的忠诚篡夺由她掌控的威廉斯的文学利润。"田以这种方式让奥德丽知道她必须承认他和潘乔的关系，真是一个无法估量的大失误，"比奇洛在给马西的信中继续写道，"利布林感觉如果奥德丽去那儿，她会马上引起潘乔的怀疑，可能会让田想把自己的全部作品从她的代理机构撤走……我知道奥德丽心烦意乱，因为田没有推出任何新作。一周前她吃早餐时告诉我……新剧还只有一个大纲，这是田两年内的全部创作。对于一位谨慎而理智的作家来说，这也不至于令人惊讶或恐慌；对田来说却是灾难性的，因为这意味着他寻求书面表达的巨大冲动力不是衰弱了就是消失殆尽了，或者

第二章　心不我待

他为感情上的矛盾深陷烦恼，无法排解，以至于没有哪种表达方式适合他……我当然担心这些关于田和潘乔的说法。"*

"我嫉妒他们所有人，"罗德里格斯说，"我不想让他跟其他任何人走得近。我怀疑每个人都要把他从我身边带走。"每当潘乔感到和威廉斯沟通有障碍了，他就会发飙。在楠塔基特的一天晚上，和威廉斯争执之后，他醉醺醺地回家。前门锁上了。从楼上的灯光来看，他知道威廉斯正在床上看书。"他没有应声来开门。"罗德里格斯说。最后，潘乔找到了钥匙。"我走进来，并开始打碎房子里的所有灯泡。"*激起这一事端的威廉斯后来将它作为一种激情表达用在了《欲望号街车》里。*

然而，直到写《回忆录》时，威廉斯才戏剧性地表达了1947年5月潘乔的另一出闹剧所造成的伤害。"你带你的朋友滚出这里，否则我就把他们都扔出去。"*潘乔告诉威廉斯，威廉斯正在纽约美伦大酒店他们的房间内款待唐纳德·温德姆和他的伴侣、演员桑迪·坎贝尔（Sandy Campbell）。威廉斯没能如约30分钟后回来，两个小时过去了，他仍和朋友们在阿尔冈昆的大厅里小酌。潘乔气势汹汹地来到他们跟前。威廉斯要求结账的时候，潘乔对侍者喊着各人单独结算。"我们都成甜爹了！"潘乔说着，转身对温德姆说，"喂，你又从威廉斯先生那里拿了300美元吗？""潘乔，你不是嫉妒我吧？"温德姆说。"嫉妒你！"潘乔大喊，"我认为你和桑迪是百老汇舞台上两个最大的娼妓！"*

温德姆说："田……消失在大厅尽头的一个屏风后面，这时潘乔继续指责我是多么不知廉耻，说着威廉斯是怎样支持大家的。侍者过来的时候，田出来给所有人都买了单，还留了一美元零钱做小费便溜了。潘乔并没有停止他的独白，他将托盘里的零钱倒到桌子上。'这是给我的吗？'侍者问道。'不，这个是给你的。'潘乔说，推过去一枚25美分硬币，把剩下的三个装进了自己的腰包。"*整个过程，潘乔都在奚落威廉斯和温德姆。"你现在该看看你的房间了，威廉斯先生。也许你俩应该一起去看看。你们都是作家，也许可以据此写个故事出来。"*

美伦酒店的房间和威廉斯的大部分东西都被毁坏了。"从奥德丽那里借来的手提打字机被摔碎了，"威廉斯给温德姆写信说道，信里夹着潘乔的第一张道歉条，"一套新西装和帽子被扯得粉碎，我所有的书都被撕烂，花瓶和玻璃杯被摔碎。出于某种原因，他没有动我的书稿。当然，如果他做了，我会让他去坐牢的，也许他知道这一点。总共大约 150 美元的损失！我会从给他的生活费中扣除——分次扣。"他补充道："当你分析他的做法时，他又是如此令人同情，更令你泪湿衣襟，气不起来。他从没得到任何安全感、舒适感或关爱，所以认为守护一切的办法就是像只野猫一样站在上面张牙舞爪！"*

在 1946 年紧张疲惫的最后几个月中，由于威廉斯正在煞费苦心地创作《解剖图》，潘乔的潜在竞争对手便是威廉斯的工作了。像《鲁维奥与莫雷纳》中的阿马达一样，对威廉斯来说，潘乔似乎存在于"威廉斯写作生活中心的另一面。在那之外的一切或隐或显，宛如一团火焰极边处的暗影"*。潘乔无法应对威廉斯聚精会神地写作。威廉斯白天倒还可以安静写作，*可是一到晚上，"白天在服装店工作的潘乔回来总是吵吵闹闹"*。

"我的精神状态如梦魇般"，威廉斯 11 月时向自己的日记倾吐。他继续写道："陷阱的铁钳似乎把我紧紧抓牢，控制在这个小小角落，躲避恐慌。我紧紧抓住一些调节手段——游泳池，安眠药，在床上阅读，有时看电影，熟悉的潘乔。"*让威廉斯深感苦恼的崩溃感显示出他对剧本和潘乔的焦虑。威廉斯停止了性生活，失去了性欲，这让他忧心忡忡。"夜莺不能再歌唱了。它们就在枝杈间死去。

这里的一切都是徒劳。"*尽管那几个月里他咨询过的所有医生都说，他的确没患癌症，但他一直觉得疲乏、胃灼痛、腹痛，俨然他的身体在外化他的恐惧。"恶心持续中，"他在12月的日记中写道，"沙利文医生好像有点烦我了，没耐心，只是建议我去看精神科医生。"在他的自我分析中，威廉斯向奥德丽·伍德承认："无疑，我的许多症状属于所谓'心理压力所致'。我对自己的工作或类似事情感到沮丧，并感觉我好像要放弃了。"他补充道："写阿尔玛小姐的戏成了一种煎熬。我烦她了。"*

11月1日，威廉斯完成了这部剧的初稿。他那天给伍德发了电报：

> 仍对草稿不满。如果格思里想看就给他，但我搞定终稿之前不要给别人看。*

"我和格思里看法一致，我认为它不适合康奈尔，主要是因为我觉得康奈尔的身体条件不适合出演这个戏。我发现太难想象康奈尔出演这样一个女性角色——同时受制于自己的母亲、父亲、教会，最后为她所爱但不爱她的男人。然而，我可以想象海伦·海斯或比她再年轻些的人出演处于这种困境中的女人。"*12月1日，威廉斯在日记中倾吐自己的想法："还在这儿，还在写作《图》剧。有时，好像它只比收音机里的肥皂剧高那么一两个级别。我在这个剧中时常大失水准。"他补充道："下周某个晚上——马戈会顺道过来，她要去达拉斯。我要在她来之前完成该剧的第三稿，并让她读一读。要是她觉得还不错就好了。"*

12月7日，洛蕾特·泰勒溘然辞世。对威廉斯而言，她的离世是他衰落的另一个征兆。在那痛苦不堪的一周，威廉斯向一位朋友大声朗读了《解剖图》。"我读的时候，他不断地打哈欠，"威廉斯写道,"我读得不好,等我读完,他留下了一句极具破坏力的话:'《玻璃动物园》的作者怎么会写出这么一个烂戏?'"* "莫里斯的负面反应和马戈没有说出口的失望使我扬起的风帆失去了它仅余的一点风力,我甚至不想把本子寄出去。"* 12 月 16 日,他在日记中写道。(实际上,琼斯喜欢《夏与烟》,* 还同意导演这戏,就在她的达拉斯剧院演出。)他的艺术和他的生活都不如人意。"昨晚和潘乔吵架了,"他在日记中写道,"他接连两晚将他弟弟带回家,我身体好的时候这无所谓,但生病时我不想让任何人在身边。是否有可能我正失去理智?"* 12 月 19 日,威廉斯"倍感迷惘",但终究还是将《解剖图》的终稿发给了奥德丽·伍德,"倍感凄凉"*,然后觉得身体不舒服,便上床了,"手里拿着报纸,还有克莱恩和海明威的书。他们是病中的老混蛋能拥有的两个最好的床头伴侣了"*。他认为《解剖图》是个半成品。"不知怎的,由于复杂的心理原因,我本该写好《解剖图》一剧的,可我就是没写好,"他在给伍德的信中说,并补充道,"我的兴趣转到了另一部长剧上,这个戏也许能强一点。"*

———

"我已经很久没有看见我的保护天使了,"威廉斯在 12 月中旬的日记中倾诉着,"我的天使,你在哪儿?你不能听到我悲伤的低吟吗?如果没生病,我觉得我现在应该在奋笔疾书我最好的作品了。如果!"威廉斯补充道:"这不过是奥尼尔先生的白日梦之一。"* 然而,在平安夜,威廉斯记录下了罕见的片刻满足:"我和潘乔在家准备一顿美好的晚餐。床上铺着干净的床单。我阅读、写作、吸烟,心神大体宁静。"* 他已开始重写《扑克之夜》("The Poker Night")。"我……发现它快要完成了,这令人惊奇不已,"

他写道,"总之,我认为它比《图》剧要好。更简洁、更直接,因而更有力。结尾还不太合适。明天会继续完善。"*新剧很多方面迥异于戏剧常规,对它们构成挑战。剧本相对短小(94 页),结构紧凑;威廉斯告诉伍德,全剧大概六个角色,"相当残酷、暴力而且不乏情节剧特点,好几位剧中人物非常粗暴:写完《图》剧后的释放"*。

1947 年新年晚会之后,威廉斯开始"断断续续地"*写作《扑克之夜》。戴金牧师在来看他的路上,但即使是对外公到来的美好期盼似乎也不能使威廉斯提起精神。奥德丽·伍德的回信没有谈到《解剖图》,而威廉斯也做了最坏的打算。"她可能反感这部剧。我也是,"他写道,"噢,我是多么无聊!"*在他与抑郁的抗争中——威廉斯称之为"这场激烈的、可怕的狐狸与神经症猎犬的狩猎"*——行动往往是崩溃的解救剂。"如果我身体还好,想驱车南下去佛罗里达"*,他在 1 月 2 日的日记中写着。几个星期后,他和年近 90 岁的外公开着新买的二手白色庞蒂克从新奥尔良出发去基韦斯特了。

"外公是个很棒的旅行伙伴,"威廉斯说,"什么都让他高兴。他有白内障,但他假装看得清清楚楚,在那些日子里,如果你朝他大声说,他还能听见你说什么。"*他们住在孔查酒店顶层一个两室套间,从那里可以看到"一片清澈的海水,那里埋葬着哈特·克莱恩的骸骨"*。威廉斯上午工作,下午和外公在海滩休闲。外公买了一顶遮阳帽和一条棕榈树图案的泳裤。"你想象不出他那样子有多可爱!街上每个人都朝我们微笑,我猜我们看起来的确是稀奇古怪的一对,"威廉斯写信告诉潘乔,"昨天他走进一家水果店说道:'我要一打加州橙!'"威廉斯继续说:"要他点菜得花半个小时,因为他真心想要菜单上的每道菜。我不得不从头到尾读好几遍给他听,像马戏团拉客的人一样对他喊。但他很开心,我们这趟出行就

戴金牧师

冲这个来的。"*

"从日历来看，我年龄比你稍微小一点，但也只是从日历来看，而日历是无关紧要的，"*威廉斯在出行前几个月给外公写信说，"你是我所认识的人当中最年轻的一个，也是我在这个世界最热爱、最钦佩的两个人之一。你知道另一个人是谁，现在仍然如此。"*威廉斯对外公永恒的爱不是单方面的。戴金牧师对外孙及其作品不吹毛求疵的欣赏支撑着威廉斯，给予他力量。（威廉斯后来将他的全部版税留给他外公的母校西沃恩南方大学，以此回报他的钟爱。）"跟他在一起让我重新焕发一种生存的愉悦"*，威廉斯回忆，也给他重新注入了信心。"我认为这种变化有益于我的身体，但我一直思念和你在一起。"*威廉斯给潘乔写信说道。事实证明，远离潘乔，离开他们关系中的破坏性因素，都成了激发威廉斯创作的动力。在佛

第二章　心不我待

罗里达的和善氛围中，在没了戏剧性摩擦之后，当威廉斯回过头进入《扑克之夜》那痛苦而暴风骤雨般的世界，他惊讶地发现，各个人物顿时都跃然纸上。"那种爆发力就好像一座房子着了火，多亏了与外公在一起时的开心。"*他回忆道。

在《扑克之夜》初稿的各场戏中，对话强劲有力，简洁精炼，没有用抒情性语言来精雕细饰。*威廉斯开始考虑每个主要人物所需的轮廓：布兰奇歇斯底里，因为她失去了家宅和丈夫——他"可以用一切来爱我，身体某个部分除外"*；妹妹斯特拉与她阳刚而粗鲁的丈夫拉尔夫床上甜蜜。在这些概念性场景中，性和生存成了这部剧的关键。威廉斯想到了布兰奇的崩溃，但还没想好原因。他还没有将故事背景设在新奥尔良那个湿热的街角房子，也还没有给斯特拉的住址赋予象征含义——极乐世界，一个预示永远愉悦的名字。开始时，布兰奇以为斯特拉只是住在"糟糕的城市荒野"*。在她丈夫进门前，斯特拉将他形容为"不同于你我的人种"*。拉尔夫——打字稿出来后被威廉斯改成了"斯坦利"*——是变异人种，一个成功适应了这空荡而野蛮居所的人，一个超越了文明行为界限的人，换句话说，一个野人。

威廉斯在简单的剧情中——绝望的来访姐姐闯入妹妹的肉欲天堂——做了他在《解剖图》中不能做的事——他将欲望戏剧化了，没有止于纸上谈兵。他将心理诉诸行为。布兰奇的装腔作势与优雅谈吐、她反反复复的沐浴、她的浪漫把戏、她对幻觉的执念——"温柔之人要——闪亮和发光——把——纸灯笼罩在灯上"*——一个歇斯底里症患者的假面舞会就这样呈现在眼前。她用自己的创伤做诱饵。她用与自身欲望的脱节让自己当众出丑。对比之下，斯坦利在自己的皮囊中感到自在舒坦——"舒坦是我的座右铭。"*他说。他清楚自己的需求及如何满足这些需求。在他这里，生命被简化为动物般的男欢女爱，简化为激情的宣泄，无论多么狂暴和多么怯懦，这激情都不过是一种被本能冲动所主宰的激情，而不是理想主义的激情。威廉斯的人物将《解剖图》中仅仅点到为止的另一种有意退却活脱脱地演绎出来。当布兰奇建议斯特拉应该摆脱她住的烂地方，她"缓慢而肯定地"回答："我生活中没有什么要摆脱的。"*

威廉斯动手改写剧本时，将斯坦利和斯特拉铁路边的住所变成了一个外化自己内心战争的战场。潘乔任性的侵扰、宁静的缺失、以为自己要崩溃的抓狂、阵阵性快感、想要抓住喜怒无常且虐待自己的爱欲对象的强烈冲动、关于自己死气沉沉之家的回忆、忍耐的必要——所有这些敌对的个人问题都成了颜料，让威廉斯把笔下的人物"画"得栩栩如生。"没有人能真正看透另外一个人，"威廉斯几个月后写信给伊利亚·卡赞，试图吸引他来导演该剧，他解释说，"虚荣、恐惧、欲望、竞争——所有这些自我扭曲的形态——决定了我们看待亲友的视角。"他继续说："在我们本身的自我扭曲形态之上，再加上他人相应的自我扭曲形态——你会发现，我们试图看清彼此的镜子该有多么模糊。"* 这部关于错觉（misconception）的剧作要求观众理解每一个人物的公众形象及其背后掩藏的无意识欲望。威廉斯大张旗鼓地渲染了这种复杂的矛盾冲突，每一个人物都表里不一。卡赞在笔记本里用"面具"和"脊柱"来捕捉他们的特征：

落难女子	布兰奇	寻求保护
软硬兼施的霸王	斯坦利	掌控一切（B，反角）
家庭主妇：被催眠的沉睡	斯特拉	抓住斯坦利（她和B都是囚徒，目光呆滞，总做白日梦）
男人-妈宝男	米奇	摆脱母亲（B，操纵杆）*

伊利亚·卡赞在导演完《街车》很久后写道："我一直为这部剧作大伤脑筋——可能和剧作规模有关——并且对作家疑惑不解。对这部剧作思考得愈多，它就愈发显得神秘莫测。"他继续说："这部剧肯定不是表面看起来的样子——一个敏感之人被一个虐待狂残酷欺凌的道德寓言。那么，它到底是什么样子？该是非常私人化的东西。"*如果说（《解剖图》中的）阿尔玛被保存在维多利亚美国的肉冻里，那么布兰奇身上保存的则是维多利亚世界的遗迹——思想和行为举止的讲究——两者都与自我扩张的现代精神产生了剧烈冲突。这两个不同世界和不同意愿的冲突准确表达出威廉斯自身的心理分裂，即内心生死本能的冲突。

威廉斯着手完成这部剧的时候，手术后的新生感和整个秋天挥之不去的死期临近感实在是格格不入。冷漠已开始悄悄出现在他和潘乔的关系中。威廉斯在 1947 年 3 月末写道，潘乔"最近已几次威胁要离开了"，"我已给他买过两次火车票，他都退了换成钱，留下没走"。威廉斯补充道："我拿不准如果他离开了，我的感受会怎样……最近，我有点乱来。我认为时不时地为一种关系加点配菜是件绝妙的事，但不是每个人都那样看。然而，我有意适应这样的生活。"*威廉斯的烦躁不安又回来了，与之相伴的还有孤独。"不知怎的，在我的人生中，我没有赢得和留住过任何人的爱，"他在日记中写道，"我在关系处理上有过误判，做过错误选择，结果是没有人能爱我多少。可能我太冷静、太矜持——只有我的作品让我倾心。我已经掌握了一套逃避与人产生情感责任的办法。他们可能会对我示爱的时候，我已经溜走了。"*

在剧本修改稿中，布兰奇第一次进入斯特拉和斯坦利名声不好却不无吸引力的新奥尔良世界时，带着一种行将崩溃的神情恍惚感，以及和她的作者一样的需求感。布兰奇从街车上下来的时候，她也真是到了"欲望号"街车的终点站,同时也是人生终点站。"一个被绝望驱使的人"——威廉斯对卡赞解释道——"退缩到最后的角落做最后的抵抗。"*她的生命是一系列退让;她被温文尔雅的面具搞得筋疲力尽。威廉斯知道这种恐慌的感觉。"安静地呼吸——多么甜蜜!"他那时写道,"啊,如果完全没有这筋疲力竭的肉身而生存该有多好啊——这一堆不干不净、一堆支离破碎——可怜兮兮的一堆。可是,没有这一堆废墟,生存哪有立足之地呢?"*

布兰奇和威廉斯一样,渴望获得拥抱的安全感,以及释放那可怕的孤独感,"世上磐石的间隙,便是我藏身之地"*,就是她的名言。她的内心动荡——乱交、饮酒、学识魅力外表下的恐惧——不过是威廉斯在遮遮掩掩地承认自身的谵妄。我们在剧中看到,她相信她的话无意中导致了挚爱丈夫自杀,就像威廉斯担心他加速让姐姐陷入疯癫。"是因为——在舞池——无法阻止我自己——我突然说——'我看见了!我知道!你让我恶心'。"*布兰奇说。她一直无法原谅自己当年对同性恋丈夫如此发飙,导致丈夫从她身边跑开,一枪把自己脑袋打开了花。布兰奇揭露了丈夫的同性恋身份,而威廉斯揭露了他姐姐的脆弱。无论如何,对于两人而言,"那盏打开后照向世界的探照灯又被关掉了"*。

为了到极乐世界站,布兰奇乘坐了两辆街车:一个是"欲望号",另一个是"墓地号"。街车的终点站显示出布兰奇自我毁灭之旅的参数。随着故事展开,关于她之所失的传奇远不止她第一次短暂失态:她失去了丈夫,失去了家,失去了好名声,失去了清白,最后失去了理智。她的装腔作势和她的优雅谈吐掩藏了她的自我憎恨。她清醒地将婚姻视为她的救赎——斯坦利的扑克牌玩伴米奇向她示好时,她说:"有时——上帝垂顾——如此神速。"*

但该剧捕捉到了另一个无意识意愿:找个人来毁灭她。在粗鲁的斯坦利身上——他在初稿中是"太平间仪器设备"*销售员,布兰

第二章　心不我待

奇看到了一位死亡交易人。"第一次视线落在他身上时我便寻思，那人是我的死刑执行者！那人会毁掉我。"*她告诉米奇。在第四场，斯坦利进屋时无意间听到布兰奇在对斯特拉说："他普普通通！……他身上——有种十足的——兽性！"*布兰奇在不经意间使自己的命运成了定局，她的话唤起了斯坦利冷酷的享乐主义之下隐藏的暴力和嫉妒。卡赞在演出脚本中布兰奇说他野蛮的台词边上这样写道："这个斯坦利从没忘记。他普普通通。他普普通通！他要让她变得像屎一样普通。他要搞她，强暴她。他要彻底贬损她。那是他唯一的回应。"*从该剧的最初轮廓到最终稿，斯坦利都是带着生肉上场的。斯坦利这人就热衷两件事——肉欲和食欲，两者都需要杀生（舞台提示甚至直接指出，包肉的袋子"浸着红色"*）。"我们今日这场约会从一开始就约上了"，*他说完这话之后便强暴了她。他还真的说到做到了。卡赞——他和威廉斯的合作成为 20 世纪最伟大的戏剧合作之一——向人解释："简单来说，田纳西·威廉斯就相当于布兰奇。他就是布兰奇。这个布兰奇被两股对抗的力量撕扯着：一方面渴望保留她的传统——这是她的根本、她的存在，另一方面又迷恋那些会毁掉她传统的一切。"*

威廉斯在创作《解剖图》中阿尔玛这个人物时驾轻就熟。"她似乎就存在于我身上的某处。"威廉斯说。他认为阿尔玛是他创作的最好的女性形象之一。他接着说："不过，约翰·布坎南，这个她用整个青春韶华爱着的男孩，在我看来一直显得不真实，而像是一个纸板上的人物。"*在《扑克之夜》中，威廉斯赋予了斯坦利——他理想性爱人物的化身——布坎南所没有的鲜活的男性阳刚之美。在最初的舞台提示里，斯坦利的身体魅力不言而喻：

> 他是一个 32—33 岁的男人，走路步子不快，不是出于冷漠，而是出于极度的男性自信。他中等个头，约 5.8—5.9 英

尺高,身材强壮结实。他特别满意于自己的身体及其他所有功能。他的这种自鸣得意、这种对于自己身体的动物性满足,无一不隐含在他的举手投足和为人处世的态度中。在过去15年里,他的生活中心一直是与女人寻欢作乐,其中的给予和所求不是任何形式上软弱的沉溺,而是充满了力量和骄傲,宛如众多母鸡之中傲立的那只毛色鲜艳的雄鸡。从这个完整而又令人满意的中心伸展出他人生中所有的辅助事务和兴趣,比如他做推销员的成功,他与男人们轻而易举的亲密友谊,他对粗俗幽默的喜好,他对美酒佳肴的热爱、对游戏的享受,他的车,他的收音机,他的每一样东西——每一样标志他是俗艳种男的东西。他瞧不起弱者,他也不理解软弱。他甚至对自己的儿子都不感兴趣,而且一直都不感兴趣,直到儿子长大到足以反抗他。*

要研究难以驾驭、以自我为中心的男性荷尔蒙,威廉斯身边就有一个最好的研究对象。"有时我的暴力行为会让他吓得要命",*潘乔·罗德里格斯谈起他跟威廉斯闹起的疯狂场面。他的戏剧性爆发可能会令人恐惧,却被威廉斯以一种巧妙的文学形式利用起来。从个人层面上来说,这些戏剧性爆发使得威廉斯的情感需求是在潘乔身上,而不是在他自己身上。"我感到他在剥削我,"罗德里格斯说,"他利用我来激发他的创作,把我放在某些情境中,来看我对某些形势的反应,然后跳出那些处境,写他自己的版本。"罗德里格斯补充说:"后来有一天田纳西告诉我,我身上的诗意特质激发出他继续完成《欲望号街车》的愿望。"* 当然了,就像布兰奇嘲讽斯坦利的后果一样,威廉斯几近促使潘乔杀人。

1947年的一个夜晚,当时他们住在普罗温斯顿附近的租屋——他们取名为"潘乔庄园"(Rancho Pancho),威廉斯和潘乔

第二章　心不我待

驱车去当地一个叫作大西洋客栈的地方听爵士乐歌手斯特拉·布鲁克斯（Stella Brooks）的演唱。"我非常喜欢她，这引起潘乔不快，"威廉斯回忆，"他在她演出时冲着她大骂下流话，然后就跑开了。"威廉斯走到门廊边，开始和一个潇洒、体格健美的年轻人交谈，后来他们去了沙丘。*"我从没有把沙子当作一种理想的或不错的平面，在那上面来礼拜那个小神。"威廉斯说。然而，威廉斯说，在那个没有月光的夜晚，"这个小神却获得了最虔诚的服务，他一定仍在微笑"。*

筋疲力尽的威廉斯缓步穿过普罗温斯顿的雾霭时，潘乔回到了大西洋客栈取车。他以为威廉斯去了斯特拉·布鲁克斯的住所，所以先去了那儿。"潘乔朝她的眼睛打了一拳，离开时她的房间一片狼藉。"*威廉斯回忆。威廉斯步行往家走，正在步履艰难地往北特鲁罗镇方向上一个陡坡，他看到一对车灯，那是一辆失控疾驰而下朝他开来的车。"带着那种自我保护的直觉，我不知为什么推测出这辆车的司机是潘乔。"*威廉斯说。随着车逼近，威廉斯跑下了主路。"潘乔将车开进沼泽地，看来是想把我撞倒。"威廉斯写道。威廉斯快速穿过沼泽地奔向大海，潘乔用西班牙语和英语大骂着，追了上来。威廉斯到海边后攀上一个木桩，"把自己吊在码头下面，刚好在水面以上。我一直那样吊着，直到潘乔找不到我，毕竟他不是警犬，朝别的方向驱车离去"。*这件事后来促使威廉斯开启了屡屡将潘乔从自己的世界中驱逐出去的先河。

在他完成《扑克之夜》那天——1947年3月16日——威廉斯在日记中写道："看来潘和我可能到了分手的时候——他越来越喜怒无常。已经辞掉了工作。极度任性。我仍然关心他，但现在我最渴望的是安宁。"*这部剧要比他和潘乔的关系得分更高。"一种相对的成功，"他同一天在日记中写道，"这不是一个令人愉快的剧，但写得不错。尽管成功与否难以定论，但我觉得这是一个上得了台面的戏。"* 他将剧本寄给奥德丽·伍德。"我颤抖着将一部新剧的初稿塞进了邮筒口,寄给奥德丽·伍德女士。我想这颤抖将一直持续下去,而且逐渐加剧,直到她给我反馈才得消停,这可能要两三周以后了。"* 前一年,伍德看《夏与烟》剧本的时候就磨磨蹭蹭的,而且只简单地提及了《皇家大道》(Camino Real)。"她说了类似这样的话:'亲爱的,向我保证你不会把这个本子给任何人看。'"* 威廉斯多年后回忆。

但是对他的新剧,伍德的反应迅速且激情澎湃。"田纳西的剧本接近可以在纽约演出的版本,如他以前和以后所写的任何剧作一样。"* 伍德说。威廉斯提及马戈·琼斯承诺在达拉斯排演《夏与烟》时,伍德态度坚决:"你改好《扑克之夜》前不要考虑这件事。我们俩都迫不及待想看你怎么改。"*

到3月25日,威廉斯已经发出了修改稿;现在伍德唯一的不满就是戏剧的标题,听起来带有西部打斗小说的味道。威廉斯提出一个较早的想法。在将《扑克之夜》送给打字员前,伍德划掉了题目,在手稿封面潦草地写下了更富诗意、更诱人的《欲望号街车》。"你认为今年夏天《扑克之夜》会进展到哪一步呢?"威廉斯几天后写信给她,"我想要非常积极地参与其中,尤其是挑选演员环节,我想知道地点会在东海岸还是西海岸。这听起来好像我非常确信剧本会搬上舞台。事实上,我只是期望如此,非常期望。"他补充道:"请一定告知我该去哪儿!"*

到了4月8日,威廉斯得到了回信;他要去南卡罗来纳的查尔斯顿——位于纽约和新奥尔良中间——去见伍德、利布林、未来的制片人艾琳·塞尔兹尼克(Irene Selznick)——他没听说过这个名字——他们觉得这人"安全可靠",并能"全力以赴"制作该剧。*威廉斯发电报给伍德:

第二章 心不我待

我的火车周三晚 5:30 出发，周四晚 8:15 到达。女制片人最好合适。*

伍德在为威廉斯寻找制片人的问题上可谓迅速有方，在潘乔的问题上同样不容反驳。在去见塞尔兹尼克的路上，他写信告诉温德姆："奥德丽在电话中重复了两次让我一个人来！"他补充说："据说她身价 1600 万美元，而且品位高雅。对此我表示怀疑。"* 潘乔有时在威廉斯的信里被戏称为"公主"*，他从小便是电影杂志的热心读者，他知道这个认定的制片人是好莱坞两大名人的亲属：米高梅电影制片公司主管路易斯·B. 迈耶（Louis B. Mayer，当时美国薪水最高的人*）的女儿，也是制片人大卫·O. 塞尔兹尼克（David O. Selznick）分居中的妻子。"我不知道塞尔兹尼克夫人，但公主甚至知道她的名字是艾琳！"他们没带潘乔同行，这让他暴怒。"事实上她把我留在车站时，恶狠狠地威胁说我回去时她可能不在那儿了，"他写信告诉温德姆，并补充道，"公主悲痛欲绝。"*

"我一直按照这一理论行事，即作为一名经纪人，我必须为一部戏剧精心挑选制片人，就像随后制片人物色导演和演员一样精心。"* 奥德丽·伍德说。按照那个标准，伍德为她挚爱的客户做的也只是一般般。劳伦斯·兰纳作为戏剧公会出品的《天使之战》联合制片人就把这戏搞砸了，结果让它成为威廉斯的一个笑话。威廉斯取笑兰纳的装腔作势，称他为"劳伦斯·斯坦尼斯拉夫斯基·兰纳"*。他对《玻璃动物园》的制片人路易斯·辛格和埃迪·道林同样怀疑。辛格不懂制片，还霸道。威廉斯不再"想跟辛格有交集（除了他那让我望尘莫及的千百万财富）"*。他也对道林"非常生气"*，认为他管理不善。

伍德想请塞尔兹尼克当制片人时，后者 40 岁，正在闹离婚。

除了安抚自己破碎的心,她还在安抚《心曲》(*Heartsong*),这部她制片的戏眼看就要夭折在纽约城外了。"我的心与剧作家同在。"*塞尔兹尼克说。甚至在伍德瞄准了塞尔兹尼克之前,关于塞尔兹尼克有文学热忱的讯息便已经传到她耳中。塞尔兹尼克可能对戏剧了解不深,但是她拥有某种更为重要的东西:强烈的野心、强有力的关系、强大的财力。"我要找到这么个人,她拥有足够的资金让一部戏在纽约以外的城市一直演到我认为合适的时候,并且她还要有足够的资金选最好的演员,聘请合适的导演。"*伍德说。伍德给塞尔兹尼克打了两次电话,第三次打电话时才终于听到电话另一头她的声音。"这是我第三次也是最后一次给你电话了,我的小姐。你是不是失礼啦?"*伍德以她高贵而古板的方式说。伍德不愿在电话里谈论细节,但建议那天下午面谈。伍德的正式与迫切令塞尔兹尼克动心了。见面时,伍德很专业地给她过了一遍前景。"为什么找我?"*塞尔兹尼克问道,拿到威廉斯的新剧令她感到"不可置信"。"非你莫属。"伍德说。*

塞尔兹尼克一晚上读完了剧本。她想回绝,但伍德一个劲儿让她再花几天时间想想。"这部戏比我想要的规模大,比我想要的时间早了些,"塞尔兹尼克写道,"这事我吞不了,又吐不出。如果我不做,我就算是气数已尽。收拾好家当回家吧,胆小鬼。"*在她们首次见面后写的一封信中,伍德仍比较正式地称呼对方为"塞尔兹尼克夫人",并在信的开头写满了溢美之词——"我明显感到,您足智多谋、耐力非凡,又有恰到好处的幽默感,这些优秀品质将很好地助力您成为一位成功的纽约制片人"——然后通过打性别牌,非常巧妙地解决了塞尔兹尼克自然的顾虑。"那天我们见面的时候,您说起的大腕经纪人好像都是'教父'。可是这个世界毕竟还有另外一个性别,如果您允许,我不妨任命自己为'一号教母'。(随着时间流转,伍德教母般的角色给予这个新手制片人在戏剧史上以一席之地；伍德也因和丈夫给制片投资了一万美元而获得票房利润的百分之四。）"*

伍德第一个教母做派便是将田纳西·威廉斯安置在查尔斯顿的萨姆特堡酒店。"感觉像是一个红娘"*，伍德让塞尔兹尼克和威廉斯出去走了一个小时。她已经跟塞尔兹尼克打过招呼，说威廉斯是个害羞的人，还有一种令人不安的习惯：别人说话时他会看别的地方。塞尔兹尼克记得那次散步就是敷衍了事。"我走路时一直看着前方，"她回忆，"我们离得最近的时候是在路口，作为一位南方绅士，他挽起我的手。没有提及戏剧本身，也没有提及我和戏剧的关系，因此我几乎无法侃侃而谈，尽管他确实问我是否喜欢最初的题目'扑克之夜'。"*

晚餐时，仍然没有提及她和制作的事，话题转到了导演人选上。"唯一一次他看起来有受触动，是他发现约翰·休斯顿（John Huston）是我的朋友，"塞尔兹尼克说，"我不知道我做得如何，因为每当我跟他说话，他确实转过头去了。"*然后，塞尔兹尼克说，等上咖啡的时候，威廉斯突然说："够了。这是在浪费时间。走吧，奥德丽。"他从桌边起身。塞尔兹尼克坐在那儿"困窘难堪"。伍德转过身对她说："走吧，艾琳。"当他们走出餐厅，塞尔兹尼克听到威廉斯对伍德说："让我们把这事定下吧。"*伍德拿出合同——最后敲定是在1947年4月19日——威廉斯签了字。然后，抬起头，威廉斯注视着塞尔兹尼克，微笑地看着这个在不到24小时前他还称为"好莱坞的女钱袋儿"*的女人。"我什么都想到了，就没想到结果如此顺利。"*塞尔兹尼克说，她从盥洗间拿出杯子，开了一瓶威士忌祝贺新结盟。那夜，塞尔兹尼克发送给自己的办公室一个密码电报：

布兰奇已来和我们一起生活。欢呼吧！爱你们。*

伍德选择查尔斯顿作为会面场所是为了消除戏剧界的闲言碎语，以及防止媒体得到风声。最后消息传开后，市场上那些自命不凡的人被激怒了。克米特·布卢姆加登（Kermit Bloomgarden）声称自己感到"震惊"*。谢里尔·克劳福德，百老汇唯一一位经验丰富的女制片人，感到"怒火中烧"。"我认为这是错误的，用一个金盘子将我们最优秀的剧作家拱手让给一个新制片人，"她斥责伍德，"我听说《街车》给了一个不知名的人。如果给了其他拥有此权力的人我不会感到愤慨。我们中一些人毕生投身于戏剧业，冒过大险，制作过许多作家的第一部剧作，承受过失败，我们都还在坚持做着。"* "在百老汇圈内弥漫着势力小人的歇斯底里，"卡赞写道，"我得尴尬地承认我当时是其中的一分子；这种自命不凡迅速传到那些正当红的成功人士耳中。"* 卡赞和他精明强干的百老汇律师比尔·菲特尔森（Bill Fitelson）最初拒绝接听塞尔兹尼克的电话。据卡赞说，菲特尔森更进一步，他扬言："他的客户一个都不会为她效力。"* 对于商业戏剧的大人物来说，这好比一位最前途无量的新秀剧作家已经被好莱坞的入侵者窃取了，这个入侵者只是仰仗名门出身的赛场败将。

由伍德和塞尔兹尼克担任护卫，威廉斯直接从查尔斯顿去了纽约寻找导演。"艾琳人友善，但精力太旺盛了，可以让人不要命地干活"，威廉斯写信告诉潘乔，并抱歉自己绕道北上了。他继续说："这事不好办，宝贝，但是非常重要——事实上，一切成败都取决于它。我只希望老公牛承受得住压力！"* 短名单上本来有乔舒亚·洛根、约翰·休斯顿、马戈·琼斯、蒂龙·格思里（Tyrone Guthrie）和卡赞。但是，威廉斯一看到卡赞导演的百老汇当季热剧——阿瑟·米勒的《都是我的儿子》（*All My Sons*），他认识到卡赞就是自己一直希望找到的那种"有实力、极其注重细节的导演"*。《都是我的儿子》渗透出威廉斯之所谓"特有的活力"*。威廉斯要卡赞当导演，而且只要他。

"我承认，像我这种天马行空、活在梦想里的人，需要一个更为客观、精力充沛的人互补，"威廉斯在给卡赞的信中写道，采用了一种特殊的恳请方式希望他来执导该剧，"我相信你也是一个有梦想的人。你导演的作品中不乏撩拨人的梦幻手笔，你身上具备我的作品所需要的活力。"* 塞尔兹尼克很快将剧本送给了卡赞，但这位 38 岁的导演并没有急于阅读剧本。然而，他的妻子莫莉·戴·撒切尔（Molly Day Thacher）读了，她曾经力挺威廉斯获 1938 年同仁剧团奖。她认为《街车》是杰作。威廉斯电话打到家里想知道她丈夫的反应时，她这样告诉他："加吉想要一个论题。"威廉斯跟她说："我还没想好这部剧的论题是什么。"* 撒切尔追着丈夫读剧本。真的读过剧本以后，卡赞表示他是有"保留意见"* 的。"我不确定威廉斯和我是同一类戏剧人。"他说。*

威廉斯是一个羞怯、冷漠而脆弱的人，而卡赞则是一个自负、外向并强大的人。威廉斯动辄制造混乱，而卡赞则是化解问题的高手，被他的同事们称为"加吉"（Gadg）——"小装置"（gadget）的缩写，源于他跑龙套时总有办法让自己派上用场。卡赞精力充沛，感情丰富，浑身散发着稳健而坚定的气势。在其造诣高超、魅力十足的光环笼罩下，卡赞也是出了名的四处拈花惹草之辈，忙碌中怀揣着无法抗拒的生活欲望。尽管他们脾气禀性存在很大不同，但威廉斯和卡赞都是想要改变美国戏剧形态的探路者。在表演上，卡赞坚定地开创对自我的内在探索，威廉斯的戏剧则在纸上尝试做同样的事情。"戏剧舞台的任务是亮一盏强光照向一个人，照向他的内在生活，照向一个人的情感。这些任务成为不朽之事。"* 他解释道。卡赞 20 世纪 30 年代在同仁剧团做过演员，在克利福德·奥德茨不无讽刺意味的戏剧《等待老左》（1935）中高喊过"罢工！

罢工！罢工！"——这口号是 30 年代具有煽动性的戏剧魔咒。* 卡赞因此得了个绰号，叫作"无产阶级雷电"*。"我情绪激动，源于内心积压的愤怒，"他说，"我就像一件只有三四个极强音符的乐器。"

作为演员的导演，卡赞具有相当于指挥交响乐的能力，能调动和编配演员阵容的音色和乐感。"我曾为之效力的最好的演员导演，"马龙·白兰度如此评价卡赞，"是唯一一个真正激励了我的导演，和我一同进入角色……他是演员情感的掌控人。"*（1947 年《欲望号街车》在百老汇上演前两个月，卡赞与他人共同创立了演员工作室，给演员们系统性讲解改变了现代表演的面貌和自然感的直觉和冲动，倡导一种新方法，让难以做到的表情演起来轻松，让演起来轻松的表情看起来有趣。）卡赞欣赏威廉斯的"情感主义"（emotionalism）*。威廉斯在字里行间创造戏剧人物的复杂方式，几乎与卡赞在舞台上细致入微刻画人物的方式如出一辙。"他笔下所有人物都是要让人去感受的。没有谁是重量级拳击手，"卡赞说，"他不会把什么都打扫得干干净净，收拾得整整齐齐，清理得顺顺溜溜，过度简化，或做任何类似这种讨好观众的事。"*

初次见面以后，卡赞不再怀疑两人不是戏剧同路人。"他的谦逊让我吃了一惊，"他这样谈起威廉斯，"我们不过简单聊了几句，便立刻喜欢上了彼此。"卡赞和威廉斯都是性和社会道德方面的反叛者。"我们都是怪人，"卡赞写道，"他和我一样都是拒绝只看表面的人。"* 他们都对人类内心的变幻无常充满了深深的好奇。就卡赞的情况而言，鉴于威廉斯是卡赞第一个交往密切的同性恋——这包括他们曾带着各自的同性恋/异性恋对象一起约会，还成双成对地同住在一个标准双人间——卡赞在事后写道："我的好奇心得以满足。"*

在威廉斯眼里，他和卡赞形成了"一个完美组合"*。"我们的联盟初次见面便已结成，秘而不宣，"卡赞说，"一直持续到他生命的终点。"威廉斯和卡赞都是浪漫的个人主义者,信奉本能的一切和卓尔不群,都以各自的方式渴望"摧毁灵魂之眠"。* 他们也都坚持以艺术家的身份在商业剧场中工作。"我昨晚又读了剧本,没有电话干扰,我感觉和你近了,"初次见面后卡赞写信给威廉斯,"我会尽全力导好这部戏。但是,我只有与剧作家一人合作才会做得最好。我不会再回过头去为制片人工作,那意味着动不动就得和他(她)商量,还得和管理人员、行政人员、制作委员会、经纪人、赞助人和各色人等打交道,事无巨细。"他补充说:"所有涉及导演《都是我的儿子》的会议都只有我和米勒两人参加;那是最佳方案。"*

卡赞正在使威廉斯对他在美国戏剧表演体系上的反叛做好准备。"我相信戏剧创作诸多面的权利属于导演,我相信导演才是制片的主宰,不是制片人。"* 卡赞写道。换句话说,以一部好戏为筹码,卡赞在提议工人接管生产方式,老板退居行政位置。这部戏节目单上位于剧名之上的广告词——"伊利亚·卡赞出品"——是独一无二的,它宣告了剧场掌控力方面一场无声的革命。美国戏剧有史以来第一次,戏剧制片将由完成它的艺术家们掌控,而不是由提供资金的制片人说了算。

上述规划达成之前,劳资双方没少付出血的代价。据威廉斯说,卡赞的要价是"极高昂的"*。除了通常的导演费和票房的百分比提成,卡赞还要求利润的20%,而且要求节目单上被同时冠以联合制片人的身份。"考虑到我们的制片人还是个新手,我会不得不帮她干许多她分内的活儿,我当时认为(现在也还这么认为)这种把我也列为联合制片人的保护性措施是相当公平的。"* 卡赞在他的自传中写道。威廉斯和塞尔兹尼克意见不统一。卡赞的要求让他俩一时焦虑不安。没人能想得很清楚。从这种充斥着敌意的僵局中看不到出路,威廉斯提出"另一个方案,我认为甚至更可取"。* 他提

伊利亚·卡赞

出自己和马戈·琼斯作为可能的合作导演。"在写一部戏的时候，我看到每个场景，事实上是每个动作和每一个音调变化都栩栩如生地发生在我眼前。"*他天真地写信告诉塞尔兹尼克。当时，她深感受伤，为她眼里卡赞贪婪的高压恼羞成怒。卡赞的提议势必将制片人降格为一位旁观者，基本不参与演出制作，这特别冒犯了塞尔兹尼克一贯亲力亲为的制片传统。塞尔兹尼克没有同意卡赞的条款，主动靠边站了。"我不会屈服的，这没什么好处。"*她说。"迟早她会的，"卡赞说，他知道威廉斯只要他来导演，"因为她不得不。"*

虽然卡赞后来还是尊重塞尔兹尼克本人，但在排练期间，他并不让她靠近。"我粗鲁无礼，"他写道，"我有时对这位女士无厘头地态度生硬。"*尽管如此，塞尔兹尼克还是坚定地做着。她雇了乔·梅尔齐纳来做舞台设计。她在给生意伙伴的备忘录中写道："田纳西倒是一路开心。"*在纽约听了两场令人失望的剧本试读——

玛格丽特·萨拉文（Margaret Sullavan）和帕梅拉·布朗（Pamela Brown）——之后，塞尔兹尼克带着威廉斯去了洛杉矶，潘乔随行。他们观看了威廉斯的独幕剧《圣母画像》（*Portrait of a Madonna*），杰西卡·坦迪（Jessica Tandy）扮演"卢克雷西亚·科林斯小姐"——威廉斯刻画的第一个歇斯底里症患者。卡赞也在洛杉矶做《君子协定》（*Gentleman's Agreement*）的收尾工作。"我们都去看了演出"，卡赞提到了这一演员实验室的作品，这是由坦迪的演员丈夫休姆·克罗宁（Hume Cronyn）安排的。他接着说："我们完全……被杰茜的表演吸引住了。她立刻就解决了我们最棘手的问题。"* 塞尔兹尼克也迅速解决了威廉斯的个人问题。她将威廉斯和潘乔安置在导演乔治·丘克（George Cukor）的庄园里。"这儿的日子可真是一段无与伦比的时光，"威廉斯写信告诉温德姆，没有提及挑选演员的痛苦，"去了一些最大的晚会，遇见了所有大牌明星，潘乔说：'像是美梦成真了！'"威廉斯继续写道："这让他风趣幽默，我们都重了十磅，看起来像是大猪和小猪了。"*

但是，南方民间俗语说得好，肥猪不走运。那年夏天，塞尔兹尼克办公室向媒体泄露了一件大新闻，34 岁的约翰·加菲尔德（John Garfield），好莱坞为数不多的几个性感而且具有无产阶级血统的明星之一，已签署协议扮演斯坦利。协议于 1947 年 7 月 19 日起草，但从没签约。* 接下来两个月和加菲尔德的协商，威廉斯写信告诉奥德丽·伍德，是"我戏剧经历中最头痛的事——波士顿除外"*。加菲尔德要求只能连演四个月，并要求得到戏剧收入一定的百分比——那时是一种史无前例的要求，还要确保他拍摄电影时饰演该角色，并且有一定艺术方面的控制权，包括落幕多少次，在哪里落幕，以及同意改写剧本最后一场。尽管卡赞在回忆录中声称不要对加菲尔德太认真，他们都在同仁剧团工作过，也是朋友，但塞尔兹尼克的备忘录显示"来自希腊总部的压力太大"*。"卡赞试图劝我把角色给他,理由是我有很多钱,而我所要的就是轰动的效果。"*塞尔兹尼克写信告诉她的业务经理。

由于塞尔兹尼克已经将经理利润分成中的很大一部分给了卡赞,她提议两人各自对半让出些利润提成,以此留住加菲尔德。他拒绝了。"因此,我和加菲尔德共进最后的午餐,商量是继续拖着还是体面地退出。"塞尔兹尼克说。"他向我提出一个正式的建议,"她继续说,"加菲尔德主动提出短期内每周拿 1500 美元的薪水,而不是总利润的 10%,以证明他的诚意,同时向我展示他的吸金力和他对本场演出在戏剧和艺术上所做的贡献。他感到在纽约八个星期后,我会乐意跟他重新商讨对他更有利的协议。"*所以协商持续到了 8 月份。随着日子渐逝,威廉斯越来越焦虑不安。"我同意与塞尔兹尼克的合作协议,是因为我们被引导着相信,我们会拥有各方想要的东西,考虑到她的好莱坞关系,她会在物色演员上有极强优势,"8 月,他跟奥德丽·伍德抱怨,"但这些优势没有体现出来。"他补充道:"签署协议前在报纸上公开真是下策。"*

当与加菲尔德的协商到了危急关头,塞尔兹尼克工作室痛苦地意识到他们的悲惨局面。在给塞尔兹尼克一封五页的电报中,她的业务经理欧文·施奈德(Irving Schneider)告诉她:"现在失去他便意味着失去了声望,音乐盒剧院、售票代理、戏剧公会及相关戏剧部门都会陷入困境。克服这些需要同等水准的人来替代。演出即便没有他也能存活并上演,但短期效果和后期效果会大打折扣。如果上述计划都不行……那么必须将田纳西、利布林、卡赞召集到一起做出最后决定:是否要放弃加菲尔德并面对其后果。顺便说一下,在那些后果中便包括找到另一个优秀的斯坦利。我们暂时必须无视那些侮辱、伤害和挫折,不要旧话重提,深呼吸,亲吻门柱圣卷,往下跳吧。"施奈德补充道:"光是叹一声'哎哟,天哪'似乎太云淡风轻了。"*

第二章　心不我待

最后，加菲尔德提出了另一个要求：如果无论什么原因卡赞要离开剧组，他也会离开。"这个卡赞条款"让人顶不住了。8月18日，协议失败。塞尔兹尼克"情绪极度低落"*，立刻着手考虑其他好莱坞人选。理查德·康特（Richard Conte）、戴恩·克拉克（Dane Clark）、卡梅隆·米切尔（Cameron Mitchell）、格利高里·派克及伯特·兰卡斯特（Burt Lancaster）都在考虑之列。她以波莉安娜①落款发电报给施奈德：

我的胸和嗓子患了加菲尔德炎。哎！*

8月29日，塞尔兹尼克在贝弗利山庄顶峰大道的家中收到一封电报，内容是一个名字，一个从未出现在她长长的演员人选名单中的名字：马龙·白兰度。

白兰度23岁，曾出演过五部百老汇戏剧，但无一引起评论界什么关注。他属于潇洒、沉思型：善变、桀骜不驯且狂暴。像斯坦利一样，他是一个无情的大男孩，温柔与暴力同在。一年前，在马克斯韦尔·安德森编剧、卡赞联合制片、哈罗德·克勒曼（Harold Clurman）导演的百老汇戏剧《货运站咖啡屋》（*Truckline Café*）中，白兰度以一个长达五分钟的"谋杀独白"让演出暂停。他的话音一落，观众鼓掌足足持续了一分钟。"在舞台上的一分钟是一段很长、很长的时间。从没见过如此情形。"*克勒曼说。他补充说，"我相信他从没有做得如此出色"——这一判断恐怕难以反驳，因为《货运站咖啡屋》只连演了13场。不过，另一位看过白兰度那令人难忘的猛烈心灵迸发表演的批评家保利娜·凯尔（Pauline Kael）认为："那个男孩正在抽搐！然后我意识到他是在表演。"*白

---

① 指盲目乐观的人，源自美国儿童文学作家埃莉诺·霍奇曼·波特所创作的同名人物。

兰度不是在尽力去表演，至少不是按照当时美国舞台沿袭的迂腐传统在表演。"凡是白兰度自己能做到的，便不需要你再要他做什么了，"卡赞说，"在那些日子里，他就是个天才。他自己为一场戏所做的准备、他的个性、他的身体条件、他的记忆力、他的愿望等都是如此充分，以至于你不需要做什么，只告诉他这一场戏讲的是什么就够了。"*

白兰度的表演风格是表演上的爵士乐。音符在那儿，但白兰度以他独特的方式进行弹奏。尽其所能从对话中强化出一种情感真实，他游刃有余的舞台演出令人着迷、无视传统。白兰度不是去记住并搞清楚每样东西，而是任由台词发挥其自身力量，带动他的情感相应转变。"他甚至在凭经验聆听，"卡赞说，"就好像你在演奏着什么。他不看着你，他对你说的话几乎不表态。他听你说话却不是智力上或头脑上在听。这是个神秘的过程……他总能让人不乏惊奇。"时而迷人，时而机智，时而受伤，时而残酷——白兰度呈现给大众的是一种现场临时发挥出来的迫切感；他对冲动的仰赖使他的表演具有不可预见性，从而具有不安全感。对演员和观众来说，这种经历淹没了情感对立。"没有'好'人或'坏'人，"当与塞尔兹尼克的协商似乎要崩溃时，威廉斯写信给卡赞，"没有人真正看透任何其他人，大家都是通过他们的自我缺陷来看彼此。"白兰度就是这种矛盾的化身，并使之轰动。

多年以来，随着他成功扮演斯坦利的传奇不断流传，从最初好坏参半的评论，到《纽约时报》在他的讣告中称之为"划时代的"*表演，许多戏剧界人士都将物色他扮演这一角色的功劳归于自己。奥德丽·伍德称功臣是她的丈夫威廉·利布林；卡赞坚持是他，还给了解释；白兰度坚持是哈罗德·克勒曼劝说卡赞采用他。"加吉和艾琳都说我可能太年轻，她对我尤其不感冒。"*白兰度在他的自传里回忆道。他对剧本思考了几天后，甚至都打电话告诉卡赞要推掉这个角色。他感到,这个角色"太大号了"。"台词多,"白兰度后来回忆,"如果当时我跟他说了,我敢肯定我就不会扮演这一角色了。但我决定先放一放,第二天他打电话对我说:'嗯,怎么样——同意还是不同意?'我做了个深呼吸,说:'同意。'"* 对卡赞来说,白兰度是"暗夜的一发子弹"*。现在只有威廉斯需要被说服了。卡赞给威廉斯打了电话,并给了白兰度 20 美元让他去普罗温斯顿试读。"我就说了那么多,"卡赞回忆,"我等着,没有回音。三天后我打电话给田纳西,问他我送去的演员怎么样。'什么演员?'他问。没有人去过,因此我认定我已经丢了 20 块钱,并开始转移视线。"*

穷得响叮当的白兰度决定和女友搭便车去普罗温斯顿。8 月最后一周的黄昏,他终于到了潘乔庄园。白兰度走进家,用威廉斯的话形容,是"国内大灾难"*的情景。厨房的地板被淹了,厕所堵了,灯泡烧了。像温菲尔德家晚餐时突然断电一样,*威廉斯和他的客人们"陷入了永恒的黑暗"*。"这让潘乔招架不住,"威廉斯说,"他收拾东西,说要回到伊格尔帕斯。转而又像平时一样改变了主意。"*对威廉斯来说,白兰度不仅是美的典范——"他几乎是我所见过的相貌最好的年轻人"*——还是身手不凡的典范。白兰度修好了电灯,然后疏通了下水道。威廉斯说:"你会以为他整个前世就是修理下水管的。"*

一个小时后,白兰度终于着手朗读剧本。他打发走了女朋友,马戈·琼斯及其朋友乔安娜·阿尔布斯(Joanna Albus),还有充当布兰奇来给他提示台词的威廉斯坐在板房的角落。威廉斯说,白兰度大声朗读剧本,"就和他后来表演的一样"*。"我是斯坦利·科瓦尔斯基的对立面,"白兰度说,"我本性是敏感的,而他是粗犷的,具有恰当的动物本能和直觉……他是我基于戏剧台词想象的产物。我由威廉斯的词句创造了他。"* 任由威廉斯的词句带着他驰骋,发挥着这种表演方法的自由,白兰度只试演了十分钟,琼斯从椅子上一跃而起,高兴地大叫:"接通卡赞的电话!无论是在得克萨斯州还是其他地方,这是我所听过的最好的剧本朗读!"* "白兰度的朗读散发出一种新的价值,"威廉斯写信给伍德,"他似乎已创造出一个多维的人物,那种经历战争后退役的年轻人。"他补充说:"请动用你的影响力阻止艾琳办公室重新考虑或推迟跟这个小伙子签约的任何举动,以防她不喜欢他。"*

在白兰度朗读过剧本的当天晚上,威廉斯在电话里跟卡赞对他大加赞赏,威廉斯回忆说白兰度"只是浅笑,并没有表现出任何特别兴高采烈的样子"*。后来,晚饭后,威廉斯读了一些诗歌,之后他们便就寝了。"安排得太糟糕了,马戈和白兰度不得不睡在一个房间——还是双人床,"威廉斯在8月29日写信给奥德丽·伍德说,"我相信他们没乱来——他们太傻了!"* 对威廉斯来说,白兰度是"上帝的使者"*。白兰度似乎也觉察到在发生大事情。一位伟大的演员遇到了一位伟大的作家,他动人的文笔将释放自己的天才。"当一名演员拥有一部像《街车》这么优秀的剧作,他不需要很费劲,"白兰度说,"他的任务就是闪开,让角色自己表演。"* 这种强劲的魔力使白兰度在作家身边时生出一种独特的羞怯感。* 试读后的第二天早晨,白兰度坚持让威廉斯跟他去海边走走。"我们去了——一路沉默,"威廉斯写道,"然后我们回了——一路沉默。"*

但对潘乔和威廉斯来说,接下来的夏日却是在吵吵闹闹中度过的。一部新剧所带来的兴奋足以加剧潘乔的嫉妒心。潇洒漂亮、精力旺盛如白兰度——白兰度后来还将灵感来自他自己的暴怒人物演绎得出神入化——的男子闯入他们的世界令他抓狂。甚至在潘乔试图向"小公牛"展开攻势之前,威廉斯便感觉到要有麻烦了。"我真希望他会回家,至少回新奥尔良,住到12月",8月末他写信给伍德,"他不是一个镇定的人。如果不考虑他脾气的喜怒无常,他是个非常可爱的人,我已经渐渐依赖他的关爱和陪伴,但在纽约,特别在我的剧彩排期间,他太反复无常,太易于激动了。"* 想开车撞人那事以后,威廉斯曾让潘乔打点行装离开——至少离开过一段时间。"让潘乔离开很是费了点劲,"威廉斯回忆道,"这了不起的成就大概要归功于艾琳·塞尔兹尼克,她是那种天下事没几件摆不平的人,甚至将我从潘乔身边解脱出来这种事她都可以摆平。"*

9月14日,威廉斯返回——"相当感激地返回"*——曼哈顿,着手为10月6日在新阿姆斯特丹剧院开始的彩排提前修改剧本。尽管在彩排期间进行了100多行的改写,但最大的改动是结尾,以及布兰奇被带去疯人院后的一段。* 威廉斯在9月8日写给塞尔兹尼克的信中说:"(尤妮丝和斯特拉)之间必不可少的解释中仍有某种不容更改的东西。"* 在《扑克之夜》的初稿中,斯坦利坐回去继续和朋友玩扑克。舞台提示说,"在渐逝的黄昏中暗白"的房子前面,斯特拉从台阶上站起来,"举起臂弯里的孩子,似乎要送给温柔的天空。然后她又将孩子抱紧,埋下头,直到脸掩藏在襁褓中"。*

最后版本是在9—10月与潘乔痛苦的争吵期间改完的。在这个版本中,斯特拉原来独自寻求生存的姿势被转变成一个更有力又更模棱两可的形象——类似某种文艺复兴时期的组画,斯坦利跪在斯特拉面前,她抱着他们的孩子坐在台阶上啜泣,他在解开她的衣襟。"好了,好了,亲爱的,"斯坦利低声安慰着,"好了,亲爱的……"这个场景体现出这对夫妇持续的谎言。在《街车》中,布兰奇的强暴是斯坦利和斯特拉串通的结果。为了科瓦尔斯基家庭的延续,布兰奇必须被牺牲。在威廉斯的故事中,潘乔也必须做出牺牲,这样威廉斯的人生——他的工作,即他的孩子——得以继续。他给卡赞写道,他的戏剧宗旨是"忠诚"*——和忠诚于自己的内心一样忠诚于笔下的人物。"这次经历之后，我将我导演的每部剧、每部电影都看作一种自白，无论是遮遮掩掩还是半遮半露，都是作家自我的披露。"* 卡赞说。"可能我会让他回来，"威廉斯在 1947 年 3 月给唐纳德·温德姆的信中说，口气中有一种特有的理性，"当我们独处时，他总是甜蜜而温顺的。"* 威廉斯将对潘乔的看法编织进了让人可以接受的作品里。"他就像我需要他一样需要我，"潘乔说，"他知道如果我们在一起，我们会两败俱伤。"*

10 月，威廉斯一边向马戈·琼斯赞美彩排的喜悦——"我找不到言辞来告诉你杰西卡和加吉有多棒，他们的才能看起来是绝配"* ——一边向他的日记本倾吐孤独："今天我尤其思念潘乔。"* 他不能和潘乔在一起，但他又不能让他离开。"我希望能给你写封同样逗你开心的信，但我没有小侄子给我提供喜剧素材，"他在 10 月写信给潘乔说，"我感到非常清醒，也非常无聊。任塞尔兹尼克公司和利布林-伍德公司摆布了一天之后，晚上回到家，我几乎无力来敲打键盘了。你一定要尝试原谅我如此愚蠢，只要可能，一定给我写信。听你讲你那令人神往的新奥尔良平静家庭生活会让我好过些。"威廉斯信的结尾充满了母爱的叮嘱："照顾好自己。乖乖的，乖乖的，乖乖的！带你的侄儿们去动物园玩。"

10 月中旬的一天中午，威廉斯的写作被一阵猛烈的敲门声打断了。"起来，小公牛。"* 外面的声音在用西班牙语喊着。潘乔回来了。如往常一样，他带来了混乱。"打不开门，他跳上了山墙窗的水泥窗台，"威廉斯在《回忆录》中写道，"我赶过去正好把窗锁上。这时一大群人已经聚集在公寓楼前。潘乔在窗台上，捶打着窗子直到玻璃碎裂。后来，一名警察来了。他没有逮捕潘乔，但是他让他离开。"威廉斯继续写道："潘乔回头看我。他的脸上满是泪水。我也开始哭了，我是很少哭的。"*

第二章　心不我待

泪水述说了威廉斯的爱和懊悔。"我万分烦恼。我认为我的行为不友善，那是我最为痛恨的"，他写信给马戈·琼斯谈论了"墨西哥人的问题"。*和潘乔分手意味着失去了一个情人、一个孩子、一个家及父母的慈爱感。"他对我来说像父亲和兄弟。"罗德里格斯说。实际上，种种迹象表明，威廉斯更像母亲，努力诱导潘乔"在世上做个男子汉"*。埃德温娜·威廉斯训斥的声音是说教的、爱摆布人的，还满脸苦相。威廉斯不喜欢那样，也不想被这样的声音环绕。他努力劝服埃德温娜不要来参加《街车》首场演出。"这出戏真不是你的菜"*，他给她写信，建议她下一个演出季来观看《夏与烟》。最后埃德温娜的愿望无法抗拒，威廉斯屈从了，但是警告她："我将不会听取任何道德说教和长篇大论，所以不要把它们带来。"*

然而，在他和潘乔的相处中，威廉斯母性的表现——宽容、克制、不令人反感、体谅——使潘乔拥有了他缺失的母亲。"生活是艰辛的，"威廉斯在1947年11月写信给潘乔，"像阿曼达说的，'它需要斯巴达人的耐力'，但比那更重要的是，它需要理解，一个人理解另一个人，也会需要某种程度上的牺牲。"他继续写道："我惦念你，担心你没有目标。在如此多方面你比我拥有的更多。你的青春、你的健康和精力及我所不具备的你在社交场合的游刃有余。生活充满各种可能，如果你愿意努力，彻底不再自私地思考和行事，生活会是丰富多彩的。在这个世界上，幸福的秘诀更多在于给予，而不是索取。"*要威廉斯像父亲一样说话实属不易；他不知道如何适当提出个人看法或如何发号施令。潘乔吵吵嚷嚷地重新进入他的生活后，威廉斯在《回忆录》中坦露，他躲在一家酒店，一直待到潘乔"被劝服了，我不会再继续跟他住在一起，也不愿意再见到他"*。事实上，威廉斯不忍心彻底一刀两断。潘乔曾搬回来和他一起住过一阵。*

等到威廉斯看到自己改写的牧场戏首次彩排，他像笔下的人物一样,也共谋着保持两人关系的谎言。* "我对潘的感情肯定已或多或少地从欲望降到了习惯,尽管我的关爱仍在,"他在 10 月 27 日的笔记中写道,"我不认为这是由于时间久了或重复。部分原因是这样,但还有其他原因,精神上的失望,是更重要的因素。"威廉斯继续写道:"他无法理智。暴力完全是他的本性,就像我的本性里对它完全深恶痛绝一样。最重要的是,我需要而且现在必须拥有——简单的宁静。问题是要表现得既友善又坚定。现在我知道我的男子气概在屈从于这种关系的过程中牺牲了。哎,不说了——一切总会解决的。"*

10 月 30 日,《街车》在纽黑文首演时,潘乔已远非威廉斯"一度勇敢的前伴侣",而是稳稳地坐威廉斯身边的要席,同排的还有卡赞、塞尔兹尼克、科尔·波特(Cole Porter)和桑顿·怀尔德。后来在派对上,怀尔德抱怨说,像斯特拉一样的贵族永不会和像斯坦利一样的粗人混在一起。"我私下认为这个人物设置得不咋样。"*威廉斯说。怀尔德还认为布兰奇太复杂了。"但人是复杂的,桑。"*威廉斯说。

舞台上呈现的性和情感的复杂性没有发生在台下威廉斯和潘乔的身上。在纽黑文首演时,大家喜爱白兰度——用卡赞的话说,"表演的奇迹正在发生"*。他塑造的斯坦利人物形象非常有力,以至于气势似乎要压倒坦迪,让整出戏失去平衡。"由于失衡,人们在剧中几个地方都笑我让布兰奇成了一个愚蠢的角色,"白兰度回忆道,"我并没试图让斯坦利滑稽可笑。人们只是笑了,杰西卡因此异常愤怒,如此气恼以至于她要求加吉无论如何处理调整一下——他没有。我看到每次观众笑我的时候,她眼中便闪过怨恨的表情。她真的因此而不喜欢我。"*卡赞很担心。"我寄望于我的权威,田纳西,"他说,"他帮不了什么,他看似被这个小伙儿迷倒了。'这家伙是恋上了',我自言自语。"*

第二章　心不我待

"如果田纳西是布兰奇，那潘乔就是斯坦利，"卡赞说，并继续道，"他难道不被世上的斯坦利们所吸引吗？水手？粗野交欢？危险本身？会的，还有更多。那男孩身上的暴力总是一触即发，在令威廉斯惧怕的同时也吸引着他。"* 在卡赞的分析中，布兰奇"迷上了一个杀人犯，斯坦利……那是剧中矛盾心理的来源。布兰奇需要那种将她摧毁的力量。她应付这种胁迫力的唯一方式便是献身其中……那便是威廉斯的做法。他迷上了垃圾——粗野的、令他恐惧的男同……性威慑也是威廉斯剧中性戏的一部分"*。

卡赞甚至试图让这种性威慑在舞台上表现出来。台下，他亲眼看见威廉斯在经历着这种威慑。在波士顿11月3日到15日的演出期间，卡赞和威廉斯住在丽思卡尔顿酒店同一楼层。一晚，卡赞听到从威廉斯房间传出一种"可怕的吵闹声……西班牙语的漫骂，要杀人的恐吓声，摔碎瓷器的声音（一个大花瓶摔得粉碎）和碎裂声（房中间的装饰灯固定装置被毁掉）"。卡赞继续说："我匆忙来到走廊，田纳西从他的房间跑出来，表情惊恐，一头冲进我的房间。潘乔紧随其后，但我挡住了房门，他转身去了电梯，仍然骂骂咧咧，走了。那晚田纳西睡在我房间的双人床上。第二天早晨……我们听到潘乔回来了，威廉斯也回到他的套房。他看起来并不恐惧、惊愕或者反感，反倒很高兴潘乔回来了，并急于去见这个昨晚还在大闹一场的人。"*

"在戏开演的两三周前我离开了纽约，"罗德里格斯回忆说，他这次酒店胡闹成了导火索，"田纳西觉得我待在家里会好些。我们在戏剧开演后会再聚。他给我做了承诺，但他从没回来。"* 尽管潘乔打包无数次，戏剧性地隐退无数次——"我过去极力去伤害他，讲他粗鲁无礼，他该和罗丝待在疯人院"*，潘乔说——但在威廉斯最后伤感的分手信中，感激还是多于遗憾：

……与你在一起的时光里,我从没对你说过一句不实之词,除了几次盲目惶恐的时候,那时我可能毫无根由地认为你根本就不在意我,我只不过是你贪图便利并被你蔑视的对象。想解释清那一切,你需要回顾一个人的整个人生,它所有的孤独、所有的失望、所有对理解和爱的渴望。不,再多谈这个已毫无意义了。我不要求你什么,潘乔,这不是要求什么,甚至不要求你的原谅。我只是想告诉你,无论你对我的感情如何,我是你的朋友,直至永远。在过去的五年间,我将我的心给了你,胜过任何他人,也许你并不需要,而且现在会嗤之以鼻,但相信我,它仍然对你情浓意真。无论你在哪里,我都要你拥有幸福。——祝你健康富贵有爱![1]*

　　罗德里格斯至死都坚信威廉斯分手信中的一句话:"我知道他爱我像我爱他一样深。"罗德里格斯说:"他给我写过一封信提到'没有人独自受苦'。"* 威廉斯的信试图看清他们彼此,也体现出一种置身事外的超然,正是这种超然让他写就了《街车》:"像是一个鬼魂坐视人间万象并做了真实的记录。"* "当你发现某人需要安静胜过任何其他事物,需要宁静和一种安全感时,你便不会指望和那个总是捣乱喧闹、神经兮兮和焦虑不安的人在一起,并仍旧一直珍惜他的陪伴",威廉斯在给潘乔的信中说,对他们的关系做个了断。他继续说:"不,为了保护自己,如果他希望继续生活和工作,他必须适时从这些令人筋疲力尽的事物中抽身。没有人独自受苦。受苦的几乎总是两个人,但有时一个人会把一切怪罪于另一个人……你知道作为一个朋友,我对你的关爱和忠诚永远不变,在我有生之年,我真挚的友谊会与你相伴永远。"

---

[1] 原文此句为西班牙语。

第二章 心不我待

等到《街车》到费城——纽约城外的试演最后一站——上演的时候，让卡赞焦虑的大部分障碍都被清除了。坦迪已能迎接白兰度表演的挑战；白兰度已深化了他的角色，这源于他对导演的观察——他的姿态、他的眼神、他的神气——同样也来自他的笔记。他理解卡赞的想法，卡赞至少在他的《街车》日志中提及他们心理上的相似性："斯坦利（白兰度）像我一样自我沉醉着迷。"* 威廉斯曾一度担心扮演斯特拉的金·亨特（Kim Hunter）是"队列中的跛脚鸭"*，但就连她也提高了演技。尽管塞尔兹尼克偶尔有些头脑简单的行为，比如递给卡赞几页单倍行距打印的笔记，随着时间的推移也赢得了他难得的好感。私下里，卡赞告诉威廉斯，他已嗅到这个剧目会引起轰动。但对剧组人员，他故意低调。"我们有的是牡蛎。但不是每个人都爱吃牡蛎。你们只管好好演，并期待最好的结果。"* 在纽约首演前卡赞对演职人员这么说。在首晚演出那天发给白兰度的电报中，威廉斯这样写道：

挺住，年轻人。演好……*

"《街车》昨晚首演，观众好评如潮，"威廉斯在1947年12月4日给出版商詹姆斯·劳克林的信中写道，"从没见过如此激动人心的夜晚。比纽黑文的演出强上百倍，令人难以置信；相比之下，纽黑文的演出只是剧本朗读了。纽约的演出多了温度、广度、智慧、阐释等——这主要是因为在导演和节奏掌握上更好地处理了细节。"威廉斯滔滔不绝："剧院爆满，给首演捧场的名人有——塞西尔·比顿（Cecil Beaton）、瓦伦丁娜（Valentina）、D.帕克（D. Parker）、塞尔兹尼克一家，还有其他人等*——第一幕慢热，有评论称'嗯，当然，这又不是一场（游）戏'，第二幕（现在改为第三幕了）让观众不断叫好，嗨翻天，最后一幕让他们——还有我——没劲了、气喘吁吁、全身无力、精疲力竭（参见评论上更多描述），之后掌声雷动，经久不衰。幕布多次为全体演员升起之前，几乎没人起身离开剧场。四个主要演员，然后是坦迪——整个剧院的观众都朝她大声喝彩：'好样的！'——多次返场向观众致礼，最后……观众大声呼喊'作者'，田·威廉斯爬上舞台，和坦迪一起答谢观众。一切都很好，真的很好，真的真的很好！"*

阿瑟·米勒说，《街车》将"美的旗帜"插在了"商业戏剧的岸边"。米勒补充说："这部剧不容轻视。"*然而，在第一波评论中，有人试图诋毁它。比如，乔治·吉恩·内森戏称威廉斯为一个"南方生殖士"（genital-man）*。"这部剧或许应该更为贴切地叫作'龟头动物园'"*，他在评论中嘲讽道。在有关这部剧的诸多热议中，有人提到这是在美国舞台上第一次看到性感的男性形象。"1947年，马龙·白兰度穿着破旧的、被汗水湿透的T恤衫出场的时候，地震发生了。"*戈尔·维达尔写道。维达尔也认为"斯坦利·科瓦尔斯基改变了美国人的性别观。在他以前，没有男性被认为是性感的。人们会说，有些男人比别的男人长得更加潇洒，有的更加风度翩翩。男人本质上是衣服架子，不是肉身"。维达尔继续说："约翰尼·韦斯穆勒（Johnny Weissmuller）本可以是最接近性感男性的形象，但他看上去基本是那种雌雄同体的外貌。他的身体没有性感可言，而马龙在舞台上表演时洋溢着雄性气质，这使人们兴奋不已。这一根本性转变是威廉斯效应。男性是他的痴迷对象，男性性爱是他的基准。女性是他剧作中的主角，因为要透过她们的视角来观察男性，这才是剧作家的目的。"*

斯坦利的性感电荷来自他的自私行为，这种自私记录了美国在战争结束回归常态后的精神转变。"他过的是一种享乐主义的生活，并誓死捍卫它"*，卡赞在笔记中这样描述他。摆脱了责任、牺牲、

马龙·白兰度和杰西卡·坦迪在《欲望号街车》强暴戏中的剧照

阶级限制——布兰奇身上的所有情感包袱，其中具代表性的是失去了美其名曰美梦庄园（Belle Reve）的家族种植园——剧中每个人物都追求各自动物般的自我利益。斯坦利冲着他妻子和侵犯了他生活的神经质的大姨子咆哮："我是这儿的王。"* 在某种程度上来说，那种自我的王国是他们三个人都在极力争取的。在他们的台上较量中，威廉斯给这个时代的动态生存法则和他自己"分裂的本性"找到了一个完美的隐喻。

《街车》的成功使威廉斯成了某种意义上的王者。剧组在 21 俱乐部庆祝首演大获成功。晚会上，大家大声朗读报上的好评，不停地对威廉斯表示祝贺。之后，奥德丽·伍德走到他面前。"田，你真的开心吗？"她说。

威廉斯一脸惊讶。"当然。"他说。

"你是一个完全实现了自我的年轻人吗？"

"是的，"威廉斯说，"你为什么要问我这个呢？"

"我只是想听你说出来。"伍德说。*

从那一刻起，无论是好是坏，威廉斯与世界亲近了。每个人似乎都和他同桌。他很少以"汤姆"签名了，而是签"田"（Tenn），或者与它英文谐音的数字"10"（ten）。1948 年 5 月，威廉斯赢得普利策奖；* 10 月，马戈·琼斯导演的《夏与烟》在百老汇上演。大多数剧评人痛批该剧，* 但威廉斯对这次失败不予理睬，姿态高贵。他甚至还举办了一次"坏评"晚宴，邀请"对我们的剧给予最差评论的两位剧评人"* 参加。"晚宴非常成功。"他写信告诉唐纳德·温德姆。

晚上有那么一会儿，威廉斯溜出去和马龙·白兰度骑他的新摩托车。这里，在世纪希望之巅，在他们决定性成功之际，那个时代最杰出的演员和最杰出的剧作家骑着摩托车在曼哈顿四处驰骋，感受着内心令人振奋的力量。威廉斯已经拥抱了他的性取向和天赋，

第二章 心不我待

威廉斯在"坏评"晚宴上与马龙·白兰度相拥而坐，1948 年

现在他正在拥抱他的新势头。"我享受这次兜风，两腿夹紧他的臀部飞驰过东河，沿着河岸骑行，凉风习习，月儿高挂空中。"他说。威廉斯接着说："晚宴结束后，我最亲密的朋友留了下来——简、托尼、桑迪、乔安娜，还有和我住在一起的男孩弗兰克·梅洛（Frank Merlo）——'梅洛'意为黑色的鸟——他是来自新泽西州的西西里人。"*

第三章

缺场之情色*

> 渴望的手指握住一个魅影,饥渴的嘴唇贴在一个幽灵般的唇上。
>
> ——田纳西·威廉斯
> 《斯通夫人的罗马春天》*

> 我的作品都是关于你的。我在作品中悲伤着不能在你胸前倾诉的悲伤。它是我刻意而为之的漫长告别——你激发了我,我使它成形……
>
> ——弗兰兹·卡夫卡
> 《致父亲书》*

1947年12月30日——《街车》掌声如雷的首演四周以后——田纳西·威廉斯乘坐"美国号"蒸汽邮轮前往欧洲。这是他成年后第一次横跨大西洋出国旅行,并且还是一人独行。*"从此我不再想与任何人陷入认真的关系。"*他说。《街车》开启了美国戏剧一场翻天覆地的变化。与此同时,它也促使剧作家本人的生活发生根本性改变。对于此时每周挣2000美元版税的威廉斯来说,节衣缩食和默默无闻的生活皆成往事。*现今他是头等舱乘客。无论他旅行到多么遥远的角落，媒体总会想方设法找到他。"我在曼哈顿的夜生活毫无节制，妙不可言，总是通宵达旦到早上 5 点钟，每天最多睡四五个小时"，*他一上路便给马戈·琼斯写信。

威廉斯启程那天，一些剧坛大咖前来送行，表明他获得了前所未有的影响力。杰西卡·坦迪、金·亨特和蒙哥马利·克利夫特等来到他乱糟糟的公寓"为他饯行"*。伊利亚·卡赞带来了香槟。后来，他们还拥进他的豪华客舱告别，给他送了一打白衬衫、一件羊绒衫和一瓶苏格兰威士忌。克利夫特还带来了一台便携式爱马仕打字机——这是马戈·琼斯赠送的礼物，也是一种提醒，如果威廉斯需要的话，是时候回过头改写即将在百老汇上演的《夏与烟》了。

在欧洲，名流要人接踵而至：葛丽泰·嘉宝给他推荐了巴黎的酒店；法国戏剧界有头有脸的人物，如路易·茹韦（Louis Jouvet）、让-路易斯·巴劳特（Jean-Louis Barrault）及让·科克托（Jean Cocteau）等都应邀前来和他共进晚餐。（威廉斯邀请那些著名的巴黎朋友参加鸡尾酒会时，不动声色地说："萨特没来，尽管听说他就在附近。"*）然而，巴黎令人失望——"寒冷，糟糕的食物，没有如意伴侣，我的咖啡中没有牛奶"*。威廉斯在酒店的浴缸里答复记者的采访——这水比暖气片暖和。"我发现巴黎没啥好的，除了娼妓的质量，"威廉斯给卡赞写道，"黑市交易只消一美元，你就可以和几乎任何你相中的人干上一回。"他补充说："在欧洲，我感觉不到社会不安的氛围。除了那种顽强的生存意志，你感觉不到任何火花的闪烁，而且你感觉他们会支持任何为他们提供食物的政党或教条。"*

威廉斯出国不到两周就感觉身体不适。时尚杂志《世界时装之苑》的主编拉扎雷夫（Lazareff）夫人——她丈夫拥有《巴黎日报》和《巴黎晚报》——执意邀请他前往圣保罗德旺斯著名的金鸽酒店疗养一周，酒店的花园式餐厅墙上赫然挂着波普艺术先锋、法

第三章　缺场之情色

国画家费尔南·莱热（Fernand Léger）的大作。那些天几乎天天下雨。他第一次见到太阳是在从尼斯上火车前往罗马那天（"太阳——灿烂的太阳——照在我脸上，映入我眼帘，我热爱太阳"*）。

至威廉斯到达"永恒之城"，目睹法西斯主义和"二战"后的罗马，这位美国游客多少觉得此地就是自己欧洲之行的终点了。即便是在其备受蹂躏、自我康复的状态下，罗马也迅速成为威廉斯之所谓"我心灵的首都"*。"在意大利，气候温和，阳光明媚，每个街角售卖着一大束一大束的紫罗兰和康乃馨，它的希腊理想如此明晰地延续着，散发在优雅和美丽的人们身上，散发在古老的雕塑上，"到后不久，威廉斯便写信给卡森·麦卡勒斯，"我无法有条不紊地书写罗马，因为我太爱它了！"*

对威廉斯来说，罗马是一座"温柔的城市"，湛蓝而清澈的阳光下洋溢着温柔和宁静，天空的轮廓使他想起永恒的维纳斯："一座座古老教堂屋顶上隆起的圆顶，看似一个个沐浴在金色阳光里沉睡女人的丰胸。"*罗马人民同罗马城一样暖心。"他们根本不痛恨美国人，"他写信给布鲁克斯·阿特金森，"事实上，我在这儿的整段时间从没从任何人那儿听到过一句不友好的话，没看到一个不友好的表情。"*

在国外住了不到一个月时，威廉斯给卡赞写信："我真不知道我到这儿来做什么，但如果我在美国，我可能更迷茫。"*然而，住到第三个月时，他的不安陷入僵局。他后来说，他在"暂定的月光下"*跌倒了。"有时非常低迷，"他对麦卡勒斯坦言，"过去的五六天，我一直与创造力疲软抗衡着。"*性——他称之为"身体的高空秋千"*——成了他的抗抑郁药品；这秋千带着他荡离自己遭遇的瓶颈，荡向生活。"你还没走过一个街区就有人跟你搭讪，而在纽约酒吧，你花整个晚上也是徒劳，"他写信告诉温德姆，并补充说，

"你可能想知道我在这儿写作进展如何。答案是没写多少。"*威廉斯沉溺在年轻小伙儿身上。

猎艳原本就是诱惑与逃避、现身与隐身的戏剧。在罗马猎艳尤其令人倍感刺激。"晚上,很晚的时候,过了午夜,我喜欢驱车驶出古老的亚壁古道,将车停在路边,聆听古老墓地里蟋蟀的叫声,"他写道,"有时,一个形体现身其中,不是鬼,而是一个有血有肉的罗马男孩!"*"夜莺们唱破了喉咙!"他写信告诉奥利弗·埃文斯。在信中,他谈到他搭上了一位黑发的那不勒斯轻重量级拳击手,有着"王者风范的身躯"。"我希望我能跟你多讲些这位拳击手、细节、体位、迷人之处等——但这淡蓝色的信纸都会羞红了脸!"*几次大型宴会"最后都成了纵欲狂欢宴会"之后,威廉斯发现自己稀里糊涂融入了本地男同社交圈。他告诉温德姆:"我想起奥斯卡·王尔德说过的那位女士,她本计划开个沙龙(salon),结果却开成了酒馆(saloon)。"*

当威廉斯试图为詹姆斯·劳克林——描绘自己在罗马应接不暇的社交活动中结识的非凡之士——包括客居罗马的美国小说家弗雷德里克·普罗科施(Frederic Prokosch)和"郁郁寡欢的年轻人、自我主义者戈尔·维达尔",他提起一些"飞鸟般转瞬即逝的意大利人,他们甜而不实,像棉花糖"。*他解释说,刺激之处在于可以尽情享受他们的不实,如幽灵般,转眼无影无踪。"他们所有人在我的记忆中都将如同一个人,一个令人愉快,有时甚至令人愉悦的人,但像梦中人物一样不可捉摸,甚至都没留下彼此谈话的记忆。换言之,交欢的记忆还不如谈话的记忆持久,至少现在看来是如此,以后可能会被注入更多的真实感。这也就是说,他们眼下都是幽灵,以后或会有肉身,这明显不合常规。"*

威廉斯当初之所以决定来欧洲旅行,是想要摆脱业已成名的自

第三章 缺场之情色

威廉斯与戈尔·维达尔和杜鲁门·卡波特（Truman Capote）在一起，1948 年

我意识，并"张着孩子美丽清澈的双眸回到餐桌下"*，后者是约翰·厄普代克（John Updike）所谓成功作家的旅行目的。但罗马之旅不是让他目光清澈了，而更多是让他目光惊奇了。"意大利是一次难忘之旅、一次深刻的心灵冒险，其深度只有日后回顾时才能知晓，"他写信告诉劳克林，"我还感觉，这是一次强烈停顿，暂停，我生命中的插曲，它标志着我惶恐中置于身后的人生分野。"*

威廉斯不再是昙花一现的人物。他的成功辐射面令他惊愕，只有一面极力保持自己长期珍视的逃遁的局外人身份，一面勉强迎合身为名人的必要应酬。"当成功人士和名人有这么多要求！"他给奥德丽·伍德写信道，"我曾经需要它，现在仍需要它，我的某一部分需要它，但不是我身上至关重要或富于创造力的那部分。"* 成功

163

之前,威廉斯得打拼一切;成功之后,他得捍卫一切。他现在是有公共声誉的人了,要维护公众形象。"你知道,当你'出名了',你成了某某公众人物,这个大人物是多重镜像的虚构,唯一值得做的大人物是那个呱呱落地后就孤单而无名的你,那个你是你所作所为的总和,那个你在不断成长之中。"他在杂文《关于成功号街车》("On a Streetcar Named Success")中这样写道。"连续不断的花车游行"——意指来访要人、写作之余的应酬、招来的年轻男妓——放大了威廉斯之所谓"精神紊乱"。*

到了 1948 年 6 月他北上参加《玻璃动物园》的英国首演时,他感到心烦意乱与"紧张不安"。"尽管社交场合几乎不断,我在这里却倍感孤苦伶仃。"*他从伦敦萨沃伊酒店给温德姆写信说。英国的单调乏味和趋炎附势挫败了他的精神。"要充分欣赏意大利,你得先来一趟伦敦,"他给温德姆写信说,"天呢,多么无聊的城镇和多么一本正经的人!实际上我已被迫又开始工作了,这表明我是真感厌倦了。"*

在闲暇时间,威廉斯与克里斯托弗·伊舍伍德(Christopher Isherwood)、E. M. 福斯特(E. M. Forster)和戈尔·维达尔过从甚密。在工作时间,他不得不在布莱顿皇家剧院——《玻璃动物园》在伦敦首演前在此地试演——和两人较劲,一个是扮演阿曼达的"美国戏剧第一夫人"海伦·海斯,一个是戏剧导演约翰·吉尔古德(John Gielgud)。海斯告知他演出遇到了麻烦,吉尔古德要求他在谢幕时不要上台。"我不想让这部戏剧的精美效果因为衬衫不整、礼服不齐的剧作家满头大汗上台谢幕而打了折扣。"*吉尔古德说道。威廉斯从一开始便怀疑吉尔古德,"他太英国味儿、太讲究,脱离剧本的题材和灵魂太远。"*他曾告诉伍德。事实是,吉尔古德也离威廉斯太远,威廉斯与他初次见面后便描述他为"极度紧张、专横、恃才傲物类型的人"*。在涉及该剧百老汇演出事宜时,吉尔

第三章 缺场之情色

古德宁愿咨询碰巧路过布莱顿的美国导演乔舒亚·洛根,也不愿问每天在剧院坐在他身后几排的威廉斯。威廉斯对这种冷漠报以蛮横的言行,称吉尔古德*为"老家伙"*,并发誓在 7 月 28 日首演时予以反抗。"约翰·吉说我不该登台谢幕,恰恰相反,现在我决定即便剧院只有最微弱的呼唤'作者'的声音,我都要登台谢幕。"*他对刚结识的英国朋友玛丽亚·布里特涅娃(Maria Britneva)如此说道。威廉斯在伦敦一次宴会上认识了这位迷人、兴致勃勃的白俄罗斯血统女演员。

结果是,威廉斯非但没有反抗,反而彻底躬身败退。由于担心演出不成功,加上想到届时不得不与母亲重聚——埃德温娜小姐与戴金到伦敦观看首演,威廉斯觉得自己承受不了,直接逃去了巴黎。海伦·海斯在后台见到埃德温娜时,嗅到了埃德温娜表面南方迷人魅力下掩藏的敌意。在向海斯介绍戴金时,埃德温娜宣布:"我要让每个人都看到我儿子是绅士。"*"她有着韶华不再的南方淑女身上我所讨厌的一切,"海斯回忆道,"但是在戏剧中她被刻画成一个值得同情的人。"*埃德温娜否认她与阿曼达有任何关联,但在后来的岁月中,她会去模仿她。"她正叉着一只虾,递到嘴边之前突然放下,开始背诵一大段《玻璃动物园》里的台词,"维达尔回忆起 20 世纪 50 年代在佛罗里达的一次经历时说,"最后,田纳西咳嗽一声,说道:'母亲,你可否把虾吃了?''你刚才为何怪咳?'她说。田纳西说道:'母亲,当你毁了别人的生活,总难免感到心虚。'"*

伦敦首演两天后,威廉斯发给海斯一封致歉信。"我完全搞不懂我自己,为何我就不能参加首演,"他写道,"你就把这看成我的'闹剧行为'吧。没有人比我更清楚我已经承担得太多、太多、太多!我已热切地期盼它如此之久,然而最后几日我被笼罩在一片云雾中。过于劳累。神经质。一种瘫痪状态。"*同一天,他还给布里特涅娃发了一封致谢信，称她是自己此次糟糕英国之行的一大"补偿"。"事实上，那些与你在一起的午后、散步、饮茶、陪伴——能够有人说话——是我英国探险之旅最快活的记忆。"* 他写道。

布里特涅娃对威廉斯的影响几乎从两人刚一认识就开始了。她身材娇小——大约只有 5 英尺高——长着一头浓密的棕色头发、灰褐色的大眼睛，以及用来对世界不屑一顾的鹰钩鼻，但她胆识过人，精力过人，气场十足。她会唬人，又精于审时度势，以此傲立于世。"她让人害怕"，维达尔说。威廉斯提起过"她令人惊叹的穿越时光的速度"*。仅凭人格力量，她找到了出入英国贵族社会及其智库圈之道。"她步入他人生活中的能力无与伦比，"她的朋友、女演员葆拉·劳伦斯（Paula Laurence）说，"不知不觉中，你已经被完全包围。但包围你的是铺天盖地的关爱、讨你喜欢的关怀、令人惊讶的礼物及充满爱意的关心。你怎能拒绝呢？"布里特涅娃时而令人捧腹，时而英勇无畏，时而暴跳如雷。卡赞说，她"会不顾一切紧紧抓住她看重的一切"*。她坚定不移地去实现自己的梦想——在任何时代，这都是一件难以完成的事，在战后一穷二白的英国尤为如此。"她总是搞些善意的恶作剧，"威廉斯说，"多数女人讨厌她，没有几个男人知道如何评价她。"*

当时心烦意乱、生活无序的田纳西·威廉斯自然发现布里特涅娃是上帝派来的使者。就在她走进他的生活前，他对伍德抱怨着，"我真是搞不清这些让人发疯的硬币面值，先令、半克朗、十先令、一英镑等等。马戈（琼斯）要离开我时"——6月份时她负责把威廉斯从罗马带到伦敦——"我的生活要彻底乱套了！"* 布里特涅娃几乎即刻使自己成为不可或缺的人物：当威廉斯在巴黎躲避风头时，她为他剪辑英国评论，* 送他礼物，为他洗衣服，为他出主意送什么样的礼物给海伦·海斯，到哪儿去买，并和他促膝交谈。"不知为什么，在诸如此类的事情上我不会计划，也拿不定主意，所以，如果可以，我会让你帮我决定，"7月30日，没有衬衣可穿了，他给她写信道，"你认为我们应该做什么？我有十足的信心你有能力解决这个大问题！（你也可以忽略这个问题！）"*

布里特涅娃对威廉斯的忠诚几乎是母亲般的。事实上，她身材和心理上都像埃德温娜。这两个都爱发号施令的女人有着同样娇小的身材、难说温柔的情感态度，都对消逝的贵族传统——很大程度上，她们煞有其事幻想的贵族传统——念念不忘。在布里特涅娃的人生故事中，威廉斯看到了自己对于生存的绝望挣扎。他为布里特涅娃的精神和她的处境所动。她于1921年7月6日出生于苏联的圣彼得堡。据她自己讲，13个月后，在饥荒的逼迫下，她和母亲玛丽、哥哥弗拉基米尔一起逃往英国，父亲亚历山大·布里特涅夫医生只身留下。她到英国时有佝偻病，还有一种顽疾——悲伤与恐惧交加。最初是她的母亲把这顽疾带入了他们的新生活，布里特涅娃后来继承了其中很大一部分。家庭的渴望必然与家里的财政情况不一致。为了把孩子们送入好学校，玛丽·布里特涅娃给人上法语课、俄语课，还翻译契诃夫的作品。她对女儿抱有很大期望，送玛丽亚去上芭蕾课，玛丽亚却固执地反抗。1933年，人们发现蒙特卡洛芭蕾舞团一名年轻演员还不足12岁的法定年龄，那就是玛丽亚。不过，她才学了三季就由于脚伤不得不放弃了。她后来告诉导演理查德·艾尔（Richard Eyre），是由于"我的胸太大"。她将成为明星的欲望转移到了戏剧上，上了米歇尔·圣丹尼斯表演学校。

几乎布里特涅娃身边的每个人，包括威廉斯，都被她对自己白俄罗斯贵族家族的动人描述所吸引——祖父是"住在沙皇别墅的皇太后玛丽亚·费奥多罗芙娜"的御医，父亲被"苏联击毙"。*然而，克格勃档案和政府文件表明，这绝大部分都经过了改编和捏造。*玛丽亚的母亲出生为英国公民，她在英国接受了部分教育；玛丽亚的外公查尔斯·赫伯特·巴克纳尔是英国人。布里特涅娃一家并非难民，他们有英国证件。布里特涅娃父亲的家族都属于知识分子阶级，祖辈是王冠城的小资产阶级商人，在那里拥有拖船、潜水设施和公共浴场。没有资料显示布里特涅娃的祖父和沙皇皇后有什么关系。而布里特涅娃的父亲根本没有被布尔什维克处决，而是在红军中效力。所有这一切都出于玛丽亚想证明自己是白俄移民，或外白俄移民。

然而，布里特涅娃与富人和名人的关系让人们相信她的故事，以及她的艺术资质。与威廉斯在一起时，她扮演了衷心、讨人喜欢（并且黏人）的女孩；他是慈爱的"甜爹"，总是乐意为她支付度假、酒店、贷款、珠宝的钱，偶尔还给她买连衣裙或毛皮大衣。"我为玛丽亚感到难过，"他给温德姆的信中写道，"她厌恶伦敦，并和博蒙特办公室完全闹翻了"——休（宾基）·博蒙特［Hugh (Binkie) Beaumont］是伦敦西区实力雄厚的戏剧制作公司坦南特的掌门人——"所以工作没着落……看似在伦敦也没有有趣的朋友，没有谁是她很喜欢的，她的家庭相当拮据，除了一个对她非常冷淡的姨妈。可怜的孩子。"* "我感到跟他在一起很体面"*，布里特涅娃后来说，她确实是体面——受到威廉斯才华与名望的强大魔力保护，她不至于陷入一个对自己来说极易崩溃的世界。

为了赢得好感，布里特涅娃会做些极其鲁莽的事。在 1946 年的一次演出中，她由一个候补演员升为一个小角色。吉尔古德说："当伊迪丝·埃文斯（Edith Evans）扮演《罪与罚》中患肺结核的妻子，在剧中最精彩的一场戏中咳嗽得太频繁时，玛丽亚将她的脸塞到靠枕里让她安静。你想象得出，伊迪丝不会喜欢这样。"玛丽亚的确在约翰爵士的心中永远赢得了一席之位，但在英国主流戏剧界尚无立足之地。博蒙特，该剧的制片，取消了与玛丽亚的合约。"她不是一位优秀的女演员，"英国戏剧评论家米尔顿·舒尔曼（Milton Shulman）——也是布里特涅娃的邻居说，"她在台下过于耽于幻想以至于成不了台上的幻想家。"* 布里特涅娃既没有通常好演员有的外表，又缺乏出演英国客厅情景喜剧的素质——20 世纪40 年代中期到 50 年代中期，伦敦西区的戏剧主要都是这类。她虽具有艺术气质，却不能创造艺术。后来她遇到了明星剧作家威廉斯，便攀上了他。

布里特涅娃与威廉斯的友谊传奇在他们初次见面时就牢牢打下了基石。在玛丽亚叙述的传奇版本里，她那天装扮成只有"十八九岁"* 的样子，一副天真少女模样。（事实上，她当时就快满 27 了。）她和威廉斯在 1948 年 6 月 11 日——几周前《街车》刚刚荣获普利策戏剧奖——吉尔古德伦敦的家中晚宴上初次相识。"我受邀参加这次美妙的宴会。诺埃尔·科沃德（Noël Coward）在弹钢琴。费雯·丽和劳伦斯·奥利维尔（Lawrence Olivier）都在，都是有头有脸的人……我忽然看见角落里一个神情不振的小个子男人，一个人待着——一只脚穿着红色袜子，一只脚穿着蓝色袜子。我想他一定也是替补演员。"* 布里特涅娃后来在迪克·卡维特（Dick Cavett）的脱口秀节目中这样告诉他。那时，他已是备受瞩目的获奖剧作家，却无人关注地躲在一边，这几乎不太可能。但有几点肯定是布里特涅娃没有注意到的。奥利维尔夫妇肯定不在场：据他们的传记作家说，那年的大部分时间他们都在澳大利亚。一定是诺埃尔·科沃德欢乐的精灵在弹钢琴，因为科沃德本人当时在纽约见出版商，将近两周后才回英国。

戈尔·维达尔认为，他们两人事实上应该是在几周后宾基·博蒙特举行的一次宴会上相遇的。无论在哪儿见的面，布里特涅娃、维达尔和威廉斯都成了好朋友。维达尔回忆他们三人沿着滨河路散步的情形："玛丽亚一个劲儿地吃。她和母亲很落魄。她们依然靠定量配给食物。她有一些太妃糖，给了我一块。我装了颗牙——一颗假牙——立马掉了下来。玛丽亚一阵爆笑。能笑死人的那种爆

威廉斯与玛丽亚·布里特涅娃的合影

笑。我们仨成了朋友。然后,她就黏上我们了。"*

　　布里特涅娃对威廉斯的慷慨报以忠诚与激动。随后几十年,她成了威廉斯之所谓"五点钟天使"*。一天的写作劳顿之后,他只要给她打电话,她就会在电话那头用一堆计划和有趣的调侃来填补他的空虚。布里特涅娃在威廉斯的人生中扮演许多不同角色,既是朋友,又是逗他开心的小丑、给他跑腿的人、他可以倾诉衷肠的人、给他加油打气的人、捍卫他灵魂火焰的人,最后,在他的临终遗嘱中,还成了他姐姐的法定监护人(这个岗位她协调得很好,并发展成非官方但颇具影响力的威廉斯文学遗产执行人)。她爱搬弄是非。"传闻玛丽亚·布在来这里的路上,"1949 年 3 月杜鲁门·卡波特在给朋友的信中写道,"她写信给田"——田纳西——"几乎每天不断。请告诉她……不要让她碰到我,因为我会打她的奶子,把她一脚踢下西班牙台阶:你该看看她给田的信里是怎么写我!狗娘养的。你告诉她，我是认真的。她是个讨厌的说谎大王。"* 作为剧作家，威廉斯发现布里特涅娃的挑衅有趣，甚至可以用于戏剧。（她后来成为《热铁皮屋顶上的猫》中玛吉的原型。）放在人际交往中，他发现她说话无所顾忌——她自称为"狂野刻薄的幽默感"*——这既使人激动不已，又令人小心翼翼。"你似乎说出了所有那些谨小慎微的人只是想想的事，"在他们认识第一年的通信中他写道，"噢，你的那张嘴啊！作为一个曾经喜欢，可能现在仍然非常喜欢你所有其他方面的人——其中包括你毋庸置疑的好心，我非常诚恳地建议并恳请你约束下你那张不饶人的嘴。第五大道上那些小狗狗非常可爱，但它们实在需要克制，少开口为妙。"*

1948年9月初，威廉斯回到纽约参加《夏与烟》的彩排。布里特涅娃紧随其后，施展她特有的关心和任性，并陪他参加该剧的百老汇首演。布里特涅娃乘坐的"玛丽女王号"到港那天，威廉斯去接她，并带她去看了《街车》。她抱怨白兰度吐字不清。"田纳西眼里闪着一种恶意，说道：'那你怎么不去后台告诉他？'"布里特涅娃回忆道，"我真的照做了。白兰度非常高兴，立马带我去了俄罗斯茶馆。"*

随着《夏与烟》的百老汇彩排一路坎坷，威廉斯对马戈·琼斯的信心持续走低，对布里特涅娃的关爱则是看涨。与琼斯的恼怒相比，布里特涅娃的崇拜给威廉斯带来的是快乐。"我们在争吵"*，威廉斯后来告诉布鲁克斯·阿特金森，说他认为琼斯对这个剧欠缺想象力。琼斯利用阿特金森在《纽约时报》上对她在达拉斯环形剧场演出的耀眼评论来让威廉斯相信，她能同时担任该剧在百老汇上演的制片人兼导演。"完全由我们两人说了算。"* 她告诉他。但早在4月，威廉斯便对由她做导演提出疑虑。"如果你想要（敢于）提出由卡赞来做导演这个话题，提吧，"他那时建议伍德，"但我怀疑你能做到，因为我们的琼斯无疑认为自己是美国的斯坦尼拉夫斯基，不管我们如何怀疑，她还是有一丝可能的。"*虽然伍德对琼斯的能力和韧性持有疑虑——"我对威廉斯表达了疑惑，但他置之不理"*，她写道——威廉斯"一如既往地颇具绅士风度。他已承诺她可以做这戏的导演，事情便那样了"。*

毫无疑问，琼斯可以说得头头是道。[她是个骗子大王"*，演员雷·沃尔斯顿（Ray Walston）说道，雷是通过《夏与烟》在百老汇首次亮相的。]然而，在付出了代价后，威廉斯了解到，她没法说到做到。"悲剧在于她极少能将她的满腔激情落实到行动，就像一个恋人明明对自己的欲望非常焦虑、非常担心，但他就是无法贯彻落实。"*他告诉阿特金森。琼斯对戏剧的理解超越了她的技术处理能力。《夏与烟》百老汇演出存在不少失算之处，其中包括把它从达拉斯的环形剧场搬到一个与观众更有距离感的镜框式舞台,*布景相比于舞台显得过大，但最根本的失算是琼斯不能与演员们进行有效交流。彩排一周后，威廉斯"对于这次冒险开始有了沮丧的预兆"，他说，"一个男演员或女演员会走到激动万分的琼斯面前，提出诸如'琼斯女士，你想让我如何来表演这点？'等问题，她只会说：'表演？亲爱的，不要表演它，感受它。'"*

在演出告一段落后，卡波特跟威廉斯讲起从安妮·杰克逊（Anne Jackson）那儿听来的一件事——杰克逊在百老汇演出中扮演内莉一角：琼斯为了激励演职人员，曾跟他们说剧本是"一个垂死之人的作品"*。这件事大大激怒了威廉斯，他掀翻了卡波特面前的桌子。（"我那阵儿是病着，但'垂死'是那时乃至今后离我最遥远的想法，不管怎样，这是一种毫不相关、虚假而且注定毫无益处的'激励'，这让我震惊，"威廉斯向阿特金森解释道，"演员们总是竭尽全力，一位作家实际的或想象的病况不会，也不该、不能改变他们为演出付出的一切。"*）"以我的观点，马戈·琼斯应该待在

第三章　缺场之情色

地方剧院，最好是在行政管理或资金筹措部门，"威廉斯在《回忆录》中写道，"我认为，只有在那种部门，她才无法染指演员编排，不会对精致的剧本说三道四。"* 在一次彩排中，威廉斯情急之下从坐的地方一跃而起，给演员们演示他想要的是什么。"我在舞台上表演着，"沃尔斯顿回忆道，"马戈从观众席上尖叫着，跳上舞台，扔掉剧本对威廉斯说：'是我在导演这个剧！你下去，离开剧院！'"*

10月6日，首演开始前几天，威廉斯和伍德一起坐在通往音乐盒剧院休息室的台阶上，听着伍德之所谓"马戈·琼斯给全团的告别演说"。"她告诉她的演员们，田纳西·威廉斯无疑是我们这个时代最重要的剧作家，《夏与烟》是他创作的最优秀剧作，这台戏要在纽约成功，需要靠他们拿出与剧作相当的优秀演出水平。"伍德回忆道。最后，琼斯朝威廉斯望去。"你有什么要说的吗，田？"她问道。"没什么可说的了，是吧？"威廉斯说，瞧着伍德，笑了。*

几乎是清一色的负面评论——"自命不凡、外行、令人生厌"*（《纽约先驱论坛报》）；"无病呻吟、隐晦、伤感而且单调"*（《纽约每日新闻》）——肯定了威廉斯对琼斯"水平一般"*的评价。他给温德姆写信说："没有灵感，没有生机，卡赞就不会这样，而这部剧多么急需这些。"*

如果说《夏与烟》的评论使威廉斯的公众光环黯然失色，那么他的私生活由于弗兰克·梅洛的重现可以说是焕然一新。一天午夜时分，刚从欧洲返回不久的威廉斯正沿着曼哈顿列克星敦大道漫步，他看见了熟食店里的梅洛。自从一年前在普罗温斯顿沙丘上度过激情之夜后，他便再也没见过他。梅洛当时和一个海军朋友一起。威廉斯邀请他们两人带上刚买的烤牛排三明治和土豆色拉到他位于东58街的公寓外面去吃。梅洛的海军同伴要去赶大巴车回新泽西，梅洛留了下来。"有些事开始了或有些事结束了/剩下我还有他/……因为夜深了我迷失了。"* 威廉斯在平铺直叙的《小马》（"Little Horse"）一诗中写道——"小马"是布里特涅娃给梅洛起的绰号，因为他的门牙很大。

对于务实的梅洛来说，他是没有什么可损失的——他和威廉斯重建关系时 27 岁。"他对一切都很热心，相当积极乐观，"戏剧史学家玛丽·亨德森（Mary Henderson）说道（她和梅洛年少时曾是邻居，还和他约会过一次，梅洛在新泽西州伊丽莎白市的意大利裔社区彼得斯敦长大），"他就是一捆炸药，他一直保持那样——健谈、风趣。"* 梅洛长得强健潇洒，头发浓密乌黑，肤色黝黑。* 威廉斯在一首诗中将他描述为"身材完美，巧夺天工"*。

梅洛是母亲接近更年期时生的，是罗莎莉和迈克·梅洛的第五个孩子。* 据亨德森说，梅洛的父亲在美国虽只是个鱼商，但曾是"意大利的一位大人物"。在梅洛整个成长过程中，人们都称他为"小鱼儿"（Fishy）。尽管如此，他身上却总带着明显的神气。他渴望成为作家，算是个自学成才的人。"弗兰克深感自身教育的欠缺。"亨德森说。（"他的阅读面比田纳西还广。"* 维达尔说。）1941 年，梅洛在出生证的年龄上做了点手脚后，从托马斯·杰斐逊高中的高三退学去参加了海军。尽管他身材矮小——他那时是 5.3 英尺高——他还是成功参加了海军陆战队。战争是他的大学；海军陆战队是他的兄弟会。"我几乎认识了整个营的男人，包括军官，补充一句，其中有些军官成了我一生的朋友。"* 他写道。

作为美国海军陆战队第一师一等兵卫生员，梅洛目睹了太平洋战场。梅洛曾向和他一起参军的至交弗兰克·乔纳泰索（Frank Gionataiso）叙述在瓜达尔卡纳尔岛为期三天的激战中所经历的枪林弹雨，那时他正背负 65 磅重的包裹，兜里揣着六个手榴弹。"我刚看见一枚日本 0.25 英寸口径的子弹穿过了我前面哥们的背包，并确信日本人会发现我的背包。在我看来那该死的东西好像至少在空中穿行了一英里。"* 他发现他前面的一名中士受了致命重伤。梅洛命令四个士兵用担架前去把他抬回来。他继续写道：

> 小路很窄，他体重至少180磅，天气极端炎热，我们甚至连给他救命的水也没有，路途陡峭，糟糕透顶。有一下，我们站在了山脊上，我们本不该那样暴露的，敌人很容易看到我们的轮廓……我走在前面，就在那时，空中传来刺耳的日本机关枪开火声。子弹激起我们身边的遮挡石。我伏到山脊下面侦查四周。那四个我刚才安排抬担架的人已经丢下担架。三个人中弹，其中两个必死无疑，另一个也受了致命一击。我爬起来，估摸了一下形势，开始对那个还活着的人施救……我给了他一些吗啡，他不一会儿便死了。*

梅洛在安静的加州阿拉米达海军医院药房——他在那里服完了兵役——如此兴致勃勃地在信中给朋友乔纳泰索描述自己所见的世面。他那时正在读萨尔瓦多·达利的自传《我的秘密生活》（*My Secret Life*，1942）。（"自传写得不错，插图都是他自己的画作。只要六美元。我觉得即便对于不关心达利的人，这本书也值这个价。他在书里可是事无巨细，什么都写了，有一章甚至题为'我子宫内的记忆，或子宫里的日子'。真是疯了！！！"）他正在"提升自己的文化修养"*，他说："每次有交响乐团来旧金山演奏，我都去听。上个周六我去听了巴西钢琴师克劳迪奥·阿劳（Claudio Arrau）演奏舒曼的钢琴协奏曲和交响乐，非常享受。我看到你在那儿读着我的信，摇着头疑惑'他小子干吗要浪费时间去那种地方？'那天下午，我在歌剧院对面一家哥们儿开的餐馆'上班了'。他全家人都患了流感，只有个女招待在那儿忙活着。由于当晚有音乐会，他们忙极了，我便自愿帮忙。我就那样遇到了很多不错的美女。不仅相貌娇美而且聪明伶俐。周六晚上我与一个自称'雷德'的女孩子过夜了。她的真名叫弗雷达。"*

死亡景象点燃了梅洛生的欲望。他梦想回东部（"等我到了东部，留神了，我的兄弟，你等着瞧。我已排好了想要去的地方——梅多布鲁克酒吧、蓝房酒吧、埃尔摩洛哥酒吧、塔夫特酒店、宾夕法尼亚酒店，还要去哈莱姆！萨沃伊宴会厅、莱昂-艾迪餐厅，还有曼哈顿52街所有地方和86街约克维尔大厦一带"*），梦想着去旅行（"至于战后旅行，我确实有意去萨摩亚岛，但如果可能，我也要去欧洲"*）。他也在考虑婚事。"我第一次探亲回来时曾有意和莉娜结婚，"他在1943年2月3日给乔纳泰索的信中写道，"但琢磨了一下还是决定不结，不过我还没有变心。我猜只是有所顾虑。"*但当他憧憬未来的时候，美好的时光是与女人为伴的——尤其是莉娜，"她会很快成为我未来的妻子（粗鲁点说，性伴侣！）"*。"我从明早8点一直到周一早8点都不用上班，"他在1943年2月27日的信中写道，"我没计划做什么，但可能会带莉娜去情侣舞厅跳舞，在罗斯兰那边，偶尔会有大牌乐队在那里演奏。我们上一次去那儿跳舞时，弗雷迪·斯莱克（Freddie Slack）在演奏，我们开始跳舞时，场地渐渐地没有了其他舞客，不知不觉中，就只剩下莉娜和我在跳舞了。我得冒昧地说，这也是为了他们好，为了他们可以好好欣赏我们的舞姿。无论我们到哪儿，情况总是如此。当然了，我爱这一切，并且总是朝这些可爱的观众报以感激的微笑；通常是露出满口牙齿的笑颜，以至于我看起来像那个刚刚炸毁了巴拿马运河的日本佬。顺便问一下，你能告诉我巴拿马运河在哪儿吗？"*

战后，梅洛回到了新泽西的伊丽莎白市，在那儿他能找到的唯一薪水还不错的工作是建筑业。但是他对冒险和艺术的渴望不可避免地促使他来到曼哈顿，来到波希米亚文化的边缘。"他在纽约一家芭蕾舞公司找了一份工作，"亨德森说，"那时他还不是同性恋……如果是的话，他一定会被那群人搞垮。"*事实上，战争期间，他在同性恋这个话题上便很坦率。"最近，我说话非常刻薄，"他在 1943 年给乔纳泰索的信中写道，"我属于 8 号舰载机（Fleet）联队，我把它称为'8 号水果机（Fruit）联队'。是的，很糟糕，但情况就是那样。老天！我最恐怖的梦魇就活生生地出现在眼前。这里娘们到处都是，热浪来袭的时候我们都不用愁没风扇。这帮伙计（或者我该说姑娘们）总挥舞着手臂，让空气保持流通。最不幸的是，他们那么干的时候，我们其他人都必须忍受。"*

梅洛在性取向上的大转折发生在他进入文化圈以后。在纽约成为威廉斯性伴侣之前，他是华盛顿专栏作家约瑟夫·艾尔索普（Joseph Alsop）和百老汇歌词作者、作曲家约翰·拉图什（John La Touche）的情人。*1940—1947 年，梅洛在十部低成本动作片中扮演小角色，其中包括《猛虎出山》（*Buzzy Rides the Range*，1940）、《无法无天》（*Lawless Clan*，1946）、《杰克·阿姆斯特朗》（*Jack Armstrong*，1946）和《维吉兰特：西方战斗英雄》（*The Vigilante: Fighting Hero of the West*，1947）。他文质彬彬且言辞得体，与不切实际、胸无点墨的潘乔几乎完全相反——仅仅听闻潘乔的消息都会使威廉斯圈子内的人担心不已。"潘乔在城里呢。我还要多说什么吗？"*有一次伍德写信告诉艾琳·塞尔兹尼克。潘乔让人琢磨不定而且暴躁，而梅洛坚定果断而且慷慨大方。潘乔曾很不光彩地被陆军开除，而梅洛是战争英雄。潘乔给威廉斯生活制造混乱，而梅洛带来秩序。"我认为你知道弗兰克"，奥利弗·埃文斯写信给他们的共同朋友时谈起梅洛，"他是潘乔的继任者，截至目前显得比他更聪明，虽然也许没那么潇洒。有些人说他令人难以抗拒；我不那么认为。"*然而，在威廉斯的核心朋友圈中，埃文斯的观点显然占少数。"弗兰克热心，为人正派，才智出众并具幽默

在旧金山休海军假的弗兰克·梅洛，1943 年

感,"保罗·比奇洛说,"田……需要有人来照顾他的日常生活起居。并且是怀着强烈的爱,这便是弗兰克所做的。"*潘乔曾是社交上的障碍——"有潘乔在的世界很小!"*威廉斯1948年给卡森·麦卡勒斯的信中写道。相比之下,合群的梅洛了解如何打造圈子,拓展威廉斯的世界。

威廉斯委任梅洛做他的私人秘书和事务总管。然而,梅洛很清楚自己的职责。他们在一起几乎一年后,1949年夏天他和威廉斯去了好莱坞,在那儿,威廉斯能给《玻璃动物园》的电影剧本搭把手。好莱坞大亨杰克·华纳(Jack Warner)问梅洛:"你是干什么工作的?""我和威廉斯先生睡觉。"*梅洛回答。他也替羞怯的剧作家处理社交事务。威廉斯歇斯底里的脾气、偏执、忧郁症及惹人恼火的含糊不清与梅洛亲历真实战争的混乱相比不足挂齿。"他让我与日复一日、夜复一夜的日常生活联系起来,"威廉斯说,"他让我接地气。""他耐着性子——意思是,即便他和田纳西面对着社会生活和职业生活最令人震惊的压力,他也能保持头脑冷静,"克里斯托弗·伊舍伍德这样谈起梅洛,"他不是伪善。他就是个好人。"梅洛是"岩石间的裂缝"*,是威廉斯在剧里剧外所祈求的安全港湾。

1948年12月1日,梅洛、威廉斯和保罗·鲍尔斯登上了"火山号"蒸汽邮轮前往直布罗陀,在摩洛哥与鲍尔斯及其妻子、小说家简·鲍尔斯逗留了两周。决定留在纽约的布里特涅娃陪他们三人去了码头。这时,威廉斯和梅洛的关系正在发展阶段。"我对这家伙的性欲几乎是无节制的,"威廉斯写道,"每晚我都去弗兰克的特等客舱。深知我在性欲上的放纵及其可能的后果,我开始怀疑弗兰克和保罗·鲍尔斯之间发生了什么事。当然了,什么都没发生,只是友谊。"*

尽管有好友相伴,有"我所乘坐过的最迷人的船"*所带来的愉

保罗·鲍尔斯

悦,威廉斯却发现自己陷入了抑郁,前一年走马灯似的彩排、演出及名望让它无可乘之机。布里特涅娃是最明显的起因。她夸大其词地向劳克林透露,她认为威廉斯"完了"*。"她的意思是作为一位艺术家,"威廉斯在旅行日志中写道,"她说我已经用完了我的素材,我的老素材,而我的生活,尤其是我的朋友圈和'接触的人'过于狭小和特殊,我很难发掘新鲜、更有意义的题材……还说我与一些怪胎或怪人交往过密,以至于像阿瑟·米勒这样的人——我对他表达过极大的敬仰——和我相处都感觉不自在,也就不会和我谈什么要事。她说我在自己与这个真实的世界和大众间筑起了一道屏障。"威廉斯继续说道:"我认为她是好意,她的警告中不乏事实……被她部分言中的失误和危险源于一根操劳过度的神经,孤独、情色、压抑、不明确的精神渴望;我自己内心的素材充斥着,或者说支撑了我以前的作品。现在我该写点其他东西,主要写其他东西,但是写什么呢?我进退两难了,但我并不拒绝面对这一困境,只是感觉这卡桑德拉的末日哀号未免太早了些!"* 随后差不多两个月的时间,威廉斯都不爱搭理布里特涅娃。

在返回美国前的十个月里,威廉斯在梅洛的陪伴下从摩洛哥去了罗马,还去了西西里岛见梅洛的亲人。威廉斯的四处漫游和他漫无目的的精神状态相一致。就在威廉斯第二次到达罗马要住段时间时,一种缆绳解开后的飘忽状态、一种情感上的迷雾笼罩着他。"简单的事实是,《街车》之后,我不知道何去何从,"威廉斯在1949年7月中旬从罗马写信给卡赞及其妻子莫莉,总结了自己备感困扰的上半年,"一切并非任意因而缺乏创见的实验看起来都只不过是一个回声。"* 威廉斯再读他自认为颇具舞台潜能的《要人》("The Big Time Operators")草稿时,明确无误地听到了自己旧作和原来自我的声音。他在其中植入了记忆中父亲的形象和他们之间俄狄浦斯情结意义上的斗争,并将它硬塞进一部关于石油业的政治情景剧中:

> 格拉迪丝:你的儿子想你了,父亲。
> 父亲:有可能。
> 格拉迪丝:你在脑子里给他贴标签为娘们,那是你们之间的障碍。
> 父亲:他还穿着那条小天鹅绒马裤吗?
> 格拉迪丝:他是个可爱的小家伙。你不要固执己见抵触他。你讨厌这个事实,他——像他母亲。*

威廉斯自己也明白,这部剧是"一个观念的阴魂"。"它不大像我的风格,"他说,"像硬挤出来的,不是我真正兴趣与能力所在。"*威廉斯无法使自己关注这些人物的命运或在写作中找到激情。然而，《要人》确实传递出某种新东西：他基本上提出的是道德摩擦问题，一种精神虚脱的感觉，流露出一丝威廉斯对通过戏剧和自己对话的懊悔。"你真的完蛋了，"剧中一个人物对另一个人物说，"你无法闯入那富有魅力的世界，现在对你来说要成为一个正常的普通人已为时太晚，而那首先是件本会令你心满意足的事。不，现在太迟了。你太娇惯了。你彻底完蛋了。"*此处对话是偶然，但隐藏在背后的恐惧则远非如此。

"麻烦在于，我正遭受欺凌和威胁，来自自身成功及其带来的名望，以及人们对我的期望和要求，"威廉斯写道，"它们正逼迫我丧失作为一位艺术家自然天成的本性，我正面临着根本不再是一位艺术家的危机。"*但谁在逼迫呢？利布林-伍德背了黑锅，肇事者其实是威廉斯本人。关注和荣耀及随之而来的"些许的骄傲与自负"改变了他。他将这种精神影响比作中暑——"凶恶的成功之日"*——它使大脑失血，头脑和意志力不能协调并进。"过度的暴露自己使内在的天赋枯竭，"他写道，"我近期不会再中另一个大奖了。也许要等心寻到一曲新歌并有力量把它唱出来。"*

威廉斯深知他需要有所改变；他也了解内容和风格上的改变等于自身新陈代谢的改变，这是需要时间的。"问题是在几年时间内，你不会有任何实质性的哲学上的进展，"1949年6月他写信给布鲁克斯·阿特金森，"理解的范围扩大得相当迟缓，如果真有进展的话，而兴趣范围似乎又仰赖于理解力。与此同时，有的只会是持续的观察，以及已经观察过的一切所产生的变量。"他继续道："我已经注意到，画家和诗人，事实上所有表现自己内心的艺术家，都面临同样的问题：他们不会贸然改变事物及处理方式，除非自己的内心成熟到足够胜任……最大的挑战是要尽自己最大的努力活着并成长，坏事要来就来好了！"*

第三章　缺场之情色

在罗马心不在焉的这几个月里，他感到自己是个梦游者，飘浮在一种非现实之上，感觉如同自己在《温柔之城》（"The Soft City"）一诗中之所谓"雾霭重重"*。他的倦怠部分源于罗马那种有麻醉作用的快乐。下午时分，结束了打字机前令人沮丧烦恼的一天之后，威廉斯驾驶他的"欲望号"红色别克经过狭窄的后街，"慢慢驶过，听众人惊呼'好漂亮的车啊！'只有影星泰隆·鲍华（Tyrone Power）更显风光"，*他写信告诉伍德。罗马的天空晴朗无云——"一条蓝金相间的丝带在无限延伸，给人一种永恒的幻觉"*。然而，他的文学天空却阴云密布。

这一年的大部分时间，威廉斯一直在受一种执念的驱使："对自我重复的担忧现在已经完全剥夺了我的感悟，必须让它退场，至少在公众眼里。"*"完全没有必要隐藏这样一个赤裸裸的严峻事实，眼下我尽力做的一切几乎都没有灵光可言，"他在5月写道，"是因为意大利？因为年龄？天知道。可能只是缺少想要急迫表达的需求，而没了这一需求只会让我觉得生存的需求无法满足。没了它，我就一无所有了，除了无趣的动物般的日常生活，与F在一起的亲密时光除外。"*

除了担心自己江郎才尽，威廉斯还有了新的焦虑：被人忽视。"我今天收到了五组关于阿瑟·米勒戏剧的评论，比我收到的有关自己任何一部剧作的都多，"他在1949年2月写信给伍德，谈起了《推销员之死》，"大家似乎渴望让我知道他的胜利是多么了不起。"*整个春季，随着《夏与烟》在百老汇的失意、《玻璃动物园》在好莱坞依稀可见的惨败——该剧被华纳电影公司威廉斯称为"老掉牙部"*的编剧们改得面目全非，威廉斯感到动力不足、停滞不前。他看不到黄金与荣耀，看到的只是不光彩的未来。他处于一种"极度忧郁的状态"*，灰心丧气。

甚至他和梅洛一度看似很有前途的关系也已经开始黯然失色。

公开场合里，梅洛机警、快活并常常风趣十足。他自带一种热情，将人们吸引到他身边。那年，这个曾梦想步入文化界的新泽西年轻人发现自己被拍到和意大利导演卢奇诺·维斯康蒂（Luchino Visconti）在一起，与导演罗伯托·罗西里尼（Roberto Rossellini）和英格丽·褒曼（Ingrid Bergman）共进晚餐，与影星安娜·马格纳尼（Anna Magnani）、诗人 W. H. 奥登（W. H. Auden）和杜鲁门·卡波特关系熟到直呼其名。意大利媒体称梅洛为威廉斯的"翻译"，而威廉斯则称他为"我的小秘"*。早在 2 月，他就试图与梅洛就他的生活和开支签一个永久性的合约。"然而，我确实希望我能够积蓄足够的资金，好让每个月都有不错的稳定收入，比如说，每月 400—500 美元，"他给伍德的信中写道，"这样我能够养活我自己、一个小秘和一辆大汽车。"*

但是到 3 月末，威廉斯上述如意算盘就因为自己的低迷情绪遇到了麻烦。他说，自己是"一个令人难过的伴侣"*。"我不孤单，但在某种程度上，比我自己一个人还要孤独，"他向麦卡勒斯坦言，"你明白我的意思吗？是的，我知道你懂。"* 3 月末，和伴侣杰克·邓菲（Jack Dunphy）在意大利伊斯基亚岛进行创作的卡波特注意到，威廉斯和梅洛已经"像藤壶一样缠住我们"，他们之间的紧张清晰可见。"少一些接触，我是非常喜欢他们两人的，但亲爱的，我真没法向你描述那情形，"卡波特写道，"弗兰克整日整夜地唠叨 T. W.，而我发现 T. W. 真的成了偏执狂。"*

梅洛白天当家务总管、晚上当性伴侣的压力也对两人关系造成了伤害。梅洛不久发现自己受到这位宠溺他的朋友的盛名压制。威廉斯有名气，有职业，还有钱。他是船票，梅洛是乘客。"他痛恨我们关系中的依附性。"* 威廉斯在 3 月写道。成为欲望的对象并没有让梅洛不因自身工作而感觉羞耻。"弗兰克对服装情有独钟，我们这周对男士服装尤为热心，"威廉斯在 4 月写道，"今晚弗兰克说他需要一打内衣。我听后大发雷霆，说道，亲爱的，你应该在哈里·杜鲁门步入政界前和他成婚。眼下，他很难为情地把他原来的内裤都洗了，挂在浴室各处晾干。"*

5 月，他们的关系出现了裂痕。"接了弗兰克，他不知哪儿来的脾气——吃着晚餐就不见了，现在仍不见踪影。"*威廉斯 5 月 23 日写道。大概两周后，前几个月累积的矛盾终于爆发了，威廉斯在日志中描述如下：

> 街上的暴力（言语上的）场面，骂着脏话，有点儿让人想起潘乔那令人不堪回首的折磨，但是我们把它说出来，尽管我猜那种紧张感仍然存在，难以化解，我现在对这种爆发感觉良好……我怀疑我们只是一时的。我从未努力让它长久。那种孤独感深深地置于我的内心。F 属于那种内心更加阴郁的人。要自己承认我从不会得到爱？有必要吗？也许只有女人会爱我，可我又不会爱女人。不是现在。太迟了。现在明智的做法是把我的心慢慢地收回到我躯体的牢笼里。对吧？静观一阵，等一等。静一静！也许这诸多不快只是工作的压力——不满意自己的作品，觉得它不够好。也许你只是在想象 F 对自己真的有那么重要。*

在这段时间写的一首题为《淡如叶影》（"Faint as Leaf Shadow"）的诗里，威廉斯提到了梅洛的渐行渐远：

> 淡如叶影般他消退
> 触摸他时你也消退。
> 随着你消退，午后

> 也随之消退，变得冷漠暗淡……
>
> 然后你轻唤他的名字
> 似乎自你唇际流出他的名字
> 能够托起一面墙，阻挡
> 他消退其中的暗影……*

"我看到他与别人为伴时更开心……这自然令我难以接受，因为我相信我爱他。"*威廉斯向温德姆坦言对梅洛的感受。然而，如果说大部分时间威廉斯能够藏起妒意，梅洛也会对威廉斯与没那么重要的人物为伴表示强烈不满——布里特涅娃那个夏天来和他们共度假期，拥有他情人的忠诚。"弗兰克占有欲强，对田与他人的关系具有破坏性，这不好，因为（像）田这样的艺术家需要的是某种动力——幸福也好，不幸也好——总之，他需要的不只是一匹小马的神经反应。"布里特涅娃在她 7 月的日记里以一种竞争式的焦虑写道。她也注意到了她朋友身上的变化，"他身上有种怪异的倦怠，缺乏灵光"，布里特涅娃在那年 6 月的日记中记道，她将威廉斯称为"冰面上的一条鱼"。他的眼睛肿肿的，写满了倦怠、倦怠、倦怠。他说自己感觉有"100 岁了"。她继续道："他在某种程度上似乎非常无动于衷，好似在下滑，放弃自我。"*

对自己心灵或艺术上的成功全无把握的威廉斯，在断断续续地创作两部作品：一个短篇小说和一个题为《斯托内洛》（"Stornello"）的剧本——标题是"意大利语，指一种戏剧性的叙事民歌"，威廉斯向伍德解释，说它"通常是在男女歌手之间以对话形式表现"。*但是他把这剧摆在了次要地位。"这可能会显得愚蠢，"他写信告诉他的出版商，"但我似乎别无选择。"他在同时将一部遗弃了的剧作改为一个短篇小说，并在其中直面自己情感和艺术上的绝境。他曾在 3—6 月将它扩写为一部中篇小说，原计划是改编成一部葛丽泰·嘉宝主演的电影。短篇小说暂定的题目是《暂停的月亮》，后来改名为《斯通夫人的罗马春天》（*The Roman Spring of Mrs. Stone*）。故事女主人公凯伦·斯通——寡妇，一度名声显赫的女演员——深陷旅居国外的混乱无序状态，威廉斯称之为"漂泊"。在一名任性多变、叫作保罗的舞男身上，她看到了重获欲望的最后机会。斯通夫人的原型是作家兼艺术家伊丽莎白·艾尔·德·兰努克斯（Elizabeth Eyre de Lanux），威廉斯曾与她一起出行，还在那一年给她的一幅大型壁画当模特（据说她在小说出版后把这画毁了）。"艾尔·德·兰努克斯是个可称为绝代佳人的女人，现在大约 45 岁，"威廉斯写信给劳克林，将年龄少说了十岁，"我认为她最近在神秘远居巴黎期间做了整容手术。她有个年轻的意大利情人，25 岁的小伙，貌美惊人，是我在意大利遇到的唯——个地道的无赖。她对他的盲目崇拜令人震惊！"他继续说："艾尔的男友保罗最近给她带回一个两岁的幼儿，声称是他的私生子，让她帮着照顾。长得不像他。显然是某种骗局。"

威廉斯在艾尔·德·兰努克斯的处境上投射了他自己的真实心理感受。斯通夫人已经从舞台引退，并已过令人不安的半百之年（威廉斯快到 40 岁了），她有一种强烈的丧失感——失去容颜、天赋、职业和方向。她感到"停滞不前了"，并发现自己在罗马令人慰藉的恬美中寻找着庇护，"过着一种近乎幽灵般的生活，"她像威廉斯一样，纠结于自己魔力的消散："斯通夫人知道这点。她发现了这种悄然而至的消耗，并尽其所能通过更多地运用技巧来予以弥补。"当她被一个专横的美国女性朋友拦下，这位朋友惊骇于她淫乱的生活方式，并告诉她"你不能退出艺术界"时，斯通夫人回答："当你终于发现你已经没有艺术天赋，你会退出的。"像威廉斯在那个冬季指称自己为"受伤的角斗士"一样，斯通夫人将自己的

边喝咖啡边工作的威廉斯

职业看作一场连续不断的战斗、被欲望驱使的你争我夺,就像孩子渴望成为"山中之王"*一样:

> 攀爬、推挤、脚踢和手挠已经被貌似文质彬彬的招数所取代。但斯通夫人的事业到达顶点,她用英雄般的坚毅防范所有围困她的人和物,时间除外,这一切无法不让斯通夫觉得好似在露台上玩儿童游戏。在特定的不设防的时候,在不失修养的成人自我……接受来自原初、自然的本我所传递的讯息时,她截听到了这样令她兴奋不已的私语:我依旧是山中之王!*

斯通夫人的姓氏显示了她从那场战斗中撤出的严肃性。"安全是一种死亡。"* 威廉斯在 1947 年写道。作为演艺界过气的老黄牛,斯通夫人多亏已故丈夫才享有了财务自由,可她没有目标。"没有目标的人生就像喝醉了酒一样,"威廉斯写道,"她可以数小时自由

第三章 缺场之情色

闲逛,毫无固定方向。"* 被剥夺了产出和欢呼——曾经环绕着她的成功的喧闹,斯通夫人饱受空虚的阵阵侵扰。

> 她曾经一直让自己忙于诸多事务,那看起来不是一个人能干得过来的,基于那种原因,就像离心力可以防止一个旋转的物体偏离轨道向里滑落一样,斯通夫人很长时间远离环绕她的虚空……斯通夫人心里清楚,她在勇敢地从目前松弛的轨道上向里转,向内里,从现在开始,转入这片被激情飞逝之轨所环绕的空间……大胆无畏的她向内移动着,张大着她的紫罗兰色眼睛,在心里自问,随着她的移动她会发现什么?只是一片虚空?还是会包含着可能摧毁她也可能拯救她的某种非物质力量?*

对于她来说,保罗这个身材完美、年轻、主动勾搭上的意大利骗子是某种未曾探索的领地。看到他赤裸身体在她旁边的小床上晒太阳,斯通夫人"忍不住看着他。他太具诱惑力了"*。她与已故斯通先生的婚姻基本是无性关系的。"他们的婚姻,在一开始,已经近乎灾难,于她,由性冷淡发展成对性的憎恶,于他,由性行为的笨手笨脚发展成性无能",威廉斯写道,说他们的婚姻本该早就破灭了,如果不是斯通先生一时崩溃,"像孩子般伏在她的胸前,这样他将自己从失败的主人的位置调换到了令人同情的投靠者的位置"。威廉斯继续写道:"鉴于他的缺陷,斯通先生容许两人各自寻找自己的真实所需,她需要的是一个成年孩子,而他需要的是一个活生生的年轻而可爱的母亲。"

情感置换这针强心剂使斯通夫妇的婚姻得以长久,也使其具有了幽灵特点——欲望无法诉说,孤独伪装成表面的彬彬有礼,在这种礼节中,"他们彼此交换着迫切想要躲避什么的微笑,以及一些让彼此宽慰的轻松谈话"*。直到她的罗马春天——也正逢她的更年期,斯通夫人在舞台上勾引异性。然而,她的性欲处于休眠状态。(在根据中篇小说改编的戏剧构思框架中,威廉斯写道:"她想表达温柔的努力是……艰难的。面对这样的场景,她总是在背台词!"*)像埃德温娜·威廉斯带着清教徒般对肉体的恐惧一样,斯通夫人将性和害怕联系在一起,而更年期终止了这一认识:

> 现在,她感受到的是没有以前夹杂着模糊危险意味的欲望。什么都不会发生,现在,只有欲望,及其可能的快感……这曾经在她是秘密的可怕之事,是难以承受的无意识愿望。那种害怕现在不见了。*

这种突如其来的自由源于她和保罗的"情感混乱"*。在她和保罗玩的猫抓老鼠游戏中,斯通夫人不充当进攻者;她具有挑逗性,但不主动。"斯通夫人和保罗一样都清楚,在一种关系中成为进攻者会丧失优势,"威廉斯写道,"她也曾一度握着美丽的王牌……她的社交礼仪和程式依然基于她拥有这张王牌。她像保罗表现的一样清楚明了,她更习惯于接受求爱而不是主动求爱。"*保罗的不负责任是在故意令人困惑:"'我会在早晨给你打电话',他会说,或者'我会接你去喝鸡尾酒'。很少准确说个固定的钟点。有时他根本就不出现。"*尽管如此,这种难以捉摸的行为激发了斯通夫人"抑制不住的渴望"*,一种自淫的兴奋,即缺场促成欲望的膨胀。

斯通夫人对若即若离的保罗所怀抱的渴望为威廉斯提供了一种故事情景,让他能够将自己焦虑不安的情感投射其中。斯通夫人对保罗的抱怨也是威廉斯对梅洛的抱怨:"当只有我们两人在一起时,你如此懒惰、闷闷不乐,几乎不讲话,可一旦你发现自己面前有一群人,你便容光焕发。"*梅洛发脾气的情形——罢工、漫游、乱吼

第三章 缺场之情色

一通——以及他偶尔的好心情，都被适时地记在了威廉斯的日记里。"最近弗兰克和我在罗马一直很快乐，"威廉斯在5月30日记录着，"看到他快乐，我尤其高兴。"*嫉妒、沮丧、爱慕、贪欲，甚至威廉斯关系中致歉的礼物都能在斯通夫人的故事中找到踪迹。"保持冷静"——这是在保罗的恶劣行为后，斯通夫人让自己平静下来的话——也是威廉斯在因梅洛而恼怒时安慰自己的话。他在5月29日的笔记中写道：

> 我爱F——深深地，温柔地，毫无条件地。我认为自己是在用全部的心在爱他，而不是以1940年那个亮丽的短暂夏季里，我对基（普）所抱有的狂野、无序而又令人可怖的激情在爱。但这一切难道不该最终获得更多吗？如果不会，那只是由于我身上的突变——随着时间变化而有的变化。
>
> 但令人惊奇的是，尽管我如今对其他事物已变得平静和克制，但对于F睡在我旁边这事却感受非常强烈。真希望我能够给予他衣物和旅行之外的某些东西——某些增加心灵和生命内涵的东西，可以影响他的生存状态。如果他离开我，也许他会的，我会继续活下去并忍受这一切，我想会将他写成一首诗，像我对其他人那样。但他出现在我面前便是一首诗了——足够了。我对保罗（鲍尔斯）说："我害怕结局会很惨。"——会吗？最好的办法便是顺其自然——随缘——接受——和给予——保持冷静。*

对威廉斯和他虚构的另一个自我来说，失去了爱的世界是一个黑暗、空虚的处所，但也是某种可能性。在热切追求保罗的过程中，斯通夫人自己被盯上了——被一个长相略像他的男人盯梢了。（他"比保罗略高些，但大致属一个类型"*。）故事开始时，这个男人只是一个长相英俊、衣衫破旧、行为诡异的人，他躬身站在西班牙阶梯附近，仰望着斯通夫人的官邸露台，似乎"在等待收到某种信号"*。在故事发展过程中，这个神秘莫测的人物蒙上了一种危险的色彩。斯通夫人在一家商店的橱窗里看到了他的映像，并听见他在她身后小便。后来，在另一次巧遇中，这个匿名男人将自己的生殖器暴露给她。作为一个猎食者形象、不知名字的幽灵和负面的一切，他起初让斯通夫人想要逃离。然而，到故事结尾时，在斯通夫人毅然决然地与保罗断绝了关系后，她独自在自己宽敞的房间里漫步，被阵阵虚无感笼罩着——"说什么也不能再这样下去了！"*她想着。

行动是治疗焦虑的解药。斯通夫人平生第一次成为自己欲望的代理人。站在她公寓的露台上，她感受到某样东西在她心里跃动。"不是她已计划或想要发生的事，然而她正促使它发生。"*威廉斯写道。她的跟踪者——外面等候信号的男人——现在收到了信号。斯通夫人将她房门的钥匙包在一个手帕里，朝他扔了下去。这个动作是一个缺席的信号：空虚召唤虚无。以这一装腔作势的动作，这个故事也成了威廉斯内心"神秘诱因"*的寓言，是"不必明确意会的"*心照不宣。那个弯腰拾起钥匙的身影并没有被描绘为一个人，他用的"它"，而不是"他"来指代。"它仰头看她，"威廉斯写道，"快速点一下头，它在从视野中消逝，但不是离她远去，而是朝她而来。"*

故事留给斯通夫人的是马上到来的拥抱。她在倒数第二段说道："是的，不出几分钟，虚无会被打破，可怕的空缺会被什么填补。"在把握当下的同时，斯通夫人也重新拿回了对自己失恋情人的幻想。即将到来的见面所展现的前景既是情感的幸存，也是自我的毁灭。"看，我已经停止了漂泊！"*他在故事最后一行说道。通过将钥匙扔到下面给一个危险、不知名的人，她做了威廉斯在舞台上所做的：她通过邀约观众——和他们分享她自己——将自己置于险境。"我不寻求你们的怜悯，只希求你们的理解——甚至理解都不需要——不。只希求你们在自己身上找到我的影子。"*《青春甜蜜鸟》(*Sweet Bird of Youth*, 1959) 中威廉斯的代言人钱斯·韦恩在戏剧最后几行中向观众如此诉说。十年前，斯通夫人曾希求同样的东西。

1949 年 6 月 21 日，威廉斯完成了他中篇小说的草稿，还发给伍德一份长达八页的《斯托内洛》剧情梗概。他告诉卡赞及其妻子，这是他"随意"捡起来的一个活儿，"只是因为看起来对我的难度并不大"。*和《斯通夫人》一样，《斯托内洛》散发出的基调也是失落。女主人公佩皮娜是一位丧偶的西西里女裁缝，将她已逝丈夫罗萨里奥"偶像化"。她的住所"实际是他的圣地"。家里的鹦鹉不时地"用死去丈夫的声音"叫着佩皮娜的名字，似乎在加深她对罗萨里奥已不在这一事实的理解。梗概中继续写道："佩皮娜希望这只鹦鹉死掉……它总忘不了罗萨里奥过去是怎么喊她的。"佩皮娜也忘不了，八年来她从没有"感受过男人粗糙的手指抚摸她风韵犹存的身体"。*她的住处已经成了自己令人恐慌的清教意志的延伸体，一种围绕她的欲望筑起的堡垒。同佩皮娜将自己封锁起来一样，她还将女儿罗斯也禁闭起来，不让这个患了单相思的年轻人接触她已经热恋上的水手。（"说她恋爱了是种保守说法，"威廉斯写道，"她充满了'青春期觉醒的热情'！"*）罗斯结束了僵持状态，通过威胁要用一把屠刀来结束生命而为自己赢得了自由。*

进入这个歇斯底里的压抑舞台的是翁贝托，"一个年轻的体壮如牛的男人：皮肤黝黑、强健有力——酒神！"像罗萨里奥一样，翁贝托是卡车司机，吵吵嚷嚷的；甚至连他的体型都像罗萨里奥。换句话说，他是罗萨里奥的翻版。初次相见的时候，佩皮娜"不可思议地看着他",好像活见了鬼。无论从哪个方面来说,她是见鬼了。翁贝托事实上和象征意义上都顶替了罗萨里奥的位置。像《斯通夫人的罗马春天》里长相酷似保罗的人一样,翁贝托是这个女人欲望的真实客体的替身。简而言之,他带来某种情感救赎的希望。他发现佩皮娜"非常和善"*。他热情,"绝对善解人意"*,并立刻无所拘束。他急切地想要帮忙,不明智地颠覆了佩皮娜紧锁的世界。他先是醒悟的使者(他证实了罗萨里奥不忠的谣言),后来是毁坏的导因。和佩皮娜过了一夜后,他醉醺醺地偶然碰到睡在客厅沙发上的罗斯并去摸她。在这种滑稽愚蠢的遭遇引发的情感混乱中,不会有什么幸存下来。翁贝托被轰了出去,罗斯则奔向了与水手罗曼蒂克的命运;佩皮娜猛击鹦鹉笼子。醒悟了一切的佩皮娜只剩自己,只是还不明白自己难以琢磨的欲望。剧终时,她"啜泣地爬向圣母玛利亚像:此时灯光暗下来,听得见她在祷告"*。

佩皮娜和威廉斯似乎都没能找到通过忍受获赐恩典的道路,这一失败让卡赞及其妻子在7月读过威廉斯的剧作梗概之后颇为失望。"我想让它听起来有戏,但事实上它听上去很烂,"威廉斯写信告诉他们,"但在佩皮娜这个人物身上,有种失落是我能感受到并真实表达的,如果我真把它写成剧本,我也会有这种感受。"*尽管威廉斯珍视无情的批评——"坦诚地面对失败是唯一的解救之法"*,但听到的负面反应让他陷入困境。同一天的日记中,他写道:

> 接近危机。
> 卡赞的来信——戏剧计划的终止——
> 极度紧张——恐惧谈话——社交几乎难以忍受。
> 神经性阳痿,
> 挂念 F。

第三章　缺场之情色

身体虚弱——疲惫——怠惰。

今晚无力握笔。*

梅洛在生活中继续反复无常，如威廉斯舞台剧里那些"不可理喻的幻影"* 一样。在威廉斯几乎崩溃的那晚，他写道："留下 F 在剧院和'他的那帮人'一起。独自回到家里，晚饭后立服的速可眠起作用了（无力）。不久必定会有什么东西崩溃——但愿不是我。"* 几天后，他向日记坦言："只在早晨见到弗兰克——在我晚上回来前他就不见了——第一次，我们在罗马没有共进晚餐。"他补充道："神经安静些了，但创伤仍在。工作依旧无效。"* 但是，值得一提的是，仍然有些夜晚"夜莺为弗兰克和我极其甜美地歌唱"*。

当威廉斯担忧他们关系的结果会怎样时，好莱坞在担心《玻璃动物园》的结果如何。华纳兄弟娱乐公司找到威廉斯。"他们说他们不想要一个童话般的结尾，但话说得也是模棱两可。"威廉斯在 8 月 17 日给劳克林的信中遗憾地说。他继续写道："至少我该更多地了解些电影制片技术，可能我在这边进行其他创作时会用得上。我和罗西里尼、德·西卡（De Sica）、维斯康蒂处得很好，愿意和他们中任何人共事。上周还和英格丽·褒曼、罗西里尼共进了晚餐。"* 他们痛斥愤怒的妇女俱乐部和狗娘养的专栏作家，这种态度太棒了，对于撕破那些幼稚的卫道士的嘴脸应该大有裨益，后者让任何想在美国干点良心活、真诚活着的人举步维艰。

1949 年 8 月末离开罗马前，为求得情感和创作上的好运气，威廉斯向俗称许愿池的特雷维喷泉投掷了硬币。他从欧洲离开时满心是失败的焦虑，他的返美却充满了成功的喜悦。在纽约，伍德以一则喜讯迎接他：好莱坞已原则上同意以丰厚的报酬作为交易获得《欲望号街车》的制片权。在年平均收入只有 2100 美元的年代，威

廉斯会获得 50 万美金，外加电影利润的提成。*

刹那间，威廉斯的漂泊有了方向。9 月的第一周，他和梅洛进军好莱坞，来到精心安排的充满了甜言蜜语和喧嚣的世界。作为先发制人的措施，也为给她难以驾驭的当事人参加《动物园》脚本研讨打气，伍德已经提前给导演乔治·丘克写了信，让他对威廉斯表现得热情些。"我总感觉如果你对田纳西友好些，他一定会更快乐、更平稳，"她说，"我认为你会在贝尔艾尔酒店找到他。如果找不到，他会在贝弗利山酒店。如果他没在其中任何一处，给我打电话，我们一起全美搜寻。"* 伍德根本不必担心。华纳兄弟公司在洛杉矶密切护卫着威廉斯，像是护卫着一只下了法贝热彩蛋的鹅。

威廉斯住在贝尔艾尔酒店低垂的悬铃木和三角梅之间一栋西班牙风格的三室平顶房里，前门外便是泳池。一辆租来的敞篷别克车随时供他使用。华纳兄弟公司在高大上的圣殿骑士酒店为他举行了一场名人云集的正式酒会——"像卢埃拉·帕森斯的梦里遗精"*，威廉斯向卡赞开玩笑道。威廉斯和梅洛身穿白色晚礼服早早到场，这让他们看起来更像侍者而不像什么重要人物。餐厅领班不让他们进入。查尔斯·菲尔特曼——《玻璃动物园》和《欲望号街车》的电影制片人——"正在放席位卡……冲过来解围，"伍德回忆说。她补充道："那晚，40 年代在好莱坞小有名气的人都参加了。亲爱的赫达和亲爱的卢埃拉、大卫·塞尔兹尼克、萨姆·戈德温（Sam Goldwyn）、杰克·华纳，达官贵人云集。"* 威廉斯得到了他的首个纯金烟盒，上面还刻有他的名字。他开怀大笑又啧啧称奇地走过大型动物冰雕塑像构成的超现实奇观——冰雕在融化，满地都是水。他看见自己的名字在一大块冰里闪着蓝光。"你越是深入这个梦幻王国，它越是不可思议，"威廉斯告诉卡赞，"我随时期待遇见红衣公爵夫人、睡鼠、疯帽子等《爱丽丝漫游奇境》中的各色人物。"*

威廉斯后来会发现妨碍他言论自由的好莱坞魔咒。然而，在眼下的光芒四射与荣耀中，他以友善的超脱来看待这些名流。"他们都很好，像孩子一样，但是他们玩的游戏似乎没什么意思，"他说，"我以为（克利福德）奥德茨写他们的角度有误。愤怒的社会态度和义愤填膺的命题所带来的麻烦是，你只看到所有丑陋的事物，看不到其中还常伴随着令人愉快的幽默、奇幻的伤感。"*

好莱坞的魅力攻势可能明显可笑，却强力有效。威廉斯被搞得眼花缭乱。对电影公司和《动物园》电影脚本充满了信心，他给家人写信说："粗俗的东西都被删除了。我已经按照自己的想法对整部剧进行了改写。我现在认为它可能成为非常成功的电影。"* 威廉斯看了格特鲁德·劳伦斯*的试镜，最后她被相中扮演阿曼达。虽然他后来将她的表演称为"错得离谱"*，但当时，在好莱坞令人兴奋的魔咒影响下，他宣称她"无与伦比"*。（威廉斯第一次和劳伦斯见面晚了20分钟。"我给她买了一朵胸花，她立马就将它扔进了洗手池。"* 威廉斯说。）

电影公司的刻意讨好，部分原因也在于试图劝诱威廉斯将《动物园》模糊而有问题的结尾改成一种好莱坞式令人振奋的高潮。甚至在威廉斯前往加州之前，他已经同意在电影结尾处给劳拉一线希望。但对他来说，这是一项艰巨的任务，因为，正如他跟电影导演欧文·拉帕尔（Irving Rapper）所讲的："在我内心深处，剧本结尾的处理从艺术上来讲很自然。"* 威廉斯提出一种小的改动。"我觉得不妨暗示'其他人到来'的可能性，"他写信给拉帕尔，"而那个'其他人'如小巷里移近的影子般不实，他与下面叙述的台词相映——'那个姗姗来迟但令我们念念不忘的某样东西，它使我们的生活具有意义'——这使我为之一振，它构筑了一个象征意义上或真正极富希望的未来，也不会违背故事基本人物的立场。"*

然而，华纳兄弟公司是要将威廉斯诗意的悲伤转成感人的救赎。甚至在圣殿骑士酒店的晚宴向威廉斯假意示好时，电影公司的大佬们便在策划背叛他和他的原创。在威廉斯不知情的情况下,他们已经让电影脚本的另一位作者彼得·贝尔奈斯(Peter Berneis)写出一个乐观的结尾。贝尔奈斯想通过劳拉这个人物表达一层寓意:"一段痛苦的经历会激发一个人过一种新生活。"他这样说:"如果我们不表现劳拉在独角兽摔坏后有所变化,如果我们在她身上没有为最后的敞开心扉接受一个男人做铺垫,那么我们不妨还是遵循威廉斯的原剧。"*

贝尔奈斯没有局限于只是暗示劳拉会有第二个情郎,而是给她安排了一个有名有姓的小伙子:理查德·亨德森。对于电影公司的投资者来说,这第二位来访绅士颇具魔力。"我们已经对劳拉和汤姆结尾的部分内容有所增加。威廉斯对此一无所知。他的结尾予以采纳,补充了劳拉和汤姆那场戏……我的整体感觉是最后这一版比其他版本要高超得多。汤姆的角色大大地加强了,劳拉的角色被赋予了更多的同情。"电影合作制片人杰里·沃尔德(Jery Wald)在给查尔斯·菲尔特曼的备忘录中写道,沃尔德为巴德·舒尔贝格(Budd Schulberg)1941年的小说《萨米的动力》(*What Makes Sammy Run?*)中的萨米·格里克提供了部分灵感。沃尔德继续说:"增加了新的来访绅士这一场戏真是值得你将威廉斯排挤在外的所有努力。"*

第二年,威廉斯和梅洛、马龙·白兰度一起看了内部放映的成片。结尾的处理让他很是愤怒,他说,这毁掉了"影片在最后时刻迫切需要的那种诗意的神秘氛围和美感"*。电影收到了威廉斯所预料的差评。(《综艺》杂志称:"生活不会只是因为你有一条腿瘸就完蛋。"*《纽约时报》的评论——副标题为《〈玻璃动物园〉搬上荧幕有些走样》——也不见得轻率。"《玻璃动物园》,"评论说,"在一些最脆弱的场景里险些成了纯粹的滑稽剧。"*)威廉斯将该电影贬低为一种"嘲弄"*。9月才为威廉斯铺上红地毯的杰克·华纳立刻将它卷了起来。"我对威廉斯感到惊讶,"他给华纳兄弟纽约代理莫特·布鲁门斯托克（Mort Blumenstock）打电话,"这些喜怒无常的社会乞丐仗着自己写了点什么东西被人捧富后,应该祈祷、感恩戴德,而不是找制片人、电影公司、导演、摄影师的碴。我对他以任何形式或方式表达的义愤不感兴趣。"* 但查斯·菲尔特曼放心不下。"我不得不提醒你,此刻的明智之举是你去提醒威廉斯,让他不要对任何人做任何负面的评论",他写信给伍德,在信的后面部分要求威廉斯说些"对有益于影片宣传的赞美之词"。* 威廉斯屈于压力,想出了一些温和而模棱两可的话。"影片中少了黑暗,多了光亮,少了不幸,多了幽默。"* 他在1950年9月7日《玻璃动物园》发行后这样说道。

威廉斯倾向于更积极地面对他的人生,而不是这部被搞砸了的电影。好莱坞之旅使他们厌倦苦恼,他和梅洛于1949年11月前往基韦斯特的波希米亚前哨。* 在老城边上的邓肯街,威廉斯租了一栋他称为"类似拇指汤姆家"*的房子：雪白的巴哈马风格的房子,围着白色尖桩篱笆,百叶窗是粉色的,露台家具是浅绿色的。在那儿的那个冬季,威廉斯92岁的外公牧师沃尔特·戴金来和他们一起住,他住在一层。邻居家,两只罗德岛红母鸡和一只白色来亨公鸡在一个"简易家禽院儿"*里跑来跑去。一只"高贵的黑山羊生着一双黄色的大眼睛,确是上帝最美的杰作之一,它总是在拉拽绳子,好像一旦松开了,它就要去办什么重要的差事"*,这让场面变得有趣。"这儿的生活同天堂一样枯燥无味。"* 威廉斯刚到基韦斯特时这样写信告诉劳克林。

第二年,威廉斯以22500美元的价格买下这座房子。接下来的几十年里,他对他的天堂进行了改善：露兜树、椰子树、丛生的棕榈树、兰花、秋海棠、木槿只是他众多植被中的一部分,它们最终

188

将他的领地变成了绿树成荫、繁茂富饶的伊甸园。* 余生,无论威廉斯行了多远,邓肯街 1431 号永远是他的官方住址、他唯一的家。他说,他爱"这水、这海水永恒的绿松石色和泡沫,还有这天空"*。他也爱这房子,它不仅有日影斑驳的景观,更与某种更稀罕的东西相连:和谐。"弗兰克现在在这儿很开心"*,在基韦斯特住了最初的几周后,威廉斯向比奇洛坦言。

回到了国内,梅洛发现自己日子过得充实:他负责打理房屋,烧饭,陪伴古怪的牧师戴金。"外公在享受人生最美好的时光,"威廉斯写信告诉马戈·琼斯,"他对弗兰克着了迷,他想去哪儿,弗兰克便带他去哪儿,而通常他都有想法要去哪儿。"* 在圣路易斯,他住在女儿埃德温娜家的一间屋子里,牧师感到困惑和受漠视。(坚信父亲只是"假装听不见"*,埃德温娜不愿重复他没有听到的任何话。)在他临时居住的基韦斯特的家里,牧师戴金是尊贵的客人,重中之重。"汤姆对我太好了,"他写信告诉伍德,"我爱他。"* 绝大多数上午梅洛和牧师驱车外出时,威廉斯便在餐桌上敲击键盘,在写作中度过,渐渐地,他将令人压抑的《斯托内洛》改写成了喜剧色彩浓郁且颇具抒情性的《玫瑰文身》。下午时分,全家人跑去海滩。"女孩子总可以在下午结识最好的人,当她清楚自己在做什么的时候。"* 威廉斯玩笑道。

"三年以来,我好像第一次感到自己有些年轻的活力,并能心态平和。"* 他在 1950 年元旦那几天给琼斯写信称。甚至他的饮酒量也降到了"每天五杯"*,他对嗜酒的卡森·麦卡勒斯自诩道。梅洛北上回家过圣诞节,计划着要去做很多乐事,其中包括去拜访卡森·麦卡勒斯并观看她的百老汇热演剧目《婚礼成员》。威廉斯提前给她写信:"他会给你带来好运,就像他给我带来好运一样。"* 梅洛 1950 年 1 月 5 日回来,给威廉斯带回了圣诞礼物——唱片、古龙香水和一个金蛇戒指,上面有小钻石点缀,"我所拥有

第三章　缺场之情色

的最可爱的珠宝"*。"弗兰克在家里这段时间体重降了,似乎很开心回到我们这个宁静的小世界。"*威廉斯说。他说得对,对梅洛也是这样,这些美好的时光感觉像是上帝的恩赐。"我们不久都会在挚爱的家舍重聚,"梅洛1950年7月从罗马写信给牧师戴金,"这一年,上帝一直对我们非常眷顾,亲爱的朋友,想想过去几个月(也有未来时光)我们拥有了多少幸福和好运气。"*

　　威廉斯1949年12月4日已完成了"描写普通人家庭生活的"*《玫瑰文身》。这个故事庆祝了他从创造力和情感的僵局中解脱出来。随着威廉斯和梅洛关系的稳固,自然而然地,他的戏剧风格拥有了更深的底色;他将它比作一块"深血红色半透明石头,历经百转千回才能焕发出幽暗而韵味十足的光"*。他1950年6月将剧本提交给卡赞时,这种明暗主题也界定了他当时的状态。"在过去的两年里,我平生第一次感到和某人在一起很幸福、很自在,我认为此剧是对那种幸福的致敬,是一幢由意象和词语铸造、让幸福栖身的房屋,"他写道,"但是,在那种幸福中,还留存着那种久远的难以逃脱的痛楚和迷惑,宛如大屋子的黑暗角落。"*

　　到了《玫瑰文身》,翁贝托这一剧中重要人物——他引导寡妇抛弃苦行僧般的日子,重返生活——的名字换了,被改为阿尔瓦罗·曼贾卡瓦洛(字面意思是"吃下一匹马")。这个姓包含了威廉斯给梅洛起的绰号,并让他成为寡妇性欲兴奋的关键因素,正如"小马"之于威廉斯自身渴求所起的作用一样。当阿尔瓦罗为了寡妇打电话来确认罗萨里奥的情人时,他说:"喂,我是您的小朋友阿尔瓦罗·梅洛!"*阿尔瓦罗身材塑造得和梅洛的相仿。"那种地中海类型,像光彩夺目的小公牛……个子矮小,肢体如雕塑般健壮……身上散发着一种令人为之一振的灵动气息。"*舞台提示这样写道。体态丰满并歇斯底里的寡妇则集脆弱与虚荣于一体——社区的人戏称她为"女男爵"——这一形象可以让威廉斯置入自己内心的呐喊。她所面临的挣扎——禁欲之乐与交媾之乐——也在《谦卑的星星》("Humble Star")*中被戏剧化地表达出来,这是一首威廉斯在完成《玫瑰文身》初稿后写成并献给梅洛的诗:

死亡高高在上。

它在那有绿色尖角之物中间。
我知晓,因我乘着它的羽翼离开。

当你沉睡,呼吸困难将我
带向一颗有绿色尖角的星。
我极度激动却不自在

在空中。
下面你呼吸的脸庞
大声呼唤。回来,回来!

回来,你在熟睡中呼唤。
我不顾一切地匍匐而归
唯恐垂直落下。

爬行不易
顶着那奔流不息的
光束,它们都指向同一个方向。

只有你的声音在呼唤,留下!
而我多么渴望

第三章　缺场之情色

再次被抚慰
被温暖
在你卧倒的身边
温存一会儿，不高出
你的所在。

小小的房间，温柔的爱，谦卑的星星！

　　威廉斯用另一种意味深长的方式表达对梅洛所给予灵感的尊重：他将剧作利润分配给他一定的比例。"我让他感受到一定的独立，"3月时威廉斯告诉伍德，"他目前在我生活中的位置缺乏他骨子里所需要的安全感和尊严。"* 亲密关系需要平等，而这笔钱在某种程度上确保了这一点。《玫瑰文身》也是献给梅洛的，"为了回报西西里"*；这以该剧为见证的交流既是地理上的，也是心理上的。甚至在威廉斯书写西西里故事之前，或者在到访之前，他对这个地方的认同，对梅洛所讲述的西西里故事的认同，都预示着一种强烈的欲望：要与他朋友那迷人的个性融合为一。梅洛的父母来自西西里地区里贝拉市，他讲过一些他父母的故事，以及他们庞大、喧闹、傲慢的第一代西西里裔美国人家族的故事。据梅洛讲，有时家里吵架后，她的母亲会生气地去花园，并爬到一棵无花果树上生闷气。"我记得弗兰克告诉我们在一次非常激烈的争吵后，她拒绝从树上下来，"玛丽亚·布里特涅娃回忆道，"她的儿子们朝她喊叫、恳求都不能让她下来，最后他们拿着一把斧头将整个树砍断才连人带树地落在地上。"布里特涅娃继续说："田纳西和我……笑哭了。弗兰克非常生气。"*

　　梅洛讲述的西西里故事——连同故事里的争斗和压抑、情感的跌宕起伏——激发了威廉斯的想象力并与他的节奏合拍。"我写作的方法是不受控制的，"他告诉卡赞，"那是一种迷恋状态，有时甚至荒唐可笑。我压根不知心平气和是何物。"* 西西里人对生活的回应也是戏剧性，将情感付诸行动。"我可曾跟你说过我喜欢意大利人？"1949年威廉斯从罗马写信给布里特涅娃，"他们是这个世界上最后的美丽又年轻的喜剧演员。"他继续说："小马……已从西西里返回，他在那儿患了痢疾……他说都是羊奶惹的祸。他们将山羊直接牵到他的卧室，在床边挤奶，把羊奶递给他，他根本不能说不要，因为那羊是一种极大的奖励。鉴于他已大体痊愈，目前有了康复迹象，我们正一同驾驶别克重返那里。由于我太胖，那只山羊不会把我咋样，关于那里社交生活的说法丰富多彩。女孩子只有在结婚之后才可以跟男孩子说话；在南方落后地区，一个吻和怀孕的后果是一样的，而且无论女孩子多么漂亮，她们仍必须带着嫁妆。"* （一只山羊作为该剧抒情精神的象征出现在《玫瑰文身》里——"人类生命中的酒神元素，它的神秘、它的美、它的意义"*。）

《玫瑰文身》西西里裔美国人的故事发生地被设在"墨西哥湾沿岸某处"*。这巧妙地让威廉斯脱离了熟悉的南方地貌，还有南方人物、社会等级、南方口音这些几乎要成为他作品中刻板形象的东西。"一个大飞跃"*，即便还没就该剧拍板，伍德已经如此评价它。但威廉斯自身的突破要比他写作风格的变化更为重要：他呵护着的自我让位给了另一个自我。《玫瑰文身》试图捕捉到这种关系中的困惑——"为难的表情，结巴的话语，不完全的手势，人物在彼此间穿梭狂奔"*。

威廉斯奋笔疾书，完成了《玫瑰文身》并在新年前送到了伍德手中，她的沉默让他无法忍受。1月底，他感到"踌躇不定而且悲喜交加"*，害怕自己去重读剧本，他终于发电报给伍德说希望得到回音。伍德即刻回电说她"非常看好,并认为它具备了极大的商业成功潜质"*。威廉斯看懂了她字斟句酌的意外之言,这让他感到"这个剧本似乎是某种假装还没发生的事儿,例如公众的作呕"*。

与此同时,有关该剧的风声传了出去。1月22日,艾琳·塞尔兹尼克致电基韦斯特要求阅读该剧。"我说我依旧太紧张。"*威廉斯跟伍德讲。威廉斯在等待伍德更多回复时很是焦虑,对比奇洛说:"剧本可能过于主观,是将大多是我本人的体验进行外化的尝试。"*对戈尔·维达尔,他挖苦道:"奥德丽正如一只老母鸡一样坐在这个新剧本上。"*

2月下旬,威廉斯终于从卡赞那儿获得热情的答复,卡赞当时已经在进行《欲望号街车》电影版的前期制作。"这剧有点类似一场喜剧而荒诞的弥撒,颂扬男性之力"*,卡赞写道——表述如此恰如其分,威廉斯后来自己采用了这种说法。*"你在信中对这部剧的回应让我觉得可以继续完善它,"威廉斯回复道,"我认为你对该剧的认识要比我清晰。我拥有这种创作的愿望,披荆斩棘以求突破,有时这种激情反倒成了自身的障碍。我不会停下来深入分析。我猜想我是不敢这样做。我害怕它会付之一炬。因此我只是进攻,进攻,像那只山羊——只是傲气与力量逊色一筹!"他继续说道:"你拥有我所不具备的组织力和看清事物本质的能力,这使我们的组合天衣无缝。"*

卡赞自认为是当时美国最有实力的导演。他成功地执导了20世纪中叶三部最重要的百老汇戏剧——桑顿·怀尔德的《九死一生》(*The Skin of Our Teeth*)、威廉斯的《欲望号街车》和米勒的《推销员之死》。而他的第二部电影《君子协定》还为他赢得了奥斯卡金像奖。"卡赞,卡赞/奇迹赞叹/快去拜访/尽早善终"*成了百老汇称赞他超凡造诣的顺口溜。

加吉*,卡赞的昵称,让人想起他是个能工巧匠,这一专长延伸到了摆弄情节构架上。他对戏剧结构有着极其缜密的感觉,知道如何弥补和应对那些不大有用的故事安排。以《玫瑰文身》为例,他清楚地看出威廉斯的旨意,也看出他的失败之处。"我认为素材组织得不当,"他写道,"至少,制作或上映还不成熟。"*

为了捕获那种不可言喻的东西,威廉斯撒下了一张大网。他身边地上散落着一张张没有标记序号的稿子。威廉斯的工作方式看起来一团糟;他的初稿确实也是一团糟。"有时我能为这种杂乱无章找到正当理由,因为它更接近生活混沌不清的样子,而一旦过于精准地表述每件事,它便失去了其本来面目,"他告诉卡赞,并补充道,"在一部艺术作品中,命题与反命题必须有一个合成命题,但我认为不是所有的合成命题都要出现在舞台上,也许其中大约40%可以留给观众自己思考。必须保有神秘!但我一定不要将它和草率的写作混为一谈,这种写作可能在我写作《玫瑰文身》时出现了不少。"*

可是,走写实路线的《玫瑰文身》看起来更像是乱糟糟一堆而没有什么他要的神秘,全剧充斥着令人恼火的西西里语和隐晦的象征,剧中主要人物罗萨里奥——这位沉溺女色但被理想化了的丈夫——并没有使得佩皮娜的戏剧发展轨迹更具喜剧性或扣人心弦。佩皮娜听起来咄咄逼人,"像一台收音机音量开得太大了"*,莫莉·戴·撒切尔告诉威廉斯。在威廉斯冗长的故事框架基础上,卡赞勾勒出一个新的戏剧画面,提供给威廉斯一种重新组织该剧的方式,威廉斯后来便严格按照此意见进行了修改。

> 我觉得如果你以故事后面部分作为开头,并呈现出一个女性形象,她是(人们在19世纪20年代常常说的)冻结资产……身上散发着火山爆发般的巨大能量,向往自由——那样你会设下真正的悬念,期待看到它的突破。我会删掉罗萨里奥。*更有力的做法是把他作为回忆、作为传奇,某种她提起的

第三章 缺场之情色

记忆，以他的名义，她拒绝了所有其他男人，为自己也为她的女儿……这样佩皮娜会具有一层更广泛的意义。所有女人身上都具有火山般的力量，而我们（文明）尽一切可能把它封存起来，并驯化它……换句话说，如果我是你，我会聚焦在那两个非常"道德"的人身上：一个看起来就只是一位邻居女裁缝的女人，一个献身传统意大利（和希腊）美德、养活无依无靠的亲人的男人……而这个女人，带着她家里的骨灰瓮和她怀揣的爆炸力，以及那颗炸弹如何爆发，完全与她的意愿相违背……将后面部分作为开头：以毕业典礼开始，而且佩皮娜出现时是位非常像样的女裁缝，所有的邻居女人……都高看她一眼。然后你就有了前进的方向……在布景、人物、青-亲和力（我不知道怎么写这字）和效果上都有，并且应该有某种**喜剧成分**（取这个词的最大含义：乐观的、健康的、不可控的）。*

"要极其认真地考虑加吉的建议——它有一定的道理，在我看来，它提出了某些严肃的问题，但或许一个人可以拥有自己的阿尔瓦罗，同时吞噬掉对罗萨里奥的记忆。"* 伍德在对该剧的首次完整答复中建议道。事实上，通过将罗萨里奥处理为幕后人物，卡赞自然而然地重新定位了这个故事，这样剧作更深入地叩问了这种缺席感和渴求感，这恰是威廉斯戏剧抒情性的情感核心所在。

虽然花了威廉斯半年的时间来按照卡赞的思路建构故事，但导演的话铺垫了一条叙事轨迹，令威廉斯即刻感到如释重负。到3月末的时候，他汇报了自己的新发现。"我刚刚写完了自认为我所有长剧中最好的一场戏——佩皮娜和阿尔瓦罗之间的第一场戏。得来全不费功夫！"他给卡赞及其妻子写信道，"我现在感觉能游刃有余地驾驭这出戏了，这只需要耐心。"但在之后的几个月里，这样淡定的时刻却罕见了。威廉斯戏剧情节的跌宕起伏随着他的情绪变化发生着巨变。"我人生中最猛烈的沉浮变化阶段！"* 他在 4 月初写信告诉伍德，"有那么几天我会一直兴高采烈，之后我会突然跌入低谷。"

4 月 11 日，威廉斯对自己的改写十分乐观，把剧本寄给了塞尔兹尼克女士。"当我想到艾琳，我甚至不问自己是否喜欢她——尽管我百分百肯定我喜欢——我只是知道——不用特意思考——这个女人已经展现出来的是——我所见到的——最卓越的意志力，或者说内驱力、活力——不管你称之为什么。"他写信告诉伍德，伍德曾经憎恨这位傲慢、盛气凌人的制片人，她一度称她为"年度女人"*。威廉斯继续写道："那是我所缺少的，是我们中的其他人无暇顾及的，重中之重是，那是我们最需要的：赋予一部精致的戏以必不可少的强力支持与关爱。"*

塞尔兹尼克一直在纽约密切关注《街车》的动向（她拥有该剧 12.5% 的利润）。她关爱威廉斯的家人，给他母亲埃德温娜写信，给他外公戴金牧师寄糖果。在伦敦，作为威廉斯处理《街车》所有文学事务的特使——"我把它全部交给你处理，就像交给钉死耶稣的彼拉多"*，威廉斯在给她的信中说——她一刻不放松地追踪着劳伦斯·奥利维尔表现平平却成功的英国首演*。在威廉斯的头脑中，与其说问题是是否该让塞尔兹尼克制作《玫瑰文身》，不如说是该剧是否应该进行制作。塞尔兹尼克也在寻剧制作。"我确实要为 1950 年秋季演出季找部剧。"* 她在回忆录中说。在他的投稿信中，威廉斯要求塞尔兹尼克"尽你可能地极度坦诚。没有哪个'圣像'以碎片留存！"* 他开玩笑道。

五天后，塞尔兹尼克照着威廉斯的话做了，给了威廉斯重重一击。"和我一同期望我是完全错误的吧，部分是为了我，但主要是为了你。"* 她写道。对塞尔兹尼克来说，她翘首以盼指望一睹为快

第三章　缺场之情色

的作品一到她那儿便被枪决了。事实上,《玫瑰文身》似乎难以界定；塞尔兹尼克甚至拿不准如何定义这部剧。"在我看来，这不是戏剧，而是歌剧剧本——比两者更甚，它是部芭蕾舞剧。就目前来看，它所强烈传达的一切适合用舞蹈和歌唱的形式，或整体来看，适合两者共同来表达。它可以被画出来，但不好演出来。到处都是情绪和动作——为情感和欲念所画出的一幅强劲重彩图案。"然后是他新语言风格的问题："对话少得可怜（出自你，一位语言大师之手！），又被过多使用的意大利语搞得更少了。"她也对剧中人物感到失望："我一直寻觅更多揭示主要人物的部分。我不'认识'他们（除了他们的激情和佩皮娜的悲伤），我如果要融入其中并能产生共鸣，就必须认识他们。"*

"你的信真的把我该死的……从头到脚击得粉碎！"* 威廉斯告诉她。威廉斯想知道，"这种事是否最终发生在大多数抒情天才身上，蜡烛被点燃或被熄灭，然后，火柴还没了"*，这种事现在会发生在他身上吗？历经灰暗的 24 小时内省后，他由自我怀疑变成了自我肯定。"自从写完了这份初稿，我第一次喜欢上了我所做的事，觉得我已经做了我想做的事，除了几个短段落不尽如人意，但总的来说，在这部戏剧中，我已经准确地表达了能够说的和我想要说的，这出戏也就存在了，"他给塞尔兹尼克写信说，并补充道，"我生平第一次知道自己必须树立起坚定不移的自信心。"*

在《玫瑰文身》中，威廉斯用行为和意象来表达一种歇斯底里的困扰，这是塞尔兹尼克无法理解的内心戏剧（internal drama）。她写道："如果我去看而不是去读这部戏，我担心我会茫然不知所措，无法理解佩皮娜努力应对的持续危机的根源。"威廉斯认为，这场危机"在剧中有据可查，也有理可依"。* 他说，他意识到"角色情感的高度集中"，这"可能会对所有相关人员提出让人精疲力尽的要求"。* 因此，他故意将场景保持在低调的状态，从而使表现

198

力尽可能地由视觉而非台词来承担。他写道:"我在这部剧里取得的巨大进步——从技术上讲,作为一个戏剧工匠——就是你所谓对话的'极度缩减',以及你所认为的过度雕饰效果。"*

塞尔兹尼克在前往伦敦观看《街车》英国首演的船上阅读《玫瑰文身》时,经验丰富的制片人谢里尔·克劳福德*写信给卡赞,请他为她美言几句,让她担任该剧的制片。克劳福德写道:"我不知道你是否意识到,制作像田这样的作家的戏对我来说意味着什么。别看艾琳制作了《街车》,我可以开诚布公地说,她从来没有像我一样把自己的全部生命奉献给戏剧。她,或数百万和她一样的人,有个完美的突破,但我认为那不意味着她有另一次突破。"克劳福德继续说道:"我觉得我要获得这部戏的制片权太难了,如果在对艾琳的性格或能力不持偏见的情况下,你可以只是告诉田你愿意和我一起共事(你愿意,不是吗?),并指出我的话是公正的,我认为该剧将产生巨大影响。"她的落款是:"你有点沮丧的朋友。"*实际情况是,克劳福德正在推一扇敞开的大门。塞尔兹尼克退出了比赛,伍德巧妙地暗中推动,威廉斯制片人的角色克劳福德十拿九稳。结果,真正的问题是卡赞本人。

1950 年 5 月 20 日,在威廉斯和梅洛启程前往欧洲之前,卡赞告诉威廉斯,因为有约翰·斯坦贝克《萨巴达传》(*Viva Zapata!*)和阿瑟·米勒《钩子》(*The Hook*)的电影项目,他可能无法将《玫瑰文身》安排在他的导演日程中。同一天,莫莉·戴·撒切尔告诉了威廉斯她对这部戏的看法。*撒切尔说,《玫瑰文身》代表着背离人性,转向形式主义;在剧中,她唯一能理解和亲近的角色就是女儿。威廉斯回信给卡赞,并将信的日期、地点写为"1950 年 5

第三章　缺场之情色

月，茫茫大海上"。他写道："糟糕的是，只有一位美国导演似乎有能力以非常规的方式导演戏剧。我认为对剧院来说，培养导演要比培养演员重要得多。现在有了你、丹尼·曼（Danny Mann）、克勒曼和鲍比·刘易斯（Bobby Lewis），而你是这群人中唯一一个我感到放心的人。"* 到了异国他乡，威廉斯仍如在海上般茫然。在巴黎，他丢了护照；在最后一刻，他拒绝了前往英国参加由费雯·丽扮演布兰奇的《街车》首演计划。根据他自己的描述，他被"一种冷酷的、虚无的情绪"所吸引，"一头扎进了这座城市所提供的无政府状态的夜生活中"。* 他还给卡赞写了另一封哀怨的信：

> ……你我在思想、言语和行为上从来都是绝对诚实和绝对忠诚的，而且……在我的职业生涯中，你是唯一一个我深深喜爱、有艺术共识以及尊重的人，这种尊重在我此前的人生中只给予过一两次。艾琳的拒绝伤害了我的自尊和自信，但你的拒绝远不止如此。我知道，你的措辞不像是拒绝，但它传达出来的便是。我知道《萨巴达传》。电影脚本写好了，可以开拍了。在 8 月或 9 月，你将制作《街车》。但现在你谈论的是尚未完成的电影脚本的承诺，"还没有完成，但正在进行中"。现在我觉得我对阿瑟·米勒很了解，知道他不会要求这部电影优先于我的戏剧。我们俩都非常认真地对待我们的工作，阿瑟和我都极度认真，我们真挚地尊重彼此，在对你的时间要求上，我不会挡他的道，他更不会挡我的道。一个未完成的电影脚本可以被安排在将来的任何时间开拍。一部戏剧能进行制作的时间确实是有限的。所以我希望你没有提到这是你不能做《文身》的原因之一。看起来真正的原因就在字里行间，言辞闪烁，一点也不像你的风格。我希望我们能谈谈，因为那样的话，我感到，实际上我知道你会把事情弄得更清楚。*

6月中旬，卡赞写信安抚威廉斯，并重申了他对《玫瑰文身》的兴趣。他已经指示克劳福德不要聘请另一位导演，这是对威廉斯的一点鼓励，他将它"抓紧……一切都是值得的"。*卡赞的信让威廉斯热泪盈眶。"我看起来不是很有男子气概，但个性上是的，因为我从不强装硬汉，"他回信说，"我感到如释重负，因为你的来信消除了我的疑虑，消除了我对你是否会继续对我的作品和我本人感兴趣的疑虑。通常，我对人有太多的保留、太多的疑虑和怀疑，但在与你的关系中，我把这一切抛诸脑后，已全然地诚实和坦然。你曾用一种明显淡定的语气告诉我，你将无法导演《玫瑰文身》，这比正式拒绝对我的伤害更大。但现在你已经驱散了那种感觉，我们可以忘记它了。"*

威廉斯继续吐露自己对故事现状的不安：

现在，我主要关心的是要知道你想做这件事，并继续完成我的工作。我觉得罗萨里奥的角色正变得栩栩如生，也许谢里尔已经告诉你，我有一个新的（替代）结局，可能会比这两个女人更好。我知道你对这两个女人不满意的地方。对你来说，那代表着佩皮娜的退缩。对我而言，却是现实层面的进步。但我对此表示反对是因为它可能有一点老套，有点可以预期或简单。也许这仅仅是因为过虑了。另一个结局真的很疯狂，它涉及了孩子。——当然，阿尔瓦罗不能代替罗萨里奥。有谁能代替强烈的初恋吗？他所完成的是帮她逃离骨灰瓮，与生活和好！在新的结尾中，我甚至可以象征性地暗示，她将为他生一个孩子。我肯定在演出中，这种感觉将是一种肯定的陈述，而不是颓废的忧郁，因为这就是我的构想。但这一陈述将不得不包含痛楚。*

第三章　缺场之情色

卡赞是一个拈花惹草的行家，知道如何伪装和诱惑。他不会致力于《玫瑰文身》，但他似乎也不肯放手。他向威廉斯保证效忠的同时，仍在要求小说家兼剧作家欧文·肖（Irwin Shaw）对这出戏给出他直言不讳的意见。卡赞很矛盾，肖也是"喜忧参半"。"它甚至不是延续或强化，"他写道，将该剧与威廉斯的其他作品进行比较，"这是来自同一矿脉的新矿石，质地不如以前那么好。女主角不是布兰奇·杜·波依斯，两个男人都不是科瓦尔斯基。他们都是单面的，除了阿尔瓦罗，他有着笨人的影子［卡尔·莫尔登（Karl Malden）在《街车》中扮演的角色就是如此］，对田纳西而言，同时也代表了一些残忍却美丽的性爱核心。读这个剧的时候，我有一种感觉，田纳西只不过是把他的许多老角色搞混了，把一个角色的一部分和另一个角色的一部分混在一起，不可避免地把最好的部分省略了。"肖补充说："把这封信烧掉也许是个好主意。当然，我不会告诉任何人我读过这个剧本。我猜你也不会。"*

威廉斯继续在希望和绝望之间徘徊。"请紧跟加吉，我也会，"他在6月底给克劳福德写信说，"我有一种感觉，卡赞会喜欢我在剧本的最后一个版本中所做的一切，因为他当初说过，他认为罗萨里奥作为回忆的内容会更好。"* 大约在同一时间，他在给奥利弗·埃文斯的信中写道："卡赞还没有完全接受这个剧本，我还不确定他是否同意导演该剧……不知道我是否应该停止写作。但除此之外，只有一件事是我特别喜欢做的，而你却不能一直做那事。或者你能吗？"

到了7月，卡赞的持续沉默只是笼罩威廉斯假日上空阴霾的一部分。出来度假这事似乎"完全错了"。前一年住过的公寓已经租出去了；威廉斯和梅洛发现自己被关在一个摩托车修理厂楼上一间狭小而不通风的公寓里。那个修理厂每天工作12小时，在威廉斯看来，那声音听起来"就像韩国的战斗前线"*，让他们无法入睡。

"在回忆中，基韦斯特就像天堂——晨起工作时的能量——凉爽、温馨的房间——夜晚沿着海洋高速公路驰骋，"他在日记中写道，"还有弗兰克的友好。这里截然不同。我想知道我是否还剩下一个朋友？"*

威廉斯现在不再那么随波逐流了。威廉斯在 8 月中旬给伍德和克劳福特的信中说："我觉得自己像一匹跨越最后一道高栏的疲惫之马。"他补充说，他进行创作是"出于强迫，而不是激励，我担心我自认为取得的进步大部分都是一厢情愿的想法"。*威廉斯一直想让 42 岁的安娜·马格纳尼扮演寡妇的角色，这个棘手的问题使气氛更加紧张。"这出戏成功的关键是饰演佩皮娜的演员必须有精彩的表现。它需要洛蕾特·泰勒或安娜·马格纳尼的艺术表现：一个走了，另一个可能不会说英语！……如果佩皮娜的奇迹难以实现，我希望把男性角色给马龙·白兰度。"*威廉斯在这剧的"厨房水槽版"的介绍性注释中写道。伍德赞同。"如果我们不采用马格纳尼——那我们将何去何从？我一点想法都没有。"*她早些时候在答复《玫瑰文身》的信中这样写道。

试图与马格纳尼取得联系是一场障碍赛跑。"马格纳尼告诉我的一个朋友她渴望见我、读读剧本，但是她不接电话，"威廉斯写信给伍德，"她在乡间有处新别墅，目前只想与一位新情人交流。"*终于，在 7 月下旬的大热天，马格纳尼同意在一天中最繁忙的时刻，在最拥挤的罗马路边咖啡店——多尼咖啡店——喝一杯。她迟到了 45 分钟，但值得等。"她有美洲豹一般的温暖和活力！"*威廉斯对比奇洛滔滔不绝地说。一周后，他在给克劳福德的信中说："她看上去非常漂亮。她至少减了 20 磅。她的身材便是对性的阐释。她的眼睛、她的声音和风度令人难以抗拒、无以言表。她的光彩照耀了整条街。我完全被她迷住了。"马格纳尼要求读剧本。威廉斯解释说剧本还没有完成，并提出给她看初稿，她拒绝了。"她只读终稿,"他向克劳福特解释道,并补充说,"起初她假装不讲英语,但过了一会儿她开始讲英语,口齿清晰,流利得令人惊讶。"*

尽管如此,马格纳尼还是害怕在美国公众面前登台。"对于一个演员来说,一个人的语言就像一面旗帜,"她告诉威廉斯,"在电影制片厂,你可以重复一个短语,你可以重新拍摄一个场景,有校正声音的系统。夜晚时,你清楚你白天做了什么。在剧院,在百老汇,我得独自面对一群要求很高的观众。"马格纳尼放纵的个性伴随着放肆的条件,她要"几乎完全控制一切"*。让她演这个舞台剧应该是既轻率又不明智的。威廉斯在短暂的会面后就改变了主意,觉得"让她拍电影很容易"*,但演话剧不行。

无论自己和马格纳尼的友谊取得了怎样的进展,威廉斯觉得那都在8月12日停滞了,而当时"与加吉的长途电话"*也戛然而止。"告诉田纳西,我对此感觉多糟糕,确实如此。"*卡赞写信给伍德,拒绝了这部戏剧,虽然他曾给的建议在剧本抢救上如此重要。威廉斯放弃了秋季首演的想法。他明白,剧本还需要修改。"如果加吉可以导演的话,还值得冒险,"*他写信给伍德和克劳福德,敦促他们推迟这出戏的制作时间,"他能给平庸之作赋予魔力。舍他其谁?你们一定对他明显的渎职感到伤心,我也一样伤心——没有愤慨,但无可否认受到了伤害!"9月1日,返航回美国时,威廉斯没有女主角,没有导演,而且历经18个月后,没有终稿。"在海上,归途中,但回归何处?"*他在笔记本上写道。

"我仍然相信剧中目前立不起来的轮廓最终将变得栩栩如生,我终将再次感受一段真实的刺激,那时我的写作会是有温度而又油然而生的,剧本会焕然一新,现在这样子看起来像是一块布满灰尘的玻璃。"*他在8月写道。1950年9月到12月,穿梭于纽约、洛杉矶和基韦斯特,威廉斯重新找到了剧本的形式和自己的平衡。和佩皮娜一样，他也走出了困境。在评价威廉斯的作品时，詹姆斯·劳克林是一位诚实的经纪人，他坦言自己"在某些方面对这个剧印象非常深刻"。"人物……像真正的特快列车一样，在事件中穿梭，更富戏剧性，不似平淡无奇的普通生活中的事……可以这么说，他们被赋予了生气。"他给威廉斯写道，将该剧置于"浪漫而非古典的传统……这里激情主宰一切，而不是理性"。他继续说："在这部作品中，那些优美的诗句少了。你可能知道。你可能是有意的。多了动作而不是遐想。这里没有《动物园》里美轮美奂的梦幻特质。但没有理由它必须是那样……你正在这里开拓，进入新的领域。"*

调整后的《玫瑰文身》终稿与"厨房水槽版"大相径庭。象征主义、道德教化、难懂的意大利语对话、重点不突出的陪衬人物、自然主义的舞台布景和语言雕饰都不见了。故事讲述闪烁着一种新的印象主义，这是一种戏剧速记，在这里，威廉斯熟悉的抒情性并非纯粹言语上的，而是视觉和言语上的合奏。正如卡赞所建议的，《玫瑰文身》变成了寡妇冰封之心的解冻。威廉斯平衡了寡妇（现在名叫塞拉菲娜）歌剧般的激情与对自己生活停滞不前的痛苦意识，由此给这个人物塑造了一个非常强烈的新维度。结果，这部戏变成了对威廉斯自身忧郁的喜剧剖析。塞拉菲娜、她与世隔绝的女儿，以及她对不忠实丈夫的理想化记忆都来自威廉斯童年令人迷惑的疯狂场景：他母亲的昏厥，她在性交过程中惊恐的尖叫声，她的清教束缚，她的妄想夸大，他姐姐要杀人的绝望和肉体渴望的受挫，他父亲的沉溺女色，以及他在伤心之屋里的自我监禁，这些主题都被编入了终稿故事。

塞拉菲娜人生的第二次机会是粗俗的曼贾卡瓦洛。两人的关系也可谓对威廉斯和梅洛关系的闹剧式模拟。在喜剧的名义下，威廉斯把最后版本从心痛不已改为暗示身心合一。"心应该有一个永久的港湾，但它不时驶出那个港湾，"他当时告诉卡赞，并补充说，

第三章　缺场之情色

"感谢上帝，弗兰克理解这一点，我有时仍然驶出港湾。"*现在，这出戏融合了威廉斯浪漫的幸福方程式的两个部分。剧中冲突在塞拉菲娜和罗莎母女二人之间展开。塞拉菲娜是一个禁欲狂，她摆脱了母亲的束缚，追求肉体欲望的满足。罗莎在水手男友杰克·亨特的陪伴下从毕业典礼上回到家时，塞拉菲娜对罗莎说："你这个狂野透顶的疯狂家伙，你——长着你——父亲——的眼睛。"*在毕业典礼上，除了得到毕业证书，罗莎还被授予"领悟知识"奖。对威廉斯来说，通向知识的康庄大道是性——是塞拉菲娜试图阻止自己，也阻止女儿前往的大道。*

性与生命感和失落感是分不开的。在她病态的孤独中，塞拉菲娜对两者都不能容忍。三年来，她一直将自己与丈夫的骨灰和女儿锁在一起。（罗莎的衣服被暂时藏起来，这样她就不能出去了，直到最后一刻才给她，这样她能去参加毕业典礼。）塞拉菲娜在性和心理上都处于暂停状态。她真正的情爱关系，威廉斯说得很清楚，是缺席。"对我来说，这张大床美得宛如一种宗教，"她告诉当地的牧师，"现在我躺在上面与梦为伴，只有回忆！"*她是"一只雌性鸵鸟"*，一位难以取悦的顾客路过时说道。事实证明，她持久的激情是对无知的激情。塞拉菲娜没有做爱，而是制造了场景：她"衣冠不整"，舞台提示上写道，"既滑稽又令人震惊"。*通过引起人们对她的悲伤和幽灵般存在的注意，她把自己从生活中的退却大张旗鼓地公布于世。"你在里面吗，妈妈？"罗莎问道，从客厅朝她母亲的房间喊着。"不，不，不，我不在，"塞拉菲娜从里面说，"我死了，被埋了！"*在"厨房水槽版"的开头和结尾，威廉斯加了一朵"幽灵玫瑰"："在铁皮屋顶上方，我们再次看到若隐若现的玫瑰幻影，捧在两手之间。"*现在，塞拉菲娜的困扰不再是外在强加的魅影，而是直接源于她自己歇斯底里的情色想象。*

尽管罗萨里奥从未出现过——他的死亡和塞拉菲娜随后的流产

都是台下发生的事件,但塞拉菲娜借助对他的记忆使他永恒存在。她崇拜罗萨里奥的头发、他的胸、他的性;她计算他们共度了多少个良宵——4380 个——12 年婚姻生活他们在一起共度过的夜晚。"每一次都像是第一次与他在一起,"她说,"时间没有流逝。"* 她对罗萨里奥的认同将她带到了神秘主义的边缘。她发誓说,在怀上他们第二个孩子的那天,罗萨里奥的玫瑰文身出现在了她自己的胸上——"痛得像针刺,很细的针,很快搞定"*。文身充当了一种圣痕——不是耶稣的显现,而是她丈夫歇斯底里的显现,塞拉菲娜已经把他奉为某种家神。第一次看到曼贾卡瓦洛时,她突然被一种类似的超自然认同所吸引。"塞拉菲娜盯着卡车司机,她的眼睛似梦游者。突然,她低声叫了一声,似乎要倒下。"* 舞台提示写道。曼贾卡瓦洛走进她生活时,正在为与一个推销员的争执而哭泣。塞拉菲娜也哭了。"别人哭的时候——我总会哭。"* 她说。

　　曼贾卡瓦洛是威廉斯笔下又一个原始人——一个桀骜不驯的英俊男子,拥有让人疑虑顿消的坦率欲望,无论什么事说干就干。作为轻松与喜剧的代言人,他也脆弱、实在并且诚实。不像罗萨里奥总爱吹嘘自己的贵族血统,曼贾卡瓦洛出身特别低贱("村里白痴的孙子"*,他自己说),也没有家业("爱和关心是我能给予的"*)。他感觉很自在——在塞拉菲娜的家里也很自在。"你很讨人喜欢。"* 他们初次见面时,他对塞拉菲娜说。从心理学角度来说,曼贾卡瓦洛与塞拉菲娜完全不同。他流动,她被卡住;他外向,她闭合;她拒绝失去,他将损失作为生活喜剧的一部分。"我喜欢女人用心做的一切。"* 他告诉塞拉菲娜。正如舞台提示写的那样,不可避免地,他们之间会有一种"深沉的无意识反应"*。随着曼贾卡瓦洛变得越来越像罗萨里奥的替身——他甚至在胸前文了一朵玫瑰,塞拉菲娜萎缩的心逐渐复苏。曼贾卡瓦洛的实用主义戳穿了她的浮夸。他亲眼看到塞拉菲娜在得知罗萨里奥的情妇是谁——当地

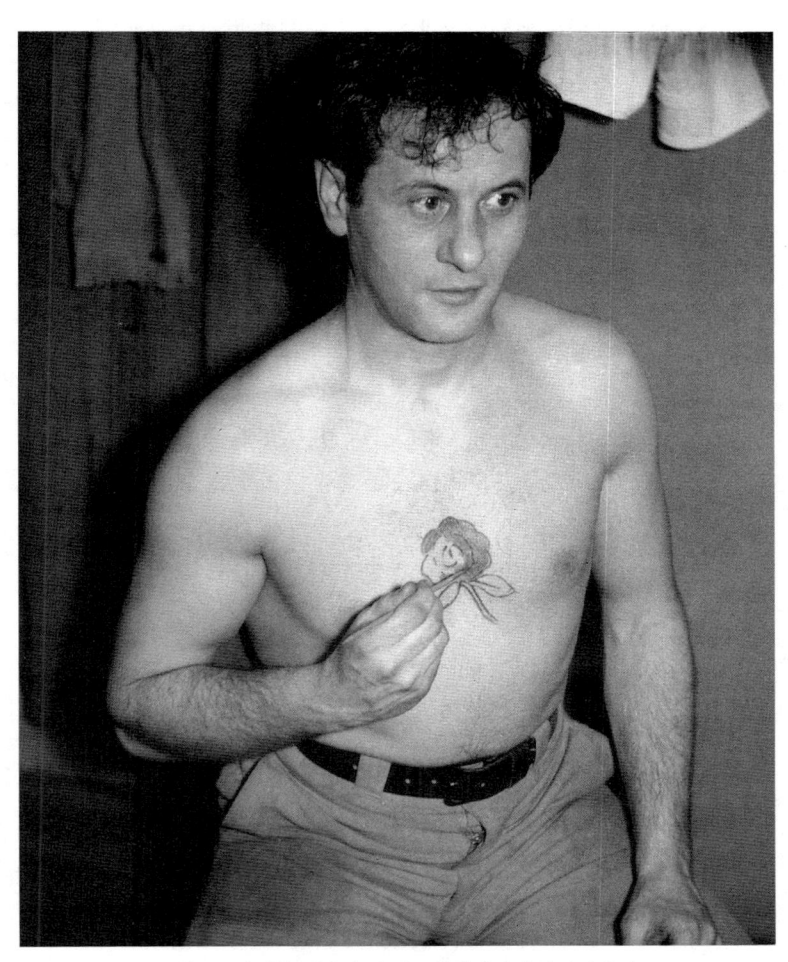

伊莱·沃勒克摆弄阿尔瓦罗·曼贾卡瓦洛的玫瑰文身

一家赌场的 21 点发牌人——之后，便拿了一把菜刀要去砍她。曼贾卡瓦洛实际上也是在某种喻义上解除了她的武装。塞拉菲娜打碎了罗萨里奥的骨灰瓮，然后那天晚上和曼贾卡瓦洛睡在了一起。但是，塞拉菲娜到底是在和谁共枕呢？还是处子之身的罗莎和杰克在毕业庆典结束后早早回了家，无意中听到塞拉菲娜在卧室里的声音：

塞拉菲娜：（从屋里）"啊啊啊啊啊哈哈哈哈哈哈哈！"
杰克：（跳起来，吃了一惊）那是什么？
罗莎：（充满愤恨地）哦！那是妈妈梦见我爸了。*

这个玩笑看上去是笑罗莎的天真，其实是在笑我们。在这个令人双腿发颤的色欲场面里，"这一场景应该表现出卓别林早期喜剧里那种哑剧般的轻松感、奇幻感。"* 舞台提示说——第二天早上，大口喝着气泡酒的曼贾卡瓦洛赤裸着上身从塞拉菲娜的卧室里走出来，蹲在沙发边上盯着罗莎熟睡的身影看。"多美啊，多美啊！"他跪在地上小声说，眼神"就像一个孩子盯着糖果店的橱窗"。* 他的低语惊醒了罗莎。一看到陌生人，她就尖叫起来，这引起了一系列的滑稽效果：曼贾卡瓦洛惊得仰面倒在地上；塞拉菲娜穿着睡袍进来，向他扑去，"像一只大鸟，撕扯抓挠着他那呆若木鸡的身躯"*。

尽管曼贾卡瓦洛表白了自己的爱意，但他还是被赶了出去。在随后与女儿的对峙中，塞拉菲娜对女儿撒了谎（"我不知道他是怎么进来的"*），这打破了母性权威的魔咒。罗莎知道发生了什么。就像所有童话故事一样，觉醒让她获得了自由。罗莎要去找杰克（他正在去新奥尔良的路上，要从那里上船），但去之前要和妈妈毫不留情地吵上一架。在争吵中，塞拉菲娜"抛开一切伪装"，对女儿说出了一个秘密。"哦，亲爱的，亲爱的！"她说，"他是西西里人；他的头发上有玫瑰油，还有你父亲的玫瑰文身。在黑暗的房间里,我看不见他那张小丑脸。我闭上眼睛,想象着他是你的父亲。"*虽然她不能正视女儿离开时的眼睛,但她们互相祝福。"我的女儿——真漂亮!去找那个年轻人吧!"*塞拉菲娜告诉她。罗莎离开时告诉塞拉菲娜,曼贾卡瓦洛没有碰她。

在卡赞写给威廉斯关于"厨房水槽版"结尾的笔记中,他实际上相当于对威廉斯提出了一种戏剧挑战。"我对结局感到非常惊讶,"他写道,"在此之前,它的主要精神似乎在于讴歌生命及其永不消失的情欲。然后,两个女人跪在地上收集骨灰。那使我不寒而栗。"*在"厨房水槽版"结局中,罗萨里奥的情妇埃斯特尔紧张地站在门外,她回来告诉佩皮娜,罗萨里奥在死的那天晚上和她分手了。佩皮娜让埃斯特尔进屋一起清扫罗萨里奥的骨灰——"骨灰瓮碎了。帮我拾起他的灰烬,都洒在地板上了!"*——威廉斯表现出她接受了失去和原谅。然后,"就像两个孩子采花一样安静而庄重,两个女人跪在一起,收集散落一地的罗萨里奥骨灰,并把它们放回破碎的骨灰瓮里"*。卡赞继续谈他想看的剧本:"那将是一场关于男人和女人是什么、把自己怎么样了的喜剧性弥撒。他们绝对不会在剧终时收集骨灰。"*在早期版本中,寡妇似乎接受了失去,但她不接受曼贾卡瓦洛,后者被赶出后门,从此杳无音信。

这出戏情感上的矛盾反映了威廉斯自己的情感。在剧本酝酿的大部分时间里,威廉斯也不确定他和梅洛是否有未来。当威廉斯终于明白了自己的故事时,梅洛已经是他生活中的一个固定组成部分。曼贾卡瓦洛用梅洛支持威廉斯的谦恭方式唤醒了塞拉菲娜:他哄着威廉斯勉强摆脱孤独,投入生活之中。威廉斯的华丽结局是一个浪漫超验的白日梦——一个雄辩的意象,既是对卡赞戏剧挑战的回答,也是对卡赞论点的证明,即威廉斯的戏剧"可以当作他的大部头自传来读……一部赤裸裸的最好的忏悔书"*。

三年来,在他"意识的小洞穴"*中,威廉斯努力从自己的崩溃感中挖掘出喜剧；三年来，塞拉菲娜一直在类似的失落的惆怅中挣扎，把自己埋在阴暗的缝纫房里。两者都被迫与鬼魂会合。塞拉菲娜病态的哀悼是使罗萨里奥与她更近的方式；同样地，在他的写作中，威廉斯对家人和朋友的习惯性重塑是一种不失所爱的方式。正如维达尔所说："所爱之人一旦被搬上舞台，便永远是他的所爱了。"* 在塞拉菲娜的故事中，威廉斯以变形的方式实现了他生活中的渴望。到最后，她不再活在过去，而是活在当下。（塞拉菲娜打算在罗莎毕业时送给她的手表本来已不再滴答作响了，但突然又开始正常运转。）风吹散了罗萨里奥洒落的骨灰，一同带走了累积的忧郁。"一个男人在焚烧后只留下一把灰烬，"她说，"没有女人能留住他。"*

一件玫瑰色的丝绸衬衫——罗萨里奥不忠的图腾，布料是情妇订的，被戴了绿帽的塞拉菲娜亲手缝制的——象征着塞拉菲娜的幻灭。这一结局逆转了《斯通夫人的罗马春天》结局的消极轨迹——那里面的寡妇朝楼下扔下自家钥匙，自寻毁灭。威廉斯试图将有争议的衬衫传给暂时被驱逐的曼贾卡瓦洛，他正躲在塞拉菲娜家后面的河堤上无人能看见的地方。衬衫曾经是耻辱的标志，现在变成了希望的信号。"她挑衅地把衬衫举过头顶"，塞拉菲娜把它扔给了镇上的居民，他们迅速把它带到河堤上，"就像一道火焰喷向干燥的山丘"。* "我来了，我来了，我的爱！"* 塞拉菲娜喊道，她感到胸部有一种超自然的灼烧感，这是她怀孕的信号。幕布落下时，她正朝着河堤上新男人的方向奔去——她终于重生了，行动起来了。

在最后一场戏中，曼贾卡瓦洛根本不在场。他是塞拉菲娜视野之外的一种内在性。这次缺席似乎激发了她的激情。威廉斯说过，欲望"天生要占据大于个人所能提供的空间"。*《玫瑰文身》被威廉斯称为"我献给世界的性爱戏"*，也是他生命中独特时刻的纪念品。在整个故事中，威廉斯既见证了梅洛令他自由的存在，也见证了他浪漫欲望里自体色情的影子。

第三章　缺场之情色

《玫瑰文身》的选角时间恰好是 1950 年 9 月 27 日《斯通夫人的罗马春天》的出版时间。在这本中篇小说出版之前，威廉斯告诉谢里尔·克劳福德，他"非常害怕人们对这本书的批评！"他写道："我相信他们会发现它是'腐朽的''颓废的'，并且会再次指责我只会写神经兮兮的人。"他补充道："当然，我对此的回答是，当你深入几乎任何一个人的内心，你要么会发现疯癫，要么会发现愚钝——不发现这些的唯一方法就是停留在表面。"* 出版后，他对公众的冷漠感到担忧。他给劳克林写道："现在到了我生命中的某个时刻，我需要有人对我作品的价值予以确认或肯定。"* 他还把信的相关内容寄给了《先驱论坛报》，这家报纸是罪魁祸首之一。"事实上，《先驱论坛报》的每日书评和周日书评版块都完全忽略了这本书，这是最糟糕的一记耳光，打的不仅是这本书，还是我所付出的所有劳动，我觉得，我的整个——地位不是我想用的词！"*

但是威廉斯的地位是什么？《街车》已经在百老汇停演了将近一年；电影版要到第二年才会上映。1950 年演出季见证了威廉·英格［《回来吧，小希巴》（*Come Back, Little Sheba*）］的首演和克利福德·奥德茨［《乡村女孩》（*The Country Girl*）］的回归，还有《红男绿女》（*Guys and Dolls*）的首演，它们呈现的活力和雄心显示出 20 世纪 50 年代的信心。威廉斯情有可原地担心自己在某种程度上已经脱离了文化讨论。他在给伍德的信中写道："评论界对这部小说的评论表明，我在评论界的支持率正在下降。"* 他感到自己"正处于一个关键时刻，可能面临最后的失败"*。

伍德曾警告威廉斯，《街车》之后将是"一项艰巨的任务"*。这是事实。威廉斯最终选定了当时正在导演《回来吧，小希巴》的丹尼·曼担任《玫瑰文身》的导演。"他有你的活力，"威廉斯在给卡赞的信中写道，"他年轻又大胆，说他在我写剧本的时候就已经准备好排演我的剧了，谁落后谁遭殃！当整个计划都系于上帝胡须上的一根金色细毛，为什么大多数人都如此谨慎？"*曼的另一个警句是，"'情绪'（Mood）倒着拼写就是'厄运'（Doom）"*，这让威廉斯停顿了一下。"这可能意味着我必须坚持演出时要有可塑性的诗意元素"，他在给劳克林的信中写道，但他指出，曼"不是个傻瓜"。*无论如何，威廉斯现在有了一个新的制片人、一个新导演、一个新的男主角（伊莱·沃勒克）、一部尝试新形式的戏剧。如此种种令公司管理层认为，尤为重要的是，出演塞拉菲娜一角的明星要有票房保障。

"玛伦·斯塔普莱顿（Maureen Stapleton）行吗？"威廉斯在 8 月中旬写信给克劳福德，"我从来没有见过她，但听说她有点像马格纳尼。"*斯塔普莱顿 25 岁，爱尔兰裔美国人，不出名，曾在百老汇演出过几次。她 17 岁时从纽约的特洛伊来到曼哈顿，体重 180 磅，却还是决心当一名演员。白天，她是一名每周挣 29 美元的开票员；晚上，她和赫伯特·伯格霍夫（Herbert Berghof）一起学习戏剧。在演员工作室和一些角色扮演中，她活泼又脆弱的气质吸引了诸如格思里·麦克林蒂克和哈罗德·克勒曼等百老汇要人的注意。她认为是克勒曼把她可以扮演中年塞拉菲娜的想法置于克劳福德头脑中的。"玛伦在她的早期生活中一定是某种无名创伤的受害者，"克勒曼曾经这样写道，这是对玛伦离奇表现力的回应，"为了忍受这一切，她需要在演戏中寻得解脱，在亲密的拥抱中获得安慰。"*

斯塔普莱顿试演时，威廉斯对她的热情盖过了对她的年龄和经验不足的焦虑。据斯塔普莱顿说，这种焦虑导致了"世界职业棒球联赛式的多次试读"*。斯塔普莱顿和沃勒克一起试读了五次。威廉斯在《回忆录》中写道："最后，我帮助她'弥补'了一次试读。我让她把头发弄乱，穿了件零乱的长袍，我甚至还想让她脸上弄上条纹，看起来像污渍。她那样做后的试读让所有人都认同她就是那个人。"*"他们似乎想更确信我能胜任,"斯塔普莱顿谈到她上次试演时说,"我说:'我不能承诺什么。我可能真的很糟糕。'"*威廉斯站了起来。他说:"我不在乎她是否会在首演夜变成聋哑人!""这对我来说太不可思议了。"斯塔普莱顿回忆道。*

就在《玫瑰文身》剧组动身前往芝加哥之前——12月29日在那里开始为期一个月的演出,1951年2月3日在百老汇首演,威廉斯写信给他的母亲和外公。"扮演主角的女孩几乎和洛蕾特·泰勒一样出色,"他说,"事实上,她就像一个年轻的洛蕾特,我很满意,尤其因为没有人想让她出演这个角色,因为他们觉得她的年轻和缺乏经验会是很大的障碍。"他继续说道:"她的表演很有力量,也很真诚,我认为她会将这部剧演好。她是一个爱尔兰姑娘,不是传统意义上的漂亮,而且太丰满了,但她比任何一个年龄比她大一倍、身材比她小一半的女主角都要有天赋。导演不像卡赞那样有天赋,但他每天的工作量是他的两倍,而且工作到深夜。这是他的大好机会。"*

对威廉斯来说,这也是一大赌注。他在该剧措辞优雅、具有自我辩护性质的前言中写道,《玫瑰文身》是"一位艺术家尝试新形式的欲望,无论刚开始多么难堪,要打破他之前所做的成绩,打破其他人之前和之后所做一切的障碍,也许致命的是,他会闯入标明禁止入内的区域"*。在演员们动身去芝加哥的前几周,威廉斯看了一些具有竞争力的百老汇剧作,包括他戏称为"剖腹产"*的约翰·范·德鲁滕(John van Druten)的《夺情记》(*Bell, Book and Candle*),艾琳·塞尔兹尼克是该剧制片。这部戏剧的成功使他踌躇不前,也助长了他的怨恨。"这是我在百老汇看过的最不可思议的首演,"他在给卡赞的信中说,"尽管她让自己百老汇和好莱坞的朋友挤满了剧院,但在第一幕结束后,全场并没有真正的笑声。我只能自娱自乐,数数雷克斯·'性感'哈里森(Rex

'Sexy' Harrison）在丽丽·帕尔默（Lili Palmer）的嘴唇上亲了多少次，用一种极度性冷淡的亲吻方式，简直就像一对鸟在分吃一条虫。"他补充说："观众陷入尴尬的沉默……落幕时的情景就像一个80岁的老人想要自慰，只有大概十双手稍稍鼓了下掌，我的不在其列。——然后是艾琳家里的盛大庆祝活动，高潮是大声朗读，上气不接下气地诵读布鲁克斯的评论《毫无保留的盛赞！》。"*

在庆祝《夺情记》首演的晚会上，威廉斯再次受到令人懊恼的一击。"一段时间以来，我怀疑自己已经在专业戏剧里被淘汰了，"他告诉卡赞，"雷克斯·哈里森在答复我的例行祝贺时将这种感觉告诉了我：'是的，我认为这部剧表明剧院已经从最近一段时间的患病中恢复了健康。'"威廉斯补充道："当然，我对自己希望（塞尔兹尼克）倒霉的恶意感到有点惭愧……但我相信她对自己在伦敦写的关于《玫瑰文身》的信一点也不感到羞耻，而且我认为她没有真正关心过它会对我造成什么影响，以及已经对我造成的影响（破坏了我的夏天）。我想我的剧会回应她的剧。我怀疑它是否会得到和她这剧一样的好评，甚至来自布鲁克斯的评语，但无论如何，它一定会包含我对她的回应。"*

在基韦斯特，距离《玫瑰文身》百老汇首演不到一周的时候，服了感冒药和速可眠的威廉斯在清晨时分就坐起来，听着身边梅洛的呼吸声。"四天后，我们就会知道，"他在笔记本上潦草地写着，"似乎整个未来都取决于它。我再也不能允许自己如此在意任何形式的公开成就。它让你变得渺小，也非常脆弱。我想知道在这件事结束后，我是否能集中精力成为一个新的、自由的人。我主要因为弗兰克的缘故而关心成功与否。独自一人的话，我可以逃离它。但有了弗兰克，我将不得不或多或少地正视可能的失败。愿上帝与我们同在！"威廉斯补充道："另：你认为会发生什么？——我不知道！！"*

第四章

逃遁之心

> 卡赞和我曾是一个完美的团队。
>
> ——田纳西·威廉斯致比尔·巴恩斯（Bill Barnes）*

"现在等待已经结束，我可以告诉你，我曾被吓得魂飞魄散，"威廉斯在1951年2月5日给布鲁克斯·阿特金森的信中谈起了《玫瑰文身》，"我那时知道，在这一点上，失败感可能是完全无法逾越的。"他补充说："我感到人们欢迎我继续为戏剧工作，那是我非常愿意接受的邀约。"*

虽然《纽约邮报》给了威廉斯面子（"间歇性满意"*），但《纽约新闻报》对他不屑一顾（"戏剧配不上精湛的演技"*），《每日镜报》的剧评差不多就是告诉他要好好改进（"我们相信，当今世界需要的是道德肯定而不是否定"*）。阿特金森是最具文学思想、最公正，而且为美国最有影响力的报纸《纽约时报》撰写每日剧评的批评家，他的支持对剧作家和制片人来说意义重大。"他的民间喜剧讲述的是一个住在墨西哥湾沿岸西西里家庭的故事，富有创造性、想象力和温情，"阿特金森写道，"这是一段时间以来舞台上出现的最可爱的田园诗……威廉斯先生在对人物的尊重和剧作质量方面表现出了最佳水平。"* 后来，在一篇更具反思意味的后续文章中，阿特金森评论道:"在这些人物的愤怒和骚动背后是一位抒情剧作家的眼睛、耳朵和心灵,他给戏剧带来了一种新的自由风格。"*

《玫瑰文身》叙事上的创新并不只是该剧催生的唯一新闻;它还捧红了伊莱·沃勒克和玛伦·斯塔普莱顿。(他们和该剧及舞台布景都赢得了托尼奖。)"如果我继续努力,也许我会进步,"斯塔普莱顿在第一次接受《纽约时报》采访时表示,"每次我在台上一开口,我似乎看到人们面面相觑在说:'这不是马格纳尼。'"* 斯塔普莱顿集直率、热情奔放和不安全感于一身,多年来,这使她成为媒体、公众和威廉斯的宠儿——威廉斯称她为"孩他妈"(Maw)〔她称他为"孩他爸"(Paw),以此向喜剧片《凯特尔夫妇》(*Ma and Pa Kettle*, 1949)中古怪的凯特尔夫妇致敬〕。* 然而,一开始,她随心所欲的诠释让威廉斯感到厌烦,他试图用他彬彬有礼的方式修正她在剧本上的一些"改进"。* 在她接受《纽约时报》采访的第二天,也就是百老汇演出刚开始两周的时候,他就从基韦斯特给斯塔普莱顿写了一封长篇大论的信,称赞她的能说会道("你很擅长公共关系"),还说了卡罗尔·钱宁(Carol Channing)的闲话("她开始找我的碴。你叫什么,名字怎么来的,口音怎么来的,我丈夫从来没听说过你。听到这最后一句话,我站起来说:我妻子也从来没听说过你!"),然后策略性地给她带出自己的意见:

> 我希望你"集中精力"——做出正确的"调整"。上次见到你时,我只赶上最后一场。你圣痕那部分表演笑得不太合适。我认为是"注意力"不集中造成的。在"这是漫画"那个场景里,你似乎对女士们很生气。这是一种错误的"调整"。正确的调整是一种兴高采烈的傲视——兴高采烈!就像要塞的唯一幸存者在太多的攻击者眼前挥舞旗帜那样——等待鼓声。然后让人清晰看到你得到圣痕的过程,这样观众才能真正知道

发生了什么,又是何时发生的!——你有强大的力量来左右你的观众,你永远不要不去发挥你的力量。"*

尽管威廉斯对谢里尔·克劳福德说,上演《玫瑰文身》是"他到目前为止在剧院最快乐的经历"*,也是"我第一次在剧院和演员在一起感觉很自在"*,但他对演出保持着冷静、清晰的眼光。他继续为斯塔普莱顿对这个角色的攻击而苦恼。"我对玛伦关于不断完善演出所持的态度有点恼火,"他在3月给伍德的信中说,"她知道我们必须为这出戏奋力一搏,她应该非常愿意做出真正的努力。"他补充说:"私下里,我认为如果这部剧继续上演,我们应该认真考虑是否邀请朱迪思·安德森(Judith Anderson),不仅是为了票房,而且是为了对工作的职业态度。光有天赋是不够的,即使是年轻人!"*

"这是一部彻底脱离了传统的剧。"* 威廉斯给阿特金森写道,因他对《玫瑰文身》的评论,威廉斯给他写了封致谢信。针对友情赞助该剧的戏剧音乐家联盟威胁要撤掉剧中所使用的音乐,威廉斯坚定地阐述了他的戏剧创新本质。"现代创意戏剧是一门综合了所有艺术的艺术,包括文学、造型艺术、音乐等,"他写道,"《玫瑰文身》就是一个很好的例子,因为我认为它比最近任何一部正统美国戏剧都更能证明这一点。"* 然而,私下里,威廉斯担心百老汇的演出只呈现了该剧应有模样"最基本的一瞥"*,他一篇文章中说,他在考虑将这部剧改编成电影,他指出。

因此,许多人完全错失了剧本中最新颖、最出色的部分。许多观众和评论家错误地认为剧中的社区生活、意大利黄酒、山羊、人群场景和孩子们的活动只是为了填充和分散人们的注意力。似乎很少有人意识到,所有这些都是这部戏艺术美的有机组成部分,这是一部由运动和色彩构成的戏,几乎就像一幅抽象画的构成一样。这是艺术之谈。我说的不是"艺术性",而是非常丰富、鲜活和普遍受欢迎的东西……《玫瑰文身》本来应该是一个不受约束、闪闪发光的尤物,但舞台的空间限制和时间限制等因素把它放进了一件紧身衣,只有大约三分之二的潜在魅力得到体现。"*

尽管人们对这次百老汇演出褒贬不一,威廉斯无论如何还是可以把脚跷在他基韦斯特家的门廊栏杆上,带着一些满足放松下来。"如果这部剧像《街车》那样轰动一时,或者像《夏与烟》那样惨败,任何一种结果对我来说都不好,"他对艾琳·塞尔兹尼克说,"事实上,我认为它提供了一直以来最重要的东西—— 一座通向未来的桥梁。"*

事实证明,未来正在逼近。在威廉斯完成该剧的 18 个月里,苏联获得了原子弹,毛泽东宣布了中华人民共和国的成立,而朝鲜战争也开始了。一种罕见的政治指涉被写进了他的短篇小说《两人搭伙》("Two on a Party")中,不过不是作为国际威胁的信号,而是作为一种性刺激。"当一个城市的气氛被激发起来时,事情总是最好办,"威廉斯写道,并补充道,"任何让所有人都兴奋的事情都有利于更好地猎艳。"*

威廉斯可以逃避历史,或者轻视历史,但他无法否认历史。世界被"闪电照亮"*,甚至照亮了威廉斯与世隔绝的天堂。"我弟弟戴金的编号,再次出现在征兵信息中,尽管他在缅甸和印度服役过四年,还因为疟疾掉了大部分头发。"威廉斯从基韦斯特给斯塔普莱顿写信说。《玫瑰文身》首演后他回到了基韦斯特——全家人当时都在他那里暂住。"母亲伤心极了,跌倒在大街上。外公当时和她在一起,他一个人回到家说:'你母亲摔倒了。你最好去找她。'

第四章 逃遁之心

弗兰克开车去接她时,她还坐在路边。她受的伤还不至于太严重,没影响她吃一顿海鲜大餐。"*

冷战猜疑是20世纪50年代美国社会平静表面下令人不安的暗流。新的对外战争、国外的遏制政策,以及国内清除所谓颠覆分子,这些阴影削弱了美国经济蓬勃发展的光辉。虽然正如卡赞所说,政治不是威廉斯的"游戏"*,但他清楚地认识到他周围有毒的政治环境和蔓延的恐慌。"尼克松工作的一部分就是要表明,如果美国人想要摆脱国内的共产主义和左翼主义,他们就必须把民主党人赶出去。"威廉斯在给卡赞的信中引用了最近一期《时代》周刊的内容。他说,尼克松让他想起了小学时的那个恶霸,"他总是在破篱笆后面等着我,拧着我的耳朵让我说一些下流话"。他接着说:"终于真相大白了:在消灭红色政治的透明借口下,是对所有自由思想和情感的偷袭。"*

威廉斯与母亲埃德温娜一起

220　　举国上下对共产主义的强烈关注也反映出这个国家对其新财富——比以往任何时期都多的美国公民懂得了"置业的聪明想法"*——的不安全感。在世界历史上最大规模的个人财富增长的推动下，中产阶级增加到包含60%的美国人。在同一时期，新住房购买量为1300万套；拥有两辆车的家庭数量翻了一番；而这个人口仅占世界6%的国家，消费了世界三分之一的商品和服务，生产了世界三分之二的产品。郊区迅速发展；食品和酒店连锁店蔓延开来。消费的增加不可避免地导致了品位的同质化；大地笼罩着一层千篇一律的阴影。电视在这方面产生了地震般的效应。1948年，麦迪逊大道的电视机总营业额为1230万美元；到1951年，这个数字已经膨胀到1.28亿美元。1949年，美国人拥有大约100万台电视；在下一个十年结束时，4800万人拥有电视。他们平均每天看六个小时。*"无线电就像烧烤上的骨头一样被抛弃了。"*喜剧演员弗雷德·艾伦（Fred Allen）打趣道。在真实和象征意义上来讲，社会已经着魔了。

221　　"对太年轻的人来说，这是个糟糕的时代，此时不适合过早拉开你人生的序幕，也不适合拥有好奇心或探索的冲动，"记者、影评人诺拉·塞尔（Nora Sayre）在她的回忆录《前科》（Previous Convictions）中写道，"人人都讲适应社会；各种模板在等着你：职业模板、婚姻模板，以及自我表现的方式，这样别人才不会认为你与众不同。"*这种一致性没有逃脱威廉斯的注意。"你意识到整个国家几乎没有一家报纸、杂志、广播、电视台或电影院不代表几乎同样陈腐、疲惫、盲目、痛苦和枯燥的生活态度吗？"1950年12月，他给马戈·琼斯的信中写道，"所谓大佬都是一个形象，每个大佬都不过是那个形象的某种品质。"*与其他艺术相比，百老汇戏剧之所以能存活下来，是因为它准确地解读了公众的情绪，顺应无误地记录了这种新气候。"我们似乎要进入蜥蜴的休眠状态了，"阿瑟·米勒在《纽约时报》上抱怨道,"创造性思维似乎失去了活力。"*

威廉斯在他的浪漫叛逆中,总是反对从众的限制:就像他的故事《两人搭伙》中那些滥交的角色一样,他的存在是"一场与世界上那些古板守旧的人永无休止的较量,这些古板守旧的人对他们书中没有的每一件事都持有如此恶毒的愤怒"。*威廉斯从小就了解被抛弃的滋味,他把自己打造为一个流浪者、一只被平庸猎狗所追赶的狐狸,"让这群猎狗尾随/一个终究逃过了魔爪的猎物"。*在他的工作和生活中,他拥抱怪人;宽容是他超然的另一面。例如,1951年3月26日他40岁生日那天,威廉斯去观看了百老汇演出的《罗密欧与朱丽叶》,34岁的电影明星奥利维亚·德·哈维兰(Olivia de Havilland)在其中饰演13岁的朱丽叶。和他一起看戏的还有诗人、教授奥利弗·埃文斯(《两人搭伙》中的酒鬼比利以他为原型)。在演出后半的某一时刻,德·哈维兰走向舞台前部进行独白时,醉醺醺的埃文斯朝舞台上大声喊道:"没有什么能抹杀台词的美!"*然后趾高气扬地走出了剧院。回到基韦斯特后,威廉斯写信告诉埃文斯他的表现。他说:"和我做朋友少有的好处之一是,要让我感到被严重冒犯,或感到惊讶,哪怕只有一点,都实属不易。"*

戈尔·维达尔在他的小说《黄金时代》(*The Golden Age*)中对20世纪50年代"一个正在酝酿的新世界"进行了思考,他引用了《欲望号街车》作为它的风向标之一:"当她最后被带走的时候,野蛮之道——'类人猿',布兰奇对这个世界上斯坦利之流的称呼——获胜了。这是警告还是预言?"* 1951年春,在威廉斯所在的基韦斯特,这种野蛮行为已经到了他的家门口。"这个小镇已经变得更糟了,"他在给谢里尔·克劳福德的信中说,"反对'波希米亚主义'的运动仍然气势汹汹,一种怀疑的气氛让你在晚上出门时,无论多么纯真无邪都感到不自在。"*

这个国家的其他地方也发生了奇怪的事情。*在印第安纳州,摔跤运动员被要求签署忠诚誓言；在俄亥俄州，共产党人被宣布没有资格领取失业救济金；在田纳西州，任何企图推翻州政府的人都将面临死刑。追求从众的运动以人们认为它所拥有的颠覆性、"堕落"的力量扩展到了同性恋世界。[媒体将其所看到的一个阴谋集团，一群正在破坏美国生活道德准则的有影响力的同性恋艺术家，戏称为"同志国际"（Homintern）。]在哥伦比亚特区，警方成立了一个特别缉捕队"调查同性恋和共产主义之间的联系"。"我不会说每个同性恋都是颠覆分子，"1950年，内布拉斯加州参议员肯尼思·惠里（Kenneth Wherry）说道，"我也不会说每个颠覆分子都是同性恋。但一个道德败坏的人，不管他做什么，对政府都是一种威胁，而他们都是绑在一起的。"* 其他参议员就没有这么精明了。"孩子们，如果你们想反对麦卡锡，你们要么是共产主义者，要么就是混蛋。"* 参议员约瑟夫·麦卡锡（Joseph McCarthy）对记者说，他是美国反动谵妄中咄咄逼人的傀儡。维达尔解释说："反同性恋队伍在游行中随处可见。从《党派评论》的高地到《时代》周刊的中间地带，对真正或可疑的同性恋者的恶意攻击从未停止。"*

但正是在小报媒体的沼泽中，这种盲从愈加恶化。例如，沃尔特·温切尔（Walter Winchell）在其颇受欢迎的专栏文章中，经常提到"同性恋"（limp-wristers）和"都市奇男"（whoopseys）；* 另一位百老汇权威人士多萝西·基尔加伦（Dorothy Kilgallen）称，"是时候让电视从双性恋者（switch-hitters）那里换一换了"*。1951年，《华盛顿机密》播报了对美国"被女性化"的担忧；它兴高采烈地报道，腐败蔓延到了美国政府，"超过90个穿裤子的变态蠢蛋被赶出了国务院"。* [即使是在发表了开创性的金赛报告——它揭露了美国性行为的虚伪——之后，阿尔弗雷德·金赛（Alfred Kinsey）在给威廉斯写信时也无法让自己写下"同性恋"这个词。据大卫·哈伯斯塔姆（David Halberstam）说，金赛"非常守旧，

第四章　逃遁之心

把他的员工对同性恋问题的采访都放在一个名为 H 史的文档里。"*] 恐同情绪甚至扩展到像广场橡树房和 P. J. 克拉克这样纽约受欢迎的酒吧里，这些酒吧阻止同性恋光顾，只允许陪伴女性的男人进入。*

公众情绪深切影响了基韦斯特，以至于威廉斯考虑卖掉他的第一栋，也是唯一一栋住宅。"幸运的是，人们认为房价会上涨，"他告诉克劳福德，"虽然买这所房子出价很高，但我出手也不会有什么大的损失——如果目前的气氛持续，我想肯定会的，或者加剧——万一发生战争。"*尽管如此，他还是坚持自己的局外人身份。从《玫瑰文身》的公演回来后不久，他就把母亲和戴金送回了圣路易斯。他对一个朋友开玩笑说："你不能指望一个清教徒和一个波希米亚人同处一个屋檐下，房顶还能安然无恙。"*

阿特金森在他关于《玫瑰文身》的后续文章中开心地指出一处情况，即曼贾卡瓦洛不小心把安全套掉在地上这一有争议的片段被从舞台演出中删除了。几个月后，威廉斯给阿特金森写了一封信，谈及"那不值一提的物件"。"如果它让我觉得粗俗，我早就立刻把它删掉了，尽管我知道很多人都觉得粗俗，"他说，并补充道，"一旦脱离了清教束缚，波希米亚主义似乎对像我这样出身于具有极度虔诚清教信仰家庭的人具有强大的吸引力。于是，我总是想在一部戏里说些、做些平常不怎么说和做的事，使它更接近平常的经验，至少向我自己证明，没有什么经验是不可以付诸写作的。"*在随后的 1953 年 4 月写给阿特金森一封特殊的恳求信中，威廉斯又回到了波希米亚主义的主题，尽管在此期间他所忍受的恶毒和谩骂使他现在有点歇斯底里：

> 我必须告诉你，我曾经生活在"底层"，这是一个很大的社会阶层，我奋斗过，只是部分地从中解脱，而我的作品记录

了我在这个过程中的所见、所闻、所感和所知。我熟悉一个被沮丧和可怕的渴望所困扰的世界。("渴望他,所有遭重创的生灵,畸形的和残疾的!他那无家可归的鬼魂便是你自己的!")我甚至在南部的监狱里待了几个晚上——手脚被铐在一起,只能匍匐而行——看到黑人妇女被踢,在楼上楼下被猛击,因为她们的生活环境使她们变成了妓女,我与那些流浪的、被遗弃的和绝望的人亲密地生活在一起,在她们身上发现了渴望、激情、勇敢的忍耐力,最重要的是温柔。我试图记录他们的生活,因为我自己的生活使我适合这样做。我觉得每一位艺术家都肩负着某种荣耀的职责,应成为他所认识的那方世界的代言人。*

威廉斯写给阿特金森的信,就像他的戏剧作品一样,是一种精心策划的诱惑,一种利用自己的极度痛苦来激发他人想象力的方式。("现在我可能已经耗尽了你的耐心,"他在结尾写道,"但我希

威廉斯和保罗·比奇洛、海员们在一起

望我没有失去你的友谊!?")美国社会中那些墨守成规的人害怕受到污染,坚持听流行娱乐节目中兜售的睡前故事。对于他们来说,威廉斯戏剧中的精神浪漫是金杯毒酒。

当威廉斯试图在佛罗里达州的阳光下减少饮酒和日常工作时,电影版《欲望号街车》的制作凸显了围绕美国文化叙事的争斗。好莱坞已经将美国想象为一个"超棒邦"(Superbia)——一个敬畏上帝、以家庭为中心、充满祝福的国度,这里是非分明,进步是必然,善良占上风。威廉斯对道德秩序的认识没法如此教条。在他的世界观中,生活不能总是被修复,人不能总是被救赎。他认为自己是个浪漫的悲观主义者,而乐观主义不是他叙事协议的一部分。(一次被问及幸福的秘诀,威廉斯回答说:"我想是麻木不仁吧。"*)《街车》以其对人类欲望的复杂看法和对人性的悲观看法挑战广为接受的观点,这必然迫使权力精英亮出他们的反动观点。

1934 年,以公民责任的名义,好莱坞创建了一个由约瑟夫·伊格内修斯·布林(Joseph Ignatius Breen)领导的电影制作法典委员会(PCA),通过这个机构,电影行业实施了自己非官方的审查制度。威廉斯与 PCA 就《玻璃动物园》的最后剪辑发生了第一次小冲突。布林办公室建议,汤姆最后哀伤的台词——"啊,劳拉,劳拉,我曾试图离你而去,但我比自己的意图更忠实于你!"*——暗指乱伦,应该被删掉。盛怒之下,威廉斯写信给电影制片人,说 PCA 是"邪恶而愚蠢透顶的暴政"。"这项指控是对我和我家人的侮辱,也是对电影业厚颜无耻的亵渎!"他怒斥道。"我认为你得靠电影公司来抵御这种淫乱……和它们决战到底……"威廉斯补充说,"如果我要从事电影工作,我必须知道我的工作不会听任这个办公室任意妄为的摆布。"*

现在,PCA 又起来了。正如哈特·克莱恩的警句所言,《街车》的志向是"追寻梦想中爱的伴侣"*，其真理是不容妥协而复杂的。布林办公室自称的使命是服务于公众的品位，而不是真理，以确保"正确的生活标准"出现在屏幕上。"戏剧因为田纳西·威廉斯而震惊。我们是双倍的震惊。"*布林的助手杰弗里·舒洛克（Geoffrey Shurlock）说。从一开始，卡赞和威廉斯就已经提出了挑战。卡赞特别好斗。1950年4月27日，他告诉PCA工作人员杰克·威扎德（Jack Vizzard，此人认为这个剧本"肮脏和病态"*）："这个故事和这个剧本完全是道德的……它上演了两年，家家户户都来观看。"*PCA不服气也不气馁，第二天就发布了一份报告，概述了该剧三个方面的问题：艾伦·格雷的"性反常"——他的当场被发现和随后的自杀一直困扰着布兰奇，布兰奇的性贪欲，以及斯坦利对布兰奇的强暴。

威廉斯在好莱坞待了两周，修改剧本，每周6000美元，但他做出的让步还不够。主要的症结在于强暴场景。PCA的意思是，可以暗指强暴，让布兰奇在事后陷入精神错乱，但要求斯坦利强烈谴责这一指控，并证明自己无罪。PCA承认："他用来证明自己的手段还有待挖掘。"*杰克·威扎德通过电话联系了威廉斯和卡赞，告知他们PCA的结论。"结果令人非常不满意，"威扎德报告说，"实际上，威廉斯先生在签名时非常生气，声称他并不那么需要这笔钱，至于卡赞先生，不得不以比对待这位作家更冷静、更克制的态度继续进行第二次电话交谈。"*

1950年5月下旬，在华纳兄弟娱乐公司的一次会议上（约瑟夫·布林出席了会议），卡赞和威廉斯都威胁说，如果强暴场景被剪掉，他们就退出。根据会议记录，卡赞说："如果可以诚实地制作，我只想制作这个脚本，我不想搞另一个故事或不同的故事。"在和威廉斯怒气冲冲地离开前，他补充说："我们认为它有一些纯洁和道德的东西，这是故事的本质，我们不打算（删减）。我们就

第四章　逃遁之心

在这儿打住吧。"* 在定下来于 1950 年 10 月初拍摄这一幕时，争执还没有解决。卡赞告诉 PCA，他会在现场即兴想出一个解决方案。根据他们谈话的书面记录，威扎德对布林说："如果卡赞先生的解决方案是一种骑墙头的方式，让观众怎么看都行——或者看作强暴，或者不是——这不会是令人满意的方案。如果要采取保护措施，就应该采取一种措施，通过他们想出的任何手段，确凿地证明强暴没发生。"* 正如 R. 巴顿·帕尔默（R. Barton Palmer）和威廉·罗伯特·布雷（William Robert Bray）在《好莱坞的田纳西：威廉斯电影与战后美国》（*The Hollywood Tennessee: The Williams Films and Postwar America*）中所写："实际上，布林要求卡赞和威廉斯在电影版本中不仅修改而且明确删掉该场景，因为正是这一场景让这出百老汇戏剧引起举国哗然，造成全国性轰动。"*

这种状态贯穿整个电影拍摄过程和剪辑阶段。1950 年 10 月 29 日，威廉斯以书信形式直接向布林请愿："斯坦利强暴布兰奇是剧中一个关键的、不可或缺的事实，没有它，该剧就失去了它的意义，那是现代社会的野蛮和暴力对温柔、敏感、柔弱者的掠夺……《欲望号街车》是真正伟大的美国电影之一，也是好莱坞为数不多的真正道德的电影之一。现在，通过强迫或试图强迫的手段来毁损它，对其根本性真实进行灾难性的改动，我无法想象会有什么好结果。"威廉斯继续说道："当我们面临绝境的时候——如果我们被迫到了那一步，我们谁也不会认输！"*

最后，通过对特写镜头、破碎的镜子的剪接图像，以及消防水管喷水的巧妙运用，影片传达了强暴的概念，但并没有真实表演出来。卡赞保留了威廉斯的诗意和他的煽情，他把这次电影改编看作一次商业上的胜利。1951 年初，在完成最后的剪辑时，他在给杰克·华纳的信中写道："这部戏之所以票房高在于两点。一，它是 3F 题材。二，它有档次，任何试图跟上步调的人都不会错过它。

马龙·白兰度和费雯·丽在《欲望号街车》好莱坞拍摄现场

两点同样重要。它获得普利策奖的原因——诗意——必须保留，不要触碰，这样才能吸引那些不想承认自己对性感场面感兴趣的人。（当然，每个人都是！）"他总结道："这是我拍摄的唯一一部我深感自豪的影片。"*

布林办公室可能已经输掉了这场战斗。然而，从根本上说，它赢得了这场战斗。作为允许拍摄强暴场景的交换，布林得到许诺，"斯坦利会受到'惩罚'，而那种惩罚便是失去他妻子的爱。换句话说，会有强烈的迹象表明她会离开他"*。威廉斯故事的主体被保留了下来；但《街车》结尾的意义没有保留下来。在剧中，斯坦利就强暴一事向斯特拉撒了谎，她决定相信他。为了延续斯坦利和斯特拉的性生活与家庭生活，布兰奇牺牲了。这个保护性的谎言以及他们的合谋体现在《街车》结尾的画面中，斯坦利挨着斯特拉坐在台阶上，斯特拉抱着他们的孩子在哭泣。"好了，宝贝儿。好了，亲

第四章　逃遁之心

爱的。好了，好了，亲爱的。"斯坦利一边用手指解开她的衬衫扣子，一边用"撩人的、抚慰的"语气说。舞台提示上写道："在'蓝调钢琴'和低沉的小号升起的音乐声中，纵情的啜泣声和感性的低语声逐渐消失了。"*随着科瓦尔斯基夫妇的自我王国画面淡去，斯坦利的扑克牌牌友们进入视野。剧本的最后一句台词——"这是七张牌扑克游戏"*——强调了它在性方面的残酷无情。生活的游戏不惜一切代价地继续着，激情的驱动力包括对否认的激情。然而，在影片结尾，正义取代了自私，欲望的无政府状态被一扫而光。"你别碰我"，斯特拉对斯坦利说，她"躲开他"，走回躺在小车里的孩子身边。根据电影脚本，斯坦利喊她的名字时，"斯特拉低头看着婴儿，一边哭着，一边低声对孩子说着承诺和安慰的话"：

> 斯特拉：我们不回去了。不是这一次。我们再也不回去了。永远，永远不回去，永远不再回去。
>
> 然后斯特拉转身，带着力量和自信走上楼梯，去了尤尼斯的公寓。*

尽管这一变化达到了 PCA"可接受"的等级，但一个号称"道德联盟"——自称以维护道德秩序的至高无上为己任，但并无法定审查权——的天主教监督组织对威廉斯的剧本中更棘手、更基本的内容，即身体的性能量，表示了反对。*不是对布兰奇的残忍，而是斯坦利和斯特拉性爱的声音使《街车》面临被道德联盟判定为 C 级（Condemned，遭谴责）的威胁。"乔，发生了一件非常奇怪的事情，"威扎德在得知天主教道德联盟的抱怨后写信给布林，"当我们把注意力集中在我们的两位主角身上——大多数问题都与他们有关，我们完全忽略了这个混蛋卡赞对斯特拉做了什么……他们以一种我无法想象的方式在最后的电影播映中引入了色诱和性成分,这强调并突出了本来微不足道和只是暗示的内容。"他接着说:"结果在这部完成的电影中,斯特拉和斯坦利之间纯粹的肉体关系格外明显,给人留下了一种与我们看到它时完全不同的印象……这使它成为一个关于性的故事——确切地说是性欲——这便是天主教道德联盟反对的核心所在。"*

华纳兄弟电影公司惊慌失措。听闻道德联盟的反对之后,纽约无线电城音乐厅取消了《街车》的盛大首映。*电影公司想象会有抗议示威、长年的抵制,以及守在电影院大厅的牧师——等着登记他的教区居民中都有谁来看电影了。"当你说道德秩序至上,我唯一的问题是:谁的道德秩序?"1951年8月,在电影上映前一个月,卡赞写信给天主教道德联盟的发言人马丁·奎格利(Martin Quigley),"我唯一反对的是这种局面,在这里,无论动机如何,结果是我们中的一个群体将他们的价值观强加于其他人。这限制了我们美国人的一项基本权利:言论自由。"卡赞还说:"在我看来,这是不道德的。"*奎格利是一家电影业报纸的编辑,也是一名天主教徒,与纽约大主教弗朗西斯·斯佩尔曼(Francis Spellman)有着密切的私人关系。他还击道:"你问我说的是谁的道德秩序。我指的是西方世界长期盛行的以十诫为基础的道德标准……你看,没有什么是我可以吹嘘自己发明或幻想出来的……我有同样的权利说,道德考量优先于艺术考量,对此你必会予以否认。"*

为了结束与道德联盟的周旋,卡赞向杰克·华纳提出了一个方案。因为联盟已公开表示,它只是为了保护自己的信众才为影片分级,卡赞认为电影公司"应该从字面上理解他们的话"。他的想法是在纽约两家不同的电影院放映《街车》:一家向普通大众放映"遭谴责版",另一家向天主教观众放映道德联盟认可的版本。"想想吧。把所有因素排除在外,我认为这是一种了不起的吸引观众的

第四章　逃遁之心

窍门，"卡赞在给老板的信中写道，"我甚至认为一些天主教徒可能会偷偷溜进去看遭谴责版。我认为这将为你和你的公司赢得这个国家98%的人的尊重，包括大多数天主教徒……我是一个在纽约新罗谢尔镇长大的天主教徒，上过两年教义问答学校，非常了解修女和神父。相信我，他们和其他人一样，最瞧不起那些屈服于他们的人。在那方面，他们也是人。"*

然而，卡赞的建议毫无结果。相反，1951年9月18日，在影片上映前一周，杰克·华纳在没有通知卡赞的情况下，派了一名电影剪辑师到纽约按照联盟的建议进行了12次剪辑，总共相当于四分钟的电影。"他们不仅删掉了不起眼的'在嘴上'三个字（紧随'我想轻轻地甜蜜地亲吻你'之后），还重新剪辑了一个无言的场景，其中，由金·亨特扮演的斯特拉在与斯坦利争吵之后下楼来到他身边，"卡赞在《纽约时报》的一篇文章中论及此话题，"这一场景在近镜头和中镜头的交替中被精心演绎，来表现斯特拉对她丈夫既厌恶又被吸引的矛盾心理，而亨特小姐表演得非常棒。审核版保护了观众，让他们看不到近镜头，取而代之的是她下楼的长镜头。还听从明确的指令，省略了一段美妙的音乐。他们向我解释说，近镜头和音乐使斯特拉和她丈夫的关系'情欲感太强'。"卡赞继续说："另一处剪辑就在斯坦利攻击布兰奇之前。删掉了他的台词：'你知道，玩玩你可能不错。'这一剪辑除了强加以仓促的转折，还消除了明确的暗示，即只有在这儿，斯坦利才第一次有伤害女方的想法。这显然改变了对人物的解读，尽管我对此深思熟虑，它是如何为道德服务的，我却不太清楚。"*

作为对评判为B级的交换，联盟还坚持导演剪辑版不能在威尼斯电影节上放映。卡赞对这一要求感到愤怒，并为这部影片随后在商业和艺术上的成功而欢欣鼓舞（该片获得了包括最佳导演奖在内的12项奥斯卡提名）。卡赞拒绝就此罢手。"我的影片已被剪辑到符合某种道德规范的规定，但那不是我的道德规范，不是电影行业公认的道德规范，也不是大多数观众的道德规范。"*卡赞在《时报》的文章中写道，揭发制片厂的背信弃义。几十年后，卡赞在他的自传中回忆了这件事及其影响。"道德联盟的行动表现出非同寻常的大胆和透明，"他写道，"这意味着——我当时并没有意识到——娱乐界右翼的力量和信心正在变得越来越强大。"*右翼势力的崛起，以及他们的保密和恐吓策略，破坏了文化氛围。卡赞说："现在，我周围到处弥漫着一种分崩离析的气氛。神秘的压力从我无从知晓的源头攻击着业内人士，结果是，也似乎攻击了我许多朋友的私人关系……一片混乱。"*

1951年5月18日，威廉斯启航前往罗马。他离开美国是基于国内日益强烈的压迫感。"在我看来，让你在美国感到不舒服的正是让你动笔的东西，"卡赞在信中写道，批评了威廉斯逃避的冲动，"对我来说，让一个人想要写作的东西首先是他所处的环境，个人的或社会的，那些激怒他、伤害他、让他流血的一切。任何艺术家都是不合群的。如果他能以一种'正常的'方式进行'调整'，他到底为何还会陷入这些困境呢？我得说，在罗马，你暂时感觉不到不适……在罗马，你不是真正的田纳西·威廉斯。布兰奇是一只脆弱的白蛾，撞击着一个千瓦灯泡坚固的灯体。但在罗马，千瓦灯泡是不存在的。白蛾差不多都待在家里……不管你喜不喜欢，在某种程度上，尤其是因为你不喜欢，你就应该住在美国。我想你很快就会写一些新剧本，没人能阻挠你。"*

那是一个动荡的时代。一个月前，朱利叶斯·罗森伯格和埃塞尔·罗森伯格被判处死刑，据称原因是他们将一份原子弹设计图交给了苏联。在朝鲜半岛,中国和美国在三八线两边几乎陷入僵局。但威廉斯对发表政治声明不感兴趣;他从内心出发进行创作。政治就像他的大多数人际关系一样,处于他工作的边缘,"如同处于狂热中心外围的半影"*。只有当时代的轮廓与他的内心戏剧吻合,他的剧本才会与历史携手。在国外,在威廉斯"流浪的夏季"*,一场完全不同的冷战悄然而至。"昨天是我们在一起生活以来,他第一次表现得像个泼妇,而且是相当常见的泼妇,"威廉斯在日记中记下梅洛日渐剧烈的蛮横,"当然,现在已经有了几个月的'迹象',但是怨恨、不满——无论那是什么,他对我来说仍然是个谜——越来越频繁,现在甚至公开化,令我在困惑、不安和忧伤之余平添羞辱。我只能纳闷。"*

像所有名人的家务总管一样,梅洛既被需要又不被承认,他被困在赋权与疏离之间。在《玫瑰文身》的彩排和首演期间,他都坚定地支持着疯狂的威廉斯。但他帮助威廉斯所做的任何事都只会加大他们之间的差距。随着灵感来自他也是关于他的《玫瑰文身》的成功,梅洛发现他无法掩饰自己的矛盾心理。威廉斯获得了荣耀,梅洛得到了悲伤。去欧洲前,在基韦斯特,他先是尽职尽责地为威廉斯的家人打理家务——他们在那里住的时候一直在与流感抗争,后来又为来访的罗丝和她的看护打理家务。为了减轻梅洛日益增加的负担,威廉斯聘请了沉稳的莱昂西亚·麦基(Leoncia McGee)担任厨师和管家,直到1983年威廉斯去世,她一直忠实地做着这份工作。(威廉斯写道,莱昂西亚"煮的咖啡盖世难喝,谁都不会上瘾!它似乎是火山灰的蒸馏物。口感糟糕透顶,还浓到让人只消喝上一口就怒火冲天"*。)但是莱昂西亚在这个古怪家庭的出现也使梅洛更加不安。失去了日常事务,他也失去了部分身份。他现在没了目标。他既是威廉斯慷慨施舍的受益者,也是其俘虏。他们生活的华彩——那些著名的朋友、那些激动人心的事、这次旅行——

对梅洛来说既是一种乐趣，也是在不断提醒他自己的无能。不可避免地，他想挣脱他的金笼子。他和威廉斯都假装不知道，他突然的不满（威廉斯当面质问他时，他否认了）是对威廉斯及其作品的嫉妒之心在作祟。通过让威廉斯难以创作，梅洛在不知不觉中剥夺了他的一些权力和控制力。

夏天的一段时间里，梅洛坚持他和威廉斯应分道扬镳。威廉斯在7月25日的日记中写道："他现在根本不想见我。这对我来说是很不幸的，这种情感错位发生在我生命中最需要有人给我安全感的时候，这种安全感，我过去每当想起自己受到关爱时便能感受到。"同一天晚些时候，威廉斯继续写道："我给F打电话了。他没说见面，也没提议见面。我感到那种死亡临头的人所感到的孤独。我知道他永远不会说——我只能试着去猜发生了什么，我做了什么，我们之间出了什么问题。除了他，我没有家。我能再找到这么一个人吗？没有这么一个人，我能活吗？"*

在他的信中，威廉斯把这一时期称为"长刀之夏"*。伍德做了阑尾切除手术，奥利弗·埃文斯做了耳部手术，布里特涅娃做了流产手术，保罗·比奇洛做了下巴手术，而威廉斯自己也差点被送上手术台。7月下旬，威廉斯在从罗马前往布拉瓦海岸的途中，驾驶他的捷豹以每小时70英里的速度撞到了一棵树上。"在事故发生前的几天里，我一直很愚蠢，不应该出发，但我觉得只有改变才能让我振作起来，"他告诉卡赞，"所以我在保温瓶里装满了马提尼酒，然后上路了。"*他向伍德讲述了接下来发生的事情："离开罗马大约100英里后，我变得非常紧张。我从随身带的保温瓶里喝了两口——或者是三口？——烈性酒，我所知道的第一件事就是有可怕的撞击声！……令人惊奇的是我没有受重伤。我的手提式打字机从后座飞了出来，落在我的头上。只有一个小伤口，没有脑震荡。但是打字机严重损坏了！——我想，从那以后，由于受到惊吓，我一

第四章　逃遁之心

直很紧张。"*

在威尼斯，从这场事故中恢复过来并"几乎因抑郁而惶惶然"的威廉斯发誓，"要对友人亲切，这样才能结交朋友"*。为了度过一连串令人心烦意乱的夜晚，威廉斯约见了佩吉·古根海姆（Peggy Guggenheim），以及哈罗德·克勒曼及其妻子、女演员斯特拉·阿德勒（Stella Adler），他喝了很多酒。白天，他思考着自己的孤独、自我厌恶和酗酒，把他的"炼狱时期"*改编成了一个故事，名叫《三人对抗格林纳达》（"Three against Grenada"），这是一个关于"南方酗酒者"*的沉思，具体说来，是关于一个"精力充沛、前途无量"*的年轻密西西比人——布里克·毕肖普，他沉溺于酗酒。[这个故事被大幅度地改写并重新题名为《夏日游戏的三个玩家》（"Three Players of a Summer Game"），15个月后，这个故事发表在《纽约客》上，*并为《热铁皮屋顶上的猫》的写作做了铺垫。]布里克不幸的无着落影射了威廉斯困惑的情绪。"没有人注意布里克·毕肖普先生，他也漠视一切；他的光芒彻底消失了。"威廉斯这样描述布里克：

> 他爱上了他的酒，就像他爱上并追求他娶的那个女孩时表现出的那种英雄般的义无反顾。他爱它，就像他娶了它、生了它一样，它现在是他的孩子，是他的爱人。其他一切都消失在给他慰藉的烈酒面纱后面，透过它只会看到冷漠和模糊，然后从那时起，到令人难以置信的很长一段时间后，酒最终毁了他，它本该早就已经废了他的……他似乎要抛弃自己，就像他发现手中有什么恶心的东西一样，必须尽快摆脱。*

整天活在酒杯里的布里克体现了威廉斯想要隐居的愿望。"做一阵甲壳纲动物！"*在1951年7月那悲惨的大热天里，威廉斯这样建议自己。他说,他"把我的心帆收了起来,因为风向不对"。一个月后,他在日记中写道:"刚吃过两片苯巴贝、一片西可巴比妥、一杯马提尼。现在奏效了。但我知道让自己不断陷入镇静状态是不对的,是不好的。"像布里克一样,威廉斯"还没有完全被酒精击倒";他的青春也"没有走远,事实上,他仍在它的边际"。故事里,布里克被描述为吵吵闹闹地从车里出来,踢掉他刚买的房子上的"出售"牌子,抗议妻子对他们财政事务的代理权。这个场景唤起了叙述者对童年的回忆——一个与威廉斯本人完全相似的童年:

> 我告诉你的主要是我童年某个春天从一个窗口向外看到的一切,那时我正在康复中,童年很长时间我都在生病,它把我从一个普通的活泼的十岁男孩变成了一个瘦弱、爱做梦的小幽灵,只能与女孩为伴。我就像一个雨天里的小孩。我独自在房子里琢磨,发明些一个人玩的游戏,花很多时间看窗外。*

布里克的凝滞无疑类似威廉斯发现自己现在所处的那种充满创造力和情感的停滞。除了这个故事,威廉斯"不能做任何对他来说似乎重要的事情"。他对伍德承认,他一直"在工作、工作,工作了整个夏季"。在那个时期的大多数时间里,他感觉自己"就像一个拖着扭伤的脚踝努力奔跑的人"。

到了8月初,梅洛和威廉斯又同居了;然而,分开的时间并没有改善梅洛的坏心情。对威廉斯来说,他显得谨慎、易怒、阴沉,散发着"豪猪般的温暖和魅力"。"我想,小马之所以那么紧张、那么喜怒无常,是因为他什么也没有,只是没有什么可做!"威廉斯写信给布里特涅娃说,"要是不让他忙点啥事儿,我想我不能再这样忍受他一年了,所以我要尽我所能等我们回到美国后让他去一所秘书学校。否则,我们两个都要去见个好的心理分析师!"*威廉斯看到了问题;然而,他的解决方案没有抓住要点。他认为,打印自己的手稿可以让梅洛分享他的工作。他不明白梅洛担任家里的秘书只会使问题恶化。

在这场情感对峙中,布里特涅娃的忠诚——她称之为"深情"*——对威廉斯来说变得越来越重要,他渴望有人把他记在心里。8月底,他没带梅洛独自去了伦敦,布里特涅娃热烈、友爱的欢迎算是应了他的祷告。"感谢上帝赐予我们玛利亚,如果她还喜欢我的话,"威廉斯在日记中写道,"我不知道是否有人喜欢,如果有人喜欢又是为什么。"*但即使是与布里特涅娃的重逢,以及威廉斯之所谓她"善意的恶作剧"*,也受到惨败的侵扰。

布里特涅娃和威廉斯应花花公子库奇比哈尔王公的邀请,和一队人一同乘坐劳斯莱斯去看一场马球赛,中途到切斯特广场女演员赫敏·巴德利(Hermione Baddeley)的家接她及其22岁的双性恋情人——演员劳伦斯·哈维(Laurence Harvey)。*同行的人中还包括戏剧评论家肯尼思·泰南。泰南擅长用明快的笔调描述——他写道,布里特涅娃"以一种粗犷、语言犀利的方式吸引人,就像一只时尚的白鼬"*——他日记里的描述捕捉到了威廉斯所徘徊的脆弱而又令人迷惑的愚蠢世界:

> 我们走进一间小客厅,尽管有烈日,但光线很暗,百叶窗也合上了,里面满是瓶子、玻璃杯和聚会上的垃圾。恶作剧到处都是,比如人手形状的烟灰缸和绸缎垫子上点燃的香烟的仿像。然后,劳伦斯·哈维穿着晨袍,显然是宿醉难受的样子,摇摇晃晃地走下楼来,跟我们见面并斟酒。他后面跟着赫敏·巴德利,她穿着溅满鸡蛋的和服。亚纳尔说个不停。没有其他人说话,只有田纳西低声对我说:"你认识这些人吗?"我摇了

摇头。他也摇摇头。亚纳尔建议我们离开：巴德利小姐和哈维先生穿好了衣服。我们跌跌撞撞地穿过一片昏暗走向门口时，巴德利小姐戏剧性地说："拉里——胡子！""天呐，对啊。"哈维说着，一头冲回楼上。

他不一会儿就回来了，捧着一堆长长的假胡子，是假须，染成了奇怪的颜色——绿色、黄色、紫色、橙色和深褐色。他郑重地把它们分发给大家，我们也同样郑重地把它们挂在耳朵上。这一切的完成没有任何恶作剧的意思，而是好像下雨了，他在发麦金托什雨具。巴德利小姐斩钉截铁地说："我们在哪儿都戴着胡子。"我们满面胡须挤进了几辆车里。汽车静静地在郊区飞驰。当我们停在交通灯前，人们会好奇地盯着这支怪异的车队，胡子不停地摆动，我和田纳西轻轻地聊着，我戴的紫红色，他戴的天蓝色。

我们在考德雷公园下了车，司机从后备厢里拿出了白葡萄酒和野鸡肉。有些人仍戴着胡子，有些人摘下了……突然，一声尖叫："我的天啊！"哈维先生的嘴唇被黄蜂蜇了一下。他惊恐地手舞足蹈着。"天啊，妈的，我明天就要拍戏了，如果我的嘴唇肿得像个该死的气球，那该死的特写镜头怎么办？"巴德利小姐安慰了他，从一个司机那里拿了一瓶白兰地，和他一起上了一辆车，关上门窗，随手拉上了百叶窗。车外，在热浪中，交谈安静下来……田纳西悄无声息地喝多了。没有人知晓他们为什么在那儿。我和妻子去车里找巴德利和哈维喝白兰地。哈维在呻吟，巴德利在泰然自若地喝酒。喝光一瓶后，她朝窗外看了看，难忘地说："我想我要跳出来吃一口新鲜的黄蜂。"

哈维跟在她后面，吵吵闹闹地要看医生，好心的库奇比哈尔决定我们最好回伦敦……我们爬回车里。我和妻子与田纳西、巴德利小姐及（苏珊）肖小姐坐一辆车。我们的东道主在前面，同车的有亚纳尔、哈维先生和布里特涅娃小姐，布里特涅娃小姐已经在一些闪烁其词的谈话中表明，她不大爱听哈维先生的奚落。

我们呼呼地（我想就是这个词）驶过艾伯特大厅时，领头的劳斯莱斯停在道牙边，布里特涅娃小姐飞跑了出来。她跑回我们的车，歇斯底里地哭泣。打开门，她说："让我离开这里，田纳西。该死的哈维刚才朝我脸上吐口水。"原来是她打断了哈维一段关于他电影生涯的独白，来表达自己关于自恋和狂妄自大对天赋（如果有）的影响的精辟见解。坐在她对面折叠椅上的哈维先生向前探了探身子，向她吐了口水。*

"这个同性恋朝玛丽亚脸上啐了一口唾沫，骂她，这是潘乔之外我听过的对女人说的最恶毒的脏话，"威廉斯给梅洛写道，"当然，玛丽亚说了些不得体的话，惹起了这场争吵，当着他的面骂他'自负得令人难以忍受'。"威廉斯那封说长道短的信本意是逗人开心，却给他漫无目的的行为增添了一抹文雅的色彩。"我非常想念你，日日夜夜，我和玛丽亚经常谈论你，"威廉斯总结道，然后又加了一句假意逢迎的话，"但我认为我们需要彼此分开一段时间。"*

在接下来的一年里，随着梅洛继续保留他的感情，威廉斯学会了顺其自然。和他的角色布里克一样，威廉斯采用了"放弃争斗的人所具有的超然冷静的态度"*。"生活有时会给你一个大大的'不'！你必须学会解读它，"他在日记中告诫自己，"如果我至少在一段时间内不去解读它，相信并接纳它，我会摔成如此多碎片，而你一片都找不到！"*威廉斯试图做到超然。1951 年 9 月 16 日，在与梅洛重聚后不久，他在日记中写道："当弗兰克对我友好时，我喜欢和他在一起，但这只是部分时间。"*两天后，就在《街车》被美国媒体称赞为当代电影经典的那一天，威廉斯却在罗马遭到梅洛的奚落。"小马已经躺在床上了，非常生气——不是一般地生气，是五般、六般地生气！"威廉斯写信给布里特涅娃，"我们该拿他怎么办？！"*

当威廉斯努力将他的心与梅洛分开，他开始更多地投入他的工作。9月中旬，受《街车》反响的鼓舞，卡赞联系威廉斯，想从戏剧集《27 辆棉花车》中选一些独幕剧专做一个独幕剧演出之夜。他觉得剧集中的作品"性感、独到且生动"*，还有最近出版的独幕剧《皇家大道上的十个街区》（Ten Blocks on the Camino Real）。1949 年，卡赞在演员工作室排练了其中的两场。* 卡赞对《玫瑰文身》的拒绝，两人都不能释怀，这一新的合作建议是在对威廉斯才华深表敬意，这也使威廉斯以礼相回。"对任何一位在世的剧作家来说，拥有另一部卡赞导演作品的前景，足以让他继续活着，甚至回到美国。"* 威廉斯说。"你认为他能定下来吗？"他写信给伍德，"他会出色地完成任务，我认为，有了他，成功是相当肯定的。"*

在卡赞合作过的所有作家中——包括阿瑟·米勒、桑顿·怀尔德、约翰·斯坦贝克和阿奇博尔德·麦克利什（Archibald MacLeish）——卡赞自己也承认，威廉斯是与他最合得来的人。这是 20 世纪美国戏剧界最具影响力的合作关系。"这是一种神秘的和谐；从所有可见的迹象来看，我们是两个截然不同的人，"卡赞说，"我们的联盟在第一次相遇时便结成，秘而不宣；伴随了他的余生。"* 卡赞和威廉斯互相爱慕。卡赞是"加吉，宝贝儿"和"我的老兄"；威廉斯是"田，亲爱的"。"和卡赞一起工作我总是很开心。"* 威廉斯在《回忆录》中写道。"有一天你会知道我多么珍视你为我的作品所做的伟大之举，你用你伟大的天赋来提升它的价值，"1959 年，威廉斯在《青春甜蜜鸟》第一次彩排后给卡赞的信中写

第四章　逃遁之心

道，"我几乎对所有的情人和朋友都不忠，但是忠于一两个使我的作品焕发生机的人。相信我，在我认识的这一行业的人中，我认为我最钦佩你，最珍视你。"*

他们合作的亲密在很大程度上归功于他们相似的家族史。卡赞说，"在美国的生活让我们俩成了古怪的反叛者"*。通过将自己改造成艺术家——拒绝他们残暴的父亲的平庸，卡赞和威廉斯都塑造了勇敢的传奇。作为一名年轻的作家，威廉斯把自己定位为一个探路者，并采用了"田纳西"这个名字，象征性地认同他父亲"凶悍的血统"和开拓者的传承。同样，卡赞把他的足智多谋、事业心和冒险精神归功于他的安纳托利亚之根。"我来自一个旅行者之家，"他说，"我的伯伯和父亲都是候鸟，这与其说是需要，不如说是出于天性。他们处事圆滑，不得不这样。他们在一个充满回忆的世界里被养大，长大后对命运充满了怀疑。'别担心，'我的伯伯常说，'一切都会变糟。'"*

卡赞和威廉斯对世界的怀疑是他们之间深厚的情感纽带。卡赞写道："面对冷漠无情的世界的掠夺，我们都感到脆弱，不相信我们已经取得的成功，怀疑那些赞成我们的人，期待着被奚落，期待着得不到足够的赏识和回报。"*但焦虑不止于此。卡赞和威廉斯的代谢系统都不稳定；他也是一个"消失者"*。虽然已婚，有四个孩子，但他总是在工作，四处奔波。他对自由的渴望带着一种偏执，这使他完全理解威廉斯混乱的生存状态。"任何一个雄心勃勃的外来者想要在陌生社会寻求认可，都不能容忍陷入一个封闭的地方，门上了锁，而他却没有钥匙，"卡赞说，他在三个不同的城市都有银行账户和成套的衣服，"我一生都在担心，可能突然间就必须逃离。"*

卡赞和威廉斯是在危险的家庭环境中长大的。不信任和不安全感是令人畏惧的父亲遗留给他们的。在后来的岁月里，他们后悔没有去了解父亲。卡赞是四个男孩中的老大，他回忆起十几岁的时候自己从窗口看着一辆出租车载着他的父亲乔治·卡赞约格罗，一个地毯商人，去了火车站。"房子里的恐惧消失了。"*他说。据他儿子说，乔治·卡赞"是一个充满暴力的人，他只敢在家里释放……他随时可能爆炸，这让我们大家都非常害怕"*。威廉斯被父亲CC嘲笑为"南希小姐"，卡赞被他的父亲羞辱为"一无是处"*和"没啥希望"*。乔治·卡赞是一个旧世界的家长，除了他们对他的服务，他对别人的需求一无所知。卡赞既不爱也不崇拜他的父亲，但他和母亲雅典娜有一种特殊的联系——雅典娜18岁的时候就被安排与乔治结了婚。"我们一起开始了一种秘密的生活，从未被父亲打破，"卡赞写道，"那便是我们的共谋开始的地方。"*

和威廉斯一样，卡赞的艺术命运也是他母亲的梦想，是对父亲傲慢权威的一种联合反抗。就像十几岁的威廉斯在圣路易斯所做的那样，卡赞过着一种地下生活。"我学会了掩饰自己的欲望，隐藏我最真实的感受，"他写道，"我训练自己生活在贫困中、在沉默中，从不抱怨，从不乞求，孤独一人，不期待善良、恩惠甚至好运。"他补充说："但我学会了不断回来，坚持下去。我更坚定……我学会了像艺术家一样生活，藏在面具后投入情感去观察、想象、梦想等。"*他确信父亲"会反对我最想要的一切"，在母亲和一位支持他的英语老师的帮助下，卡赞申请了一所文理学院而不是商学院。当他被马萨诸塞州著名的威廉斯学院录取，他不敢亲自告诉父亲，于是雅典娜告诉了他。"他一拳打在她脸上，把她打倒在地。"*卡赞回忆说。

在大学里，他几乎没有朋友，与世隔绝了四年，卡赞的与众不同给他留下了深刻的烙印。他不参加任何团队，不参加任何舞会，不参加任何兄弟会。"我知道我是什么。一个局外人。一个安纳托利亚人，不是美国人。"*他说。周围都是富有的盎格鲁-撒克逊人血统的清教徒，卡赞的社会和性自卑感愈益恶化。"我想要他们拥有的一切：他们的风格、他们的容貌、他们的衣服、他们的车、他们的钱、等着他们的工作、等着他们的女孩，"他回忆说，并补充道，"从那以后，每次我看到特权，我便想把它毁掉或者占有它。"*

20世纪30年代，这种腐蚀性的报复渴望让卡赞参加过18个月的共产党，同时也加强了他对成功的渴望。他回忆起作为一名演员，他在舞台上耀武扬威地说："'去你们的，管你们是什么达官贵人还是小萝卜头！'那些年里，我常常喃喃自语——当然是对我自己，悄悄地。"*卡赞对报复性胜利的渴望——驱使着他执拗的野心和无悔的沉溺女色——部分源于一个无法逃避的事实：卡赞长得不帅。"难道你没照照镜子吗？"*他第一次宣布自己将进入耶鲁戏剧学院时，他的父亲问他。他那粗糙的脸和歪歪扭扭的大鼻子暴露了他的外国气质和他的凶猛，这使得他的好莱坞电影生涯毫无希望。威廉斯也为自己的外表感到沮丧。"他没有那种诱人的身体，"他的朋友女演员伊丽莎白·阿什利（Elizabeth Ashley）说，"他更多的是在渴求而非被人渴望……他对自己的身体总感到不自在。他总在修整自己。他总在镜子里寻找他知道他永远也找不到的东西。"*

对卡赞来说，对于威廉斯也一样，名声是最好的防卫措施，免于羞辱地嫉妒他人。威廉斯在纸上释放愤怒，卡赞则在自己的表演、导演和拈花惹草中活出自己的愤怒。"对我来说，女人总是意味着一切，"他坚称，"我对所谓的男性美德从不感兴趣；我已经远离了男性世界和它所在意的一切。"*卡赞和像威廉斯这样有"强烈'女性化'特征的男人关系最好……令人同情的柔顺品质"*。"宝贝，你知道得和我一样清楚，首先，我们必须服从内心的第一个指令，"1952年1月下旬，威廉斯写信给卡赞谈工作上的事，"你很清楚这一点，否则我们在精神上就不会这么亲近了。"*两人都在欲望中受教；两人都视性爱为通往知识的途径。"滥交对艺术家来说是一种教育。是强大的信心源泉，也是工作的动力。"* 卡赞说。对卡赞来说，每个女人都是一种冒险和一种鼓舞；对威廉斯来说，每个男人都是冒险和鼓舞。

和威廉斯一样，卡赞也花了很长时间来培养他的肉欲和他的天赋。导演事业让他重新创造了他与母亲的密谋感，用弗洛伊德的话来说，和她在一起，他是"无可争议的宠儿"*。"我想成为一切之源。"* 他在谈到导演时说。根据阿瑟·米勒的说法，他的彩排有一种"悄无声息的密谋气氛……不仅反叛现存的戏剧，而且反叛社会、资本主义——实际上是反叛所有不参与戏剧制作的人。……人们不停地走过去在他耳边窃窃私语"*。他的导演方法非常吸引人：安静、有直觉力、敏锐。在评估演员和人物的心理状态时，卡赞表现出司法鉴定的水平。他给予他的合作者一种强烈的战略关注。据米勒说，排练时，他"总是咧着嘴笑，说得越少越好"*，产生的效果是使得他的演员更加努力地竞争，以博取他的喜爱。他是靠暗示而不是命令来工作的；激励和掩饰是他的孪生天赋。"他会让一名演员去听一段特定的爵士乐，让另一名演员去读某本小说，让一名演员去看精神科医生，让另外一名演员去接吻。"米勒回忆道。他补充说："有重要的事情要告诉演员时，他会本能地和他私下密谈，而不是在其他人面前说教，因为他知道任何真正有洞悉力的话在某种程度上总是令人尴尬……谁都不知道他可能在想什么，那是一个谜团，这让演员重新思考自己。"* 卡赞的手法是让他的想法看起来像演员自己的发现。"他让演员说服自己该如何表演，"米勒说，"他们会把这种表演带回给他，就像孩子把捡到的东西交给父母一样。"* 像任何优秀的父母一样，当一切朝着正确的方向发展，卡赞知道如何不去干预。

对拒绝与亲生父亲有任何瓜葛的威廉斯来说，卡赞是一个鲜亮的、赋予他力量的父亲形象。"你是一个实干家，加吉，"他在1949

年给他的信中写道,"这是你身上美好的地方之一。你不只是说说、打发日子而已,而是把你自己转化成驱动力!我希望我能做到。"*卡赞直言不讳的讲话挑战了威廉斯,这为他设定了任务和界限。卡赞将威廉斯组织起来,打个比方说,强迫他收拾自己的烂摊子。像所有虎父的儿子一样,威廉斯对父亲权威也有一种矛盾心理。他需要卡赞的能量和灵感,但他同时也对他的侵扰感到愤愤不平。"对于那些短剧的快速进展,我感到非常兴奋,也有点沮丧,还十分恐惧,"1951年10月,他在给伍德的信中写道,"他总是谈论'工作和工作'(听起来好像工作多得不行),但他没有说工作是什么样子。在我的生命中,我的工作从来没有像过去几个月那样糟糕。"他还说:"我真希望他们不要企图和我合作写剧本!也就是说,参加实际的写作。另一方面。加吉思维创新,他会激励我。"*

威廉斯1951年11月末回到美国。也就大约在这个时候,卡赞提议的独幕剧之夜已经演变成了两个项目。威廉斯现在正将《皇家大道上的十个街区》扩写成一个多幕剧——完成后,卡赞会执导此剧。与此同时,在刚刚拍摄过《街车》的兴奋劲儿鼓舞下,威廉斯和卡赞全力以赴准备拍摄基于《27辆棉花车》的电影,暂定名为《捉迷藏》(*Hide and Seek*)——后来的电影《洋娃娃》(*Baby Doll*)即脱胎于此。威廉斯觉得"救赎只在新作品中",他写信给卡赞请求文学援助:"求助!求助!给我派个作家!"*他需要一个了解密西西比河三角洲地区的合作者。最后,他选择了一个廉价的解决方案,邀请了在缅因州出生、在剑桥受过教育的朋友保罗·比奇洛来到基韦斯特的家,帮助他完成剧本。威廉斯声称"一直对比奇洛有点迷信般的敬畏。我想他会魔法,至少会占卜术"*。

不可避免的是,比奇洛令人振奋的身影和两人在一起时的明显快乐——"我们工作时笑得前仰后合"*,威廉斯说——让梅洛感到不快,像他在国外时一样,他继续在家里发泄着自己的不满。"F

和比奇洛来酒吧加入了我们,我们看了一个无聊的脱衣舞表演,"威廉斯在1952年2月的日记中写道,"F像往常一样独自离开……我是一个无聊的家伙,很长一段时间都是这样。真的不能怪F不再想要我的陪伴……今夜我会难以入眠。一如既往沉闷乏味的怨恨与伤害——为什么情爱一定要变成决斗?我不想争斗——我要去相信、爱和感受被爱,或者至少是被喜欢——不仅仅是被包容——哦,该死——出路是什么?"他继续说道:"我的内心确实怀着对弗兰克的爱,他似乎对此不屑一顾。为什么?因为他觉得被我束缚住了——他的依赖性,他不够理智,无法理解过去和现在的环境都是他自己的选择……没有什么改变,只是时间在流逝,我还像之前那样生活。"*

威廉斯全身心投入了工作,梅洛则加入了当地的繁忙社交。"弗兰克找到了一群他喜欢的人,"威廉斯给埃文斯写道,"他们晚上逛酒吧,大约破晓时分他才回来。他们都是一些'后迷茫的一代'(after the lost generation)的红男绿女,他们靠酒精和'氨基丙苯兴奋剂'而活,活在疯癫之边。"他接着说:"弗兰克和那些女子疯狂地跳舞,可能还会与男人做爱,我也不知道。如果只是就性而论,我已试演过一回了。"* 在那段乏味时间的某个缓刑瞬间,威廉斯正在基韦斯特前厅的沙发上为"一位来自南加州的漂亮……美少年"脱衣时,梅洛乘着一辆出租车回来了。"可真是让他彻底崩溃了!"威廉斯写信给埃文斯,毫不掩饰自己看到梅洛惊愕反应的喜悦,"尖叫、抗议、愤怒和眼泪,结果是,梅洛小姐在客厅的地毯上摆出她最合适的姿势。这意外之喜让我寻思,是否值得在更谨慎的情况下和南加州小姐再试一次,在她被指责为巴比伦妓女之后!"威廉斯补充道:"我必须说,梅洛小姐在发怒的时候,几乎没注意到她和竞争对手的体型差距。"*

对他的朋友们,威廉斯摆出一副若无其事的防御姿态。"弗兰克自己尽情享乐，"他写信给克劳福德，"我只是有点生气，但他就像一个玩耍的孩子，就应该有人跟他在那片娱乐场地玩得很开心，即使那个人不是我。"* 但在这个焦躁的时期，他那些关于梅洛的诗却是惆怅的，几乎是心碎的。例如，在《闺房一瞬》（"A Moment in a Room"）中，他写道：

> 粗糙的衣物*
> 是日常穿戴的，
> 柔软的那些
> 我们妥善收藏。
>
> 我就这样静静望着你，
> 梳理头发，
> 让这份安静变得暧昧，
> 朦胧而温暖。
>
> 我很想
> 但还是没有打破这份宁静，
> 此中哪怕是一声耳语
> 都显得尖厉……
>
> 因时光并未
> 被这一刻安宁欺骗，
> 心跳声回响于
> 永恒的悸动……
>
> 但当它在等待，

我没说违心的话,
那在这房里,
没被说出来的是真的。

就好像
它仍然渴望驻足,
这个柔软时刻,
我们必须妥善收藏。*

———

  1952 年对这个国家和威廉斯来说都是一个转折点。1 月 14 日,当时威廉斯还在创作《捉迷藏》,卡赞首次(共两次)出现在了众议院非美活动调查委员会前。在这次闭门问讯上,他拒绝指控他人。"我决定避开不看他们,除非万不得已。"* 他回忆道。与此同时,他专注于《捉迷藏》和即将到来的奥斯卡金像奖。《街车》获得了 12 项提名:最佳影片、最佳导演、最佳女主角、最佳男主角、最佳女配角、最佳男配角、最佳编剧、最佳艺术指导、最佳摄影、最佳服装设计、最佳音响效果和最佳配乐。"我们大获全胜,"卡赞在 2 月 14 日给威廉斯写道,"不过,我有预感,《郎心似铁》(*A Place in the Sun*)将获得成功,因为它更符合那些人的思维模式。我不知道为什么。"* 两天后,众议院非美活动调查委员会要求国会惩罚在战争时期与和平时期针对美国的间谍活动;它还指责电影行业没有"足够坚定地肃清共产党"*。威廉斯于 2 月 19 日完成了电影剧本《捉迷藏》;3 月 7 日,他在日记中写道:"每个人似乎对电影剧本都很满意。"*

  在 3 月 20 日奥斯卡金像奖颁奖典礼之前,威廉斯和卡赞在好莱坞碰面，向华纳兄弟公司推荐《捉迷藏》，并为《街车》做一些斡旋。然而，就在他们抵达好莱坞的时候，报纸上突然传出卡赞以前加入过共产党的消息。威廉斯和卡赞，他们那个时代两大戏剧界强手，没能达成协议。威廉斯告诉克劳福德："华纳公司用许多审查制度上的异议拖延我们，在没有任何签约的情况下要求进行修改。"*

好莱坞的生与死都在于取悦公众。"红色恐慌"吓坏了整个行业。"那几乎立刻让他跌入了冰窖之中，"威廉斯向布里特涅娃吐露了卡赞的事，并补充说，"他们正坐观接下来会发生什么。如果他坚持不透露自己参与期间其他党员的姓名，甚至有可能被判入狱。这一点我认为他非常值得敬佩，非常勇敢，所有正派的人都应该尊重他的荣誉感。但当然了，他们大部分人不这么认为。"威廉斯继续说："'红色恐慌'已经到了这种地步，这一消息的泄露很可能会毁掉他作为电影导演的职业生涯。"*

恐怖腐蚀了思想。为了避免毁灭性的疑虑，人们追求一切从简，并迅速做出决定。1952年奥斯卡金像奖是一个微观天气体系，却反映出更大的国家气候。《街车》没能获得最佳影片奖，得奖的是音乐剧《一个美国人在巴黎》(*An American in Paris*)，费雯·丽、卡尔·莫尔登和金·亨特获得了奥斯卡奖。"加吉、马龙和我显然被排除在获奖名单之外"，威廉斯说，他发现这种场合"觍着脸坐在那里，假装不在乎，简直是一种可怕的煎熬"*。卡赞说从未见过有人像威廉斯那样在他的座位上缩得那么低。"克莱尔·布斯·卢斯（Clare Booth Luce）夫人站在台上宣布编剧奖时，我甚至都不敢把酒瓶从口袋里拿出来，"威廉斯向克劳福德吐露，"我内在的一部分鄙视这些奖项以及它们所代表的粗俗标准，但另一部分无论如何都想成为'获奖者'。我们何时、如何才能克服这一点，并有尊严地保持谦逊，真正地感知什么才是重要的？"*颁奖典礼后的第二天,卡赞离开好莱坞去了纽约。他说:"我相信我在那座城市和那个行业的日子已经结束了。"*

当卡赞在考虑他的职业前途时,威廉斯在考虑他的个人前途。在奥斯卡颁奖典礼和卡赞第二次面对非美活动审查委员会——1952年4月10日的一次公开听证会——之间的某个时间,威廉斯写信给卡赞,提出了一个"绝望的请求"。"他非常自信地问我,是否可以为他的一位女性朋友安排人工授精,"卡赞说,"他没有说这位女士是谁,也许在这种情况下,这并不重要。问题是,田纳西仍然和弗兰克·梅洛在一起,很幸福并且很可能会一直幸福下去,他想要子嗣。他不确定自己能否勃起和女人发生关系。"卡赞还说:"我跟他说我会留意,但我再也没有听他提起这件事,我就忘了。"*

当然,卡赞不知道的是,威廉斯并不开心。尽管看起来是那样令人难以置信,但一个孩子有可能给梅洛提供一个关注点从而消除他的不安,也给田纳西和弗兰克一个威廉斯写作之外的共同事业。"他现在正经历着一个我无法假装理解的奇怪阶段,"威廉斯在3月底写给布里特涅娃的信中说,"我没法恰到好处地跟人相处,除非他们是我自己创造的人物。我不再抱怨小马的行为,他完全有权利做他想做的事,我不能说他故意做了什么事来伤害我,他一直对外公很好。"*就连威廉斯临时组建的家庭现在也似乎岌岌可危。"我说'我们'就好像我确信小马会跟我一起走一样,"他在提醒布里特涅娃他的夏季旅行计划时写道,"事实上我并不能确信。"*

梅洛的情况如此不稳定,布里特涅娃发现自己在威廉斯的心目中被提升为"五点钟天使"。她把自己作为忠诚和爱的化身,为威廉斯提供了一个情感家园,以换取他的经济支持。她是威廉斯的密友中唯一一位年轻顺从的女性,几乎可以肯定她就是他心目中潜在的生儿育女者。在这段关系的早期,梅洛曾提出要娶她,为她拿到绿卡,但她真正爱的人是威廉斯。对于一个像布里特涅娃这样在社会和艺术上野心勃勃的女人来说，一段重要的婚姻至关重要。从一开始，她就盯上了威廉斯。"她疯狂地爱上了田"，记者哈丽雅特·范·霍恩说——她在20世纪50年代布里特涅娃在纽约漂泊的那段日子里就认识她了。当时，布里特涅娃在一间一居室的公寓里为威廉·福克纳和马龙·白兰度等人做晚餐。虽然没有证据表明布里特涅娃和威廉斯曾经发生过性关系，但范·霍恩从她对他的描述中听到了真正的激情："她的描述是——'田纳西晒得黑黑的。他的头像一颗棕色的坚果。我就爱用手指穿过他的发际'。除非你感受到身体上的吸引力，否则你不会这么说。"*布里特涅娃在她的日记中写道："我确实爱田纳西，我认为现世上再也没有谁比他更甜蜜、更温柔、更善良、更慷慨，以及如此才华横溢了……他的陪伴和支持是我现在生命中最珍惜的东西。"*

玛丽亚就她和威廉斯的关系咨询了心理医生，尽管有耸人听闻的反面证据，她还是试图相信他是一个失足异性恋。"到处宣扬田纳西不是同性恋的做法是疯狂的。"*戈尔·维达尔说。但有时她会说更多的话。"她给我打电话说，'我必须马上见你'，"阿瑟·米勒说，"'田纳西和我要结婚了'——不是打算结婚。'你觉得怎么样？'我惊呆了。我说，'你确定你们俩想法一致吗？'我感觉到其中有很大的妄想成分。她在扮演某种角色，像一个14岁的孩子在房间里飘来飘去，非常浪漫和兴奋。我所能做的就是拖延一下，想想自己是否听对了。我认为她想让我和田纳西谈谈，让他娶她。"*

如果说布里特涅娃的妄想毫无意义，那么众议院非美活动委员会的妄想就不可能如此了。卡赞第二次出现时，放弃了之前的立场，并将同仁剧团的八名成员列为共产主义同情者，这些人的名字可能已经为委员会所知。"我不可能赞同他们的废话，共产党只不过是另一个政党，就像共和党和民主党一样，"卡赞在解释他改变主意的原因时说，"我很清楚那是什么——一个组织精密的、全球性的阴谋。这个信念使我和许多老朋友疏远了。"*

其中一个朋友是阿瑟·米勒,卡赞曾经和他讨论过自己即将到来的大转变。米勒在康涅狄格州有个占地113英亩的庄园,某日和米勒在庄园林子里散步时,卡赞解释说他不能为了他不再相信的东西而牺牲自己的事业。"他说的话里有一种令人沮丧的逻辑,"米勒在他的自传《时光弯道》(*Timebends*)中回忆道,"除非他全盘招认,否则在他创作力的巅峰时期,他永远别指望再在美国拍一部电影,而且他很可能也不会得到一张出国工作的护照。即使剧院继续对他开放,那也不再是他的主要兴趣所在。他想要深化他的电影生涯,这是他心之所在。他的老上司、朋友斯皮罗斯·斯库拉斯(Spyros Skouras)是20世纪福克斯公司的总裁,曾对他长篇大论,告诉他,除非他能使委员会满意,否则公司不会雇用他。"米勒补充说:"这个人因人性的弱点而被迫羞辱自己,现在谁或什么才更可靠呢?这一切痛苦强化了什么样的真理呢?"*

在他作证两天后,卡赞花钱在《纽约时报》上做了一个专栏告示——"伊利亚·卡赞声明"——他妻子莫莉·戴·撒切尔执笔,他自己签了名:

……我在1934年夏末加入了共产党,一年半后我退出了。

我没有间谍故事可讲,因为我没有看到间谍。当时,我也不理解美苏的国家利益之间有任何对立。甚至在1936年,我也不清楚美国共产党是否卑躬屈膝地接受了克里姆林宫的命令。

我学到的是最基本的东西,任何一个把自己的脑袋套在党的纪律这一绳索里的人都必须学会。共产党人自然而然地违反了我习以为常的日常民主惯例。他们试图控制思想,压制个人意见。他们试图支配个人行为。他们习惯性地不信任、漠视并歪曲真理。所有这些都与他们所主张的"民主"和"科学方法"背道而驰。成为一名共产党员就是一尝警察国家的味道。这是一种稀释后的味道,但它苦涩并令人难忘。它被稀释了,因为你可以走出去。

我是1936年春天退出的……*

"这是对我们这个时代非常悲哀的评论。"* 威廉斯在给伍德的信中写道。

一夜之间,在左翼圈子里,卡赞从文化王子变成了贱民。他写道:"我似乎已经跨越了对人类错误和罪恶能够容忍的某个基本的、无可争议的界限。"* 他遭受威胁、辱骂和回避。他换了电话号码,并为他的妻子和家人雇了一个保镖。在好莱坞,那个时代最受欢迎的导演突然变得不受欢迎。尽管他可以继续工作,但危机使他在签署合同中陷入被动。他被降级到工作室的最底层。和威廉斯一样,他成了一个逃遁者。(40年后的1999年,他获得奥斯卡终身成就奖时,好莱坞的骚动表明,演艺界有部分人仍然没有原谅他的过失。)"总的来说,他是最不被原谅的人,因为他曾是勇气和力量的典范。"* 艾琳·塞尔兹尼克在《个人看法》(*A Private View*)里写道。她是众多不再与卡赞说话的人之一,就像卡赞说的,他正在"一个巨大的社会烤锅上煎熬"*。

卡赞和被卡赞描述为"狂热的绝对论者"* 的撒切尔都摆出一副坚忍斗争的面孔。"是的!你做了一件坚定而勇敢的事,"撒切尔在信中说,"正是因为它切断了你与那些人的联系——陈腐但熟悉的人——知道他们的想法——仍然做你认为正确的事。寂寞的事。这就是为什么它是勇敢的。我知道这是对的;它总是让人感觉正确:就像石头地基,从这里才能向高处建造。"她补充道:"我记得最清楚的是在74街时你从浴缸里出来,递给我传票。我对自己说:'一切都会不同了。'我对此有一个彻底的、最后的信念,但当时我并没有想到事情会好起来。"*

尽管大多数戏剧界人士都急于做出判断,但威廉斯没有。他对布里特涅娃说:"我对此没有任何态度,因为我不是一个政治人物,我总是预期人性贪婪,但总会原谅。"* 对于卡赞来说,"在那黑暗的几个月里,我最忠诚、最理解我的朋友是田纳西·威廉斯"*。在卡赞出席非美活动审查委员会听证会的两天后,威廉斯给卡赞寄去了一份扩写版的《皇家大道》。

1952 年 1 月 10 日,还在写电影剧本《捉迷藏》的威廉斯提醒卡赞,《皇家大道上的十个街区》似乎从他们的讨论中消失了。"最近在《皇家大道》上花了不少工夫。你还记得《皇家大道》吗?"* 他写道。去年秋天,卡赞和威廉斯讨论《皇家大道》时,它还是一部独幕剧,当晚拟定制片人是威廉·利布林,但他最终无法筹到资金。后来艾琳·塞尔兹尼克挖走了卡赞去执导乔治·塔博里(George Tabori)的《逃往埃及》(*Flight into Egypt*),威廉斯因此说她是个"叛徒"*。"圣诞节有眼泪、抗议和奢侈的礼物!"他写信给布里特涅娃,"但她得到了加吉,我得到了小男孩想要的东西。"*

"现在来谈谈《皇家大道》,你要做还是不做?"1952 年 2 月中旬,伊莱·沃勒克写信给卡赞。沃勒克在演员工作室的工作坊里扮演了基尔罗伊—— 一位困惑的前金手套冠军、威廉斯的流浪英雄和在演员工作室的代理——他提醒卡赞,他正在为这个角色坚持健身。"祝你好运?我对你的祝福更多……如果你不做《皇家大道》,我就祝你摔断你那破腿。"* 卡赞在非美委员会受审,以及沃勒克直到 1952 年年底才有时间,又一次导致了推迟。卡赞接受了另一项电影任务〔《绳上人》(*Man on a Tightrope*)〕。威廉斯又过了一次罗马假日。6 月 10 日,也就是他乘"自由号"去欧洲的前一天,他寄给伍德《皇家大道》的多幕剧版本。威廉斯说,他把这部剧看作"我对《文身》转向自由和造型戏剧风格的一种延伸"*。

事实上,《皇家大道》完全改变了威廉斯的戏剧格调。他1946年就完成了《皇家大道上的十个街区》,就在灵感迸发写完《欲望号街车》之后。当时,他想把它与另一出西班牙主题的戏剧整合起来,辅以歌曲和舞蹈,并称之为《蓝色吉他》或《毕加索的吉他》。*这些名称本身就表明他渴望改变自己的风格。"对我来说,这个作品的吸引力在于它不同寻常的自由度,"他说,"它开始成形的时候,我感受到一种新的释放感,就好像我'经受得住'次中音萨克斯管在迪克西爵士乐组合演奏时暂作休息。"*威廉斯声称《皇家大道》对他来说是一种"精神上的净化",净化了他和其他人"不知怎么陷入的混乱深渊,以及对现实的迷失感"。(该剧取自但丁《地狱》的题词为舞台定下了基调,大张旗鼓地显示威廉斯的存在困惑:"在我们生命的旅程中途,我突然发现自己来到了一片漆黑的树林里,那条笔直的路不见了。"*)该剧采用了丰富的梦幻设计,大胆地摒弃了心理描写和威廉斯惯用的抒情招数,它是一次无拘无束地驶入他内心的旅行。他告诉卡赞:"这部戏之所以得以写成,是因为它准确地触及了我自己的境况。"*

威廉斯的境况是怎样的呢?就像基尔罗伊这个"永恒的滑稽木偶"一样,威廉斯发现自己身处一个"迅速走向极权主义"的美国,这"让我感到恐惧"。*受一种神经质的感觉所驱使、迷惑和侵扰,觉得他的舞台时间即将耗尽,威廉斯觉得自己就像一个前冠军,怀揣着希望,"希望能再听到那古老的纯音乐"*。"如果你们这些人……仍然认真待我是个作家,那主要是由于我过去的成绩,"在1952年夏季的三伏天里,他给卡赞写道,"我说不出怎么回事,为什么我写得这么少。我工作,天知道!但我不像以前那样'充满活力',不像以前那样脑子里装满了想写的东西。我要应付一种糟透了的疲惫感。我曾经七天里大概能有两天是好的，干劲冲天。可现在，15—20 天里只有一天是好的……我以妄想为食，祈求鼓励。在这种情况下，明智的做法是暂时放弃一阵儿，就像许多作家所做的那样，比如里尔克，等待并祈祷一个新的开始，一个新的愿景，祈祷疲惫不堪的神经细胞得以再生。但你看，我完全投身于艺术家的生活。我几乎把所有其他的事都搁置了。我不知道如何以别的样子生活……我的生活和爱情都没有成功。如果我的工作没了，我就破产了。"*

《皇家大道》部分是抗议剧，部分是皮影戏，它既是威廉斯激荡的内心生活风云变幻的写照，又是一份关于美国社会"彻底压制持不同政见人士"的声明——美国社会"似乎不再愿意敞开心扉听取内在犀利的批评声音"*。故事发生在一处虚构港口小镇的广场，那里中央喷泉已经干涸——"此地人性的泉水已经干枯"*，桑乔·潘扎说——《皇家大道》在威廉斯浪漫的理想主义和他私生活及反动的公共领域中无情的现实间进行了权衡。在一片干旱、危险、怪异的景地上，梦想家和捣乱分子被杀死，被街道清洁工收拾走，这里禁止使用"兄弟"一词，这里唯一的鸟类是被驯服并关在笼子里的野生鸟类，皇家大道的居民——他们大多是文学中的浪漫传奇人物——在高档酒店和廉价旅馆之间穿梭，永远处于危险之中。他们生活是持续的经济拮据，从字面和象征意义上来说，他们都害怕"名誉扫地"。从基尔罗伊到阴险的旅馆老板古特曼——他操控着客人的命运，再到被困的浪漫主义者（拜伦勋爵、普鲁斯特的查鲁斯男爵、堂吉诃德、大仲马的玛格丽特·戈蒂埃），这些人物都生活在一个怪异的世界里，他们被绝望扭曲，在欲望和退缩之间挣扎。他们在不名誉的境遇中为荣誉而斗争，因此让自己形象受损。"正是他们"——浪漫主义者——"被逼到了世界的边缘"，卡赞在评价威廉斯之所谓"非常私人的"剧作时这样写道："是他们要面临

如何生死存亡的问题，不放弃他们的身份——甚至通过去死保住他们的身份。"*

"这些人几乎都是各种人类生活态度的原型。"威廉斯在给卡赞的信中写道。

> 玛格丽特·戈蒂埃是一个浪漫的感性主义者，她的朋友卡萨诺瓦是一个彻头彻尾的浪子，但同时也有着滥交无法满足的浪漫渴望。查鲁斯男爵是一个彻头彻尾的玩世不恭的好色之徒和享乐主义者。他们是一类人，因为他们追求非常相似的事业，所以他们都住在上流社会的宾馆里，在街道繁华的一边。吉卜赛人的处所是残酷的生存之谜。她的女儿是永恒的欲望对象。基尔罗伊，就像他最终与之走到一起的堂吉诃德一样，是闯入生活的简单、天真的冒险家，一个保留了尊严、真诚和荣誉的骑士侠客，尽管他很困惑，也遭受了很多侮辱和悲伤。我不确定如何将这一切精确地组合起来，但也许不必如此，只要这种关键的效果、这种诗意的神秘效果达到了就好。我写的时候事先逻辑并不清晰。

卡赞深深地认同《皇家大道》里危险的超现实噩梦。"我是那不幸的主人公，"他写道，"我刚被击倒，仰面朝天躺在帆布上……我必须做基尔罗伊和威廉斯所做的事：从垫子上站起来，回来战斗……有一次我问他这出戏是讲什么的，他回答道：'这是每个人在经历了令人眼花缭乱的青春之后的生活故事……'然后他继续说：'这里一方面有恐怖和神秘，另一方面有荣誉和温柔。'"*这些角色体现了威廉斯渴望生活之外的生活，渴望一种不只是肉体的狂喜。这种超然物外的精神追求以直观的形式体现在舞台布景上——"未知的世界"，一片沙漠，位于被城墙环绕的城镇和远处积雪覆盖的山脉之间。这种精神追求同时也被嵌入写作风格中。在诗意与恐慌、美丽与野蛮的快速互动中,《皇家大道》呈现了一种反传统形式的戏剧杂糅:是寓言又不是寓言;是抗议剧又不是抗议剧;是自然主义又不是自然主义;是诗歌又不是诗歌;是戏剧又不是戏剧。该剧悲怆的扭曲表达了威廉斯同年创作的诗歌《旋转木马之曲》("Carrousel Tune")中超现实的悲喜剧色彩:

> 再旋转,再旋转,再一次旋转;
> 宇宙马戏团的怪人是人类
> 我们是蠢货,是造物的奇葩;
> 信不信由你是我们星球的名字。*

《皇家大道》——这一带双关语义的发音本身就表达了精神和政治的悖论冲突——是在一种"信不信由你"的令人头晕目眩、异化的精神,即怪诞的精神中构思出来的。*根据威廉斯的说法,这部戏的喜剧"可以追溯到美国连环漫画和动画片的精神,在那里,最骇人的荒谬给人最大的快乐……在那里,人物前一刻被彻底摧毁,下一刻又欢快跳跃,在那里,他们身体的各部位被摧毁,然后在投影仪光线的闪烁间又恢复"*。卡赞发现了这种不协调的需求。他在关于这部戏的笔记中这样写道:"在这个方向上,要让它不断地从暴力和悲剧跳闪到粗犷狂野的幽默,动作突然,总是毫无转折。"*在与此对应的语言和象征中——"我认为象征不过是戏剧的自然语言"*,威廉斯主张——《皇家大道》体现了一种神游症的状态。"梦的惯态应该作为该剧的舞台制作和高品质的关键因素来研究,"卡赞在他的导演笔记中写道,"梦中有一种持续的流动和转变:一个身份融入另一个身份,没有任何中断或意外。……这部戏应该对戏剧破格(theatrical license)和艺术自由提出新标准。"*(威廉斯说,《皇家大道》"真的双膝着地,乞求富于想象的参与"*。)对剧作家和他笔下的人物来说,《皇家大道》是一次向未知领域的飞跃,这是其戏剧性的一部分。"基本的风格问题是始终保持神秘的氛围"*,威廉斯告诉卡赞,卡赞在他的剧本上写下了这个定义,并加上了"+幽默"。

百老汇从未尝试过如此富有诗意和视觉趣味的表演。"这部剧让我感动,因为它向世界上我最爱的人描述了1952年世界上发生什么……所有那些幸运的不墨守成规的人。"*卡赞告诉威廉斯。(在那个时代,只要认识一个同性恋,联邦调查局就有理由展开调查,威廉斯堂而皇之地在百老汇舞台上呈现了第一个同性恋形象,他就是淫乱的查鲁斯男爵。"我的衣服是淡黄色。我的国籍是法国,我的生活常态常常受到质疑。"*他说。)卡赞继续说:"我说,如果这部剧是关于这些人的,那就让我们大声说出来,说清楚,因为他们正被杀害、被铲平,他们正在被羞辱、被折磨死、被迫失声、被排挤、被推下世界的边缘。让我们为他们大声疾呼,让每个人都能听到和理解。如果我们不做,没有人会做。"*

"对那些耳背的人,你大喊,"弗兰纳里·奥康纳针对怪诞的运用进行了评述,"对那些几近失明的人,你刻画出巨大而惊人的人物形象。"*《皇家大道》两者都做到了。"你还害怕什么吗?"威廉斯塑造的吉卜赛人通过扩音器问观众,"害怕你的心跳?或是陌生人的眼睛!害怕呼吸?害怕不能呼吸?你希望一切都还能像你童年时那样直接简单吗?你想回到幼稚园吗?"*

伍德第一次读这部剧时,她告诉威廉斯"把它收起来,不要给任何人看",他回忆道,并补充说:"她的反应让我很沮丧,以至于我觉得这部戏肯定很糟糕。"*然而,到1952年6月,尽管威廉斯对失败有着病态的恐惧,他却在艺术上接连成功。《街车》这部电影大受欢迎;《夏与烟》在外百老汇被何塞·昆特罗(José

Quintero)——他给这部戏及其明星杰拉丹·佩姬带来了新的光彩——成功复排；威廉斯刚刚被选入美国艺术与文学学院。这一切和卡赞对多幕剧《皇家大道》的热情重新点燃了威廉斯的希望和精力。"这个脚本只是剧本总量的十分之一，"威廉斯在给他剧本的时候告诉卡赞，并补充道，"这部作品有一种狂野、令人窒息且难以表达的特点，反映了我自己几近歇斯底里，但无论如何，今晚我觉得这是我写过的最富创意的作品，在某种程度上，它和《街车》一样美。当然，作品的结构没有那么好，但隐含的精神更胜一筹。《街车》基本上是赞美人类精神中经久不衰的勇敢。这就是我今晚对这个剧的感受，我并没醉，只是喝多了咖啡。"*

1952 年 6 月中旬，卡赞和威廉斯在巴黎会面讨论《皇家大道》。"我做了最不好的准备，但令我惊喜的是，他似乎对剧本很是喜欢，"威廉斯向伍德汇报说，并补充道，"他说想在 10 月下旬开始排练。这对我合适！"* 7 月下旬，卡赞关于改写的建议到了威廉斯的手中，"我被这些建议深深地刺激了"*，威廉斯告诉他。但是，私下里，他担心"可怕的土耳其人"*是一个"狡猾的客户"*，可能会退出这个项目；策略上，他敦促伍德加快定下该剧的制片人和舞台设计师。"重要的是让加吉全身心投入其中。"*威廉斯让卡赞脱不开身的方式是编一个骇人听闻的故事。他向卡赞透露，《皇家大道》"很可能是我的最后一部（戏）。我很希望是这样"*。他还说："除了一些意想不到的事情能让我恢复过去的活力，我最好在完成最后这份工作之后，就把写作放在一边，享受我能从单纯的生存中得到的一切。"*

和《皇家大道》中的人物一样，卡赞自身情况危急，正为自己的正直而勇敢地战斗，他的回应尤其强烈。"我们在这里战斗是为了娱乐，为了戏剧，为了自我表达，而不是为了钱，"在拍摄完《绳上人》的第二天，他写信给威廉斯谈到《皇家大道》，"所以让我们保证,这次我们要把它做得恰到好处,不是作为一项工作。我现在不想做任何工作。我没有心情对那个词表达特别的敬意。"他接着说:"天哪,让我们找点乐子吧!让我们来个剧装游行,那能让我们回家时快乐、轻松而且安心……我根本不想对这部戏采取这样的态度,认为我们能开工就非常幸运了。见鬼去吧。我的心情极度低落,也极度高兴,因为……但我想要的是最难的、最具实验性的戏剧,能得到最好的帮助。除了最优秀的人,谁会'实验'?"*

但在接下来的几个月里,事情变得很明显,那些最优秀的人都不太清楚该如何看待这个实验。威廉斯称它"本质上是一首关于浪漫生活态度的造型诗(a plastic poem)"*。曾与威廉斯合作过三部作品的舞台设计师乔·梅尔齐纳觉得自己"像条忘恩负义的狗"*,因为他对这戏实在没热情。制片人谢里尔·克劳福德担心成本、剧意清晰度、评论界的看法,她还更喜欢剧终时体现"热情的光"*。"这部剧以一种'朦胧的光辉'结尾,我不确定那将或能足够热情到赢得她的芳心,"威廉斯在给卡赞的信中写道,"如果你消解了这里的神秘光芒,你就失去了它的魅力。"*

威廉斯对其他潜在合作伙伴的反应感到不安,他在 7 月下旬给卡赞写信说:"我认为你自己对这部剧的兴趣和信念仍然存在是很了不起的。我的兴趣和信念坚不可摧。"*但那整个夏天,去德国参加了几次剧本会议后(卡赞那时在德国拍摄电影),威廉斯开始觉察到,他的导演的热情"有所消减"。"昨天晚上我们读了一遍我在加吉的指导下完成的《皇家大道》,"他在 8 月 20 日的日记中写道,"他不停地喷着鼻息,惊叫着,哦,这太棒了!就像一个医生告诉一个垂死的人他的身体状况如何完美。对我来说,这像是一声漫长而痛苦的哀号,我不能和他一起出去吃饭。对他说了对不起,我想现在去猎艳了。"*

威廉斯说:"我讨厌写只是为了意象而堆砌意象的东西。"*但

威廉斯与伊利亚·卡赞和谢里尔·克劳福德在一起

《皇家大道》正面临变成那样的危险。段落之间的联系不是线性的和自然的，而是意象的和象征的；这部剧微妙而又难以捉摸，思想和隐喻交织在一起，更多地是由音乐的节奏和语言的节奏统一起来。威廉斯不断膨胀的想象力所产生的问题在于组织。那些诗意的片段必须融合成一个整体，必须在这碗"原型杂烩汤"*——一个爱开玩笑的人这样称这部剧——中找到一根贯穿戏剧的主线。"这几乎是一项超人的工作。"*威廉斯说。卡赞花了一个多月的时间来回复威廉斯9月份的修改。威廉斯给他的信中说："你说你还没有读剧本，对此我感到非常、非常不安。"*

正如威廉斯怀疑的那样，卡赞的犹豫很大程度上是由于他妻子莫莉·戴·撒切尔的反应——她充当了她丈夫所有作品的内部评论家。撒切尔是同仁剧团的剧本读评人，她在1939年"发现"了威廉斯，并让他结识了奥德丽·伍德。*然而，在对《皇家大道》发生意见分歧之后，威廉斯开始把她看作"自封的波希米亚的破坏者"*。9月底，还对《皇家大道》持怀疑态度的卡赞给撒切尔写信说："关于田纳西，昨天我给他打了电话，他说他已经完成了剧本，给奥德丽寄去了一本，诸如此类，正如我告诉过你的，然后他说，他觉得我又要抛弃他了，他引用了《玻璃动物园》里的话，说：'汤姆，别让我失望！你是我强大的定心丸！'现在，除了完成他的全部要求，我还能做什么呢？——当然，同时让剧本完美，它现在还不够好。"卡赞还说："我真的相信我可以和田合作得更多，但和他合作的时候，要他写的东西最后不会变得像我在提纲里列出的那样，一点也不。只有和他合作的时候才会这样……我当然能理解人们对这次冒险的反感，而且一旦开始，这将是一项令人惊愕的工作。但在我看来，这对威廉斯来说是生死攸关的事。"*

当时还没有读过剧本的撒切尔从她丈夫的语气中听到了疑虑。"你既然已经售出——答应人家了，就只管继续兜售——推行你的主意吧，确保人家不能对你说'不'就行，"她在回信中说，"但这次有个很大不同。你对《文身》说不的时候，你很清楚自己是很不舒服的。而这次，你已经参与其中了。如果你像从来没有读过这个本子一样看着它，然后做出决定，也许不公平。我在你写的东西里感觉到一种很强的犹豫或不情愿或类似的东西。我说的不是我的想法——我还没有读过它——我说的是你的想法，这很重要。"*

撒切尔给自己热情而清晰的观点带入了一丝煽动因素。[比如，在卡赞拍摄《码头风云》（*On The Waterfront*）的三天前，她背着丈夫告诉制片人萨姆·施皮格尔（Sam Spiegel），脚本还没有准备好，这部电影将是一场灾难。]"实际上，莫莉比伊利亚精明，"他们的儿子、编剧尼克·卡赞说，"他们俩都知道这一点，他迫切需要她的批评意见,这是他尊敬她的原因之一,也是他们维持婚姻的方式之一。但是一旦他觉得一部剧行得通,他就不想听她说一句话。"他继续说:"在某种程度上,伊利亚是随心、随性地工作和生活,而莫莉则是凭脑子生活。"*

卡赞在耶鲁戏剧学院第一次见到撒切尔时(她家族里有人担任过耶鲁大学校长),她对戏剧的理解在学术和实践上都比卡赞更深入。她学习过戏剧,写过独幕剧,并与哈莉·弗拉纳根(Hallie Flanagan)合作制作戏剧,弗拉纳根随后不久将负责联邦政府公共事业振兴署的联邦戏剧项目。她相信卡赞的艺术潜力和他的思想,她成了他"成功的护身符"。"我开始依赖她判断剧本的优劣。她弥补了我在品位和睿智方面的不足。"*他写道。不时从撒切尔直截了当的分析力中获益的作家有约翰·斯坦贝克、欧文·肖、罗伯特·安德森和阿瑟·米勒。然而,对威廉斯来说,她对《皇家大道》的指责太过了。1952年8月,看完剧本后,撒切尔对卡赞说:"我认为如果他愿意自救,你可以帮助他,因为他相信你的力量。但从《皇家大道》的改写,我感觉到的是——为了这个制作——他正在把你拖进他自己的沼泽。这代价太高了。"*对威廉斯,她说:"我以前从未对你,也从未对任何作家有过如此绝望而又绝对的认同,这是危险的。"*"她是我最讨厌的人!"威廉斯向布里特涅娃抱怨道,她为撒切尔起的外号是"尽其所能抓住卡赞"(Catch-as-Catch-Can Kazan)*,威廉斯在另一封信里补充道:"莫莉让(加吉)头疼不已,但他要在公开场合对她表现得忠诚,她是他四个孩子的母亲,诸如此类。他对她鸣的喇叭比巴黎出租车司机鸣的还要多!"*事实上,卡赞精明地利用他妻子富有说服力的笔记来挑战他的作家,并对自己的观点进行反向思考。

与此同时,卡赞早已得到罗伯特·安德森《茶与同情》(*Tea and Sympathy*)一剧的执导权。这是一个稳妥的商业赌注,但他把它推迟了，转而选择了《皇家大道》。他认为这是重整自己被纽约戏剧界看贬之公众形象的一种方式。《皇家大道》剧组的21位演员中有13位来自演员工作室。卡赞说，事后看来，他献身于该项目是因为一种欲望，"欲求被那个机构的演员认可为他们的英雄，向他们展示我的勇气和忠心耿耿，不辜负我一次次保证要支持的理想，为此我曾要求他们的支持。通过证明我有能力迫使事情按照我们想要的方式发生，我将让演员工作室再次属于我。用更直白的语言来说，我希望被人喜欢"*。卡赞促成了《皇家大道》；1952年12月，他还在努力迫使威廉斯把剧本整理出一个样子。

在漫长的改写过程中，威廉斯既需要又愤恨卡赞犀利的合作。他在日记中写道："当我的同事开始支使我修改自己的作品，他们对我的尊敬就大大降低了。"*对保罗·比奇洛和卡森·麦卡勒斯等朋友，威廉斯则将创作失控归咎于变幻莫测的市场。"戏剧名声在市场上下降得如此之快，真是太可怕了，"他对麦卡勒斯说，"几年前，我可以在剧院里得到我想要的任何东西，现在我不得不去乞讨。两部剧没赚到钱，兄弟，你的处境就不妙了。"*但是，无论是出于疲劳还是恐惧，或者两者皆有，威廉斯还是听了卡赞的话。"每次我读这部剧，它都会感动我，"卡赞开始了一段很长的、精彩的、鼓舞人心的话，谈论剧本修改，"作者洋洋数千言，为一个垂死的族群辩护，你可以随意地称呼他们：浪漫主义者、怪异的人、反叛者、波希米亚人、怪人、冒失鬼、退役证上无'忠诚服役'字样的退伍者、小丑、怪胎、落伍者、同性恋、双性恋、淫棍、有秘密的人、梦想家、左撇子投手、被赶下神坛的主教、玛丽亚·布里特涅娃、艺术家、当前艺术家、未来艺术家、漂泊者、未来漂泊者、秘密的漂泊者、脑子里一头雾水的人、工作中睡着的人、懒汉、无业游民、贫困潦倒的人、江湖骗子、酒鬼、呆若木鸡的老处女、废物、毫无防备的人、内在的叛逆者、外在的叛逆者，事实上,所有受上帝保佑、不墨守成规的人,而基尔罗伊就是他们近在眼前的传奇英雄,是他们平凡而简单的代表。"卡赞继续说:"顺便提一句,像这样一个由富于才能之人写的名单,放在剧中某处不是很棒吗?埃斯梅拉达在她退场之前在屋顶上说,'亲爱的上帝,保佑今晚,无论他们在哪里,所有的……人',然后走了进去。(这也能充分说明这出戏是在赞美谁。)"*

威廉斯采纳了卡赞的想法和他的节奏,并把他的演讲准确地安置在卡赞指示的地方。其结果是这里成了该剧的精彩时刻之一,也是威廉斯最精彩的独白之一。埃斯梅拉达抒情的祈祷成了威廉斯自己的浪漫之歌:

> 上帝保佑所有的骗子、掮客、在街上扯着嗓门叫卖的摊贩、所有栽过两次跟头还可能再栽一次跟头的人、犯傻爱上对方的高级妓女、头上戴着最大绿帽的最伟大情侣、远离心之所系绿色家园而在外漂泊并可能再也找不到回家之路的诗人,今晚他带着一丝微笑俯视最后的骑士,他们身着生锈的盔甲和弄脏的白羽,带着理解和一些近乎温柔的东西去拜访那些渐逝的传奇人物,他们在广场上来来去去,就像记不大清楚的歌曲,哦,在某个时候、某个地方,让"荣誉"这个词再次有意义吧!*

威廉斯不太乐意接受卡赞的删减。1952 年 12 月的第一周,威廉斯为试镜版写了序《对可能天使的祈祷》*,他在序中解释说,《皇家大道》提出的问题是:"我们在哪里?我们从哪里来?我们要去哪里?"* 两小时四十分钟后——这还没算上舞蹈片段——那些困惑的试镜者对这部剧提出了同样的问题。除了威廉斯,没有人对《皇家大道》的含糊不清或混乱表示怀疑。撒切尔读完之后,竟冒失地告诉他需要缩短 45 分钟。"我把我能想到的脏话都对她吼了一遍，而加吉只是坐在那里傻笑，"威廉斯后来对布里特涅娃说，又补充道，"她后来给每个人发了'通告'，说我必须从剧本中剪掉45分钟，说如果'我们让她留下来，我们才会有戏'。"*结果，卡赞或多或少也持有同样的观点。"无论以什么标准、什么制式来衡量，哪怕就以它自身特质这个唯一有效的标准来看，这个戏也都长了至少20分钟。它的主题或情节发展都受不起这超长的长度。"*他告诉威廉斯。尽管如此，某次在克劳福德办公室面谈时，威廉斯还是发了一通脾气。他不愿接受导演的干涉。他声称卡赞和克劳福德对他都不坦率。他说："为什么要遵循传统的长度呢？"*

第一个指责威廉斯不妥协的人是撒切尔。在第二天写的一封信中，她责备他利用自己要崩溃的说辞来胁迫他的合作者。"你也把你强烈的情感作为一种心理武器来对抗你的朋友和同事……让他们屈服于你对这部剧不顾一切、毫不妥协的认同，"她给他写信，并补充道，"你是时候停止认同这部剧了，留出空儿去认同观众……这部剧的未来只取决于一样：取决于你……哪怕这是叛国——我丈夫无论如何都准备和你一起登上这艘'泰坦尼克号'。"*

卡赞夫妇用不同的曲调来传递同样令人不快的信息：这部剧不行。卡赞更倾向于合议型，他的方法是对表扬或问题都毫无保留地直抒胸臆。他的直率表示出平等和亲密。"我不会给你任何具体的建议。或者之后我会偷偷加进去一点儿。可能吧。顺便说一句，我觉得你只按自己的方式做事是很正确的"，卡赞说，他承认自己被威廉斯那次试演后的发脾气"略微烧焦"了。*卡赞在从纽约到加利福尼亚的火车卧铺上写了一封五页长的信，他画了一幅漫画，画的是自己费力地穿越《皇家大道》的改写，"从A到无限"*。"一天早上，我坐下来，撕掉封面，翻遍了每一页，"他说，"到了晚上，我已经瞎了。（几个小时前我才恢复了视力，就为了写下这些。）我车厢的地板有一英尺半高都是被我揉皱的稿纸……关键是我把那些该死的版本从我的生活中赶了出去，它们不见了。"*

卡赞着手针对第一幕的改写发号施令。他命令威廉斯把梅洛送到屋外一个小时，把电话丢到一桶温水里，把第一幕从头到尾读一遍，就像读别人的剧本一样。"就那么办吧，"他说，接着又说，"你觉得第一幕可以开始排练了吗？我不这么认为。也许要做的并不太多，技术上而言，敲敲打字机键盘之类的就行。我只是想你应该坐下来，看完那该死的一幕。我的意思是，用你的方式把它看完，把它整成完整的一幕。它可以是非常特别的一幕，但务必完整。它应该有一个观众能够并且愿意跟随的顺序。最重要的是，我认为它应该达到一个高潮——一个真正的'内在的'高潮，一个故事的高潮和意义的高潮，一个需要第二幕的高潮。"卡赞补充说："仅仅一些陈芝麻烂谷子的手法，换一次灯，台上一阵手忙脚乱，还不够拉一次幕。你可以把那破布拉下来，但你仍然不会有个像模像样的落幕。你只会有大麻烦。"*

为了在1月底彩排前进行最后一次头脑风暴，威廉斯回到了基韦斯特和他安静的柠檬黄工作室。这个空间充斥着不断闪烁的光与影，棕榈和松树在窗外沙沙作响，"就像女士们光着脚、穿着丝绸裙子在楼下奔跑"*，他头上日式灯笼上的玻璃垂饰正叮当作响，*威廉斯努力完成他"长期在做的工作"，这部剧"尽管现在距离彩排只有10到12天了，但布局上仍在不断扩展"。*他说，他觉得"好累！"*"卡赞对第二幕落幕处仍不满意，"他向康拉德·霍普金斯——一位潇洒漂亮、上过哈佛的新笔友解释说，"他是这部戏不可缺少的人，所以我既要取悦我自己，也要取悦他。这是迄今为止我最困难的任务，我把它看作对我能否继续为百老汇写作的一种考验。"*

好天气，外加上四个月大的英国斗牛犬穆恩先生的到来，让威廉斯转移了注意力，给他的生活带来了一份平和。"梦中的自我暴露了我真实的焦虑程度。"他对霍普金斯说。据威廉斯说,晚上做噩梦都会把自己吓出一身汗醒来,有一次,他梦见正在一所房子里观看游行。"游行的人突然尖叫起来,直扑到河堤上。房子的前墙倒塌了。"他写道。威廉斯看见一辆巨大的黑色火车头朝他直冲过来,晚些时候,"由于某种难以理解的原因——因为所有窗户打开都不超过两英寸",他卧室里的一幅画从墙上掉了下来,很吓人。"我尖叫着醒来,"他解释道,"那画是我戏里的舞台布景之一。真是恶兆连连!"*

———

《皇家大道》第一次彩排是在 1953 年 1 月 29 日上午 10 点 30 分。上午 10 点,演员开始进场。"我们所有的演员都觉得我们正踏上一段旅程,通往一个我们之前从未见过的世界",伊莱·沃勒克说,对他来说,《皇家大道》将是"我在剧院里最难忘的经历"。* 10 点 30 分整,演员、制片人、作者的经纪人和紧张的作者本人聚集在一起,卡赞大步走上国家剧院的舞台。大家都安静了下来,制作团队的舞台经理西摩·米尔伯特(Seymour Milbert)说——他负责记录排练情况。"他的气场是一种非同寻常的力量,集中的力量,"米尔伯特写道,"凡事直截了当:除了最简单、最有意义的沟通,没有其他选择。"* 卡赞脱掉大衣,走到舞台中央的小桌子旁——这是为他及其助手安娜·索科洛(Anna Sokolow)和威廉斯准备的。他把剧本放在桌子上;他在里面写了一段话,用绿色记号笔突出:

座右铭:无论你做什么,你要什么花招,你多么"聪明",永远不要忘记这部剧的力量和真相。除非观众总能感受到蕴含其中的现实,否则我们就迷失了方向……隐藏在表层下的痛苦、恐惧和情感。

他在绿字下面用黑色的大写字母加了一句:

痛苦的幽默,嘲弄的幽默,加上诗意的悲剧。*

卡赞在致演员的开场白中说:"这是一部深刻而情感饱满的戏,台词中不乏哲理和诗意。现实地对待这哲理和诗意,就是在简单意义的层面理解它们。"他还说:"当你走到舞台前和观众说话时,在其中找一个你可以与之对话的人。最重要的是,不要表演。"*

午饭后,当他和剧组终于单独在一起时,卡赞概括了他在脚本上草草记下的一些关于幻想的想法。"简单展示不可思议的事,"他说,"不搞文绉绉那一套,不玩深奥,不自怜。剧中所有的人都在为生存而拼命挣扎。他们没有时间自怜。"*他继续说:"死亡对这条街上的人来说太真实了。你们去墨西哥看过那里一个人对另一个人死亡的漠视吗?这对我们美国人来说简直太不可思议了。"卡赞将皇家大道的居民分为现实主义者和浪漫主义者。现实主义者"适应生活,谋生,娱乐,残忍,但快乐,行为明智,拥有美好的一切,甚至能够慷慨解囊!保持冷静,在伤害和剥夺中生活、死去"*。而浪漫主义者则相反,他们"行为荒唐,焦虑不安,不合群,'内疚',格格不入,不能成功,因为他们不能靠伤害和剥夺来生活,不快乐,总是在寻找,总是孤注一掷"。卡赞在笔记中继续写道:"玛格丽特、雅克、巴龙、拜伦都是传奇人物。如果他们放弃自身传奇,以一种'平凡'的方式生活,他们就会失去自己的身份并消失。每个人的传奇都在折磨着他们自己,但他们注定要紧抓不放。"*

第四章　逃遁之心

在《皇家大道》探索的自传性困惑——关于政治、性、死亡、精神和名誉的困惑——中最深刻的困惑，威廉斯当时只是模糊地意识到，是伟大（being great）与善良（being good）之间的冲突。这种道德困境在剧中由天真、善良的前冠军基尔罗伊表现出来，他是剧本和观众之间的重要纽带。"观众是他的朋友"，卡赞在关于基尔罗伊的笔记中写道，基尔罗伊一度在剧院周围被警察追赶。"他们是他最后激情的见证者……他去与他们商议，向他们抗议，在他们膝下寻求庇护。"*（基尔罗伊是第一个在正统剧院的过道和舞台之间穿梭的角色。）基尔罗伊是失去了王冠的国王，带着他残余的荣耀——他的金手套，挂在他的脖子上——走进来。基尔罗伊有一颗婴儿头那么大的金心，为了向妓女埃斯梅拉达求爱并成为她心目中的英雄，他愚蠢地出卖了自己的心，结果后来又把它偷了回来。"他是永恒的精神流浪者，"卡赞写道，"他很浪漫，因为他在寻找，寻找那不存在的东西——永恒的爱。他想爱上每一个人。与此同时，每个人都想把他带走。他唯一的武器就是爱。"*

第一天排练结束时，卡赞把沃勒克拉到一边，给他讲了基尔罗伊的主旨是什么。"他充满惊奇。就像吉米·杜兰特（Jimmy Durante）在《爱丽丝镜中奇遇记》中扮演的那个角色。"*基尔罗伊有非同一般的韧性，"完全不知道自己的悲剧"，卡赞写道：基"他就像一个滑稽剧里的小丑，每受一击就会弹回来。"*在背叛和死亡的纵横中，基尔罗伊体现了威廉斯对超越的信念；结局时，他和堂吉诃德——都是充满荒唐坚持和希望的人——大张旗鼓地离开了皇家大道的拱门，进入了"未知的世界"。"山上的紫罗兰顶碎了岩石！"*堂吉诃德说，这也是该剧在落幕前倒数第二次讴歌浪漫主义。

第二天——剧务"疯了一样"，米尔伯特写道，"在打字机上跟进田纳西在做的潮水般的改写！全新的场景——整段整段地被拿掉，插入新的！"*——卡赞独自在剧院夹层倒腾他的导演原则。"在

《皇家大道》剧照

这期间,卡赞不容许任何人在身边,无论是外部访客、我自己还是公司的任何成员。"米尔伯特写道。他补充说:"当我不得不上去传达一个不能等待的信息,或要求立即得到什么信息确认,我几乎听不到桌边大约 15 英尺外的声音。重点似乎在于安静、有意义的沟通,而不是推测。"*

然而,在舞台上,卡赞却精力充沛。"一整天——威廉斯和卡赞都在寻找时机——即兴创作台词——情景——移动人群——移动,移动!"*米尔伯特写道。卡赞给演员提供语言上的构想和个人的回忆,使他们的角色有立体感。例如,他对扮演埃斯梅拉达的芭芭拉·巴克斯利(Barbara Baxley)说:"基尔罗伊对你来说代表着自由,是你所有欲望的目标。当然,他是个混球、一个讨厌的美国人,但是闭上你的眼睛,他就是你想要的那个男人,你想要的性体验、快乐、幸福。你选择他并爱他。你的一生都被培养做一个妓女，但你的内心被囚禁在吉卜赛人那里。她不是你的母亲，她可能在你小时候在某个地方找到了你，把你养大，让你入门。所以你兴奋的时候就踢保姆，他努力让你入门。摆脱他，这一次你是真正想要逃脱。"他继续说："我记得去年夏天我在慕尼黑见到的那些孩子，自愿出卖自身就是为了钱。他们是妓女吗？也不是。他们只是孩子，他们想要某种乐趣、某种快乐、某种逃离囚禁的感觉。"*

对沃勒克来说，卡赞为他和埃斯梅拉达的爱情画出了一张情感地图："你，基尔罗伊，你现在真的很兴奋。你沉浸在追逐的兴奋中，沉浸在埃斯梅拉达对冠军的呼喊中。你被带回，比如，1934年。你走进98大道的一家酒吧，他们会给你买酒，每个人都想要你的签名。好吧，你爱你的妻子，但是，天哪，一年只见一两次，难道你不想逃脱，为自己流一滴真实的泪水吗？这孩子想要你，她真的很可爱，所以管他呢。在这个街区，当你说'我只有一个愿望，那就是活着出去'，你第一次真的相信你将活下去。"*

有时，卡赞狡猾地制造冲突。一次排练时，他把沃勒克拉到一边，对他说："你孤身一人，并且很害怕，所以继续去交朋友吧。"据沃勒克说，与此同时，"他对扮演形形色色农夫的演员们说：'别理这个陌生人；他是个外国佬，还有口臭。'"*

在第一次排练完第一幕和第二幕之后，威廉斯在日记中写道："非常沮丧。但是加吉仍然很坚强——显然信心十足，他的精神鼓舞了我。"* 卡赞的意图是将威廉斯富于诗意的戏剧引到舞蹈的方向；他觉得编舞会把日常生活提升到有仪式感。"我想要一台演出，它具有墨西哥原始主义艺术家波萨达（Jose Posada）的怪诞幻想。"* 卡赞在他的自传中回忆道。但他允许他的布景设计师莱缪尔·阿耶斯（Lemuel Ayers）——他为《俄克拉何马》设计了布景和服装——说服他放弃了他最初的冲动。取而代之的是，阿耶斯提供了一个令人望而生畏的现实主义场景，石墙困住并削弱了威廉斯的欢乐怪诞游戏。"它让发生在里面的幻想看起来很傻，"*卡赞后来谈到这个场景时说，"我本该要求做一个新的布景，但是我没有。"*

2月20日，《皇家大道》在纽黑文第一次外地试演的前一天，威廉斯让自己放松了一点儿。"现在彩排情况好多了，"他在日记中写道，"我又有了希望。跟加吉变得很亲近，也很喜欢他。我打算把这个剧本题献给他。"* 如果说布景最终未能成功，但卡赞魔术般的导演才能并没有失败。至少在威廉斯看来，导演《皇家大道》要比《街车》或《推销员之死》更难、更复杂。该剧不仅预算不足，而且排练和外地试演时间不足，但是，正如他告诉詹姆斯·劳克林的那样，卡赞要与"至少一半是舞蹈演员，以前没有在舞台上讲话经验的演员合作"。他还说："加吉不像他应该的那样喜欢语言表达的价值，但在所有百老汇导演中，他对诗歌有着最自然天成的热爱。"*

即使在纽黑文市，潜在的争议——沃尔特·温切尔戏称《皇家大道》外地试演的反应为"褒贬兼具"*——也是显而易见的。"有些人发出嘘声，还有些人看起来很高兴，"威廉斯在给康拉德·霍普金斯的信中写道，他正试图把霍普金斯从佛罗里达哄来参加纽约首演，"我认为和我做过的其他戏剧相比，这部剧将面临最大的反响分歧。当然，这很难让人接受，但它给予生命一种强烈的情感，而这种情感是我在大多数时候所缺乏的。"* 在3月19日百老汇首演之前，也是威廉斯42岁生日前一周，卡赞在《纽约时报》周日版的一篇文章中承认了《皇家大道》的不足，大胆地尝试先发制人来应对媒体的负面报道。"我不确定《皇家大道》是一首诗还是一出戏，"他写道，"作为一出戏，它有缺陷，结构性缺陷。这些对纽约各大报纸的评论家来说将是显而易见的，对于我女儿所在的道尔顿学校戏剧社的学生们也会是如此。但作为一种直接的抒情戏剧表达，在我看来，它似乎独具一格。"*

然而，卡赞和威廉斯还是没料到威廉斯之所谓纽约剧评人"激进的不理解"——"就像是命令我们滚开，离开现在的剧院"。* 在首批缺乏想象力的反响中，诗意、政治和戏剧开拓性的结构几乎没有引起注意："他那个时代最优秀剧作家写的最烂剧本"*（沃尔特·克尔，《纽约先驱论坛报》）；"令人费解的无聊之人"*（小理查德·瓦茨，《纽约邮报》）；"一派胡言"*（约翰·查普曼，《每日新闻》）；"非皇家大道"*（伊莱克·本特利，《新共和》）；"《皇家大道》是个重大失败……不是主题的失败，甚至不是想象的失败，而是一个天才极端自我放纵的滥用"*（路易斯·克罗嫩伯格在编选《1952—1953 年最佳戏剧选》时这样解释他为什么没收录《皇家大道》）。反对者的固执反映了那时美国一些反动的歇斯底里声势，社会拒绝反思自身的阴暗面。克尔实际上建议威廉斯停止思考："你正在走向理智，不要这样做。"*

不过，还是有几位纽约剧评人明白了威廉斯葫芦里想卖的药，理解了他传递的美学信息。罗伯特·西尔维斯特（Robert Sylvester）在《纽约每日新闻》上撰文称，《皇家大道》是"第一部真正的波普剧（bop play）"*。布鲁克斯·阿特金森在《纽约时报》中指出，"作为戏剧，《皇家大道》如一段音乐般流畅并富于节奏感"，不过他同时觉得有必要补充一句："即使是那些尊重威廉斯的勇气和承认他才华的人，也可能会对他所说的话感到惊骇。"*

首演时，威廉斯和母亲、弟弟坐在一个包厢里，他告诉自己，尽管这部戏有瑕疵，但"它超越了它的瑕疵"*。"我知道我在做新的、不同的事情，这让我很兴奋，"他在《回忆录》中写道，"我认为它们会在卡赞的手中鲜活起来，它们确实如此，除非观众普遍不让它们鲜活起来；观众那时还跟不上节奏。"* 很明显，评论家们不会让他拥有那份因自己的成就而来的满足感——"我几乎没有意识到我周围的任何事,但我对剧中悲剧性的小世界所产生的摧毁一切的执着与焦虑,正旋转着步入严重的灾难",威廉斯说,他和梅洛——梅洛是一个"有惊人自控力和同理心的人"*——逃离了庆祝首演的晚会,回到他们58街的公寓。大约在那天凌晨1点,卡赞和撒切尔在约翰·斯坦贝克夫妇的陪同下出现了。卡赞坚持对这次经历持积极态度。"我已经从制作中走了出来,感觉痊愈了。恢复原职了。"首演后不久,他给威廉斯写信说:"我们一起做的一切让我觉得自己再次站在了前沿。"*但是威廉斯没有得到任何安慰。"你今晚怎么敢把这些人带到这里来!"*威廉斯冲卡赞喊道,然后冲进他的卧室,闩上了门。

斯坦贝克是这部剧几个被激怒的支持者之一,在接下来的几周里,他和评论家们进行了公开的论战。他给《邮报》的小理查德·瓦茨写了一封公开信。英国诗人伊迪丝·西特韦尔(Edith Sitwell)夫人曾写信给《先驱论坛报》("我认为这是一部非常伟大的戏剧——作者是一位天才,也是我们这个时代最重要的作品之一"*)。在沃尔特·克尔发表了第二篇对该剧不屑一顾的周日评论后,威廉斯亲自写信给他:

> 我想知道的是,难道你不认为这部剧——作为我们生活的世界和时代的浓缩和升华——难道你真的不认为它比一场噩梦更好?!——是一幅清晰而真诚的画面吗?
>
> 再者,难道你看不到这部戏是在真诚呼唤人类心灵中根本的、基督徒的品性,唯有凭借它们我们才可能幸存?
>
> 最后,难道你一点都不欣赏这部戏高难度、特别复杂的技术要求?哪怕只是我们所有参与制作的人员设法满足这些要求的技术水平?——此刻在我的记忆中,你只是敷衍地提到了音乐或编舞,或舞台设计师莱缪尔·阿耶斯意蕴丰富的舞台造

型,但没有特意对沃勒克和芭芭拉·巴克斯利的出色表演表示应有的敬意……卡赞的导演又怎样?接这部戏需要极大的勇气,因为没有哪个导演处理过比这更困难的剧本,而且其中有一些舞台片段,我知道,你也知道,你得等上很多很多演出季才可能有机会再看到。*

各路戏剧界人士在广告中接连赞扬《皇家大道》:奥斯卡·哈默斯坦(Oscar Hammerstein)、威廉·英奇、克利福德·奥德茨、琪恩·亚瑟(Jean Arthur)、弗雷德里克·马奇(Fredric March)、阿瑟·施瓦茨(Arthur Schwartz)、哈罗德·罗马(Harold Rome)、吉普赛·罗斯·李、瓦莱丽·贝蒂斯(Valerie Bettis)和利比·霍尔曼(Libby Holman)。《代表诗人的声明》("A Statement in Behalf of a Poet")见报了,署名人包括威廉·德·库宁

莫莉·戴·撒切尔及其丈夫伊利亚·卡赞与伊莱恩·斯坦贝克及其丈夫约翰·斯坦贝克,1955年

（Willem de Kooning）、保罗·鲍尔斯、罗特·莲娜（Lotte Lenya）、戈尔·维达尔和约翰·拉图什。"当一部重要戏剧艺术作品通过奇迹般的制作设法呈现在当代剧院的阴暗气候中，我们相信公众应该对此有所了解，"声明中写道，"每日出现在媒体中的评论对威廉斯先生戏剧的力量和洞察力完全没有任何概念……就像《爱丽丝漫游奇境》和《愚比王》一样，这是一部充满想象力的作品——浪漫，充满诗意和现代气息。"*

这一番喧嚣引起了人们对这出戏的关注。"关于《皇家大道》的争论终于有了回报。这周的商业表现比上一周要好。"*温切尔在4月6日的专栏中指出。《时报》头版头条《关于〈皇家大道〉》让这种争议继续，满页都是来自雪莉·布斯（Shirley Booth）和伊迪丝·西特韦尔夫人（再次）等人物相左的意见。*《邮报》的《纽约人行道》专栏采访街上的行人："你觉得田纳西·威廉斯有争议的新剧《皇家大道》怎么样？"五个被采访者中有一个是女演员杰拉丹·佩姬。"我很喜欢它，喜欢它的每一分钟。"她回答说。*制片人在每日广告中试图好好利用众声喧嚣的乐趣：

城里的热门话题，没错！

"第一场波普秀，让我大笑。"

"给博士的滑稽表演。"

"让纽约分裂为互相咆哮的几大阵营。"

"纯戏剧诗。"

"一定要亲自去看看。"

"感觉不那么寂寞了。"

"想尖叫。"

"感觉很恶心。"

"感觉很纯净。"

"让我们家产生内部分歧。"

"如耀眼的水晶般晶莹剔透。"

"我没搞懂。"

"如果你还活着,这戏就是你的菜。"

"城里最性感的节目。"

"我已经看过三遍了。"

"应该是'年度最佳戏剧'——但是不会。"

"纯情感。"

"纯胡扯。"

"不看这戏,聊天没戏。"

"在它第一次复排前赶紧去看看吧。"*

首演几天后,就在他乘火车去基韦斯特之前,埃德温娜让威廉斯为她的《皇家大道》节目单签名。"血流不止但不屈服。(或者直接说)生气但未被击败。"* 他在封面上潦草地写着。但威廉斯还是被击败了。在火车上,他给阿特金森写了一封沮丧的信,感谢他富于同情的评论,但补充说:"我不能相信你真的认为我用比现在更加灰暗的颜色描绘了这个世界,或者在那些阴影下看这个世界,会觉得我有忧郁症,是精神变态。"*(阿特金森的评论谈到了"精神变态的痛苦","一个阴暗的镜子,充满了黑暗和骇人听闻的形象","一团绝望、残忍且颓废的浊气"。*)威廉斯温文尔雅的话语掩盖不了他的困惑或受伤:

这出戏是否让你对我的作品失去了往日的尊重?你是否和其他人一样,觉得这是一个灰暗的象征与毫无意义的舞台风格的"混搭",你是在保留你的批评意见吗?不管你说什么,在这个黑暗的时刻，如果你能跟我说实话，我想那会对我有所帮助。"*

威廉斯说，回到基韦斯特，他收到了"如潮涌般的信件……当这么多人，比有感于《街车》和《动物园》而给我写信的人加起来还要多……告诉我这部剧触动并深深地感动了他们，我无法一直觉得这一切都是徒劳了"*。但所有的信中，最令他欣慰的是阿特金森的来信。"你不知道你的信帮我消除了多少寂寞"，威廉斯回复道，他在信中既把自己看作一个朋友（"我希望我还没有失去你的友谊！"），也自视为逃遁者（"我从你所属的世界走出，布鲁克斯，落到那些底层社会"）。*到了4月中旬，威廉斯的心情便轻松了。"当然，剧评一出来，克劳福德大妈就把我们的版税给扣了"，他对布里特涅娃抱怨道，还说他已经工作了两年，"大多是白干了"。"她希望像往常一样，靠节俭勉强维持，如靠着萤火虫和一盏冒烟的旧煤油灯为舞台照明，用一个旧洗衣盆来代替一个五人乐队，等等，但即便如此，延长演出档期的前景仍然黯淡。"*

5月9日，在演出60场并损失了11.5万美元后，《皇家大道》停演了。威廉斯在写给阿特金森的信中说："这份工作的付出就是为了得到已经得到的，那是一种与大众的沟通。"他曾承诺送给阿特金森一本出版的剧本，但现在他悲哀地解释说："出版的剧本只是它的影子，甚至不是一个清晰的影子。"他接着说："色彩、音乐、优雅、空中飞人、现场人与人之间的快速互动，就像云中断断续续的闪电，这些东西才是戏剧，不是文字，当然不是纸上的文字，当然不是作者的任何想法或理念，那些从吉姆贝尔地下室柜台上拿走的破东西。关于何谓一部鲜活的戏剧，或任何媒介的作品，萧伯纳在《医生的困境》（'The Doctor's Dilemma'，1906）一剧中说得最清楚。原话我现在一句话都不记得了，但我记得我听到它时，我想，是的，它就是这样，不是文字，也不是思想或理念，而是那些鲜活之物得以构成的抽象的东西，如形状、光和色彩。"*

在自己基韦斯特的工作室里，在绿树成荫的宁静中，沉思着美国文学天才通常只有 15 年寿命的说法，威廉斯算了算，发现他"早已超过了"* 这个年限。他已经在靠借来的创作时间过活了。他要去休斯敦导一部唐纳德·温德姆写的戏*，还计划 6 月与梅洛环游世界，还要搞定电影剧本《捉迷藏》，和卡赞继续合作。尽管他觉得自己应该换件事做——他在"画点油画"来转移自己的注意力，但他发现自己"每天的生活如果不从打字机上开始，那几乎令人无法忍受地乏味"。* 他面前必然会有某种写作。但是什么样的呢？他能像埃斯梅拉达祈祷中的诗人一样，找到返回他心中绿色家园的路吗？他现在比以前更不确定了。他说，他觉得自己被戏剧界"拒之门外"，"门挡着我"。* 随着夏天的来临，在他不断变化的想象中，只有一件事似乎是确定无疑的。"我对百老汇没有更多的期待了。"* 他告诉詹姆斯·劳克林。

第五章

崩溃之惊雷

> 我相信我说过,"我是一只鬼鬼祟祟的猫,
> 无主/不为人知,一只食腐的黑色流浪猫。
> 最显眼的是嘴巴两边各有一条向上翘起的白色曲线,
> 看起来像是咧着嘴在笑,
> 它的眼睛却在否认,
> 写满了消极:诉说着无家可归……
>
> ——田纳西·威廉斯
> 《致玛丽亚·布里特涅娃》*

> 如果我能意识到我不是两个人,我只是一个人。这种划分毫无意义。我内心有一个敌人!这太荒谬了!
>
> ——田纳西·威廉斯
> 《日记》,1936 年*

在 1953 年 12 月下旬,威廉斯患上了"血栓痔疮"——在他惊恐的眼睛看来"像鸡蛋一样大",在新奥尔良的一家医院里接受紧急手术治疗。*他在日记中写道:"我想我从来没有经历过如此痛苦的夜晚,甚至在 1946 年手术时也没有。"*

尽管还在撕心裂肺地疼痛——"疼得令思想黯然失色"*，威廉斯还是设法从名声显赫但不许喝酒的奥克斯纳医疗中心转到了"简陋"的图罗医院，因为那里允许喝酒。《皇家大道》的失败以及随后九个月的毁灭——"一场巨大的风暴把我剥光了，就像飓风过后一棵被剥光的、破碎的棕榈树一样"*——让威廉斯毫不掩饰地依赖他的"粉片"*（速可眠）和酒精。这个小手术对他精神影响很大，似乎是他痛苦的顶点。"整个地狱都降临到我身上，"他在图罗医院时说，"这是对我所有过错和未竟之事的惩罚。"*

威廉斯曾写过《成功的灾难》，但自《皇家大道》3月首演以来，他经历了截然相反的情况：冷漠的灾难。这只是助长了他的妄想症。他指出，两个半月后，他在"美国号"的旅程"不吉利地"开始了。当时梅洛的一位女性朋友在他们要离开时崩溃得泪流满面，不得不让人扶下船。威廉斯写道："神经机能病啃噬着我凹凸不平的神经边缘。比尔·格雷和我道别时哭了一小会儿，但绝不像埃伦对F表现得那么悲痛欲绝。我真不知道，如何有人会对我的来去非常关心呢。我最近一直在思考死亡。"*埃伦强烈的感情也加剧了他对梅洛忠诚的担忧。"我的这些怀疑令人厌烦，"威廉斯写道，"今年夏天，我至少得把它们从我的折磨清单中剔除。"*

然而，回到罗马，他的折磨清单变得更长：排在顶端的是梅洛。威廉斯在7月1日的日记中写道："嗟来之食让人生厌。无力回天了。但难说就不是好事！"在7月的一次摊牌中，威廉斯告诉梅洛，他已经厌倦了"被一个脾气暴躁的皮条客当作愚蠢、令人不满意的妓女对待"*。在写给卡赞的信中，他进一步阐述了夏季的僵局。"谈话已经降到了咕哝的程度，几乎没有什么变化，只是和他走进一个房间，似乎都构成了对特权的滥用，"他写道，"这持续了两个星期。然后我和他发生了争执，第二天就飞到了巴塞罗那。我觉得这个可怜的混蛋甚至都不知道我在抗议什么。他陷入了这样一个习惯和惰性的深渊，对自己或他在生活中的地位感到基本的蔑视，我认为他有意识或无意识地认为我应该为此负责，即使不是因此而恨我。那个老混蛋王尔德说了一句真话：人人都会诛杀自己心中所爱。诛杀并非心甘情愿之举，但终究还是会付诸行动。并且乐此不疲。"*

旅行和写作都没有发挥它们惯常的魔力；威廉斯深陷在令人沮丧的失败泥沼中。他在 7 月中旬写道："对于任何一个年轻、有活力的人来说，我都是一个多么可悲的同伴啊，*小马和我从未一起笑过。为什么呢？他有幽默感。*"整个夏天的大部分时间都在重振"沉闷"*的电影剧本《捉迷藏》，修改他 1940 年的剧本《天使之战》，理顺故事主线，摒弃"不成熟的诗学"*，塑造出一个新版本——他称之为《琴仙下凡》。威廉斯通过重新进入《天使之战》的世界，强迫自己将年轻浪漫的自我与饱受蹂躏的中年自我进行比较，结果陷入僵局的感觉被更加放大了。

1940 年的时候，威廉斯还年轻，生活就像游乐场一样在他面前展开。那时的他充满了热情和活力。成功固然扩大了他的文学视野，却缩小了他的个人视野。早在 1946 年，为了"专注于一件大事，那就是工作"*，威廉斯就开始在自己周围画一个精神圈。38 岁的时候，他将自己存在的饼状图描述为"工作和关于工作的焦虑，89％；与精神错乱作斗争（部分融入前一类中），10％；给予爱人和朋友十足的真诚和温柔的爱，1％"*。现在，四年后，42 岁的威廉斯抱怨说"身体的恶化和精神疲劳让我彻底变傻了"——布里特涅娃给他起了个绰号"40 次眨眼"，因为他有一个新的习惯，就是在晚餐时打瞌睡——另外还因为"工作之外我的世界一无所有"而弥漫着一种空虚感。*他那美好的写作时光，"但它们也不是太美好"*，大概一个月总共就三次。

1953 年 9 月 7 日，威廉斯邮寄了一份《琴仙下凡》的草稿给伍德。到了10月中旬,他得到了她的答复。"奥德丽给我写了一个毁灭性的负面回应,"他告诉布里特涅娃,"我相信她认为我已经'发疯了',她在码头等我时,会用一只手甜蜜地挥舞着,而另一只手在身后拿着一件紧身衣。"* 威廉斯近几年的剧作一直坚持某种浪漫超然的承诺:《玫瑰文身》最终以塞拉菲娜采取行动结束;《皇家大道》以堂吉诃德和基尔罗伊逃离毒气广场前往雪山结束,伴随着充满浪漫和希望的调子:"山中的紫罗兰穿破了岩石!"但在威廉斯正在堕入的这个情感深渊里,没有任何生命和想象力的流动。"死亡没有声音,也没有光,但这仍然是生命。"* 他在这段时间里写道。

10月初,威廉斯在马德里读完了脱稿的新剧,《石头之地》(*A Place of Stone*)这一临时标题表明他生活石化的感觉。"我非常沮丧,所以我把它合上,准备下楼去酒吧,"他写道,"困扰我的不只是写作的毫无生机与毫无特点,而是一种似乎存在的真正混乱,没有任何东西可以完成,只是一遍又一遍地写,就像一只惊慌失措的母鸡在转圈。"他补充道:"我的大脑发生了一些结构上的变化吗?不能清晰而连续地思考。或者只是酒精太多?……怀着这只有喝酒才能缓解的失败感,回到美国的前景是巨大的黑暗。"*

大约三个月后,恐惧、孤独和痛苦的威廉斯在图罗医院想象自己就要死了。"如果大事不好了,我希望弗兰克得到这个电影剧本和其他物件,"他在日记中写道,"我觉得他对我很忠诚,甚至可能爱我。除了他还有谁呢?奥德丽。外公爱我,罗丝爱我(我也爱她),并以她自己的方式爱我的母亲。"* 威廉斯把死亡和他爱的对象联系在一起并非偶然。从童年起,他就把失去与爱联系在一起,对痛苦有一种情欲般的依恋。他在《送葬队伍》一诗中承认了这一点,哀叹他挫败的家庭生活:

第五章　崩溃之惊雷

那天早上——
早熟的——永远的——

除了失落
你失去了对一切的信念，

只相信怀疑
甚至从那时起，

好像它总是有意的，
在你心中形成

未来背叛的送葬队伍——
只有粗鲁而熟悉的行为
没有爱。*

即使在等待手术的时候——因为医生改变了主意，手术在最后一刻被取消了，威廉斯也在谴责自己的恐惧（"我真是个胆小鬼，哦，真是个该死的哭哭啼啼的懦夫。我真的很让人讨厌"）；谴责自己惶恐中的过度敏感（"任何奇怪的事情都会让我心烦"）；谴责自己卑躬屈膝的孤独（"像狗一样等待弗兰克的骨头和自己的主人！"）。*他的日记里充满了末日的预感："如果我再相对好起来，从苦痛中解放，我希望我会记得这是怎样一种感觉。"*威廉斯紧紧抓住有关他为数不多几个亲人的回忆，把它们几乎像护身符一样排列，来对抗他对癌症的恐惧——他"自己告诉自己"得了癌症。"假设有人对我说，田纳西，你得了癌症，我该怎么办？可能不太好接受。但我怀疑我患病了。"*尽管如此，当奥利弗·埃文斯元旦去医院看望他，并告诉他自己与医生关于良性痔疮的谈话，威廉斯甚至一提到癌症就生气了。埃文斯说："医生说你应该做手术，因为它可能会变成恶性肿瘤。"威廉斯在日记中写道："我认为这句话至少是没有必要的。"并补充说："他有时会有令人震惊的残忍冲动。"*

更重要的是威廉斯对自己的残忍。他新年的决心是放弃"那老掉牙的捶胸顿足"*。即将出院时，他决心"不再对这位筋疲力尽的艺术家提出更多的无理要求。让他休息。如果他的任期结束就让他退休。但因为我想要生活，即使是没有创造的生活，我不能因为没有做我已经不再能做的事而鞭打自己。无论失败只是一段时间，还是更长时间，或永远"*。

1954年元旦，威廉斯在医院写道："哦，我多么渴望再次放松，走进基韦斯特工作室开始早晨的写作，天空和穿过天光的澳大利亚松相伴，四周都是明亮的晨光，一杯温暖的咖啡，一个创造的世界。"* 到了1月的第三个星期，他与外公又回到了基韦斯特的甜蜜孤独中，心中充满了一种解脱和释放的感觉。"我正在做我梦寐以求的事情，"他写道，"晴朗的早晨，咖啡，工作室——安静、平和。但缪斯并没有被吸引。今天不行。"*

威廉斯之前只经历过一次同样强大的内部力量冲突——死亡与创造、恐惧与自由、厄运与欢乐。1947年，在陶斯医院经历过创伤之后，威廉斯坐下来规划，他说"长期危机的所有情感内容"都投射进了《欲望号街车》。他在《回忆录》中写道："尽管我以为自己快死了，或者可能是因为这个原因，我对工作有了极大的热情。"*

———

现在，七年后的1954年春天，威廉斯又拿起了《石头之地》，一个前一年动笔但感觉还未能"掌控"的短剧,这让他"去年夏天在欧洲陷入了可怕的抑郁状态"。* 3 月,他为此写信给伍德。他说:"我正在……根据《三个玩家》中的角色,组合出一部短长剧。在你看到之前,不要期待它,因为等我大声朗读它时,你可能不太喜欢。"*他自认为这部新剧篇幅太短而措辞烦冗。尽管如此,他在一周之内清楚地看到他找到了一个新的想象力接缝。"我确实认为它有一种可怕的真实性,它拥有我写过的作品中最严密的结构,而且剧终落幕一段写得很好。"*那年夏天回到罗马,威廉斯在伍德来访时递给她一堆他称为"工作脚本"*的稿纸,大部分都是用酒店的信纸敲出来的。那时这部剧叫《热铁皮屋顶上的猫》。伍德一直读到凌晨 4 点。"我非常兴奋,"她说,"第二天早上,我立刻告诉他,这肯定是他自《街车》以来最好的一部剧,而且会非常成功。他现在可能不记得了,但那时他被我的热情淹没了。我很清楚地知道,他还不知道自己做了什么。"*

威廉斯给伍德看工作脚本时,他说自己"正在经历,而且还没有走出我紧张生命中最严重的精神危机"*。在 1954 年那个危险的夏天,他已到达"最糟糕的顶点"*。他在 6 月的日记中写道:"我只是坚持着。烈酒和速可眠是我唯一的避难所,但它们并不是永远有效。"*威廉斯的日记也记录了他对爱情悲哀地硬起了心肠。"我配得上吗?曾经有人配得上吗?我们都是这样的猪,我是其中最大的一头;*我的灵魂,如果我还有灵魂的话,在叹息,颤抖,病入膏肓。*"1940 年,他曾向《天使之战》的导演玛格丽特·韦伯斯特坦言,他已经"开始对我的感情设立一道绝缘屏障,这样我就不会遭受太多痛苦"*。她回答说:"对一个作家来说,这是一件非常危险的事情。"*这一说法引起了威廉斯的注意;他在 15 年后,向肯尼思·泰南讲述了这件事。"一旦心脏完全绝缘,它也就死了,"他说,"我的问题是要和它一起活下去,要让它活下去。"*在情绪低落的时候，在无助的状态下，他祈祷着一种居高临下的干预，让那力量使他苏醒过来。"也许弗兰克能帮我。也许玛丽亚会帮我。也许上帝会帮我。"*他在日记中写道。最后，威廉斯自己帮助了自己。

他狂热的内心辩论——在死亡之心和呐喊之心之间进行——被写进了剧本的早期结构中。剧本描绘了沮丧而酗酒的布里克和他美丽而烦躁的妻子玛吉之间的争斗。布里克的父亲波利特大爹是"三角洲最大的棉花种植商"*，妻子既希望得到丈夫的爱，又想继承她垂死公爹的财产。"在这个版本中，如果布里克和玛吉之间有一场戏，那么第一个场景将会从布里克的角度来写，"伍德回忆说，"然后你翻到下一页，是从玛吉的角度讲述的同一个场景。就这样一页又一页地继续下去。"*威廉斯渐渐把这部剧理解为"我一生的综合"*。在布里克和玛吉的争斗中，威廉斯投射了自己内心在毁灭和创造之间的一场战争——他渴望恢复自己的文学遗产。

布里克拄着拐杖——他摔断了脚踝，某次喝多了想要重温高中当运动员的荣耀的后果——步履蹒跚，其实也是忧郁所致。正如他的名字所示，他了无生气。他已从人生竞技场上彻底撤退，过着生不如死的生活，他认输了。布里克不仅与世隔绝，还是一个迷人而悠闲的拒绝者（refusenik），用酒精把世界拒之门外，使自己远离恐惧、憎恨和生活。威廉斯曾在新奥尔良的医院说过："一个人可以同时感到恐惧和平静。"*布里克就是这种恼人的被动性的化身：他让自己对自己的欲望视而不见。他最深层的心灵关系是与酒精的关系，酒精就像母亲，滋养、安抚和包容他。"我脑子里的咔嚓声让我平静下来，我得一直喝到听见咔嚓声，"他对他的父亲、老爹解释说，"这声音只是一个机械的东西，就像一个——像一个——像一个——开关在我的脑袋里咔嚓一声关上了，关掉了炽热的灯光，开启了凉爽的夜晚，突然之间就有了安宁！"*

布里克是一座缺席的纪念碑。他在舞台上的表演策略和威廉斯在生活中所采用的策略一样：他有足够的吸引力让其他人愿意帮助他，但他从来没有真正改变过。他的行为引起人们的关注，但他对任何人都不关心。他的冷漠是反常的。这是一名歇斯底里狂内心世界的外在体现——精神分析学家马苏德·汗（Masud Khan）称之为"拒绝公墓"*——其中最令人震惊的拒绝是，他拒绝与美丽的妻子上床。玛吉在整部剧中的目标是把布里克哄回她的床上，但是，就布里克而言，他认为玛吉这猫可以从房顶上跳下来，和其他可以在性方面满足她的人交往。

相比之下，玛吉则在战斗：她的帽子正如她所说，已经扔进了拳击场，她下定决心要赢。她想要布里克；她想要生活；她尤其想要和布里克一起创造新的生活。"我出身贫寒，穷养大的，除非我设法让我们在大爹哪天因癌症离世后得到一些东西，否则也会贫困地死去。"*她向布里克坦言。布里克将斯基普——他深爱的朋友和前足球队队友——的死归咎于她。布里克责骂玛吉时，他挥舞着拐杖差点打到她。玛吉强迫他面对事实："斯基普死了！我还活着！玛吉猫还——活着！我还活着，活着！我还活着！"*她告诉他，她还能生孩子，他们还能继承遗产。布里克说："你怎么还能去想一个无法忍受你的男人会和你生孩子？"玛吉回答说："这是一个我必将解决的问题。"*

"布里克爱玛吉吗？"威廉斯随后在为自己的角色辩护时写道，"他坚定地说：'人的一生中总有一件了不起的真实的好事，一件了不起的千真万确的好事，它是真实的。我和斯基普之间有友谊，和你没有爱情，玛吉，但是我和斯基普的友谊……'——但我们是否可以怀疑，他被这个可爱女子所温暖、所吸引？她的活泼、她的幽默、她令人钦佩的勇气和坚韧，这些几乎是生命本身的精髓。当然，既然他真的放弃了生活，退出了比赛，把帽子从拳击台上摘了下来，既然他只想要一些很酷的东西，比如他的'咔嚓声'和画廊里柔美的月光,以及烈酒带来的令人窒息的回忆。两人激烈争吵时她痛苦的脸、焦虑的声音,不仅令人不快,有时甚至让人憎恶,使他感到不安。但布里克公开的性取向过去是异性恋,而且必须一直保持异性恋……他是她的依靠。"*

通过玛吉,威廉斯表达了他自己即将到来的情感萎缩。"我经历了这一切——可怕!——转变,变得——艰难!疯狂!——残忍!!"*她在这部剧的前几分钟告诉布里克。威廉斯要敞开心扉,就必须撕裂它。玛吉说:"我无法让我的手指远离疼痛。"*威廉斯也不能。威廉斯在1954年6月写信给克劳福德(并且不经意地请她在他回来时推荐一位美国精神分析师)说:"这部剧里有折磨、暴力和恐怖——好吧!这是个地下王国——这反映了我写这部剧时正在经历的,或者说正在接近的状态。"他补充说:"也许如果我没有受到如此折磨,它就不会那么真实。因为我不能凭借曾经的活力工作,我不得不去寻找新的方法,现在也许已经找到了一些。"*

威廉斯更像一名演员,为了不失去表演的真实性而在舞台之外仍生活在角色中,他已经开始直觉地感受到他受虐的效用,成了自身崩溃的鉴赏家。他的朋友唐纳德·温德姆准确地捕捉到了他在《热铁皮屋顶上的猫》中的一个巨大变化——他从自我戏剧化转变到自我辩护。*"我不确定自怜是否合适,"威廉斯在写给与温德姆有着相同看法的《时代》剧评人泰德·卡莱姆(Ted Kalem)的信中说,"对于'高度个人化'的作家来说,我想知道'自我反省'是不是一种更准确的表达方式。你能理解吗?"*事实上,威廉斯的转变是自我吞噬。为了意义,他准备好毁灭自己。他径直走到悬崖边,以便能凝视峭壁。

威廉斯在围绕布里克的永久醉酒状态写剧时,他对自己傲慢地称为"饮料派"的酒也产生了永不悔改的欲望:

第五章 崩溃之惊雷

当你感到抱歉，
当你开始叹息，
亲爱的，你所需要的
是一个小小的饮料派。
是的，亲爱的，你所渴望的
是一小块饮料派。

两三杯不算什么，
三四杯不会让你兴奋，
第五杯才到位
才算饮料派！

……你可以把天空炸开
用一点点饮料派。
来一点点饮料派，亲爱的，
来一点点饮料派。*

抛开这些赞美诗不谈，威廉斯喝酒可不是闹着玩的。"情况变得如此糟糕，"他对克劳福德承认，"我都不敢往街上转，除非我能在不超过一个半街区的地方看到酒吧。"他补充道："有时我不得不停下来靠在墙上，让跟我一起的人跑上前去，从酒吧里给我拿杯白兰地。"* 威廉斯同时成了演员、偷窥狂、暴露狂和自己痛苦的旁观者。他把自己吓入了新的文学人生。

1953年圣诞节，伊利亚·卡赞曾给威廉斯写过这样的贺卡："新年祝福：你写部戏，我来导。"* 七个月后，威廉斯实现了他的愿望。7月，伍德给了他《琴仙下凡》；到8月中旬，卡赞表明了自己的热情,让人觉得有可能 12 月开始制作。威廉斯回答说,"我当然是为你写的,打从《街车》开始的所有剧本都是为你写的,但我几乎没指望你会有时间或想去做这件事,可能是因为谢里尔(克劳福德)那令人沮丧的反应",他同时提醒卡赞,另一位导演约瑟夫·曼凯维奇(Joseph Mankiewicz)也想得到机会。他接着说:

> 你当然知道,正如我已经告诉过你的,我永远不会把这部戏交给乔(假设他还想要),除非在不太可能的情况下,你我的观点有不可调和的分歧。我从来没有拒绝过你以任何理由提出的任何剧本上的修改建议,除非我真的无能为力,从来没有因为我自己不理解或不赞成而拒绝。有时你会指定一些大范围的改动,我的工作速度越来越慢,这样的改写会占用我几个月的时间。我不想计算我已经花了多少时间来重写《天使之战》:它会让你震惊的!——我只是不能再对它进行一次极大幅度的修改,尤其是手头还有完成初稿的两部新剧,我认为现在应该优先考虑它们,尽管在我看来,这两部剧都没有这部剧的潜在地位,但它们的优势在于完全新颖。我相信奥德丽会基于这部剧是根据旧作改编这一事实而不太看好它。这也许是真的。但我觉得,如果它足够强大,只要到了你手上,由你来导演,加上合适的演员阵容,它就会强大。我相信它改编自旧作这一劣势将消失殆尽,甚至在它到费城试演之前就几乎被忘了个一干二净,因为他们想要的不过就是一个好剧本、一个强大的剧本,无论新旧。*

9 月,威廉斯从欧洲回来的两周前再次给卡赞写信。他在信的顶部用铅笔潦草地写道:"除了《琴仙》,还会带另外两部戏回来,不骗你!"*

其中一出戏是《热铁皮屋顶上的猫》。威廉斯第一次在罗马向伍德展示这个简短版本时，他提出了一个想法，那就是它可以和当晚另外一个短戏一起演。伍德坚决反对。"我还是希望它能占有一个完整的晚上，"她在 7 月给他写了一封信，"我仍然被你想把它保持在一定长度的欲望所困扰，这需要添加一些外来的东西。"*伍德觉得这出戏没有完成，*但她的想法挑战了威廉斯对这部剧的诗意设想。他始终不肯让步。"对我来说，现在这个故事已经完整了，它说了我关于这些人物及其处境想说的一切。它就是被构想成一部简短的多幕剧：共有三幕。第一幕，布里克和他的妻子。第二幕，布里克和大爹。第三幕，家庭会议，"威廉斯在 9 月给伍德的信中写道，"我认为起码就结构而言，这出戏恰到好处。我喜欢幕与幕之间没有时间间隔，一幕接一幕地演，舞台时间和剧院时间完全一致。我不想失去那种紧凑、那种简单，不想只是为了满足剧院的惯例，就通过某种方式强行把它拉长。"*

威廉斯可以如此用他的艺术意图来说服伍德，但卡赞是一个更精明的顾客。卡赞想着或许可以接手威廉斯的另一个新剧，哪怕还没看到剧本，于是他把《琴仙下凡》推给了别人。"我实在精疲力竭。使不上劲。"卡赞说，并建议威廉斯和曼凯维奇一起排这部剧，而他则会"等待一部新剧"。*

9 月 30 日，在要前往好莱坞拍摄电影《玫瑰文身》的安娜·马格纳尼的陪同下，威廉斯和梅洛乘坐的"安德里亚·多丽亚号"停靠纽约。两周后，《热铁皮屋顶上的猫》的出品计划已经制定，伍德和卡赞，按威廉斯的说法，"都迫切想得到它"*。威廉斯在 10 月 17 日写给玛丽亚·布里特涅娃的信中说："我唯一想要的就是卡赞。"*

由于威廉斯在百老汇连续两次遭遇票房失败，他需要一个卖座的演出，而卡赞正是轰动的制造者。在卡赞读《热铁皮屋顶上的猫》之前,威廉斯给他写了一封评价颇高的信,信中既迎合了他的友情观,也迎合了他的艺术抱负。"你正处在最富有创造力的时期。从《码头风云》和《茶与同情》中都能看得出来,"威廉斯写道,"你导演的这两部戏让两个我个人并不看好的本子强势出头,赋予它们价值,如果没有你的手笔,它们就会是啥也不是的红色鱼子酱——我指的是三文鱼鱼子酱,不是鲱鱼鱼子酱。你现在所需要的是一个能随着你提升而提升的东西,用你一贯的才能为它助力。而我仍然希望能带给你这种东西的人是我。我甚至相信我可以!"*

卡赞在他的自传中写道:"当剧作家们让我执导一部我喜欢但不太满意的剧本,我偶尔会向他们撒谎。"*然而,在读完《热铁皮屋顶上的猫》之后,他没有。他认为威廉斯写了"绝妙的初稿"*,但他相信剧本还有更多地方要完善。"请务必停,停下来,不要把它匆匆忙忙地搬上舞台,"他说,"如果你这样做,你会让自己陷入很多痛苦之中。"*在两人的合作模式中,卡赞扮演着清醒父亲的角色,把威廉斯的最大利益放在心上。10月18日,他在一封长达三页的信中坚持说:"在我认为剧本已准备好之前,我很害怕和你一起开始这部剧。我们《皇家大道》一剧这么做了,结果你受到了沉重的打击。我不认为你应该再来一次。"卡赞继续说:"我告诉过你,我认为第三幕不对。关于我说的不对,你并不是真的同意。但我仍坚持我的看法。我希望,我只向上帝祈祷,你会停下来好好想一想。戏剧的问题99%在于剧本。结构要完整。表意要清晰。要观众能懂。你要他们对什么感兴趣、他们想要追求什么,都得搞清楚。"*卡赞列出了他看到的问题,并要求威廉斯自己寻找解决方案。"我没有好的建议,"他在笔记中告诉威廉斯,"你对我来说遥不可及。不过,我也不认为会有其他人帮你。你在一个只有你知道规则的游戏中。"*卡赞的热情和勇气为威廉斯提供了一张安全网,鼓励这位提心吊胆的剧作家创作超越自我的作品。

第五章 崩溃之惊雷

威廉斯故事中面临死亡的家长波利特大爹,从三角洲种植园管理者成为拥有两万八千英亩"尼罗河谷这边最富饶土地"*的种植园主。在该剧的早期版本中,威廉斯粘贴了一份1921年密西西比当地报纸上关于G. D.佩里(戴金牧师的朋友)的剪报。它播下了剧中人物的种子,长出了大爹以及他的儿子库珀和儿媳梅"没有脖子的怪物"*大家庭。剪报内容如下:

从管理者到在图尼卡拥有7400英亩土地的业主

密西西比州好莱坞的G. D.佩里及全家。佩里先生刚刚完成了一笔交易,购买了杜克种植园的一半权益,该种植园占地14800英亩。这使他在密西西比州的图尼卡县获得了7400英亩的土地。他和妻子在田纳西州长大。他的父亲马歇尔·佩里来自麦迪逊县,祖父是洪堡的G. W.戴上校。他的妻子是来自田纳西州梅森的莎莉·杰特·惠特利小姐,他们1897年在梅森结婚。1900年他去了三角洲,在他刚刚完成这笔交易的种植园上,为B. F.杜克——人们更常称他为托比·杜克——管庄园。他为杜克管理了12年。杜克死后,他租下了这个种植园,同时买下了W. M.约翰逊和C. A.巴尔的种植园——他们都来自孟菲斯。佩里夫妇有九个孩子。*

大爹是个身形庞大的男人,与之相匹配的是庞大的愤怒和庞大的生活欲望。威廉斯笔下该人物的名字和形象似乎是从他在佐治亚州梅肯的老朋友乔丹·马西的父亲那里借来的。乔丹·马西是卡森·麦卡勒斯的堂兄,但大爹的夸夸其谈和鄙俗不堪则源自威廉斯粗犷的父亲。(该剧的名字也来自父亲CC。威廉斯说:"我父亲有很强的表达能力。'埃德温娜,'他常说,'你弄得我像热铁皮屋顶上的猫一样紧张!'"*)大爹的声音——粗俗、刺耳、喧闹——对当时的剧院来说是独特的、令人着迷的,是 20 世纪美国民间魁梧有力的汉子的体现。大爹"突出了该剧的基调。一种骇人的愤怒和凶猛,一种来自底层的诚实"*,威廉斯说,他觉得自己已经"超越了"自己,找到了一种其他任何角色都无法比拟的"粗俗的口才"。*

在剧中,无论是在舞台上还是在舞台下,大爹都是其他角色关注的焦点。在他 65 岁生日这天,全家都在为他庆祝,他在与癌症搏斗后明显恢复了健康。他是该剧的主题催化剂,唤起玛吉的野心,唤起库珀及其妻子梅——"多育怪物"*——的贪婪——他们想把布里克从家族遗产继承中赶出去,也唤起布里克的自我欺骗:

> 大爹:(他从布里克的手里夺过杯子)你对谎言了解多少?妈的!我可以写一本书!你不知道吗?我可以写一本关于它的书,但仍然不涵盖这个主题?好吧,我可以,我可以写一本关于它的该死的书,但仍然不足以覆盖这个主题!!——想想我不得不忍受的所有谎言!——伪装!那些不是谎言吗!不得不假装一些你不曾想过、感觉不到或者完全不知道的东西?比如必须表现得好像我很关心大妈一样!——40 年来我无法忍受那个女人的视线、声音和气味!即使我上她的时候都无法忍受!——像活塞运动一样有规律地上她……
>
> 我还假装爱那个狗娘养的库珀和他老婆梅,还有他们那五个像丛林里的鹦鹉一样尖叫的娃?老天!我看到他们就受不了!
>
> 教堂!——我烦透了,但我还是去吧!我就坐在那儿听这个傻瓜布道!
>
> 什么俱乐部!——互助会!共济会!扶轮社——全是一堆

第五章 崩溃之惊雷

垃圾!

我生活在谎言中!——你为什么不能忍受呢?该死的,你得忍受它,除了谎言,就没什么别的好受了,不是吗?*

尽管大爹性格中充满了气势磅礴的能量,说话也口若悬河,令人赞不绝口,但在威廉斯对该剧的最初构思中,他并没有活到第三幕。相反,在他从布里克那里得知他的家人一直对他隐瞒的绝症后,大爹在第二幕就退场,爬上了望景楼。在该剧的其余部分里,波利特家的人只能听到他在台下"长久的痛苦而又愤怒的哭泣"*。在最后一幕中不让大爹上台是一个叙事上的错误。伍德这么说过,卡赞也跳起来附和:

这部剧是围绕第二幕的内容展开的。
是的,第一幕需要改进。但这不是关键问题。
我认为核心问题是找出第二幕是关于什么的,并在第三幕中解决。
第三幕简直让我不知所云。
我想知道大爹在被告知实情后是怎么做的。剧本里没讲这个。简单明了地说,他肯定了谁?好吧,我知道你讨厌"肯定"这个词。当他爬上去的时候他在做什么?
我他妈一点也不在乎大妈如何接受这个该死的消息。我们知道。
看到玛格丽特和梅吵来吵去骂来骂去也没意思。它在你的字里行间,我们已经明白了。你可以写她们吵上一分钟,但第三幕你不要给她们哪怕一秒钟……
急什么呢?像你这样有惊人天赋的人不应该拿出半成品。你的第二幕非常精彩。我知道,我就是知道第三幕不合适。但是我不知道它应该是什么。我认为让这个老人在塔楼上"活着"或许是其中的一种选择。

请不要满足我。花点时间来满足自己。你自己真的对这部剧满意吗？当你把它给我的时候，你根本不满意啊。……田，这部剧真的还没准备好提上制作议事日程。那是非常非常显而易见的事实。*

10月20日，卡赞继续火上浇油："在第二幕的结尾，我对大爹的命运充满了强烈的担忧——可以说，我想看看他结局如何。我甚至不介意他在第三幕开始的时候，在舞台上坐一两分钟。它会比你现在所展示的更让我感兴趣……你不能让我着急上火，然后你扬长而去，说让我们看看风景吧。"在两天的时间里，他用一沓又一沓匆忙写的笔记来表达自己毫无拘束的观点，除了这些观点，卡赞还加上了溢美之词。他写道："我认为你已经写出了多年来最好的剧本，为什么要把它扔掉？就因为这股我们动身吧的风在推着你？我哪儿也不去。我非常想排这出戏。每三年左右，我只有一部想排的戏。我真的很想排这个。"*

收到卡赞的第一次笔记后，威廉斯无法入睡。不过，第二天早上8点，他还是坐在了打字机前，下定了决心告诉卡赞："会让你得到你想要的，同时又不失去我想要的。"威廉斯补充说："我斗胆相信我能解决这个问题，但如果你和某位制片人能给我一张信任票，在工作还没有完成的情况下承诺一个制作日期，这将对我有不可估量的帮助。"*

到10月29日，威廉斯向布里特涅娃报告，卡赞"（口头上）承诺要排演《热铁皮屋顶上的猫》"*。威廉斯句子中的插入语意味深长。卡赞让人捉摸不透。他对剧本最终状态的控制，与他对自己投入程度的克制成正比。卡赞很有分寸，即使在制作中，他也不愿利用自己的威望来控制威廉斯。在一次排练中，威廉斯从台下叫住了当时扮演玛吉的芭芭拉·贝尔·格迪斯（Barbara Bel Geddes）："芭芭拉，你声音里再多一点旋律。南方女孩是有旋律的，在她们的——"卡赞打断了他的话，然后走到过道，坐在威廉斯旁边。"我悄悄对他说，如果他再这样做，我就不干了。"* 卡赞回忆说。尽管他们对彼此忠诚，但对两人来说，一起工作是一种微妙的舞蹈。

为了不失去卡赞，威廉斯不得不想办法来满足他的叙事要求，同时"努力保持戏剧的核心，因为我讨厌那些建立在感伤事物上的戏剧，就像我在剧院许多多愁善感的成功里所感受到的"*。在百老汇，从来没有人因提供绝对感伤或绝对欢快的戏而破产。然而，在威廉斯看来，他是在渲染矛盾心理。"这是一部关于正直的混蛋和正直的婊子的剧，"他告诉卡赞，"我的意思是，它揭示了令人震惊的善恶共存，以及一颗心灵令人震惊的双重性。"他继续说："我和你一样开心，我们的讨论已经给如何突出玛吉身上的善找到了方案，还有大爹坚不可摧的精神。如此一来，这部剧最后的效果不是消极的，而是向前迈了一步，迈向了一个更大的真理，这真理将不可估量地增加该剧的沟通力量或传播范围。"*

———

"你可以为之叫好的角色"是百老汇商业戏剧大师们的咒语。就《热铁皮屋顶上的猫》而言，威廉斯从伍德、克劳福德和卡赞那里都听到了这话。"活力是这部剧的主人公！"威廉斯坚称，"你可以为之'叫好'的角色……不是一个人，而是一种使人生存下来的品质。"* 尽管如此，他告诉卡赞，他在把第一幕改得更加紧凑、更加明了。"他把注意力集中在玛格丽特这个角色上，强调她身上那些使她富有人性、易于理解和可爱的地方。她就是那个总是带着乞丐般的微笑和猫的爪子，蹲在有钱而幸运的家伙脚边的人。她知道有人会踢她，但她乞求更好的东西，并愿意为之付出很多！——一个正常但绝望的人，一个战士。"*

威廉斯借用了玛格丽特·刘易斯·鲍威尔的绰号"玛吉猫"*，她是他朋友乔丹·马西的朋友。但玛吉绝望、冷酷、直言不讳和夸张天赋的原型是在1954年夏天绝大部分时间里陪在威廉斯身边的人：玛丽亚·布里特涅娃——该剧就是献给她的。（早期的版本是献给伍德的。）"我觉得你的很多优秀品质都体现在这部剧的创作中了，机智、勇敢等。"*威廉斯在给布里特涅娃的信中写道。她以一贯的大胆要求成为《猫》百老汇首演中的明星，而不是小角色，但被威廉斯拒绝了。《热铁皮屋顶上的猫》幕起后的第一句台词里有一个拖长的标志性短语——"没有脖子的怪物"*，这是布里特涅娃的喜剧性尖刻用语：威廉斯喜欢收集和重复她的刻薄话，这不过是其中之一。布里特涅娃读到剧本的最终版本时，抗议说她不会像玛吉那样说话。"亲爱的！我写的是你的精神——你的坚韧。"*威廉斯说道。但他捕捉到的不仅仅是她的坚韧。布里特涅娃的轻浮和贪婪，她的羞辱之心和她那高调的自命不凡，都是威廉斯提炼玛吉狂躁活力的素材。"年轻的时候可以没有钱，但年老的时候不能没有钱，"这是玛吉对布里克说过的名言，"你老了一定得有钱，因为人老还没钱实在太可怕了。"*就像布里特涅娃，玛吉"总是不得不去讨好那些我无法忍受的人，因为他们有钱，而我穷得像个傻瓜"*。她是谄媚和残暴的生动结合——尤其在《猫》的几个早期版本中，玛吉表现得更加极端：

> 我嫁给你时穿的是我祖母的结婚礼服，我不得不假装我穿着它是出于感情上的原因！见鬼，和那个——把它遗留给我，仅此而已——刻薄的老巫婆相比，我更喜欢啃食它的飞蛾。

（猛地拉开抽屉）

——那些曾经——

（砰的一声关上了抽屉）

——离开了我的人，哪怕我一直——

（轻拍额头）

对他们点头哈腰……

（站在穿衣镜前）

所以这就是为什么我像热铁皮屋顶上的猫！……但我看起来不像，不是吗？现在呢？像吗？即便现在还像？

你是对的。我必须改掉这个绷紧喉咙肌肉的习惯，让它们伸出来！——就像溺水者的脖子一样！——好像我在努力把头浮出水面一样……

哎，我还真是这样！*

1952 年，被威廉斯戏称为"暴怒的鞑靼人"的布里特涅娃与才华横溢、宽下巴的詹姆斯·劳克林——威廉斯的百万富翁出版商——成为情侣。当劳克林和他新方向出版公司的一个美国同仁重续风流韵事，布里特涅娃立刻盯上了约翰·休斯顿。"我才在《红磨坊》片场介绍两人认识，"威廉斯写信给伍德，"我到这儿还不到一天，就收到了玛丽亚的电报：'心如刀绞。休斯顿像一杯热腾腾的茶。如果你想留在巴黎，给我打电话。'"威廉斯补充道："我真的希望她能从中得到一份工作，初次会面时就是奔着工作去的，真不希望这是她又一次特有的不幸遭遇。"*

然而，到了 1954 年春天，布里特涅娃和劳克林又重归于好了，《伦敦时报》突然宣布了他们订婚的消息。得知这个消息后，威廉斯给他们打电报说："让我高兴得哭了。"* 然而，劳克林显贵的美国母亲却不那么高兴。"詹姆斯！你居然找了一个苏联人！你就不能找一个熟悉我们生活方式的美国好女孩吗?"* 劳克林回忆说。母亲的反对使布里特涅娃立刻摆起了架子。"亲爱的!"威廉斯劝告她,"没有人比我更喜欢诚实,可是亲爱的!有些时候,有些情况下,有些环境下,头脑不能支配心灵,但至少要与之合作。你正在做的、说的、想的似乎都不对。"*

几个月后,劳克林临阵退缩并宣布解除婚约,表面上是因为布里特涅娃的贪欲——当时她去佛罗伦萨给劳克林买条丝绸领带,结果带了八条回来。"我的上帝!你打算怎么花我所有的钱?"劳克林问她。"我真的很惊讶,"布里特涅娃回忆说,"怎么,你有钱吗?——我会花掉它,当然啦!"* (布里特涅娃非常清楚劳克林是富有的。她后来在纽约一位公关人士的帮助下撰写了一份新闻稿,其中提到她"刚刚解除了与一位千万富翁铁定继承人的婚约"*。)布里特涅娃使男人丧失雄风的任性让劳克林感到害怕。"我觉得你是世界上最迷人的女孩之一,"他在毁约信中向她承认,"但我也害怕你——害怕你会像一台巨大的苏联发电机一样,把那些误入歧途的能量倾泻出来,毁掉我的生活。"* 在一封长达五页、手写给威廉斯的信中,他更直接地表达了自己的担忧:"她很固执己见,很强势。用她自己的话说,当我违背她的意愿,她就会'大发脾气'。如果说有什么不同的话,那就是在我认识她的这些年里,她变得更有活力,更活跃,更愿意卷入他人利益和事务,而那些人并不是她的生活中心。"他还说:"我怀疑她是否真的像你说的那样'被生活打压过'。我认为你并不真正了解她的活力。没有什么能或会压垮她。"*

1954年夏天的大部分时间里,布里特涅娃和威廉斯都在欧洲漫游。* 到了9月,威廉斯依然是她的饭票,而且她还"提议更多的旅行",他悻悻地向伍德承认。"可怜的小玛丽亚!"他告诉伍德,"我说她必须忘记杰伊,回到她以前的生活中去。她说:'什么生活？我没有。'我说：'你得创造一个生活。没人能当那么长时间的苏联人！'"*

到了夏末，玛丽亚的白吃白喝，再加上她的专横跋扈，已经成为威廉斯家一个恼人的麻烦。"这里简直是一团糟，"威廉斯在给伍德的信中写道，"玛丽亚谴责弗兰克'下贱，没有教养，等等'，至少在昨天晚上，她离开了我家。"威廉斯继续说："问题在于，她希望一直被当作客人对待，尽管她整个夏天都和我们在一起，我们只能把她当作家庭的一员，而不能放弃我们愉快的生活模式。另一个问题是，她没有任何个人资金，而且令人尴尬地依赖于我们。她不愿直面这一点，但她想要我们在高档餐厅招待她有头有脸的朋友，诸如此类。她早上离开时，桌子上通常会有一个留言，告诉我们要做什么。我之所以能容忍这一点，是因为我很喜欢她，也深知她被杰伊甩后的难过。"*

1954 年的整个夏天，在他就要完成《猫》并着手修改时，威廉斯陷入布里特涅娃现实生活中永不言败的战斗，她总在索要她认为自己的情感和创造力应得的东西。威廉斯在给伍德的信中写道："玛丽亚和我在乡村俱乐部的泳池边写信，她写给杰伊，我写给你。我想我应该让你知道 M 今年夏天可能要飞到美国跟杰伊摊牌。她觉得，如果她在美国有一份工作，而不只是在那里追求他，她会处于一个更有利、更有尊严的位置说话。你能为她想点什么吗？我已经提出为她付旅费，并允许她住在我们纽约的公寓里。"*通过威廉斯、卡赞和她认识的其他戏剧界大佬的周旋，布里特涅娃获得了工作许可证，这使她得以作为"一位有杰出成就和能力的艺术家"*在美国演出。然而，她的目标不是得到工作，而是得到劳克林——她快把他逼疯了。"她需要的是艺术和情感上的帮助，而不是物质上的，"威廉斯写信给劳克林说，"如果她出现在美国让你觉得事情变得复杂或不舒服，我很抱歉。"*

"我认为没有人让我这么心烦,"劳克林对威廉斯说,"她有很好的品质,如果她能克服她的幻想——我是其中之一,以及另外一个,即她必须成为一名演员——我认为她会有一个幸福和有价值的生活。"劳克林想在经济上帮助布里特涅娃,但他的顾问们主张彻底断绝关系,因为"只要她认为我在帮助她,她就认为我最终会接受她,这只会延长她的幻想和痛苦"。就像玛吉拒绝失败一样,布里特涅娃也不愿被否定。到了美国后,她想方设法回到劳克林的生活中,包括成为同一位心理治疗师的病人。"她费尽心力地向那位医生索取帮助这一事实恰恰证明了这一点,"劳克林写道,"她到他那儿去的全部想法——据我从跟他的谈话中所了解到的——是这样做就会改变她的性格,使我喜欢她。换句话说,她到他那里去并不是为了帮助自己,而是为了进一步接近我。"*

即使布里特涅娃最终不得不放弃她的浪漫梦想,她还是坚定地坚持她的艺术梦想。1955年3月3日,就在《热铁皮屋顶上的猫》在百老汇首演的前三周,她在谢里登广场原创剧场的《街车》复排中首次扮演布兰奇。在《五点钟天使》中,布里特涅娃引用了布鲁克斯·阿特金森在《纽约时报》上对她的赞扬,赞扬她的表演,以及她"对这个注定要失败的女主人公所抱有的令人激动的看法"。布里特涅娃引用阿特金森的话说:"她用意想不到的幽默揭示了破碎的虚假外表下勇敢的灵魂。最后完全摆脱理智的平静,本来是该剧中最弱的一场戏,现在成了自奥尼尔以来美国剧作家笔下最接近悲剧的作品。"*比起她作为演员的荣耀,这篇评论更重要的部分是它对布里特涅娃的回顾性披露。在绝望的时候,玛吉会做任何事情——甚至撒谎——来赢得胜利;布里特涅娃也是。阿特金森的好评原来是她自己的创造。事实上,他所写的是:"假装表演传达了剧本错综复杂的奥秘是没有意义的……英国女演员玛丽亚·布里特涅娃没能表达那位备受困扰的女士的紧张不安。"*

第五章 崩溃之惊雷

威廉斯以布里特涅娃为原型创造了《热铁皮屋顶上的猫》中的人物，实际上预示了布里特涅娃在现实生活中困难重重的婚姻。1956年7月25日，她嫁给了彼得·格伦费尔（Peter Grenfell），圣贾斯特勋爵，摩根大通英国银行合伙人爱德华·格伦费尔——1935年被封为男爵——的儿子。彼得热爱乡村生活，喜欢芭蕾和歌剧，患有躁郁症，经常会出现无法控制的颤抖和哭泣。布里特涅娃把他带出疗养院，嫁给了他。她在尼克斯百货为婚礼购买手套时，他逃跑了。他们的新婚之夜是在克拉里奇度过的，但在第二天大吵一架之后，彼得勋爵又跑了两个星期。"他的身材有点奇怪"，布里特涅娃的朋友吉恩·斯坦（Jean Stein）回忆道——其父是媒体集团MCA的负责人。斯坦补充说，布里特涅娃的行为是对玛吉计谋的怪诞模仿，"成为圣贾斯特夫人，还有点钱。你在开玩笑吧？她一无所有。绝望。有乡间别墅，而且还是合法的！"* "他认为她能帮助他，"彼得·圣贾斯特遗产的受托人博比·亨德森说，"她对他产生了影响。她使他困惑。她的风趣使他心烦意乱。这是一种逃避。他当然很想接近她，然而他并没有这样做。"*

虽然这段婚姻孕育了两个孩子，但圣贾斯特至少有一个，可能是两个私生子。他的母亲对玛丽亚很不好。彼得勋爵和玛丽亚夫人从受托人那里只得到了最低限度的津贴。"玛丽亚和她的两个孩子住在伦敦一套小小的公寓里。"哈丽雅特·范·霍恩说。她是一位美国报纸专栏作家，也是她的朋友，曾在20世纪50年代末去拜访过玛丽亚。最终，他们为这对夫妇购买了一套房子，不过是以两人孩子的名字登记的。"她在那儿过着优雅的生活，靠人恩惠。"范·霍恩说。*

———

到1954年11月，威廉斯把他的修改稿交给了卡赞。为了追求人性化,他给了玛吉一个不同的结局。"我一点也不确定这个新结局是不是我想要的,"他在给伍德的信中写道,"你觉得它是在呼应《茶与同情》吗?"他接着说:"这是一个女人归还男人男子气概的另一个例子,而在最初的构想中,这部剧是关于一个生机勃勃、坚强的女人支配一个软弱的男人并实现她自我意志的故事。还有,除了让故事变得更柔和、更甜美、更容易接受,大爹的再次出现是否确实给这个故事增加了任何重要的东西?"*

威廉斯向克里斯托弗·伊舍伍德朗读了自己剧本的第一份打印稿,伊舍伍德进一步增强了他对自己剧本的信心。威廉斯告诉伍德:"他爱这部戏,他认为它在许多方面是我最好的剧本。"他决定飞往洛杉矶与卡赞谈谈,《玫瑰文身》正在那里拍摄。他说:"伊舍伍德会去那里,我们三个或许可以就《猫》的剧本达成一致,这将使加吉和我都满意。"直到11月23日,卡赞还没有承诺执导该剧。"我认为加吉必须马上让我们知道他是否愿意在特定的时间做出明确的承诺。"*

威廉斯在洛杉矶孤独地度过了两周。(他在日记中写道:"每一分钟都感到厌烦。"*)他与卡赞的谈话产生了另一封长达五页的导演笔记,关于剧中的突出问题,即对布里克的处理。对威廉斯来说,布里克的神秘之处是"剧中的诗,不是剧中的故事,而是故事的诗"*。"我明白他的意思,但恐怕他不太明白我的意思,"威廉斯在日记中写道,"事情并不总是能解释清楚的。状况并不总是能得到解决。角色并不总是'发展'的。但我当然会努力和他达成另一种妥协。"*

对卡赞来说,这部剧至少有一个关键细节已经解决:他将执导该剧。在给妻子莫莉·戴·撒切尔的备忘录中,他写道:

我将执导威廉斯的那部剧。我真佩服那个家伙。真的。我

第五章 崩溃之惊雷

们进行了一些精彩的会谈。我们已经有了一些概念。他非常诚实，有时我对他充满钦佩之情。我从未和任何一位作家像现在和他这样交谈过。毫无保留（除了和莫斯·哈特就《君子协定》谈过）……剧名叫《热铁皮屋顶上的猫》。这不是一个非常棒的标题吗？玛格丽特现在是招人喜欢的，不管这到底意味着什么。无论如何，我认为观众最终会不得不钦佩她……我发现了布里克在第三幕要做的事情，我说服了威廉斯让大爹在第二幕完全拒绝了布里克的解释，或至少是布里克对他解释的攻击。*

从他们开始讨论这部剧，卡赞就争论说，布里克需要戏剧上的活力，而不仅仅是诗意的冷漠。"我'听信'你信里的很多话，但当然不是全部，"威廉斯在凌晨4:30在他的比弗利山庄酒店给卡赞写信说，"我可能'听信'了一半以上，经过几个晚上的研究，我想我明白了。"威廉斯继续说道："简而言之，我接受的部分是，布里克陷入僵局必须有一个原因（他喝酒只是一种表达方式），必须是'站得住脚的'。"* 威廉斯得出了一个叙事性结论，布里克确实爱过斯基普，他把斯基普与运动联系在一起，"运动是他无法忘却的青少年时代的浪漫世界"。威廉斯继续说道：

> 此外，为了逆转我最初的（有点不确定的）假设，我现在相信，在更深的意义上，而不是字面意义上，布里克是一个让自己适应异性恋的同性恋；这也是我对其他几个人的怀疑，比如白兰度。（他没有崩溃，但我认为他值得关注。他让我觉得他是个有强迫症的怪人。）我认为这些人往往性欲淡泊，喜欢宠物浣熊，喜欢运动，喜欢与男性或女性发生一点性关系。他们有深深的依恋之情，理想化的、浪漫的：升华的爱！他们是

可怕的清教徒。(马龙不喜欢我。为什么?我是"堕落的"。)这些人可能有一个腺体设置,让他们低压"存储"足够如此生存的勇气,而不会最终崩溃。再拿白兰度来说:他心中有些什么在焖烧,但我认为不是乔珊!很抱歉在这次分析中让他做我的实验对象(请把这封信还给我!),但他是我们都认识的最接近布里克的人。他们的天真、他们的盲目,使他们非常非常感人,非常美,非常悲哀。他们常常是优秀的艺术家,因为不得不升华他们那么多的爱,相信我,同性之爱需要的也不仅仅是身体上的表达。但如果面具突然被粗暴地撕下,这就足以摧毁整个机制,让人无法适应,让世界底朝天,让他们别无选择,最终——要么承认真相,要么撤退到像酒精的东西里。*

撕下布里克的面具,然后把他的故事持续到第三幕,这是威廉斯面临的挑战。距离彩排不到一个月,卡赞还在抱怨:"在第三幕众所周知的那部分,前八分之七,布里克使我感到痛苦。他似乎和第一幕开始时一模一样。"* 一周后,他在一封信中补充道:"田,剧作家的职责就是讲出真相。你说的不是布里克的最终真相。在第一幕,你揭示了他的一部分,在第二幕,又揭示出一部分,很大一部分,然后他又隐藏起来,毫无希望,彬彬有礼,不可触碰。最重要的是,他表现得好像第二幕从未发生过一样。"卡赞还说:"难道他不能做可爱的、阳光的、聪明的、风趣的醉汉,而不是自怨自艾的、无可救药的醉鬼吗?"* 在第二幕的高潮,当布里克谈到斯基普的电话——他在电话中表达了拒绝,导致斯基普自杀——卡赞敦促威廉斯"再深入体会一下",利用这一情况,"榨取它的所有价值",以便给"布里克施加更沉重的负罪感",以此解释他的无能。* 卡赞为他固执的作者编织了一些对话:

大爹：你对他说了什么？
布里克：什么都没说。
大爹：什么也没说？
布里克：我挂了。
大爹：你什么都没说就挂了？
布里克：对啊，我能说什么？
大爹：他好歹是你朋友。你总该跟他说点什么吧。*

改写的这一幕里加重了两位主角的戏份，威廉斯将卡赞的建议转化成布里克惯于否认的绝妙展示：

大爹：在他挂掉电话之前，你肯定和他说了什么吧？
布里克：我能和他说什么？
大爹：任何事。某些事。
布里克：没有。
大爹：就挂了？
布里克：就挂了。
大爹：唉。不管怎样，我们现在已经知道你厌恶的谎言，你喝酒是为了消除对它的厌恶，布里克。你这是在推卸责任。你对谎言的厌恶就是对你自己的厌恶。你！——你去坟墓里把他挖出来，踢他！——然后你就会和他面对真相了！
布里克：他的真相，不是我的！
大爹：他的真相，好！即便如此，那你不该与他一起面对吗？
布里克：谁能面对真相呢？你能吗？*

卡赞对第三幕"忧心忡忡"*，这一幕，布里克在阳台上不停地唱歌、闲逛，无所事事。他一直在思考如何在观众面前持续保持布里克的中心地位,让他的思想、他的感受、他的经历不断呈现在观众眼前。"天哪,田,我们能不能让那个狗娘养的在舞台上活起来。"他写道。他在排练开始前写信给威廉斯说:"给我一个自始至终都鲜活的布里克!这是关键任务!"*

他的理由很充分。第二幕的情节完全是关于布里克,以及让他起死回生的困境。"我们在这里看到,正如我们在第一幕中看到的一样,他毫不在意,压根都不在意,丝毫不在意那该死的……事实——他的内心就像火山一样狂暴,充满了怀疑和内疚,"卡赞在给威廉斯的信中写道,"然后,真正革命性的事情在他身上发生了。大爹说他讨厌的谎言是他自己。说他一直在将自己犯下的谋杀罪怪罪于玛吉——说他因背叛了自己最好的朋友而讨厌自己。"卡赞继续说:"现在布里克对此没有答案。事实上,他承认大爹说的是对的:'你能忍受真相吗???'然后他承认了,难道不是吗?大爹说的是真的。"卡赞继续写道:

> 这小伙子在第一幕结束时想杀人,到了第二幕,还差点儿真的杀了自己的父亲。剧作家已经完成了他的工作。他把布里克置于一种迫使他出壳的境地,迫使他从伪装中出来,等等。第二幕结尾有一段精神认同。他被迫面对自己的谎言。
>
> 我希望戏看到这个时候,观众会感觉到(我不是在说思考、欣赏或享受——我是在说基本的戏剧体验、最基本的体验),我希望看到这里,观众能坐在这该死的剧院里看着两件事情如何发展,坐在那里各自寻思,意见不一,他们应该有自己的看法。他们应该会希望布里克面对他对自己说的谎言,为他对玛吉的折磨赎罪。做点什么吧!他们会想看看他做了什么。他必须做点什么。*

"公平的做法是让你注意到我会一直努力——我别无他法——努力在第三幕中让布里克和他的想法、他的发展给观众留下深刻印象，"卡赞在快要排练时告诉威廉斯，并补充道，"我必须努力展示他内心的进步，无论他隐藏得有多深。"*为此，卡赞想让布里克唱歌，威廉斯答应了。他要求布里克放弃遗产，威廉斯也答应了。卡赞希望布里克变得更有人情味，更能发挥作用。"我们能不能让他变得有趣和诚实？这样才能揭示他的痛苦和自我厌恶。难道我们不觉得最重要的是他想补偿他对玛吉的折磨吗？"*他问威廉斯。威廉斯同样答应了。当一家人在大爷的遗嘱中争夺位置，没有孩子的玛吉突然在一家之主面前为自己加码宣布她有身孕——这是铤而走险的一步棋，布里克看到玛吉的这一举动既震惊又敬畏。当库珀和梅斥之为谎言，布里克站出来为玛吉辩护："真相是令人绝望的，但她真的有了。相信我，这是令人绝望的，但她真的有了。"布里克继续说："现在，你能否不再表现得就好像布里克·波利特真的已经死了，被埋葬了，看不见了，听不到了，回到你墙上的窥视孔里去——我喝醉了，困了——我不像玛吉那么生龙活虎，但我也还活着。"*

威廉斯的改写正是卡赞所要求的。卡赞还否决了三项威廉斯早先提出的反对意见：舞台设计师乔·梅尔齐纳的抽象布景（"华而不实、无意义的堆砌"*），让伯尔·艾夫斯（Burl Ives）扮演大爷（"表现得像一只填满佐料的火鸡"*），让芭芭拉·贝尔·格迪斯扮演玛吉（"无法胜任"*）。卡赞甚至哄着威廉斯把结局改得更温和些。排练第一天，威廉斯感觉这会是一场灾难，他在日记中写道："已着手计划在该剧纽约首演那天飞得远远的（可能远至锡兰）！"*但是，等戏真的排上演出档期，并在费城开演，它的成功是毋庸置疑的。评论令人激动；票房，按照《综艺》杂志的说法，非常"火爆"。卡赞的结构要求给了该剧令人满意的冲击力，威廉斯知道这一点。"当我说,总的来讲,你完成了你最伟大的工作之一,我是非常真诚的",威廉斯在费城开演前最后一次排练后给卡赞这样写道,落款是,"你全心全意的朋友"。*

让威廉斯最迟疑的是这部剧修改后的结局,布里克被诱惑回到婚姻的温床。卡赞的免责声明——"我没有创作、谋划或编辑符合'商业'戏剧要求的第三幕。"* 卡赞在自传中写道——与事实不符。这一点从他给威廉斯的笔记中就可以得到证明。卡赞迫使威廉斯改成了这个更温和的结局,从而淡化了该剧主题对布里克夫妇的攻击。* 在卡赞版本的结局中,玛吉试图哄丈夫生一个继承人,与布里克达成了一个不正当的交易。"我对大爹撒了谎,但我们可以让那个谎言成真,"她告诉他,"然后我会给你带来酒,我们一起喝醉,在这里,在今晚,在这个死亡降临的地方!你说怎么样呢?你说怎么样呢,宝贝?"*

玛吉把布里克所有的酒瓶都扔出了阳台,他不能再去拿酒喝了。他丢了驾照,如果他自己去喝酒,玛吉说,"我会提前打电话,让警察把你拦在高速公路上"。他被玛吉这一招将死了。然而现在,她准备参与他的自我毁灭。布里克肯定了她。他坐在床边说:"我很钦佩你,玛吉。"玛吉跪在他旁边。她说:"噢,你们这些软弱、漂亮、舍弃一切却显得如此优雅的人"。"你需要的是一个人来管好你——温柔地,带着爱,把你的生命还给你,就像你不要的金子一样——我可以!我决心这么做——没有什么比铁皮屋顶上的猫更坚定的了——有吗?有吗,宝贝?"布里克第一次允许自己被玛吉触摸——"她轻轻地抚摸他的脸颊",舞台提示写道——这是一种姿态,表明了和好的可能性。此刻,幕布落下。*

在最初版本的结局中——威廉斯在1974年百老汇演出和该剧随后的再版中恢复了其中的一大部分,布里克拒绝向玛吉和她的花言巧语投降。"你说什么?"她说。"我什么也不说。我想没什么好

第五章 崩溃之惊雷

《热铁皮屋顶上的猫》一次演出中在化妆间的伯尔·艾夫斯

说的。"他回答。他对自己和玛吉的仇恨永远不变；除了他自我的毁灭，他不向任何东西屈服。尽管如此，玛吉低声说："我真的爱你，布里克。真的！"布里克的回答——也是全剧最后一句台词——让人想起大爷的激烈话语。他说："如果这是真的，那岂不是很有趣？"[*] 根据威廉斯的说法，这个结局有点困难，因为全剧总共也就只说了一件人类命运中值得肯定之事："他仍然有能力不像猪一样尖叫，而是对此守口如瓶……而且爱是可能的：不是被证明或反驳，而是可能。"[*]

1955年3月24日首演之夜，45街的莫罗斯科剧院内，威廉斯坐在布里特涅娃旁边。看第一幕的时候，他很激动，大声地自言自语，周围的人不得不发嘘声制止他。*下半场大部分时间，他和布里特涅娃都坐在剧院对面的酒吧里，只是回来看了玛吉和布里克之间至关重要的最后一幕。威廉斯在《回忆录》中回忆道："《猫》在纽约的开幕尤其糟糕。"*观众的鼓掌欢呼和后台的虚张声势只加剧了他的郁闷。由于某种误会，伍德和利布林后来没有跟威廉斯一起去卡赞家庆祝；威廉斯把他们的缺席误认为对当晚演出的意见，对此感到愤怒。据伍德说，他们后来在演职人员聚会上相遇时，威廉斯"非常生气，不愿和我说话。他的行为就像被遗弃的孩子，在一场暴风雪中被不值得信任的亲戚或刻薄的朋友遗弃"*。

　　尽管伍德娇小可人，举止端庄，但她也是百老汇商业的化身，是优质商品的提供者：她促成了一部多幕剧，促成了大爹再度上场的第三幕，还促成了给布里克和玛吉带来一线希望的令人满意的结局。威廉斯认为首演之夜"是一次失败，是对我本意的歪曲"*，他对这个世界上他最信任的人大发雷霆。*他告诉伍德，她毁了他的剧本。*伍德想回家，但利布林说服威廉斯和他们一起去看首演之夜的评论。

　　威廉斯说："等待首演后次日早上各大报纸刊出的戏剧短评是我一生中最难以忍受的时刻之一。"*他们拿起报纸，走到43街和百老汇大街交会处的托芬内蒂餐厅内仔细阅读。*布鲁克斯·阿特金森写道："《热铁皮屋顶上的猫》是威廉斯先生最出色的作品。在写作中，威廉斯先生总是追求诚实，他不仅找到了真实的坚实部分，而且找到了完全诚实地表达真实的方法。"*沃尔特·克尔在《先驱论坛报》上称："威廉斯先生是我们这个时代最有可能将生命真正的血液和骨骼注入舞台的人。"对威廉斯来说，每一条精彩的评论——"这部作品没有瑕疵"*（沃尔特·克尔），"巨大的戏剧力量"*（小理查德·瓦茨，《纽约邮报》）——既让他欣喜，又让他感到撕心裂肺。他确信，为了商业上的成功，他出卖了他的角色和他自己内心的真相。凌晨3点钟，威廉斯、伍德和利布林一起坐在一个小隔间里沉默不语，威廉斯一个接一个地读着厚厚一沓关于首演的电报。"他故意拒绝让我们看到他的任何信息。他继续表现得好像他是完全孤独的。"*困惑的伍德回忆道。她和利布林目睹了威廉斯刚刚在《猫》中所戏剧化的东西："一颗心令人震惊的双重性。"*

第二天，威廉斯给阿特金森写了一封很重要的信——信的开头："既然你已经写了那条可爱的评论，我可以告诉你，要不是你喜欢并称赞了《猫》，我早就去死了。"*——信里充满了对自己的厌恶，因为"可怕的安全感缺乏"，因为"极度的自我怀疑"，因为对英奇巨大成功的不满和怨恨，因为他"前所未有的可怕的竞争性！"在附言中，威廉斯补充道：

> 我希望某个时候你能读下《猫》的原版（第一版），后来重写的第三幕是出于制片目的。两个版本都将被出版，我偷偷跟你说，真的是只跟你说，我仍然更喜欢原版。它更难也更纯粹：一出更黑暗的戏，但我相信对真相的揭示更透彻入骨。我怀疑它是否会有目前这版这样成功的机会，因为我非常渴望成功，重拾我对工作的信心，总之，我认为卡赞说服我在第三幕让大爹又上场是非常正确的。*

该剧出版的时候包含了原版和百老汇版两个版本。威廉斯随剧本一起出版的《版本说明》一文让该剧的传奇及其"商业结局"成为不朽记忆。在这篇文章中，他把自己描绘成不幸的作者，被商业戏剧的迫切需要和导演的力量所伤害。他写道："我希望卡赞导演这部戏,虽然这些建议不是以最后通牒的形式提出的,但我担心如果我不从这个角度重新审视剧本,我会失去他的兴趣。"* 正如卡赞后来指出的那样,这些狡猾的话语"让人们普遍认为是我强迫你改写了《猫》,而我不能强迫你改写任何东西,首先是因为你意志很坚定,其次是因为你受到了戏剧公会的保护"。卡赞继续说:"我得出的结论是,你不知何故希望让我为你戏剧中的错误负责,而你却因为它们的优点而受到赞扬。"*

威廉斯欠卡赞的比他向自己或公众所能承认的还要多。《猫》最初版本的主旨当然有所改变,但该剧的清晰度、深度、结构和活力也有所改变。它赢得了所有的最佳戏剧奖项,包括普利策奖。截至 1955 年 5 月,这部剧已经收回了最初投资的 102000 美元;它接着进行了近 700 场演出。威廉斯在一封信中承认,他欠卡赞"一个成功,那时我满脑子想的就只有失败,以及某种模模糊糊的此生将尽的哀怨"*。

7 月初,伍德告诉威廉斯,她准备向有意将该剧改编成电影的米高梅公司索价 50 万美元——米高梅公司希望格蕾丝·凯利(Grace Kelly)出演该片。* 威廉斯回电:"数字让人难以想象;同意获得战利品。"* 伍德照他说的做了。之后,她给威廉斯写道:"你和我都知道在纽约推出一个抢手戏有多难。在一个人的一生中,没有太多的《街车》和《热铁皮屋顶上的猫》让我们知道,不管一个人写得有多好,他作为一个剧作家技巧多么高超,要想长时间地持续写好剧本是不可能的,通常是不可能的。这就是为什么我比以往任何时候都更自豪能帮你促成与米高梅的协议。"*

现金和荣誉只是加剧了威廉斯的内疚和不满。威廉斯写道:"我认为他(卡赞)让《猫》掉价了,尽管获了很多奖,但我还是这么认为。这并不意味着我怀疑他的好意,或者不喜欢他,现在,我只是不想再和他一起工作了,因为他会告诉我该做什么,我会如此害怕，如此渴望取悦他，以至于我会无情地违背自己的品位和信念。"*就像布里克和玛吉一样，威廉斯把自己的道德失败投射到卡赞身上，并把它变成了一种背叛的传说。他在1960年接受哥伦比亚广播公司（CBS）电视采访时对爱德华·R. 莫罗说："虽然我靠《热铁皮屋顶上的猫》生活，它给我带来的收入比其他任何东西都多，但是我被它弄得非常痛苦。人们告诉我它成功了，但对我来说没有。这几乎是一种堕落或腐败。"*

然而，这种腐败是威廉斯的。在纽约首演十天前，卡赞提出恢复威廉斯最初的第三幕。"你从来没在序言中提到这一点，"卡赞在一封信中写道，这封信将在1960年结束他们的职业合作关系，"你也没有注意到，我曾多次提出要把你原来的第三幕搬上巡回演出的舞台。你自己决定不这样做。这种胡说八道已经被媒体报道了四年……你从来没有说过一句话！！……你早就应该为我辩护了。问问你自己为什么没有。"*

"我们的敌人总有一部分是自己。"*威廉斯在《猫》成功之后写信给布里特涅娃。威廉斯对胜利的渴望压倒了他对真理的追求。他写道："与一部成功的戏剧相比，一部失败的戏剧看的人少，能触动的人更少。"*尽管如此，威廉斯仍然需要相信他文学努力的纯洁性。虚荣和内疚的结合迫使他放弃成功的版本。他不能完全承认他的不诚实，也不能承认他对卡赞的依赖。与卡赞合作不仅是他成功的关键，也是他诗意表达所必不可少的。威廉斯感到羞愧，因为他有意背叛了这部戏剧，并对它的成功感到高兴。这种羞耻产生了巨大的反响，让他在自己声望和财富达到顶峰的时候开始悔过自己生命的半衰期。他将当时的自己描述为"一种没有光泽的月球人格"*。那年夏天，他漫无目的地在欧洲闲逛，试图逃避他艺术妥协的事实。1955年7月，他在巴塞罗那写信给伍德说："我在逃避些什么,但我不知道我在逃避什么。每一个新的地方都让我失望,几天后我就会觉得去过那里似乎成了一个可怕的错误。我回到罗马,感觉也还是不好。"*威廉斯真正的失望是对自己的失望。

——

威廉斯那年的损失不仅仅是道德或美学上的。他的外公沃尔特·戴金牧师——被威廉斯视为幸运与关爱的图腾——以 97 岁高龄去世,就在《猫》彩排开始之前。* 仲夏,另一个威廉斯信徒——马戈·琼斯——去世,享年 43 岁,死因显然是意外吸入了有毒的地毯清洁剂;她下葬时戴着威廉斯在《夏与烟》百老汇首演时送给她的胸针。8 月,布景设计师莱缪尔·阿耶斯去世,享年 40 岁。他是威廉斯当年在艾奥瓦大学戏剧班中唯一一位赞扬过他的戏剧才能——他认为威廉斯灾难性的多幕剧《春日风暴》(Spring Storm)的对话和氛围都还不错——从而说服威廉斯不要放弃戏剧的人。* 他们每一个人都支撑着威廉斯的艺术和正直品性。在他狂热的想象中,他们的去世让他产生一种象征性的负担,加剧了他关于自己人生的被玷污感和失控感。他在 8 月下旬写给伍德的信中说:"这个季节,死神不仅冷酷,而且活跃、迅速。"*

根据他未经编辑的回忆录手稿,威廉斯那年夏天只是在兴奋剂的影响下写作。在他新创作的独幕剧《敌人:时间》("The Enemy:Time")中,他把这种状态描述为"一个艺术家放弃他的艺术后所留下的被麻醉的半遗忘状态"*。《猫》剧产生的内心危机促使他投入白热化的写作,也让新剧因此成了"对生活中真正腐败之物的审视"*,对他被屈辱和抱负这两股针锋相对的力量所折磨的探索。在《皇家大道》中,他写过善的意志和伟大的意志之间的区别。围绕《猫》的骚动使他痛苦地意识到自己性格中两种冲动之间的差距。威廉斯说:"我坚信善的存在。我相信诚实、理解、同情,甚至性激情都是善。"* 他对善的渴望在《敌人:时间》初稿的最后一段台词中被表达出来,这是一种对祝福和净化的祈祷:"啊,女士,把我裹在你那布满繁星的蓝色长袍里,让我的心不停地祷告。"* 然而,威廉斯意识到,他已经用自己的善心换来了一颗坚硬的心。"我很难喜欢任何一个还在写剧本的剧作家,"他在"迷迷糊糊的夏天"结束时给伍德写道,"米勒,是的! 英奇,有时候……这都是竞争体系的恶劣影响。他们必须用足够驱除虚荣的辉煌来震撼我! 否则我希望他们停止写作,我今年夏天就差不多没写东西了。"*

1955 年 4 月,就在《猫》上演后,威廉斯在基韦斯特招待了卡森·麦卡勒斯。虽然他已经付了朋友的机票钱,但麦卡勒斯的出现还是让他感到情绪崩溃。"给钱比给爱容易得多,"他在给布里特涅娃的信中写道,她给麦卡勒斯起了个绰号叫"斧头","斧头要爱,但我不是可以给她装满三大袋爱的咩咩叫的黑绵羊。我甚至都没啥爱给男主人、女主人或者那个住在巷子里的小男孩。我只关心,非常关心奥利维蒂工作室的早晨。"* 那年夏天,威廉斯甚至没有精力去打动刚刚拍完《玫瑰文身》电影的安娜·马格纳尼加盟他正在努力促成的百老汇戏剧《琴仙下凡》及其同名电影。他告诉伍德:"马格纳尼直言不讳地表示对我的行为感到困惑,我担心我们可能会失去她,因为我每次和她在一起的时候都表现得像具僵尸。"*

威廉斯仍然固执地对自己和他人隐瞒他口是心非的痛苦事实。那年晚些时候,他在给伍德的信中写道:"我决定只表达我自己,而不是表达导演或演员。"他拒绝为了吸引马龙·白兰度而加重瓦尔在《琴仙下凡》中的角色。他补充道:"几乎每个和我谈论过《猫》的有品位的人都或多或少被结局中的一种虚假感觉所困扰和迷惑,我不希望这种情况再次发生,即使这意味着放弃与顶尖高手合作的机会。"* 但是,就在威廉斯写下这些话的时候,他都还在有

安娜·马格纳尼在《玫瑰文身》中扮演女裁缝塞拉菲娜

意博取卡赞的注意,来设法搞定他们合作了两年的电影《捉迷藏》。他在 6 月给布里特涅娃的信中写道:"我必须完成加吉的电影剧本,我真的不知道还能怎么处理。'尽其所能抓住卡赞'只是说改写、改写、改写,我不知道这到底是为了什么。"* 在接下来的几个月里,根据威廉斯的各种草稿和改写(通常附带"加在某处"* 的提示),卡赞将它们组装成了电影脚本,并把它重新命名为《洋娃娃》——在伍德的坚持下,电影编剧的署名只是威廉斯一人,而且他因此获得了奥斯卡奖提名。*

从 1955 年 11 月到 1956 年 1 月,卡赞在密西西比州的贝努瓦镇(全镇人口 341 人)拍摄《洋娃娃》。他带着家人参加了为期十周的拍摄;然而,他在说服威廉斯离开基韦斯特的问题上遇到了麻烦。他告诉卡赞:"那些人把我赶出南方。我离开南方就是因为他们对我的态度。他们不赞成同性恋,我也不想被侮辱。"* 尽管如此,他最终还是去了,不过只心神不宁地待了几天,然后以自己找不到游泳的地方为由提前离开了。卡赞告诉他:"该死的,我需要这部电影的结局。"* 威廉斯的注意力被两件事分散了。一是由塔卢拉·班克黑德主演、即将在迈阿密椰林剧场开演的《街车》,官方宣传称该剧"在田纳西·威廉斯的监督下"* 制作。另外一件事就是电影版《玫瑰文身》在纽约的盛大首映式,那将是传奇人物马格纳尼在美国电影中首次亮相。他似乎或多或少想一个人待着;卡赞也是如此。"现在我没有作者,但我不介意。"他在自传《伊利亚·卡赞的一生》(*A Life*)中回忆道,"我成了自己想成为的人,这可谓一切之源。"*

12 月 18 日,也就是《玫瑰文身》首映式近一周之后,卡赞给威廉斯发去了一些场景,提出自己对《洋娃娃》结局的想法。他告诉他:"这里有一个小地方,你在给我的那些只言片语、不同版本、改写本或信件中从来没有提过。"* 事实证明,这个"小地方"是一

伊利亚·卡赞在《洋娃娃》的密西西比州片场，准备拍摄卡罗尔·贝克和卡尔·莫尔登的一个镜头

个叙事大手笔。阿奇·李·梅根（卡尔·莫尔登饰）通过向"洋娃娃"[卡罗尔·贝克（Carroll Baker）饰]的父亲承诺不会试图在她20岁之前和她同房而赢得了她的婚姻。"洋娃娃"是一个性感、控制欲强的19岁少女，仍然睡在婴儿床上。这是一个让粗俗、性饥渴的阿奇·李抓狂的誓言。与此同时，作为报复，席尔瓦·瓦卡罗（伊莱·沃勒克饰，首次在银幕上亮相）也在追求"洋娃娃"（这个男人的轧棉机被阿奇·李烧毁了）。尽管这部电影没有回答他是否真的诱奸了"洋娃娃"，但毫无疑问，她和这个意大利外来闯入者之间产生了性激情。在卡赞提出的结局中，阿奇·李认为自己被戴了绿帽子，暴怒之下，开枪向瓦卡罗射击，在追击瓦卡罗时，意外杀死了一名黑人——卡赞觉得这个结局"既悲惨又有趣，既是

第五章 崩溃之惊雷

埃尔·格列柯,又是霍加斯,既微小,又宏大"。*

卡赞的想法耸人听闻,商业且糟糕;威廉斯又回到了《猫》曾让他经历的艺术拔河赛中。这一次,在争夺自己的地盘时,他没有表现出胆怯。威廉斯写道:"我简直不敢相信你一直在拍一部需要这样结尾的电影。"他补充道:"你说每当我遇到麻烦,我就变得诗意十足。我想说,每当你遇到麻烦,你就开始制造一个'漂亮'结局——好像你并不真正相信之前的故事。正是这最后的过度爆发破坏了你的电影杰作,比如《伊甸园之东》(*East of Eden*),也正是在这些最后的烟花灿烂中,你使自己降低(只有那时)到一种意料之中的或平庸的程度,所有先前的艺术、感知力和诗意——是的,你也是一个诗人!不管你有多讨厌它!——都让人不要期望如烟花般灿烂的结局。"* 卡赞吸引眼球的大结局是一场电影表演,大力的做作给威廉斯的人间喜剧带来了不和谐的音符。"不是说结局这么表现南方不对,先不管什么三角洲!"威廉斯说,"而是说对于故事的基调和气氛而言,这种结局是不对的。"他继续说:"杀个黑人并不是人类普遍行为的一部分,看看这世上所有的阿奇·李们,他们从来没有杀过一个黑人,也永远不会!他们会纵火,是的,他们会坑蒙拐骗,他们会躲在房门背后边偷窥边自慰,但是他们不太可能杀死一个黑人,把车门摔在他垂死的身体上,然后继续边开枪边嚷嚷,你说是吧,他们会吗?!……杀人事件与其说是一种道德败坏,不如说是对电影剧本自然极限的一种艺术愤怒。"威廉斯提出了一些更符合故事喜剧基调和尺度的建议——比如阿奇·李向一辆汽车开枪,然后打开车门发现里面有一个黑人,他说:"哦,是你!打扰了。"威廉斯的版本出现在了电影中,卡赞的没有。*

不过,在宣传这部电影的时候,卡赞这个表演大咖——《洋娃娃》是他新成立的新城制作公司制作的第一部电影——胜出了。他

320 在电影首映地百老汇维多利亚剧院上方立了一块和自由女神像差不多大的广告牌（15600平方英尺，三分之一英亩）。这是当时世界上最大的彩绘广告。"绝对是空前绝后的广告秀，"他对华纳兄弟电影公司吹嘘，"相信我的直觉。"*

卡赞认为他拍了"一部非常可爱的电影"*。然而，天主教会认为他拍了一部非常邪恶的电影。道德联盟将其评为C级，即"遭谴"级。红衣主教斯佩尔曼从未看过这部电影，就走上圣帕特里克大教堂的讲坛谴责它。* 红衣主教说："我劝天主教徒不要在罪恶的痛苦下光顾这部电影。《洋娃娃》这部主题令人作呕的电影及其厚颜无耻的广告宣传构成了对自然法则的蔑视，而遵守自然法则是我们国家生活的力量源泉。"*（威廉斯的弟弟戴金当时是空军军官，刚刚皈依了天主教，为了看这部电影，他不得不向教会支付25美元以取得特许。*）报纸上充斥着醒目的粗体字标题。《纽约邮报》头版高呼："《洋娃娃》全新亮相。"* 在赶往12月18日首映礼的路上——"一次令人痛心的经历"*——威廉斯指出，"我无法相信，像圣帕特里克大教堂这么古老而庄严的基督教分支机构在心灵上、思想上和电影——这种表达媒介遍及全国各地区、各教派，并延伸到世界各地——审查者一样狭隘。"* 卡赞宣称："我对本片不爱国的指控感到愤怒。我敢说，公众舆论不见得会苟同。"*

随着时间的推移，留在公众记忆中的不是电影本身，而是那个广告牌。卡罗尔·贝克的巨大影像横跨足足一个街区，她身穿短睡衣、吮吸着大拇指、躺在婴儿床上的形象，就像玛丽莲·梦露在《七年之痒》（*The Seven Year Itch*）中按住她翻卷的白色裙子一样，成为那个时代的性感象征。"这是自营销大师P. T. 巴纳姆的时代以来最了不起的想法。"卡赞在安装广告牌时告诉华纳兄弟电影公司。他向华纳保证，这块牌子将使《洋娃娃》不仅成为百老汇的话题，而且成为演艺界、咖啡馆、文人、俗人甚至每个人津津乐道的

第五章　崩溃之惊雷

话题。"如果我们把那么一大块牌子挂在那里，我就真的不信有人可以不去看这电影。"* 卡赞对广告牌的看法是对的，对电影的看法则不尽然。总的来说，评论界对《洋娃娃》的反应远非热烈。（现在看来，在这部紧张乏味的黑色喜剧中，威廉斯的三心二意表现得格外明显。）然而，争议从不伤及票房。《洋娃娃》既没少上新闻，又没少赚钱。* 不过，它也让威廉斯身陷丑闻。《新共和》将这部电影戏称为"粗俗动物园"（The Crass Menagerie）*。《时代》周刊说："这可能是有史以来合法放映的最肮脏的美国电影。"* 事实上，《洋娃娃》没有裸体镜头，没有模拟性行为，没有脏话，几乎没有暴力。按照当前的标准，这是一部非常单纯的影片。尽管如此，在大众心目中，由于耸人听闻的广告牌和这个故事，这部电影成了淫秽性爱的同义词。在《新共和》的评论中，威廉斯发现自己被称为"狗屎大祭司"*。这种关注只会抬高他的文学股价。米高梅又给了他 50 万美元，为了他初稿尚未完成的新剧。* 威廉斯认识到，每一次耻辱都促进了他的名声；同样，名声也加重了他的耻辱。

以《洋娃娃》的公开喧嚣而告终的这一年是以当年 1 月另一场喧嚣开始的，事关在椰林剧场版《街车》中扮演布兰奇的 54 岁女演员塔卢拉·班克黑德。"她一直都是个婊子，干起活来还真有范儿！"* 威廉斯在被禁止观看排练后写信给伍德。从威廉斯把布里特涅娃——她曾试镜演斯特拉，没被选上——带到佛罗里达参加首演开始，他和班克黑德之间的关系就被搞砸了。"从班克黑德小姐见到玛丽亚的那一刻起，她就不接受她，"* 桑迪·坎贝尔（Sandy Campbell）在《B》——一本非公开印刷的书信集，信是他写给伴侣唐纳德·温德姆的，关于他作为次要角色参演的《街车》——中写道，"田正舔着嘴唇，期待与大家会面。"*

首演之夜——当晚的表演令班克黑德的粉丝们兴奋尖叫——威

时代广场的《洋娃娃》广告牌

廉斯来到她的化妆间，跪下，把头放在她的腿上，说："塔卢拉，这就是我写剧本时心目中的布兰奇。"*然而，据坎贝尔说，当晚为剧组举行的庆祝会上，喝醉了的威廉斯"用附近所有人（大约一百人）都能听到的声音"告诉琼·达尔林普尔（Jean Dalrymple），如果 B（班克黑德）继续如此骇人听闻的表演，他不会允许该剧在纽约上演。她是在"为歌舞杂耍的观众表演，毁了我的剧本"。坎贝尔补充道："玛丽亚，当然……也激烈抨击了 B 的表演。"不可避免地，两人会有一场摊牌：威廉斯曾虚伪地赞扬过她，现在却告诉班克黑德，她的第一晚表演很糟糕。在场的坎贝尔讲述了当时的情景：

"你在化妆间向我跪下之后，居然还敢这么说。"B 说。
"你是说我是个伪君子吗？……"
"带玛利亚那个婊子来真是令人震惊。"B 说。
田边站起来边说："亲爱的，我不需要再忍下去了。"

叫……我最好的朋友黑婊子我可受不了！"然后，他大步流星地走了出去。*

当演出转到纽约——"关好门窗！塔卢拉飓风正向曼哈顿袭来。难民从椰子林和棕榈海滩涌入哈瓦那！"*威廉斯在给保罗·比奇洛的明信片中开玩笑说——他被迫收回自己的话，不惜信口开河替她大肆宣传。他在《纽约时报》的一篇致敬文章中称班克黑德的表演"可能是自洛蕾特·泰勒 1944—1945 年在芝加哥冬季演出重返舞台让她的怀疑者目瞪口呆以来最英勇的成就"。威廉斯接着说："《玻璃动物园》在市中心上演的时候，这个身材矮小但内心强大的

塔卢拉·班克黑德在《欲望号街车》里扮演布兰奇

女人遇到并战胜了挑战。"* 班克黑德公开回复了威廉斯在《纽约时报》文章中谄媚的胡扯，她调侃道："威廉斯先生作为一个剧作家的才华是相当可观的，但在他最近的致敬文中，他永远破坏了这古老的传说——酒后吐真言。"私下里，她愤怒地说："如果我是一个身材矮小但内心强大的女人，他就是一个强大的小男人。"*

班克黑德有威廉斯的号码。她可以逗他——"田，你是我所认识的唯一始终高高在上的圣公会教徒"*——她可以直截了当地揭露他的不安全感。他在世界上是个大人物，他内心却不是。"让我们面对现实吧，"梅洛说，他在两人的口水战中属于近距离的旁观者，"田爱慕虚荣，而她不断伤害他的虚荣心。"*新剧、新电影、新赚的钱、新的（也是短暂的）威廉斯-伍德制作公司——旨在最大限度扩大他的财富和影响力——都证明了威廉斯事业发展的势头。（就连他的基韦斯特住宅现在也成为"观光巴士定点停靠站"*。）然而，他的生活节奏已经到了崩溃的地步。1956 年的后半段——"我最糟糕的记忆"，他告诉现在正式成为"圣贾斯特夫人"的布里特涅娃——就是"试图不让自己崩溃"。"我很难确定我是否成功了，"他写道，"我仍然尽我所能，继续假装自己是一个理性的人。在这场磨难中，我一直孤身一人。从去年春天开始，我就无法写出一句像样的台词，我相信我的写作生涯已经结束了。"*

整个 1956 年，威廉斯仿佛置身于某种精神断层线上，被不断加速的职业生涯和"失去的尊严"*这两种相对的摩擦力所撕裂，他感到自己快要崩溃了。1956 年 5 月，新剧《敌人：时间》的早期版本——现在改名为《青春甜蜜鸟》——在佛罗里达州试演后，他写信给克里斯托弗·伊舍伍德和唐·贝查迪（Don Bachardy）："靠眠尔通、速可眠、加点橙汁的大份伏特加活着。弗兰克受不了，去了纽约：纯粹地理上的分居。"*在那个令人沮丧的夏天结束时，他独自一人来到了维尔京群岛的圣托马斯岛——"健康和精神状况几乎毫无间断地恶化"*——威廉斯坐在那里仰望星空。"我没有感觉到上帝的存在。我太久没有感受到它了,"他在日记里这样写道,"一些东西可怕地从手中溜走,那就是我自己。"*

梅洛也从威廉斯手中溜走了。尽管早在 1951 年,他们就开始在私下里争吵,但梅洛的魅力依然在公共面前闪耀。善于交际的梅洛总是谈话的润滑剂,他为威廉斯处理这个世上的社交事宜。1954 年,19 岁的法国文学才女弗朗索瓦丝·萨冈(Francoise Sagan)与卡森·麦卡勒斯一起在基韦斯特第一次见到他们,在她看来,梅洛"也许是全美国和全欧洲最迷人的男人"——"轻松、诙谐、善良、充满想象力"。*几年后,在罗马,萨冈和安娜·马格纳尼一起与威廉斯、梅洛共进晚餐,安娜·马格纳尼整个晚上都在怒斥男人。晚饭后,梅洛开着威廉斯的车带大家在罗马街头兜风,一个街头妓女认出了开车的他。"一个妓女,弗兰克的朋友,兴高采烈地向我们喊叫,或者更确切地说,是在恳求他:什么时候,弗兰克?什么时候?什么时候?什么时候?她甚至没有笑。"萨冈补充道:"坐在车后座的田纳西开心得似乎胡子都沾染上了笑意,好像在观察他那无赖的儿子和一个小女孩聊天。他们之间满是温柔,非常温柔。"*

但到了 1955 年夏天,这种温情就已经供应不足了,两人之间的距离明显拉长。很长一段时间里,威廉斯发现自己独自旅行。他在给布里特涅娃的信中写道:"小马让我在罗马过得很糟糕,也许我让他过得更糟糕。他总是和那个愤世嫉俗的街头男孩阿尔瓦罗在一起。每年夏天只要和阿尔瓦罗在一起,他就变得冷酷又廉价,所以我不能和他待在一起了,而是必须继续飞来飞去,奔波于这些可怜兮兮的旅途中。"*有一段时间,梅洛在罗马因一连串疾病而卧床不起。"我认为我的陪伴并没有让他感觉好一点,所以我也离开了,"威廉斯在给伍德的信中写道,给他的一连串哀叹加上了一种新的遗憾,"我们从来不在一起开玩笑和欢笑,这很糟糕,因为笑话和笑声对缓解人类的困境起了很大的作用,但他深深地触动了我,虽然我怀疑我是否深爱过他,因为根据我对爱应该是什么样子的极端浪漫观念,爱应该与床趣区别开来——不过在我需要的时候,他还是给了我很多。"*

威廉斯渴望亲密,却不愿承担责任。"对任何想关心他的人来说,他都是一种考验。我对弗兰克·梅洛,他的'星期五'……充满同情。"他的母亲写道。"了解我不是爱我,"威廉斯说,"充其量,就是容忍我。"*梅洛不得不忍受许多事情——威廉斯不断增加的工作量,他的酗酒、抑郁、暴脾气——其中最大的问题就是他与日俱增的名气。梅洛对威廉斯的冷淡是他与自己的嫉妒作斗争的方式。威廉斯在1955年对伍德坦言:"他总是被一种不足的感觉所困扰,他依赖我,但似乎无法使自己采取任何积极行动来改变这种状态。"*尽管如此,1955年夏天,《猫》达成了价值50万美元的电影交易的消息传来时,威廉斯首先想到的是它可以给他们俩提供安全保障。"我想,在接下来的十年里,我们都不必再担心'难事'了,"他从巴塞罗那写信给梅洛,"到那时,我们已经是老太太了,这些钱用完就可以用社会保障金了。节俭一点的话——茶包用了再用,改衣领、袖口之类的,我们可以在中央公园西九十几街某栋没有热水的老式大楼里勉强维持老年人的舒适生活,偶尔去基督教青年会撒欢,如果西特韦尔那时还活着并去那里朗读自己的作品。恐怕到那时我的视力会变得相当模糊,但我的听力也许还行。"*

但是金钱——威廉斯的收入和梅洛从他的戏剧中得到的百分比——只是戏剧化了他们之间的距离。尽管威廉斯反对说并非如此,但在威廉斯的史诗中,梅洛越来越多地成为多余的人物。尽管威廉斯需要爱,要求得到爱,但他的第一个忠诚对象绝对不是爱,而是他的写作。他可以完全屈服于作品，但决不能完全屈服于一个人。在 1955 年秋天和接下来的一年里，他全神贯注将《敌人：时间》改为《青春甜蜜鸟》。"这是多年来我第一次能够以每天六到八个小时的持续兴趣来创作剧本，"他说，并补充道，"我认为它很可能是我迄今为止写过的最好剧本，它具有那个势头。"* 这部剧占据了威廉斯身上最好的部分，他与梅洛的关系得到了余下的一切。他于 1955 年写信给伍德："必须关注这个人，否则为时晚矣。"* 威廉斯考虑将梅洛送去见一位心理分析医师。可问题是威廉斯根本没法去关注梅洛。

1956 年 4 月，《青春甜蜜鸟》的工作坊版拟在珊瑚山墙的 M 剧场上演。某晚，威廉斯给乔治·吉斯利（George Keathley）——他是该剧导演，同时负责照明和设计——朗读一个他写好的新场景，当时同在基韦斯特的梅洛也在场。"他们在闹矛盾，"吉斯利说，"有一次，田纳西在大声朗读了一个新场景后，转向弗兰克问道：'你喜欢吗，弗兰克？'——'不，我不喜欢！'——'为什么不呢？'——'我不知道，我就是不喜欢！'——'但为什么不喜欢？有什么问题呢？'——'别问我，我不是那该死的凡事唯你是从的人！'然后，弗兰克跑进另一个房间，收拾好行李，离开了几天。"吉斯利补充道："在这之后，他们的关系越来越疏远了。"威廉斯最终搬到了迈阿密，与吉斯利隐居工作，而梅洛则"在他不在的时候坚守阵地，招待了一大群各种各样的朋友。"*

《青春甜蜜鸟》的工作坊版开演四天后，担心梅洛的威廉斯写信给布里特涅娃："自从我认识他以来，他第一次开始喝很多酒，总在抱怨哪里不舒服，垂头丧气的，还心不在焉。"* 那年夏天，他和梅洛在罗马的时候，威廉斯写了一首诗——《我要如何告诉你？》（"How Can I Tell You？"），其中流露出他们之间已有隔阂：

威廉斯与乔治·吉斯利观看工作坊版《青春甜蜜鸟》

我要如何告诉你?用我的嘴唇和双手?
你可能会误解它们的语言。
这不容易说。

只有在我们都能相信的时候……

问题是怀疑的一半总是真,
不信任中有一种将信将疑,很难,很难,
放手。

仍然:我们还在一起,还一直去我们去过的地方,
搜索继续。
我们在彼此心中寻找什么?

第五章 崩溃之惊雷

是否有清楚的答案?

我们如此想要安慰的是对方而不是自己?*

到了1957年夏天,他们关系的裂痕变成了一道鸿沟。"他在过去的一两个月里有了很大的变化,"威廉斯向圣贾斯特透露,"喝得烂醉!晚餐前就喝了两杯伏特加。晚上回来酩酊大醉!——但有时你闻不到他呼吸中的酒味。我们之间几乎没有真正的交流。"*无论是梅洛还是威廉斯都无法正视自己对对方的侵犯。两个人都感觉委屈、悲伤、困惑、无人倾听,既无法分开又不知道如何继续。威廉斯的日记记录了他们之间不断爆发的争执——"与F的又一次大争吵"*(1956年8月);"糟糕的、几乎灾难性的争吵"*(1957年2月)。

威廉斯为了保持自己的关系完好无损而进行的斗争,在他的戏剧中被无意识地表现了出来。布鲁克斯·阿特金森认为,他50年代中期的作品具有一种新的"野蛮痕迹"*。这些年的戏剧作品中,两人关系的面貌不断被颠覆,被戏剧化为嘲弄(《洋娃娃》)、悲剧(《琴仙下凡》)或一种不可能(《热铁皮屋顶上的猫》)。任何关系都有可能被破坏、伪造、嘲弄、抹杀、剥夺其美好,或永远失去。这种暴力行为部分是威廉斯巨大愤怒的表现,他在剧本创作过程中融入了这种愤怒,并将它释放出来。"如果顶部出现了问题,为什么不看看底部呢?"他在《通往楼顶的阶梯》的早期版本中写道,"火山喷发不是火山口上部扰动的结果,而是某种更深层的东西——基础的、根本的东西才是麻烦所在。"*威廉斯对爱的矛盾心理——他对爱的渴望和故意弱化这种渴望的需要——源于他生命中第一对夫妻:他那造成不良影响、无法触及的父母。他从小就有这样一种感觉:"渴望一件事或强烈地爱一件事,就是把自己置于容易受伤的境地。那就是理论上可能，如果不是事实上可能，失去你最想要的东西。"* 他忍受着与梅洛越来越疏远的折磨，感到既不被爱又不可爱时，他的戏剧表现出一种对爱之可能性的亘古绝望。

——

1939年的时候，威廉斯曾将他的戏剧《天使之战》描述成"一个渴望超越现实，却在暴民手中被折磨致死的小伙子"*的故事。在随后十余年间，他的人生价值观发生了巨大的变化。不可避免地，他剧中的代言人也变了。在《天使之战》中，瓦尔是一个被猎杀的原始圣徒；1956年，威廉斯向《迈阿密先驱报》解释说，在《琴仙下凡》中，他是一个流浪的、疲惫的感官享受主义者，"与自己的堕落斗争，陷入自己制造的地狱"*。在《天使之战》的酝酿过程中，威廉斯自己还是一个朝圣者的灵魂，还未适应"肉欲的激荡"*，过着勉强糊口的生活，没有任何文学名气，也就无所谓失去。1957年，这个剧本的终稿成形时，威廉斯正在纠结，觉得自己心灵在萎缩。"我们像仙人掌一样坚韧不拔。"* 他在日记本上写道。与其说他超越了受伤的自我，不如说是被他试图逃离的企图困住了。他的生命依赖于他的写作；他的写作耗尽了他的生命。他的生命也因他任性的生活习惯而衰弱。"不幸的是，1940年，我是一个更年轻、更强壮——十分奇怪！——更有自信的作家，比我在1953年秋天更有自信，"他在给伍德寄去《琴仙下凡》的第一稿后写道——剧本并没有给她留下什么深刻印象，"现在我是一个更成熟、知识更丰富的剧院工匠，我在这个行业内外的经验要广泛得多，但我还是觉得这种交换似乎对我来说是一种损失。"*

1957年1月，也就是《琴仙下凡》在百老汇首演前两个月，威廉斯发现自己陷入了一个地狱，即使是写作的巨大魔力似乎也无法拯救他。"这是我第一次觉得我可能要远离彩排,"他在给玛丽亚·圣贾斯特的信中说,"我现在已经完全崩溃了,无法提供任何帮助。"他接着说,"当然,我以前也经历过类似的时期,天崩了、塌了,砸在我头上,但这次我似乎无法从废墟中挣扎出来。我无法解释。我想部分原因是母亲的神经崩溃"——埃德温娜患有妄想症,认为自己被女佣下毒,被司机谋杀,1956 年 9 月短暂住院治疗——"还有就是我把罗丝送进'生活苑'精神病院后她突然恶化所带来的震惊,我原本希望那里会对她有很大的帮助。工作一直是我的逃避和安慰,但我工作能力莫名其妙地崩溃,这更可能是麻烦的根源"。*

在 3 月写给卡赞的信中,威廉斯渴望"重拾我早期对人的热情和奔放,这些在我开始成名时就逐渐消失了"。*《琴仙下凡》中沉溺于吉他的瓦尔体现了威廉斯的道德疲惫。"他仍陷腐败之中,并致力于为保持他的正直和纯洁而奋斗……一种不可调和的二元对立。"*威廉斯说,既是为瓦尔更是为自己说。他不是在此剧中而是在他改编的剧本《逃遁者》(*The Fugitive Kind*,1959)的开头几分钟最简洁地阐述了他的自我厌恶。"我觉得我的整个人生都像是让我的胃难受的东西,我只能把它吐出来。所以我吐了。"*在电影中,瓦尔对一个释放他出狱的法官说。

《天使之战》拉开帷幕时,杂货店看起来像是一个发人深省,甚至栩栩如生的悲剧博物馆,剧中故事是以倒叙方式展开的。在《琴仙下凡》中,我们遇到了一个完全更有活力、更不祥、更压抑的景观。威廉斯的舞台提示暗示了一个阴暗的、致命的世界:墙壁"潮湿,布满蛛网",裁缝的人体模型那"黑色骨架",一个"看起来邪恶的人造手掌",窗外是"令人不安的空虚"。*即使是作为商店一部分的糖果店也"是朦胧和富有诗意的,它代表剧中某种内在维度"。*心的钙化是重构《琴仙》的核心;这是两个主要角色初次见面时的主要症状。瓦尔闲逛进城时，杂货店老板娘、说话尖刻而易怒的托兰斯夫人拔枪指着瓦尔。"她不是个意大利傻帽！"*剧中一个角色说。威廉斯解释说，由于她"与死亡的婚姻"，她已经"变得粗暴，甚至残忍"。瓦尔也因"他四处流浪过的地方和环境变得残忍"。*

《天使之战》中的瓦尔充满了叛逆的浪漫气息，而《琴仙下凡》中的瓦尔戴着他在坑蒙拐骗的岁月里偷来的劳力士，充满道德萎缩之感。"腐败——腐蚀人的心——而腐烂是缓慢的。"*他告诉维。维是一个神秘主义者和画家，嫁给了当地的警长，见过私刑、毒打，以及罪犯被狗撕成碎片。瓦尔认为维的画作是在尝试救赎他们两人目睹的丑陋，"坐在前排目睹的丑陋"*，他说。他为放纵的生活付出了实际的代价。"酗酒、吸大麻、和陌生人同居对20多岁的孩子来说是可以的，但今天是我30岁生日，我不再这么干了。"*他对野孩子卡罗尔·卡特雷说。卡特雷发现她在放荡的过去认识他。与威廉斯的频繁抱怨相呼应，瓦尔补充道："我不再年轻了……如果你从15岁起就参加一场场该死的派对，那么你30岁就不算年轻了。"*

在威廉斯对琴仙神话的改写中，瓦尔陷入了两个地狱：一个是他自己欲望导致的堕落，另一个是多伦斯夫人的地狱——这是一个她被困于其中的野蛮乡村世界强加在她身上的三重悲剧。她十几岁时成为孤儿，父亲是意大利移民，一个"意大利佬私酒商"*，死于他酒园里的一场大火——种族主义者放的火，因为他卖酒给黑人。她的贵族情人大卫·卡特雷为了一桩上流社会婚姻而抛弃了她，她被迫堕胎。她的丈夫杰贝是个专横跋扈的虐待狂。镇上一个爱说长道短的姑娘说："他买了她，那时她才18岁！他买了她，便宜地买了她，因为她被抛弃了，她的心都碎了。"*蕾迪的顺从表现为她卧床不起的丈夫不断用手杖敲打上面的地板，这让他成为幽灵般可怕的毁灭性存在。("他就是死亡本身。"* 一处舞台提示写道。)杰贝在第一幕中唯一一次露面是从医院回到家里他床上的时候,他停下来注意到蕾迪在商店里做的一个改变。"鞋子专柜怎么又回到这里来了?"* 他问道,"明天我去找几个黑鬼来帮我把鞋子专柜搬回去。"* 杰贝的声音是威廉斯父亲 CC 的声音,轻蔑、霸道的"不"的声音,抹杀了多伦斯夫人的想象力和创新。"你想做什么就做什么,这是你的商店。"* 多伦斯夫人说。

穿着黑色衣服,随时听命于杰贝,蕾迪是顺从的活死人的化身。"在那之后,我想要去死,但是死亡不会在你想要的时候来,它会在你不想要的时候来!"当他们终于在商店里再次见面,她向大卫·卡特雷坦言,"我想要去死,但我选择了仅次于死亡的最好东西。你出卖了你自己。我出卖了我自己。你被收买了。我被收买了。你把我们俩都变成了妓女!"* 没有爱,对自己妥协的生活充满厌恶,蕾迪觉得自己和瓦尔一样堕落。他申请工作时,她和他调情——"你还能做什么?多告诉我一些关于你自制力的事情!"——他大摇大摆地说:"嗯,人们说女人可以把男人燃烧掉。但我可以燃烧掉一个女人……任何长着两只脚的女人。"* 蕾迪消气了;"他朝她咧嘴一笑,她突然发出友好的笑声"*,把头往后一仰。内心的燃烧,确是欲望和净化的象征,这是瓦尔对她强大的无意识吸引力的一部分。

威廉斯的精神问题与瓦尔和蕾迪的精神问题相同:如何成功找到一条从腐败回到纯洁的道路?写作是他想象中的救赎,弹奏吉他则是瓦尔的救赎。"我已经结束了我一直过的生活,"瓦尔告诉蕾迪,"我生活在腐败之中,但我没有腐败。这就是为什么。(拿起他的吉他)我生命的伴侣!当不洁之物碰了我,吉他就会净化我,如水一样。"* 当瓦尔最后弹起吉他——这把吉他上有里德·贝利(Lead Belly)、贝西·史密斯(Bessie Smith)和盲人莱蒙·杰斐逊

（Blind Lemon Jefferson）的签名——他唱到了一种"天堂渴望"，一种相信超越的意志。同样，威廉斯即使在他最黑暗的时候也从未屈服：

> 我的脚在天堂的草地上漫步过，
> 一整天，天空像玻璃一样明亮。
> 我的脚在天堂的草地上漫步过，
> 一整夜寂寞的星星滚滚而过。
> 然后我的脚落到地上行走，
> 母亲生我时哭了。
> 现在我的脚走得很远，我的脚走得很快，
> 但它们仍然渴望天堂的草地。*

瓦尔自称局外人，他向蕾迪承认，自己"厌恶"他所认识的这个世界。他说，这个世界由两种人组成："被买的人和买家。"瓦尔把自己归入第三类——"流浪汉"——一个梦想家，他试图不被生活的懦弱骚动所触动。"你能超越它吗？"蕾迪问道。"我试图做到。"瓦尔说。*这时"舞台外的吉他音乐声淡入"*。音乐，特别是那些在他吉他上签名的布鲁斯使者所创作的欢乐而挑衅的音乐，是瓦尔超越性的代言人。创造性的自由所具有的魔力是瓦尔为蕾迪所讲故事的精髓。剧中最著名的一段讲述了一只睡在风中的鸟，除非死了，否则它从不触碰大地：

> 瓦尔：你知道有种没有腿的鸟，它不能轻轻停留在任何东西上，一辈子只能在空中展翅飞翔？这是真的。我见过一只，它死了，掉到了地上，它是浅蓝色的，它的身体和你的小指一样小，是真的，它的身体和你的小指一样小，在你的手掌上那

么轻,它的重量不超过一根羽毛,但它的翅膀展开得很宽,不过是透明的,天空的颜色,你可以看穿它们。这就是他们所说的保护色,他们称之为伪装。你无法从天空中分辨出这些鸟儿,这就是为什么鹰不抓它们,在靠近太阳的高高蓝天上看不到它们!……所以我想成为这些鸟中的一员,很多人都想成为这些鸟中的一员,而且永远不会——堕落!

蕾迪:……我不认为任何活着的生命曾经拥有那种自由,几乎不可能拥有……我愿意付出这个商店和它的所有存货,只为变成天空下那种颜色的小鸟……在风中睡一夜——飘在空中——在繁星下……(杰贝砸了砸地板,蕾迪的目光又回到了瓦尔身上。)因为我和一个在大甩卖会上买下我的狗娘养的住在一起,15 年来我从来没有做过一个好梦。

当然,瓦尔成了蕾迪的好梦;欲望是她逃离堕落的途径。"问问我在楼上和'死亡'在一起的感觉,我可以告诉你,"蕾迪说,并补充道,"我忍受了。我猜我的心知道一定会有人来把我从这个地狱带出去。你把我带出去了。你来了。现在看看我!我又活过来了!"* 找到他后,蕾迪不顾一切地要留住他。她紧紧抓住瓦尔,就像以实玛利抱着他的棺材一样。发狂中的她是无情的。她威胁要陷害瓦尔;拿他的吉他作为赎金;她试图通过把商店给他来贿赂他("这里是'死亡'搜刮来的一切!但在我们离开之前,'死亡'必须死去"*)。

这一充满激情的矛盾场景是以糖果店的开张为背景的,蕾迪决心把糖果店改装为酒庄和夜店。酒庄是对蕾迪父亲的纪念,是为他的死报仇的一种方式——为父报仇是蕾迪的故事和心理的核心。"电灯月亮、银色剪纸做的星星和人造葡萄藤,啊,她把这个房间变成了她父亲在月亮湖上的酒庄。"* 剧中一个角色解释道,以防观众看不懂这些视觉线索。蕾迪的酒庄是一台戏,是一台名副其实的戏剧作品。她的策略,像威廉斯的一样,是重温她被压迫的历史,以便公然战胜它。"不被打败!"她傲然地说,又说,"你明白了吗?只是为了不被打败。啊,哦,我不会再被打败了,这辈子都不会!"*

在第三幕糖果店开幕庆典那天,杰贝拖着脚步走下楼去查看房间。他立刻明白发生了什么,迎接了蕾迪的进攻。"我可真是娶了一个活力四射的人啊,"他"带着一种无声的凶狠"对他的护士说,"她爹'那个意大利佬'在烧成灰烬之前,也是个活蹦乱跳的人。他在月亮湖北岸有一个酒庄。新的糖果店让我想起了这一点。"杰贝补充说:"但他犯了一个错误,他犯了一个严重的错误,有一次,他卖酒给黑人。我们把他烧死了。"*

《天使之战》中的迈拉从一开始就表达了她对杰贝的杀气。《琴仙下凡》中的蕾迪则直到杰贝如此公开他参与了烧死父亲的暴行时才彻底看清自己的愤怒。在第三幕中,已怀上瓦尔孩子的蕾迪充满必胜的歇斯底里——"蕾迪,从今天早上起你就一直是个疯子!"*瓦尔说——她觉得对发生的任何事情自己都可以免责了。蕾迪说:"我被楼上那家伙逼成了谋杀犯!——我想让他在断气之前看到酒庄重新开放!"她继续说道:"这是必要的,世上没有任何力量可以阻止它。见鬼,我甚至都不想要这酒庄,但这是必要的,需要做点什么来摆平一切。"*

瓦尔知道杰贝在楼上奄奄一息了,他还知道杰贝睡觉时枕头下有把枪。这件事太挑衅了。"你今晚不能在这里开夜店"*,瓦尔对她说,犹豫着要不要换上他的白色服务员夹克。

>蕾迪:你就是押上你的甜蜜人生我都要开!
>瓦尔:不是我,不是我的甜蜜人生!

第五章 崩溃之惊雷

> 蕾迪：我把我的人生都押上了！管它甜不甜，我就是——
> 瓦尔：你的人生是你的，我的人生是我的。*

虽然瓦尔一口承认，他对蕾迪是"真爱"*，但下一秒他就告诉她，他会在县外的某个地方等她。蕾迪打断了他。"哎，别说什么爱不爱的，说也别对我说。我知道你是什么人。"* 她说。快要剧终的时候，瓦尔得知蕾迪怀孕了，而蕾迪终于放过了他："你给了我生命，你可以走了！"* 他们是自私的恋人，而非不幸的恋人。瓦尔被卷入蕾迪狂热的自由涡流，听见她跑上楼梯平台"语无伦次"地"大喊"："我赢了，'死亡'先生，我会生个孩子！"*

蕾迪鲁莽的话不仅暴露了她自己，还有瓦尔。她这句话直接毁掉了他们俩。"哦，天哪，我做了什么！"* 她说，几乎马上意识到自己的错误，听到杰贝沉重的脚步声，她退下楼。杰贝出现在楼梯平台上，朝蕾迪打光了左轮手枪里的所有子弹，然后告诉闻声而来的人：瓦尔开枪打死了蕾迪。瓦尔打算夺门而逃，却被当地人拦住，拉了出来。

在幕后的喧闹声中——沸腾的人群，摩托的轰鸣，铁链拴着的吠叫的狗群——瓦尔拼命挣脱抓着他的人，结果却被逼至绝境，四分五裂。这不是蕾迪的复仇，而是杰贝的复仇。最后，蕾迪和瓦尔都没能逃脱堕落的惩罚，堕落掌控了他们。他们的新生活被以前致命的存在击败了。垂死之际，蕾迪重复着他父亲过去常说的一句话："表演到此结束。猴子死了。"* 这句话源自她给瓦尔讲过的一个故事：她父亲从一个街头手风琴艺人那里买了一只猴子，这猴子在一次卖艺中死掉了。但是这骇人、奇怪的画面与其他意义产生了共鸣。威廉斯本人就是那只表演的猴子，他的行为正在毁灭他。他自己的想象花园面临被毁灭的危险，那种破坏性力量他知晓但无法控制。

1957年3月21日,《琴仙下凡》终于在马丁贝克剧院上演。此前,它已经在百老汇转了两年没法落地。该剧上演遇到了种种阻碍——威廉斯的本子一改再改,敲定制作安排,《热铁皮屋顶上的猫》大获成功,等等,其中最主要的问题是与马格纳尼——威廉斯称她为"台伯河的母老虎"*——的争执。尽管蕾迪的内心世界,如《天使之战》中的迈拉,是以埃德温娜·威廉斯——"少女时期经受精神打击,在压力下处于歇斯底里的边缘"*——为原型的,她的外表却呈现出马格纳尼坦率的韧性和性成熟。"生命中唯一重要的东西就是真实。"*马格纳尼说。对威廉斯来说,她没有违背她的信条。"她比我认识的任何人都要特立独行。"*他说。虽然起初威廉斯面对马格纳尼还很腼腆——梅洛"却为我的矜持和她天生的热情开放搭起了桥梁"*,他说——他很快拜倒在她隐隐闪光的魔力之下了。

"忘了她那点紧张吧",威廉斯在一封1955年写给卡赞的信中说,那时他刚观看了马格纳尼在她美国电影首秀《玫瑰文身》中的表演,电影拍摄地就在他基韦斯特家旁。"这位姑娘紧张得恰如其分!她的表现就像格兰特将军在里士满战役中一样优秀。"*比马格纳尼的热情更令威廉斯钦佩的,是她"无与伦比的真实感"*。在威廉斯眼里,"她的脸就像鱼鳞天,时时刻刻变幻无穷,还是最精准的计量器,能准确测量她所听到之物的不同质量,如地震仪一般分毫不差"。他补充说:"她简直就是一个测谎仪。"*

马格纳尼的自负一点也不逊于她的才华。"她比我更自负,她的自负却更容易谅解。"*威廉斯在给伍德的信中说道。马格纳尼习惯每天下午3点左右起床。"你好啊,田。今天什么节目?"她会在电话里说。威廉斯忍受了她11点吃饭的习惯["没有人有比这更伟大的爱(或者说是忍耐力)"];忍受着她就餐时上演的精彩一幕

第五章 崩溃之惊雷

("餐馆老板和服务员就像对女王一样待她……她菜单都不用看,就点了红酒、意面、沙拉,以及主菜");还忍受了她夜半散步的习惯,拿着她在饭店打包的剩饭喂给罗马街头的流浪猫。*

同时,她还总要操心她的英语、日程安排、金钱、体重,以及与她合作的明星。1955 年,马龙·白兰度有兴趣扮演瓦尔的消息不仅使威廉斯不得不改写剧本——"我知道该怎么给这个小伙子写剧本"*,威廉斯说——他还得为马格纳尼代写给白兰度的情书*。("她对错误的依恋有极大的天赋。"* 威廉斯在给布里特涅娃的信中提到了马格纳尼对年轻小伙的偏好。)比她小 16 岁的白兰度正合她的胃口。对白兰度的期待对威廉斯和马格纳尼都是一种鼓舞。"这个消息带给我巨大的喜悦,"她写信给伍德说,"这个消息赋予了我雄狮的勇气,我已经准备好面对这个巨大的挑战了。"* 但是白兰度认为瓦尔的戏份不如蕾迪的多,要求改写剧本,他都不愿意接电话,甚至连威廉斯的电话都不接。

到 1955 年 11 月,马格纳尼被白兰度的沉默激怒了,按捺不住想要参与协商。"我知道白兰度对这个剧本非常感兴趣,我也知道他让田纳西改他角色的最后一部分,坦诚地说,对于像他这个水平的演员,威廉斯应该让步,"她在给伍德的信中写道,"记住,以他的才干和悟性,他绝不会要求改动任何触及作品灵魂的地方。所以为什么不妥协呢?"马格纳尼继续写道:"你是否认识到这事对于百老汇的重要性,让田纳西·威廉斯、马龙·白兰度和安娜·马格纳尼的名字一齐出现?它也许是本世纪最重要的艺术活动……你一定要有白兰度。"*

然而,到 1956 年 9 月,马格纳尼和白兰度都退出了百老汇版本的制作。白兰度很欣赏这个剧本——"你他妈写得太棒了"*,他对威廉斯说。白兰度离开是因为马格纳尼。"你跟她一起搭戏的时候,要么确保两个人的戏有同样的发挥空间,要么上台的时候手里

《逃遁者》中的安娜·马格纳尼和马龙·白兰度

得准备一块大石头。"他写道。

> 马格纳尼对我没有威胁。一个如此孤单而又如此充满渴望的人怎么会威胁到任何人呢？我认为，她是个拥有非凡力量的女人，但是她过得很艰难，因为她没有遇到一个有能力并且愿意将她征服的人。像世界上任何一个女人一样，她渴望被征服，但是她找不到任何一个人，有足够的能力将她"燃烧"。她好强，也有能力，正是因为如此，她才陷入矛盾，令人同情，因为这使她在寻找被征服的过程中专横跋扈。她的能力不是让她恐怖吓人，只是让她失去了魅力。我说她希望被"燃烧"的时候，我指的不只是性，而是她一定要找到那个能完全把她当作女人利用，并且也爱她的人。作为一个女演员，她与其他女演员不是一路人。除非两个角色的潜在力量旗鼓相当，否则我不会和任何女演员搭档。*

让白兰度在该剧的电影版《逃遁者》中和马格纳尼搭档花了三年的时间，也开创了电影史上第一个百万美元的合同。"钱是个问题，但更成问题的是，他不愿意和她上床。"* 导演西德尼·吕美特（Sidney Lumet）说。在镜头外，白兰度和马格纳尼从未有过镜头下瓦尔和蕾迪的浪漫依恋和甜蜜性爱。"我们在加利福尼亚见过几次面后，她曾多次试图单独与我相见，终于一天下午，在比弗利山庄旅馆成功了，"白兰度在他的自传中解释道，"我对她没有任何暗示，她就开始热烈地吻我。"他继续说："拒绝对她来说将是巨大的差辱。但是她的双臂一旦环绕住了我，她便不放手。一旦我开始抽离，她就紧紧抱住我，咬我的嘴唇，这真的很痛。她的牙齿咬着我的下唇，我们紧紧拥抱在一起……她试图把我带到床上时，我们来回摇晃。我的眼睛睁得很大。当我俩清楚地看到彼此的眼球，我明

西德尼·吕美特在《逃遁者》拍摄现场指导马龙·白兰度

白：她已经陷入狂乱，犹如匈奴王阿提拉在全面进攻。最终，我太疼了，便抓住了她的鼻子，尽我最大的力气挤压它，就像挤柠檬一样，把她推开。她惊住了，我趁机逃脱。"*

马格纳尼也给导演带来了麻烦。"安娜的本质？"吕美特说，"有一次我们约的 9:10 拍摄，安娜没来，9:30 了，安娜没来，10:00 了，安娜还没来。我说：'妈的。'我去她的化妆间找她，马龙在门边，靠着墙，摇头。她脸上的妆花了，睫毛膏被泪水冲散。我说：'天哪，安娜，发生了什么事情！''帮帮我吧，上帝，'她说，'就算在意大利，就算在意大利，他也不会优先考虑我！'"*

马格纳尼只让吕美特从右边拍她。"这完全毁了我的演出，"吕美特说，"这意味着每个人与她在舞台上都不得不处于特定的位置。你从未看过马龙的右侧，因为他俩总是相对。我无法告诉你这对电

第五章　崩溃之惊雷

影有多大的破坏性。"吕美特继续说："一位性格极其温和的摄影师有时会想让某个场景透露出一种温柔。我把它用在了马龙关于睡在风中的鸟儿那一大段话中。我不能从右往左移动镜头，以拍出那种温柔。我只好让镜头保持在视线高度以上。这样做的结果是致命的，因为画面缺乏柔和感，缺乏这种认识。"* 尽管有白兰度开场时面对镜头长达五分钟的独白——一个镜头搞定，是他电影表演生涯中最出色的，也是最鲜为人知的一次表演——还有马格纳尼的盛怒，但是他们的激情从未达到广告语喊出的台词那个样子："他们的激情！他们的狂热！他们的欲望！"《逃遁者》"雷声大，雨点小"，《综艺》杂志表示。* 《纽约时报》的博斯利·克劳瑟（Bosley Crowther）发现自己的感官"抽痛，摇摇晃晃，最后精疲力竭"*，这一事实也无关紧要。《逃遁者》是一场票房灾难，吕美特"第一次看到工作样片时"* 就知道马格纳尼的无理要求令这片子糟糕透了。

威廉斯曾指望马格纳尼对百老汇的导演哈罗德·克勒曼能产生创造性的影响。作为20世纪30年代同仁剧团的创始人之一，克勒曼因执导克利福德·奥德茨的自然主义作品而声名鹊起。到50年代末，他已经成功导演了包括《婚礼成员》《巴士站》（*Bus Stop*）、《斗牛士的华尔兹》（*The Waltz of the Toreadors*）在内的一系列给人留下深刻印象的百老汇热门剧作。作为威廉斯的早期崇拜者，他也是威廉斯1939年获同仁剧团"特别奖"时的签署人之一，这项荣誉开启了威廉斯的戏剧事业。1940年，他还愿意在同仁剧团出品威廉斯的一个独幕剧，之后剧团就解散了。* 克勒曼虽与威廉斯不同，但他懂威廉斯。他写道："威廉斯用同情书写的正是那些'特殊的人'，那些缺乏保障的人，那些天真诚实的人，那些受伤的人，那些疏远的人，那些古怪的人，那些毫无防护能力的人，那些遭人遗弃的人，以及那些残疾的人。"*

342

尽管威廉斯认为克勒曼是一个"可爱的人、一位不错的批评家"*，但作为艺术团队，他们两人则很不协调。克勒曼是理性的人，而非依靠直觉；他精力旺盛，但缺乏诗意。他是一个解释者、一个辩论者、一个激励者、一个富有智慧的人，却更是一个花花公子，而非放荡不羁的艺术家。他的戏剧分析透彻，性格活泼，他对艺术的热爱是浪漫的，但他与生活的关系并非如此。他的思想很有诱惑力，相貌却不尽然。谈话，对他来说就是开启性爱大门的钥匙。"哈罗德的排练就像开派对，他就是这个派对的荣誉嘉宾，"卡赞说，他是克勒曼导演的奥德茨剧作《醒来歌唱!》的舞台总监，并补充道，"要他把自己精彩细腻的内心想法转化为具有同样穿透力和原创性的舞台动作是一个难题。他在舞台方面总是显得很笨拙；他不懂如何安排人进场退场，全靠演员自己把这些事儿搞定。"*威廉斯告诉伍德："他总是倾向于把一场剧搞得有点凝滞或者'一成不变'，但我知道安娜会打破这种倾向。"*

威廉斯认为克勒曼导演的《琴仙下凡》——最终男女主角分别由玛伦·斯塔普莱顿和克里夫·罗伯逊（Cliff Robertson）扮演——"导演得不够"*。大幕拉开之前，他对制片人谢里尔·克劳福德说了实话："为了你自己，亲爱的，我很高兴你没有制作《琴仙下凡》。我认为这是一部美丽而真实的戏剧，它很清楚地说明了一些事情，但是我认为许多人不会喜欢它所表达的东西。"*当他意识到自己的预言已然成真，威廉斯感到非常痛苦。威廉斯称之为"一次毁灭性打击"*。实际上，评论有好有坏，但是总的说来还是恭敬的。布鲁克斯·阿特金森在批评《琴仙下凡》时都带着淡淡的赞扬："这是威廉斯最令人愉快的作品之一……他的独特天赋贯穿了整部作品。"*《新闻周刊》总结说："这部作品缺失了一些东西，但是已经足够了。"*《纽约邮报》称该剧"具有显著力度、严肃的诗意洞察力和令人不安的魅力"*。

第五章　崩溃之惊雷

对威廉斯打击最大的不是各大日报的剧评人，而是《纽约客》周刊。周刊的大标题是《好吧，不管怎样，下凡》，沃尔科特·吉布斯（Walcott Gibbs）开头写道："要我说，田纳西·威廉斯新作的问题在于……里面的人物并不是很有趣。"他继续说："在《琴仙下凡》中，除了毫无目的的毁灭，我看不到其他东西。虽然作者对场面进行了惯常的大量鲜活生动的描写，但我认为作者并未创作出一个有逻辑的作品，也不相信他对自己的想法很有把握。"* 威廉斯后来声称对于这部作品的批评是剧评家"恶意的复仇"*，只不过吉布斯的评论似乎是威廉斯记忆中唯一一个称得上尖酸刻薄的。他父亲 3 月 27 日在田纳西州诺克斯维尔去世，享年 77 岁。父亲去世的消息使批评的创伤更加严重。威廉斯在给温德姆的信中写道："父亲去世所带来的情感冲击比我想象的要强烈得多。"*

CC 已经跟他名声显赫的儿子失去联系十多年了。"如果他在任何一部作品中提到我或者我的姐姐，我会让他后悔一辈子。"* CC 在 1950 年给伍德的信中写道。CC 对威廉斯那"该死的"短篇小说《琴盒与棺材的共同之处》（"The Resemblance of a Violin Case and a Coffin"）一直都气愤不已。CC 所有的讣告都包含儿子是个"不中用的人"这一无理评价："他开始写戏剧之前，做任何事儿都没坚持过多久"，CC 曾说。* 尽管如此，到 1954 年，威廉斯已经接受 CC 是"我绝望的老父亲"* 了。"我不再恨我的父亲了，我也希望你不要对他有任何伤害。"他在 1955 年对肯尼思·泰南说——当时泰南在写一篇关于威廉斯的文章。"他不是一个能够审视自己如何对待家人的人，也不会去改变自己对待家人的方式，"威廉斯补充说，"母亲把自己奉献给了我们三个孩子，并对我父亲逐渐产生敌意，而我父亲转而把这种敌意放到了我身上，家里第一个可以取代他的男人。"*

CC 在家里从未像他离开时那么慷慨。尽管埃德温娜从《玻璃动物园》的版税中大赚了一笔，CC 还是把他们在圣路易斯迷人的两层乔治亚风格的房子留给了她，还有他 1945 年从国际鞋业公司退休时持有的公司股票。"悲惨的境况会结束，可能有点晚，但也比没结束好，"威廉斯当时写道，"至于这个老人，他可能和世界上任何人一样遭受了很多痛苦，甚至更多，恐怕，他自私而盲目的人生将会有一个悲惨孤独的结局。"* CC 去了他姐姐伊莎贝尔在诺克斯维尔的家中，等他姐姐无法照顾他之后，他又去了城外一个叫惠特尔温泉的度假胜地，在那里度过了他最后的时光。"那时，我的父亲让我很难堪，"戴金回忆说，"他在酒店房间里烂醉如泥。他会让我开车带他去格尔夫波特或者诺克斯维尔。我不得不几乎把他架出酒店，到了路上他才慢慢清醒过来。"*

　　CC 离开圣路易斯之后，埃德温娜就再也没见过他。尽管她的两个儿子都参加了他们父亲的葬礼——"基于田纳西对我父亲的感情，他来参加令我很惊讶"*，戴金说——埃德温娜却没有出现。在她的回忆录里，她想象着 CC 孤独地死去，在酒店房间里酩酊大醉。实际上，CC 在圣玛丽医院死于哮喘并发症。在生命的最后几年里，他找到了一位女性伴侣，一位来自俄亥俄州托莱多的寡妇。在埃德温娜的版本里，孩子们对他们的父亲是冷眼相待的。"戴金告诉我，'我和汤姆一滴眼泪都没流'。"埃德温娜写道。实际上，戴金和田纳西在父亲去世时都哭了。* 威廉斯的姑姑伊莎贝尔经常说："威廉斯家族并不是田纳西州最好的家族之一，它就是该州最好的家族。"* 但是卓越的基因在 CC 身上荡然无存。在 CC 一生中，他从没担任过任何官职，没写过一首诗，没打过一场仗——只与他身材玲珑的妻子持续开战过，并羞耻地被她征服。他把汽车给了他的暮年伴侣，把剩余财产留给了他的姐姐、女儿和戴金。但是他什么都没给威廉斯留下。"我在想，他知不知道，我怀疑他知道，他留给我的比财产珍贵得多，那就是我血管里流淌的他的血液，"威廉斯在他的自传文章《坐在软垫椅子上的男人》（"The Man in the Overstuffed Chair"）里写道，"而且，当然我也想知道，是不是他血液里流淌的恨要多于爱，不管答案有多伤人。"*

CC被葬在俗称"老格雷"的诺克斯维尔墓地。在威廉斯的回忆里，"葬礼办得非常漂亮"*。仪式之后，被CC称为"南希小姐"，并被剥夺了继承权的儿子坐在威廉斯家族的墓碑上给前来参加父亲葬礼的人签名。

《琴仙下凡》演出68场之后停演了。

威廉斯在4月写给卡赞的信中说："如果你来导演《琴仙下凡》，那将是我们最大的成功之一，我这样想不对吗？我想是对的。我认为你对该剧所蕴含的根本真实的赏识会激励我改进它，使其超越目前的华而不实。"威廉斯继续说："要是你来导这剧的结局，结局就会顺畅，就会成功。你不仅会从思想上找到这部剧的'基调'，并从一个艺术家和诗人的视角去把握这一基调，而且你还会自始至终让玛伦演得让人惊艳。"*

"那年春天，田纳西成了一个可怕的疑病症患者，"玛伦·斯塔普莱顿回忆说，"在《琴仙》上演期间，他试图在我们面前表现得很勇敢——他总是试图让我们振作起来，在很难笑起来的时候逗我们笑。"斯塔普莱顿继续说："他的偏执可能在最意想不到的时候显现。不止一次，我们坐在餐厅的桌子旁，他会无意中听到附近的人说些不客气的话——田总会认为人家是在讲他坏话。而且他随时准备和想象中侮辱他的人打架。"* 威廉斯已经到了"一个站点，或者我职业生涯的一个起点"*，演出开幕后，他向阿特金森吐露了心声。令他惊讶的是，父亲的去世使他更加确信自己已经到了某个转折点。"自从《琴仙下凡》失败以来，我的股票已经大幅下跌。"* 6

月威廉斯在写给圣贾斯特夫人的信中说。他的精神也在急剧恶化。"这个演出季真糟糕，夫人！"他对伍德说，"再这样下去，我们就会一文不值了。"* 威廉斯感到"我再也无法成为更好的自己了"*，他终于准备好去精神科医生的沙发上坐坐了。"寻求精神病专家帮助的时刻终于到来了，但是我愿意接受治疗吗？"* 威廉斯在日记中问自己。

第六章

巨人国

> 我是谁?
> 一个满身伤痕的男人,裹满绷带,
> 天使中的怪物,抑或是怪物中的天使……
> ——田纳西·威廉斯
> 《你和我》*

1957年愚人节,迈阿密星光酒吧,威廉斯与酗酒诗人吉尔伯特·马克斯韦尔(Gilbert Maxwell)*和刚刚认识的理查德·莱维特(Richard Leavitt)——后来会成为朋友,此君1978年还出版了一本威廉斯的生平相册*——正喝着第三杯波本威士忌。威廉斯很开心。"我宣布我要退出戏剧圈,全身心跟朋友在新奥尔良一起过美好而简单的生活,有精神分析师相伴。"他在日记中写道。接着,他又写道:"狗屎!——我怎么知道我要做什么!只是很清楚地知道我会每天喝酒、喝酒,还是喝酒,想什么时候就什么时候躺在床上享受生活,并在我新买的'奥林匹亚'打字机——很好的一款打字机——上敲字。"*

到了5月底,威廉斯兑现了他的声明,请61岁声名显赫的纽约精神病学家劳伦斯·S.库比(Lawrence S. Kubie)帮助自己。库比曾就读于哈佛大学、约翰·霍普金斯大学、伦敦精神分析研究所，是一群富有创造力的神经学家中的领军人物，他们很早就发现精神分析的价值和影响。库比内敛，知识渊博。"他让我想起了托马斯·沃尔夫（Thomas Wolfe），他梦想过世界上的各种生活，经历世界上的所有经历，遇见世界上的每一个人。"* 精神分析师尤金·布罗迪（Eugene Brody）在《神经官能症及其症状》（Symbol and Neurosis）这本库比 1973 年去世后出版的论文集中写道。库比自 1930 年开始就一直在纽约实行弗洛伊德心理学流派疗法。在威廉斯去他那里之前，他已经是纽约精神分析协会会长，在哥伦比亚大学和耶鲁大学任过教，还在西奈山医院坐诊。库比一生写了三百篇精神分析论文、评论和大量书籍，其中一本名为《创造过程的神经质扭曲》（Neurotic Distortion of the Creative Process）。他博学，干练，充满激情，颇有大师风范。他的口头禅是"精神分析理论之树需要大刀阔斧的修剪！"*

威廉斯对精神分析师来说是一个令人畏缩的挑战，因为他有着容易上瘾和抑郁倾向的边缘性人格障碍，同时他有钱，有名，还是一个十足的天才。许多分析师不愿意为这样一个堂吉诃德式心理紊乱的人以他们的名声冒险。在精神分析领域以及艺术圈，库比是一位能遏制并掌控患长期心理疾病的天才——尤其是有同性恋方面问题的天才——的专家。当时许多作家、戏剧明星都是他的病人：威廉·英奇、伦纳德·伯恩斯坦、查尔斯·杰克逊［《失去的周末》（The Lost Weekend）］、劳拉·Z. 霍布森（《君子协定》）、乔舒亚·洛根、弗拉基米尔·霍洛维茨（Vladimir Horowitz，他声称库比治愈了他的同性恋倾向*）、莫斯·哈特，还有库尔特·魏尔（事实上，库比把哈特介绍给魏尔，结果诞生了《黑暗中的女人》，一个关于精神治疗的音乐剧。剧中虚构的库比带着哈佛腔，措辞细腻准确）。

劳伦斯·库比，精神病学家

从一开始，库比对威廉斯的治疗就是特殊的。他判断威廉斯心理已经极度失常，因而不能马上开始治疗。他坚持让威廉斯在昂贵的哈克尼斯馆先戒酒并接受几天的医学检查。在等检查结果期间，威廉斯将在马萨诸塞州斯托克布里奇的奥斯丁里格斯中心隐居一段时间。这是一个接受重病患者的开放治疗所（库比 1960 年发文介绍过此地的历史*）。病人要在奥斯丁里格斯至少接受一年的治疗，在此期间，他们每周会与治疗师见三次面，其他时间则忙于有益健康的活动，如绘画、表演、健步和写作，但在治疗期间，库比不允许威廉斯写作。

库比对威廉斯采取的治疗方式是戒掉他所有的瘾：酒精、男人、旅行、写作。这种剥夺策略是经典的弗洛伊德学派疗法，所依据的假设是威廉斯上瘾的事是一种外在表现。"被禁止的活动取决于其是否长期被用来逃避内心的问题。"* 库比在《精神分析的实践和理论方面》（Practical and Theoretical Aspects of Psychoanalysis，1950）中写道。库比的戒断疗法被维达尔和威廉斯其他同性恋朋友嘲笑为把威廉斯变成"一个很好的团队伙伴"* 的疗法。实际上，这种戒断强迫威廉斯的神经质冲动通过其他途径表现出来，尤其是通过心理分析时的阐释，让它们内化，而不是外显。库比在文中宣扬他对威廉斯的强硬治疗方案：

> 一个精神分析师……在做医嘱时要圆滑、审慎，但是最后他一定会无情地让病人去面对他的神经官能症。实际上，正如他有时不得不通过戒断来积极介入，他经常使病人陷入能引起其恐惧、消沉以及气愤的情境中去。*

"我觉得我不能再忍受了"，威廉斯在哈克尼斯馆的病床上写道，书写着他的"极度无聊"。"没有酒能行吗？毫无疑问，戒酒是正确的，但是——（打住！）是的——当两个医生进来，无聊消失了，我突然有种被困住的感觉。心脏开始啪嗒啪嗒地跳动，我近乎慌乱起来，"他继续写道，"我感觉已经让自己逃离恐慌很久了，躲避，欺骗，自欺欺人，但是现在，直面它，与它对抗，继续前进——天呐！我完全语无伦次。"*

威廉斯在1957年6月7日离开了哈克尼斯馆，仍旧不确定把自己交给医生治疗是不是"拯救"*了自己。他在面对问题和躲避问题之间踌躇，最终选择乘飞机到古巴的哈瓦那——"美洲我最喜欢的城市"*——短期旅行。路上，他犯了一个愚蠢的错误*，又栽跟头了。"我借口坐飞机（不是一个很好的借口），白天喝了至少八杯，然后吃了三片速可眠，上飞机前吃了一片，后来又吃了两片。这是为了缓解我严重的抑郁。"*他在日记中写道。哈瓦那令人愉悦的感官享受起到了止痛的奇迹效果。在给卡赞的信中，威廉斯自豪地说已减少饮酒量，"一天最多吃一粒速可眠"*。"在这里游泳、找人上床都太棒了，"他写道，"这里的夏天很凉爽，我与古巴人合得来。这帮家伙唱歌像鸟一样婉转动听，特别是为晚餐伴唱时，而且看起来压根不讨厌这样。古巴革命并不轰轰烈烈，我也一点不害怕。有时我倒希望他们将我误认成敌人，一枪把我射死在普拉多。但是大多数时候，我乐得成功在逃。"*他又说道："我又开始创作了，没听医生的劝告。"*

但在这段古巴小插曲中，威廉斯只对梅洛说了真话，向他发出了求救信号。他写道，库比"把我彻底打倒了，我无法再把这些碎片拼接在一起。第一次，我真的害怕自己会疯掉。我想我真的是精神崩溃了。我不能让你帮我，因为你也在经历类似的事情，不过你更加坚强，更能控制自己"。他还说："也许好医生库比能够解释发生了什么。我是真的不能妄自猜测！"*

在这次病情反复之后，威廉斯于6月18日动身前往奥斯丁里格斯。出发前的三夜，他一直都因此做噩梦。*他告诉玛丽亚·圣贾斯特，该机构是"一间装饰华丽的疯人院"*；而告诉奥德丽·伍德说这是一个"基督教徒的隐居之所"，"我希望我成为一个更虔诚的基督徒"，他接着又手写道，"少一点'隐居'吧！！"*梅洛开车带着威廉斯从纽约前往斯托克布里奇，准备入院。但是，里面其他人的样子吓到了他。"我只在医院里待了五分钟，"一个星期后，他在给母亲的信中写道，"我看了其他病人一眼，就让弗兰克把我的包放回车里。我住进了当地的酒店，在那里度过了周末，并确定了这地方不适合我，然后开车回了纽约。"他继续说："我觉得精神医生库比……认为我需要某种治疗来缓解我一直以来的紧张情绪是对的，但我觉得没必要住在一个到处是比我精神更紊乱的人的地方。"*

库比为威廉斯制订了一个新的治疗方案。该方案包括每周与他进行五次50分钟的面对面交流，并强制将他与梅洛分开。"我的治疗师非常希望弗兰克能留在基韦斯特，直到我们度过这次治疗的难关，因为在这段时间里，我很难和像我一样紧张而又喜怒无常的人一起住在这么小的一间公寓里，"威廉斯在给保罗·鲍尔斯的信中写道，"我们最近在这里就像一对斗鸡，就想把对方的眼睛啄出来，这自然不是什么好氛围，让我无法继续接受库比医生的治疗。"他补充道："我给了库比医生一年的时间，也就是到6月。如果我没有朝着更好的方向发展，我就会重新开始旅行。"*在他治疗开始的时候，威廉斯在纽约又租了一套公寓，那种中央公园西区的时尚住宅，有壁炉，还可以从那里看到哈德逊河和乔治·华盛顿大桥令人心旷神怡的景色。"精神分析起初让人心烦意乱，"他向圣贾斯特解释道，"你被迫去考虑和审视你不想去做的事情。所以有必要在一个安静平和的地方躲避一下……同时，我对此感到非常愧疚，因为我知道弗兰克认为这是对我们关系的一种威胁。"*

第六章 巨人国

威廉斯的上西区庇护所有点像被罚下场的队员的席位，这对梅洛来说可能是合理的挑衅。每到周六晚上，威廉斯就会把他位于18层的公寓变成他之所谓"一个时髦的低级酒吧"。"我把它装饰得像一盘大杂烩，我的意思是有串珠窗帘、纸灯笼、丘比特娃娃，各种各样我能在桑树街或莫特街买到的离谱低俗的装饰品，"他向奥利弗·埃文斯回忆道，"周六一大早，我就打电话给我认识的每个时髦的人，叫他在那天晚上，带上他想带的意气相投的朋友一起来我在西区的住所。客人的数量通常在20到30之间——即使年龄不在这一范围——我们玩得很开心。"他继续说，"我储备了大量的酒，弗兰克·克劳斯——这所公寓的常住者——会准备很多蘸料、开胃小菜，有时是大杂烩……有些时候我们会到附近的街上去找客人，就在这样一个场合里，我第一次遇见了三岛"——三岛由纪夫，日本20世纪最重要的作家之一——"通常我都是作为主人参与。除非有什么特别情况"。*

起初，威廉斯对精神分析表现出一种漫不经心的态度。"我早就想尝试了，现在似乎是一个好时机，与百老汇保持一段安全距离是明智的，这样评论家能忘记我最近的过错。"* 他写信给他的母亲。但是，当他非常严肃地对待整个过程，他感觉治疗过程很痛苦。"库比主要治疗我消极的情绪：我的猜疑、恐惧和嫉妒。我故意黑化自己，算是一种'认错'。"* 他向卡赞解释道。"只要我们能变得好一些，"10月，他向圣贾斯特抱怨道，"但是到目前为止，好的方面没有出现，只有嫉妒、憎恨、愤怒等。当然，他在攻击我的性生活，并且成功摧毁了我对除了小马以外任何人的兴趣，也许接下来我对小马的兴趣也会没了，只会看黄色电影自己快活。"*

精神治疗的过程可能并不愉快，但是确实改变了威廉斯叙述的一个方面：他那可憎可恨的父亲的故事。"库比会模仿我父亲的样子,对我大喊大叫——把门撞开,"威廉斯在 1973 年对《花花公子》杂志解释道,"我忘不掉他带给我的东西。实际上,我学会了尊重我的父亲,现在他已经死了,我爱这个老家伙。"* 威廉斯甚至对《纽约邮报》上发表的文章提出了异议,说它把父亲的形象"写得太坏了",因为他现在声称自己的父亲"没有那么糟糕"。* "我的父亲是个相当诚实的人,"威廉斯在一封抗议信中写道,这封信全文发表在了报纸上,"他这辈子从来没有说过谎,也没有在工作上占过别人便宜。"他继续说:

> 他性格坚强,有荣誉感。他用他自己的方式生活,诚然,他的方式对于他的家人而言是难以接受的。对于我们这些生活在他阴影中的人来说,只要他仍然是个谜,他就不应该被评判。也许我曾经恨他,但是肯定不再恨了。他给了我一些有价值的东西:他给了我去战斗的血液,这是我需要的。通过对我的精神分析,我意识到了原谅父亲的必要性,从而原谅他带你来到的这个世界:在我看来,这是我希望自己真正学会的重要一课。当然,原谅并不意味着接受和纵容,甚至不意味着战斗的结束。至于他对金钱的执着,用我弟弟的话来说,所有的美国商人似乎,或多或少,甚至大多数都有这种热情,我认为它是一种反向升华。即对温柔的爱情等其他事物的渴望落空后,他们转而追求财富,因为这是世界上比较容易得到的。我父亲几乎两样都没有得到。*

在父亲科尔内留斯暴怒的背后,威廉斯看到了一种惩罚性的顺从,一个人被他应该爱的人和应该爱他的人流放了。在《钢铁侠》("Iron Man")这首诗中,他想象了他父亲那"被扼杀的爱情"。

第六章 巨人国

一

我们畏惧于他的愤怒,
如钢铁般突然,
如长剑般锋利,
但我们感觉不到
他那无法诉说需求的
伤口
只能在沉默中
像烈士一样流血!

二

我们所注意到的是,
他因琐事而发怒。
他苦笑的样子,
然而,
一直有一颗沮丧的心
在那儿跳动,
想爱我们
却不敢!*

在《坐在软垫椅子上的男人》中,威廉斯写道:"有一位精神医生曾经告诉我,你原谅了你父亲,你就会开始原谅这个世界。恐怕我的父亲真的教会了我憎恨,但是我知道他并没想这样做。知道怎样去憎恨,并且去憎恨是可怕的。我已经原谅了他以及他的众多过错。"他补充道:"现在我感到与他之间浓浓的亲情。"* 通过精神分析,威廉斯对科尔内留斯酗酒行为的批判少了。"我认为这是由于自由自在生活惯了之后,办公室工作对他的束缚,他对于自己没能成为'一个好丈夫和好父亲'有一种深深的愧疚感,虽然他没有说过,"1962 年,他在给曾经帮助埃德温娜写自传的露西·弗里曼(Lucy Freeman)的信里写道,"他本性是不服从公认的社会习俗与模式,如果没有酒精、扑克和疯狂的周末,这种不安的情绪会把他逼疯。"* 威廉斯回忆道:"我的母亲会尖叫,'我知道他的酒在哪儿。他把它藏在了浴缸后面'。要是她能坐下来和他喝一杯雪利酒就好了。"* 在科尔内留斯的儿子眼中,他过着"一种相当可悲又平常的生活"*。科尔内留斯做得很稳妥;在妥协中,他失去了一切。他的不幸经历激励他儿子对自己内心的渴望采取一种更加不妥协的方式,把一切都赌在写作上。"哦,不,我不能讲和,"他在日记中写道,"我一点儿都不能接受。"*

通过精神分析,威廉斯承认了他对于长期不在身边、沮丧的父亲的深深爱意,这本身就是一个主要成就。但他的朋友们在其死后对他的追忆中,忽视了这一点。"幸运的是,鸟儿(威廉斯的绰号)的无政府主义战胜了精神分析师,"戈尔·维达尔写道,"在经历了令人不安的心理分析后,他会出现在电视上,告诉迈克·华莱士(Mike Wallace)他与库比医生在精神分析中的所有问题。不久之后,库比医生摘掉了自己的招牌,从心理医生行业退休了。"* 这完全曲解了威廉斯来之不易的情感教育,以及这位精神分析师在其中的作用。库比确实退休了,但是他去了巴尔的摩外的谢帕德和伊诺克·普拉特医院当培训主管;威廉斯确实和迈克·华莱士谈过,但是以一种新的内省的口吻,这表明他认真地试着重新考虑他的成长历程,并探索它对自己性格的影响:

华莱士:我知道你很欣赏理查德·沃茨,他曾把你的性格描述为"沉浸在激情、仇恨、沮丧、痛苦和暴力之中"。

威廉斯:迈克,我和我的分析师就这个问题大吵了一架。

第六章 巨人国

我告诉他我没有那种感觉，而他——他想要知道我是否有这种感觉，我们还在探索之中。我觉得我感受到的更多的是亲情和爱。他认为我早期的一些状况和经历促使我——产生了大量的内在愤怒和怨恨，现在我通过写作将它们发泄出来。他可能是对的。我不能说……你听说过这个词吗？他不想让我用这些精神分析的术语，他不同意，但是我读了很多书，我跟他用这些词，他却不对我使用——我最近遇到的一个词是"全能自恋"。

华莱士："全能自恋？"

威廉斯：这是我们婴儿期都有的。我们在摇篮里哭喊，妈妈就会抱起我们，安慰我们，给我们喂奶，换尿布，任何让我们不舒服的东西都会被处理，她摇着我们入睡，诸如此类。我们发现，任何的不舒适，在我们愤怒的哭喊中都会被缓解……这就是婴儿所感觉到的全能。他只要一哭喊，就会被安慰，就会被照顾。好吧。长大一点我们会发现，哭喊并不总能得到这种温柔的回应。过了一段时间，母亲意识到他不再是一个婴儿了，她对他的哭叫不耐烦了，或者父亲不耐烦了。无论如何，他遇到的这个世界不那么宽容，不那么温柔和舒适，他怀念母亲的臂膀——母亲的安慰——因此，他变得气愤、愤怒。这就是我们大多数神经官能症的来源，自从我们……我们遇到一个更冷漠的世界，然后我们变得愤怒。这就是大部分愤怒的根源。*

威廉斯关于他父亲叙述的改变，不可避免地导致了他重新调整关于母亲的叙述，以及她被迫成为家庭圣人的传说。在进行精神分析之前，威廉斯对自己家庭的叙述囊括在《玻璃动物园》一剧中，（除了阿曼达无法触摸或安慰自己的孩子）基本上呈现的是他母亲对事件的看法。进行精神分析之后，威廉斯对他父母（还有他自己）的态度变得更加微妙。

他自己故事的新版本被纳入《去夏突至》(Suddenly Last Summer)一剧中，该剧是威廉斯在精神分析师沙发上内心混乱的直接产物。"我厌倦了不工作，"威廉斯后来解释说，"我开始欺骗。4点起床，敲几个小时的字，然后我会觉得精力充沛。医生最终还是投降了。"*库比的命令可能并没有改变威廉斯的写作习惯——尝试改变甚至可能是一个战略性错误，对于威廉斯这样的人来说，这太具有挑战性了，因为他的自我价值与工作密不可分——但它们确实让他终于接受了埃德温娜和她那惩罚性的消极攻击，其中有爱也有恨，有自私也有无私。1980年，埃德温娜去世，享年95岁。威廉斯苦笑着承认，她"非凡的力量"具有致命、去势的一面。"她身高只有4英尺11英寸，却征服了身高6英尺的父亲，一得到《玻璃动物园》一半的版税就把他赶出了家门。允许州立医院对罗丝进行全美首例脑叶白质切除术。不知不觉地使她的两个儿子都变成同性恋。"*他告诉伊利亚·卡赞。

《去夏突至》文体趋于怪诞——埃德加·爱伦·坡曾将怪诞描述为"有很多美丽、放荡和怪异的东西，一些可怕的东西，但不会引起厌恶"*——记录了威廉斯在精神分析治疗中所释放出来的激愤和醒悟的震惊。这部剧讲的是凯瑟琳·霍利和维纳布尔夫人之间的激烈斗争，霍利被她的同性恋表兄塞巴斯蒂安·维纳尔令人毛骨悚然的死亡逼疯了，而塞巴斯蒂安的母亲维纳布尔夫人则威胁要切除她的脑叶，因为她说出了他死亡的真相。故事发生在一个散发腐化气息的奇幻花园，"一片被仔细修剪的丛林"，充满了扑打的声音，"好像那里住着野兽、蛇和鸟，都具有野蛮的天性"。*按照作者的说法，《去夏突至》是一个寓言。这个"史前的"丛林花园既是威廉斯不羁内心的模拟，也是照料这片花园的颓废诗人塞巴斯蒂安·维纳布尔的作品。戏里,塞巴斯蒂安身上断裂的那种联系——"那串珍珠,老母亲以之与她们的儿子相连,那就像一种——一种——脐带,(婴儿出生)后——很久……"*——在威廉斯这里也断了。

在他的戏剧作品中,威廉斯第一次公开面对他母亲的疯狂。维纳布尔夫人将她已故的诗人儿子理想化了,拒绝接受已被收容治疗的凯瑟琳对她儿子的行为所做的令人震惊及矛盾的描述。凯瑟琳声称塞巴斯蒂安把她作为诱饵来吸引年轻的男性情人。"我是为他拉皮条的,"她告诉她的心理医生休格医生,"她过去也这样做。"她说的是维纳布尔夫人。"毫无意识地!她不知道那年夏天之前他们经常光顾的时髦地方,她其实是在那儿给他拉皮条!塞巴斯蒂安和人在一起很害羞。她不是这样。我也不是。"*维纳布尔太太"像一条上钩的大鱼"一样喘着粗气,固执地坚持自己对这个问题的幻想。"这不是自大。这是伟大。"*她向休格医生讲述她跟塞巴斯蒂安在欧洲酒吧度过的平静日子。在维纳布尔太太的心目中,凯瑟琳是"故意破坏者",一心想破坏她为儿子和自己所打造的完美形象。"事实上,我是他生命中唯一能满足他对人的需求的人",维纳布尔太太对医生说,她坚持认为40岁的塞巴斯蒂安是"贞洁的"(chaste),"不是被其他同性恋者追逐的(not c-h-a-s-e-d)"。*维纳布尔太太试图用她的财富和道德权威来贿赂凯瑟琳的家人,让他们把塞巴斯蒂安性生活的罪证从她的脑中抹去:这出戏是关于脑叶白质切除术的谈判。"医生,手术后,谁会相信她?"维纳布尔太太对休格医生说,并于剧尾在台下补充道,"将这个丑恶的故事从她的脑中删除吧!"*

《去夏突至》是一种自传式的消解,消解了威廉斯对姐姐罗丝的悲伤和内疚,也消除了他对埃德温娜在未事先告知他手术事宜的情况下,决定为她进行双侧前额叶白质切除术的愤怒——这一点,威廉斯永远都不会原谅他的母亲。("你想在我的脑袋上开个洞,并插把刀吗?"凯瑟琳质疑休格医生,并补充说,"你必须得到我母亲的许可才行。"*)"既然一切都结束了,我可以告诉你罗丝的事了,她的头部手术很成功。"* 1943 年 1 月 20 号,埃德温娜写信给威廉斯。"是什么手术?做什么用的?"他在 1 月 25 日回复道,"请确切告诉我你对罗丝做了什么。"*

在埃德温娜小姐的回忆录中,脑叶白质切除术的日期被巧妙地隐瞒了。埃德温娜暗示,手术是在 1937 年罗丝第一次住进精神病院的时候进行的,而不是将近六年后。埃德温娜把下这决定的责任推到了"已经放弃罗丝"*和他自己(正如他日益频繁的酗酒所表明的那样)的科尔内留斯身上。"精神科医生使科尔内留斯相信唯一的方案就是脑叶白质切除术,"埃德温娜写道,"他们试图让我相信这是罗丝唯一的希望,否则她就会在精神病院里像疯子一样度过余生。"*事实上,医生告诉科尔内留斯的"唯一希望"*指的是胰岛素治疗。1937 年 8 月 23 日,密苏里州法明顿州立医院开始实施胰岛素治疗,该医院距离圣路易斯大约 70 英里。然而,胰岛素并没有起作用。到 1939 年 8 月,罗丝的病情恶化了:"没有用。产生了受迫害的错觉。边笑边说有人要密谋杀害她……她承认会幻听。安静地待在病房里。经常自慰。也表达了各种各样躯体上的错觉,所有这些她都在性的基础上进行解释。没有对遥远过去的记忆。"*

罗丝的崩溃部分可归咎于 CC,就连精神科医生的报告也承认,科尔内留斯"在他生命的大部分时间里都是古怪的"*。CC 总是在远离罗丝。"父女之间任何正常的拥抱或亲吻都会让他感到尴尬,因为埃德温娜会阻止他。"*莱尔·莱弗里奇在《汤姆》中写道。罗丝从来没有工作过,这只加剧了 CC 的冷漠。在他看来,她是经济负担,是一种生存灾难。多年来,他情绪爆发的场面、他要离家出走的威胁、他多如细雨般的诋毁,让罗丝心慌意乱、气急败坏,在

21岁时她开始表现出反常的行为。罗丝常常在客人面前指责父母不道德的性。她幻想埃德温娜过着不道德的双重生活。"我记得有一天她蹑手蹑脚地走进前屋,眼里充满愤怒,对母亲大叫:'我知道你在干什么,你跟妓女没什么两样。你还有另一套公寓,在那儿和爸爸的推销员搞外遇,你那儿衣柜的衣服可真全,你是个不折不扣的妓女,我要去告诉爸爸!'"1971年,威廉斯告诉奥利弗·埃文斯。他补充道:"我想罗丝是在报复母亲对她的所有压抑,这些压抑导致了她的崩溃。"*

罗丝的行为变得越来越诡异。在去精神科医生办公室的路上,她在手提包里放了一把刀;有一次,在她住院前不久,她走进威廉斯的房间说:"让我们一起死吧。"* 1936年圣诞节期间,为了控制她反复无常、日益分裂的行为,罗丝的父母把她送到了诺克斯维尔CC姐姐们那儿。这次拜访不是特别成功。几周后,在返回圣路易斯的途中,由于当地的洪水,罗丝被迫在路易斯维尔火车站与"难民们"*一起过夜。她一到家就变得焦躁不安,开始大声嚷嚷起来。埃德温娜写信给她的父母:"科尔内留斯……发了脾气,告诉她她疯了,他要把她送到州立精神病院。如果我不对她做点别的事,他也会这么做的。"*

那年3月,罗丝被关进了密苏里浸礼会医院的精神病病房,随后于4月15日转到圣文森特医院,一个天主教康复医院。戴金回忆起她在那里的时光:"罗丝就像一头野兽。常常在天主教修女领我们到她跟前之前,就已经听到她的尖叫声。我们的探望几乎是令人沮丧的灾难。在尖叫声和最恶毒的咒骂之间,她会一根接一根地抽烟,在走廊或会客室里踱来踱去。最后,修道院院长建议我们,罗丝在圣文森特医院没有未来,这里起的主要作用是'监护'。"*四个月后,27岁的罗丝被送到法明顿,她对父母的愤怒,特别是对CC,开始变得杀气腾腾。根据法明顿的报告(第9014号案例),

她表示"她的父母都失去了理智"。报告继续写道:"她经常表现出轻度的兴奋,但大多数情况下是古怪又冷漠的,对她的家庭没有表现出正常的关心,反而常常谴责他们。"* 为了纪念她离家的悲惨,威廉斯写了诗《告别》("Valediction"):

> 她嘴唇上带着早晨的气息
> 沿着一条神秘黑暗的道路走了
> 我们目睹了她的消逝
> 却无话可说。
>
> 我想
> 她是不会赞成我们哑口无言的,
> 因为她总是很聪明
> 快人快语,行动敏捷——
>
> 我想
> 如果她说再见
> 那就像歌词
> 不亚于我们听到过的任何一首歌曲
> 任何一声问候!*

1943 年,埃德温娜同意做脑叶白质切除术,是因为罗丝在住院治疗期间病情没有改善,尤其是她持续不断的露骨的性爆发——威廉斯在 1939 年目睹了其中一次。"太可怕了!太可怕了!"他在日记中写道,"她说的话太下流了——她笑着,不停地说些下流的话——母亲坚持让我进去,尽管我很害怕,想去外面等。后来,我们和医生谈了谈—— 一个冷漠无情的年轻人——他说,她的病情毫无希望，只会逐步恶化。这是一场可怕的考验。特别是我担心自己也会有这样的结局。"*尽管如此，威廉斯开始相信脑叶白质切除术是"悲剧性的错误"。"我相信，不做脑叶白质切除术，罗丝是可以恢复，并回到所谓的'正常生活'中去的。尽管正常生活会攻击其脆弱的本性，但仍比在医院生活要好。"*他说。此外，威廉斯还认为埃德温娜——她晚年的署名是"埃德温"，并认为自己的房间里住着一匹马——"比我姐姐罗丝本质上更加精神错乱"，他在1981年对《巴黎评论》表示。他继续说道：

> 母亲选择让罗丝做脑叶白质切除术。我父亲并不想。事实上，他哭了。这是我唯一一次看到他哭。他得知手术已经完成时，处于悲伤的状态……这并没有使我对埃德温娜女士产生怨恨。不，我只是觉得她是一个愚蠢得近乎犯罪的女人。为什么要做这个手术？罗丝小姐滔滔不绝地表达自己的观点，但她说的话使母亲大为震惊。我记得我去法明顿州医院看望她时，罗丝很喜欢让母亲震惊。她内心对她很不满，因为母亲在她青春期的时候就把这种严苛的清教主义强加在她身上。罗丝说："妈妈，你知道我们在诸圣学院的女生，过去常常用从教堂偷来的祭坛蜡烛自慰。"母亲像孔雀一样尖叫着！她冲到主治医生那里，说："做点什么，任何事，让她闭嘴就行！"就像维纳布尔太太一样，只是母亲不像维纳布尔太太那个可怜的婆娘那么残忍。*

在脑叶白质切除术六个月后，罗丝在一封笔迹有些零乱的给"最亲爱的弟弟"的信中写道："你上次来看我的时候表现得很糟糕。你看起来杀气腾腾的。我尽量不去死，尽一切可能不去死……想起你那温柔的、困倦的、病态的身体和面容，对我来说是一种安慰。"她补充道："我敢肯定,如果我杀了人,你也一定会爱我的。你会知道我不是故意的……如果我死了,你会知道我一天 24 小时都在想你。"*

除了脑叶白质切除术,在她住在法明顿的 19 年里,罗丝接受了超过 65 次电休克治疗。1956 年 12 月 31 日,罗丝从法明顿出院了。在经历了几次一团糟的在家护理之后,威廉斯终于把她搬到纽约奥西宁的豪华石屋,石屋坐落在俯瞰河流的悬崖之上。"除了写过几个剧,这可能是我一生中做过的最好的事情。"* 威廉斯如此评价此举。

威廉斯不在的时候,他的忠实伙伴——制片人查尔斯·鲍登及其妻子女演员葆拉·劳伦斯、女演员简·劳伦斯·史密斯(Jane Lawrence Smith)和玛丽亚·圣贾斯特——确保罗丝的房间布置得井井有条(每周都有新的花束送来),而且经常有人来拜访她。她的卧室里有一张白色的带罩篷的床和白柳条家具。在她贴满壁纸的客厅里,电视机顶上放着一张镶框的照片,是演员特里斯坦·罗杰斯(Tristan Rogers),他在她最喜欢的《综合医院》(General Hospital)中饰演罗伯特·斯格皮奥。她在墙上挂着她出了名的弟弟的海报,还有虚构的英国贵族的画像,他们是罗丝为自己编造的贵族家庭的一部分。

罗丝有她的乐趣。她喜欢服饰。她喜欢去教堂做礼拜,喜欢大声而缓慢地唱赞美诗。她喜欢圣诞节。有一次,在鲍登夫妇和玛伦·斯塔普莱顿的帮助下,威廉斯在盛夏时节为罗丝举办了一次圣诞庆典。"她和田纳西一起唱圣诞颂歌,一起跳舞。"* 葆拉·劳伦斯回忆道。罗丝还喜欢坐车被带去奥西宁的高地餐厅,在那里她会点一份烤奶酪三明治和"不含酒精的"可乐。"她在她的臣民中走来走去",鲍登这样描述罗丝的高贵气质。* "我不想要"是她说"不"的华丽表达。她喜欢开车兜风,多年来,她养成了在豪华轿车上做手势的习惯,威廉斯戏称这种手势为"温莎堡手势"*。他提出带她去英国见女王。"我就是女王。"*罗丝答道。

1988 年,也就是威廉斯去世五年后,她再次搬迁到伯特利卫理公会福利院,那是一幢漂亮的红砖建筑,圆形车道的中央有柱子和一面美国国旗。她在那里自己的两居室套房中度过了漫长的余生(她于 1996 年 86 岁时去世)——这是福利院唯一的两居室套房,每年花费约 30 万美元。

1957 年秋天,在进行精神治疗和写《去夏突至》期间,威廉斯非常频繁地来看望罗丝,就连那些石屋的管理员也提到了这一点。*1957 年 11 月 19 日,他在给母亲的信中写道:"自从我们一起外出以来,我已经见过罗丝四次了,知道她的身体明显好转,你会很高兴的。"他继续写道:

> 每个星期天我们都去美丽的塔潘山餐厅,就在以伊卡伯德·克莱恩和无头骑士闻名的睡谷附近。罗丝对事物变得更感兴趣,也变得更快乐了,吃得更好,体重又增加了一些,甚至开始抽烟。前几个星期天,她要了香烟,但她说除了郊游,其他时候她不抽烟。她说你不会同意的!她还在抱怨她的长尾小鹦鹉(威廉斯送的礼物)不能洗澡,但这是她唯一的抱怨。昨天我带她去药店小铺时,她只买了糖果和一把牙刷,而不是通常的 10 块或 12 块肥皂。我和我的老朋友乔·希利要带她去纽约买些东西作为生日礼物。她想要一件冬衣,所以我想我应该送她一件作为生日礼物,然后带她去一家好餐馆,也许让她和乔一起在一家好旅馆过夜。*

成年后,威廉斯对姐姐表现出深深的同情。在一次谈话中,谢

1980年,罗丝·威廉斯戴着弟弟的自由勋章

里尔·克劳福德随口提到罗丝"只是一具躯壳",他愤怒地提出异议。"她和你我一样都是躯壳,"他在给克劳福德的信中说,"如果你看着她,看她那痛苦的脸,看到她竭尽全力去面对可怕的时刻,面对她还是小姑娘时最爱的人、她最亲近的人,她知道自己是个疯子,而他是到像蛇窝一样的精神病院来看望她的。我不知道你怎么会说她只是个躯壳。"他继续说:"疯癫并不意味着人格的消亡,它只是意味着人格与我们所说的现实失去了联系。我个人认为,他们的精神和情感世界比我们的要生动得多。"*

然而,年轻时的威廉斯对姐姐就没有那么细心了。他将罗丝适当地纳入了他的浪漫神话《玻璃动物园》——他迷失的传奇。"哦,劳拉,劳拉,我想把你抛在身后,但是我比原想的更忠诚!"*汤姆说。但是在1936年10月,她在家里快要发疯的时候,威廉斯却没有对她表现出慷慨和同情,这让威廉斯长期感到羞耻。他在10月7

日的日记中写道:"罗丝神经质的疯狂行为之一是,她把自己想象成一个残疾人——用一种傻乎乎的垂死腔调说话——穿着睡衣在房里四处走来走去。真恶心。"*(三年后,他重读自己的日记,在这一条上面写道:"愿上帝原谅我!"*)他那永远不能被原谅的麻木不仁的标志性场景是同年两人之间发生的一次冲突,当时罗丝向他们的父母泄密说,他们在奥扎克度假时,弟弟在家举办了一个酗酒派对。威廉斯新结识的文学朋友立即被禁止到家里来。威廉斯在《回忆录》中写道:"我们在楼梯平台擦肩而过,我像一只野猫一样攻击了她。我对她嘶嘶地叫着:'我讨厌看到你那张又丑又老的脸!'我冲出门去的时候,她一言不发,惊恐万分,蜷缩着,一动不动地站在楼梯平台的一个角落里。"他还说:"这是我一生中做过的最残忍的事,我怀疑我永远也无法为之赎罪。"*

1937年,威廉斯在艾奥瓦大学安顿下来,他戏剧般的生存经历让他无法将罗丝放在心上。他指出:"我想起了罗丝,好奇并可怜她——但那是一种如此遥远的感觉——我们都忙于自己的事情——我们自己的痛苦。为什么我们不能忘记并想想他人呢?"* 1939年,在她性爆发的第二天——"可怜的疯子"*,他在日记中写道——威廉斯获得了洛克菲勒奖学金,这让他可以离开圣路易斯,继续他的写作。罗丝是笼罩在他明亮地平线上的乌云。"罗丝,我亲爱的小姐姐——我想念你,亲爱的,我多么希望能帮到你啊!"他在1939年7月写道,"你为什么要在那里,小罗丝?而我在这儿呢?没有理由——没有理由——为什么?——为什么?"*两个月后,他说:"我很少再想起罗丝了。"*

1943年1月13日,在罗丝进行脑叶白质切除术那天,威廉斯正和"另一个人经历着最令人震惊的事情"。"我的事业变得'一团糟',"他在日记中写道,"没有身体上的暴力,但我仍然被羞辱、威胁、恐吓、抢劫……我的稿子被翻了个底朝天,那无情、恐怖的恐吓持续了大约一个小时。我感到无能为力。"*威廉斯 1943 年的日记里充斥着关于他戏剧的新闻、调情以及他的痛苦；直到 3 月下旬，日记里才提到罗丝，作为威廉斯"缺乏感情，对家庭麻木的一部分……爱似乎就在那里，但感受它们的能力似乎消失了"*。两天后，他用俳句刻画自己的超脱："罗丝。她的头被切开了。/一把刀刺进了她的大脑。/我。在这里。吸烟。"*

在他的作品中，威廉斯表达了自己对年轻时的冷漠的悲伤和内疚。他的剧本，在某种意义上，都在尝试赎罪，努力补偿罗丝，他将她升华为一个文学主题，一次祈祷，一种天使般的内在，一种所有勇敢的鲜为人知的灵魂的象征，它们太脆弱，受伤过重，无法在生命的喧嚣中生存。在 1937—1938 年所写的《春日风暴》中，失恋的亚瑟向赫塔·尼尔森示好——她是图书管理员，有着和罗丝一样的轮廓：消瘦，同样思维敏捷，同样需要"依赖极富热情的活泼……在别人心中占据一席之地"*。在酒醉的一吻之后，赫塔脱口而出她对亚瑟的爱。他对她的坦白感到震惊，推开了她。"你——你让我恶心……！"*他说。这些话让人想起压垮罗丝的斥责，也使赫塔从图书馆逃了出来，最终走向死亡（她扑向火车。）这个时刻一直回荡在《街车》这部作品中，布兰奇将她丈夫的自杀归因于她发现他在一个同性恋的怀抱中后对他说的话（"那是因为——在舞池中——不能控制自己——我突然说——'我看到了！我知道！你让我恶心！'"*）。

在《去夏突至》中，凯瑟琳·霍利既表现了罗丝的个性，又体现了她的标志性特征：叛逆，真实，热爱吸烟和时尚，还有一种恶作剧的感觉。凯瑟琳的崩溃——是由于她看到塞巴斯蒂安被"一群瘦得可怕、皮肤黝黑、光着身子，就像一群拔了毛的鸟的孩子"*活生生吃掉了——取材于罗丝对威廉斯吐露的一个可怕的群体吞噬景象，那是在脑叶白质切除术后威廉斯第一次去看她的时候说的。

第六章　巨人国

1943年4月，威廉斯在给保罗·比奇洛的信中写道："她仍是疯的，也就是说，肯定存在着一些错觉，但这些错觉现在已经变得完全连贯一致。"他继续说道：

> 她充满活力，她的感知和反应似乎比平时更加敏锐。她所有原来的智慧和恶作剧都证明她在消遣护士和一同住院的人……她带我参观她的住所，我注意到其他女孩都紧张地看着她。她说她那天早上"公开谴责了她们"。她有印象我曾进过监狱，并且很遗憾我现在出狱了，因为她觉得，收容机构是"如今唯一安全的地方，因为成群饥饿的人在城市门口吵吵嚷嚷"。*

这个形象给威廉斯留下了深刻的印象，他在1943年那个月写给唐纳德·温德姆的信中又谈到了这件事，再次证明了（如果还有必要的话）"这个家庭是多么黑暗和扑朔迷离"。*

对于他对罗丝的内疚，以及终其一生来纪念她，他的作品暗示了更黑暗、更扑朔迷离的原因。*在1943年的短篇小说《玻璃中的女孩肖像》中，威廉斯勾勒出了《玻璃动物园》中的人物及主要戏剧情景。汤姆绝望的母亲把婚姻看作拯救他长期害羞和任性的妹妹劳拉的唯一希望，并迫使他从他工作的鞋业车间带一个合适的男人回家。汤姆向"最受欢迎""热情宽容"的吉姆求助，吉姆"大而方的手似乎有一种直接的、非常天真的渴望，想要触摸他的朋友"。*吉姆把汤姆（他给汤姆起了个绰号"瘦子"）当成朋友，这种认可有助于汤姆的社交生活："其他人看到我时都开始笑了，就像人们看到远处一只古怪的狗在过马路时微笑一样。"*

故事中包含了人尽皆知的晚餐那场戏的轮廓，以及餐后吉姆和劳拉的调情：母亲的背景杂音，柠檬水，唱片机，劳拉逐渐消失的害羞,舞蹈,上升的希望,然后是令人绝望的消息——吉姆有女朋友了,他们即将结婚。吉姆走后,汤姆的母亲因汤姆令人生气的迟钝和盘托出她的困惑:

>劳拉第一个发言。
>"他难道不好吗?"她问道,"还有那些雀斑!"
>"是的。"母亲说。然后她转向我。
>"你没说他已经订婚了,快要结婚了!"
>"嗯,我怎么知道他订婚了,要结婚了呢?"
>"我以为他是你在车间里最好的朋友!"
>"是的,但我不知道他要结婚了!"
>"多么奇怪!"母亲说,"真的多么奇怪!"*

在故事的开头,汤姆谈到劳拉时常精神分裂——"我认为她思想的花瓣已经因为恐惧而封闭了,只是不知道封闭了多少秘密智慧"*。吉姆令人心碎的离去揭开了劳拉的秘密智慧,她能"突然说出一些让你吃惊的事情":

>"不,"劳拉从沙发上站起来,温柔地说,"这没什么特别的。"
>她拿起一张唱片,好像上面满是灰尘似的吹了一下,然后又轻轻地把它放回去。
>"陷入爱情的人,"她说,"把一切都当成理所当然。"
>她说那话是什么意思?我永远也不知道。
>她悄悄地回到自己的房间,关上了门。*

劳拉明白汤姆不愿让他自己知道的事:他爱吉姆。正如托尼·

库什纳（Tony Kushner）所写的那样，"被他矜持的妹妹当着妈妈的面毫不客气地出柜"*，他慌慌张张的回答表明了他的否认和震惊。这个影射的可怕含义是，汤姆用他那脆弱而美丽的妹妹做诱饵，把吉姆吸引到他家里去；这部分没有出现在剧中。在1943年，对于一个没有找到观众的无名剧作家来说，这样的想法是不能接受的，也不能搬到台面上；1957年，受到了作品、赞誉和精神分析的鼓舞，威廉斯在《去夏突至》中开始将女人用作抓住男人注意力的诱饵，并使之成为凯瑟琳·霍利的丑闻中心。维纳布尔太太想把这个想法从凯瑟琳·霍利的脑子里剔除，就像威廉斯很有可能通过自己对罗丝传奇般的忠诚将其从意识中切除一样。

———

在精神分析的开始，威廉斯担心如果他摆脱了他的恶魔，他也会失去他的天使。1957年12月底，他对保罗·鲍尔斯说："我想这意味着我戏剧生涯的结束。"* 相反，1958年1月7日，在外百老汇上演时，《去夏突至》在评论界反响热烈。* 凯瑟琳·安妮·波特（Katherine Anne Porter）在给威廉斯的一封信中写道："显然，从我读到的一些评论来看，《去夏突至》像一盏明灯。"* 一贯固执的沃尔科特·吉布斯在《纽约客》上写道："这是一部令人印象深刻而且令人震惊的剧。"* 布鲁克斯·阿特金森在《纽约时报》上将这部剧作称为"写作巫术的展示……一个了不起的成就"*。（威廉斯写信给阿特金森说："我想我从来没有这么感激你的好意。"*）

精神分析过程似乎让威廉斯听到了潜意识深处的回响。剧中最令人震惊的部分——也是威廉斯转变的最核心处——是塞巴斯蒂安的同类相食。据凯瑟琳惊恐的描述，被掏空了内脏的塞巴斯蒂安看上去就像"一大束用白色纸包着的红玫瑰被撕毁、扔在一旁、压碎了!——靠着那堵白色耀眼的墙"*。这出戏煞费苦心地强调这一吞食行为是昔日诗人所愿。当休格医生问塞巴斯蒂安为什么没有抗拒,凯瑟琳向他解释道:"他!——全盘——接受!——事情!——本来的!——样子!——而且认为没有人有权以任何方式抱怨或干涉。"*她接着说:"尽管他知道可怕的事情就是可怕的事情,错误的事情就是错误的事情,而且我的表兄塞巴斯蒂安肯定永远不确定有什么不对劲的地方!——他对任何事都不采取任何行动!——除了继续按照他内心的指示去做。"*

库比医生在上演的第一周就看了这部戏,他说他"情绪很激动"*。威廉斯甚至把库比写成带有恐怖的哥特式幻想的色彩。"库?——库——医生?"维纳布尔夫人结结巴巴地说着,竭力想知道那个可能会给凯瑟琳大脑做手术的"极其聪明"的精神科医生的名字。"简单点,就叫我休格医生吧。"*他回答道。这句台词是在暗中挑衅库比医生。库比医生很喜欢这个形象。他在给威廉斯的信中写道:"在所有我看过的舞台和电影的精神科医生形象中,这是最真实的。它具有深思熟虑、朴实无华的品质,具有责任感和人性……而且他没有全身上下都表现出伺候病人的态度。"在威廉斯收到的所有评论中,库比的评论可能是最深入的。在同一封信中,库比详细地写到他对"吃或被吃的幻想很感兴趣":

> 这是人类神话中如此古老的一个部分:孩子们经常听到"好可爱,我能把你吃掉";孩子噩梦中的狮子;普罗米修斯;十字架上的女孩被蚂蚁活活吃掉的鸡尾酒会;早期的过食症后几乎把自己饿死的一个年轻女病人的食肉梦;诸如此类。你把这个梦与上帝概念的特殊意义交织在一起,这对我来说很模糊。*

除此之外，对于凯瑟琳·安妮·波特来说，食人的想法不需要任何文学或精神分析框架。"我是一个现实主义者，我感觉一切对我来说都是真实的，不管是噩梦、白日梦，还是可见的和不可见的世界，"她写道，"我们吃喝彼此，和其他动物一样，这对我来说不新鲜，对你也一样……但是，上帝啊，正如得州人所说，让我吃惊的是最近这竟然成了新鲜事。"威廉斯对媒体也这么说。"生命就是同类相食，"他对《费城问询报》的惠特尼·波顿（Whitney Bolton）说，"真的。自我吃自我，人吃人。我们总是因为地位、收入、胜利、贪婪或其他的东西而吃掉别人。人类就是最凶恶的食人族。"*

威廉斯本人在精神食人编年史上是一个不同寻常的存在：他吞食了自己。虽然塞巴斯蒂安的同类相食是人类毁灭性贪婪的一个普遍形象，但威廉斯把他的身体描述成看起来像"红玫瑰"，将这一人物与他自己公众神话的造像联系起来，泄露自我献祭的游戏。"我认为我们至少应该认为这个女孩的故事可能是真的。"*休格医生在该剧的最后一句台词中说。威廉斯从他潜意识中引诱出的真相是，为了寻求生命的意义，他决定开始自我毁灭。

在进行精神分析的头几个月，威廉斯说有明显的进步。这是他有生以来第一次变得这样守时；他恐慌的次数急剧减少；他的幽闭恐惧症减轻，可以使用东区灰石楼——他和梅洛合住的公寓在此——里的自助电梯。一位不愿透露姓名的朋友在接受《纽约邮报》采访时，说他注意到威廉斯的行为举止也比较放松。"我记得几年前，任何人，哪怕是亲密的朋友，比如奥德丽·伍德，亲吻他的脸颊，或者用手臂搂住他的肩膀，你可以看到他变僵硬了。现在，如果他喜欢某人，他会表现得更明显。"*卡赞在他紧张不安的朋友身上看到了新的中心意识。"我要告诉你我在你身上注意到的'新东西'，"《去夏突至》上演后，他在给威廉斯的信中写道，"我觉得几年前,你不会在自己的剧上演后在大堂后面走动,也不会走到一群主要演员面前,比如乔舒亚·洛根和莫莉·卡赞,和他们坐在一起,然后问'你喜欢这个角色吗?'这是一个新气象——哦,我忘记了——莫斯·哈特——我真的很欣赏,因为那是种我所没有的力量。"*

卡赞拿到包括《一颗泪珠钻石的丢失》(*The Loss of a Teardrop Diamond*)在内的两个剧本之后发现,威廉斯对角色的看法在不停变化,好像在说,"这秒钟我他妈的受够了这些人物类型"。"我认为他们和你一样处在一个过渡时期,"卡赞写道,接着补充说,"我同意库比的观点。不要着急。千万不要。你目前是我们戏剧界最棒的一个。(只除了奥尼尔,我甚至不会拼他那名字。我不知道为什么除了他,因为我从大学以后就没有读过他的剧本。)无论如何,不要着急。没有人会忘记你。没有人。"*

"库比曾对我说,停止工作一段时间,用他的话讲'无所事事地躺着',直到我找到我自己;然后以内心平静的方式继续工作,"威廉斯告诉卡赞,"'那种方式'是我所希望的。我永远不会像英奇那样镇定自若。在试图'无所事事地躺着'之前,我还有一件事要做。我得把《甜蜜鸟》完成。至少要有一个清晰的草稿,我将在基韦斯特和哈瓦那这两周的假期中尝试完成这件事。"* 这次与卡赞的交流是1958年1月。4月下旬,威廉斯极度抑郁,用库比的话讲就是在"经历炼狱"——"我以为我一生都在经历炼狱"*,威廉斯在给圣贾斯特的信中写道——他给库比写了一封长长的告别信,"但我没有投递,而是亲自送给库比。当然,他说服我继续进行治疗"*。

威廉斯对控制的需求意味着他永远不会轻易向精神分析师屈服。《去夏突至》大获成功,《甜蜜鸟》以40万美元卖给米高梅公司,以及电影《热铁皮屋顶上的猫》破纪录发行,实际上确保了他不会屈服于精神分析治疗。在1958年6月27日，威廉斯与库比进行了最后一次治疗。"它变成了意志的较量，"威廉斯在事后对卡赞讲道，"他很生气，结果说我只写了暴力的情节剧。因为我生活的时代充满了暴力，所以我才成功了。"*

威廉斯的说法并不一定可靠。正如库比在1962年写给露西·弗里曼的信中指出的那样：

> 他是一个奇怪而有趣的现象。当然，不管他说了什么，也不管他怎样错误地引用我的话，我永远不能在不侵犯他隐私的情况下公开回答他。他有权纵容任何他喜欢的公众幻想，但我无权纠正他。他第一次提到自己的治疗是在《新闻周刊》上（如果我记得准确的话）。我隐约记得，他说他中断了自己的精神分析，感到很抱歉，希望回去继续治疗，却不能够，因为他的精神分析师已经死了！！最近那段所谓的引语（加上引号）与我就这个话题对他所说的话没有丝毫相似之处。然而，这些都是我们这行的危险之处，我并不真正担心。*

写作对威廉斯来说是一道成功的防卫，以至于他不能——也不会——甚至是短暂地停下写作。"在过去的一年里，我不得不违抗我的精神分析师，继续我的工作，"他在停止库比治疗的前三周写给卡赞的信中说，并略带不真诚地补充道，"我想接受这个命令，但没有了工作，我感到难以忍受地孤独，我的生活变得无法忍受地空虚。我觉得我不能在完全无视他命令的情况下，继续和他一起治疗。所以我停了一段时间。我想也许在这部剧之后，我能够按照他的要求去做。无所事事地躺着……现在的问题是，我的个人生活一团糟。弗兰克和我彼此疏远，没有一个人走近来帮助我。"*

在结束治疗后,威廉斯去欧洲度假,对库比心怀愤怒。"我讨厌他说我必须经历'地狱'。"* 威廉斯在那年 7 月写给伍德的信中说。他也憎恨梅洛让他经历这一切。初夏时,威廉斯在巴塞罗那被一只水母蜇了一下,他在日记中说:"这似乎为后来的一切奠定了基调。"* 他陷入了深深的沮丧之中。在他看来,他是成功的,但没有生活。没有梅洛,或者有梅洛,他都活不下去。他的工作——他的生活方式——也正在成为他死亡的方式。

"又是没有咖啡和工作一天。库比会很高兴的。"* 他在日记中苦涩地开着玩笑说。他向伍德透露,飞往欧洲是一个"严重的错误"。"这次出行显然不好。我一到这里就变得偏执起来,和弗兰克打了起来。"* 他写道。在这段孤独的欧洲逗留期间,威廉斯试图让《青春甜蜜鸟》变得更加清晰——"这出戏的真相还没有完全弄清,它仍然只是一个情节剧。"* 他在 6 月写信告诉伍德,也试图让他那令人困惑的关系更明朗。(那年夏天,他在给乔·梅尔齐纳的信中写道:"我和弗兰克在罗马总是合不来。有时我想知道我们在哪儿能合得来,我不确定地球上有这么一个地方。"*)一段时间后,他向喜怒无常、无拘无束的梅洛讲述了他们关系的现状。

> 我醉了,来写写你我,写写我眼中的我们和我们之间的处境。
>
> 我们住在一起的头几个星期,你对我说的一些话,这些年来一直留在我的脑海里。你说,"我希望你永远不要生病,但如果你病了,那么我可以向你展示,向你证明,我能对你有多好"——或者类似意思的话。
>
> 我心理和精神上已经都有疾病了,尽管我负隅顽抗,但它正在慢慢地击垮我。我所需要的正是你曾要给我的东西,你过去和现在都知道,但当我说那个承诺是假,我不认为我不

公平。

你是认真的,我相信你是认真的,但你没有兑现。你的爱从未起床,如果你明白我的意思,你也太知道不该起床。我爱床,但它不是我所需要的,严格地说,一直以来,我需要温柔、甜蜜、支持和安慰,或一种可识别的复制品,但这些几乎在一开始就少得可怜,随后更少。我们这些年的共同生活逐渐变成了意志和自我的较量,而"下战书"的人正是你。你想这样,而我不得不接受这样,所以你不仅收回了这种支持、这种精神上的寄托,而且取而代之一场持续的决斗,使我情绪消沉,痛苦不堪,成为一个愤怒的中年男人。库比很快就明白了这一点,尽管我在做精神分析期间,除了如实详述我们在纽约的日常生活,我没有告诉他更多关于你的事情。他很快得出结论,我们之间的情况是"互相残害",这就是他冒着风险试图终止这一切的原因。他知道我正处于完全崩溃的边缘,他看到你不仅毫不在乎,而且表现出一副很怀疑的样子,把我更快地推向崩溃。

这些都是非常严厉的言论,其中可能有一些不公正或误解之处,但这是我所能看到的,或者说是库比所能看到的。

我知道我的缺点,你也知道我的缺点,所以我不必把我的缺点告诉你。如果你真的关心我,你可以把我的缺点告诉我,我很乐意听你详细地说。在我精力日渐枯竭的那些年里,易怒、神经过敏和长期疲惫都是为了继续我的写作生涯而进行的无休止的斗争不可避免的产物,但对于你的感知力和智慧来说,要意识到其中的原因,理解并体谅它们是毫不费力的。如果你这样做了,你多半会用奇怪的方式表达。——我们仍然拥有那张床,它仍然很好,但爱从未下过床。

床上的甜蜜，病态的依赖，对时不我待的恐惧，渴望保住名声，期望纯真的爱情却辱没它，不确定是否留在梅洛身边，艺术家因取得巨大成功的"拙劣"作品而感到屈辱：所有这些威廉斯生活中突出的个人问题都被写进了《青春甜蜜鸟》。精神分析让威廉斯在某种程度上从自己没有满足的情感需求中得以脱身，这种新产生的自我意识赋予《青春甜蜜鸟》中吸毒、疲惫不堪、日益衰落的明星科斯莫诺波里斯公主（即亚历山德拉·德拉戈）与钱斯·韦恩之间的博弈一种既悲又喜的色彩。* 韦恩是她那个不幸、绝望、敲诈勒索的小白脸和未来的明星，他回到家乡努力想要找回他的青春爱情却注定失败。沉迷于她"不朽的传奇"*，这个事业不再辉煌的公主因失去成功而发狂；钱斯因成功不了而疯狂。这两个角色所演绎的戏剧映射了威廉斯的存在之谜。

《玻璃动物园》编造了一个威廉斯通过艺术从他的"困境"*中逃离的神话；现在，在《青春甜蜜鸟》中，他讲述了他对艺术和名望的追求如何使他陷入了一个更加艰难的境地。就像钱斯在全剧倒数第二个情境中提到的被困在陷阱里的老鼠一样，它"咬掉了自己的脚……然后，因为脚被咬掉，老鼠自由了，但它不能跑，不能走，最后流血而死"*——威廉斯把自我毁灭视为他唯一的出路。通过这两个角色，他看到了自己精神上的疲惫。公主代表时间的磨砺和失去的精力。"当你放弃艺术，你将无路可走，因为，信不信由你，我曾经真的是一名艺术家。我退到了月球，但月球的大气层里没有氧气，"她说，并补充道，"你不能带着艺术家依旧呐喊的渴求的心退到那里，在你的身体里，在你的神经里，在你的什么里？心里？不，都结束了。"* 钱斯则代表着威廉斯的道德沦丧，以及名声对他的诱惑。"在我这样的生活中，你不能停下来，你知道，不能停顿，你必须一件事接一件事地做，向上向前，一旦你退出，它就会离开你继续前进，然后你就完蛋了。"他还说："我说的是游行，游行！游行！那些去游行的小伙儿。"*

在 1955 年某次乘坐"安德烈亚·多里亚号"前往纽约的途中，威廉斯和安娜·马格纳尼玩"真相游戏"，威廉斯叫她"怪物"，这让她很震惊。"我告诉她，所有优秀的艺术家都是怪物，"他写道，"在某种意义上，他们大大地背离常规，有时以一种引人注目的方式，有时不被公众察觉，但我认为，如果他们有伟大之处，他们总是怪物。但是，尽管我努力，当然也肯定努力过来解释我所说的'怪物'是什么意思，她仍然对这个词感到悲伤，并且这种情绪在她的记忆中停留了很久……大约一年后，我回到罗马，在她开车送我从一个派对回家的路上，她那多变的脸变得阴沉，沉默了好长一段时间，然后她突然转向我说：'田纳西，你也是一头怪物。'"*

到 1958 年，威廉斯开始同意她的观点。"怪物"这个词是他经常用在自己身上的，是他之所谓"渴求的心"的定义性描述符。"我是一个怪物，但我没有计划或意图伤害任何人，"他写信告诉卡赞，当时他们正在重新制作《青春甜蜜鸟》，"我只是非常以自我为中心，但那个中心缺乏自信——我们可否说，钱斯没有外表的优势。人到中年并讨厌如此。"* 这出戏本身就详细地剖析了怪诞这个概念。"我并不总是这样的怪物，"公主说道，"怪物不会早死；他们会活很长很长。他们的虚荣心是无限的，几乎和他们对自己的厌恶一样无限。"*（《青春甜蜜鸟》1959 年上演期间，威廉斯开始创作《鬣蜥之夜》。剧中同名的爬行动物象征他下一次精神上的突变：一个身陷绝境的怪物。）"库比说我不能相信有任何人喜欢我，因为我看不起我自己，"威廉斯告诉伍德，又用一句预示钱斯在《甜蜜鸟》中的挣扎的话补充道，"我想成为一个体面的人，像我过去一样。"*

在为名利和文学事业艰苦奋斗了十年之后，威廉斯已经非常清楚自己生活范围的缩小，这也使他的甲壳变得坚硬。精神分析已使他的理想自我的纯净美好荡然无存。1958 年接近末尾时，他在给奥利弗·埃文斯的信中写道："我发现我的性格中有很多非常不好的地方。我怀疑我是否因此而有所进步，但至少我知道缺陷在那里，而不是像以前那样把自己看作一个异常善良的小个子男人。"*他对卡赞抱怨道："库比似乎不明白我的性格中有多少伤疤，反复积累的创伤经历使我去模仿寄居蟹，一种甲壳类的生活方式。"*威廉斯对他自己来说已经成了一个陌生人。他可以在艺术上成功，但不能在生活中成功。虽然树立了文学形象，但他已经使自己的个人形象变得贫乏。他说："作家永远分成两部分，一部分和他一起工作，一部分和他一起生活。当然，在某种意义上，他同时拥有两者，但其中一个是更客观的观察者，剩下的另一个是他出生时就有的。"威廉斯继续说："我恐怕剩下的这个总是被剩下且越来越少。这是他们之间的不利契约，对最初'生来'的部分不利。当艰难的共生到达某种程度后，它对双方都不利。"*

《青春甜蜜鸟》是这种侵蚀的路线图。威廉斯向布鲁克斯·阿特金森坦言："这部作品的作者比《欲望号街车》的作者年纪更大，问题也更严重——时间流逝这一简单而可怕的事实是无法抹去的。我们了解并提前衡量它们——我们给自己加倍的压力来弥补它们——但我们能吗？"*

1958 年 5 月，卡赞第一次读到《青春甜蜜鸟》的剧本并作出回应时，他从剧本的强度和雄辩中感觉到威廉斯身上发生了一些变化。他在给威廉斯的信中写道："我认为这些咏叹调都很棒，将是最有效的，比《猫》更进一步，甚至上演时可以比我们在《猫》中所做的更坦率。"他补充道："我认为精神分析对你有好处，你应该回去继续。"*在一份打印出来的五页评注中，卡赞告诉威廉斯，钱斯·韦恩"有可能成为和你写过的任何角色一样令人难忘的角色……一个怪诞的 20 世纪中期的哈姆雷特"。他还说："钱斯身上散发着死亡的气息。像汗水,或者辐射一样从他身上散发出来。"*然而,在与他的舞台设计师乔·梅尔齐纳聊天时,卡赞在他的诠释中加入了另一个维度。"我认为这是威廉斯写过的最真实的自传体剧本,"他透露道,"不是像《玻璃动物园》一样的自传——不是他对青春的记忆,因时间的流逝而变得柔软和浪漫,而是田纳西在试图描述他的灵魂状态和如今此刻的生存状态。"卡赞继续说道:"这是他写过的最坦率的剧本,关于他自己的堕落和回到他曾经拥有的纯洁状态的愿望……我相信这是彻头彻尾的田纳西的自我伪装。"*

在钱斯的生存困境中——他伤了自己的心——卡赞看到威廉斯的羞耻感和自我谴责,莫莉·戴·撒切尔在为她丈夫写的五页剧本深入分析中也提出了这个想法。"这出戏表达了田纳西更深化的主题,"她写道,"恐惧背后越来越明显的是内疚和一种末日就是惩罚的感觉,等待惩罚就像在寻求惩罚。主题如此深刻,任何人都不能也不应该试图触及或篡改。"*在剧中,钱斯回到他的家乡,试图重新追求他年轻时的所爱——海雯丽。她的父亲,博斯·芬利,曾在他们的风流韵事后把他赶走。钱斯不知道他传染给了海雯丽一种性病,对博斯·芬利的愤怒毫无准备;两次面临阉割或谋杀的威胁,他还是拒绝离开城镇。钱斯的坚定——他不愿采取行动来救自己的命——构成了威廉斯故事的悬念。正如撒切尔所说:

> 这部戏的情节是一个男人来到他的家乡
> 有人警告他离开这里
> 再次受到警告,我们和他都看到威胁的严重
> 越来越严重
> 他还是不走
> 威胁变得越来越大
> 他获得了一个脱身的机会

威胁变得更加丑陋和现实
他放弃了最后一次离开的机会
我们看到他想被毁灭
他意识到自己的毁灭。

这就是戏剧。你不能改变它，除非把它变成一个半拉戏剧……可能被改变的……是剧中威胁的性质和来源……威胁可能来自一个人，是这个人扭曲、夸张的报复。*

博斯·芬利的威胁越重，钱斯就越拒绝自救。"他被想要除掉他或阉割他的谋杀势力包围着……他没有足够的力量来对抗。也许他甚至不想逃跑，"卡赞告诉梅尔齐纳，并补充道，"这就是威廉斯奇怪而出乎意料的清教徒的一面。他被自己的罪孽所困扰，我想正是这种愧疚感让他的观点具有普遍性。"*

为了给梅尔齐纳一些启发，卡赞回忆起威廉斯在密西西比州格林维尔拍摄《洋娃娃》时的行为。卡赞说："我在那里看到过，如果我真的看过自囚之徒的话，一个被困于自身罪孽的人。"

在一个醉醺醺的时刻，他说他希望自己能活着离开小镇，然后他开始惊慌失措……三天后，他毫无预兆地消失了。他甚至感到，我也感到，被困在旅馆房间里的感觉。万一有紧急情况或非常危险的情况，也无法逃离旅馆房间。毕竟，他只有一条出路。从楼下的大厅出去，那里挤满了认识他的人——在他看来，恨他的人。你懂的。这都在剧中。鸡尾酒会的场景正是如此。而且，我只非常表面地处理这个问题。他觉得整个世界都反对作为艺术家和同性恋的他……有时候我真想知道他到底是怎么生活的！……威廉斯是如何摆脱这个陷阱的？嗯，首先，有点像钱斯，越来越依靠酗酒。[卡赞补充说，其他的逃

第六章　巨人国

避方式包括"爱的行为"（尽管他"抱怨随着年龄的增长，这种逃避方式对他来说越来越少见"），以及最重要的是依靠"想象力"。]*

卡赞觉得这部戏需要一种"主观布景"，既要戏剧化钱斯陷入的陷阱，也要戏剧化他借以逃离的想象——"钱斯（田纳西）可以通过一种艺术行为或某种特别的刺激把自己从这个布景中解脱出来"。他继续说道："这出戏的过程就是钱斯如何一次又一次地从一个世界到另一个世界……钱斯、公主甚至博斯在作者的安排下走上前来，为他们自己，也为我们重构了他们的梦想、他们被浪漫化的过去、他们失去的荣耀。这一切发生时，这位对新舞台的性能充满信心的作家在他的舞台提示里写道：'房间变化''酒吧消失''他们独自在棕榈花园里''他自己一个人待着'。换句话说，被困者乘着精神体验的翅膀——酒精、毒品、浪漫、性、渴望、想象、记忆等——被送到这个世界以外。"*

卡赞在钱斯这一角色中看到作者的自画像是对的。但是在钱斯与公主充满控制欲的同居生活中，威廉斯也正在探索与梅洛的共生关系。在歇斯底里的崩溃中，公主一开始将钱斯视为救世主。她告诉他："钱斯，你必须帮助我不再成为今天早上那样的怪物，而你可以做到，可以帮助我。"*反过来，钱斯也抓住公主，把她当作自己进军好莱坞并拯救自己和海雯丽不幸生活的一种手段。但是，在第三幕中，当钱斯给好莱坞的漫谈专栏作家萨莉·鲍尔斯打电话——希望公主能够说服她，让她知道他和海雯丽的才华，公主吟唱起狂妄的咏叹调。她那自鸣得意的跫音开始切断她与钱斯的联系，而在她演讲的过程中，钱斯从史诗中的救世主转变为多余的人。

公主：……我似乎处于光明之中，其他一切都变暗了。他身处昏暗的背景中，仿佛从未离开过自己与生俱来的默默无闻。我再次将光当作头顶上的冠冕，自我出生起，我的血液和身体细胞就有与之相配的东西。它是我的，是我出生就拥有的，正如他天生就该为我给忠实守护我永生传奇的亲爱的萨莉·鲍尔斯打这个电话。*

当公主从鲍尔斯那里得知她的最新电影很受欢迎——"你说的是成长？我的才华？"*——钱斯的需求立刻从她的脑海中消失了。公主翻脸无情，展示了名望的离心力，即"我"的命运，而不是"我们"的命运。她不再需要钱斯。公主发自内心地感到自己的重要性，残酷无情地将他推开。"你一直在利用我，利用我"，她说，称呼他为"我为了娱乐和摆脱恐惧而偶遇的沙滩小伙儿"。*

这个故事中的元素——精疲力尽、要求苛刻的女主角担心自己才华消逝，以及沙滩小伙儿/骗子试图让自己放荡、虚度的生命变得有意义——至少抓住了令威廉斯与梅洛的关系痛苦不堪的争斗的一部分。公主和钱斯对对方有需求；但他们并不需要对方。威廉斯告诉伍德说："弗兰克……真是可怜，除了自己，别的都想不到，尤其是当有人对他有情感需求，而不是习以为常的性需求，而他对性需求总能回应得超棒，也因此不计较许多事。我们每个人都是一座小岛。"*

在大结局中，公主渴望返回好莱坞，投入她新名人的身份。他们一起坐在旅馆的床上，舞台提示称之为"迷失者抱成一团，但没有情感，是虚假的，但是当人们共担厄运，一起面对枪决，此刻的一切都是真实的"。公主要钱斯跟她一起去。"你还很年轻，钱斯。"她告诉他。"公主，有些人的年龄只能通过他们的那种程度——那种腐烂的程度——来计算。按这个测量方法，我已经很老了。"钱

第六章　巨人国

剧照：杰拉丁·佩姬和保罗·纽曼主演的《甜蜜鸟》

斯拒绝了离开的提议。"我不是你行李的一部分。"他说。"你还能是什么？"她问道。"什么也不是，"钱斯答道，"但不是你行李的一部分。"*

钱斯留在他的家乡——"我的心灵之家"*——面对他的毁灭。"一定有什么事情是有意义的，是不是，公主？"*钱斯在他的最后几句话中说道。他是留下还是走？和威廉斯一样，钱斯的决定是为了意义而毁灭自己。当博斯·芬利的手下潜伏在舞台外围，钱斯在结尾时走到舞台前部面对观众。"我不是要你们的同情，"他在剧终那句绝妙的台词中说，"只是要你们理解——甚至不是那样——不。只为了让你们看到自己身上的我，以及我们所有人身上的那个敌人——时间。"*在这几句台词中——对钱斯来说太过诗意、太过于雄辩——这个角色变成了剧作家。

405

随着《青春甜蜜鸟》的完成以及另一部作品即将问世，威廉斯在 1958 年的整个春夏开始忙于安排他的团队。以防卡赞拒绝，他给伍德一份候补导演名单，包括何塞·昆特罗、西德尼·吕美特、鲍比·刘易斯和乔舒亚·洛根；他提到了一些电影制作公司的名字，这些公司可能会在电影制作之前进行"一番炒作"*。但当卡赞袒露自己的心意——他告诉威廉斯，1958 年秋季他的工作已经排满了，但"如果你想等我，我会为你效劳"*——威廉斯却开始有了点小想法，担心导演旺盛的活力和他对"最重要的东西，即剧作揭示的真相"*的影响力。"请帮助我不要被伟大的 K 先生所迷惑或分心！"他写信给伍德，又补充说，"在我们清楚加吉想要什么，并确定那就是这部剧的真相前，先盯住昆特罗。"*

和往常一样，卡赞的直觉得到激发。威廉斯最初安排的结局围绕海雯丽展开；卡赞坚持认为，"钱斯发生了什么"*才是观众想要知道的，也是故事的恰当结尾。第二幕开场，威廉斯的主要角色没有出现在舞台上；钱斯开着公主借来的凯迪拉克在博斯·芬利家附近转来转去，他的喇叭发出刺耳的声音，好让人们"关注他在城里的存在，关注他新获得的财富和权力"*。卡赞用这种方式让钱斯成为戏剧的中心。威廉斯曾计划把观众当作博斯·芬利集会的政治会议大厅里与会者的替身，卡赞认为这种手段既笨拙又过时；他建议用一个巨大的后台电视屏幕来模拟集会，并在屏幕上对角色进行电影化的处理："巨大的特写镜头从博斯的脸上移到观众、起哄者以及海雯丽身上"，而"钱斯站在我们舞台显著的位置上，似乎在预览自己的命运"。*

卡赞将这个庞然大物一样的屏幕称为"噱头"，是一个戏剧表现手法，显示博斯·芬利的权力，以及他的种族主义思想对社会的危害，同时隐藏戏剧"明显的弱点"："第二幕与第一幕发生的事情基本没有关系，而且引入了之前几乎没提到过的整套新角色。"*卡

第六章　巨人国

赞几乎所有的战略性建议——包括在结局时增加钱斯的负罪感，以便让他屈服于阉割——都被纳入威廉斯的最终剧本，并成为他所表达的部分思想。

在卡赞关注的地方，威廉斯从不让自己的艺术虚荣心妨碍商业成功。"我想不出还有哪个导演能在艺术上与卡赞媲美。"*他告诉伍德，而伍德对卡赞的要价大为震惊。"我退出。"*卡赞对伍德说，她对他开出的条件犹豫不决。"我不和经纪人谈合作，"他向威廉斯解释说，"能取消我们的合作的人只有你。如果你愿意，你可以取消，或者我也可以告知你取消。但经纪人的话术只是……炫耀羽毛，显示实力以及欺凌，欺凌，欺凌！"*他们的合作是可贵的，威廉斯了解这一点。他告诉伍德："我确实认为，请他执导可能应当比他以前执导我的剧给价更高，因为我们都知道，这部剧哗众取宠的效果几乎掩盖了其基本的严肃性和真实性。勒索、酒、毒品、卵巢切除、妇女强奸小伙儿、南方的疯狂煽动者、黑人问题、殴打等。除了卡赞，还有谁能控制这些元素，并戏剧性地利用它们呢？谁比这个老海盗和我合作得更好？"威廉斯补充说："与此同时，请对这位希腊人保持冷静。"*至于卡赞和《青春甜蜜鸟》，威廉斯愿意支付卡赞的要价，价有所值。"我觉得这出戏比我写的其他任何剧本都更需要他。"*威廉斯在给该剧制片人谢里尔·克劳福德的信中说。相比之下，他对剧中男主角保罗·纽曼的过高要求感到犹豫。威廉斯对伍德说："他不要想敲诈我；我只接受卡赞的敲诈。"*

卡赞对该剧的另一个重大贡献是选角。他的超凡能力确保了纽曼对这部戏的投入。在挑选科斯莫诺波里斯公主这个耀眼角色时，卡赞大胆地选中了拥有"内在品质"*的杰拉丹·佩姬，他"非常钦佩"这位女演员，但她没有票房保障。在 1952 年由何塞·昆特罗导演的《夏与烟》时代广场复演中，佩姬饰演阿尔玛·瓦恩米勒，她的表演好得不可思议，令这位明星、导演和该剧名声大振。"佩姬小姐不是那种等着在首演之夜投入表演的女演员，"昆特罗在他的回忆录《不跳舞会挨打》（*If You Don't Dance They Beat You*）中写道，"她在第一次读剧本时就进入了自己的角色。她似乎想要忘记自己是佩姬小姐，利用她所具备的一切来成为她所扮演的角色。"* 让她出演这个角色是非常明智的决定，虽然威廉斯曾经质疑过，"我觉得这个角色可能需要更多的力量和技巧，杰拉丹这样的年轻女演员是做不到的"*，他担心地对克劳福德说，克劳福德一开始也同意这个说法。威廉斯写信给伍德："公主是一个很国际化的角色，即使我首先想到的是玛格丽特·莱顿（Margaret Leighton）、费雯·丽、艾琳·赫利（Eileen Herlie）和艾薇琪·弗伊勒（Edwige Feuillere），甚至西沃恩·麦肯纳（Siobhán McKenna），但我还是更满意佩姬。"他补充道："这是一个艺术大师的角色，要求身材高大，舞台表现力强，有力度，嗓音丰富，有多样性，等等，但我们必须记住，卡赞选角色的能力无人能及。"*

卡赞坚持认为"血缘"*——他指的是美国人——是扮演这个角色一个非常重要的因素。尽管如此，一开始佩姬还是很难找到科斯莫诺波里斯公主这一角色情感受伤的状态。在准备过程中，卡赞给了她一组无声电影明星的照片，让她考虑一下她的公主可能是谁。佩姬认为葛丽泰·嘉宝太过疏远，她的冷淡与这位公主易燃的本性不符。她抛弃了玛丽·皮克福德（Mary Pickford），以及她从甜心到天后的人生轨迹，认为这是一个偷懒的选择。她被西达·巴拉（Theda Bara）的旺盛精力和克拉拉·鲍（Clara Bow）的时尚活力所吸引。但最后，她选择了诺玛·塔尔梅奇（Norma Talmadge）的复杂，她说，她似乎有一种"非常脆弱的气质，就像一个对每件事、每个人都敞开心扉的人，我被深深打动了"。她解释道："我感觉到了那重重地压在这样一颗心上的冲击和伤害，可能会把一个人变得如公主一般复杂和反复无常。"*

第六章　巨人国

然而，在马丁·贝克剧院排练的第一天，佩姬给威廉斯带来了两件出其不意的事。首先，除非有书面保证，她将在电影版中领衔主演，否则她不会签署合同。伍德被叫到剧院，她刚走进大厅的门，就失去了她那传说中的冷静。"如果佩姬小姐继续坚持，"她告诉佩姬的经纪人，"我们将不得不找其他人来扮演这个角色。"* 由于制片人和导演都站在听得见的地方，伍德占了上风。（佩姬的舞台表演使她出名，并为她赢得了托尼奖提名，并在1962年该剧的电影版中担任主演，因此被提名奥斯卡奖。）然后，当演员们终于在桌旁坐下开始读剧本，佩姬的朗读充满恐惧和犹豫。中途，威廉斯从椅子上跳了起来。"停，停！不能再这样下去了，太可怕了！"* 他说着，怒气冲冲地走了出去。就像剧中的公主一样（在她的电影首映式上，她感觉到了灾难，从过道逃了出来），威廉斯冲回了家，不接电话，喝鸡尾酒吃药丸，把自己弄昏了。他渴望得到一点他在《调整时期》（*Period of Adjustment*）中描述的"暂时的迷乱"*，这是几个月前他在佛罗里达州的椰林剧场首演并执导的喜剧。佩姬读台词的表现使威廉斯相信他的第一直觉是正确的，而卡赞是错误的——他看错了女演员，更糟糕的是，他看错了这部戏。

卡赞在下午剩下的时间里都在和佩姬打交道，后者绝望地回到了自己的化妆间。"她确信自己演不了这个角色，"他说，"我告诉她，她可以而且会演，这部戏对她来说是一个很大的挑战，是的，但是她必须勇敢，如果她勇敢的话，她会把这个角色演成我期望的那样，而没有任何别人能够或者会演成我所期望的样子。"他补充说："我知道我必须采取一些极端的措施，比如让她在几次排练中自主演绎这个角色，来打破追求真实的表演方法通常在演员身上施加的束缚……我只需要牵着她的手带她几天，然后鼓励她去做。"*

那天晚上的某个时候，威廉斯从前门不断的敲门声中醒过来。莫莉和伊利亚·卡赞——"甜蜜而亲切地微笑着，仿佛没发生什么不寻常的事情"*——正站在门口。威廉斯别无选择,只好邀请他们进来。他"现在为我在剧团面前的行为感到极为羞愧,但仍然坚信这出戏不应该继续下去"。他回忆道,卡赞夫妇对他说话的方式"就像对待受伤的动物或生病的孩子一样"。*卡赞从未见过威廉斯如此痛苦和胆怯,除了在《皇家大道》灾难性的首演之夜之后,威廉斯把自己锁在卧室里,甚至拒绝接受在门外等候的约翰·斯坦贝克的祝贺。"他怀疑自己的戏剧;他希望撤回它,"卡赞说道,"我相信,是他对我那相当神秘的信念说服了他继续前进。"*在彩排开始前写给卡赞的便条中,威廉斯表达了自己的信念。"我认为我们必须竭尽全力,"他写道,并补充道,"我认为我们必须从保罗(纽曼)身上汲取一种他身上没有的微妙、老练和颓废,这就是'问题'所在。我还应该加上'矛盾'这个词。如果你能做到这一点,你就几乎创造了奇迹。但我认为你可以。"*

卡赞曾经告诉威廉斯,他应该永远不要和演员说话;他又腼腆又含糊,会使任何建议变得更含混而不是更清楚。"真的是出于沮丧,你才会有这样的感觉:'哦,我认为他甚至没有读过自己的剧本。他对它们一无所知。'"杰拉丹·佩姬回忆道,"你想摇他,敲他的头,说:'开门,让我进去跟你谈谈。那个躲到后面、里面,完成所有写作的"你"。'"她接着说:"我想,能够真正与他在对话层面上分享他的那部分工作的人非常少。"*

卡赞当然就是其中之一。对于《青春甜蜜鸟》,威廉斯坚持卡赞应该让他"在你我之间建立一种亲密、不受干扰的工作关系:没有其他关系"*。他觉得自己和导演之间有一种近乎俄狄浦斯式的联系,这一点在他恐慌之后第二天回到剧院时就表现出来了。一个年轻人——威廉斯不知道他是演员工作室的"听众"——坐在卡赞旁边,这个位置通常是留给作者的。威廉斯确信这个人是"来改写我的作品的",并且"嫉妒他和加吉之间的亲密关系",他靠着后面的墙上坐了下来。* 午餐休息时，他被介绍给来访者，他偏执的猜疑消失了。在随后的彩排中，威廉斯"又坐在了我们伟大的白人父亲旁边"*。

在准备这部戏赴费城的试演时，威廉斯要与谁合作来解决许多结构和技术问题一事险些毁了该剧的制作，也差点破坏了他与卡赞的工作关系。问题主要出在莫莉·戴·撒切尔和她直率的观点上。"好，我会冷静，并考虑 MK 的笔记，但前提是从现在起，无论在剧院内外，都不要再在你的导演手记上暴露我暴躁的神经系统，也不要在我能听见的范围内讨论这个剧本……除了在你我之间，"他写信给卡赞，"在这关头，我一定不能垂头丧气，不能任一小帮好心人在这戏遇到麻烦的时候围过来看热闹。一旦发生这样的事，我会叫停这部剧。"他解释说，他会和卡赞、克劳福德、梅尔齐纳和伍德谈戏，除此以外，不和"任何人"谈。威廉斯感到沮丧、疲惫，并受到其他自称顾问的人围攻。"如果他们靠近我，我就把打字机扔向他们，"他警告卡赞，"我将请求戏剧家协会保护我作为作者对这个剧本所拥有的独家控制权和原作者权。我写过一个关于阉割的剧本，但我拒绝扮演受害者的角色。"*

受到攻击时，威廉斯能以惊人的智慧来应对。在费城，他意识到卡赞试图以一种"故意的、致命的错误方式"来"修正"他的剧本，他甚至和他信任的导演吵了起来。*"我昨晚所感受到的难以忍受的愤怒——因为我写得最好的结局被瓦解，最后几场戏几乎总是我写得最好的部分——现在已经逐渐消失，但我还活着。愤怒消失了，但难受仍在。"威廉斯在给卡赞的便笺中这么开头。在发起他对卡赞最尖锐、最清晰的攻击之前，威廉斯称赞了他与纽曼的合作（"你赋予了他，或者说引导他奉上了一场非常棒的表演"），以及他对这出戏存在缺陷、摇摇欲坠的第二幕的流畅处理（"只有你才可以把这戏导出这水平。没有人能像你一样掩盖作家最坏的一面"）。然而，威胁到"切断我们友谊之桥"的是威廉斯的观点。

他认为卡赞也掩盖了"我作品中最好的部分,事实上,我几乎可以说你掩盖了这部戏"。争论的焦点是卡赞对公主的态度:

> 你导的她在酒吧那场戏本是全剧表现力最强的部分——是人们需要彼此却够不到彼此的悲剧——看起来,就像我昨晚告诉你的那样,就好像你认为那场戏写得有点糟糕,全是一堆愚蠢的台词,你想把它弃掉而匆匆带过,导得平淡无趣,仅就导演水平而言也无可称道的。——我意识到,通过你对酒吧人群场景的精湛控制,你已经建立了一种张力、一种势头,而这将被钱斯和公主之间悄然富于激情的抒情场景所打破。事实上,那里需要这样!——我的意思是节奏的中断、势头的中断、愤怒的中断。在脚本中就是这样设置的。他们退到画廊和棕榈花园。借助音乐的烘托及你的背景设置——天空和棕榈花园,一切安排都为了以一种安静的方式,与充满温柔人性、意义和戏剧性的时刻形成有效反差。只有导好了这场戏,才能说你是一位深刻理解并热爱他所运用素材之真正意义和价值的导演,你却为了我觉得你认为强有力的演出而牺牲了它,我认为你大错特错了!——但是你还在乎我的想法吗?*

在卡赞的强势中,威廉斯感觉到了某种敌意,这既与威廉斯有关,也与卡赞对自己作为一名诠释艺术家的角色而与日俱增的烦躁有关。〔卡赞最近完成了他的第一部原创电影剧本《狂野之河》(*Wild River*),并正在将威廉·英奇的散文《天涯何处无芳草》(*Splendor in the Grass*)改编成剧本。〕"你知道我会变得多么多疑和偏执,我也经常会这样,所以你不用感到惊讶,昨晚我突然觉得,你对第三幕的导演,其中对公主的处理,是精神分析师在我们身上揭露的令我们沮丧的无意识侵略行为——这种侵略其实指向的是戏剧的作者,也许是因为你觉得我和公主一样,是廉价、自命不凡的老婊子,"他在给卡赞的另一张愤怒的便笺中写道,"嗯,你在某种程度上是对的,但只是在某种程度上是对的。我总是被'那恼人的我生命的结束'所困扰,我指的不是我肉体死亡,而是作为艺术家的死亡。这种恐惧挥之不去,这就是我为什么喝酒,强制自己工作,对着生活大喊:'它不会如此!'"*

威廉斯没有说错。"一种扭曲正在发生",卡赞在几十年后的自传中承认。"我记得,在我执导那几部戏——《热铁皮屋顶上的猫》和《青春甜蜜鸟》——的时候,我感到烦躁不安,因为烦躁,我终于需要为自己说话了。我想,我的决心就此诞生了,不再强迫自己进入别人的头脑,而是去寻找自己的主题,寻找自己的声音,就算我的水平肯定低于田纳西。"* 在费城,在第三幕——"剧中最具力量和最动人的场景"* 中,威廉斯被对公主的嘲笑所激怒,他明确说出了卡赞的竞争意识:

> 像你这样技术和洞悉力很强的导演,在不知道自己在做什么的情况下是不可能做出这样的事的。因此,我必须把这看作故意挑衅,是在表达蔑视,你现在显然是在蔑视我这个作家。你知道,你无法不知道,在阿里阿德涅·德拉戈这一角色中,我在表达并悲剧性地净化自己可怕的困境、我的执着、我的恐惧,害怕失去身为艺术家的权力,被迫在我的余生中与酒、毒品和娼妓共度,来承受人人会遭受的最令人难以承担的损失,而我只能以恐惧来承受。不要把这仅仅看作自恋。我对自己的看法相当客观,我在一面清晰的无情的镜子里看见自己。在构思和写作上,这是一个悲剧的场景、纯粹的戏剧,这是我所能做到的最好水平,而我也做到了。观众本应意识到这个女人的悲情……如果是按照构思和剧本来演绎的话,无论是这种悲

情,还是她在接通电话时极度诚实的独白,都不会受到嘲笑。——当我补充说,这也牺牲了格里这位伟大天才,我并不是随便说说。

"我必须知道,现在你是否终于愿意把我、我一个人,看作你的合作者,完成摆在我们面前的救援行动。"* 威廉斯总结道,威胁如果不这样,他就要结束这部戏,双方都要面临艺术上的风险和大量金钱损失。(威廉斯为这场演出投资了十万美元;卡赞投了37000美元)。卡赞忍受了威廉斯的批评,同意回归他们的"原始"版本,他觉得"那版比我们现在的版本更感人"。在那个版本中,卡赞说:"你可以看到内疚和罪恶感逐渐增长,这导致(钱斯)留下来并屈服于阉割(想要以此来赎罪)。"* 卡赞总结说,由于故事情节的删减,在费城上演的第二幕酒吧那场戏有些"肤浅"。"它似乎流于表面,只关心外部事件。酒吧里发生的事情!我们没有走进钱斯的内在世界,只是在外面看着他胡扯和呻吟……他看起来像个没有经验、麻木不仁的傻瓜。那女孩说他们把我撕成了碎片。他说我这样做了。继续留在酒吧,好像还有机会跟她在一起似的。"卡赞说,这个场景的构建是问题所在,他让威廉斯重新安排叙事元素,以便钱斯毁灭性地意识到自己的罪恶感是个渐进的过程。卡赞说:"如果意识得过早,他在之后表现得漫不经心,那么他留下来的原因就不能打动我们。"他补充说:"我认为你、奥德丽和我应该为达成共识进行一次交谈。我会和你一道做任何你想做的事,或者去任何你想去的地方。但现在纠正我们的错误还为时不晚。"*

———

《青春甜蜜鸟》并没有得到一致好评——《时代》和《纽约客》

坚决给出差评——但威廉斯在百老汇大获全胜。在 1959 年 3 月 10 日的首演之夜，在马丁·贝克剧院，观众呼喊他到舞台上谢幕。"如果这是大片，我们需要更多大片。这是激情、创造力、探索和冒险的声音。即使过量，也非常令人兴奋。"*《先驱论坛报》总结道。《纽约时报》称："这是他最出色的作品之一。"*《华盛顿邮报》的结论是"这是一场势不可挡的戏剧"。七篇日报的正面评论，加上杰拉丹·佩姬出色表演的新闻——沃尔特·克尔称她为"声音如号角的母老虎"*，为《青春甜蜜鸟》带来了足够的票房热度，使其连演 383 场。

成功立即改写了该剧的故事。威廉斯给阿特金森写信，以感谢他在《纽约时报》中的评论："卡赞太棒了，在整个艰难考验中，他非常有耐心和善解人意。但我认为这些考验是错误的！非常、非常错误！……我的剧在百老汇上演多少年了，19 年！还从来没有过这么痛苦的经历。在我看来，一切问题都在第二幕。我似乎无法写出那该死的一幕，我喜欢第一幕和第三幕，但第二幕不得不被所有相关的人逼出来。我至少写了十个版本，但我仍然不知道我们的最终版是否合适。但除了泰南和泰姆，至少我们所有人似乎都觉得过得去，但我知道'过得去'是一个艺术家最糟糕的目标。"*

事实上，威廉斯在写《青春甜蜜鸟》时，就已经把阿特金森的批评戒律牢记于心。1958 年 11 月，他让卡赞和梅尔齐纳关注阿特金森在星期日《时报》上发表的一篇关于悲剧的文章。威廉斯说："他认为写作和表演必须达到雄辩和真实的水平，才能证明其观点，不管那个观点有多黑暗。我认为这一声明应该作为对我们作品的警告，因为我们需要得到布鲁克斯的好评。我不想奉承任何批评家的艺术偏好，除非我能诚心地买账。在这种情况下，我愿意。如果他指的就是他想说的话，我买账。所以，在这部戏剧的最后几分钟，我拼命想写出堪比布兰奇在《欲望号街车》中的最后一句台词那样的话:'不管你是谁,我总是依赖陌生人的好意。'我想观众,甚至是聪明的观众和优秀的评论家,都会希望从我们的主角钱斯那里得到一些东西,而不只是看到他的毁灭。他们希望这对他和他们来说都有意义。否则,它可能看起来过于简单……我想这只能来自他内心的尊严,如果我能找到合适的语言,他应该表达出来。"* 在《街车》的最后一刻,布兰奇扑进了要带她去疯人院的医生的怀抱;在《青春甜蜜鸟》中,以钱斯雄辩的结束语,威廉斯将自己交给了观众。

在回应他的朋友、早期支持者肯尼思·泰南在《纽约客》上发表的一篇令人生厌的评论时,威廉斯选择了坦率而非谦恭的措辞。他在给泰南的信中写道:"骄傲和尊严说沉默! 冷漠! —— 一派胡言。"并补充说:"让我伤心和困惑的是你评论里残酷的调子……我在玩的游戏,你一眼就能看出并且能够真正理解。请相信,我从来没有故意屈服于任何我知道是错误或廉价的东西,但在你那篇关于我那出戏的文章中,你暗示我是这样的。为什么?"* 泰南诋毁的恶意——他写道,"威廉斯先生的其他剧作中没有哪一部包含了如此多烂东西"* ——是一种不寻常的拒绝思考的信号。在他尖酸刻薄的辩驳中,泰南忽略了剧本的论点,而正如威廉斯的信中所暗示的那样,剧中的论点引发了非常特别的、私人的、广泛的共鸣。威廉斯对他说:"我抱怨的是你没有认真聆听堪称我所创作的最好作品的第一幕和第三幕。"*

泰南是他那个时代最精明的戏剧评论家,坦言这部剧让他感到"失望和恐慌"*;他用机智掩盖了《甜蜜鸟》的核心观点,即名誉带来的精神消耗——这是威廉斯作品中的一个新主题,也是泰南自身精神萎靡不振的核心问题。对泰南来说,这出戏触及了他的痛处。像被嫉妒和内疚踩躏的钱斯一样,泰南也在一直不懈地寻求公众的关注和名人的合法地位;就像剧中的主人公一样,他也充满了自我厌恶，用他自己的话说，被迫假装"成某个他人——任何他人"*。钱斯说，"总有东西阻碍我"*。到了中年，泰南，这个传说中的坏孩子，也发现自己遭到了严重的阻碍。他在给露易丝·布鲁克斯（Louise Brooks）的信中写道："仍然不抽烟，但是，唉，也不工作。"*威廉斯的英雄主义在于他在写作中突破阻碍；泰南的悲剧在于他做不到。

在令人棘手的第二幕中，无情的博斯·芬利和他对权力的腐败追求被戏剧化了（这是浸染了维多利亚时代恶行的被改写的"大爹"形象*），威廉斯对泰南说："你显然对可怕但必要的第二幕完全疏离了。在我看来，它是可怕的。也许它真的一点都不可怕，而是一种非常成功的方式，将小戏剧中的元素和那些使它成为成功作品的元素连接起来。至少，那是卡赞的观点，我认为卡赞这次做得非常好。"*对专栏作家马克斯·勒纳（Max Lerner）来说，威廉斯对这部剧的可怕之处给出了更新奇的解释。"随着艺术家年龄的增长，他几乎总是倾向于用更广泛的笔触来创作，"他写道，"他早期画布上精致的笔触已不能满足他自己的要求。他开始使用沉重的画笔、手术刀，甚至是他的手指、他的拇指，最后甚至用上了三原色喷枪。第二幕是用沉重的刷子、手术刀和喷枪创作的。在写作、舞台、表演中，精美、隐晦的一切被抛到九霄云外。老实说，我认为这是唯一的办法，如果我们不这样做，这部剧就不会像现在这样吸引广大观众。"他又说："总有一天，我要写一篇文章，论述剧院里纯粹兴奋的重要性！——既包括严肃性又有兴奋度！"*

但在威廉斯对该剧和他本人的所有反思中，最能揭示真相的是他写给卡赞的信，那是在同样由卡赞导演的阿奇博尔德·麦克利什的《J. B.》一剧获得托尼奖最佳剧本奖后。"你累了，但还不及我一半累：我累坏了！——我并不是指'疲惫'，而是说累死了，"他写道，"我的批判能力几乎毫发无损，至少我是这么认为的，但我只能在最肤浅的水平上发挥作用，因此，这部具有伟大潜质的戏剧没有达到应有的水平。结果，评论家们理所当然地将他们的奖项颁发给了一部给自己设定更低标准，达到并通过了这一标准的戏剧。"*《甜蜜鸟》的结构违反了一条基本规则。威廉斯在第一次演出后精简了剧本，他解释说："直线的法则，单一性和整体性的诗意统一法则，因为我第一次写它的时候，神经、身体和精神的危机一个接一个，几乎把我阉割了。"*

《青春甜蜜鸟》的成功促使威廉斯像公主一样，"独自顺着豆茎回到巨人的国度，我现在就独自住在巨人国"*。他比以前更有名了。1959年底，由《去夏突至》和《逃遁者》改编的电影发行；《斯通夫人的罗马春天》即将投入制作，《甜蜜鸟》紧随其后。"难道你像我一样被逼着不放手，不放手，不放手！——因为没有什么比这更重要了？"《青春甜蜜鸟》上演三周后，威廉斯这样问卡赞，"我敢打赌，你和我都感觉像被绞肉机绞过一样。令人欣慰的是，你把我们磨碎的肉成功变成了牛肉排。"

卡赞劝他疲惫不堪的朋友暂时停止工作。"你给我的建议和库比给我的一样，但有一个重要的不同之处。你把我当作一个人，了解我，关心我，但我不认为库比是这样做的，除了在某些时刻。"威廉斯回答道。他继续说："有一个很棒的美妙演讲，到目前为止是米勒写过最好的，在《推销员之死》结束的时候，他飘于'蓝色的天空'——下面没有任何坚实的东西可以依靠、让他支撑，除了任何自然、持久的上升力或他自己拥有的让他坚持下去的力量。这描述的就是你和我。我们飘在没有安全网的'蓝色的天空'中。我很害怕！我想的比你多得多。出于我的恐惧，也出于我对创造的热爱，现在，我仍在强迫自己工作。对工作的热爱比以往任何时候都要强烈，但恐惧也是如此。问题是：如果我继续这样，我能坚持多久?"*

5月,为了"摆脱压力",威廉斯要求伍德"告诉每一个想要喝我一夸脱血的人,我患了恶性贫血"。* 7月,作为他休养生息计划的一部分,他从纽约驱车两小时前往宾夕法尼亚州看望传奇演员约翰·巴里摩尔的女儿戴安娜·巴里摩尔(Diane Barrymore),她在《欲望号街车》中饰演布兰奇。"她具有巴里摩尔的疯狂和力量,她最后三场戏非常精彩。"他告诉圣贾斯特。这位苗条的女演员和他一样,都喜欢"快乐药丸和安眠药",之后他还带她去吃了晚餐。"我们走到后台时,这个可怜的家伙看上去就像被消防水管浇透了一样。"威廉斯继续说:"在我的剧里,女演员发生了什么?!……我似乎把她们推倒了,我是说在那个众所周知的角落里,也许因为我也在那里,而且不是推倒而是呼喊?"*

威廉斯就是一个没有中场休息的表演。到了秋天,他们间歇性改进《调整时期》,像"创作《鬣蜥之夜》那样疯狂地工作,我是说疯狂"*,他发现自己正面临过去那些恶毒的魔鬼。威廉斯对他的朋友莉拉·范·萨赫(Lilla van Saher)说,旅行中,他在公共场合制造了可怕、歇斯底里的场面。"突然有什么东西触动了我的神经,然后我就异常激动! 真的",在一个不眠之夜之后,他写道,在这种状态下,他"跪在浴缸旁边,向上帝祈祷","我的内心有一座暴力的火山,虽然我依旧每天早上都工作,但这似乎并不足以释放紧张情绪,无法让我平静、理性地度过一天的余下时光"。* 和往常一样,威廉斯发誓要寻求医生的帮助;和往常一样,他只相信自己的解释。

12月,威廉斯给卡赞送去了剧本《调整时期》。"哦,天哪,加吉,我不知道",威廉斯说,并称这部剧讲述了"四个陷入困境的年轻人的甜甜蜜蜜","如果你对它感兴趣,宝贝,请尽量不要考虑彻底的修改,因为我无法胜任……除此之外,如果你有什么灵感,就告诉我吧,但别指望我会愿意这么做,因为那个吹笛手已经到我家门口来收取他的费用了,有人让他进来了,还告诉他我在家!"

威廉斯在这沮丧的发言之后,又啰唆地补充了一点。他说:"我还没准备好步入 60 年代。"*

1948年，纽约

1952年，纽约

洛蕾特·泰勒饰阿曼达，手拿长寿花

泰南与田纳西·威廉斯

田纳西·威廉斯与潘乔

与（从左至右）塔纳奎尔·勒克莱尔、唐纳德·温德姆、布菲·约翰逊和戈尔·维达尔在尼科尔森咖啡馆

基韦斯特工作室

WARNER BROS. STUDIOS
WARDROBE TEST
FOR
A STREETCAR NAMED DESIRE 372
OF
M BRANDO
AS
STANLEY

WARDROBE CHANGE # 7
WORN IN { SET Stella Flat Birthday
SCENE 83 95

W-B 8-9-50 W-B

基韦斯特

与安娜·马格纳尼在《逃遁者》片场

与安娜·马格纳尼在《玫瑰文身》片场

1978年，马里布

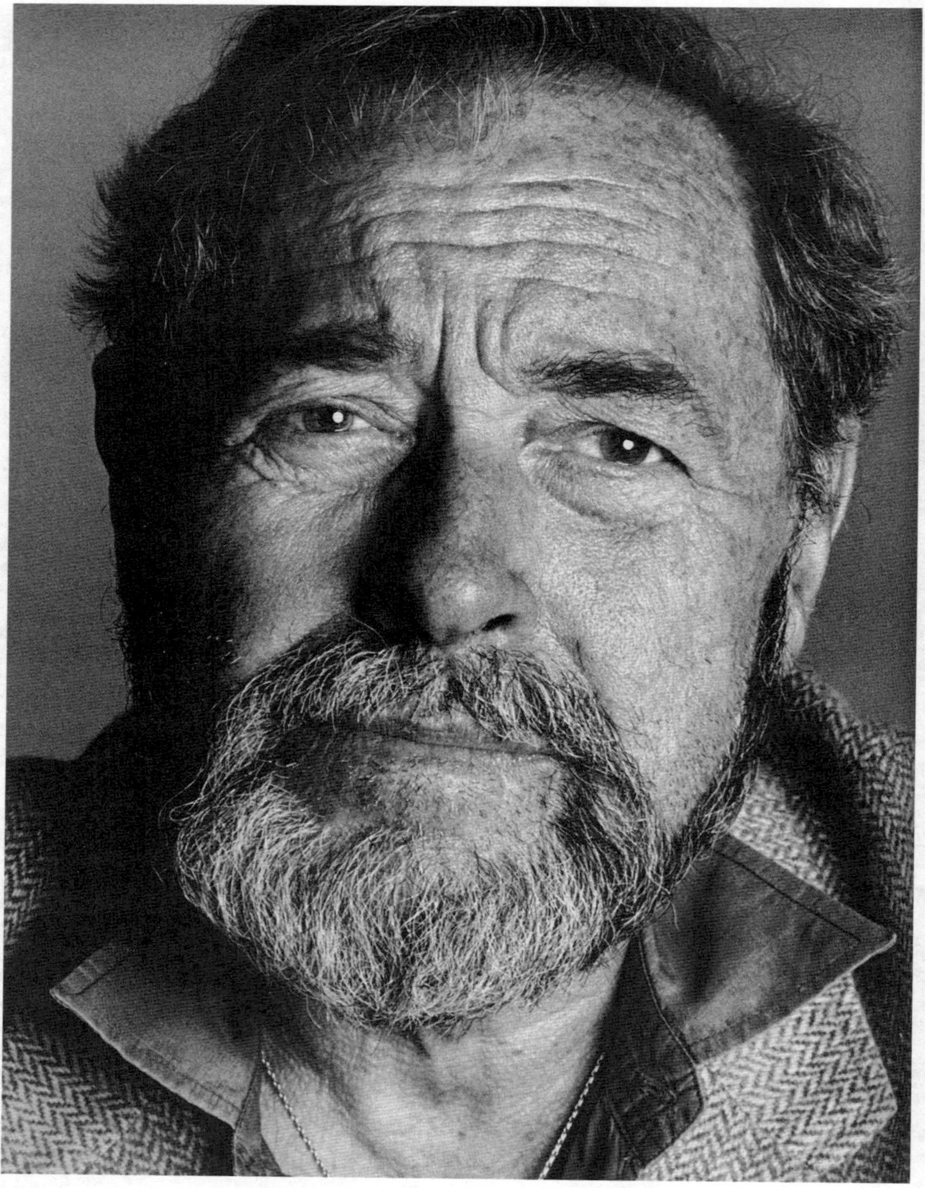

第七章

怪　癖

> 也许我的心已死。要是它已经死了,我并非有意害死它。
>
> ——田纳西·威廉斯
>
> 致赫敏·巴德利,1963 年*

　　20 世纪 60 年代像狮子一样来势汹汹,并且持续如此。1960 年 1 月 25 日,38 岁的戴安娜·巴里摩尔死于心脏病发作,显然是由过量饮酒和吸毒引起的,她是威廉斯挚爱的勇敢而迷惘的灵魂军团中的一员。在纽约的弗兰克·E. 坎贝尔殡仪馆里,2000 朵紫罗兰铺成的花毯覆盖在她的灵柩上,这是威廉斯送的,他从基韦斯特飞过来参加葬礼。他对媒体说,"她非常诚实,并且有非凡的爱的能力——她因缺爱而死。"*13 岁时,巴里摩尔的父亲给了她人生第一杯酒,17 岁时,被媒体称为"第一名媛"*,但她把自己早期在电影生涯上的前途搞砸了,在酗酒、吸毒和三次不稳定的婚姻中虚度了许多年华。在畅销自传《太多,太快》(*Too Much,Too Soon*,1957)中,她记录了自己离经叛道、寂寞孤独的生活。在自传最后一段,她援引了布鲁克斯·阿特金森对她在 1956 年 35 岁时复出戏剧界的评论。(阿特金森写道:"每当她想停止无所事事,学习表演和演出的区别,她都可以成为令观众兴奋的演员。她有这个潜

戴安娜·巴里摩尔

力。"*）"我重复我的誓言——而且是认真的，"她在书的最后几行写道，"我保证，你会看到。你一定会的，阿特金森先生！也许我已经开始寻我的路了。"*

对巴里摩尔来说，威廉斯是探路人，也是那条路。他是家喻户晓的神，是把她从地狱带回光明中的奥菲斯。1959年4月，她在给戴金·威廉斯的信中说："我不想亵渎神灵，但他是我今生的救世主。"*巴里摩尔是一个狂放不羁但又热情亲切的女人，经常与田纳西聚会。有时她女扮男装为他拉皮条；有时，他们喝醉了，精神恍惚，就用留声机播放普契尼的《蝴蝶夫人》，然后表演，巴里摩尔扮演平克尔顿，威廉斯则扮演她的巧巧桑。她还经常演绎他的作品。1958年，她在《热铁皮屋顶上的猫》巡回演出中扮演玛吉一角。演出好评使她成功签约，第二年在芝加哥，她在《去夏突至》中饰演凯瑟琳·霍利，最后在夏令剧目《街车》演出中饰演布

第七章 怪 癖

兰奇。

"你可以把为田纳西·威廉斯演出作为事业,我几乎就是这样,"巴里摩尔在接受《迈阿密先驱报》采访时说,"要是不演他的剧本了,我该做什么呢?我希望永远不会结束。其他一切都显得软弱无力、徒劳无益。"*〔她去世时,威廉斯正在写《两个人的诗》(The Poem of Two),他计划在这个剧本中让她和玛伦·斯塔普莱顿演对手戏。*〕巴里摩尔希望,她饰演布兰奇会成为一个跳板,让她在伦敦版《青春甜蜜鸟》中作为饰演科斯莫诺波里斯公主的女演员,重新获得评论界的赞誉——她深信,这一角色会是她的艺术救赎。"1960 年是属于我们的——我确信。"* 她告诉诗人兼演员吉尔伯特·马克斯韦尔。巴里摩尔的雄心壮志在她咨询的占星家那里得到了证实。在对《鸟》剧一无所知的情况下,她说:"我可能会在 11 月去英国——去演一个改变了我一生的男人写的剧本(之后她才知道那个人就是田纳西)。"巴里摩尔向戴金吐露:"我越想汤姆(那是在我醒着和睡着的大部分时间里),我就觉得那一天来得越快。"*

威廉斯送给了巴里摩尔一个带有吉祥饰物的金手镯,上面悬挂着一个 25 美分硬币大小的护身符,护身符上印有他熟悉的标志:"10"。"她到处炫耀,并以此暗示,田纳西送她手镯即让她扮演公主的承诺。尽管她说了很多次,但我对其真实性表示怀疑。"* 指导她演《街车》的乔治·吉斯利说。威廉斯鼓励巴里摩尔试演这个角色,她在伍德、克劳福德和威廉斯面前试了两次。由于在第一幕第一场中,公主是躺在床上的,巴里摩尔就仰面躺着为他们表演。但对威廉斯来说,她的表现"毫无惊喜"。*"我认为戴安娜太像公主了,她反倒演不好公主,"他说,"她是一个有才华的女孩,但才华还不够,这困扰着她,也正在毁掉她。"* 他对露西·弗里曼写道:"她的试读中带有一种狂暴,破坏了这部分内容。它的节奏应该是有所克制和掌控的,只有杰拉丹·佩姬在卡赞的指导下才能表现出来。"*

卡赞拒绝让巴里摩尔为纽约演出试镜,这被她看作自己"一生中最心碎的时刻"*。"对卡赞的憎恨使我怒火中烧,"她向戴金吐露心声,"如果不是他想让佩姬小姐饰演斯文加利,我本来会饰演那个角色——那个女人就是我——像我一样——36岁就完了——我就是!如果有机会试镜,这个角色就是我的了——卡赞本可以在11月就开启我的人生——现在却要等上几个月——你很难原谅一个延误你真正重生的人。但如《约伯记》中所言,爱征服一切。我对偶像汤姆的崇拜赶走了我的邪恶想法……多少个夜晚,我去这里(芝加哥)的剧院,都会想到她在纽约。她正在化妆室里为本该属于我的角色化妆。我也安慰自己,感谢上帝,我在出演威廉斯的戏剧——这是一件让等待变得可以忍受的事。我会为伦敦祈祷。"*

科斯莫诺波里斯公主并不是巴里摩尔唯一想要扮演的角色;她也在试演田纳西·威廉斯夫人。"我见过的强健的人都很暴力,"巴里摩尔在《太多,太快》的结尾写道,"我想,我需要的是一个强健的男人,他是温柔的,既是情人又是父亲。"*威廉斯成了她执着的夙愿;她竞争的不仅是角色,也是作家本人。巴里摩尔施展魅力逐渐融入威廉斯的家庭,她飞往圣路易斯与埃德温娜小姐喝茶,并与戴金建立了亲密的友谊(他们彼此称兄道妹)。"只是你哥哥对我很重要,没有别的,"她写信给戴金,自己也惊讶地感受到,"人生中第一次——我唯一关心的是别人"。她补充说:"这个被上帝之手触摸过的天才,在处理日常事务上是如此无助。就像所有真正纯粹的天才一样,他不知道自己有多神圣,有多幸运。"*

在演完《去夏突至》后,她和威廉斯以及另两位朋友在哈瓦那度过了为期四天的假期。*"这是一处愉快恬静的地方,"她对戴金说,"我一生中从来没有如此幸福过——我甚至不习惯拼写这个单词，我对它是如此不习惯！"*她和威廉斯在一家餐厅共进晚餐，她在乐队伴奏下唱歌；他们在热带俱乐部参加奢华的夜总会表演；他们在从加勒比海度假回来的路上与伍德和利布林会合，进行了另一次愉快的短途旅行。"要是你不小心点，小子，我就要去你婚礼上当花童了。"*伍德对威廉斯开玩笑说。在巴里摩尔的空想中，威廉斯给她的温暖，如他所描述的"惺惺相惜的依恋"*，被放大膨胀成炽热的浪漫。"汤姆和我谈过很多事，"她对戴金说，"他现在知道我爱他——他需要一段时间才能意识到我的爱有多么无私。坦白地说，当我终于知道全心全意地爱一个人是什么滋味，我很震惊。"*

多年后，威廉斯回忆起的是巴里摩尔的魅力，而不是她的爱情表白："我记得她穿着一件红色的女士小马甲和黑色的丝绸裤，还有洗得很干净的白衬衫，上面打着黑领结。"他在谈到哈瓦那假日时说："她是那么动人，那身衣服，加上乌黑的头发和炯炯有神的眼睛。她非常可爱。"*对露西·弗里曼，他争辩道："戴安娜只爱我的作家身份。那就是事实。不可能有其他情况……我特别缺乏男性魅力和让人心动的品质。我认为我的情况正好相反，特别是在过去的五六年里，几乎除了工作，其他的对我来说都不重要。而我连工作也无法确定。"他补充说："戴安娜唯一强烈的激情，抑或她唯一的真爱，是她努力奋斗，想成为一名优秀的艺术家。"*

威廉斯对巴里摩尔的死"深感不安"*，职业和个人生活的失意把她逼到了崩溃边缘，而他在其中的推波助澜使他难以释怀。（这一幕呼应了他对自己聪明而脆弱的姐姐的命运的愧疚。）"我没想到她会对此这么难以接受。而实际上，《甜蜜鸟》从来没有在英国演出过……如果我知道她对这部戏有多认同，并如何处心积虑地想要演出这部戏，我也许会试着做点什么。但我没有，我去了南部的基韦斯特做别的事了。大约一周后，戴安娜·巴里摩尔去世了。"*威廉斯在《回忆录》中写道，但这是一个不诚实的说法，因时间线和事实都对不上。威廉斯确实知道——应该知道——巴里摩尔扮演公主的愿望。她已经宣布过自己获此殊荣可一步登天。她对戴金谈过，也在信中写过这件事；她在威廉斯本人面前试演过。在她去世前一个月的圣诞聚会上，她甚至在吉尔伯特·马克斯韦尔面前和威廉斯就角色问题争论过。"他们两个真的是在对峙——戴安娜，就在他坐的沙发旁边的地板上。"马克斯韦尔回忆道。"我生来就是要扮演这个角色的，我一定要演，"她威逼威廉斯，对他摇晃她的手指，引用剧中台词，"当怪物遇见了怪物，记住。"* 马克斯韦尔注意到："这一切都是半开玩笑的，但她的意图中有一种孤注一掷的严肃。最后，田叫道，'好吧。我已经告诉过你，我认为它不适合你，但如果你这么迫切地要扮演这个角色，我会尽我所能'。"* 他没有。

　　巴里摩尔的崩溃并不是威廉斯唯一念念不忘的事情。1960 年 11 月，威廉斯和伊利亚·卡赞准备在百老汇上演《调整时期》。这是一部喜剧，剧中，一间房子——房子在威廉斯的经典作品中一直是对自我的隐喻——在它主人眼前消失了，"逐渐下沉到（洞穴）里，每年下沉一到两英寸"*。剧中，孟菲斯郊区西班牙风格的平房的裂痕和倾斜反映了剧中失恋人物内心的骚动不安：拉尔夫·贝茨，房子的主人，在圣诞夜被妻子和孩子抛弃，还有乔治·哈弗斯蒂克，准备临阵逃脱和一个处女新娘的 24 小时无性婚姻。对这两个人来说，爱情已暂时迷失，只有过后才会重新找回。"人的心灵永远通不过醉酒的考验，"拉尔夫说，"如果你把人的心脏从人的身体里取出来，给它加上两条腿，然后让它走直线，它是做不到的。"*

　　《调整时期》——据威廉斯说"远不是我最好的作品，尽管如

第七章 怪　癖

此，却是我写过最诚实的一部戏剧"*——思考了内心的变化及和解的可能性。与他平时饱受折磨的笔调相比，他用了一种更轻松、更温和的笔调，并希望"投射出一种更友善的影迹，将更多的注意力集中在生活中更安静的元素上"*。这出戏剧证明了威廉斯不仅仅是《时代》周刊所说的"百老汇梦魇般的商人"*，也是对库比医生指责他"只写暴力的情节剧"*以安抚他矛盾而愤怒的内心的回应。"经过我的分析，我对自己做出了一个重大的决定，"威廉斯在同年8月告诉媒体，"我想也许我心中有太多仇恨。仇恨可以是有益的，但也许我的恨超出了应有的限度。我要做些改变。"*他说，他已经放弃了"那些所谓的'黑色'剧本。也许精神分析已经帮助我摆脱了他们。如果它成功了，这一切都要归功于库比医生，一位伟大而富有同情心的精神分析师"。*

《调整时期》的副标题为《洞穴之上的高点：一部严肃喜剧》(*High Point: A Serious Comedy*)，威廉斯说："《玫瑰文身》除外，它比我其他任何一部作品都更好地表达出了一种信念，即人们需要彼此温柔以待，这种需要超越了个人的虚荣和受伤的情感。"*然而，诸如性冷淡、矛盾情绪和背信弃义等问题困扰着他那些不般配的夫妇，却从未得到认真的探究，只有一道仁慈的光芒笼罩着他们紧张的关系。"我们都必须聪明而且幸运，"处女伊莎贝尔对她暂时性无能的新郎说，"否则就是不幸而且愚蠢。"*

尽管如此，在对拉尔夫的描述中，人们可以看到与梅洛关系中的威廉斯的影子：和拉尔夫一样，威廉斯想要恢复他与情人之间的柔情；和拉尔夫一样，他不能清楚地看到自己缺乏同情心。尽管拉尔夫夸耀他的感受能力——他是"少数有能力去真诚关心别人的人之一"*，舞台提示是这么说的——他对妻子多萝西娅的不公平已成习惯，他和她结婚是为了钱，他形容她是"一个没有姿色的女孩，普通且平凡，很可能除了我，没有人会对她有任何感觉，而我的感觉只是——惋惜"*。威廉斯和拉尔夫都称得上对人不公,并且威廉斯知道这一点;他称自己"无意不公,但的确非常不公。至少我的分析师是这么说的"*。伍德也这样认为,并指出他是如何"经常……误判弗兰克"*。威廉斯喜欢把自己描绘成梅洛情绪反复无常的受害者,而他自己的性情也同样容易激怒别人,却对其攻击性毫不在意。"很难区分艺术气质、单纯的性情和单纯的脾气,"威廉斯说,"为了和我相处,你必须像我的弗兰克一样,要承受很多。"*

在帮助威廉斯经受《甜蜜鸟》的严酷考验之后——"在彩排和试演期间,他都是天使,"威廉斯说,他表示自己"比以往任何时候都更深爱着弗兰克"——梅洛需要一段自己的调整时期。*"弗兰克明确表示,他不想让我和他一起在基韦斯特,他想成为那个小种植园的'大爹'。毫无疑问,"威廉斯在1959年6月对卡赞说,"他觉得他已经为我尽了自己的一份力,就把我赶出了巢,所以我又得独自飞了。"*但到了年底,威廉斯开始考虑搬家离开东海岸,和梅洛一起搬到西部去。"我想弗兰克会勉强同意的,他到那儿后会很高兴,"他写信给克里斯托弗·伊舍伍德,"我们之间的关系好多了。这里面一定有什么。我不知道其中的奥秘,但我们之间肯定有某种非常强烈的东西。"*

威廉斯和梅洛达成了某种休战协议,就像威廉斯在《一首单独的诗》("A Separate Poem",1962)中所说,"用因爱和恨的疲惫而变得柔和的声音"*,这首诗纪念了他们在一起的最后几个月里关系的缓和。这首诗最初名为《迷失的大陆》("Lost Continent"),是对听天由命和被失望浸染的爱情的剖析:

当我们对彼此述说
我们述说的事情对彼此毫无意义。
细枝末节的事

第七章 怪癖

在我们周围聚集，仿佛不让我们的视线投向广阔的景观
没有被太阳照射，却耀眼夺目。
我们对彼此述说细枝末节的事
以安静、疲惫的声音，声音沙哑像是因为喊声穿越了很远
的距离。
我们对彼此说着细枝末节的事，小心翼翼，文质彬彬，
比如，
给你报纸，你想看哪一部分？
哦，无所谓，只要不是笑话或广告都可以……

但是在我们对彼此述说的沉默之下，
是我们不对彼此述说的更为清晰的沉默，
一场没有说出口的风暴
盘绕，酝酿，定好了时限
像定时炸弹上的时钟一样滴答作响：
巨响，火焰，毁坏，
盘绕在安静的，
几乎是温柔的，
细枝末节的寻常话语之中。*

依靠药物作用的平静一直持续到1960年夏天。"小马离不开药丸和陈年古巴朗姆酒，他用冰茶玻璃杯装满了酒来喝，还写诗，有些诗非常好，"威廉斯在8月给圣贾斯特的信上写道，"我们不再争吵了，一切都很悲伤，很美好，很平静。小马快40了，我快50了，时间都去哪儿了，这么快？连狗和鹦鹉似乎也感到奇怪。"* 在过去的两年里，梅洛开始喝得比以前更凶；他经常——威廉斯觉得很可爱——"昏倒在地上，我把一壶冰水倒在他身上，徒劳地试图

405

让他苏醒过来"。秋天的气息渗入了他们的生活,也渗入了梅洛开始写的诗里。梅洛对自然界的观察包含着对结局的悲哀暗示:

> 请问一个问题
> 关于年度四重奏:
> 冬天、豹熊,
> 出场——
> 永远不会过去。
> 难以捉摸的夏天,罕见,
> 即兴创作——
> 认为这是
> 一棵树,
> 一片草叶,
> 一只在授粉的蜜蜂;
> 而冰凉的蛇
> 追逐
> 七月的温暖气息,
> 在变暖的岩石下
> 兴奋着,
> 冷漠的血液奔流,
> 热石
> 刚好在那里。
> 好好想想
> 季节飞逝。*

如果说威廉斯的个人生活处于一种不稳定的平衡之中,那么他的职业生涯已经开始瓦解了。据威廉斯说,1960 年 4 月 21 日,在与他见面喝酒时，卡赞"脸色苍白，摇摇晃晃"*，并告诉他，他将辞去《调整时期》的导演一职——这次地震般的打击结束了20世纪美国戏剧史上最重要的戏剧合作*。

在《甜蜜鸟》获得成功后，卡赞曾告诉威廉斯，他将导演他创作的任何作品，"不用看，不用读"*。已经预定好了百老汇剧院，戏剧制作三巨头卡赞、克劳福德和梅尔齐纳都来了。卡赞突然宣布的消息使威廉斯大为震惊。"我尽了最大的努力使他改变主意，但他很固执。"*威廉斯告诉《纽约时报》。

让威廉斯更加愤怒的是，卡赞放弃他的剧本，是为了执导威廉斯的朋友也是戏剧竞争对手威廉·英奇的电影（《天涯何处无芳草》），卡赞说威廉斯把这当作"我更喜欢与英奇合作的信号"*。威廉斯公开地嫉妒英奇，有时甚至对他有些刻薄，英奇已经连续三次获得成功，包括《巴士站》和《野餐》（*Picnic*）。[英奇把自己职业生涯的起步归功于威廉斯，他在 1944 年芝加哥《玻璃动物园》预演期间就和英奇成了朋友，当时英奇为《圣路易斯星报》采访了他。那时，英奇正尝试以诺埃尔·科沃德的方式写剧本，但并不成功。在深入思考了威廉斯将自己生活的原始素材转化为戏剧的方式后，他看到了一条前进的道路。"田纳西向我展示了艺术和生活之关联的生动例子，"英奇在他的日记中写道，"我以前从来不知道到哪里去找素材……现在我知道去哪儿找了——在我内心深处。"*结果他写出了《远离天堂》（*Farther Off from Heaven*），这是一出基于他家庭的剧作；威廉斯很喜欢这个剧本，并把它交给了伍德，伍德接受了英奇为客户。剩下的就是流传的百老汇历史了。]"我答应过要导你的戏，"卡赞告诉威廉斯，"我答应是因为我想这么做，我想这么做是因为我觉得这是一部美丽而深刻的戏剧。那时，我打算退出英奇的电影……但是我不能……因为我已经启动了这个项目。我已经让他写了……你怎么能从一个作家耗费了那么心力的项目中退出呢？……我不能。我也没有。"*

晚上，他们喝过酒后，威廉斯打电话给卡赞，在一种醉醺醺的偏执情绪爆发中，痛斥他的背叛。"我对你在电话里对我说话的方式感到愤怒，*"卡赞第二天写信给他说道，"你根本无权推断我在对你撒谎。我从来没有对你撒过谎。我让你卑躬屈膝过吗？我们的关系有过怜悯吗？我们的关系很纯洁，我尽了自己的一份力量来让它保持纯净。"他接着说："我知道你一定会认为我不喜欢你的剧本。这是我预料到的，但我没想到会受到这样的侮辱。"*

就在一年前，威廉斯还形容卡赞是"一个感情充沛的人，他会犯错，这已经发生过，但当他是正确的，他的正确无与伦比"*。在这次他们之间最令人不快的争执中，卡赞是完全正确的。"坦白地说，在我看来，我们之间的忠诚更多的是我对你的忠诚，而不是你对我"，他说，并详细地说：

> 无论你怎样冷漠和消失，我坚持导演《洋娃娃》……我坚持导演《甜蜜鸟》，虽然你认为它是垃圾。你认为格里·佩姬（Gerry Page）不适合，我却坚持要用她。四年来，我一直承受着媒体对我来势凶猛的诽谤，说我曲解了你的作品……我想了很多次，我应该放弃《调整时期》，却从来没有认真过，因为我总是把你放在第一位。接着是卡西迪的文章，我开始考虑。并不是我在乎她怎么想。我真的不在乎……我只在乎你的沉默。我强迫自己认为你的确真的和我有同样的感受。*

戏剧评论家克劳迪娅·卡西迪在《芝加哥论坛报》上评论《甜蜜鸟》时，曾用一种如今已为人熟知的谣言指责卡赞，说他粗俗的影响破坏了威廉斯诗意的完整："第一幕和第三幕中的部分是真实的威廉斯，而不大好的第二幕是劣质的妥协。对自己妥协？对他的

第七章 怪 癖

导演妥协？也许两者都有。"她写道，这出戏"被对立力量从中间一分为二，与撕裂《热铁皮屋顶上的猫》的力量如出一辙——这股对立的力量就是剧作家和占支配地位的导演伊利亚·卡赞之间对立的戏剧信念。威廉斯的角色所承受的合理压力来自内心……卡赞则常常从外部施压，像逐渐收缩的笼子一样挤压受害者。与威廉斯剧作中的内在暴力相比，层层叠加的愤怒的外缘可能是反高潮的，甚至是廉价的"。*

威廉斯过去的闪烁其词——指称百老汇版《猫》的第三幕为"乱搞"*和"卡赞式结局"*——助长了误解的火焰，不可避免地弱化了卡赞对他作品的微妙贡献。事实上，卡赞在心理和结构上的敏锐为威廉斯提供了一张安全网，这张安全网让他从写作的障碍中振作起来，质疑了他无节制的情节剧风格，鼓励他创作得更有深度，并让他的想象力驰骋。但威廉斯艺术上的虚荣心使他无法向公众或自己承认卡赞的才能对他的作品产生了多大的影响。艺术属于威廉斯；缺陷却属于别人。面对评论家对卡赞的无端指责，威廉斯的沉默震耳欲聋。"我惊讶地发现，他们都让我心烦意乱"，卡赞谈到这些指责，并补充说卡西迪对《甜蜜鸟》的评论是"马桶所需的最后一滴水"。*现在，面对卡赞的退出，威廉斯告诉《时报》："关于卡赞迫使我改写剧本的指控是荒谬的……卡赞只是试图忠实地阐释我想说的。"他继续说："事实上，因为我对成功的渴望，人们错误地去指责卡赞。"* "他早该这么说。"卡赞在同一篇文章中还击道。

事实证明，威廉斯对成功的热情是卡赞决定与他和百老汇说再见的转折点。（《青春甜蜜鸟》是他最后一部百老汇作品。）他在给威廉斯的信中写道：

> 我想，他为什么要我执导他的戏剧呢？答案是，因为某种迷信说法，认为我能带来商业上的成功，而这是你迫切需要

的。但那只是同样令人不快的画面的一部分。就像我禁不住认为你同意卡西迪一样，我也认为你会把我看作可以让你的戏剧"成功"的人，你愿意在完整性和个人价值观上做出一些牺牲，来获得我带给你的商业成功。好吧，田纳西，去他妈的！那是一个非常丢人的位置，我不想跟它有任何瓜葛……我不会拼了命，抛弃英奇的电影，在《调整时期》上半途而废，最后却又被告知，我把你的剧本误导向了成功。然后，等啊等，等着你说点什么，却又什么也等不到。对男人来说，这到底是什么位置？它不适合我……找一个新的小伙儿，开始一段新的关系吧。*

十多年来，卡赞一直是美国舞台和银幕的首席导演；然而，到了 1960 年，他已经厌倦了为别人的才华服务。"我想成为无可置疑的源头。"* 他在自传中写道。他对《狂野之河》剧本的尝试激起了他自我表达的兴趣，接着又根据英奇的散文作品《天涯何处无芳草》改编了电影剧本，这使他的精神更加振奋，并最终为英奇赢得了奥斯卡最佳编剧奖。离开威廉斯标志着卡赞精神和职业生涯的战略转变。他离开了商业剧院，离开了工作室，离开了他作为一名诠释艺术家的生活。最终，他成了一名畅销小说家。"我不再关心别人的话题了，"他在自传中写道，"尽管田纳西的失望带来了冷风，但获得自由的感觉是多么好啊。"* "毫无疑问，我身上发生了一些事情，"事情平静下来后，他告诉威廉斯，"那很糟糕吗？我不这么想。我的内心知道震惊是必然的。突然的、令人震惊的脱轨。我很抱歉这一切都发生在你的剧本上。"*

卡赞"发誓不会回头"*。但是威廉斯该如何展望未来呢？他对《时报》说，他未来的作品还会有其他导演，尤其是"和卡赞一样出色"* 的何塞·昆特罗。幕后，冷静下来后，他毕恭毕敬地回来找

第七章 怪癖

卡赞。"我希望你回来,如果有办法能让你回来导演这部戏,"他在信中写道,"我相信你是真心喜欢这部戏的,而且这是一部你可以赋予它尊严和深度的戏,也可以赋予它感人的幽默。"他接着说:"我说过我不会卑躬屈膝、谄媚奉承,我想我现在不是在这样做。我只是告诉你,我仍然是你困惑的朋友,而且无论你对这个恳求的反应是什么,我都将一直是你困惑的朋友。是的,这是一种恳求,因为我真的想要你,也需要你来导演这部戏,不假悲伤,如果没有你,我认为我根本就不会拥有它。我宁愿把它收起来。"*威廉斯的恳求信署名为"爱你的朋友",就像卡赞那封好斗的信一样。他请求卡赞"请在精神上与我同在"*。

卡赞这样做了。"我想我们的友谊会挺过去,我想我们会再次合作。我们太亲近了,"卡赞在另一封信中告诉他,并补充道,"我能理解你为什么生我的气。毕竟,我反复地说我会做,而我确实在做,接着突然就——好吧,我料到了你的感受。综合来看,我还认为你表现得很好……我真的非常关心你,非常看重你,比你所知的还多。"*

他们停止合作时,卡赞和威廉斯都不知道他们的分手会持续多久:结果是永远。本着他们合作的特点——坦率,威廉斯最终接受了这种情况,因为事已成定局。"我不知道,也永远不会知道,你为什么决定不接这部戏,"威廉斯在合作破裂几个月后写信给卡赞,"它所传递的信息是你犯了个大错,而我蒙受了巨大损失。"威廉斯继续写道:

> 我们的联手,从个人和工作角度来说,始终是特殊的。尽管我们有这么多共同之处,但我们或许还是不免落入俗套:两个同样缺乏信心的人因自我意识的冲突产生了怨恨和猜忌。合作本该秉持信念和理解,大胆发挥尤为互补的戏剧才能,一起

勇敢挖掘彼此对人生的理解。

我们都充满了恨与爱，但让我们试着不要出于恐惧而互相伤害。

现在不必努力来喜欢我。我的心理疾病与神经紧张、心理分析与自我面对的失败等等，让我至少暂时不可能招人喜欢。

要我说，就是现在，你也面临同样的危机。尽管你有舒适的家庭生活、挚爱的孩子等等，而我却必须跟两条狗和一只鹦鹉相处，还有我爱的人，他和我的关系在心理层面上不大可能是真正互惠的爱。

我们既充满恐惧，又充满勇气，让我们专注于勇气。说到底，我们是否比理解彼此的困境做得更多，又有何关系？*

威廉斯仍以自己的方式忠于卡赞。1961年，两人分手一年后，《鬣蜥之夜》排练期间，威廉斯当时的导演弗兰克·科赛罗（Frank Corsaro）顺口说道："我们年轻导演不想走卡赞的路子。"威廉斯插话道："别走得太远，宝贝儿，除非你们年轻导演极度确信自己比他强。"*

尽管不同的职业轨迹会带领他们前往不同的方向，但威廉斯和卡赞从未失去他们的兄弟情谊。他们会继续通信，寻求对方的建议，给彼此的剧本做注解，在个人悲剧发生时互相支持。《调整时期》开始排练时，卡赞给威廉斯寄了一封祝福信，并附上一根火鸡羽毛。"你这怪物，"威廉斯开玩笑地回应，补充道，"希望我有一根天使之羽能附在信里给你，但我所有的羽毛都是灰色的。"*

乔治·罗伊·希尔（George Roy Hill）执导的《调整时期》在费城好像很受欢迎；到了纽黑文却遭到冷遇，一场霜冻所打击的"不仅仅是南瓜"，威廉斯告诉圣贾斯特："我四下走动时小心翼翼，就跟在纳粹德国屠杀了五百万犹太人似的，每天喝一夸脱酒；

第七章 怪 癖

然后开始流血……在那里，只有桑顿·怀尔德和他可爱的老处女姐姐对我们不错。"* 尽管如此，《调整时期》于 1960 年 11 月 10 日在百老汇上演。在不冷不热的媒体反应中，《纽约客》的差评最为恶毒，称这部戏是"一锅混不到一块去的乱炖"* 。其余评论让《调整时期》维持了 132 场演出，电影公司因此购买了该剧的改编权。* "我觉得我在百老汇已风光不再。"* 威廉斯告诉圣贾斯特。（数月后复盘时，他写信告诉伍德，卡赞"如果导演这部戏，就能挽回局面"* 。）到他的下一部戏剧《鬣蜥之夜》上演时，威廉斯的名字第一次不足以保证上座率了。*

———

早在 1959 年，弗兰克·科赛罗曾邀威廉斯写一部独幕剧，在意大利斯波莱托的两世界艺术节上，和威廉·英奇的《小衣橱》（*The Tiny Closet*）一起连场演出。威廉斯寄给科赛罗一部基于他 1946 年写的短篇故事《鬣蜥之夜》的 21 页短剧，灵感来自他与基普·基尔南伤心分手后在墨西哥生活的一段时间。故事几乎全部聚焦在伊迪丝·耶尔克斯小姐身上，一个歇斯底里、隐居的 30 岁南方老姑娘，她和另外两个房客——两位同性恋作家——住在一家破烂的墨西哥旅馆里，跟他们保持一定距离，孤单又妒羡。被年长的作家吸引，耶尔克斯小姐闯入了这对情侣隐居的田园生活：

"你的朋友——"她结结巴巴地说。"迈克？""他就是那个——对的人吗？"

"迈克很无助，而我总是被无助的人吸引。"

"可是你呢？"她笨拙地说，"你怎么办？你就不需要别人的帮助吗？"

"上帝的帮助,"作家说,"否则,我就只能靠自己了。"*

年长的作家笨拙地跟耶尔克斯小姐调情;她抗拒,但他们短暂而糟糕的性接触切断了"她令人窒息的寂寞绳索"*。一只鬣蜥的苦难也反映了她的困境:它被残忍地抓起来拴在酒店的阳台下,最终得到解救,摆脱了折磨。

科赛罗发现这些人物有些扁平——这个作家"有点像个卑鄙的家伙"*,他回忆说。他给威廉斯打电话,试图劝他再赋予人物一些深度。"就在我们说话的时候,我有了想法。"*威廉斯回答。威廉斯将故事重新调整为主要"表达我当前、迫切的心理烦扰"*,像他对科赛罗描述的,故事变得更加倾向于精神的枯竭而非性方面的挫败。最后剧本中几乎没有原先故事的内容,威廉斯认为它"更像是戏剧诗,而不是戏剧"*。

《鬣蜥之夜》的故事从T. 劳伦斯·香农神父讲起,这位被免职的神父现在变成了导游,站在墨西哥一个热带天堂的山顶上,巧妙地处于对创世的敬畏与对分崩离析的敬畏之间——世界大战的消息从一些快活的德国客人(他们没有出现在这个短篇小说中)的收音机中传来,世界正处于精神上的临界点,焦虑不安的香农也是如此。他爬山前往绿色海岸旅馆时,正处于第二次精神崩溃的边缘。在他下方,一辆公交车满载来自得州女子学院不悦的女士们——"一足球队的老姑娘"*——大声抱怨着他为她们安排的"各地尘世"*之旅。香农是朝圣者、"度假中的传教士"*,他迷失了方向,徒劳地奋力压制对年轻女孩和酒精的欲望。为了寻求男性同伴——旅馆老板弗雷德·福克——的安慰,他奋力爬上了山坡,却几乎立刻被更大的灾难迎头痛击:弗雷德死了,香农和弗雷德饥渴的寡妇玛克辛会面,后者业已开始享受她新获得的自由,在当地的年轻人中寻欢作乐。

第七章 怪癖

根据威廉斯的说法，这部修改后的戏剧的主题是"如何在绝望中生存并生活下去"*。香农是歇斯底里的角色，而出于戏剧性辩论的需要，耶尔克斯小姐变成了冷静、圣洁、中性的汉娜·耶尔克斯，玛克辛旅馆的一位房客。"轻盈缥缈，如鬼魅一般。她使人想起哥特式大教堂里某个中世纪圣徒的形象，却很鲜活。"*舞台提示中说。与故事中的伊迪丝·耶尔克斯——"一把精致的茶壶"*不同，汉娜·耶尔克斯是一位勇敢的楠塔基特艺术家，也是98岁高龄的轮椅诗人农诺的旅伴。农诺是"世上最长寿并还在创作的诗人"*，正在努力完成自己的最后一首诗。农诺在意大利语中指"外祖父"，是梅洛对戴金牧师的昵称。

农诺如此形象是威廉斯对他自傲、举止夸张的外祖父的温情致敬：农诺是汉娜的家，正如戴金牧师在基韦斯特住时给了威廉斯"一种真正拥有家的感觉"*。"他死后，我内在的某种东西也消失了，并且很难复活，"威廉斯写信给凯瑟琳·赫本，争取让她在百老汇出演汉娜·耶尔克斯，"他不喜欢我的剧作，尽管从来不会直接向我承认，但他总对别人说'汤姆是个诗人，他会作为诗人被人记住'——95岁左右时，他还能背诵爱伦·坡的《乌鸦》和《安娜贝尔·李》，引用莎士比亚的大段台词……每天晚饭前，他都要两颗樱桃配曼哈顿鸡尾酒，他能把瓢虫引出灌木丛，喜爱古龙水，甚至所有香水。"*威廉斯向科赛罗解释说："当老年人像他一样长久地保持宁静、尊严和甜蜜，生活就变成了诗歌，否则便是冰冷的散文。对他们的纪念几乎是一种宗教式的认可。"*〔威廉斯给原剧本的副标题是《三幕恩典》（"Three Acts of Grace"）；在斯波莱托版之后的1960年版中，它的副标题是《南方十字架》（"Southern Cross"），并"献给沃尔特·戴金牧师"*。〕

在该剧的短篇小说——威廉斯在墨西哥浪漫重生的顶峰时期所作——前身中，伊迪丝·耶尔克斯领悟到肉欲中的救赎。*然而，在剧中,香农已被肉体冲动背叛,以淫乱和异端之过被逐出了教会。现在,他被一位自己引诱的妙龄少女及其愤怒的监护人攻击,竭力寻求超越。"看到了吗?那只鬣蜥?走投无路了吗?试着去继续挣脱那根该死的绳索?像你!像我!像创作最后一首诗的爷爷!"*他说。

这出戏有几分是威廉斯内心对立冲动的大全,他那自感耻辱的清教徒心灵,与自我毁灭进行了一场很可能失败的激烈战斗。"太可怕了,你虚张声势,叫喊'救命!'时也继续唬人,可这是你唯一能做的。"香农说。他"伸出的手"——"好像在伸手去够外面无法企及的事物"——这个象征性的动作既是恳求也是祈祷,威廉斯以此结束了第二幕。*

"我的生活毁了"*,香农说,和威廉斯一样,困于他的过去、他的欲望、他丧失的美德、他的孤独、他对上帝恩典曲折的渴望。"我现在的处境跟香农神父有点类似,"1960年他们合作初期,威廉斯告诉科赛罗,"由于相似的紧张关系,我是指同样紧张万分,其持续时间之长能压垮任何人,甚至是在肉体上压垮,而我这样坚强的老家伙却挺过来了。"*

随着威廉斯和梅洛的关系持续破裂,香农痛苦的声音变成了对他的孤立和自我厌恶的某种映射。"我们——生活在两个层面上,耶尔克斯小姐,现实层面和幻想层面,而后者才是真实的,真的,"香农向汉娜吐露道,"但是当你生活在幻想层面上,就和我最近一样,却必须在现实层面行动,你就会被吓到,这就是无端让人恐惧的东西。"*被恐惧吞噬又要从中汲取灵感,威廉斯也面临着相同的困境。"不要问我为什么会陷入这种状态,"1959年10月下旬,他从埃及给伍德写信说,"因为我只能告诉你,有什么东西在某时某地以某种方式对我'装神弄鬼',我摆脱不掉那种恐惧。幸运的是,我正写的恰恰就是它。"*

第七章 怪 癖

相比之下，汉娜·耶尔克斯是克制和同情的典范；她是威廉斯笔下一种新的女主人公类型，为威廉斯陷入困境的道德代言，带来了逃离自我的希望。（她也是他所塑造的第一个非南方女性。）"汉娜并非失败者"，他向科赛罗解释道，科赛罗是他"另一个西西里的弗兰克"。*"她具有深刻的理解力和同情心，但更是一个战士和胜利者。她不像阿尔玛一样屈服于现实条件，也不像布兰奇一样完全被它们击垮，最后只能投入医生的怀抱。她维持着一种恰到好处的自尊和克己，就像东方概念里的与'淡泊'的神明共同生活。"威廉斯继续写道：

> 她不受基督教-希伯来人类行为哲学中任何过时、软弱的感伤观念所诱惑，但是——仍然——出于她的克己、她的淡泊，她可以跳出自身、她个人的困境和危机，去关心受困的鬣蜥；她发展了一套在东西方道德观念之间运行自如的综合体系。还有情感观念。<u>这是对人类精神不可战胜的肯定</u>。*

汉娜坚忍的沉着明显缓解了香农的歇斯底里和他将创伤——汉娜称之为"耶稣受难剧"——作为诱惑和哀悼的冲动。*通过他与汉娜的关系，香农实现了威廉斯在生活中无法做到的事情："理解和善意，存在于身处绝境的两人之间。"*

"我们一边工作，一边从威廉斯那里源源不断地收到稿纸，最后我有了一个90页的剧本。"科赛罗谈到斯波莱托版本的《鬣蜥之夜》时说，剧本带着一种全新的、近乎交响乐般的情调。他补充道："我意识到我拿到了相当特别的作品。"* 威廉斯也意识到了。"我累了，为寻求帮助、光明和宽恕而长时间地奋力尖叫后，我已精疲力尽，"他在1959年夏天给阿特金森的信中写道，"但我刚刚完成了一场关于宽恕和帮助的戏，或许其中有光明能缓解几分疲

441

劳。我想,对世界的仇恨已暂时消磨殆尽——从来没有过对人的仇恨——如果这趟长途旅行中的'冒险'足够幸运的话,我会带回一两部剧给你,你可能会喜欢而且欣赏其技巧。"* 1959 年 5 月,威廉斯写信给伍德:"我觉得为斯波莱托写的剧本可以演得非常好。"*

"亲爱的田,你说得对,你最新的这部作品里倾注了你的心血。能感觉得到!"安娜·马格纳尼读完《鬣蜥》后写道,"有一次我对一个记者说……'田纳西·威廉斯笔下的人物总是仰望天空/天堂'。事实的确如此!他们总是在最纯粹和最高尚的意义上寻求救赎。"*

在完成《鬣蜥之夜》的 30 个月左右的时间里,威廉斯的世界和香农的一样每况愈下。他失去了长期合作的导演卡赞,接着是他最坚定和见解深刻的公开拥护者布鲁克斯·阿特金森于 1960 年春天从《纽约时报》退休了。* 偏执妄想甚至开始动摇威廉斯对奥德丽·伍德牢固的信任。"我们所有关于《鬣蜥》的信件、电话和谈话中都有很大的不确定性,这让我心慌,更难有信心完成这部作品,"他写道,忘记了自己最初对这剧本可行性的怀疑,"你从来没有明确说过,我对这部作品很感兴趣,觉得它很有价值。所以我必须代表我自己,在演出上做出我自己的决定,其中有些可能是错误的。"*

最后,威廉斯失去了他长期以来的情人。在与梅洛的消耗战中,威廉斯在 1961 年 1 月 2 日正式举起白旗。"亲爱的小马或圣弗朗西斯,"他写道,

> 我想你赢了,就跟橘子杯比赛中的密苏里大学一样。13 年,史上最长的战争,但那样说并不好。不管怎样,我打算回基韦斯特去,因为我好像腿里灌了一吨的铅,环岛游对我已经不可能了。

第七章 怪 癖

请你做一个好赢家，好的赢家会尊重好的输家，我希望我会做好。前者享受自己的胜利，但是对投降的对手彬彬有礼、体贴周到，而不是彻底羞辱他。

我希望像我父亲输掉时那样表现，但希望不会像他那样被锁在门外。我没有诺克斯维尔可回，也没有托莱多的寡妇。如果结局并不是体面的投降，我想我仍然可以雇一个旅伴带我去欧洲，但届时，胜利，你的胜利，便会失去荣耀，甚至于失去它应得的回报。我确实说应得，因为我认为跟我这个有史以来最阴郁的野蛮人共度了 13 年，必定值得拥有天堂里的一顶王冠。

布兰奇也有点野蛮，但我认为她说这句话时是相当真诚的："谢谢你这么好心，我现在需要好心。"

好心换好报。

爱你的 T*

威廉斯彬彬有礼的要求给他自身的残忍刷了一层礼貌的清漆。1960 年 8 月，《鬣蜥之夜》在迈阿密的椰林酒店试演之前，梅洛北上去了纽约接受医学检查，以找出难以解释的减重和乏力的原因，而威廉斯将其归因于毒品。梅洛不在时，威廉斯开始和一名画家交往。一个在基韦斯特的朋友无意中撞见了威廉斯寻欢作乐，梅洛得知后没通知威廉斯就飞回了家。[梅洛对威廉斯的挑衅并不陌生；那年早些时候，据威廉斯自己承认，他曾有一整个下午在一家南海滩旅馆和三个男同性恋一起醉酒放浪，之后还回家和梅洛吃了一顿自制的晚餐。"我像个国王一样在露台的餐桌旁坐下，等着别人侍候。厨房的门砰地开了，一块肉馅糕从我身边飞过，差几英寸就打中我的脑袋。"* 威廉斯回忆道。在冲进他们的汽车之前，梅洛还设法朝他扔了豆煮玉米、沙拉和咖啡渗滤壶。"当我在意的人变得暴力,"威廉斯严肃地告诉戈尔·维达尔,"我别无选择,只有退出。我痛恨任何形式的暴力。"* "弗兰克有充分的理由这么做,对那只让人恼火的鸟扔羊羔腿都便宜了他,说这些是没有意义的。"* 维达尔在他的回忆录《羊皮卷》(*Palimpsest*)中写道。] 回到家里,看到威廉斯和那个画家,梅洛"拒绝吃东西,几乎不说话……他瞪大了眼睛紧紧盯着画家和我",威廉斯在《回忆录》中写道:"接着,场面爆发了。弗兰克像只丛林猫一样蹿过房间,扼住画家的喉咙,在我看来那画家好像要被勒死了——那个晚上,我很确定弗兰克吸毒过量了。"* 威廉斯报了警;梅洛睡在朋友家。第二天,威廉斯准备带着他的画家和稿纸溜去迈阿密的一家汽车旅馆时,梅洛从门廊跑了过来。"我们一起过了14年,你打算手也不握就离开吗?"* 梅洛说。

这一事件标志着他们关系终结的开始。第二年,他们在邓肯街的房子里分居。梅洛找到了一个新朋友,开始了新生活。"我再也不是他的'让人想拥抱的你'了,在我的基韦斯特避难所,顶多是个不受待见的房客,在这里我为生存而战,可以说是我的野兽洞穴。"* 1961年3月,威廉斯在给伍德的信中写道。他时而愤怒,时而平和。尽管推开了所爱的人,威廉斯还是不得不紧紧抓住他们。"我从未停止爱我爱过的任何人,我也一直爱每一个关心我和让我烦忧的人,"他告诉伍德,"在我的一部剧中,不记得是哪一部了,有人说:'他喜欢我,所以我爱他。'啊,对了,是在《去夏突至》里——凯瑟琳对医生讲述她对塞巴斯蒂安的感情。我那也是在为自己说话。我爱任何喜欢我的人,即便我知道那也许是幻觉。"*

1961年4月,威廉斯在玛丽昂·瓦卡罗(Marion Vaccaro)*和她小白脸的陪同下前往欧洲。"也许我会遇到受得了我的人——在某个地方。"* 他说。离开基韦斯特的那段时间,大约每周都有一次,威廉斯即使夜里吞下三片眠尔通,也无法入睡。他称自己被

第七章 怪 癖

威廉斯与玛丽昂·瓦卡罗及其他人度假探险

"(那)席卷我单人间的孤独巨浪"*击垮了。他细数"我生命中可怕的事实"*时,梅洛的排名十分靠前。"我把爱都给了一个似乎恨我的人,太多的爱,几乎没有足够的感情留给友谊。"*他说。尽管如此,他还是忍不住试着给梅洛打电话。国际接线员接通了电话,但是,如威廉斯对伍德解释的:"接电话的人说他不认识我。我说,没关系,让我和这个人说话。我等了一会儿,接线员又打回来,说,那个人不想和你说话,我不能强迫他。——然后他对我说:你为什么不从那辆欲望号街车上下来呢?——我说:我明白你的意思,下车,躺在铁轨上。"*

"我想他是恨透了我的病态,在我看来是近乎疯癫的心理状态,以至于他再也不会容忍,我也绝不会有任何要求",威廉斯夸张地写给他在新方向出版公司的编辑罗伯特·麦格雷戈(Robert MacGregor),谈完即将上演的《鬣蜥》后又加上一句:"恐怕弗兰克不会再和我重修旧好,他不回我的信,连电话也不接。"*

5月，威廉斯在罗马再次试图给梅洛打电话，但他昔日的情人拒绝和他说话，这再次刺痛了他。有时，威廉斯试图拿电话防守和梅洛拒不承认他的名字开玩笑（"斯旺森的荣耀就此消逝"*①）。无可避免地，怨恨从若无其事的姿态中渗了出来。"我一直试着尊重他的自尊，可现在我觉得他把自尊和某种可怕的天性残忍搞混了，还想要打破我内心全部的尊严。这我决不容许，否则我就会沦为一条虫子，那可比现在变成了有点儿恶魔的样子还要糟。"威廉斯向伍德坦言。他继续写道："为何我仍在乎他？是他让我摆脱了孤独，孤独是我所认为的人生中最可怕的痛苦，这些年来，当我太过倾向于思考死亡，是他给了我生活的感觉。"* "马格纳尼说，'去他的吧'，"威廉斯在5月中旬给鲍登和科赛罗的联名信中写道，"但我仍然对小马情有独钟。我渴望我那栋小房子里的平静，能帮助我再多完成一部百老汇作品。"*

梅洛的沉默给威廉斯的旅行蒙上了一道长长的阴影，也影响了对《鬣蜥》的改写。在他们共同的生活中，威廉斯是引擎，梅洛是守车。现在，对双方来说，这段旅程结束了。对香农而言亦是如此。和梅洛的争吵成了整出戏的主题。

被剥夺了钥匙、旅游巴士、工作及信心，香农被逼得仓皇而退。面对愤怒地带头煽动旅游团闹事的费罗丝小姐，香农几乎一字不差地重复了威廉斯对伍德说过的关于梅洛的话："不要！打破！人的！尊严！"*在戏剧的结尾，汉娜面临失去心爱的农诺、独自生活的前景。"我想象中的家是一种两个人之间的东西，能够成为双方的……呃，爱巢——港湾——居所，从情感上来讲。"她说。"和……一起旅行了这么多年之后，独自旅行会是什么样子？"香农问汉娜。汉娜答道："等我感受到了就会明白那是什么感觉。""我

---

① Sic Transit Gloria Swanson，源自拉丁语 Sic Transit Gloria Mundi（世界的荣耀就此消逝），也是一本加泰罗尼亚小说集的书名，暗指美国影星葛洛丽亚·斯旺森。

第七章 怪癖

在想……我们能不能一起旅行？我的意思是仅仅一起旅行。"香农暗示。汉娜提出异议："不要骗自己说你曾经和别人一起旅行过。"她说："你一直都是独自旅行，除了你说的那个让你恐惧的东西，它是你的旅伴。其余不管是物还是人都不曾和你一起旅行过。"*

仿佛是他笔下角色的混合体，威廉斯也同时感到大怒和解脱。"小马已经使尽了全力来击垮我、羞辱我，所以我必须拿出勇气，把这恶心的家伙忘掉、抛到一边，"1961年夏天，他在给圣贾斯特的信中写道，"公道地说，和一个走钢丝的家伙一起生活13年并不容易，而且他走的还是一根很细的钢丝，钢丝下面是疯狂。但现在是'冷静下来'的时候了，我自信能做到。"*

———

1961年1月8日，正式宣布和梅洛结束关系六天后，威廉斯又和他的制片人谢里尔·克劳福德解约了。克劳福德曾监制了他的四部戏剧，并在1960年5月观看了演员工作室的《鬣蜥》工作坊之后告诉他："《鬣蜥》会成为你迄今为止最好的剧本，制作这部戏——借用一句电影宣传语——也会让我引以为荣。"*威廉斯曾向克劳福德要过观剧笔记；她照办了。"幕间休息时，我希望观众在说：'接下来会发生什么？''他（或她）打算做什么？'但他们没有，"她写道，并补充，"观众在第二幕结束时根本没跟上人物或情节。结果，他们没有代入感，也不在意后续发展。"*

尽管克劳福德正确地指出了一个问题——该问题在威廉斯的最终版本中得到了精妙的处理——但她六个月都没有收到他的来信。他在1月8日的信中告知，查尔斯·鲍登将担任他的制片人。"这部戏是一首最具个性的戏剧诗，而鲍登不知为何似乎正是想要此种效果。"*威廉斯写道。在这次耸人听闻的变卦中，威廉斯再一次为

422

自己的不守信用强加了一副通情达理的姿态。"我从没想到你是真的想要《鬣蜥》；我以为作为一个真正善良的人，你是想通过表现得想要来鼓励我，仅此而已。我拿到你的笔记后，我意识到我无法让这部戏在取悦你的同时也令我自己满意，"他解释说，又申辩道，"我认为，这部戏对你来说就像给脑袋开个洞一样没有必要。你当然知道，不是吗？"在宣告《鬣蜥》"可能是他最后一部戏"之后，威廉斯在下一段写道："我希望、相信并祈祷我预留的（剧本）中有一部会适合你。"他漫不经心地道别："心中真情献给你，亲爱的！"* 他们的合作结束了。

在《鬣蜥之夜》进军百老汇的征途中，威廉斯现在扮演的是一个新团队中饱经风霜的队长。"我要在现场见证它的上演，"威廉斯对鲍登说，"科赛罗会需要我，也会想要我，因为这是一部高度个人化的戏剧，所涉及的情感只有拥有我这样经历（和年龄）的人才能够完全理解。"* 对威廉斯来说，受过哈佛大学教育，从演员转型为舞台经理兼制片人的鲍登是"一个极其有活力的人"*；然而在科赛罗看来，鲍登是"一块橡皮泥——被田纳西·威廉斯蜡像馆里的一小群假人包围的蠢货"，他"几乎毁了这部戏"*。这位迷惘的剧作家一边教他们如何应对他不羁的生活作风和写作风格，一边努力将自己身上不兼容的元素糅合在一起。

为了将自己从拘束中解脱出来，测试戏剧的可能性，威廉斯在创作剧本时会时常忽略情节的逻辑，对前一天中断的地方不进行必要的回顾就添加新的场景。"我这个阶段的剧本充斥着矛盾、重复和冲突，因为我的工作方式不讲章法，也不重读昨天的作品，只是往下写啊写，像个疯子被鬼追着跑。"* 他向查尔斯·鲍登解释道。脱胎于由反复想象的情节织就的狂乱的缝合物，剧本最终成形：这种行为是拼贴，也是建构。"修改拓展了某些内容，在某种程度上，也推翻了另外的内容。"* 科赛罗回忆道，处理威廉斯文思泉涌造成

第七章 怪 癖

的混乱是令人生畏的任务。他记得威廉斯给了他第三幕中一个场景的三种版本,讲的是香农告诉汉娜,他和他的旅游团发现一些当地人在吃粪堆上"未消化"*的残余物。"我说:'我拿它们怎么办?''我想让你看看你认为哪个合适,或者其中是否有合适的。'我说:'威廉斯先生,你交给我好大的责任。'"*科赛罗回忆说。

过去的日子里,威廉斯依靠卡赞在他混乱的场景中辟出思路,挖掘他最深入的主题,并在戏剧重组中发挥主导作用。现在,对于他的新手搭档,威廉斯必须兼任教练和啦啦队员。"尽管有天赋、感性、理解力,但你似乎并不相信自己有能力解决编剧问题,而这些问题肯定没有你曾勇敢面对的挑战性作品,如《噢,爸爸》(*Oh,Dad*)和《短暂的幸福人生》(*Short Happy Life*)那样具有挑战性,"威廉斯在给科赛罗的信中写道,"在都作为艺术家的私人关系中,让我们忠于戏剧必须传达的东西,那就是,对那些绝望的生灵来说,弥补世界创造时的缺陷,是可能的也是最让人向往的:来扮演一个富有同情心和理解力的神,仿佛我们是神秘创世主的候补演员或后备人员,因为主表现得好像已飞往宇宙的另一端,并且已经忘了我们。"威廉斯补充道:"(好哇——好哇——太棒了,团队,等等)。"*

这部剧要想从迈阿密搬到百老汇,就需要一个明星。威廉斯瞄准了凯瑟琳·赫本,她"骨子里的贵族气息"*——她的骨气与沉着的结合——使她完全符合汉娜·耶尔克斯的角色。"我是为赫本写的汉娜,凯瑟琳能奇怪地融收敛与抒情于一体来演绎这个角色,我看不出其他还有谁能做到这一点,即使佩姬也不行,除非她由卡赞导演,"他说,"为了凯瑟琳,我或许甚至会找到办法去掉结尾的粪堆台词,尽管我认为这是剧中香农向他的女士们所展示的一切的最强音——'上帝世界的恐怖',因为这世界已没有他的安排。"*

那年1月,威廉斯打电话给赫本,她当即回答"绝对不行"。

第二天，威廉斯写信告诉她："你说'绝对不行'，我知道你现在是认真的，但作为一个无可救药的浪漫主义者，我认为没有什么是绝对不行的，你和汉娜·耶尔克斯如此相称，因为我从来没有（至少不是有意如此）写过这样完全适合哪个女演员的剧本，汉娜是为凯瑟琳·赫本而生。"他补充道："总有某一天，出于某种原因，你会答应的。"*

"你是骗子，不是吗？你是个相当了得的骗子。"香农对耶尔克斯说。耶尔克斯答道："没错，像你一样，香农先生。"* 在这场信心的博弈中，威廉斯没有松懈。在他"游说"* 赫本的信函最后一段，他打出了一张万能牌。前一天晚上，他们的讨论包含了电影版《去夏突至》，赫本在片中饰演维纳布尔太太，威廉斯认为这部电影是"半途而废"*。现在，他提醒赫本，在拍摄的最后一天，拍完她的最后一个镜头后，她是如何朝摄影棚吐唾沫，以示对导演约瑟夫·曼凯维奇的蔑视。"我不想贬低（蒙哥马利·）克里夫特和利兹（·泰勒）或任何有关人员，真的，但是你，只有你，回击了这种误解，"威廉斯写道，"你演最后这段时一定很不好受！如果还不算太晚的话，我愿意为此补偿你。"* 最后，鲍登的穿梭外交、威廉斯的连哄带骗（"没错，我明白，我像个上门推销的，像个绝顶骗子"*），以及剧本本身都勾起了赫本的兴趣。威廉斯在他的下一封信中更大胆地写道："一点一点地，我们将陆续寄去为你写的这份剧本的片段，直到汉娜的声音响起：'是的，你赢了，我答应了。'"*

赫本意识到她是这个角色的合适人选，并且会做得很出色；她已开始想象演绎汉娜的方式。她同意谈合同。"你必须明白一件事！我爱这个作品！在化妆间里，我已经是95%的汉娜了！"* 她告诉鲍登，当时他们正驱车穿过好莱坞山，试图敲定合作。鲍登坚称他需要的不仅仅是一份六个月的合同。"一刻都不能等了！"赫本说。对鲍登来说，这是谈判破裂的关键。"她不会再给我们更多时间了，

第七章 怪癖

因为斯宾塞·屈赛的身体再次变差,她觉得自己是唯一能救他的人。"*他向威廉斯解释道。于是,赫本放弃上台出演汉娜,转而在生活中扮演这个角色,而签约出演的是超凡脱俗的 39 岁英国女演员玛格丽特·莱顿——她将凭此剧获得 1962 年托尼奖最佳女演员奖。

最终,那个轰动一时、给这部百老汇作品带来商业竞争力的名人,是"那个迷人的老泼妇"*贝蒂·戴维斯(Bette Davis),她签约饰演邋遢又放荡不羁的寡妇玛克辛·福克。戴维斯是 1949 年美国收入最高的女性,*每周收入为 10285 美元,到 1961 年她经济拮据,希望在电影中东山再起。她最后一次登上百老汇舞台是在 1929 年。威廉斯感到怀疑。"的确,她是个名人,而且是最有名的之一,又谦逊得让人难以置信,主动提出饰演女二号,"他对伍德说,但他也有顾虑,"她身体条件适合这个角色吗?更重要的是,她的风格适合这个角色吗?如果她还像《人性的枷锁》(*Human Bondage*)之后的电影角色那么演,结果或许会非常有趣,但是会错得离谱。我是作为贝蒂·戴维斯的忠实粉丝这样说的。"*

对威廉斯来说,玛克辛"活生生地诠释了人的天性:性欲旺盛,贪婪,诚实,不易动感情"*;相比之下,戴维斯则活生生地诠释了矫揉造作——好莱坞的明星系统。这位 53 岁的女演员或许已比玛克辛设定的年龄长了近十岁;她可能已经长出肚腩,胸部松弛,举止粗鲁,这是十多年来酗酒,以及与演员加里·梅里尔(Gary Merrill,她最近离了婚的第四任丈夫)争吵的结果;尽管如此,她博得的票房十分可观。因为男主角由不知名演员——帕特里克·奥尼尔(Patrick O'Neal)——扮演,制作方只能寄希望于她的(票房)吸引力。科赛罗反对这种策略,据他回忆,鲍登告诉戴维斯"剧本还没有写完",戴维斯签约时认为"她要演的部分仍有很大的提升空间"。*科赛罗提醒他的团队:"等她发现这部剧并不是完全在讲玛克辛的故事,我们会有大麻烦的。"* 对威廉斯来说,现在所有与演出有关的事情都已安排妥当,他非常乐观。"我爱这部剧,也爱演员们,剩下我能做的只有祈祷了。"他在《鬣蜥》演出开始五天前给鲍登的信中说道,威廉斯后来说这是他经历的最漫长且最艰难的剧作。*

1961年10月9日,在阿尔冈昆酒店的斯特拉特福德套房,第一次全体演员对台词开始了。戴维斯迟到了七分钟,她戴着一顶黑色扁平帽,头发披散到肩膀上,唇妆"浓得像个邮箱"*,舞台监督约翰·马克斯通-格雷厄姆(John Maxstone-Graham)在日记中写道,他言语辛辣的日记记录了百老汇演出之前11周的试演。第二天他们开始在贝拉斯科剧院彩排时,戴维斯和其他演员之间的分歧已经非常明显。鲍登让人在演出区前搭了一个看台,演员可以坐下休息;给戴维斯单独安排了一个空间。"大家都离她远远的,"科赛罗说,"气氛糟糕透顶。"戴维斯对玛格丽特·莱顿说的第一句话使她与剧组其他人员的隔阂更深。"我们一起工作,不一定要成为朋友,不是吗?"* 戴维斯说。到排练的第三天,马克斯通-格雷厄姆说,在"一场谁更胜一筹的较量"*中,莱顿已经记住了所有的台词,而已经25年没在舞台上表演的戴维斯看剧本都还有困难,一无所知。"她吓得要死,你可以看出来:她的手抓住你的时候,是冰冷的。"* 科赛罗说。

戴维斯反对她的内向男主角不可预测的举止,对她角色的重要程度有意见,还对走方法派路线的内向排练不满意。科赛罗回忆说,有一次,他试图向戴维斯解释玛克辛和香农关系中潜在的性爱因素时,"她走到我身后,把她的乳房贴在我背上,抓住我,揉搓我。'这才是戏里现在需要的东西,就是这个',她说道。"* 戴维斯不表演的时候,要么在自己的专属空间里踱步抽烟——科赛罗称之为"贝蒂·戴维斯做派",要么坐在那里对其他演员一会儿幸灾乐

第七章 怪 癖

祸一会儿虎视眈眈。据科赛罗说,第一周,莱顿把汉娜"很不幸演成了一个非常传统的老处女形象,她没有完全展示自己"。科赛罗把她拉到一边,建议她调整一下姿态。"你进来的时候,要知道这个地方是你的,你已对它了如指掌。你不是来乞求什么——你是旅馆的女主人。"他告诉她。这个建议给了莱顿的汉娜一种新的、不动声色但惊人的权威。"她很了不起,"科赛罗说,"戴维斯惊恐地看着她,因为这个女人突然变了。从那一刻起,戴维斯变成了恶魔。"*

在试演之前,戴维斯就退出了两次。她第一次大发雷霆是在第二周开始的时候,当时她在大家面前狠狠训斥了她的男主角。"我受够了这个狗屁演员工作室。"* 她冲着奥尼尔大喊,奥尼尔冲出了剧院。"她暴跳如雷的时候……她表现得很像那个在全国大会上给各州点到的人。"* 马克斯通-格雷厄姆说道。有一次,科赛罗敲了她的门;没有回应,他打开了门。"场景是这样的:鲍登和田纳西·威廉斯跪在她面前。"* 他说。戴维斯有两天半没来排练了。谣传——事实也的确如此,琼·范·弗利特(Jo Van Fleet)收到了剧本。

10月27日中午,也就是戏剧在罗切斯特上演的前几天——应戴维斯的要求,演出被预定在33年前她职业舞台处女秀的剧院——戴维斯又重新出现了。她的回归已经在前一天对剧组成员的声明中宣布了,声明说"她在艺术上与众不同……之前发生的事谁也不准再对她提起"* 。回来时,戴维斯看起来"眼圈有点红,有点胖了,看起来像是吸食了某种毒品,"马克斯通-格雷厄姆说,"不用说,制片人、导演、作家、舞台监督、演员——每个人——都忍气吞声,谦卑认错,而且每次戴维斯小姐说出的最不可笑的笑话,都会引起一阵阵哄堂大笑。她一个古怪的念头就会逗得大家咯咯笑。真像一群蹩脚的,或者高薪聘请的发出录音笑声的观众。"*

科赛罗说,《鬣蜥之夜》在罗切斯特的首演,就像一出"疯狂喜剧"。"田纳西和我面面相觑。就好像大家不习惯看现场戏剧一样。"* 首演之夜后,戴维斯声称扭伤了脚踝,不得不坐在轮椅上等待第二天的演出结束(当地一家报纸报道说她"忍受扭伤的膝盖,还有次要的角色"*)。"她只在首演之夜表现尚好,因为她太紧张了。然后香烟和趾高气扬又来了,*"科赛罗说,"她当时真的很具破坏性。她不允许这戏出现任何喜人势头。"*

在她背后,威廉斯称她为"那个戴维斯"*;对剧组来说,她是"杰西卡·德拉格内特"和"莉迪亚·莱德菲利普";对科赛罗来说,她是"那个贝特"。* "她一直要求改写、改写。没有改写。田纳西只改了一点点"*,科赛罗说,不到两周,他就召开了一次秘密的剧组会议,讨论替换她的事宜。"很抱歉我不得不同意这个观点,"莱顿在会上说,"但我认为她对这个剧没有任何帮助。"* 然而,戴维斯提供的一项帮助——门票预售——使得跟她对抗变得不可能,更不用说解雇她了。她是明星——只要她拒绝出演日场,她的助手就会在售票处记录要求退票的人数,这是戴维斯不断向剧组所强调的生活中的经济事实。

巡回演出很快就变成了战场,科赛罗称之为"数不清的背弃"*。即使是舞台监督也变得满怀恶意。"我忍不住觉得查尔斯·鲍登和弗兰克·科赛罗,所有这些人,他们听田纳西讲剧本时,也许在他们的内心深处觉得,这是一个喝醉了的老混蛋,在告诉他们该怎么处理他的剧本。"* 马克斯通-格雷厄姆说。当剧团进入底特律,戴维斯挂着拐杖,从自罗切斯特一路载着她的豪华轿车上下来的照片登上一家报纸的头条——《鬣蜥一瘸一拐地进入底特律》*——混乱成了主旋律。戴维斯与奥尼尔、莱顿和管理层发生争执;科赛罗抵制鲍登日益越权的建议;而威廉斯一直与梅洛争执,他甜言蜜语说服梅洛在旅途中陪他。除了正在进行的个人战争,还

第七章 怪 癖

有一个艺术上的卢比肯难题有待解决：剧本的长度必须处理；11:30落幕。"超长，太长了，"马克斯通-格雷厄姆说，"我想他们必须删去25分钟。"*但是威廉斯不会，或者不能删减。显而易见最该削减的是戴维斯的部分；但如果他改了她的角色，她就会离开。

———

在努力与戴维斯周旋的时候，威廉斯已经被与梅洛的痛苦较量搞得精疲力竭，他几乎无法专注于手头的专业任务。"弗兰克不是坏孩子，"威廉斯给伍德写道："在某种程度上，他对我们宠物的关爱，对社会弃儿，对罗马妓女，对纽约避世派，对那些崩溃的或正濒于崩溃的基韦斯特镇的'迷惘的人'，甚至对被长期监禁的囚犯和海洛因成瘾者的关爱，有点像圣弗朗西斯在森林里拥抱那些高喊'不洁'的麻风病人！"*梅洛无法拒绝绝望和受伤的人，他无法拒绝威廉斯。

但是梅洛也经历着病痛。他"真的感觉不舒服"，葆拉·劳伦斯——戴维斯的替补演员回忆说："他过去常常晚上在街上溜达，因为他感觉很糟糕，而且不想让田纳西感到不安。"*然而，威廉斯把梅洛的深夜缺席误解为拒绝；"我们之间结束了！"*他不停向在底特律的科赛罗抱怨。感到需要专一的关注，威廉斯让人把他们黑色比利时牧羊犬撒旦从基韦斯特运过来，这头牧羊犬是在罗马时在安娜·马格纳尼的催促下买的。"如果你自己也拿不准招待的陌生人是不是心地善良，有它在身边会很方便。"威廉斯写信告诉奥利弗·埃文斯，并在信中承认，他"自己也有点怕他"。*（去年夏天，撒旦在玛丽昂·瓦卡罗的手上咬了一口，瓦卡罗缝了七针。*）

一开始撒旦是个好伙伴。"在底特律的布克-卡迪拉克酒店，他常常坐在我前面，用他那双可爱的黄眼睛盯着我的眼睛，偶尔伸出

贝蒂·戴维斯和帕特里克·奥尼尔在《鬣蜥之夜》中的剧照

第七章 怪 癖

舌头舔我的手。"＊威廉斯回忆道。

但是有一天早上，在打字一段时间之后，威廉斯进了卧室，跨过撒旦，当时撒旦"像守护者一样躺在弗兰克的双人床边"＊。当威廉斯上了梅洛的床，撒旦怒吼起来。那天晚上，这只狗在威廉斯自己的床上攻击了他，将他的两只脚踝都咬到见骨了。他说："弗兰克冲出来把他从我身上拉开的时候，他正要咬我的喉咙。"＊梅洛第二天就让人把狗杀了。一个星期后，威廉斯声称，在他的脚踝"肿得几乎有一头大象那么大之后"＊，他住进了医院。他服用了大量镇静剂，但是没有办法平息他狂暴的妄想症：梅洛让撒旦对他下手；梅洛想要他的命；梅洛想要他的钱。＊

出院后，演出转移到芝加哥，威廉斯继续担心自己的生命安全。鲍登和劳伦斯成功地安排他在早上 6 点参加一个私人弥撒，为这场混乱的演出和他自己祈祷，他们选择这么早的时间是为了躲避《时代》周刊的摄影师，威廉斯猜想，这些摄影师已经监视了酒店，为他们正在写的关于他的封面故事拍摄照片。出于感激，威廉斯坚持要带鲍登夫妇去吃中餐。那天晚上，他和他们坐在他的套房里，"我先喝一杯，然后我们去宴会"，他说，又加了一句："开一瓶新的。""所以我开了一瓶新的伏特加，"鲍登回忆说，"那时候，弗兰克出去了。我说，'田纳西，开一瓶新酒是怎么回事？那边有一瓶新的，只喝了一口'。他说，'弗兰克在酒瓶里放毛玻璃。他想毒死我'。"＊

威廉斯的妄想症爆发，让梅洛难以承受，他逃到了基韦斯特，留下这位剧作家自行其是。"弗兰克很好地应对了（田纳西的）妄想症，"玛伦·斯塔普莱顿表示，"这种疯狂始于他吃的那些可怕的疯狂药丸。"＊（一位微生物学家在写到威廉斯巨大的药物摄入量时称之为"迷失者的药理学"＊。）在这种情况下，他的药物包括巴比妥酸盐和"注射针剂"——注射针剂里可能包括安非他命、止痛药、维生素和人体胎盘素——由麦克斯·雅各布森（Max Jacobson）医生少量开出，他给有钱有名的人提供快速服务，绰号叫"兴奋剂医师"。"我希望能完成在百老汇的最后一部作品《鬣蜥》，我想我需要像麦克斯·雅各布森这样的人来帮助我完成。"* 六个月前，威廉斯给他在新方向出版公司的编辑写信说。威廉斯进入了接受"雅各布森注射"的上层人物名单，其中包括玛琳·黛德丽（Marlene Dietrich）、艾伦·杰伊·勒纳（Alan Jay Lerner）、杜鲁门·卡波特、纳尔逊·洛克菲勒（Nelson Rockefeller）和约翰·F. 肯尼迪。肯尼迪总统说："我不管是不是马尿，它管用。"* 它还引发了类似于偏执型精神分裂症的症状：情绪失控、多动、判断力受损，以及死亡——总统摄影师马克·肖（Mark Shaw）就被证明死于安非他命——这一结果导致雅各布森在 1975 年被吊销了行医执照。*

威廉斯成了雅各布森的"神奇组织再生器"的狂热爱好者，医生坚持认为，在任何情况下，都不应该把它和酒精混合在一起——威廉斯忽视了这一点，并付出了代价。最终，他学会了自己注射，使用雅各布森从世界各地寄给他的针头和针剂；他在肌肉注射之后注射了 500 毫克的硫利达嗪，这是一种抗精神病药物，副作用包括不规则心率、颤抖、严重的意识混乱，以及不寻常的身体动作。* 威廉斯把这种高低剂量的药物组合，称为"前进综合征"*。"我感觉就像我周围的一个混凝土石棺突然打开了，我就像一只展翅的小鸟一样被释放了。"* 他谈到自己第一次接受雅各布森注射时说。（在他早期接受注射时，有一次威廉斯曾经带科赛罗去了纽约东 87 街雅各布森的办公室。"你想试试吗？"威廉斯问道。"我靠，不，我就坐在这儿。"* 科赛罗说，他发现这位德国出生的医生"就来自'卡利加里医生的小屋'①"。）

在芝加哥的评论之后，威廉斯确实需要一些东西来鼓舞士气，

---

① 出自 1919 年的同名德国表现主义默片，电影讲述了卡利加里医生用催眠术控制他人执行谋杀。

第七章 怪　癖

让自己继续工作。《芝加哥论坛报》的克劳迪娅·卡西迪——这位评论家对《玻璃动物园》的评论开启了威廉斯的职业生涯——现在似乎想吊销威廉斯的艺术执照。她专栏的标题写道：《即使对于一个没什么天赋的人来说，这也是一出破产的戏剧》*。卡西迪对汤姆·温菲尔德浪漫地追求自身命运激动不已；15年之后，她又对香农的形象震惊不已，认为他的崩溃是对那种叛逆想象力的背叛。她写道："我几乎可以付钱给一个精神病医生，让我不用听他说话。"

"相当可悲的是，负面评论给查尔斯·鲍登和田纳西·威廉斯带来了震惊。"*马克斯通-格雷厄姆评论道。随着演出离纽约越来越近，作者和演员们，用莱顿的话来说，"被新加内容打得晕头转向"*，威廉斯变得越来越难缠。马克斯通-格雷厄姆说："威士忌让他满脸通红，失败让他饱受打击，我认为芝加哥的评论对他的伤害比他承认的更大。"一份关于联系剧作家的声明被发给舞台管理人员。马克斯通-格雷厄姆说："（威廉斯）将在需要他的前一天收到书面通知。然后当天上午每隔半小时就给他打电话，以确保他会到场。今天早上的拜访需要秘书的持续关注。四个不同的电话，真正管用、让他到剧院的是溴塞耳泽。"*

在芝加哥，《鬣蜥》处于一个矛盾的位置，被评论界视为灾难，在票房上却很成功。尽管如此，卡西迪尖刻的评论是一个警钟。威廉斯和科赛罗别无选择，只能把演出时间缩短半小时。形势如此严峻，以至于科赛罗请了伍德从纽约飞过来说服威廉斯，她也认为这出戏需要认真的修剪，科赛罗记得威廉斯谈到戴维斯时大喊："我不能，我还是袒护她的。""但是，田纳西，你的剧会被毁掉的。"伍德坚持说。*

在评估了剧本删减之后，戴维斯在舞台上和管理层开了个会。离百老汇首演还有三周时间，她要求解雇帕特里克·奥尼尔。"太疯狂了，"科赛罗说，"帕特里克·奥尼尔从一开始就参与了这个演出,他非常出色。但是因为她,他的表现受到了影响。他无法忍受发生的一切,台下他开始表现得像香农一样,喝酒,躲在酒店房间里。他没有告诉任何人他的电话号码;你联系不到他。他完全与世隔绝,躲着贝蒂·戴维斯。"* 根据马克斯通-格雷厄姆的说法,在向管理层提出要求时,戴维斯用了一种大家已经开始害怕的霸道语气——"她那种歇斯底里、过分肯定的声明,通常极其无知。她的做派导致了这样的僵局:我要用我的方式,否则你们将根本没有出路"*。戴维斯声称,奥尼尔不断即兴表演,是为了故意破坏她的表演。威廉斯在整个过程中,一直试图纠正她的想法。"我不同意你的说法,他不是有意那么做,他不是故意那么做",威廉斯在给戴维斯的信中写道,戴维斯在演出开演后仍然倔强地坚持这个观点。他继续说:

> 我认为他只是在努力纠正他表演中的缺陷,就像我一直在对剧本做一些修改一样。事实上,贝蒂,在我看来,你完全有能力应付帕特的这些小变化,只要他不给你错误的暗示。作为一个演员,你比自己想象的更精湛。记住,他扮演的是一个精神错乱的人,即将再次崩溃。如果你牢记这一点,我相信你会发现,你能够"利用"那些似乎是他风格的一部分的变化。我还记得埃迪·道林在《动物园》里和洛蕾特·泰勒表演时尝试过小的变动。她不喜欢那些变动,但她"利用了"它们,有时只是通过她自己的一些小变化,有时是"好好看着"他,把他打量审视一番,无一例外地,她自己的这个小变化完全在戏剧的框架和关键点内,实际上这些变化会更助力她的表演,比艾迪的变化对他表演的助力更强。——请不要生帕特的气!我知道这听起来很简单。但要记住,帕特正在同自己内心的失望斗争。*

第七章 怪 癖

有关戴维斯的要求的消息，不知何故传到了更衣室里的奥尼尔那里。他溜进了剧院。戴维斯看到他从走廊走过来。"你去哪儿了？"她说。奥尼尔冲上台阶。他冲向戴维斯，把她撞倒在地，掐住她的喉咙。"帕特里克差点杀了她，"科赛罗回忆道，"我们不得不跑上去把他从她身上拉开。令人惊讶的是，他这么做的时候，她在微笑。"* 奥尼尔对她咆哮——"你这个肮脏的婊子！"* ——在舞台上扔了一张桌子，然后冲出了剧院。

奥尼尔没有被解雇，但第二天，在戴维斯的要求下，科赛罗被解雇了。"我能感觉到我和他之间的共鸣。"* 她引用剧中的一句台词说。威廉斯没有为他辩护。"他疲惫不堪，"科赛罗说，"你不能指望他。他不想牵扯进来。鲍登，这个蠕虫一样的人，看到了接手制作的机会。田纳西就这样和他融为一体了。"科赛罗为了掌控他的制作，斗争了两天，"躲在剧院后面，直到幕布升起，然后做笔记"。* 他被戴维斯的一个手下发现了，然后被赶去了纽约。"我们现在没有导演，我们的制片人今天刚去医院做一个历时三天的检查，"马克斯通-格雷厄姆在他后台记录的最后一篇中说，"在他离开之前，我问他谁是负责人，他高兴地说：'哦，威廉斯先生！'如果那个每晚都坐在管弦乐队后排的老古董掌权的话，我想是时候打包走人了。晚安，祝大家圣诞快乐。"*

最后，科赛罗的工作被伊利亚·卡赞出人意料的介入拯救了，他应威廉斯的要求来看芝加哥的演出。"他告诉威廉斯和鲍登，'这出戏导演得很好。戴维斯会做她想做的事，你无能为力，但不要改变舞台布置'。"* 科赛罗回忆道。尽管如此，威廉斯仍然专注于戴维斯的表演，试图逐渐削弱她紧张、矫揉造作、刻意的角色塑造，甚至连她的传记作者都称之为"厚颜无耻地无视剧作家的具体要求"*。

为了掩饰她演绎的玛克辛情感上的缺陷，戴维斯赋予玛克辛俗艳生动的形象——一顶喷了发胶、番茄酱色的假发，黄铜色的妆容，纽扣一直开到腰部的铜蓝色衬衫，托举式胸罩。"我认为，当所有这些'外部因素'都得到纠正，玛克辛的塑造将得到极大的帮助，"威廉斯给在芝加哥的戴维斯的信中写道，"其中一个不对劲的外表，就是假发。我喜欢它的颜色，但是梳理得太完美了，精心'打扮'过头了。她看起来应该像没戴泳帽就去游泳了，然后用一条粗糙的毛巾擦干头发，也不费心去梳理它。当她说'我9月从不打扮'，我想她就是这个意思。她的衣服不能看起来像刚洗过的，她一点也不拘泥……她随波逐流，她的态度是自由和放松的。她身上有一种原始的诗意。"*

即使这部剧在芝加哥已成"定局"，它转战纽约时，威廉斯仍然在努力，在剧的结尾部分给玛克辛更多戏剧冲击力；他已经想出了一个办法，把她异教徒的现实纳入这部戏关于身体和灵魂的争论中心。他把他的新结局向戴维斯描述为"赋予色彩和视觉诗意"*。玛克辛把香农绑在吊床上，让他承受精神崩溃的痛苦，然后离开。"很明显香农被绑起来，她就又回到了墨西哥小伙儿的身边寻求陪伴。（我不是指性。）"*最终她回来了，"她准备好去夜间游泳，所以去看看香农。她发现他已经离开吊床了。这并不让她特别惊讶，但她很高兴看到他开始酗酒，因为这使她基本上可以接纳香农"。威廉斯补充说："在她的丝质长袍和鲜艳的条纹毛巾里，有一些让人联想到古代女神（埃及或东方）的东西……而且，不用过于做风格上的强调，因为这两个小伙儿就像一对异教徒追随者，伺候着她，直到她让他们离开。"*

1961年12月28日，《鬣蜥之夜》在百老汇皇家剧院开演。"我觉得玛吉·莱顿最后一场和祖父在一起的部分，是我见过的最美好的时刻之一，"卡赞在给威廉斯的信中写道，并补充说，"从情感上说，它远远超出我所看过的这个演出季的任何其他剧作，我真的无

第七章　怪　癖

法拿它与任何东西相比。"他继续说:"旅途中所有的痛苦和凡此种种都是值得的。顺便说一句,我认为弗兰克·科赛罗做得很出色,再也不要让任何人对你说不同意见了。"*

在威廉斯剩下的22年里,他还有七场百老汇首演,但是《鬣蜥》是他最后的成功。11月下旬,在这部戏抵达纽约之前,布鲁克斯·阿特金森就在《纽约时报书评》上发表了对两部威廉斯传记的头版评论文章。("威廉斯先生是美国最有天赋的剧作家"*,阿特金森说。)这出戏开演之后,3月,威廉斯登上了《时代》周刊的封面,一副乡绅派头,抽着烟,沉着冷静。在20世纪50年代,《时代》周刊是威廉斯的恐同敌手,但现在已经换了戏剧评论人及其信条;*这家杂志成为他的支持者,宣称他处于"自《街车》以来最好的戏剧状态":"《鬣蜥》融合了威廉斯的所有戏剧成就,他诸多作品的重要性及影响甚至超过了作者本人。"*

首演之夜,贝蒂·戴维斯在一阵阵欢呼声中踏上舞台,她跳出角色,走到舞台前面,向为她起立的观众伸长下巴,然后把双手举过头顶,就像刚刚击倒对手的职业拳击手。"我被撂倒了。"*"被允许"*参加首演的科赛罗说。戴维斯的哗众取宠意味着,当帕特里克·奥尼尔登场,他说,"迎接他的将是一个缺乏热情、死气沉沉的剧场。这很难"*。

几个星期后,在读了对玛格丽特·莱顿的表演热情洋溢的评价和对她自己不温不火的媒体报道(沃尔特·克尔提到她时用了"破败而凄凉的辉煌"*)之后,戴维斯考虑用另一种方式停止这场演出。"我离开纽约那天,被告知你可能要退出,"威廉斯在1月初写信给戴维斯,"你当然知道这会自动导致演出结束,如果你真诚地表达了对这部戏,以及对你在其中的角色的热爱,我非常肯定你是真诚的,我知道你比我更不希望这种情况发生,完全不希望。我们在评论圈运气不错,这部作品被认为是一部成功的作品,至少足以成为一部成功的作品,如果我们运行得当,可以一直演出到季度末,甚至还能走得更远。"他补充道:"这部戏对我们两个来说都至关重要,如果……提前结束,对我们两个都非常糟糕。"*

威廉斯在挽救自己方面似乎无能为力,但他会不惜一切代价挽救自己的剧作。他以牺牲自己对真理和荣誉的信念为代价,说服了戴维斯留下来,直到戏剧演出结束。"我想告诉你,信不信由你,我爱你,"他的乞求信开头写道,"更重要的是,我崇拜你,敬佩你。你是一个好样的、勇猛的战士,你有无与伦比的勇气和毅力。"他还说:"首演之夜,观众对你的反应让我激动万分,我从没见过演员受到如此热烈的欢迎。"*

经过128场演出后,戴维斯在4月离开了。[谢莉·温特斯(Shelley Winters)替换了她,直到演出收官,该剧共演出316场。"很难说哪个更糟糕,但至少戴维斯让我们赚了钱,那个温特斯似乎只卖出了二楼楼座"*,威廉斯写信告诉圣贾斯特。]在她最后一次表演结束后,戴维斯把演员们叫到皇家剧院的舞台上,向他们告别。"我很高兴大家都认为玛吉很迷人,帕特里克很聪明!我很抱歉因为我的专业性不得不惹恼你们这么久。显然你们更喜欢用自己的方式。好吧!现在你们可以自行其是了。"*她说。五个月后,戴维斯在《综艺》周刊的《求职》栏目登了广告,广告语出了名:"30年电影演员经验,仍未择地而居且比传闻中更加友善。想在好莱坞找份稳定的工作。(有百老汇演出经验。)"*

这出戏成功后,威廉斯欢迎科赛罗回到他的圈子。科赛罗用温特斯取代戴维斯,监管了演出后面的部分。他为威廉斯带来了商业和评论界的成功——威廉斯赢得了纽约戏剧评论家协会奖和托尼奖最佳剧本奖提名。这种胜利通常会带来创造性的合作,但科赛罗再也没有和威廉斯合作过。在演出季,有一段时间,他们经常在"卡普里岛"见面,卡普里岛是位于61街和第三大道的一个意大利酒

第七章 怪癖

吧,成了他们几个月里规划和修订工作的聚会地点。"我们会坐在那里,他开会期间几乎一直咕咕哝哝。在某种程度上,你几乎有种那里没有人的感觉,"科赛罗说,"我不再同情他对自己和这个世界的看法,他的欲望,不夸张地说,是扑灭自己的欲望。"他补充说:"他不是个很好的人,真的。他成了戏剧界的怪物,高高在上。"*演出季一天晚上有点晚了,科赛罗演出前去看了看演员们,然后去卡普里岛吃晚饭。透过餐厅的玻璃前门,他看到威廉斯坐在桌边小口喝酒。"我转身去了另一个地方,我只是不想靠近他。"*科赛罗说。他再也没有见过威廉斯。

《鬣蜥之夜》中,农诺,"一个具有大诗人气质的无名诗人"*,在整部剧中都在努力完成他的最后一首诗。他在剧尾终于吟出诗句,这首诗讲述的是一件大自然完美作品的故事——一个金黄色的橙子——它垂直落到地面上,却在"地球淫秽的、堕落的爱"中失去了光泽。橘子死了,诗中写道:"没有哭泣,没有祈祷/没有对绝望的背叛。"*诗人,一个"金色的生物",想要同样的恩典。这首诗的完成就是对农诺祈祷的回应。表达自己的能力产生了勇气和冷静;它颠覆了事物的自然秩序。在死亡将一切变为虚无的地方,艺术将一切变为真实。"用高亢的声音"言说的同时,农诺获得了文采,然后带着感激,而不是"恐惧的心",几乎立刻死去了。"是的,感谢和赞美"是农诺在感伤弥留之际最后的话语。*

对于威廉斯来说,《鬣蜥之夜》实际上也是一种恩典。像香农一样,行使巨大的意志,并且害怕"我的……大脑正慢慢失灵,就像一种正在衰退的力量"*,威廉斯畅所欲言,用一种得体、动人的方式表达了他的内心世界。在他荒谬、有问题的存在本质上——他的失落、他的渴望、他的自我厌恶、他没有解释和无法解释的空虚——他赋予了一种意义。一些评论家抱怨情节漫无目的。("这出戏可能看起来毫无意义,没有结构,有点不真实",哈罗德·克勒曼在《国民评论》(*Nation*)杂志上说,同时承认这是"本季美国最好的戏剧"。*)事实上,《鬣蜥之夜》缺乏威廉斯早期作品中那种情节剧式的绚烂;它的主要事件不是外部的战斗,而是内部的战斗:一个人为了拯救自己的灵魂而进行的失败的斗争的壮观场面。

对《鬣蜥》的正面评价唤起了人们对其不同寻常的抒情深度的关注:威廉斯"处于艺术创作巅峰"*(《纽约时报》),"在诗意、感人方面处于最佳状态"*(《每日新闻》),"也许是他写过的最明智的戏剧"*(《时代》周刊),是"(他)最悲伤、最阴暗,也最具沉思气质的戏剧之一"*(《纽约邮报》)。其语言的强度与其隐喻的精确程度成正比。威廉斯本人正处于剧中人物所演绎的心理十字路口:像农诺一样,他感到自己的智力和才华正在消失;像香农一样,他被拉向自我毁灭性放纵引发的失忆症;像汉娜一样,他被一生的孤独挣扎弄得筋疲力尽。

结局处,香农躲到海滩,和粗俗的玛克辛去游泳。"我可以下山,但不能回到山上来。"他告诉她。"我会把你带回山上去",她说,"一半引导一半扶着他",舞台提示写着。*玛克辛用她那女海妖般诱人的歌声,诱使香农重新陷入能摧毁自己的毒瘾;她提出让他成为她任性的伴侣——他可以帮忙管理绿色海岸酒店,继续他与人私通的习惯,尽情取悦女性客人。这是一个矛盾的结局,从表面上看,是一个令人愉快的结局:香农在穿过雨林的时候"笑得很开心"*。〔约翰·休斯顿的杰出电影改编版,由理查德·伯顿(Richard Burton)、黛博拉·蔻儿(Deborah Kerr)和艾娃·加德纳(Ava Gardner)共同主演,将倒数第二个具有讽刺意味的场景拍成了欢快的最后场景。〕这出戏可能是"梦者从未从中醒来的静态的梦",如沃尔特·克尔在《先驱论坛报》的后续评论中所说,"但最后,香农终于开始行动了,他的冲劲儿明显下降了"。*帕特里

第七章 怪 癖

克·奥尼尔的解读是："香农已经放弃并被判入地狱"*。

威廉斯把剧中的最后一句话和最后一个画面给了汉娜。"哦，上帝啊，我们不能停下来吗？最终停下来？请让我们停下来吧。这里太安静了，现在。"她说。直到那时她才意识到，农诺已经倒在他的椅子上，死了。舞台提示上写着："她左顾右盼，想招呼个人。没有人。"*汉娜独自承受着悲伤和恐惧；和威廉斯一样，她必须勇敢地面对新的环境，只有爱和忠诚的记忆指引着她。

1962年初，卡赞在给他身心疲惫的朋友的信中写道："很遗憾你不舒服。部分归因于开演后的低潮期。"他继续说："你应该试着培养一点享受成功的能力，即使你认为只是部分成功，但它仍然存在，而且非常真实，你真的做到了，你知道的。"*但是在把《鬣蜥之夜》搬上舞台的精疲力竭的斗争中，威廉斯嗅到了戏剧界山雨欲来的变革气息，他的成就并没有带来任何安慰。尽管《鬣蜥》赢得了赞誉，但威廉斯并没有赢得托尼奖，反而受到冷落，输给了罗伯特·博尔特（Robert Bolt）中产趣味的英国历史剧《四季之人》（*A Man for All Seasons*）。更重要的是，《鬣蜥》并没有到全国巡演。"我想我这种文学或说是伪文学戏剧写作方法正在过时。"*威廉斯说。若说威廉斯曾是百老汇的王室成员，那么他开始有被废黜的感觉了。

早在1960年，威廉斯和他的主题比喻就已经十分流行，常在百老汇被当时最好的喜剧演员戏仿，如迈克·尼科尔斯（Mike Nichols）和伊莲·梅（Elaine May）。在他们一场轰动的演出《与尼科尔斯和梅的一晚》（*An Evening with Nichols and May*）中，尼科尔斯扮演一位剧作家，名叫阿拉巴马·格拉斯。他端起身旁的酒杯，不急不忙地饮了一大口，然后拉长调子慢悠悠地说："今晚我想给你讲讲我新写的剧本，叫《猪肉在夏天让我觉得恶心》。"接

着,他讲道:

> 这是一个关于堕落的简单故事。场景就设置在底特律墨西哥区的一个地下室公寓。故事的前情是,女主人公娜内特的丈夫因被指控不是同性恋而自杀。心烦意乱之下,娜内特与一个年轻的篮球队员搞起了暧昧。这段关系结束后,她便酗酒,卖淫,整天装腔作势。在这三幕中,娜内特不断地堕落、沉沦,最终她彻底崩溃,被关进了精神病院。*

威廉斯看了这场演出。然而,据迈克·尼科尔斯说,他并没有去后台。"我一直都不怪他,"尼科尔斯说,"演出的确有些过分了,特别是配上我演戏的声音和特色。相较于威廉斯,演出模仿的更多是卡波特,他是我打心底里讨厌的人。对此事我一直心怀愧疚,因为我无比崇拜威廉斯,至今依然如此。"*

到 1962 年,一波新兴美国和欧洲剧作家带来了隐晦的极简主义,改变了他们讲故事的方式,而这对威廉斯华丽繁杂的叙事文体,以及他的戏剧霸主地位构成了挑战。威廉斯开始觉得自己不仅年龄上变老了,在思想上也变得守旧,跟不上潮流了。同年秋天,在看完爱德华·阿尔比(Edward Albee)创作的《谁害怕弗吉尼亚·伍尔夫?》(Who's Afraid of Virginia Woolf?)的预演后(他认为这是"拓宽戏剧边界的佳作之一"*),他向导演赫伯特·马基兹(Herbert Machiz)抱怨道:"我太累了,真的、真的太累了。不论我现在写什么,都会被拿来和那些最出色的新派剧作家的作品比较,他们写得太真实了,简直真实到让人感到有些残酷。"* 塞缪尔·贝克特的简洁——威廉斯帮助其作品《等待戈多》实现美国首演——和哈罗德·品特的"辛辣"* 简直令他"嫉妒得发疯"*。谈起当时正与《鬣蜥》在百老汇竞争的品特的《看门人》时,威廉斯简直是肃然起敬。"我在戏院看的时候,就被它迷住了,我叹道'哦,上帝啊,要是我也能写得这么好该多好啊'。如果我只有25岁,一切不过才刚刚开始,那我可以从这些年轻人身上学到好多东西啊。"在这一年期间,他写了两部"比较长的短剧或比较短的长剧",放在一起取名《滑稽悲剧》(*Slapstick Tragedy*)。*他对杰伊·劳克林说,这可能"是我对尤内斯库学派的应答"*。"它们不仅仅是滑稽的,而且是悲伤的:就是'触动心灵的',"威廉斯解释道,"在当今这个人心冷漠、情感疏离的世界,谁能被感动、因什么而感动,是个重要的问题。我开始觉得自己像路易莎·梅·奥尔科特(Louisa May Alcott)或是更早些的范妮·赫斯特(Fannie Hurst)。"*

即使威廉斯还不会死,他也能想象自己的死亡。弗洛拉·戈福斯也同样如此,她是《牛奶车不再在此停留》(*The Milk Train Doesn't Stop Here Anymore*)中那个不屈不挠的"垂死怪物"*。当时威廉斯是为了1962年的斯波莱托艺术节而写此剧的,"一首死亡的颂歌"*,他对其如此评价。这部剧主要讲述了一个高傲有钱的女人生命最后两天的生活,场景是她在意大利的一个山顶庄园,她来到这里是为了完成她的自传。"啊啊啊啊啊啊啊啊啊,我额额额额额额额额!……又是一天,哦,基督啊,哦,圣母啊!"*——这是剧中戈福斯太太在台下的第一句台词——听起来无疑是贝克特的悲喜剧中的厌世腔调。

在威廉斯的一生中,他的作品如同母亲一般,滋养着他,拥抱着他。《牛奶车不再在此停留》——虽未明说,但它提到的生命之源的枯竭使人联想到乳房——既象征了他对旺盛青春的向往,又表达了他一种深深的被抛弃感。[后来一些剧本的名字其实也都暗示了他对于失势的恐惧。比如《小把戏警告》(*Small Craft Warnings*)和《残疾者》(*The Mutilated*),后者讲述了一个女人的故事,她对于失去一侧乳房感到耻辱。]在对《牛奶车》的评论中,沃尔特·克尔于不经意间点出了处于这部剧核心的心理问题,即不仅仅是人性善之乳枯竭,更是威廉斯对自己才华的信心枯竭。"这带我们看到了威廉斯先生自身所处的困境,"克尔写道,"他未能从他的灵感、他的思想、他的打字机那里获得需要表达的东西。""顺便一提,这是个大胆的标题,"26岁的导演约翰·汉考克(John Hancock)对威廉斯说,当时他正为旧金山演员工作室工作,负责《牛奶车不再在此停留》的后续制作,"他认真地看着我,回答道,'是的,宝贝。我很高兴你欣赏这部作品'。他当然知道自己在写什么,很明显是在讲更迭。以前他在戏剧方面一直引领潮流,如今却掉队了。"*威廉斯直接跟汉考克开玩笑说,他是"业已作古的威廉斯先僧"*。

威廉斯称《牛奶车》是他最难写的剧本。*以自身支离破碎的生活作为素材,这部剧在某种程度上也是他自己没落衰败的童话:Goforth这个名字暗指鼓舞威廉斯坚持忍耐的咒语En avent。[剧本标题本身也是在承认他担心失去创作灵感,失去"继续前行"(go forth)的精神。]旗帜上的徽章(它标志着戈福斯太太在她山顶庄园首次和最后一次停驻)——"金色格里芬,神话中的怪物,狮身鹰首"*——也象征着威廉斯的家族盾徽:上面一只张牙舞爪的雄狮,下面一只孔雀。甚至连剧本里出现的警句隽语——引自巴特勒·叶芝的《驶向拜占庭》("Sailing to Byzantium"),都表达了威廉斯的茫然若失之感:"把我的心烧尽;为欲望所腐蚀/被缚于一个垂死的肉身上/它已不知本来的样子。"*

在一封写给约翰·汉考克的信中,威廉斯声称《牛奶车》是"一幅肖像画,一幅寓言肖像画"*。戈福斯太太便是那个喻体,一个来自佐治亚州、经常嗑药的"陷入困境的婊子"*,一个想完成"疯狂自传"*的女人。她执拗的反常行为和神秘的动力恰好反映了

第七章 怪 癖

威廉斯毁灭性的一面和创造性的一面，而他竭力想要控制他那疲劳过度、难以驾驭的想象力。戈福斯太太，一个身心俱疲、遭流放、小丑般的君主，正是威廉斯精神失常的象征——他停滞不前，他用文字做武器，与时间这个敌人激烈抗争。("我们在跟时间较量，布莱基"*，她对经常挨骂的秘书说，后者则试图理解这位天后漫无目的的喋喋不休，关于她的六个丈夫，关于她作为一位世界名媛的生活。*）戈福斯太太演绎出了威廉斯本人拒绝承认的事实：没落的不可避免。正如布莱基说的：她"显然从来没想过她的——传奇——生活——是无法永恒不朽的！"* "在我的有生之年，我是一个传奇，没错，我认为我是，"戈福斯太太曾这样说，又补充道，"我有些累了，就像一匹参加了太多次比赛的赛马，即使是我也会感到累。"*威廉斯给赫敏·巴德利——第一位饰演戈福斯太太的演员——写道：

> 我请求您扮演一个腐败物质王国的没落女王，她本人对此心知肚明。她体面地退场，而不是投降，有力量，而非堕落。她是拿破仑，身穿挂着荣誉勋章的奢华衣服……她本就是世界的女王，我们都知道那意味着什么。是的，她被放逐到了厄尔巴岛，但遭流放的君主也是有傲气的，讲话也是有傲骨的。不管因情势所迫沦落到了何种地步，他们的声音依旧不失傲慢，盛气凌人……在山顶上，突然（有机会）正视自己（傲慢）姿态的虚假前提，他们记起爬到这里有多辛苦，费了多少心血。尽管垂垂老矣，但无论他们在厄尔巴岛上怎样落魄、孤独，他们也明白不管输得多么彻底，毕竟曾全力抗争。只有在最后，随着一切都尘埃落定，他们才请求死亡天使的眷顾。即使在这时，这愿望也绝非一种乞求，而是带着他们的尊严与骄傲。*

444

克里斯托弗·弗兰德斯闯入戈福斯太太的城堡要塞时,她已到了迟暮之年,日薄西山。克里斯托弗·弗兰德斯——名字取自"一战"时比利时的一个刑场——是个嘴甜、会缠人的"死亡天使"*,他还是一册薄诗集的作者,同时还制作玩具车。从一开始,克里斯就与艺术和更高层次的创造的奥秘紧密相关。威廉斯把他刻画为"一位极其需要却未被邀请的客人"*。这个擅自闯入戈福斯太太山顶领地的人,意在给予她某种救赎,以缓和她的欲望,让她安然地过完一生。谈到自己的职责时,他对戈福斯太太说:"有时,人们自己都不知道到底想要什么,但我会投其所好,急人所需。"* "我没法解释克里斯,"威廉斯说,"我只能展示戈福斯太太。"* 戈福斯太太是威廉斯以自己熟知的天后级人物为原型所塑造的角色,有塔卢拉·班克黑德、安娜·马格纳尼,还有他自己。克里斯则不然,威廉斯没法准确解释他,因为他不是一个人而是一种现象:他是一个使者,代表的是直觉、想象,还有那神秘——威廉斯感觉自己日益不能掌控的无意识领域。在最直接的戏剧层面上,克里斯象征着威廉斯的疑问,这一疑问关乎自己的想象力:它可信吗?它能达意吗?滥用会失去它吗?

无疑,变幻莫测的克里斯既是预言家又是诱惑者,既是圣洁的天使,又是诡诈的骗子,时而谦和典雅,时而桀骜不羁。"他身上有如骗子般狡猾的一面,但也有神秘、不可捉摸的一面。"* 威廉斯说。("他的一切都仿佛是,怎么说呢,仿佛是矛盾的"*,戈福斯太太的一位熟人向她讲道。)克里斯费了好大的劲儿去给戈福斯太太解释,让她明白他代表着另一个现实——也许这会被误解为精神失常。"戈福斯太太,你知道,我们生活在不同的世界里,"他说,"呃,我们眼睛所见是一样的——大海、太阳、天空、人类以及动物,但——它们在这里是不一样的!"(他指了指自己的额头。)"一个人眼中的现实反倒可能被另一个人看作——发疯!一团混沌!"*

第七章 怪癖

米尔德丽德·丹诺克（Mildred Dunnock）和赫敏·巴德利在《牛奶车不再在此停留》中的剧照

克里斯是未知世界的信使和仰慕者，他的背包里装着一本书，书名是《已知和未知的意义》。"听起来像是和宗教有关系。"* 戈福斯太太说。她诱惑不了克里斯，他拒绝服从她的蛮横命令，不去满足她的性需求。"你有些特别，令人摸不透地特别。你是第一个拒绝我的邀请，不肯进我卧室的人。"* 她告诉他。克里斯从引逗戈福斯太太中获得的是一种精神上的快乐。"你需要对你来说能像上帝那般重要的人或事。"* 他对她说。

对于威廉斯来说，写作就是那个无情的上帝般的事务。它是奇迹的化身，很多次都使他获得了新生。经由想象力的赐福，威廉斯得到了安慰和重生。台上的戏剧并不意在讲述克里斯是否会和戈福斯太太做爱，而在于克里斯是否会是那味良药，去帮助戈福斯太重拾她早已枯朽的想象力,打开她尘封已久的心扉。弗洛拉·戈福斯——被地域、金钱、名声、竞争的冷酷无情所隔绝孤立——是精神困境的反面例证,正如威廉斯在大约十年前对肯尼思·泰南说的:"一旦心灵彻底封闭,它就死了。至少对我这种作家来说是这样。"*(戈福斯太太的座右铭是"要么抢夺、争斗,要么挨饿"。她承认,这些该死的战利品把她的心包裹起来,就像一副骨头做的硬壳。*)

戈福斯太太对别人的漠不关心加剧了她孤立隔绝的状态;她浑身散发着百无聊赖的气息,与威廉斯如出一辙。同时,这位垂垂老矣的女主角既渴望又惧怕克里斯的抚摸,他的爱抚能为她将要燃尽的生命注入活力。这部戏中的冲突实际上是内心势力之间的较量:是一部关于抵抗和投降的戏。在这部戏里,威廉斯抑郁不得志的一半竭力想与自己的另一半交流。例如,在戈福斯太太的阳台上,眺望地中海的克里斯,把眼前的实景变成了一幅诗意的画面。"这是一切开始的地方,西方世界最古老的海洋,戈福斯太太,这片海叫地中海,寓意地球的中心,是生命的摇篮,而非坟墓,它是异教徒和基督徒的摇篮——文明起源于这片海,与它毗连的河流,那条古老的水蛇,是尼罗河。"戈福斯太太没跟上他的思路,会错意了。"我曾去过尼罗河,"她说,"没有(这样的)消息。"*戈福斯太太没有表达象征含义的想象力。她一切都只照字面理解,因此会闹些笑话。当她抱怨她的工作"简直要把我逼疯了,像是着了火的房子",克里斯就会对她的陈词滥调做一番改变,让那庸俗的抱怨变得有意义:"是的,我们——都住在一间着火的房子里,没有消防队可以求助,也没有出路,只有楼上一扇开着的窗户向外眺望。火烧毁了房子,而我们却被困在里面,无处可逃。""你说的是什么意思——什么窗户?"*她反问道。

威廉斯知道,即便目的是维持想象力,自己对酒精的依赖却在不断削弱它。"就我个人的写作而言,我时常会想念过去的那些年。在那些日子里,大多数情况下,我写作时只需要来两杯浓咖啡来帮我提提神儿就行,"他说,"现在,要是不喝个两三杯马提尼来刺激一下我的大脑,我可不敢奢望能有什么写作灵感。"* 威廉斯不知道该怎样正确地充盈自己的内心,而戈福斯太太也深陷同样的困境,对她来说,饮食至关重要。靠着吃药片和喝咖啡过活——她认为"固体食物会让她身体虚弱"*——她汲取不了多少营养,当然也无法提供营养。然而,她又怀疑克里斯想要帮助她的愿望。她对克里斯说:"弗兰德斯先生,很久以前,咱们有一次见面时,你说希望我相信,相信你关心我的灵魂和身体甚于关心你自己。"* 克里斯承认"要是没人可让他关心的话,他会感到恐慌"。戈福斯太太还固执地不给克里斯东西吃。他连续五天没吃饭,"快要饿死了"。* 但是在这部剧的开头,他们见面之前,她曾让仆人把已经给他的食物又端走了;第二天,他们在她气派的阳台见面时,她要求撤下盛着早餐的托盘,因为她"受不了食物的味道"*。等到布莱基终于设法偷拿了一瓶牛奶塞到克里斯的帆布包里,戏都快结束了。舞台提示特别表明,这牛奶不仅是用于维持身体机能的,更象征着滋润灵魂的养料:"克里斯打开瓶子,小口小口啜着牛奶,就好像在品尝醇厚的圣酒一样……他用手擦擦淌到下巴上的牛奶,然后虔敬地舔舔手掌,把上面挂着的几滴牛奶都添了个精光。"*

对药成瘾的戈福斯太太自己是一团糟;和威廉斯一样,她已经迷失了自己,看不清自己了。正如威廉斯开始沉浸在他所创作的人物的虚拟世界中,克里斯打算往后居住在戈福斯太太的庄园里。他提议的合作是医治虚无的一剂解药:

> 我们都住在住不惯的房子里……这栋房子充斥着我们无法理解的事物——各色声音、各种噪声、各种东西、奇怪的阴

影、更离奇的光。我们吠叫，四处蹦跳，竭力——竭力想装出在这个神秘的房子里玩得很开心的样子，但——在我们的内心深处，我们仍然对它心存恐惧。难道不是吗？之后，天黑了。只剩我们彼此一起，我们的爪子和嘴巴互相轻柔地碰。然后我们进入——梦乡——为明天的欢乐……和神秘——好好休息。*

克里斯便是那神秘之一。他最初和最后的话是一声"砰"——此神秘之声模仿海浪拍打山下的神圣海岸的声音，并将其令人震颤的魄力所具有的悖论表现出来：爆炸和侵蚀、创造和毁灭。"砰"是克里斯想要搭建的玩具车的名称。"这就是它的意思。不需要翻译，不需要解释，'砰'一个字就够了。"* 戏剧快结束时，克里斯这样说道。

对威廉斯来说，"砰"是"活着的人每时每刻都能感受到的震惊的声音"*。即使从隐喻的角度看，这个词也有悖论的意味在其中——它既可以指心脏跳动的声音，又可以指心脏骤停的声音。1962年，古巴导弹危机过后，这个词便反映了威廉斯对自己的末日，还有对西方世界的毁灭的担忧。这一声音在《牛奶车》里是如此关键，以至威廉斯为约瑟夫·洛西（Joseph Losey）导演的 1968 年电影改编剧本命名为《砰!》（*Boom!*）。* 威廉斯认为，"改写后的电影剧本比原来的剧本好多了"*。在电影中，克里斯不是攀爬到戈福斯太太的山顶庄园的，而是以一种更有寓意的方式，从海里现身——海即大海母亲——他作为无意识领域的使者，也许会，抑或不会帮助戈福斯太太。"不要丢下我一个人，直到——"在剧尾，她对克里斯低语道。"当我醒来，你要在这里。"她用尽最后一丝力气说。"你总是在想人死后会去哪儿呢，去处是那样遥远，走得是那么匆忙。你总觉得肯定在附近的某个地方，逝者的灵魂，还在空气中游荡。但生者察觉不到。"* 克里斯说道，为戈福斯太太这"跌宕起伏的一生"*画上了句点。生与死之间，不过只差了那不可估量的而又深不可测的一声爆炸。

《牛奶车》是一部隐晦的戏剧，但它准确地描绘了威廉斯的状况，他在令人迷惑、富于创造力的情感的刀锋上栖息；是威廉斯创造力终结的幻象，也是为了救赎自己想象力的祈祷。这部作品也是弗兰克·梅洛的肖像画，在情感和躯体上浓墨重彩，威廉斯塑造戈福斯太太周围的角色用的正是这些色彩。戈福斯太太曾向人讲述自己和第三任丈夫令人兴奋的最初几夜，还说了他去拉窗帘时看上去是什么样子（"他的裸体，完美得如同出自神明之手！——他从一扇窗户走到另一扇窗户，把卧室的一圈窗帘都拉上"*）。威廉斯在《一首单独的诗》中专门对梅洛的形象进行了再加工："你的裸体是如此美妙，仿佛披着神的衣裳/在这个四面环窗的房间里，你从一扇窗走到另一扇，将窗帘拉上、紧闭……然后过来歇息，赤身裸体/完美得宛若一位神明，在我身旁。"*即使是克里斯托弗，这个有着艺术追求的骗子，身上也能看出点梅洛及其魅力的影子。但最明显之处在于，他名字的双关表明，梅洛还被写进了布莱基这个角色里，布莱基在剧中是个率直、富有同情心、好脾气的家务总管，但常常被她盛气凌人的女主人责骂。（"布莱基，老板感到很抱歉，自己心情不好，却拿你出气。"*戈福斯太太说。）像梅洛一样，布莱基曾经坚强倔强——她威胁要辞职，却没能离开，深受女主人的心理影响。

1962 年 6 月下旬，在"举步维艰……又不想停下"*的状态中，威廉斯带着他写的新戏和他的新"天使"*——威廉斯是这么称呼他的，一个叫弗雷德里克·尼克劳斯（Frederick Nicklaus）的诗人——去了丹吉尔，他在那里租了房，住了四个月。"他是个绝望的年轻人，我是个绝望的老人——也许，这可能是我们有一些共同语言的原因。"* 威廉斯写道。毕业于俄亥俄州立大学艺术史专业，尼克劳斯为了当一名诗人，从俄亥俄州哥伦布迁居纽约。他是个帅气的年轻人，长着一头潇洒金发，温文尔雅——是高尔夫球手杰克·尼克劳斯（Jack Nicklaus）的表弟——威廉斯是在 1957 年 9 月经吉尔伯特·马克斯韦尔介绍，在第五大道的布伦坦诺书店认识弗雷德里克的。为了能继续自己的写作事业，他们俩都在那里工作。"我当时正在摞书。然后吉尔伯特走过来说'嘿，弗莱迪，来见见田纳西·威廉斯'，"尼克劳斯回忆道，"威廉斯当时穿着一套灰色西装，戴一副墨镜。皮肤发棕褐色。他在笑——那是一种奇怪、让人捉摸不透的微笑。你说不准他到底是真开心，还是说他只是在掩盖什么。"尼克劳斯补充道："我脸红了。"*

"我找了一个非常温和、善良的年轻人来照顾我。"* 威廉斯在 8 月给莉拉·范·萨赫写的信中说道。但是在同意陪威廉斯在那个夏天一起旅行前，弗雷德里克做了深刻的"自我反省"。"我不想当一个破坏别人家庭的人，"他说，接着补充道，"我又郑重地问田：'弗兰克会怎么想？'他非常冷酷地答道——你知道，田纳西对梅洛有时真的很无情——'他爱怎么想怎么想，无所谓'。"*

但事实并非如此。之前的几个月里，威廉斯和梅洛冲突不断。3 月，罗伯特·海因斯（Robert Hines）（一个新奥尔良房产经纪人，帮着威廉斯打理他新近在杜曼街 1014 号买的一套房产）和他的朋友罗伯特·李（Robert Lee，又称"迪迪"），与威廉斯还有梅洛一起住在邓肯大街他们的一套房子里，梅洛称呼这栋房子为"别墅"。*"我们刚到，就燃起了'战火'，"海因斯回忆道，"当时田站在门廊上，上身赤裸，他喊道'那个西西里的贱货竟然把我关在了我自己的房子外面！'然后，迪迪和我就开始撬窗户。这时弗兰克开车赶到，他毫不费力地打开了露台上的玻璃门。明摆着，这扇门一直是不锁的——只是有点不好推罢了，而田显然对此知情。"

第七章 怪　癖

威廉斯和弗雷德里克·尼克劳斯在一起

海因斯继续道："我很快意识到，一直以来，田都在有意把我变成和他一起对抗梅洛的同盟……（例如'弗兰克下午休息去吸毒了'，而实际上，弗兰克是在跑完洗衣店、干完照顾狗狗、买菜、准备饭菜这些杂活后回家了。）之后，田发现弗兰克和我常常连续几小时地开怀畅饮，谈论我们当水手时的船上生活（我们都有多年在海上从事医疗工作的经历）。自然，田被排除在这聊天之外了。此外，弗兰克和我还都是歌剧的狂热爱好者，熬夜到很晚，听弗兰克收集的歌剧唱片，这让田很恼火，他通常会从楼上大喊：'我在自己的房子里都睡不着觉！'而弗兰克会喊回去：'闭嘴，反正你怎么样都睡不着，你就像个游荡在房子里的吸血鬼！'"*

在海因斯看来，威廉斯似乎应该为他们之间的冲突负主要责任，而梅洛的责任较少。在一次争吵后——由威廉斯在梅洛眼皮子底下和迪迪偷情引发,威廉斯愤然离家。"罗伯特先生,请帮忙开车带我到最近的旅馆,让我离开这个充斥着谎言的恶毒地方",海因斯记得他当时是这么说的。海因斯同意载威廉斯和迪迪离开。"弗兰克很受伤,很震惊,也很无助。迪迪结巴着说:'T——T——田,衣服怎么办?'田回嘴道:'什么衣服不衣服的?买不就是了,唯一重要的东西是我的手稿。'他把稿子放在我车子的后备箱里!"海因斯继续讲道:"我们离开了那里,开车经过了大概四个街区后,田突然提议让我找个卖酒的店铺,去买一品脱老爷威士忌——一个没有藏匿东西的人,是不会被抓住的!"*在当地的公共海滩上待了几个小时,喝了一瓶威士忌后,这戏剧性的三人组回到了住处。"大家都很安静"*,海因斯注意到。

但威廉斯和梅洛间的互相指责很快蔓延到了公共场合。据海因斯讲,在一家意大利餐厅,"田习惯性地言语挑衅弗兰克,我试图在中间缓和气氛,……弗兰克回击,说田是个'冒牌南方绅士',听到这,田站了起来,气得直跺脚。弗兰克又说他这样子像是在扮演'斯通夫人'。桌子被掀翻了,侍者赶忙跑过来,游客都目瞪口呆,窃窃私语。田出去招呼了一辆出租车,而我则坐在那儿,赶在酒店老板来之前把账结了。那真是一场灾难"。海因斯继续说道:"现在想来,我觉得田对弗兰克真的不怎么样。"*

1962年冬天,威廉斯开始写《终结时刻》(*Closing Time*),《终结时刻》是威廉斯改写的一部独幕剧,并以此献给梅洛:"他对生活的理解是如此透彻,以至于在我们共同度过的15年里,他几乎也使我理解了生活。"*这时,他注意到梅洛的行为发生了一些变化。例如,2月,梅洛心血来潮,跑到纽约去参加一个"和平示威罢工"活动,拿着白色菊花和雏菊在日本大使馆外进行无声抗议。"自打我认识弗兰克,到现在已经将近15年了,这次活动似乎使他这么多年来第一次找到了值得认真参与的事。"*威廉斯向他的书目

第七章 怪癖

编制人安德烈亚斯·布朗说道。一个月之后,在一封给卡赞的信中,威廉斯表达了他对梅洛的担忧,梅洛"最近瘦了很多,早上起床后常常身体发抖、呕吐。他今天一整天都待在当地的一家医院里,做各种检查,拍 X 光片。我怀疑这主要是因为他有一个司空见惯的问题——无所事事,百无聊赖"。威廉斯又补充说道:"我发现我不在他身边时,他的状况就能好转一些。所以,我打算离开几个月。"*

4 月,为了缓和与梅洛的矛盾,威廉斯提议在基韦斯特给梅洛买套房子。"我觉得要是我们不住一起,那或许我们还能再成为朋友,"他给圣贾斯特写道,"他断然拒绝了。我看他就是想让我滚出这栋房子,但这是我唯一的家。"威廉斯继续道:"我要是能攒足精力去国外度个暑假,事情也许就可以自然而然地回归正轨了,我们也就都能释然了。我喜爱(他),依旧对他有些依恋。但要是我能知道这种感情是好还是坏就好了。我已经没法判断了。"* 在写给尼克劳斯的第一封信中,那是 1962 年的 5 月 6 日,威廉斯提到了他在纽约的一间临时寓所:"我可能不在我原来的公寓那儿,因为弗兰克现在正住在那里。这就是为什么我建议你把你的新地址(如果有的话)留给奥德丽,而不是直接留言在电话答录机上。我有一个漫长的故事要讲给你听,一个漫长的、悲伤的故事。"在信的结尾,威廉斯写道:"我爱你。"*

威廉斯想讲的故事是他和梅洛见面然后分手的事。"我害怕见到梅洛,正如我害怕在 1947 年的暴力事件后见到(潘乔·罗德里格斯)一样。"* 威廉斯在《回忆录》中写道。这场谈判是在他们东 65 街的公寓里进行的。"弗兰克展现出了他最好的样子——庄重、平静,他表达了对于我们之间的疏远而感到的受伤和不解。伍德小姐一如从前,保持着那副冷静、世故的样子。"* 威廉斯写道。在同意继续给梅洛支付工资后,威廉斯坚持要梅洛和伍德一起离开;十分钟后，梅洛打电话来说，有伍德在场，他们根本没法谈私事。梅洛想回来继续之前的谈话，但威廉斯只同意在当地酒吧见面。"很奇怪，我当时非常坚定，"威廉斯写道，"我记得我对他说：'弗兰克，我想找回我的美德。'他沉默地看着我，明白了我的意思。"*

威廉斯发现尼克劳斯是个意气相投、为人宽容的旅行伙伴。事实上，尼克劳斯不得不如此。威廉斯对于才思枯竭的恐惧于外一览无余；旅程中，他一直被恼人的表达障碍折磨着。"我年轻的旅伴，'那位诗人'。/ 外貌如安东尼斯那样俊美，理性却堪比十个爱丽丝茶会上的疯帽匠。/ 似乎正向我钢铁般的沉默屈服，/虽然极不情愿。/ 他还能，偶尔地，喜欢我吗？"* 他在《丹吉尔：无言的夏天》（"Tangiers：The Speechless Summer"）中写道。在《丹吉尔1》——一首献给"T. W."*的诗中，尼克劳斯从自己的角度讲述了威廉斯的恐惧：

> ……你在夜里醒来，
> 被中午白色的幽灵所扰；
> 猫，嘶嘶叫着，
> 穿过高高的烤架。

> 至少夜晚看起来安全一点：
> 门从内侧反锁，
> 白色的墙壁，黑色的瓷砖

> 睡梦中，我梦见我们安然平静、相互依偎，
> 直到什么东西悄悄潜入，
> 发着嘶嘶声，跳过露天烧烤架，
> 让你缩在椅边瑟瑟发抖。*

第七章 怪癖

如果说尼克劳斯不具备梅洛那样热情、外向的禀性的话,那么他其实还缺少梅洛的能干。在写给安德烈亚斯·布朗的信中,威廉斯说道,他"在任何实际事务上都很笨拙,所以我们的旅行就如同一个持续不断、杂乱迷惑的幻梦。他不知道怎么用钥匙开门,不知道上哪儿找电灯开关,不会数钱。今天早上,他甚至不知道怎么冲马桶。所以我现在不得不掌握一些实用技能,以前,这一切都是由别人提供。但我们在一起很开心,他还写了些相当优美的诗歌"*。〔尼克劳斯的第一本诗集《咬太阳的男人》(*The Man Who Bit the Sun*),在威廉斯的帮助下于 1964 年由新方向出版公司出版。〕

尽管尼克劳斯的陪伴是一种安慰,但威廉斯这个夏天大部分时间焦躁不安,身体不适,"像只跳蚤一样"*在欧洲四处游荡。"我旅伴俊美的容貌使我们成为到哪儿都受欢迎的旅客,"他在《回忆录》里写道,又补充说,"甚至不能和这位年轻诗人交流,除非是在床上。"*到 8 月,一直在阴郁地埋头改写戈福斯太太去世情节的威廉斯,报告了一连串他遭受的痛苦,包括"内出血,极度虚弱和疲劳"*。"我早上还是可以工作,但之后,我就几乎没力气动了,"他注意到,"在丹吉尔,尽管从这所房子走到海滩只需要三分钟,我有时却连这都没法做到,只能一下午都躺在床上,勉强起身去吃点儿东西。但只能吃一点点,因为我的食欲随我的力气一同消失了。"*丹吉尔之行结束后,威廉斯先入住了伦敦的一家医院,在那儿住了几天。他没有直接回到美国,"梅洛的事情"仍然"处理起来十分麻烦和头疼"。*

威廉斯不确定他是不是还能回基韦斯特;他曾仔细考虑过要不要搬家,住到新奥尔良或是墨西哥湾沿岸的什么地方。*"我仍在拼命寻找'那个地方'和'那个朋友',"他在 1962 年给安德烈亚斯·布朗的信中这样写道,"也许,我已经在现在与我同住的那个年轻诗人身上找到了后者,但'那个地方'仍然不知所踪。基韦斯特是个不错的选择,只可惜梅洛拥有那里,而不是威廉斯。我理解这一点,并且我希望我能对此没有怨恨之意,但这确实使我觉得我像是一个丧失了自己居住地所有权的人。"*

然而,威廉斯在这个夏天所受的折磨,与秋天他的新剧《牛奶车不再在此停留》上演时他所感到的煎熬相比,简直不值一提。"跪下来祈祷吧,宝贝儿!我们只有靠祈祷渡过难关,愿上帝帮助我们。"*他对导演赫伯特·马基兹说。第二年,威廉斯给赫敏·巴德利写信,想劝她参与这部戏在伦敦的演出,他在信中懊悔地反思它的首演:"剧组里充斥着太多空话和客套话,演员没有下功夫去理解剧本。剧本本身也不是很完善……马基兹有天分,但不知为何,他总是搞砸,没把自己的活力用在正地方。这是真的,这是遗憾,很遗憾这是真的。"*在费城,这位备受打击的作家给伍德写道:"除非有奇迹降临费城,不然,恐怕这部剧就要在这里谢幕了。我实在是太累了,即便赫伯特愿意接受我的帮助,我也帮不了他了……我已经丧失了作为一名作家的道德力量。我还失去了对自己作为一个人的尊严,当你不再有自尊,你也不再尊敬别人了,你变成了一个怪物。"*

该剧于 1963 年 1 月 16 日在百老汇莫罗丝科剧院首演,在上演69 场后,由于报业持续 114 天的罢工,以及戏剧遭到差评而停演。剧评人说话犀利尖刻,言语中处处流露出一种新的明显的傲慢态度。例如,理查德·吉尔曼(Richard Gilman)——剧评人中比较聪明的一个——发表在《公益》(*Commonweal*)杂志的剧评标题是《威廉斯先僧,他死了》*。("为什么?为什么非得这么平庸、歇斯底里、荒谬可笑呢?不会静一静吗?为什么不直接封笔呢?完全停笔,在基韦斯特待一大段时间,或去西班牙南部,或是随便哪个酒吧的角落里,安安静静地思考,这样不好吗?"*吉尔曼这样写道。)这些话在威廉斯的脑海里萦绕徘徊,挥之不去。"我猜他说的是实话。只有泼妇才会这样说,但他是,我也是。"* 威廉斯说。那年3月,他的脸"肿得像个南瓜",精神状况"极不稳定",嗓子也因干咳而痛苦不堪,威廉斯把他早晨的自言自语透露给罗伯特·麦格雷戈:"面对现实吧,宝贝儿,你正在走向死亡。你是能体面地面对呢,还是像你生活中大多数事一样,会把它搞砸呢?"* 他补充道:"说不定是肺癌。"*

威廉斯过分悲观的自我诊断再次展现了他洞悉世事人心的天赋,他拥有歇斯底里症患者不可思议的与他人共鸣的能力。正被肺癌夺走生命的不是他,而是——他最近才知道——梅洛。

第八章

挥手求救

> 没人听得见他,这位死者的声音,
> 而他仍在呻吟:
> 远远不是你们想的样子啊
> 我不是在挥手而是在求救。
>
> ——史蒂维·史密斯 (Stevie Smith)
> 《不是挥手而是求救》*

1963年9月9日,年仅40岁的弗兰克·梅洛去世前的第11天,威廉斯在弗吉尼亚州的阿宾顿给伊利亚·卡赞写信,那时他正"惴惴不安地等待"着新一版《牛奶车》在这儿的巴特剧院上演。"你知道弗兰克怎样吗?"他问道,"自从去年冬天做了肺癌手术后,他便一直进进出出纪念医院。现在他住在纽约的公寓里,我知道他会非常乐意接到你的电话,因为他提到没有见到你,也没有你的消息,他又一直喜爱你、敬仰你。他都瘦到只有114磅了,但他依然意志坚强,头脑清晰敏锐。希望我自己也是如此,可惜我不是。"威廉斯继续写道:"我同很多老朋友都不怎么见面了,事实上几乎没有见过谁,因为我可不想我那看似疯癫、胡子拉碴的脸'吓到'他们。我蓄胡子也是为了尽可能遮盖我两腮一直肿胀的淋巴结。它肿肿消消，然后又肿起来，像假孕一样。有人觉得这是我的戏剧生涯被阿尔比超越的生理反应。"*

起初，基韦斯特的医生认为梅洛的疲惫、干咳及身体的"颤抖"是由于各种可能的疾病引发的，包括肺炎、单核细胞增多症、贫血和肺结核，*其中，身体的"颤抖"如此糟糕，以至于管家莱昂西亚要帮他端着杯子他才能喝早晨的咖啡。威廉斯的诊断是，梅洛的精神紧张和体重下降更可能是由于吸毒，以及"跟我一起生活了14年积累的结果"*。1962年，威廉斯和尼克劳斯结束夏季旅行回来后不久，瓦卡罗从佛罗里达打来电话说，梅洛已经搭乘飞往纽约的飞机，要在那儿的纪念医院接受疑似肺癌手术。几周前，梅洛与朋友在基韦斯特的一家咖啡馆共进午餐，其间，梅洛咳血了；他立刻去见了他在基韦斯特的医生，他的X光片显示他的肺部有一块儿阴影。威廉斯回忆说："我懊悔难当。"*

威廉斯在梅洛手术前一天去看望了他。威廉斯说："他对这件事的态度很是淡然，换成我都得吓得疯掉。"*梅洛醒来时，威廉斯在恢复室里陪着他，并且在他住院期间，每天都会去看望他。然而，威廉斯与梅洛的医生交谈时，他们解释说，由于恶性肿瘤恰巧位于梅洛的心脏附近，而且已是晚期，无法通过手术来治愈了，所以外科医生只能把他的伤口又缝合起来，没告诉他真实情况。威廉斯询问医生梅洛还能活多久，答复是六个月。"我挂断电话，放声大哭起来。"*威廉斯说。

梅洛独自一人回到了基韦斯特。他带着他们名叫"吉吉"的狗，还有"生灵"，一只神经质又坏脾气的猴子，一起搬进了离邓肯街约十个街区远的贝克巷一间小木屋，威廉斯和尼克劳斯过去就住在这里。这是威廉斯为他特意从作家詹姆斯·利奥·赫利希（James Leo Herlihy）*那里租来的。"弗兰克完全不知道其实他并没能接受有效的手术治疗，并且在最初的一两个月里，认为自己已经完全康复了,"威廉斯在《回忆录》中写道,"我记得他在基韦斯特当地的夜总会跳了一场酣畅淋漓的'林迪跳',但我也记得结束时他好像快要崩溃了。"* 1963 年 2 月,威廉斯在写给埃德温娜的信中提到了"弗兰克突患重病"一事,他写道:"我每天都去看他,而且我们还都假装他正在康复。实在没有别的办法了。"* 在说出实情三天后,在一封给女演员克莱尔·卢斯的航空信信封背面,威廉斯匆匆写下了题为《晨曲》("Morgenlied")的诗,预示着即将到来的空寂,以及他对梅洛那既遮掩又默认的愧疚感:

> 我看见一只白鸽立在树上。
> 树是白色的,叶子有三片。
>
> 当我走过,我注意到这些叶片
> 形似玻璃钟铃,
>
> 深红、蔚蓝和翠绿,
> 当我走过,我感到他们在颤动。
>
> 鸽子独立枝头,
> 她嘴里叼着一根骨头。
>
> 这曾是我的爱,我听到她哭泣,
> 我喝了他的血,眼睁睁看他死去。
>
> 我喝了他的血,鸽子供认不讳,
> 因为我爱他至极。

> 后来当我走过,我的身体忽而纤弱,
> 随风飘起,
>
> 我在高山之巅,
> 宇宙白茫茫一片,寂静无声
>
> 没有树,亦没有鸟,
> 没有钟声浩荡,亦无枝叶轻摇。*

4月,威廉斯在基韦斯特向圣贾斯特兴高采烈地汇报说,梅洛住在附近的公寓里,"正等着我和查利·奈廷格尔(尼克劳斯)再出国时住进这栋房子,大概在这个月末或下月初吧。这样安排并不完美,但生活中的一切都是不完美的"。威廉斯补充说:"他现在精力充沛,精神饱满。昨晚我与他共进晚餐,他凭着他的烹饪天赋做了一道美味的意大利面。其间他只咳了一次,并且带着他一贯的活力蹦蹦跳跳,跑来跑去。"*相比之下,尼克劳斯那段时间的记忆比较灰暗。"田纳西给弗兰克买了一台电视机,一天晚上我们一起去探望他,*"他回忆道,"我们把车停到房前,里面很黑,但电视屏幕在一闪一闪。我们简短地谈了一会儿,随后离开了。田纳西非常难过。'他的腿太消瘦了,'他说,'他以前腿很结实。他看起来憔悴了太多。一想到他一个人孤零零地坐在那里,我就很难受。'他问我:'你觉得如果弗兰克搬过来,我们一起住在邓肯街,会不会对他的病情有帮助啊?'我说:'当然会。'"

梅洛搬回来后,住在楼上的主卧室里,威廉斯和尼克劳斯睡在楼下。*新的生活安排造成了一些不可避免的混乱:威廉斯发现自己又和梅洛在感情上纠缠在了一起;而尼克劳斯则感觉自己被边缘化了。"我想如果没有这些可怕的压力,田纳西和我的关系会维持得

第八章 挥手求救

更久，"尼克劳斯说，"我变得越来越不真实，而弗兰克却变得越来越真实。我能感觉到我在逐渐出局。实际上，弗兰克和田纳西又成了情人。我有时会想，我在这儿做什么？"* 正如威廉斯在《回忆录》中所写的，弗兰克"似乎对那年春天我在基韦斯特待了那么久而感到恼火……而这并不是因为他讨厌尼克劳斯——对他来说，这位诗人是美妙、极好的；但他对待尼克劳斯的态度几乎就像他不存在一样。至此，这更贴近事实。我是说我真心如此认为"。威廉斯继续写道："弗兰克不想让别人见证他的陨落，更不用说像我这样与他亲密的人了。所以在5月中旬，我和尼克劳斯搭乘飞机去了北方。"* 实际上，威廉斯和尼克劳斯去了欧洲。

尽管威廉斯和尼克劳斯在一起的第一年"很顺利"，但根据尼克劳斯的描述，第二年就出现了"一些非常激烈的争吵"。* 最严重的一次发生在他们离开基韦斯特前。晚上喝酒和争吵后，尼克劳斯躺在客厅的沙发上。"田纳西准备去睡觉了。他在基韦斯特没有熬过夜。他喜欢早起工作，"尼克劳斯回忆道，"过了一会儿，田纳西在卧室喊道：'嗯，你进来吗？'我说：'我今晚打算睡沙发。'"尼克劳斯继续说："田纳西直接出来，然后把苏格兰威士忌灌进我的耳朵，碰巧我十分在意我的耳朵。我被他的举动激怒了，和他扭打起来。"* 据尼克劳斯说，这场争吵是"我们关系中最严重的危机"*，虽已原谅，却无法忘记。

去罗马、巴塞罗那和丹吉尔游览过后，到6月中旬，威廉斯和尼克劳斯来到了英格兰，享受着圣贾斯特女士的热情款待，她为威廉斯举办了几场群星荟萃的派对。尽管这里的生活丰富有趣，但是威廉斯仍然放心不下梅洛。在一次前往布莱顿的旅途中——"这里的空气就像新的绿色药丸一样令人兴奋"*，他在写给瓦卡罗的信中说——威廉斯和圣贾斯特给在基韦斯特的梅洛打了电话。"虽然他没有提，但我感觉到他的健康状况没有我离开前好了，"威廉斯给瓦卡罗写道,"总之,我现在脑子里不间断地想的全是他,根本没法享受在大洋彼岸的生活。"* 6月13日,他在从伦敦写给保罗·鲍尔斯的信中提到尼克劳斯:"他陪着我度过了人生中的艰难时期,但现在我觉得我应该单独和弗兰克在一起,直到所有事情都得到解决,毕竟他是我为数不多的深爱之人。"*

威廉斯决定回到基韦斯特。"这一切,包括缩短假期并且一人回到弗兰克身边,对于弗雷德里克来说是有些难以接受的,"威廉斯对瓦卡罗说,"但家是你和某个人一起生活了最久的地方,而且弗雷德里克还有机会,也许他会喜欢独处一段时间,或找其他的伴侣。"* 然而,由于气候太热,威廉斯说服梅洛和他俩一起去楠塔基特旅行——结果梅洛因为身体虚弱,无法尽享此次旅行。他不喜欢租来的小屋,也不愿意出门,而且还挑食。因此,这家人只在这里坚持熬到一周。"我宁愿忍受纽约或基韦斯特的酷热,"威廉斯给伍德写道,"在社交和感情上,我现在只有弗兰克,我认为我们会互相支持。除了我的工作,还有很多事情要做。"* 威廉斯把尼克劳斯送到了佛罗里达,而他则留在纽约,这时梅洛正在纪念医院接受钴治疗,这种治疗会造成灼伤,他胸前的皮肤都变黑了。估计梅洛再也看不到基韦斯特了。

"我们每天的活动很少,"8月5日,威廉斯在给圣贾斯特的信中说,"就读书和看电视。"* 梅洛睡在卧室里,威廉斯在书房的长沙发上休息。威廉斯回忆道:"每天晚上,我都会听到他滑上卧室的门闩——这是回忆起来让人无比痛苦的事。"* 等到那个月晚些时候梅洛回到医院时,他还不到100磅。那曾经壮如"小赫拉克勒斯"*的骏马,现在却令人想起一只瘦骨嶙峋的麻雀。他不得不被人用轮椅推到病床上,这个床位刚好在脑癌病人的病房里。"看着那些病人简直就是一场噩梦,"威廉斯回忆道,"我请求梅洛不要住在那个病房里,去换一个私人间。但他坚定地说:'现在,这对我来说根

第八章 挥手求救

本无关紧要了，我想我喜欢和他们在一起。'"*

最新版本的《牛奶车》的首演在弗吉尼亚州的阿宾顿举行，这迫使威廉斯不得不离开一周半左右的时间。"我犹记得弗兰克临终的情形。"威廉斯的律师艾伦·U. 施瓦茨说道。他同时还担任杜鲁门·卡波特、汤姆·斯托帕德和亚历山大·索尔仁尼琴的律师。"田纳西没有跟他联系，他急迫地想打听田纳西的消息，还让其他人给他传信。我想，他一定很孤独，像被遗弃一般，伤痕累累，饱受折磨。尽管弗兰克一向是个有些不拘细节的家伙，但这时他一反常态。"*在《回忆录》中，威廉斯为自己的缺席辩解道，梅洛"经常在纪念医院住院，我真的没想到这会是他最后一次"*。玛伦·斯塔普莱顿称梅洛为"亲爱的朋友"*，并且几乎每天都在医院陪着梅洛，一直劝威廉斯回来多陪陪弗兰克。威廉斯的堂兄、牧师西德尼·拉尼尔（Sidney Lanier），也是如此劝他的。《牛奶车》在弗吉尼亚州上演的第二天，也就是 9 月 16 日，威廉斯接到了阿尔·斯隆（Al Sloane）的电话。他是梅洛在基韦斯特的挚友，在梅洛住院期间一直陪在他身边；梅洛的身体情况变得更糟了。"我说，'他可能挺不过这个星期四了。我会马上飞回来'"，威廉斯在《回忆录》中写道，并补充了一句令人心寒的自我辩解："我在巴特剧院演出的剧评出来前就飞回来了。"*

梅洛去世的那天——1963 年 9 月 20 日，星期五——威廉斯陪在他身边。梅洛要转到私人病房。然而，在换病房的时候，他的氧气瓶落下了；过了大约半个小时才被人带过来。梅洛焦虑不安、气喘吁吁，"像一条咬了钩的鱼"*，威廉斯说。每隔几分钟，梅洛就会从床上起来，坐到椅子上，然后又因身体不舒服，几分钟后步履蹒跚地回到床上。[有一个沉重的事实在威廉斯的《回忆录》和他 1981 年的戏剧《有点缥缈，有点清澈》中都没有提到，但在他未发表的诗歌《你生命的最后一天》（"The Final Day of Your

Life"）中得到了印证："你坐在我旁边的椅子上。/我们虽未互视，而我能说的是/你似乎更坚强了。"*］"可怕的守夜"* 最后的谈话情景令威廉斯终生难忘，时时想起：

"弗兰克，尽量静卧。"
"我今天感到很焦躁不安。这些看望我的人让我筋疲力尽。"
"弗兰克，现在你想让我离开吗？"
"不，我已经习惯你在我身边了。"*

然后梅洛翻过身，背对着威廉斯，"他假装睡觉"*，威廉斯说。"很难将惯常的表达阐释为爱的表白，除了打长途电话，弗兰克从来没有当面向我表达爱。"* 他回忆说。他们刚结识时，威廉斯曾在一首诗中感慨道："我给他取的昵称是小马/我希望他也能给我取个名字。"* 在他们相伴 15 年后，他仍然没有从梅洛那里得到任何亲昵的称谓。

威廉斯在梅洛身边静静坐了会儿；下午 4 点左右，他走了。他直接去了自己的精神主治医生威廉·G. 冯·斯坦（William G. von Stein）那里。在威廉斯"歇斯底里地诉说弗兰克在医院里临终的日子已然变成了一场噩梦"后，斯坦医生给他打了一针镇静剂。然后，威廉斯说："我的歇斯底里发生了巨大转变。"* "田纳西再也受不了了，"他的朋友理查德·莱维特回忆道，"他建议我们一起出去逛逛。他只想在酒吧里和成群鲜活的人在一起。"与莱维特、尼克劳斯及吉尔伯特·马克斯韦尔一起——如他在《你生命的最后一天》中所写，"那些我的朋友而非你的朋友"*——威廉斯去了很多同性恋酒吧，最后"喝得酩酊大醉"*。晚上 11：30 左右，他回到自己在 65 街的公寓，这时他接到了梅洛的朋友、基韦斯特的建筑师丹·斯特拉普（Dan Stirrup）的电话。11：05 时，梅洛在床上坐起来吃药时离世了。"通常是我负责接电话和记留言,"尼克劳斯回忆道,"但是这次田纳西接了电话。我当时心想,'哦,天哪,可能就是那个消息'。田纳西挂了电话后说:'嗯,弗兰克走了。'"*

"我现在才开始感受到失去我亲爱的小马后的悲伤凄凉,"梅洛去世三天后,威廉斯给圣贾斯特写信说,"昨天我看到他了,在家人守候的遗体告别仪式上,他看起来像个圣人,也像他自己。"* 大家为梅洛举办了两场葬礼。第一场葬礼是由他的家人在纽约公园大道和84街的圣依纳爵洛约拉教堂举行的安魂弥撒;第二场葬礼则是在几个街区外的麦迪逊大道上的弗兰克·E. 坎贝尔葬礼教堂举办的,在这儿威廉斯把梅洛的遗体转移到一个不太花哨的棺材里。这场葬礼由威廉斯筹办,来了许多名人,其中就有骑摩托车赶来的马龙·白兰度。尽管威廉斯为梅洛写好了悼词,但他无法在葬礼上朗读出来。而是由牧师西德尼·拉尼尔在这一屋子人前,宣读了"一个了解并爱过他的人的回忆"*:

> 他是一个值得尊敬的人。
>
> 他有非常明确的行为准则,无论生死都不能使他改变……这准则不会变。它也不会被改变。当你理解了他的准则,你便知道这是对的。
>
> 在有些人身上所体现的这种不可改变的性格可能会令人恼怒。然而,在弗兰克身上,它就像港湾里的灯塔,始终如一为人们提供着一种安心。
>
> 他在剧场里不参与舞台事务:他既不参演,也不撰稿。但在长达15年的岁月里,他已经是不可或缺的一分子。他爱所有剧院里的人,他记得他们每个人的全名;对他来说,一位明星并不比一个刚刚登台的演员更重要。他甚至连灯光组人员、

舞台总监、道具组、舞台安保人员的姓名都一清二楚。

他有一种独特的能力可以去了解和喜欢别人，只要对方正派诚实，他就能认可并喜欢对方；此外，他还有一种独特的天赋，那就是能从他人身上挖掘出他们最好的一面。

最重要的是，他对别人的诚实有一种惊人的洞察力。他有一种亲和力，可以唤醒那些他熟知且认可的人时而隐藏的美好品质。

他是一个乐于奉献的人，总是奉献自己和他所拥有的一切。他的慷慨之心，以及他善解人意的天赋，使他在某种程度上超越了我们，而他本人可能从未意识到这一点。

他有一种高贵的傲骨，这种傲骨也绝不会为一场夺去他生命——看得见的生命的疾病所折服……

有一次，乘坐一架双引擎飞机飞越高山时，一个引擎突然失灵。在返回起飞点跨越山脉时，飞机渐渐失控，他的伴侣感觉有必要喝点袖珍瓶里的威士忌来服下两粒药，以面对这显然马上要发生的坠机和爆炸。但是，弗兰克漫不经心地说："哦，在一次轰炸任务后，我乘坐过一架大多数时候只有一个或两个引擎能用的四引擎轰炸机，飞越南太平洋并安全回家了。喝酒？不，我不想喝。没什么好担心的。"然后处乱不惊地坐在那儿读书。

正是弗兰克那自豪且不恐慌的神情，使得他的朋友没有屈服于恐慌。这不是药物和酒的作用，而是因为那看似随意的安慰，以及读着面前书籍时看似平静的专注力，他的脸庞很美，棱角分明。

弗兰克的一生是一首诗。要给这首诗最合适的题词，那曾与他飞越群山和海洋的同机伴侣能想到的莫过于斯蒂芬·斯彭德（Stephen Spender）的诗句："我不断地想起那些真正伟大的人。"*

1963 年逝世当年的弗兰克·梅洛，40 岁

葬礼结束后,威廉斯没有跟随送葬人员一起前往墓地,*他不忍心看着梅洛被置身地下,而是和伊利亚·卡赞及莫莉·卡赞一起回到了公寓。几天后,卡赞夫妇与斯坦贝克夫妇一同到威廉斯的公寓来安慰他。"他在房间里踱来踱去,嘴里说着:'没有弗兰克,我可怎么活下去?'"*伊莱恩·斯坦贝克说。谢里尔·克劳福德敏锐地观察到,"弗兰克临终时,田纳西呈现出一种新的悲伤,抑或是一种新的内疚感,需要他去面对,而我认为这正是他崩溃的原因。"*

一天,艾伦·U. 施瓦茨来到他在纽约的公寓,和他讨论一些工作上的事,威廉斯甚至不准提到梅洛。"这让谈话有些沉闷枯燥。"施瓦茨说。这两个人喝着马提尼酒,试图继续交谈。大房间另一边的金笼子里是"生灵",梅洛在基韦斯特养过的猴子(当时梅洛认为它逃走了,还为此痛哭不已——"我搞不懂为什么这一生灵对弗兰克有这么强的吸引力"*,威廉斯写道),它正在发出叽叽喳喳的声音。过了一会儿,施瓦茨又朝笼子看了看,发现猴子似乎遇到了一些困难;他不再像以前那样叽叽喳喳,动作也不协调了。"田,你的猴子好像病了。"施瓦茨说。"田纳西撑起耷拉着的眼皮,瞥了眼笼子,朝我会心地笑了笑。'不,艾伦,他很好。'他说。"谈话一直顺利进行着,直到施瓦茨意识到房间里完全安静了下来。"我望了望笼子,那只猴子一动不动地躺在笼子底部。他似乎没有呼吸了……'田,我觉得你的猴子死了!'我说。田纳西慢慢将他的目光从我身上移到笼子上,端详了一会儿,然后回过头看着我,用略带醉意的南方腔调慢吞吞地说:'为什么他也这样了?他也这样了。'"

梅洛下葬一周后,威廉斯带着尼克劳斯前往墨西哥度假小镇巴亚尔塔港,当时约翰·休斯顿正和黛博拉·蔻儿、理查德·伯顿以及艾娃·加德纳在那里拍摄电影《鬣蜥之夜》。"我的心情很沉重,但我选不出一个更好的地方了;不是为了忘却,而是尽可能在平静

第八章　挥手求救

中追忆往事，"威廉斯写信告诉瓦卡罗，试图劝她加入他们，"海水已经够暖和了，街上到处都是各种动物。有驴子——堂吉诃德那匹马的直系后代，还有流浪的猪。"他补充说："昨天我为伯顿和苏·莱恩（Sue Lyon）重新写了一场，每个人都很喜欢。今天，我正改写这个感伤的结局。我试着用一些真实的情感来代替这种感伤，而且制片人雷·斯塔克（Ray Stark）在给要给我做报酬的快艇或钓鱼船增长几英尺。"*

但无论是周围美丽的环境，还是朋友的陪伴，都没有让威廉斯摆脱悲伤。"弗兰克去世让我非常难过，"威廉斯在给母亲和弟弟的信中写道，"眼睁睁看着一个本来充满活力的年轻人逐渐迈向死亡并且竭力逃避死亡，真是太可怕了。"*尼克劳斯说："弗兰克死后，一切都变了。"*10月，威廉斯和尼克劳斯一起回到基韦斯特，但那里已不再那么令人慰藉了。威廉斯在给伍德的信中写道："这座房子，事实是整个岛屿到处都是弗兰克，以及我们在一起的快乐时光的影子。"*

梅洛的死使他沉浸在无尽的悲痛之中，这也是他迈向死亡的征兆。（照片上的威廉斯几乎总是手里拿着香烟，他现在立刻戒烟了。）在《牛奶车》经历了失败后，威廉斯正在修改剧本，准备在本演出季第二次登上百老汇舞台，这被威廉斯视为前所未有的机遇，"近乎奇迹"*，他认为该剧会成为绝唱。他希望能以一部一流的、不打折扣的作品来"为自己的百老汇生涯划个句号"*。"我对在百老汇发展不再抱有幻想，"1963年7月，他在给伍德的信中写道，"一个作家只有在他受追捧时才有价值，我也有过我的鼎盛时期。我一直在为这种结果做心理准备，既然它来了，我已让自己认同其他作家的命运，比如菲茨杰拉德，所以，我觉得我足以面对它。"*

喜欢炫耀的百老汇制片人大卫·梅里克（David Merrick，绰号"可怕的娱乐人"）在 1963 年 5 月向威廉斯提议重新制作《牛奶车》。他之所以如此，是看到了一个掌控威廉斯未来作品，让自己成为严肃戏剧制片人的机会。他开始了他的魅力攻势，称赞这出戏是"你最好的作品之一"，并称赞威廉斯是"古往今来最伟大的剧作家"。*约翰·奥斯本（John Osborne）曾说，梅里克"喜欢作家的方式就像蛇喜欢逗弄兔子一样"*。奥斯本在百老汇上演的戏剧《愤怒回首》（*Look Back in Anger*）和《路德》（*Luther*）都是由梅里克制作的。尽管如此，威廉斯还是轻易地就犯于梅里克的恭维。和所有制片人一样，梅里克支付演出的费用。他聘请了英国导演托尼·理查森（Tony Richardson），这位导演改编的亨利·菲尔丁小说《汤姆·琼斯》是当年的热门电影之一。（"托尼是个天才——只有天才才能把这部电影拍得这么棒。"*威廉斯看完电影后说。）梅里克的另一个重大举措是将传奇人物塔卢拉·班克黑德劝回了百老汇。

考虑到她糟糕的身体状况、声名狼藉的放荡生活、吸毒成瘾以及有伤风化的行为举止，班克黑德似乎是戈福斯夫人这个角色的最佳人选。1962 年，在未经威廉斯同意的情况下，她拿到了一份《牛奶车》的剧本，可能因为在她看来，这个人物正是她自身形象的真实写照。"你塑造的每一个好女人角色，都是为我塑造的！"*她对着威廉斯嚷道。威廉斯认为，她的说法"非常正确"*。威廉斯承认，迈拉·托兰斯、布兰奇·杜波依斯、科斯莫诺波里斯公主和弗洛拉·戈福斯这四个角色都多多少少以班克黑德为原型，但她只饰演了其中一个角色。在读完《牛奶车》剧本当晚，班克黑德立刻告诉在自己身边的演员尤金妮亚·罗尔斯（Eugenia Rawls）和她的丈夫、制片人唐纳德·西韦尔（Donald Seawell）："田纳西写了一部完全适合我的剧——实际上，他正是为我而写，我现在就要打电

第八章　挥手求救

话告诉他，我想要出演这部剧。"* 于是，她拨通了基韦斯特的电话。"那时候，我要是还有时间想出一个不蹩脚的借口，我就可能已经撒谎了，"威廉斯回忆说，并补充道，"所以我说：'塔卢拉，这部剧是我为你而写的，但是它并不适合由你来演，所以我在斯波莱托让一位英国女演员——赫敏·巴德利来演，而且在斯波莱托首演中她表现得极其精彩，以至于我跟跟跄跄地走进她的更衣室，对她说了：'赫敏，如果你想演的话，下一季的百老汇，这部戏就是你的了。'"* 西韦尔夫妇没理会威廉斯的话，只听到班克黑德回答道："好吧，亲爱的，没关系。如果你已经承诺了别人，我是可以理解的，但这部戏的确是你为我而创作的。所以我就是想让你知道，如果有什么情况需要我，我非常乐意出演，并且总有一天我会演的。"*

理查森对班克黑德几乎一无所知。在让她出演这个角色之前，他去见了她一面。"我完全明白田纳西的意思，"他说，"在外表和性格上，塔卢拉就是这个角色：一位高傲而又吸引人的美人，现在是眼睑低垂，一副消沉的样子，由于酗酒和吸烟，声线变得低沉，而抽烟则是可以严重到会烧到她那涂了猩红色指甲的手指，不夸张地说，都能从指甲烧进骨头里。"* 在班克黑德的巅峰时期，她出演莉莲·赫尔曼（Lillian Hellman）《小狐狸》（*The Little Foxes*）中的雷吉娜一角，还出演过桑顿·怀尔德《九死一生》中的萨比娜，她所塑造的角色让观众难以忘怀。但是，理查森还不确定她是否胜任弗洛拉·戈福斯这个角色，威廉斯却十分肯定。看到经历了醉生梦死的漫长生活的班克黑德被《牛奶车》的剧本所唤醒，就像看到洛蕾特·泰勒被《玻璃动物园》所唤醒一样美好。在试图让凯瑟琳·赫本出演这个角色但失败的情况下，理查森让步了。他说："要么让塔卢拉出演，要么就干脆不做了。"*

理查森妥协的条件是选用泰布·亨特（Tab Hunter）——拥有

浅色金发，演 B 级片的偶像派演员，他演唱的歌曲《年轻的爱》（"Young Love"）曾登上 1957 年唱片排行榜的榜首——来饰演克里斯·弗兰德斯——剧中的骗子和"死亡天使"。"我一连两晚无法入睡，在选用泰布·亨特这件事儿上觉得对不住良心；由于我已然自省且无法安然入睡，我像拉撒路而不是耶稣那样复活后重申了我的肺腑之言：不，不，不，不，绝不！"*威廉斯向伍德倾诉道。他补充说："这真是关乎我是不是严肃作家的问题。如果我是严肃作家，我就不能将像弗兰德斯这样非常严肃创作出的角色交给一个刚刚踏入剧场的年轻人，如果他真的已经入了门，除非他是凭借上帝的恩典，而不是靠着亨利·威尔森（Henry Willson）*的提携。如果参与其中并默许这等蠢事，那必将造成毁灭性的不公，不仅仅是对戏剧本身，对于塔卢拉、托尼和梅里克来说也是如此。"甚至到10 月 31 日亨特签约之后，威廉斯依然不断恳求伍德用"你那仁慈的巫术来让我们所有人避免开始与泰布·亨特排练时的所有尴尬"。"每个和我提起演出的人都是这么说的，"他写道，"'班克黑德和理查森，听起来很棒，但为什么是泰布·亨特呢？'有些人甚至暗示我一定与这个年轻人有私交。"*

威廉斯甚至还向他的弟弟寻求法律支持，来想办法解除与亨特的合同。但是，事实证明，《牛奶车》的第二次百老汇演出所存在的问题与亨特无关，他在剧中表现极为出色——"你的表演惊艳世人，是我生命中的惊喜，我仅在电影中对你有所了解，而这些却不能让我看到你作为艺术家更为多元的一面"*，威廉斯在 1963 年 12 月18 日给亨特发电报写道。有问题的是班克黑德，她的表演平平。

甚至在众人进入排练室之前，班克黑德就与理查森发生了争执。班克黑德在她位于 57 街的公寓里举办了一次排练前的晚宴——由她称为"荡妇"的女仆负责招待——理查森朝着他讨厌至极的女主角脱口骂道："去你的！"*导演和女主角之间的关系极其紧

第八章 挥手求救

威廉斯与塔卢拉·班克黑德在一起

张。理查森说:"塔卢拉是我共事过的最令人反感的人。"*他觉得排练——"虽然话不能这么说"——"就是折磨"。*"在去排练的路上,我总会疯狂地自我安慰道:'我必须想办法去喜欢她,去喜欢某一点——哪怕是为她感到难过,怜悯她,同情她。'"*理查森无法与班克黑德产生共鸣,反之亦然。"声音要大一些还是柔一点——你究竟想要怎样?"当理查森给她提意见,她会这样说。"没有选择的余地,"理查森说,"塔卢拉早已不是从前的她了。她记不住台词,完全不能表演。"*

每天早上,班克黑德都是拖拖拉拉才到剧院,坐在舞台中央的桌子旁,在她那早已容颜不再的脸上化妆,整个过程如同一种混乱的仪式,甚至包括在牙龈上涂抹油脂,她声称这有助于她念台词。"然后,她就像站在腐肉堆上丑陋的老秃鹫一样,环顾四周,看看那些候补演员或助手谁的衬衫或毛衣最新、最干净,然后向他们示意,'过来,亲爱的',然后在他们干净的衣服上擦手。"* 理查森回忆说。她经常挑中黑人演员博比·胡克斯（Bobby Hooks）——他是后来黑人剧团的联合创始人——他是两个舞台助理之一,负责移动道具,评论舞台动作,还为威廉斯晦涩的故事叙述增添了东方神韵。他们要在巴尔的摩试演时,预期会在巴尔的摩的酒店面临种族隔离问题,这时班克黑德对胡克斯说:"亲爱的,无须担心,我会说你是我的司机。"*

事实证明,班克黑德是个机会均等的施虐者。饰演布莱基的玛丽安·塞尔迪斯（Marian Seldes）经常被班克黑德拖到厕所里,班克黑德会坐在马桶上跟她一起对台词。几乎从第一天起,班克黑德就和亨特发生了争执,亨特敢于因她不停地打断排练把她叫出来。"你他妈的为什么不闭嘴!"他吼道。据亨特说,为了报复他的反抗,当记者问及亨特的性取向,班克黑德说:"泰布肯定是同性恋,因为他没有给我口交。"*

1963年11月23日,当肯尼迪总统被刺杀的消息传来,民族悲剧战胜了戏剧事业上的坎坷。一开始,只有扮演卡普里女巫的露丝·福特（Ruth Ford）在舞台下发出微弱、难以名状的哭声。随后,舞台监督把这个消息告诉了理查森,他向演员宣布了这个消息。班克黑德尖叫道:"原来这就是那个婊子一直哭的原因。我爸爸可是参议员啊!"* 她冲到舞台边,跪倒在地上,开始抽泣。福特从边上走了进来,跟舞台前部的演员一起哀号。理查森回忆说:"中途,田纳西来了,喝着他那银色袖珍瓶装的伏特加,边流泪,边歇斯底里地傻笑着,对我低声说:'喂,托尼,我告诉过你——塔卢拉本应该做额叶白质切除术的。'"*

威廉斯给该剧的首任导演赫伯特·马基兹写信道:"第二版《牛奶车》差点要了我的命。别人当我这个作家已经死了,没有同我进行过任何商量就随意删减和替换人员,而且班克黑德——嗯,

第八章　挥手求救

你一定注意到了，她已经没有机会了。"* 早在巴尔的摩的试演上，失败的迹象就显而易见了。"《牛奶车》本不应该在巴尔的摩或者其他任何地方上演。"* 理查森说，威廉斯已经不相信他了，现在他已经沦为"理查森那家伙"。"他对这部剧在公演路上的解体表现出一种很奇怪的漠不关心。"* 威廉斯写道。理查森无法挽救整个制作，而且他也不想要威廉斯的帮助。一紧张就出洋相，他将一种很酷的歌舞伎式风格运用到了这部剧中，这给威廉斯激昂的戏剧台词增添了一种布莱希特式的疏离感。威廉斯回忆道，在他大吼大叫着拒绝接受一些地方的导演后，理查森告诉他："我认为你不是疯了，而是患有慢性的（或天生的）歇斯底里症。"* 在巴尔的摩，梅里克过来与理查森和威廉斯召开关于如何应对危机的会议，理查森恳求梅里克结束这个失败的演出。威廉斯说："我认为如果我们选择结束，塔卢拉会崩溃死亡的。"*

于是，这出戏继续步履蹒跚地迈向百老汇。在纽约预演的最后一周，理查森跳下了这艘即将沉没的船，去欧洲和家人度假了。虽然合同上同意如此做法，但威廉斯认为他的离开是一种"背弃"*；在某种程度上，事实的确是这样的。1964年1月1日，理查森没有回到纽约参加戏剧的首场演出。在连续三晚的五场演出后，《牛奶车》停演了。[亨特回忆道："布鲁克斯·阿特金森（剧院）的座位一半是空的。"*] 威廉斯的作品从来没有遭到过如此毁灭性的打击。评论家已经跃跃欲试。《新闻周刊》写道："对于那些十多年来一直称赞威廉斯为百老汇之王的戏迷来说，这无疑是一场冗长乏味的折磨，同时也是一个悲伤的信号，这表明威廉斯可能真的打算退场。"* 对《纽约客》来说，"班克黑德小姐声音沙哑、郁郁寡欢"，而亨特则像"电视广告里喜欢吃油腻儿童食品的人一样令人兴奋"。* 《先驱论坛报》称，班克黑德的表演"不是表演"*，而是"露面"；至于亨特，"他所带来的活力都来自健身房"。*

威廉斯感到无比凄凉悲伤,以至于他立刻逃回了基韦斯特,把从圣路易斯飞过来参加首演的母亲和弟弟留在了纽约,没有照顾他们。"在母亲尚未离开之前,我就先离开纽约,我感到非常难过,"威廉斯在给戴金的信中写道,"但在知晓第二版《牛奶车》的命运后,我实在无法忍受再在那个地方待上一天。"他补充道:"今年的一切事情都糟糕透顶,所以未来肯定不会更差了。我努力将中国哲学铭记于心,'没有关系','没什么大不了的',但做起来真的很艰难。"*

威廉斯随后称,梅洛的死是一场灾难,使他突然陷入了七年的抑郁——用他自己的话说,这是他的"迷幻时代"。*他把自己的崩溃比作炸药对一座建筑的慢动作爆破。他说:"它是在很长一段时间内发生的,但时间的延迟并没有缓解它的冲击力。"*失去梅洛当然令他震惊,然而,真正触动他的灾难是他失去了文学创作的力量,那种与他想象力的世外桃源的必然联系。从童年起就支撑着他的"彩灯"*开始摇曳闪烁。"我在工作,但我对自己在做的事没有信心。"1964年1月,他在给拉尼尔的信中写道,此时正是第二版《牛奶车》惨败的三周后。他继续说:"我大多在酒精的作用下工作,但酒精会一连几小时遏制我的批判性,并且给人一种幻觉,实际上并没在做某事,却幻想自己在做。"*

"我在生命的荒原中挣扎,就目前而言,我还没找到出路,"这是在4月,痛苦不已的威廉斯给尼克劳斯——他现在基本上是自己过自己的——写信说道,"必须努力相信,除了上一个,还会有一个。"威廉斯补充说:"忧郁是沉重而令人厌烦的。我无论如何必须抛掉它,否则没有人能忍受我。"*威廉斯深陷悲痛之中,无法写信或联系朋友,他在基韦斯特将自己藏身于世外。玛丽昂·瓦卡罗被招来陪伴他;5月,她住在邓肯街,对她来说,这次小住就像是"一次对格兰特将军墓地加长时间的探访"。*"我是来过周末的,但

第八章　挥手求教

到这里已经两个多星期了，"她给制片人查尔斯·鲍登写信道，他是威廉斯的另一个固执但十分忠诚的朋友，"每次我打算回迈阿密，他都说：'等到明天吧。'……每天晚上当我们打算出去吃饭，他都反悔说：'咱们就在这儿吃个三明治吧。'……我们之间，就是准备午餐，听电视新闻，看那些精彩的'寻找未来'的肥皂剧，静音看广告。我们总共出去吃过三次饭——偶尔晚上去游个泳——希望我知道该怎么做——痛恨把他丢在这儿，但又不能无限期地在这儿逗留——因为很显然，我并不能解决任何问题……汤姆看起来不错——从表面上看——但有其他的什么——我不是问题的解，即使他对我紧抓不放。"*

威廉斯可能不愿和他的朋友联系，但他们会互相倾诉他们的担忧。"我每天都在希望能从田那里听到他说些什么，这样可以让他敞开心扉，我可能会帮得上他，"鲍登在 6 月中旬给瓦卡罗的信中写道，"如果我直接给他打电话，我担心他会对我们逆反——尤其对你，他会觉得我们正在联合起来跟他作对……我担心我要是现在过于急迫的话，恐怕会把事情弄得更糟。"*

即使是夏季旅行的新鲜感也不能驱散威廉斯的忧郁。在瓦卡罗的陪伴下，他在巴塞罗那待了三周，在丹吉尔待了一个月。"他抑郁状态十分严重，这让我犹豫是否要离开他，"瓦卡罗在给威廉斯结识的迈阿密心理治疗师亨利·菲尔德的信中写道，"显然，他无法忍受任何人，但他又害怕独自一人。我就在他边上，但在有些日子里，除了'早上好''晚饭我们吃什么？'，我们几乎不说话。"她补充道："我不知道我是否还有用……他说了那么多自暴自弃的话，我不能直接就这么一走了之，把他一个人留在他的黑暗世界里。"*

回到纽约后，威廉斯得知，在他不在期间，他跟梅洛住过的 65 街公寓被抢劫过两次。所以，他搬进了 55 街纽约市中心剧院边上的一套复式公寓。威廉斯住 17 楼；住在 16 楼的室友是他来自田纳西州的堂弟吉姆·亚当斯（Jim Adams），他当时正在学习芭蕾舞和戏剧艺术。威廉斯曾说亚当斯"文化中毒很深"*，他建议威廉斯去咨询一下他的精神分析师拉尔夫·哈里斯（Ralph Harris）。在最初几个月的治疗中，尽管威廉斯过着独身禁欲的生活，周一至周五每天早上 8 点拜访哈里斯，每晚 10:30 上床睡觉，但他仍表现出崩溃的迹象。具体症状包括失眠，没有好奇心，没有性欲，这些症状严重到哈里斯不得不在周末监督他。"他也会在周六周日给我打电话来检查我的精神和身体状况，"9 月威廉斯在给保罗·鲍尔斯的信中写道，"他非常希望我恢复某种性生活，但我对此丝毫没有兴趣，这像是我闻所未闻的事情。"

当他觉得需要振奋精神，他就服用盐酸阿米替林，一种抗抑郁药。"要相信药片，你就必须相信魔法，也许它们确实能起到一点作用呢，而我本人一直对魔法抱有某种信仰。"他对鲍尔斯说。"周一汤姆来这里吃晚饭了，一个人"，9 月中旬，鲍登的妻子、女演员葆拉·劳伦斯向瓦卡罗汇报说，"我觉得他看起来好多了——变瘦了——我觉得他确实是好多了。虽然不大快乐，却更开放包容，更愿意谈论自己的感受。他每天都会去看医生，游泳，还出色地进行一些戏剧创作［指《贵族小姐》（*The Gnadiges Fraulein*）和《残疾者》］。"（威廉斯回头改写 1962 年创作的两部独幕剧，合并为《滑稽悲剧》。）劳伦斯解释说，鲍登计划制作这两部剧并于 2 月首演。1 月底，威廉斯写信告诉圣贾斯特这件事。"接下来几周，我要排演几出很奇怪的戏，"他写道，"我不认为评论家或者公众知道该如何看待这两部戏，我也不敢肯定自己知道。但有事可做总比无所事事好。"*然而，到月底，鲍登推迟了演出。因为他无法为威廉斯的戏剧制作筹集到足够的资金，哪怕有艾伦·施奈德（Alan Schneider）、玛格丽特·莱顿、凯特·里德（Kate Reid）和佐伊·考德威尔（Zoe Caldwell）这些戏剧天才的支持。威廉斯现在

第八章 挥手求教

不得不面对一种令人痛心的新可能：他不仅失去了灵感，似乎也失去了观众。*

―――

威廉斯第一次找到自己的观众是在第二次世界大战即将结束的时候。1945 年，《玻璃动物园》以其充满希望和遗憾的挽歌式语调赶上了历史的浪潮，乘风破浪，驶向辉煌。近 20 年后的那个月，《滑稽悲剧》赶上了逆流。美国重陷战争，在国内外进行着一场暗斗，而战争对威廉斯展示他的特殊才能来说并不是好时机，早在 1940 年他本人就精明地总结出了这一点。战争使这个国家感到恐惧和孤立，使它对模棱两可的事物越来越怀疑，对各种思潮越来越抗拒。"我们不是温和的人，战争让我们甚至更加冷酷无情，"威廉斯在 1943 年写给玛丽·亨特的信中说道，"我们每个人身上都有极大的怜悯和柔情，但当某种平衡被让人精疲力竭的事物打破，我认为潜藏的恶魔就会出现——生成各种赤裸而又野蛮的物种。"*

就像《玻璃动物园》开场白中提到的那些市民一样——"被一所盲人学校录取……他们的手指用力压在一个炽热的盲文字母表上，而社会的经济正在瓦解"*——60 年代的美国人挣扎着，困惑着，用力把他们的手指压在一个社会结构上，这个结构迫于种族矛盾、激进的政治抗议、社会和文化及审美动荡的压力而正在瓦解。"我们正处在世界末日的边缘，等待着它的到来"*，这是 1967 年一向不偏不倚的哈罗德·克勒曼在《国民评论》中指出的，他是美国戏剧评论家协会会长、同仁剧团联合创始人。戏剧上的突变举起了一面镜子，映照出这个绝望的时代，这些突变包括拒绝痛苦的、扭曲的笑［乔·奥登，查尔斯·路德兰姆（Charles Ludlam）的滑稽剧场］，暴力的身体扭曲［耶日·格洛托

476

夫斯基（Jerzy Grotowski）］，惊人的重生（山姆·谢泼德，舞台剧，露天剧场），或是没有上下文语境的荒诞派（贝克特、尤内斯库、品特等）。对于像阿瑟·米勒这样政治性突出的剧作家来说，这种骚动标志着一种"激动人心的异化"*。"我们再一次几乎完全把目光投向自身之外来寻求自我救赎，"他在自传《时光弯道》中写道，"在绝对正确和必要的反叛中，只剩下一点空间让我们担心个人道德问题及利己主义。"*

然而，在这种激荡的氛围中，威廉斯的自白风格却行不通；他那以自我为中心的南方声音听起来既熟悉又微弱。正如一位剧评人在《生活》周刊中所写的那样："新戏剧在涉足全新的领域；威廉斯却看着后视镜，止步不前。其他剧作家已然前行；威廉斯却遭受着一种幼稚的退化。"* 威廉斯在 20 世纪 40 年代和 50 年代创作的杰作致力于解放个人欲望和歌颂内心的狂野，但这一使命已不再拥有那份新鲜感，不再具有同样的颠覆性和浪漫色彩。以其政治上和性心理学上极端化的形式，那些地下潜藏的一切现在都公之于世了，成了公众的笑谈。"威廉斯曾助力创造的被大众认可的一切在某种程度上又剥夺了他的发展平台，"剧作家托尼·库什纳说，"他发现自己是后革命时代的革命者。随着 60 年代的到来，威廉斯解放的一切随处可见，不足挂齿了。"*

50 年代后期，大西洋彼岸也发生了类似的突变，当时英国西区剧院的霸主泰伦斯·拉提根（Terence Rattigan）和诺埃尔·科沃德发现自己几乎在一夜之间被新一波剧作家赶下了台。近 20 年来，拉提根一直是西区最成功的剧作家；40 年代，他曾一度有三部戏在沙夫茨伯里大街几家邻近的剧院同时上演。无法理解福利国家工人阶级的理念已经多么深地改变了英国人的想象力，他向肯尼思·泰南提出抗议。"为什么挑我的毛病？"* 他问那位支持改革派而牵头指控他的批评家。公众和批评家对抗的不仅是戏剧，还有像拉提根和科沃德这样纯粹的中上阶层人物。几年后,在情况不同但同样猛烈的社会横流的冲击下,威廉斯发现自己与他们处于相同的境地,遭受排斥并被轻蔑。但是,当拉提根退出并投奔好莱坞,科沃德转向歌舞表演的道路,威廉斯却英勇反抗,尽管伤心欲绝,依旧奋力前行。

美国社会中年轻人与老年人、进步者与反动者、反主流与主流之间日益扩大的分歧都反映在纽约的戏剧中。时间上充满了对抗性;氛围上具有争辩性;审美上重直观表象。具有冒险精神的"先锋"剧目转移到曼哈顿下城的外百老汇小型剧院演出;到了60年代中期,14街已经变成了一条马其诺防线,把理智现实的剧场和逃避现实的剧场分开来。50年代末60年代初,在"外百老汇"诞生时,威廉斯的剧作已经成为奇诺咖啡馆和辣妈妈实验剧场实验性剧目的一部分;然而,出于商业和身份地位的原因,他坚持要在百老汇上演他的主要作品。战后戏剧评论界的风云人物之一、1966年创立耶鲁大学剧目剧团的罗伯特·布鲁斯坦(Robert Brustein)同年在《新共和》中指出:"在过去15年里,百老汇观众的特征发生了翻天覆地的变化。"他接着说:"对于之前几代剧作家来说,观众一直只是一个已知数,但如今几乎没有剧作家能清楚地知道这个中年庞然大物到底是谁以及应该如何喂养它。"*

面对公众和批评家对其作品日渐浩大的抵制,威廉斯感到困惑;他摸索着,试图找到办法与困惑而又任性的公众重新建立联系。早在1964年,他就开始实验创造一种更随意、更超现实的叙事方法,他说这种方法"适合变得有点疯狂的人和社会"*。《贵族小姐》,《滑稽悲剧》的第二部分——1965年首次发表在《时尚先生》杂志上的一个滑稽剧——对威廉斯来说,是拯救戏剧生涯及个人命运的人工呼吸。1965年,也就是《滑稽悲剧》终于在百老汇上演的前一年,他说:"人越老,想做成什么就越难。你必须更加努力地工作，在每一件事上花费更长的时间。人类这种动物一旦劳损，就会感到疲劳。他必须去看很棒的医生，比如麦克斯医生。"*《贵族小姐》是威廉斯在服用"感觉良好医生"开的安非他命时写的。该剧以科克罗尼岛为背景，是基韦斯特的有趣写照。和作者一样，一群滑稽的人在城市尽头，躲避着喧嚣的轰炸，永远生活在一种被围困的状态中，但有一点不同：他们远离了痛苦。

威廉斯喧闹的独幕剧先发制人地打击了那些评论家；同时，这也是对他们的一种认同。（他后来说，"我觉得他们是对的"*，谈及他在60年代收到的铺天盖地的负面报道。）《贵族小姐》以其闹剧般的恶作剧，表达了被评论家斥为歇斯底里和过时的主题和抒情性，嘲笑着威廉斯的自怜，颠覆了他的忧郁。该剧一开始讽刺了威廉斯自己华丽的南方习语。"这里的一切都在最南端，因为一次地理运动造就了这个岛，这个小小的天堂一角有一天从天上掉了下来，成了陆地上的最南端。"《科克罗尼报》的八卦专栏作家波利拖着长腔说。她接着说道："我对最南端的轮奸进行了最南端的捧场报道，称之为多重婚礼。多重婚礼可是对地处最南端的绝世佳人的最南端镀金，要知道多少长着斗鸡眼的可怜巴巴的女孩子和上流社会专栏编辑，即使不是最南端的，也都从未梦想过多重婚礼……是——的，这里的一切都具有最南端的特色，南方炸鸡在这里就是最南端炸鸡。"*

莫莉——她正忙于给自己经营的小姐旅馆做宣传，与旅馆同名的"小姐"（Fraulein），一位维也纳女歌手，已经不能再顺利地演唱一首歌曲了，朝不保夕——拿着威廉斯的一个戏剧修辞开玩笑：南方的温文尔雅。"论档次而言，要找到比我这栋上帝之树下的大宿舍更丰富的金矿资源，你可得费很大劲了，"她说，"我这儿有真正的名人。"*当乔，一个半裸的、长着"加勒比海地区蓝眼睛"*的金发印第安人上台说了一个单音节词，威廉斯甚至还戏仿了他的情爱理想型——健壮迷人、原始的男性欲望对象。

> 波莉：如何？
> 印第安人乔：帕（POW）。
> 莫莉：瓦（WOW）。*

威廉斯60年代创作的剧作中最被低估的是《贵族小姐》，它是一种超现实主义的嬉闹，采用了新近流行的荒诞戏剧中自由自在的表现风格。原本旨在做一个极端的杂耍秀，这个过分炫耀的卡通剧在象征符号和语言上向尤内斯库和贝克特致敬。根据威廉斯的舞台提示，布景是对南方哥特式的一种立体主义戏仿。*它的特色是一座风格独特的基韦斯特三角屋，形状仿佛是"由毕加索设计"，镀锌铁板的屋顶像是"查理·卓别林的圆顶窄边礼帽戴在屋子上"。*在这个失衡的世界里，威廉斯的被迫害感被重新想象成喜剧的混乱场面；他在公众面前的崩溃变成了他失败的象征性胜利。*为了保持戏剧的滑稽势头，就连他独特的抒情话语都变成了搞笑的"唇枪舌战"*。

"小姐"戴着一顶恐怖的橙色假发，一只刚被啄瞎的眼睛上戴着血淋淋的眼罩（当时威廉斯有一只眼睛是瞎的*），身穿一套"在图卢兹-罗特列克时代的红磨坊里也不会不合适"*的古怪服装。这是一个好幻想、被虐待的人物，被封冻在她往昔的荣耀中。莫莉向波莉解释说："她最近受到了很多惩罚，不要嘲笑她。"她补充道："尽管她目前的状况不佳，但她仍然是个名人。"*"她演艺事业的鼎盛时期已经过去很久了"*，"小姐"已经跌到了谷底；和她的塑造者一样，她也失去了自己的地位、专注力以及自己的观众。还是个明星的时候，她抢镜头的策略就是把驯兽师给在表演的海豹喂的鱼抢到自己的嘴里。现在，她注定要在没有掌声的情况下重复这个把戏：她必须为两个虐待狂观众——波莉和莫莉——表演，她们有点像《等待戈多》里的弗拉基米尔和爱斯特拉冈，而"小姐"则相当于贝克特剧中被虐的"幸运儿"这一角色。

"小姐"在码头上跑来跑去时，古怪的老太婆们坐在宾馆门廊的摇椅上，抽着大麻，不停地说三道四。为了在宾馆的餐桌上赢得一席之地，并得到当地的礼遇，她必须为晚餐制作鱼。莫莉解释说："一天三条鱼防止被驱逐，再一条鱼防止恶狼进门。"*当一艘驶近的渔船的第三声汽笛声响起，"小姐"急忙赶到码头，希望能把凶恶的鸟赶到船上去吃不要的鱼。对于"小姐"和她的塑造者来说，问题在于她能否打败波莉所说的"对手"*。决赛时，"小姐""站在赛跑选手的起跑位置，等待第三声哨响"；随着舞台变暗，她开始"狂野、盲目地"奔向码头。*

《贵族小姐》是一次打破常规的大胆尝试，意在与"对手"较量，重新赢得公众日益下降的兴趣。那只巨大的科克罗尼鸟——半是鹈鹕，半是猛禽，是一个卡通形象——大摇大摆如噩梦般短暂亮相，用迟钝的恶意来猎取"小姐"，威廉斯觉得批评家都是这样盯着他的。剧中令人眼花缭乱的绝望既隐喻了威廉斯摇摇欲坠的竞争意识，也隐喻了这个国家惯于追求胜利所造成的社会破坏。（威廉斯在开幕词中开玩笑地用"分裂的错误"*来指代他的国家；他在百老汇的演出中举例提到了越南战争那"常人难以理解的邪恶"*，以此强调这一点。）

1966年2月22日，威廉斯新旧戏剧风格的大杂烩——《贵族小姐》和《残疾者》——在百老汇的朗埃克剧院连场演出。因饰演波莉而获得托尼奖的女演员佐伊·考德威尔表示，导演艾伦·施奈德"对该剧的内容并不了解"*。事实上，据制片人查尔斯·鲍登所说，施耐德在首演前两周就坦白了。*他给威廉斯的欢乐强加上了李名觉（Ming Cho Lee）繁重而精心制作的布景，以及自己繁重的导演手笔。结果是,《贵族小姐》成了一部没有真正滑稽手法的小丑戏。正如饰演四面楚歌的"小姐"的玛格丽特·莱顿所言,施耐德作为导演,认真到"太过拘泥于剧本的字面意思"*。扮演莫莉的凯特·里德记不起台词,而莱顿在该剧开演的前一天晚上肩胛骨骨折并且嗓子失声了。"事实上,我吊着手臂而且发不出声音。所以不得不在某个地方寻找其他声音,一种男人的声音。"* 莱顿回忆道。曾威胁要罢演的考德威尔预感到了灾难,于是写了打油诗来对抗她开场前的厄运:

> 我怀疑观众会不会再看
> 节目单上田纳西的第二部戏,
> 里面满是不好看的鸟儿,
> 要是凯特能记住台词就好啦。
> 他们不会听到我们的哼哼声,
> 我们很抱歉,田纳西。*

威廉·英奇在首演之夜观看了《滑稽悲剧》的第二场戏,他觉得这部剧"非常棒",认为威廉斯的作品也越来越私人化。他说,《贵族小姐》构思得很美,其中的幽默,是那种没人能看懂的个人幽默,没有人——剧评人——真正探讨过这出戏的内容。首演后,《滑稽悲剧》只连续演了七场。威廉斯写道,媒体无情地抨击我。*斯坦利·考夫曼(Stanley Kauffmann)在《纽约时报》上鄙夷地评论道:"一位绝世天才在沉睡……威廉斯既没有成长,也没有改变。"* 沃尔特·克尔批评《贵族小姐》说:"野蛮的闹剧不是剧作家最喜欢的风格。"*("沃尔特·克尔用一句话打发了《贵族小姐》。他说,'威廉斯先生不应该尝试黑色喜剧',"1973 年,威廉斯在《花花公子》杂志上说,"尽管我一生一直在写黑色喜剧,但我从未

《贵族小姐》剧照：科克罗尼鸟、佐伊·考德威尔和凯特·里德

听说过它。"*）然而，最有经验的评论家哈罗德·克勒曼在《国民评论》的剧评中承认，评论界对该剧的评价不公正，而且在百老汇上演独角戏是愚蠢的。在百老汇以外的地方，"这些剧目本可以得到极大的认可与尊重"。"无论我们如何解读这一噩梦，它都用一种古怪而有效的方式，将绞刑架式幽默和拉伯雷式热情糅合在一起，"克勒曼写道，"开幕当晚，他粗犷而草率的语言让观众哄堂大笑，我虽然能够欣赏这种风格，却笑不出来。因为我很清楚作者是无比痛苦的。"*

接下来的两年里，威廉斯就像那位疯狂的"小姐"一样，一连向公众推出了三部作品，但几乎都遭到了拒绝：《二人剧》（*The Two-Character Play*，1967）在伦敦首演时失败了；电影《砰!》（1968）受到了嘲讽*；而被重命名为《桃金娘的七次堕落》

（*The Seven Descents of Myrtle*，1968）的《地球王国》（*Kingdom of Earth*）在百老汇只上演了一个月。1967 年 12 月 12 日，在汉普斯特德剧院俱乐部的《二人剧》首演之夜结束后，威廉斯醉醺醺地回到伦敦酒店的套房里，他对伍德和圣贾斯特说："我想死。我想去死。""就是这样，不断地重复道，"伍德回忆说，"他被自己的痛苦所淹没。"*

尽管威廉斯后来对他在 60 年代后期的崩溃作了高调的陈述——"是的，我还会经常倒下，但也就只是剧评人会把它们记录在案"*——那时他从这个世界倔强地撤退，就像世界似乎正在从他身边撤退一样。"在很大程度上，我被朋友抛弃了。人们不再认为我是一个存在的人。你知道的，我是某种幽灵，"他说，"我只对工作感兴趣并且在四年里我只有过三次性生活。"

威廉斯自称僵尸，他给自己做了一种社交脑叶切除术，和他的姐姐一样成了活死人*。（在此期间，他的两位密友——卡森·麦卡勒斯*和莉拉·范·萨赫的死讯让他的病情更为严重。）在一次与导演约翰·汉考克的工作会议上，威廉斯跟跟跄跄地走到吧台去拿饮料，结果摔倒了。"我没有去把他扶起来，"汉考克回忆道，"我认为如果你在讨论一些对你的工作很重要的事情时，想摇摇晃晃地走过去给自己倒杯酒喝，然后不小心摔倒了，你是可以自己爬起来的，对吧？"*随后的六个月里，汉考克没有任何来自威廉斯的消息；后来他打电话约他去伊莱恩饭店吃饭。"他承认他很生我的气，因为我在他摔倒时没有把他扶起来，"汉考克回忆说，"他说：'现在我一直在想，我意识到你是想告诉我，我可以自己振作起来。你知道，我妈妈曾经摔倒过。我一直以为这可能是为了勾引我父亲。也许我是在引诱你。'"汉考克继续说道："现在田纳西总是谈论往事。他陷入了自己的童年时代。从这个意义上说，他就像幽灵一样。"*

威廉斯的缺席困扰着每个人。《剧作家田纳西·威廉斯从这里消失了》是 1968 年 6 月 24 日《纽约邮报》的新闻头条。不久前，戴金·威廉斯担心他的兄长"处于紧迫的危险中"*，便报了警。他收到了一封威廉斯在纽约蜗牛餐厅信笺上写的信，信上说："如果我遇上了暴力事件，生命突然终止，那不会是自杀，尽管看起来是如此。"* 四天后，警方在圣莫里茨酒店里找到了威廉斯。但他那与世隔绝、令人不安的退却仍在继续。1968 年 12 月，"请告诉我，我儿子汤姆他怎么样了，"埃德温娜在给马里昂·瓦卡罗的信中写道，"他勇敢地面对了命运的一切'无情的利箭'。"*

威廉斯再也无法振作起来面对他之所谓"人生点滴"*。他在想象中找到了一个绝望的安身之处。在 1971 年 7 月芝加哥首演之前，他花了三年时间改写《二人剧》这部戏，重新命名为《呐喊》（*Out Cry*），该剧既是了解他自身瓦解的路线图，也是他自身瓦解的寓言。"我是在精神快要崩溃的时候写这剧的，在据说是康复后又重新写了一遍，"他说，"我完全吓坏了。"* "与恐惧叫板是玩火。——不，比玩火要糟糕得多。玩火是有限度的"*：剧本开头几句台词威廉斯就在描述那将他吞没、引发幽闭恐惧、让人无根无依的骚动。在舞台后部，一堆杂乱且尚未组装的布景和道具，显示出一个"不完整的内心世界"*，这出戏既暗示了破碎的戏剧世界，也暗示了威廉斯自己封闭心灵的混乱。这出戏是威廉斯自我封闭领地的写照。

克莱尔和费利斯，像威廉斯一样，是走向自我毁灭的剧作家、表演者和观众。剧中，费利斯和他患有歇斯底里症的妹妹克莱尔，已经被他们的巡演剧团抛弃了——剧团在电报中宣布他们已经离开剧团，说他们"精神失常"*。为了填补可怕的孤独，他们反复上演一个熟悉的只有两个角色的戏。剧中角色也叫费利斯和克莱尔，剧中他们的父亲杀死了他们的母亲，后畏罪自杀，他们靠对外界撒谎

第八章　挥手求救

活了下来。(兄妹俩即兴创作，歪曲他们对脚本的记忆；在这个由镜子组成的大厅里——威廉斯之所谓"戏中戏中戏"*，剧作家同时清晰地插入了他对自己父母的回忆。)"这么说这是监狱，是我们最后的剧院？"* 克莱尔说。他们被困在一场永恒的表演中，他们的生活和舞台角色是如此混乱，以至于他们找不到出路，无法走出黄昏的阴暗，回到自己充满内疚感的现实中。光明和秩序只存在于游戏中。费利斯说："如果我们能想象夏天，我们就能想象更多的阳光。""那如果我们迷失在游戏中呢？"克莱尔问道。"是的，完全迷失在《二人剧》之中。"* 她哥哥回答。他们精心设计的混淆游戏有点像现实版的三猜一纸牌游戏，暴露出威廉斯吸毒后扭曲的心理魔法：如果你不知道自己在哪里，你就不会迷路。

戏要结尾的时候提起了自杀的问题。克莱尔在沙发垫子后面找到了一把左轮手枪，瞄准了费利斯。"趁你还能做，赶紧动手吧！"费利斯"严厉地"说道。克莱尔叫了起来，"我做不到。"她放下了左轮手枪；费利斯捡起它，试图杀死克莱尔，但他也做不到。当灯光开始暗淡，"他们的脸上露出一种承认失败的坦然"。但结局是矛盾的。"他们互相伸出手，光在他们举起的手上逗留了一会儿。"等到他们拥抱的时候，"漆黑一片"。他们这是重新拥抱了生活，还是死亡？*

大约在那个时候，威廉斯和三岛由纪夫在纽约一家中餐馆里吃了一顿迷迷糊糊的午餐。三岛由纪夫也是新方向出版公司的作者，威廉斯在1956年的一次旅行中认识了他，并和他成了朋友。"三岛当时告诉我……说我这样下去是在'自杀'，我回答说：'为什么不呢？'"* 威廉斯回忆道。他的最新剧目《桃金娘的七次堕落》即将在百老汇上演，一种不祥的感觉笼罩着他。他说，他觉得自己"就好像在没有凡士林润滑的状态下被一群大象踩躏了"*。他在给最近认识的加拿大笔友大卫·洛布德尔（David Lobdell）的信中写道：

"我现在处于一种恐慌和困惑的状态。虽然我可能很喜欢这部戏——很难不喜欢你自己花了很长时间写的东西——但我担心剧评家会对它不屑一顾。我觉得我这个作家落伍了。"* 4 月,遭受到预期的抨击后,威廉斯的心理状况变得更糟。"我不相信上帝已经死了,但我认为他喜欢毫无意义的暴行。"* 他说。然而,与 5 月底约瑟夫·洛西的电影版《砰!》上映后的反对声相比,对《桃金娘》的评论显得温和多了。几近幸灾乐祸的轻蔑态度使他大为震惊。威廉斯逃到了英国,但是他找不到任何帮助,即使是在圣贾斯特的帮助下,他也无能为力。圣贾斯特在给奥德丽·伍德的信中说了他可怕的状况。

1968 年 7 月中旬威廉斯回到纽约后,情况仍然没有好转。伍德在给圣贾斯特的信中写道:"他还是不会好好照顾自己。"* 尽管如此,威廉斯还是强迫自己打字写文。他对劳克林说:"我每天都在尽可能慢而仔细地写一部名为《东京旅馆酒吧间》(*In the Bar of a Tokyo Hotel*)的中长剧目。我现在喝酒喝得很少了,但有时我还会在餐馆里从椅子上摔下来。我得了脑癌吗?"*

根据威廉斯的说法,这部新剧讲述了"一个艺术家对自己作品的一种认同感,以及与外部世界日益疏远的感觉"*。但是在这个熟悉的主题下,威廉斯的内心发出了一些令人震惊的新声音。米丽娅姆的丈夫马克是一位举世闻名的画家,然而她却不为他着迷。通过这个角色,威廉斯用毫不留情的物化的声音表达了对自我的厌恶之情。

米丽娅姆讨厌色彩和花,她把这种纯粹的否定感觉具体化了。在舞台上,她用肢体语言表达了威廉斯试图在诗歌中表达的东西:"否定:无家,无靠,宁愿独处。/就是这样了:你为什么还留下?是不是该走了?"* 当幕布升起,米丽娅姆没有家,正要离开她的丈夫。14 年来,她一直生活在一种激烈而焦虑的共生关系中——他

第八章　挥手求救

剧照：安妮·米查姆饰演《东京旅馆酒吧间》中的米丽娅姆

们"一直都无法忍受"*对方。现在，她坐在一个东京旅馆的酒吧里，轮流搭讪吧台男侍，给马克的经纪人伦纳德打紧急求救电话，召唤他到日本去处理马克"神经系统完全崩溃"*之后留下的烂摊子，米丽娅姆要和他离婚。"他疯了，"她说，"我嫁给了一个疯子！我需要一些空间，在我和—— 一个在黑暗中狂怒的人之间！"*米丽娅姆对马克的新作品失去了信心，这些画对马克来说是"冒险刺激"*，而对米丽娅姆来说是"朽木"*。"他试过了点滴、抛撒、浸湿、染色、浸透、刮擦、切割成束成堆夸张而耐久的色彩，但是现在他到了一个出发点，真的出发点，我不知道他是否还能回来。哦，我不是傻子。不是不懂他神圣的工作室，和他，和他之前的黑白画时期对话。"*伦纳德几天后来的时候，米丽娅姆如此对他说。

威廉斯和马克一样，也在为一种新的风格而努力—— 一种像马克生动的绘画手法一样自由、引人注目的文学突击。为了展示米丽娅姆和马克之间的心理静态,他提出了一种新的戏剧语言,一种语言口吃,即剧中人物预料到并说出对方想说的话。*

  米丽娅姆:我们是两个人吗,马克,或是说我们是——
  马克:(害怕地)别说啦!
(她举起双手捂着脸,但是没有停止讲话。)
  米丽娅姆:两面!
  马克:不要说啦!
  米丽娅姆:一个人的两面!一个有强迫症的艺术家——
  马克:婊子!
  米丽娅姆:就这么叫我吧,但是记住了,你也在谴责你自己的另一面,被你自己否定的另一面!*

马克在楼上的酒店房间里,一边结结巴巴地努力解释他的发现,一边着魔似的拿着喷枪来诠释着他的语无伦次。

  马克:头一次,原色,没有工艺来分、分!
  米丽娅姆:你是想说分开吗?
  马克:是的,分开,留出距!
  米丽娅姆:留出距离,是吗?
  马克:你知道我要说什么。*

"这些日子里,我好多句子都说不完整",威廉斯 1969 年告诉一位记者。蓬头垢面的马克是当时自己创作时无家可归的分身,是艺术家"特别耻辱的厄运"*的化身,威廉斯说。马克在第一场戏中间入场时,他想要把椅子搬到米丽娅姆的桌子边去,"但他跌跌撞撞地跪了下来,又摇摇晃晃地站起来,抱歉地笑着"*。"来得也太快了，刚才还在干活呢"，他解释着，他的手颤抖着，需要别人帮他把吧台男侍放在他面前的鸡尾酒端起来。"有的时候工作会被打断，尤其是以一种新的形式，这会导致再也没有动力继续工作了。"*他告诉米丽娅姆，就在她拿起镜子，照着他"浑身颤抖、没有洗澡、没有刮胡子、焦躁不安"*的样子。

米丽娅姆只看见了他的崩溃；马克只看见了自己的艺术。他不得不回到他的画布上，他还没有达到创作的要求。*正是因为他不能正常工作，所以他无法达成他的艺术目标。

> 米丽娅姆：你得回美国，咨询一位。
> 马克：他只会告诉我那些我已经知道的东西，没有什么更深入的了。
> 米丽娅姆：你最不吸引人的品质就是自怜。
> 马克：我只是客观陈述。*

马克感受到了他的灵感——一个和呼吸同义的词——衰落。他喘不过气来。"让我告诉你它是什么——我们生命的气息。不，我没有勇气告诉你。"*马克开玩笑说。在第二幕里，他从米丽娅姆的桌子旁摇摇晃晃地站起来，告诉她"十分钟后准时回来"*，随后就跌倒在地。令剧中人物和观众都感到震惊的是，马克大肆吹嘘的先锋运动终究是一场以死亡为终点的赛跑。

有一个问题始终萦绕着这部剧，也萦绕着威廉斯：为什么马克，这个有着伟大成就的人，在找到他创造的幸福后却又把它毁掉了？在写给该剧原导演赫伯特·马基兹的一封信中*——他要求这封信对剧本制作公司的人公开宣读，威廉斯做了一番解释（威廉斯在提到"妻子或情人"时，显然是指他与梅洛的关系，这段关系也曾以类似的情形破裂）：

就像马克坦白的那样，高强度的工作、不断的挑战和要求（在大多数情形下每天都有），让他筋疲力尽。在工作几个小时之后，简单舒适的自我再也找不回来了。这些年来，他的妻子或情人会接受或者似乎接受了他最初对工作的承诺。之后对方就有理由埋怨自己老是排在第二位，会用滥交来报复他，有时像米丽娅姆的滥交一样贪婪。他青春不再。他没有了健康的身体。然后工作的要求也提高了，从要用他的大半部分精力到用尽他的全部精力……当死亡临近，他无法确信自己的作品有任何重要的价值。他的妻子或情人厌恶他垮掉的状态，并且希望尽可能远离他。在她或他身上的某个地方，无意识地保留着对他的爱，这种爱只能当艺术家死后才能表达出来。*

威廉斯把爱与死后的感情联系在一起，指出了出于嫉妒的致命冲动，而这正是米丽娅姆和马克关系恶劣的原因所在。

  米丽娅姆：我在你画室外修剪花朵，听见你在和你的作品说话，就像你在工作室里和另一个人说话一样。
  马克：没有，我和自己说呢。
  米丽娅姆：我正给花剪枝呢。这是很自然的，我。
  马克：感觉？
  米丽娅姆：有时候我感觉自己像个外人一样，但是我从没有提过，不是吗？
  马克：做一位画家很孤独啊。
  米丽娅姆：给花剪枝也是孤独的……
  马克：但当我听见你在画室外剪枝，有时我想你希望你修剪的花是我的。

第八章　挥手求救

米丽娅姆：会那样想的男人现在怎么样了？
马克：会那样想的女人现在怎么样了？*

　　米丽娅姆扮演了一位艺术家接生婆的角色，艺术家的成就既是对她的肯定，也是对她的异化。她处于一个矛盾的状态：希望马克成功，又想毁掉他的功绩。她的滥交被戏剧化为对马克创造力的打击和报复。她无意识地想要窃取他的能量这一愿望被戏剧化地体现在她有意识地选择窃取他的作品，来投资一个没有他的未来。她告诉伦纳德："我在摩根曼哈顿仓库有不下于两百幅油画——他用喷枪发现颜色之前创作的最好的油画，还有好多好多他的素描，都在我的名下。"* 伦纳德感觉不到马克的脉搏跳动，宣布他死亡时，"米丽娅姆似乎什么都看不见，什么也感觉不到"*，舞台提示上写道。最后，她说："解脱了！……我解脱了。"*

　　《东京旅馆酒吧间》表现出了米丽娅姆对马克的嫉妒；它是对画家自我嫉妒这一问题异常原始、极度坦率的沉思，艺术家唯恐自己最好的作品已是明日黄花。马克代表了威廉斯浪漫、英雄的一面；米丽娅姆则代表了他一意孤行、反复无常的一面。马克通过斗争寻求启迪；而米丽娅姆通过分散注意力来试图逃避。"活力。生动。人们在高级餐厅里愉快地交谈。"* 她跟马克所分享的创意生活实际上和在象征意义上都已成往事。在这出戏的最后一刻，伦纳德问米丽娅姆："你的实际打算是什么？" 她回答说："我没有计划。我无处可去。"* 她不知所措，四肢僵住。当灯光逐渐变黑，"她突然用力从胳膊上扯下手镯，扔到脚边"*。威廉斯第一次，也是唯一一次，在自己的主要作品中，以一个悲惨、陷入僵局的形象结尾。

　　《东京旅馆酒吧间》中，关于这位死去的艺术家的最后的一句话是："他认为他可以创造出自己的光环。"* 在 1968 年年底，威廉斯因吸毒过量而得了妄想症，所有的东西在他眼里都变得模糊不清，他完全活在黑暗之中。

1969年1月初，戴金飞往基韦斯特。戴金回忆起他憔悴、孤僻的哥哥时说："这不是第一次，他看上去好像快要死了。"* 1962年《时代》周刊的封面故事提到了戴金"本人和书面上的广泛暗示"，意指正处于困境的哥哥如何借助宗教信仰来获得"灵魂上的安宁"。"如果这能让他高兴，我会在临终前信教。这或许也能帮助我分散注意力。"* 威廉斯开玩笑说。现在，当戴金再次提起信教的问题，威廉斯万分沮丧地同意了。戴金安排了一次会面，以及由一位耶稣会牧师——圣玛丽海星天主堂的约瑟夫·勒罗伊神父（Father Joseph LeRoy）——主持的洗礼。

1月10日，在戴金、比尔·格拉文（Bill Glavin，威廉斯1965年以来的秘书和伴侣）、莱昂西亚·麦吉（他的管家）和玛格丽特·福尔斯曼（Margaret Foresman，老朋友，也是《基韦斯特公民报》的编辑）的陪伴下，因"得了流感身体虚弱""走上圣坛时摇摇晃晃"* 的憔悴的威廉斯进入教堂接受洗礼。"我也接受了最后的仪式，保证我在炼狱中短暂停留后能够升入天堂，"威廉斯后来写信给罗伯特·麦格雷戈，并补充道，"从最广泛的意义上说，在工作中我一直是天主教徒。不要被干扰。我质疑所有的信仰准则。我喜欢圣歌弥撒和各式各样丰富的仪式。在最理想的情况下，我将是一个博采众长的天主教徒。"* 《迈阿密先驱报》的一个标题是《有趣的作家威廉斯宣誓信奉天主教》*。勒罗伊神父送给威廉斯一本托马斯·默顿（Thomas Merton）的《没有人是一座孤岛》（*No Man Is an Island*）；威廉斯送给勒罗伊神父一本他的剧本集，他在书中题词："亲爱的乔神父，信仰在我们心中，否则我们就死了。"*
据勒罗伊神父所言，威廉斯在信仰宣誓时接受了全部教条，除了永生。他说："他对此不太了解。"* 后来媒体问他为什么还是皈依了宗教，威廉斯说要"找回我的良知"*。戴金说："田纳西认为他的皈依会让他把作品写得更好、更透彻。他期待不久后就能写出他最好的作品。"*

尽管威廉斯相信"一个艺术家最终逃不过命运的劫数是一件简单到骇人的事"*，但它的上演并非如此。《东京旅馆酒吧间》在纽约的东区剧场彩排几周后，威廉斯替代马基兹成为导演。"他似乎只对舞台动作感兴趣，其他的都不怎么懂。"威廉斯告诉劳克林，《东京旅馆酒吧间》可能不是他最棒的戏剧之一，但它也是很不错的，对他的精神错乱给予了很好的剖析。这部剧在结构上有明显的局限性——没有令人满意的情节发展，没有能让人产生共鸣的角色——还有一个不完美的主演〔"饰演马克妻子的安妮·米查姆（Anne Meacham）把自己所有的台词都用斜体标注"*，哈罗德·克勒曼注意到〕。尽管如此，它展现出的才智、道德复杂性和细微的心理活动比评论家公认的要多得多。除了《新闻周刊》富有经验的编辑杰克·克罗尔（Jack Kroll）——"在无情的先锋时代，很欣慰地看到威廉斯仍然具有影响力"*，他写道——媒体对威廉斯呐喊中的新声全都充耳不闻。批评家认为，《东京旅馆酒吧间》"几乎太私人化了，结局太痛苦了"*（《纽约时报》），"与其说是一篇评论，不如说是一份验尸报告"*（《时代》周刊）。"田纳西·威廉斯似乎是一颗白矮星"——一颗生命周期要结束的恒星——《生活》周刊称，"我们仍能收到他的信息，但是现在很显然，它们是从灰烬中来的"。* 然而，在所有的评论中，最具毁灭性的来自威廉斯的母亲。1969 年 5 月 11 日，她和戴金参加了该戏的首演。"汤姆，现在是时候另谋出路了。"*埃德温娜说道。那个下午，威廉斯委派伍德陪埃德温娜去贝尔多夫·古德曼（Bergdorf Goodman）那里定做一件毛皮大衣。"我不记得到底多少钱了，但应该是四位数，"古德曼回忆说，"威廉斯先生很高兴。"但在埃德温娜说出评价后，威廉斯就取消了订单。

《东京旅馆酒吧间》连续上演了25场。5月，威廉斯被美国艺术与文学学院授予戏剧金奖；6月，《纽约时报》刊登了《生活》杂志的整版广告。其中，一张威廉斯留着胡子的照片下写道："结束了？'田纳西·威廉斯经历了一场婴儿般的倒退，似乎没有出路……几乎没有事件或戏剧……《东京旅馆酒吧间》，这部剧没有什么值得演。'这出戏就是如此，收入本周《生活》杂志的戏就是如此。"* "我真的开始崩溃了。"* 威廉斯说。

无奈之下，威廉斯在安妮·米查姆和他的斗牛犬吉吉的陪同下逃到日本，表面上是为了在东京著名的文学剧院看《街车》的彩排，但狗的隔离问题让他更加失控。"我和田纳西·威廉斯及安妮·米查姆度过了一个非常悲伤的夜晚，"三岛由纪夫写信给罗伯特·麦格雷戈说道，"我完全听不懂他的话，因为他喝醉了，当日本海关官员用官僚化的手段把他和他的甜心吉吉（一只狗）强行分开，我感到十分震惊。那是一个非常悲伤但令人印象深刻的夜晚。为了让他睡个好觉，做个美梦，我和安妮就在他的床边照顾他。他就是一个蓄着胡子的大孩子，喝的是酒而不是牛奶。"* "我的病情恶化得太快了，我甚至都记不起来我见过三岛了。"* 后来威廉斯向奥利弗·埃文斯坦白道。日本——在那里，事实证明米查姆搞不定威廉斯，他最终指控她偷了他的毒品——惨败之后，威廉斯与比尔·格拉文在旧金山会合，在优雅的费尔蒙特酒店度过三个星期的忧郁时光。

据威廉斯所言，格拉文是一个迷人的新泽西人，他有一双蓝色的眼睛，半月形牙齿（一部分烂掉了），漂亮的颧骨，有着"爱嬉戏的天性"* 和"几乎令人难以置信的魅力"* 。和威廉斯相反的是，他个子很高。"田纳西总是喜欢和身高跟自己差不多的人成为伙伴，"比尔·格雷，一位在40年代末与威廉斯结识的英语教授说

威廉斯与比尔·格拉文合影

道,"他不喜欢很有想法的人。他不喜欢聪明人,天晓得格拉文竟会符合要求。"* 许多近距离接触到威廉斯和格拉文的人都觉得格拉文亏待了威廉斯。"他没有照顾他,他也没做他的工作,格拉文从来就没在场帮忙。"* 房地产经纪人罗伯特·海因斯说道。据海因斯的搭档杰克·弗里克斯(Jack Fricks)所说,格拉文"会把田纳西弄得不省人事,晚上 10 点或 11 点前才让他回家,然后格拉文就会离开,出去待到凌晨 4 点"*。即使是像格拉文这样的自由放任吃白食者也在费力照顾威廉斯。"在那个时期,任何人能为田纳西做的都有限度,"戴金·威廉斯说,"格拉文无法再和田纳西相处下去是因为他的脾气——典型的爱尔兰人的暴脾气。"*

然而,在 1970 年之前的五年时间里,格拉文带领威廉斯度过了他的嗑药时代,在这个"暮色地带",威廉斯"除了早上写作的时候,选择成为一个僵尸……而且不知道我是不是想活下去"*。格拉文每天都陪威廉斯出去——去他的精神分析师办公室,去看"感觉良好医生",去游泳,去埃斯卡戈特餐厅吃午饭,在朗阿克剧院看《贵族小姐》的预演,他们坐在一个包间里放声大笑。制片人查尔斯·鲍登在男洗手间里遇到他们"在注射'感觉良好医生'开的安非他命"*。格拉文是双性恋,"他对女性来说也非常有吸引力"*,据威廉斯说。他冷酷无情,这让他"也许……在我生命中最贴近《青春甜蜜鸟》中的钱斯·韦恩的形象"*。但威廉斯对格拉文的依恋更多是因为他的管理能力,而不是他的情色技巧。"我们在一起将近五年,在这段时间里,我们只做爱三四次,并且我清楚地记得在这段时间里除了他,我没有和任何人发生过性关系。"*

"田纳西对格拉文提出了过分的要求,"戴金·威廉斯回忆道,"他们会去欧洲,而田纳西可能落下了他从'感觉良好医生'那里拿的注射器。他会指控格拉文偷了它们。他会让格拉文收拾行李和他一起回纽约,并声称他会在他的房间里找到。"* 在威廉斯脆弱、吸毒、偏执的状态下，格拉文经常成为他老板发火的对象。有一次在埃斯卡戈特吃午饭时，威廉斯指控格拉文不忠、盗窃，他们因此大吵大闹。威廉斯疑神疑鬼地写下自己在被谋杀的求救信号时，格拉文起身走人了。

他们交往的初期住在西区 72 街 15 号 33 层带阁楼的公寓，毗邻达科塔公寓，两人分房而住。一个吸毒的瘾君子把威廉斯拉到一边说："田纳西，你怎么敢和一个长着那样眼睛的男人住在一栋大楼的 33 层？他可以把你从阳台上推下去！"* 第二天，威廉斯就把家具送去了仓库，独自搬到附近一家旅馆住了几天，直到格拉文找到他并一起住下。威廉斯在《回忆录》中写道："格拉文从那时起就开始恨我。"* 在两人关系快要结束时，威廉斯送给格拉文一本奥古斯特·斯特林堡的《死亡之舞》——他"最喜欢的三部现代戏剧"* 之一。他在附信中写道："我看重的不是我的生命，而是我赖以生存的工作。你毁了我，就是毁了我的工作，你确定值得吗？好好想想！快点想！我也会的！"*

日本惨败之后，格拉文在旧金山和威廉斯重归于好，但威廉斯的妄想狂非常严重，以至于被赶出了费尔蒙特酒店。威廉斯后来去了纽约监督自己剧本的复制工作，还买了一百片道力顿（一种用作镇静、催眠及麻醉的神经系统药物），然后去了新奥尔良与潘乔·罗德里格斯会面。威廉斯像自由落体般迅速颓废下去，就像一个被评论家废黜的国王，被自己反复无常的想象力所支配，发配到荒野中独自游荡。衡量威廉斯忧郁的标准是他对自己失败的愤怒。在《老头们晚上会发疯》（"Old Men Go Mad at Night"，1973）一诗中，他回首这段偏执混乱的糟糕时光，以诗歌的形式描绘出自己灵感枯竭的感觉：

老头们在晚上发疯

> 但他们不是李尔王
>
> 他们的愤怒没有王者般的号叫,
> 他们的悲伤,他们的恐惧,疯狂地
> 从海崖到风暴……
>
> 没有尊严的头衔,现在,
> 没有高高的庄园
>
> 给戏剧增添声望……
>
> 真是忘恩负义的继承人!
> 奸诈的孽种
>
> 让他们远离那些高高的
> 金锤门
>
> 把他们流放到如此辽阔的黑夜中
> 就连天空都容纳不下它
>
> 老头们只有自己这小丑。*

1969 年 9 月 7 日,一年多来没有在同一个地方住满过一个月的威廉斯,和格拉文一起回到了基韦斯特,并立即把他打发走了一个星期。威廉斯既困惑又孤独,连不负责任的格拉文都不在身边,他像石头一样沉落下去。他的朋友、小说家大卫·卢米斯(David Loomis)回忆说:"大部分时间他都不知道自己在哪里。他摇摇晃

第八章 挥手求救

晃，手颤抖着，语无伦次，他会妄想狂发作并尖叫大喊。"* 威廉斯处于疯狂状态。他疯狂地给西部的朋友玛格丽特·福尔斯曼打电话。"他坚持说有人要闯进房子谋杀他，"弗尔斯曼说，"他会叫我过来查看房子四周——他确信有小偷和杀人犯。他自己也不报警，就让我来看——他习惯了让人做这种事——副警长来的时候，威廉斯坚持让他看守了一整夜房子。这一周他的情况变得越来越糟。"*

福尔斯曼联系了伍德，她正跟瓦卡罗通话；她又打电话给戴金。见识过威廉斯妄想狂状态下反复无常的愤怒后，瓦卡罗很谨慎小心地不愿介入。接下来的一周，威廉斯在装修新厨房时，从露台上搭好的炉子里拿起一个装有咖啡的硅炉，却滑倒在瓷砖上，烫伤了裸露的肩膀。"其他的一切不是那么一塌糊涂，但是太零散混乱，所以现在还无法厘清。"* 他后来写道。烧伤并不严重，但足以让威廉斯证明有人试图杀死他。"戴金，今晚我会有生命危险。"那天晚上10点，他痛苦地打电话告诉他。"唉，汤姆，今晚我也无能为力，我去不了，"戴金回忆道，"我明天早上去可以吗？"*

烧伤在皮肤上，是表面的；但威廉斯的崩溃是在精神上，是深层次的。戴金看到了他的机会。他以烧伤为借口，让威廉斯去圣路易斯的巴恩斯医院，那里有堂兄卡尔·哈福德（Carl Harford）医生，他会照看好威廉斯。在飞机上，空姐拒绝给威廉斯过多的酒——头等舱酒水限定为两杯，他大吵大闹。在查塔努加停留期间，戴金不得不下飞机去买酒。那是一个星期天，所以他空手而归，威廉斯突然发疯。他们到达圣路易斯时，戴金急忙把威廉斯送到母亲家，那里有酒，所以威廉斯终于平静下来。

原本打算让威廉斯第二天早上乘救护车去巴恩斯医院，但真到了那一刻，威廉斯又犹豫了。中午时分，在戴金和埃德温娜的陪同下，威廉斯住院了，签名是"托马斯·L. 威廉斯"，并在"皇后塔"*（巴恩斯豪华的顶层翼楼）里接受了检查。他的房间离游泳池很近，里面有蓝色缎子做的窗帘和一台大电视，他在电视上看雪莉·布思演的《黑兹尔》（*Hazel*）。(威廉斯说："我觉得雪莉是在含蓄地影射我。"*）得到允许，他可以在床头柜旁放一个蓝色药包，里面装满了药片、安非他命和注射器。威廉斯靠在枕头上，头上戴着一顶小针织帽，正如戴金回忆的那样，威廉斯"认为他能完全掌控一切"*。

在那个晚上，戴金带着一束花和威廉斯侄子的祝福贺卡来到医院；他的母亲也来了，她看起来像"身着女装的小普鲁士军官"*，威廉斯在《回忆录》中写道：

现在，很明显有一件可怕的事情即将发生。我感觉到了这一点，并敏捷地从床上爬了起来，说："我现在就要回家。"然后我跑到衣柜那儿去把衣服穿上。

"噢，不，我的乖儿子。"

"你们开车送我回家，要不我就走回去。"

我一边把自己打扮得很精神，一边对着戴金大喊大叫。

"你和你的两个养子都该死，你怎么敢给他们冠以我们的姓氏。"

戴金说："我没有必要坐在这里来听你的辱骂。"

现在，我穿好衣服，却陷入疯狂，我冲进走廊，到电梯那里。我进入一个电梯中，但一个穿着医院制服的大个子年轻人阻拦了我这次逃生行动。我记得他金发碧眼，长着一张粗壮、讥笑的脸。我不知怎么从他身边溜进了电梯，但他不让门关上。

我怒气冲冲地从他身边赶回房间，母亲正在向护士要嗅盐。上帝啊！

然后我狠狠地朝她发火。

第八章　挥手求救

"为什么女人要把孩子带到这个世界上，然后毁掉他们？"

（我依然觉得这是个很好的问题。）

埃德温娜小姐说："真的吗？我不知道我们是否都在做正确的事情。"*

她所指的"事情"是把威廉斯送到医院精神科病房雷诺德分部。戴金对威廉斯的状况感到震惊，他向医院的堂兄征求建议，该怎样处理紧急情况。"他告诉我，我可以在医院的一封信上签字，让他住十天。在那以后，田纳西可以随时出去，"他接着说，"当然，我从没告诉过田纳西这些话。他不懂这些法律事务。如果他懂，他十天之内就可以逃出去，当然，这会要他的命。十天对他来说根本没有什么用。"*

在威廉斯关于自己徒劳地追求自由的描述中，他被"一个有着捆绑带的轮椅和一群呆头呆脑的实习生"截住了。"我抓紧我的飞行包，里面装着酒、药片和药瓶，被绑在了椅子上，顿时从养尊处优的皇后部被送到弗里根斯的暴力病房"——威廉斯给雷诺德分部起的绰号。"我把飞行包抢过来，也在这时候晕了过去。"*据戴金描述，威廉斯的故事省略了埃德温娜在"田纳西被推进电梯时晕倒"*。当时正在竞选美国参议院议员的戴金和摄影师朋友鲍勃·阿特亚加（Bob Arteaga）*一道前来，他挽着威廉斯的胳膊试图让他平静下来。"你是谁？"威廉斯问阿特亚加。"我是戴金的朋友。"威廉斯说："我不觉得那有啥好吹牛的。"戴金说，他被推进电梯时，一名实习生"走到他身后，在他胳膊上注射了催眠剂"。*

根据威廉斯的说法，从技术角度来讲，他被认为是自愿住院的。"这完全不是自愿。这是被迫。有人给我一份文件让我签字，并告诉我，如果我不签字，我将承担法律责任。"他解释道，"我认为最好还是签名，因为从技术角度而言，你也可以签名让自己出院。但如果没有医生和亲人的允许,你怎么做得到呢?我是说批准?"* 戴金让威廉斯在医院待三个月的决定,让他失去了(哥哥的)遗产继承权。这也救了威廉斯的命。检查显示威廉斯正死于急性毒品中毒。他需要长时间远离毒品。对于威廉斯来说,他的生活一直受制于对一切控制的反抗,禁闭在他眼里是令人厌恶并且可怕的,"一个让人想打人的境况"*。

醒来后,根据戴金的说法,威廉斯的第一句话是:"我在哪里?在露天广场?"* 在雷诺德分部,一个封闭的病房区,他被关了差不多一个月,他的牢房"每半小时由一名实习生检查一次——会动静很大地推开门,用手电筒照你"*。威廉斯把这个地方称为"恐怖村"*和"噩梦巷"*。他说自己快被几天失眠逼疯了。除了入侵的实习生,他还被安排在焚化炉旁边一间白色墙壁的病房(第 512 号)。焚化炉的隆隆声是他在钢床上安眠的另一个障碍。精神错乱的人常在走廊出没。在他住院的近两个月里,威廉斯被禁止写信、打电话或接收邮件。一包来自伊利亚·卡赞的书在交给他前要由一个护理员检查——护理员说,这是"医院规定"——威廉斯大发雷霆。"他弄乱了牌桌,开始对护理员尖叫,对我尖叫。除了出去,我什么都做不了,"戴金补充说,"除了医生,我是唯一允许见他的人。"*

"我是一个完全被剥夺了公民权的人。"* 威廉斯在他可以写信的时候对格拉文说。后来,他说在撤掉多睡丹和硫利达嗪安定药期间有三次抽搐发作。* 随着时间的推移和不断的复述,这些癫痫发作升级为"心脏病发作"。* 威廉斯的医疗档案已经被销毁,因此他的病情事实无法证实,但他叙述的情感主旨,无论多么夸张美化,从来没有改变。"我所受到的待遇是完全不适当并令人沮丧的,如果我没有如此强烈的决心去延续我的生命,这肯定会摧毁我。那段生命经历了身体的抽搐和心脏病发作。医生冯·斯坦因告诉我这些本不该发生，那是一种自由的生存状态，不似关在蛇坑般的暴力病房，那是穿着肮脏的衣服，因为医院和我弟弟都不愿意把我的衣服送去洗干净，直到最后才送去洗，因为显然我身上有什么在生发。"* 威廉斯后来写信给麦格雷戈。当他最终被允许写信，他把其中写给伍德的信命名为《自深深处 200000》（"De Profundis 200000"）*，把他自己的监禁和奥斯卡·王尔德毁灭性的监禁进行了不当的比较。在威廉斯心目中，医院是一所监狱，是虐待的拘留营，无处可逃，在那里，他的文学声望和杰出的口才毫无价值。

在威廉斯对医院虐待行为的描述中，没有提到他自己的残酷施虐——翻倒的桌子，扔掉的杯子，肮脏的涂鸦，咆哮的侮辱。而且，在任何书面记录中，都没有承认一个无可争辩的事实，即他所诋毁的医疗团队还给了他生命以及另一个十年的写作期。

相反，威廉斯采取了受害者的姿态，被拖进了他弟弟制造的地狱。1969 年 12 月末，威廉斯在保罗·鲍尔斯获释后给他写信说："恐怕我永远怀恨在心，因为他把我丢进圣路易斯的蛇坑里待了好几个月。我怀疑他愿意再做一次。哪怕有一点点借口。"* 两年前，威廉斯曾亲切地说戴金是"堂吉诃德——我在生活和小说中最喜欢的角色……诚实和幽默是很罕见的组合，但是戴金都有"*。现在，戴金是"兄弟该隐"*。他总结说，威廉斯的住院治疗是"合法化的兄弟谋杀"*。在威廉斯看到背叛的地方，戴金则看到了爱。他坚持说他救了他大哥的命。威廉斯许多亲密的熟人——劳克林、伍德、瓦卡罗、斯特普尔顿和布朗——都认为是如此。威廉斯在 1970 年给戴金的信中写道："我知道你从未故意（有意识地）做错事。然而，我怎么能忘记你在我的雷纳德牢房里拿着一张埃德温·布思（Edwin Booth）的明信片照片，说：'这个人的弟弟射杀了林肯。我想他觉得他弟弟抢了他的风头。'"威廉斯继续说："很难说把我关进精神病院的暴力病房就是救了我，在那里，我每天早上抽搐三次,得益于一位施虐狂医生和三位浮夸的神经学家的关照,其中两人充其量是漠不关心,一人显然充满敌意。"*

在精神病病房里,威廉斯做过一个形象的、非同寻常的梦,几年后他把它写进入了他的回忆录。他看到自己慢慢地沿着走廊走着,装模作样,步态夸张,唱着一首诗。每一节反复出现的都是"救赎,救赎"。"从什么当中得到救赎?"他想知道。关于他的兄弟?关于他的同性恋取向?关于他浪费生命和天赋?"在一开始的那些年里,我滥用了自己和我的才能,真是太可怕了。我认为这是从弗兰克死后开始的。"*威廉斯从医院写信给新方向出版公司的编辑。但是,蔑视自己的兄弟和医生比面对自己所带来的损失更容易。在关于自己入院治疗的批判(和滑稽)散文诗《下一项议程是什么,威廉斯先生?》("What's Next on the Agenda, Mr. Williams?",1970)中,威廉斯大声宣布他是无辜的——这一即兴表演表明,愤怒是一种伟大的抗抑郁药。〔两位神经科医生——伯格(Berg)和利维(Levy),在这里被重新命名为"冰山"(Ice Berg)和"利维坦"(Leviathan)。〕

"你说你睡不好。"

"是的,我睡得不好。"我对这位身材壮硕的神经科医生说。他是三个人中唯一疲惫但带着善意的神经科医生,我很少回答"冰山"医生的询问,但我能和这位医生说话:"是的,利维坦医生,你的安眠药让我心悸,就像德比赛马快车道上的马蹄声一样。而且,晚上每隔半个小时,一个护理员就会砰地打开我的牢房门,把他那该死的手电筒直照到我的眼睛里,我不知道他们为什么要给那个75岁的老太太做电击治疗,她瘦骨嶙峋,但一点也不老,当她被告知她将在第二天早上再次受到电击,她几乎吓得发抖。"

"她不是我们的病人,"医生平淡地说,"所以让我们把话题回到你身上,威廉斯先生。现在,你不能安然入睡是因为你把睡眠和死亡联系起来了吗?"

"不,先生,我不这么认为。"

"也许你不这么认为,但你不知不觉地感觉如此。"

"不,我知道我不自觉地感觉到了什么,如果不是在晚上,至少是在第二天的这个时候。"

"这里的病人所以为的他们的感觉在这里并不总是可靠。你知道吗?我想你弟弟告诉过你,在你被弗里根斯分部接收之前,你患了一种在心电图上显示出来的叫作'无声冠状动脉'的疾病。"

"哦,是的,他第一次来这里看望我时,的确是带着一种非常有趣的微笑告诉了我一些错误的信息;是的,这是错误的,尽管他的微笑看起来很真诚。现在,医生,我知道,你知道,我们大家都知道,我在一天早上有三次抽搐并接受住院医生熟练认真的照顾以前,我没有冠状动脉,无声的、有声的都没有;但在三次完全停止使用毒品期间的抽搐中,我挺过来了两次,我是说冠状动脉,第一次我在脑波痉挛时感觉到了它,就记得一种钻心的刺痛,于是我知道我又经历了一次,因为,有天晚上我被一个婊子夜班护士追到这个隔间待着,恐怕你坐在这儿一定会感到很不舒服。"

我对自己说这些时,面对我是个孬种的事实,他感谢我关心他。

"谢谢你,"我说,"关心我怎么睡不着觉。"*

根据戴金的说法,"深知田纳西何人"的利维医生逐渐打破了威廉斯的狂妄自大。"他非常善于激励他,"戴金回忆道,"他说,

'田纳西,如果你配合我们,你出院的时候会写出比以前更好的剧本',就在那时,他开始配合了一点。"* 威廉斯戒酒,慢慢地恢复了理智时,他的某些特权逐渐得以恢复。10月底,书写禁令被解除;他可以使用信封和一台租用的打字机,因为桌子太高,所以不得放在床上。"最糟糕的情况可能已经过去了,"威廉斯写信给在基韦斯特的格拉文,"停用了多睡丹,一下子完全戒断。"这封信蕴含了威廉斯历经磨难恢复的第一个迹象:

> 我今晚要和戴克共进晚餐——我现在有特权在医院的另一个(非精神病)部门非常有吸引力的顶层餐厅用餐,前提是我不喝酒。这几乎令人难以置信,但我已经有一个多月没有喝酒了——我相信这就是我被限制的时间。有几个晚上我根本睡不着,我希望床边的桌子上有一杯苏格兰威士忌。然而,我也不想再去探讨那些我已经错过的事情。好吧,也许我会提到你和吉吉,还有那栋小房子,也许我最好不要让自己回忆起其他事。

> ……目前的情况比较令人满意。大多数病人似乎是相当正常的,至少按照我的标准,当然这不是最严格的标准。一部分人正在接受电击治疗。你可以通过他们茫然的表情来判断有哪些人。我没有被电击,可能是因为我的电心图显示我"在过去几年的某些时间里"有过严重的心脏病。

> 我是以汤姆·威廉斯的名义入院的,但戴金发布了一份新闻稿,所以现在大家都知道田纳西也在这里。

> 我现在走得很稳,我的行为没有特别古怪——但是我还不

第八章　挥手求救

知道什么时候医生才同意我出院。"我们不希望你永远留在这里"是我能从他们口中得到的大致内容。他们说，他们还不能相信我能戒掉多睡丹和酒，这两者是我疯狂的原因。你知道，我真的没喝那么多。我很少喝完一瓶苏格兰威士忌，每天只喝两三杯，当然还有餐间的马提尼酒和葡萄酒。但是医生夸大了我的饮酒习惯，我告诉他们我只是一个小酒鬼，他们似乎非常怀疑……

你再见到我的时候，我会看起来很健康。以后，我会小心的……保重。我知道这很必要。*

大约在同一时间，在10月的最后几天，威廉斯主动联系了伍德。阴郁的气氛似乎正在消散。他对改写一部新的短剧充满了想法——《梅里韦瑟先生会从孟菲斯回来吗？》(*Will Mr. Merriweather Return from Memphis?*) 以及《东京旅馆酒吧间》的改写（"写这个剧本时，我显然病得很厉害，但若透过现象看本质，它还是可以有原创性和一定程度的诗意的。"*）。威廉斯又复活了。

今天，神经科医生利维第一次跟我说，我回家（基韦斯特）不用等几个月。也许三周后我就可以出院啦。想象一下，一个半月以来，我没有喝一滴酒！——我吃了无数不知名的药丸，大部分是抗抑郁药。利维说，我已经在抑郁的"迷雾"中生活了"几年"，但现在我清醒了——失眠的夜晚是痛苦的。我连续两三晚没睡过。他说，戒多睡丹安眠药比戒毒更难……你知道戴金在竞选参议员吗？他家里有五台电视机，其中两台是彩色的。罗丝属于一个多么古怪的家庭啊！*

11月7日，也就是入院两个月后，威廉斯走出医院，沐浴在一个可爱的秋老虎朝阳里，开始了一次正式的远足。他在医院里瘦了很多，衣服不合身了。于是，戴金开车带他去圣路易斯郊区的一家男士用品商店为他添置衣物。威廉斯写信给洛布德尔：

> 我本来打算买几套西装，但我实在太紧张了，不能在商店里待很久。所以我决定买两条休闲裤和一件红色毛衣。戴金突然不见了。我惊慌失措地叫着他的名字。他在试一套西装，但我坚持要马上离开。生病让人变得自私！其实，他真的很需要一套衣服。我很高兴地说，他正在为和平与民权而奔波。他站在年轻人一边。我们国家的年轻人与老年人似乎存在很大的差异。这是一个非常戏剧性的对抗……我希望一些全新的政府管理理念可以出现在真正民主的框架内。但我必须把这些争论点留给我的弟弟，我不是为了什么，而是为了我的个人解放、基韦斯特的夜空以及我工作室里的晨光，在那里我可以坐在天花板下倾斜的长窗上，对自己说："我已经安然渡过了难关，我回家了！"——如果我发现自己不能应对天窗下打字机带来的挑战也没有多大关系。也许这不会是一个挑战，只是一个邀请，也许我会发现自己能够接受它。命运的齿轮已经改变，价值观已经重新评估。问题是：还有时间吗？*

11月20日，威廉斯提前一周从巴恩斯医院"放出来"*。"提前出院让我感觉更强大"*，他写信给安德鲁·林登（Andrew Lyndon），他是一位和威廉斯不相上下的南方作家，也是克里斯托弗·伊舍伍德以前的情人，他自愿等威廉斯在母亲家休养几天后，和他一起飞往基韦斯特。他在另一封信中补充说："我的头脑很清楚，现在，我已经具备了可怜人的勇气，即恬淡寡欲。我有一个可怕的怀疑，我怜悯自己，但也许那才是有人情味……我将必须隐居在那个小院子里，过着平静的生活。这就是我所希望和祈祷的一切。对我来说，能取得这么多成就简直是奇迹。"*

威廉斯回到了基韦斯特，晚餐时只喝了一杯酒，偶尔也在打字机前喝一点。"也许这是最好的选择，"他在 12 月中旬告诉保罗·鲍尔斯，"我专心写作，人都消瘦了，为了工作，我需要依赖催眠药物来接近我的潜意识。"* 他也下定决心要改变自己的生活安排，并决定"把格拉文打发走，最好送去西伯利亚"*。在他刚回来的几个月里，威廉斯每周付给格拉文三百美元，让他别去基韦斯特。"格拉文以他轻率的爱尔兰人的魅力，把这个镇子搞得一团糟，"他在 1970 年 2 月向伍德抱怨道，"在我看来，他的意图是把我赶出这所房子，因为从我孩提时代起，我就只在这里尝到过真正的幸福。（没有呜咽。只是声明。）"* 在威廉斯住院的三个月里，"在我不知情以及无授权的情况下"*，威廉斯说，格拉文花了两万多美元重新装修了威廉斯的厨房并扩建了他的露台。威廉斯更多地把格拉文看作他疯狂的象征，而不是拯救他的救世主。"往好里说，他很可怜；往坏了说——无比邪恶！"* "没有人知道真正的荒凉，如月球表面一样空虚，他温和地把我一次又一次地关在那里，直到我被我的弟弟送进蛇坑。你想让我建议你与吸血鬼德拉库拉一同生活吗？"* 他写信给乔·梅尔齐纳，因为乔曾轻率地暗示威廉斯和格拉文可能复合。

至少在威廉斯看来，格拉文的真正罪行是他对自己工作的影响。"田纳西想要离开，他说，因为他不能在格拉文身边写作，"多森·雷德（Dotson Rader）——他和威廉斯曾住在一起并写了一本题为《田纳西：心的哭泣》（*Tennessee: Cry of the Heart*）的书——回忆道，"他责怪他把自己搞糊涂了。田总是喜欢责怪他人。"* 威廉斯的理智是恢复了；问题是他进入写作室，每天和他那痛苦的无意识会面时,他还不能确定他的缪斯是否也回来了。他在医院写给伍德的一封信中承认,他过去几年的"大部分作品"*读起来都像是在他累了的时候写的。"亲爱的,亲爱的田,"伍德回复说,"亲爱的,你并不是累——你就在一束光的遥远世界里,那个世界只存在于你自己迷糊的头脑中。"*伍德不愿驻足过去,而是庆祝威廉斯恢复理智。"展望未来——还有你将要写的所有剧本——去看——去听——睁大双眼,像从前一样文思泉涌,"她写道,"很爱你,亲爱的,我是多么期待未来。"*

第九章

漫长的告别

时间背叛了我们,我们背叛了彼此。

——田纳西·威廉斯
《皇家大道》*

1971年7月7日,在《呐喊》——《二人剧》的改写和新命名版——于芝加哥伊凡霍剧院上演的前夜,威廉斯、奥德丽·伍德、玛丽亚·圣贾斯特、导演乔治·吉斯利,以及扮演克莱尔和费利斯的演员艾琳·赫利和唐纳德·马登(Donald Madden),聚集在马登的化妆室交流笔记。马登自己给房间贴了墙纸,刷了墙漆;作为点睛之笔,还挂上几束圣诞彩灯,平添了几分节日气息。然而,当晚的表演冲淡了这种刻意营造的欢乐气氛。虽然对第一场预演的反应令人振奋—— 一些观众站起来鼓掌了——但是第二次预演时观众的冷淡反应使每个人都感到不安。吉斯利说,这出戏"破碎得一塌糊涂"*,说这话时他手里正拿着几页笔记。"田纳西在整个演出中都喧闹不停,最小的笑话也能让他高声发笑,"吉斯利说,"所有人都能一眼看出他兴致高昂。"*

《呐喊》是威廉斯两年多来的第一部新作品。他说,他感觉"就像伊丽莎白修女计划绑架基辛格并轰炸五角大楼一样"*。在动身前往芝加哥之前,他曾向奥利弗·埃文斯坦白说,他被"吓傻了"。"我现在除了删减什么也做不了,认识艾琳·赫利的人告诉我,她就像屠宰场里咆哮的公牛,这可不是扮演克莱尔的理想方法,"他说,并补充道,"我觉得我现在对写作这一套有点厌倦了,也许是我太老了。"*

威廉斯一落地芝加哥就不寂寞,先和他一起的是新朋友、作家及反战活动家多森·雷德,然后是受邀从伦敦飞来参加首演的圣贾斯特——"没有你的世界太冷了"*,他在发出邀请时说——威廉斯一直在用掺了利他林和戊巴比妥钠的鸡尾酒克服自己的恐慌,戊巴比妥钠是一种镇静剂,可以抵消利他林造成的过度兴奋。"结果很糟糕,"吉斯利回忆说,"他会尖声尖气地傻笑着进来,眼睛凸出,望向一边,嘴巴张到最大——好像在伸展皮肤。每个动作都有难以置信的紧张感。他看上去真像个痉挛患者。那感觉近乎怪诞。"吉斯利补充说:"这让人很不舒服。他进入了一个他毫不在意的地方。他对每个人都高声嚷嚷。"*因为剧院买不起报纸广告来宣传首演,吉斯利自己承担了陪伴威廉斯参加重要媒体采访的责任。"他无法做出任何清醒的回答,"他说,"而且他还在酗酒,还在吸毒。他在可怕的绝望中越陷越深。"*

整个1970年,威廉斯一直在催逼伍德排演《呐喊》。伍德则强调,无论最后这出戏在哪里上演,威廉斯的出席都至关重要。11月,她写信给他说:"我们不应该再犯在没有作者的情况下排演这部戏剧的错误,重蹈英国的覆辙。如果有哪一出戏需要密切监控,一个小时的排练都不能放松,那就是这出戏。我恳请你在这部作品排练时在场。"*但是,八个月后,排练在芝加哥开始时,威廉斯的行为已经越来越失常,对排练几乎没有任何帮助。"有一次剧本讨论时,田纳西无意中透露,多森·雷德说过这样那样的话,"吉斯利回忆说,"就是这样,田被雷德洗了脑,不肯听其他任何人

第九章 漫长的告别

的……这不是一个愉快的情况。"* 在令人焦虑的排练中，不可避免地出现了小团伙：马登和威廉斯一伙儿，吉斯利和赫利一伙儿。有几次，吉斯利甚至沮丧得在演员面前哭了起来。

首演前夜，在马登的化妆室里，气氛阴郁。第一场预演之后，大家一起吃了一顿欢乐的晚餐，但伍德很奇怪地沉默寡言。"你注意到奥德丽的态度了吗？"* 威廉斯对圣贾斯特夫人说。如威廉斯所写，伍德有一种"神奇的感知力，不但知道当下的吉凶，还能预知未来"*。此刻在马登的化妆室里，她的沉默简直震耳欲聋。

谈话转到了戏剧时间过度冗长以及如何删减的问题上。"田纳西，我有一个想法。"吉斯利说。

"什么？"威廉斯厉声说。

"我们为什么不删掉剧本后面有关……"

"你认为我会在第一幕介绍某些事，却在第二幕对此只字不提吗？"威廉斯生硬地反驳。

"好了，好了，田纳西。"伍德说。*

她母亲般的语调——她"那种想要管理、控制她有时很不听话的儿子的意愿"*，威廉斯曾如此描述——总会把他惹恼，助长他内心的矛盾情绪，对此他并不讳言，哪怕是在公开称赞伍德的时候。作为艺术家，威廉斯已经到了这样一个年纪，"太多的掌控，或者别人为他做太多决定"，会让他感到羞辱，"他宁可自己犯错，也不愿接受别人的正确决定"。* "这时，威廉斯猛然转向她，愤怒地吐出了那些话。"吉斯利回忆道。"你一定为今晚观众的反应感到高兴。十年来你一直想要我死。但我不会死的。"他吼道。* 在那个令人震惊的时刻，威廉斯做出了可能是他余生最糟糕的决定。"我简直成了一个疯子"*，他在《回忆录》中写道，并未提及药物造成的精神错乱点燃了他妄想狂的暴怒。尽管他坚持说他对伍德说话时

"平静而猛烈"*，但在旁边的人听来，他是在歇斯底里地尖叫*。据吉斯利说，临别时，威廉斯咆哮道："你，你这个婊子，从一开始就和我作对。我和你结束了。你被解雇了！"*威廉斯猛地推开化妆室的门，冲了出去。

"谁都不知道该说什么或做什么，"吉斯利说，"尽管他以为自己大张旗鼓地出去了，但事实上，田纳西进了卫生间，大家很快就意识到他去了哪儿。我们仍然沉默着，每个人都在想田纳西接下来要干什么。似乎过了几个小时，他突然打开门，没跟任何人说一句话就离开了。"*

对伍德而言，甚至某种程度上对威廉斯而言，这一刻都难以释怀。"在我们相处的这么多年中……我第一次感到只想狠狠打他的脸。"*伍德后来写道。尽管如此，在威廉斯爆发的过程中，她一直有尊严地保持沉默，拒绝给她的客户继续争吵的机会。一旦他走了，她的冲动就是"离开那个该死的地方，一，二，三！"*她向尴尬的人群点点头，迅速离开了。在她讲述的故事中，她匆匆离去时，还能听到威廉斯说话；她听见他说："那个婊子！我很高兴和她结束了！"*伍德回忆说："经历过这样的创伤，你需要一把椅子和一杯烈酒。"*她在她和威廉斯常待的东方大使酒店找到了这两样东西。她刚坐下不久，威廉斯就冲进了酒吧，身后紧跟着圣贾斯特。她说："他看到我比他先到，又恼怒交加地冲了出去。"那天晚上，伍德对自己说："这么多年来，我经历过类似的情形。我是坚强的。我有幽默感。戏就要开演了。我还可以再撑几天。我要尽可能少见他……我不讲话。"*然而，伍德无法承受这种伤心和羞辱，第二天早上，她雇了一个司机和一辆车，飞速离开了威廉斯和芝加哥，前往密尔沃基祭拜父母。

伍德被解雇的消息传得很快。威廉斯的律师艾伦·U. 施瓦茨

第九章 漫长的告别

得知这个消息时在拉瓜迪亚机场，正准备登机前往芝加哥观看《呐喊》首演。"'不要来，如果你想来就来，但你不会很开心'，"施瓦茨记得伍德对他说，"我没去。我很震惊。她回到了纽约，她仍处在震惊的情绪中。"施瓦茨继续说道："她把这件事主要归咎于玛丽亚。"*

早在1963年，伍德就曾直言戳穿过圣贾斯特不怀好意的两面派行径。"亲爱的，亲爱的玛丽亚，"她开头写道，

> 我们生活的世界真是太小了。一位前几天从伦敦回来的老朋友显然在5月或6月伦敦的一个社交晚宴上看到你了。我带着善意的兴趣听他讲述，却吃惊地听说你欢天喜地在伦敦宣布我不再代表田纳西·威廉斯了。
>
> 作为一位老朋友，我想你会很高兴得知田纳西已经和阿什利-斯坦纳签订了代理合同，我将一如既往地与他合作，为他工作。我知道你在伦敦认识很多人，所以我认为有必要写信告知你这一消息，以免你的宴会谈资不合时宜。*

当伍德质问威廉斯有关他已不要她做经纪人的传言，他否认了这一说法。他电报回复说：

> 亲爱的奥德丽，请不要担心，已经一起走了很长的路，希望还有很长的路要走。爱你，汤姆。*

现在，其他人更加深了她对圣贾斯特的怀疑。詹姆斯·劳克林对"田的背叛"*的消息感到难以置信——他差点和圣贾斯特走上了红毯，他写信给伍德说："我很好奇玛丽亚在整件事中扮演了什么角色。我知道她现在又搅了进来，田纳西现在可能和她在一起。她有

许多优秀品质,但心机之深有点可怕。"* 雷德也视她为罪魁祸首。"如果不是新剧制作的压力太大,或者酒精和药物没有加剧他的压力,又或者如果没有什么亲密朋友,特别是玛丽亚·圣贾斯特夫人旁敲侧击,给他的怀疑火上浇油,我不相信他会和奥德丽决裂。"* 他写道。

能证明圣贾斯特在伍德-威廉斯决裂中难辞其咎的一个线索就是她对此事的沉默。解雇事件发生时圣贾斯特就在房间里,随后她也待在威廉斯身边。她还和他住在酒店同一层,这样"她就可以共用我的套房,包括客厅、厨房和一个漂亮的小餐厅,而我就可以在房间吃饭了。……我喜欢上了烹饪,而玛丽亚也擅长于此"*。然而,在威廉斯艺术生涯的这个关键事件中,以及在《五点钟天使》一书中—— 一部她用以自我吹嘘的威廉斯书信集,在书中她既是叙述的主体,又是全知的叙述者本人,口技之高令人讶异——圣贾斯特把自己置于其中,又远离现场。

1970年最初三个月,威廉斯对自己的清醒和对伍德都充满了感激之情。"我发现自己经常想起你,带着最深的敬意和我一生中对屈指可数的几个人所怀有的情感,"他在3月给她的信中写道,并补充道,"时间越来越短……我们必须慎重对待我最后一部长剧!"* 他们共同商定了《呐喊》演出的一个策略:在美国邀请雷普·汤恩(Rip Torn)和杰拉丹·佩姬,在英国邀请保罗·斯科菲尔德(Paul Scofield)和玛格丽特·莱顿出演。然而,实际情况是,大西洋两岸的演员很难聚到一起,戏剧进展似乎停滞了。就在那时,热情洋溢又积极主动的圣贾斯特回到了他们中间。

60年代后期,在威廉斯的"嗑药时代",他们的友谊曾一度被冷藏。1970年3月他在巴恩斯医院时,收到了她的一封信(由于伍德拒绝告诉圣贾斯特他的医院地址,信件一直没有送到*),威廉斯回信道:"我曾愚蠢地担心你已经把我从思想和心中赶走。"* 现在这段关系瞬间被重新点燃了。对威廉斯而言,伍德有时显得不够投

第九章　漫长的告别

入，而且很忙。* 而圣贾斯特则充满热情且随叫随到。威廉斯曾向伍德承认，关于《呐喊》，他"对自己的判断没多少信心"*，现在他开始怀疑伍德也对他失去了信心。"我的经纪人奥德丽·伍德从没说过我的好话。"* 他向雷克斯·里德（Rex Reed）抱怨。圣贾斯特对这项工作纯粹的热情与伍德有分寸的赞赏形成了鲜明的对比。"你写了一首集惊人的表现力、优雅和力量于一身的诗。"* 圣贾斯特告诉威廉斯。在他的密友圈子里，圣贾斯特也有情感上的优势，因为在威廉斯看来，她没有参与把他关进医院的阴谋。他已经完全切断了与戴金的联系（戴金甚至在威廉斯基韦斯特的房子前插了一块牌子抗议，上面写着"田纳西·威廉斯对兄弟不公"*）。威廉斯在给伍德的信中写道："我永远也弄不明白，为什么我发狂的弟弟，那个勇敢的演员和政治家，会被允许让我落入施虐狂三人组手里。"* 威廉斯怀疑伍德"参与了这场阴谋"*，其中暗含的指责显而易见。

到了 1970 年 5 月，《呐喊》的命运已经让威廉斯感到焦躁难耐，他直接对伍德说出了他的恐惧。"我怀疑你并不真想在我活着的时候制作出这部戏，"他写信给她，"不要因为我有这样的怀疑就认为我是妄想狂……因为通常到这个时候，一部作品应该已经准备就绪并安排在近期上演了，就算不是为了别的，至少也是为了给作者心理安慰。所以请明确说出你对这个问题的态度，我实在已经没有多余的时间再等待这种持久、冷静、沉默的处理方式了。"*

谈到圣贾斯特惯于利用威廉斯的妄想症左右他想法的行为，雷德说："一旦她察觉到田开始怀疑某人了，她就会在一旁煽风点火。"* "显然，奥德丽有一把断线钳，通过纽约电话转接台，直接连通她的办公室和广场，"圣贾斯特写信给她"深爱的田"说，"因为你刚一开口说，'嗯，提起奥德丽'，我就听到一阵肉被灼烧的噼啪声和嘶嘶声。我被短暂尖锐的电流击中了，我想电话操作员被烧成一堆灰烬了。"* 圣贾斯特将他们的友谊称为"恋爱般的友谊"

551

(amitie amoureuse)*，其中一部分就是两人的亲密合谋。1970 年 7 月，威廉斯在一首嬉闹的诗中祈请伍德的关爱："记住我这个客户/不是最了不起的那个，也并非最差/而是在某些细微处最与众不同。"* 到了 8 月，他欣然背叛了这段友情。"今天下午我着实给了奥德丽一点颜色瞧，我告诉她我要给你这部戏版税的 15%（如果有的话），我一个挺机灵的律师（艾伦·施瓦茨）已着手拟定'协议'了，"他神气十足地对圣贾斯特说，"我觉得比起'官员女士'，你为推动这部戏的制作做出的贡献要大得多。"*

那个夏天，威廉斯瞒着伍德，开始为自己做交易。8 月，他给一个制片人发了个电报：

> 若收到我经纪人的信息，请不必在意，因我欲完全独立与您合作西海岸的事务。近期发觉那种代理偶有阻碍。*

威廉斯向伍德抱怨感觉自己是个"被抛弃的家伙"* 时，正准备亲自做这种事。1970 年 9 月下旬，在伍德毫不知情的情况下，他让圣贾斯特成了他的欧洲经纪人。"似乎是出于实际的目的，以及一些纯粹精神上的原因，你现在代表我，而不是奥德丽·伍德。她仍然会继续拿她 10% 的钱，我也不会去计较，但现在你是我的执行代表。从现在开始，无论你为我签下什么合同，出版的还是制作戏剧的，我都想让你得到 15%。"*（"当然，我从来没有拿过那 15%，"圣贾斯特说，"我不是经纪人，也从来不觉得我有能力当一个经纪人。"*）圣贾斯特想要的并不是晋升为经纪人，而是要占据他心灵的制高点。有一段时间，她成了拯救他的天使，尽管只是"五点钟天使"。无可避免地，据威廉斯的说法，这个消息让伍德陷入了"她旧约式的愤怒中"，威廉斯现在猜想，"不能指望从她那里得到任何支持了"。*

第九章　漫长的告别

1969年12月29日，威廉·利布林，伍德的商业伙伴和相伴31年的丈夫，去世了；她正在服丧期。尽管威廉斯给她写了一封感人的哀悼信，但是在他与圣贾斯特残忍的阴谋中，丧偶让她得到了一个新绰号。"从某些方面来说，我们必须设法避开寡妇伍德的诡计——从来都不怀好意！……哦，我真希望你能在这里处理这个情况！——因为只有你能。"* 威廉斯在1971年伊始给圣贾斯特的信中写道。1970年7月，威廉斯曾发誓，"要千方百计、百计千方——不择手段，不管是不是狡诈阴险"*，让《呐喊》上演。他现在完全陷入了阴险小人的行为模式中。尽管伍德已经"第94次"* 写信来澄清斯科菲尔德对于加入英国演员阵容的态度，威廉斯还是让圣贾斯特秘密监视这个演员的动向，并且瞒着伍德请求施瓦茨去和导演约翰·汉考克示好。"我希望你能作为我和汉考克之间的'联络人'，而不是奥德丽"*，他写道。

在他向施瓦茨抱怨伍德拖拖拉拉的回复时，威廉斯并未提到伍德还在服丧。"奥德丽几天前给我打电话，用她最忧伤的语调告诉我文稿已经到了，她会在某个时间读的，然后再告诉我她的想法，"他在给施瓦茨的信中说道，"我说，'请不要读了'。"威廉斯继续说：

> 过去十年中——错可能主要在我——无论是在工作上还是私人关系上，我与这位杰出女士的关系正逐步恶化。现在已经到了这样的地步，我非常确信，如果我想保持作为作家的资格——如果我不是个仍在创作的作家，我会觉得自己一无是处——我就必须设法绕过"伍德小姐的办公室"。……尽管奥德丽很可能永远不会承认这一点，但是我很清楚，她不想让我的这部长剧在我活着的时候完成……对于我的这种说法，如果你想要证据的话，我能给你一船！*

威廉斯可以指出近期他与伍德交往中的一些痛苦的困惑。例如，尽管他曾经两次前往纽约去撤销戴金对其公司的代理权——"他就是个道德白痴"*，威廉斯说——却震惊地发现事情并未这样办。"为什么没有人告诉我？"1970年末，他在给伍德的信中说。他又说道："毕竟，这些年兢兢业业地当一个作家，我并没有攒下很多钱。为了我和我的姐姐，这笔钱必须妥善保护起来：我们两个人都不太可能在未来的事业上取得什么成功。"*他还声称差点与美国广播公司（ABC）签订合同，这意味着在他死后，该公司可以将他的作品进行删减，制作有关他的角色的电视剧。威廉斯称，因为伍德一直在参与这项交易，所以她并没有让他注意到这么"棒"的一点。他说，在他死后，她还计划建设一个田纳西·威廉斯主题公园。"田纳西坚信奥德丽对他的作品图谋不轨，而他在关键时刻发现并揭露了这个阴谋。"*雷德说。（对于威廉斯的说法，并没有记录在案的证据支持。）

他们在芝加哥吵翻之后一周，威廉斯给伍德写了一封信：

> 引用一句现已从文稿中删除的话："生活中的标点符号包括句号，这些句号又包括那个最终的句号。"在剧中，这不是一句好台词，但它是一句真理。我认为我们都察觉到了，近十年，我们那种持久的互利互惠的工作关系已经消磨得所剩无几了，如今，它终于被消磨殆尽了……
>
> 当然，我们工作关系的破裂会涉及许许多多细节问题，深入探讨只会造成伤害。我已经经历了够多令人心烦的事了，所以我觉得我大可不必再解释为什么必须做出改变。
>
> 我希望你能像我一样，只记住我们之间那些美好的事情，忘记那些不开心和只会伤害我们双方的事。
>
> 我希望你仍然会把我当作朋友来看待。*

第九章　漫长的告别

接下来的几个月，威廉斯和伍德都很礼貌客气；往来了几封热情友好的书信。伍德现在就职于国际创意管理公司（ICM），娱乐业里最有影响力的机构之一；比尔·巴恩斯是 ICM 新招募的员工，被推荐为代替伍德的合适人选。他很帅气，是个南方人，同性恋；之前是奥托·普雷明格（Otto Preminger）的助手。据雷德说，ICM 戏剧部负责人米尔顿·戈德曼（Milton Goldman）认为，"在奥德丽的事情解决之前，这是个权宜之计"*。

数月之后，伍德在阿尔冈昆酒店和小说家西德尼·谢尔顿吃周日早午餐时，听到一个声音说："你好，奥德丽"，而后她看到一只手伸向了她。伍德下意识地伸手去握住。她抬起头；威廉斯正站在她面前。"然后，一些我无法控制的事发生了。我的手不情愿地缩了回去。"* 伍德说。威廉斯生气地走开了；伍德借口离开了餐桌，然后走到酒店大堂，用深呼吸和镇静剂让自己冷静下来。这次相遇昭示了她的创伤之深。他们这段维持了 30 多年的友谊已经无法挽回。"她不可能再次接纳他了。"阿瑟·科皮特（Arthur Kopit）说。他是伍德负责的另一个明星剧作家。在伍德被解雇之后不久，他去伍德的西港小院探望过她。"如果利布林还活着的话，也许还有可能。她是一个特别高傲的女人，而他对她做了那么可怕的事。她不会让这种事再次发生。"*

纵观美国戏剧历史，没有哪一个剧作家和经纪人的关系像威廉斯和伍德那样长久或辉煌。"她对他来说不仅仅是经纪人，她自己也知道，"科皮特说，"她自己没有孩子。她的客户就是她的孩子。威廉斯是她的心头宝。"* 伍德就像植物的主根，紧连着威廉斯文学之旅中的理想和冒险。没有她敏锐的批判眼光、她对戏剧的深刻掌握，以及她对他复杂个性的理解，他就会失去向导，随波逐流。在一年的时间里，那些像堡垒一样在感情和事业上支撑威廉斯的人——伍德、玛丽昂·瓦卡罗、奥利弗·埃文斯以及戴金·威廉斯——要么去世,要么与他断了联系。威廉斯比以往任何时候都更加孤独,这使他轻易地被他招揽到自己身边的愚蠢的基韦斯特兄弟们所蒙蔽。对于这"怪异的一帮人",威廉斯的诗人笔友,后成为其看房人的大卫·洛布德尔写道:"他们都可以拍成一部优秀恐怖片了。"*就像《呐喊》里的角色一样,威廉斯如今迷失在了自己的戏剧之中。

尽管威廉斯对自己鲁莽的行为有诸多解释,但有一个不够理智的原因是他无法坦白承认的。伍德,她的批评和朴实无华——"她身上散发着某种气质,让我想到 18 世纪的显要女人"*,他说——不仅让他想起了过去,还让他想起他曾经的辉煌,更明白那辉煌已经一去不返了。她察觉到——或者说他认为她察觉到——他的作品不再像他们年轻时那样充满力量了。伍德的支持曾是一种激励;如今却是一种羞辱。解雇她的同时,威廉斯也将自己从对过去的责任中解脱了出来,包括成为名垂千古之人的责任*。他把对自身行为的羞辱感投射到伍德身上。"在病得太厉害、吸毒、身体垮掉的时候,我无法抗拒她的操控,那个时候,她很轻易就能控制我,"1971 年 9 月,他向自己的新律师弗洛里亚·拉斯基(Floria Lasky)辩解道,"这是对信任十分粗暴的背叛,我无法接受,特别是因为这么多年来,比起她其他的客户,我给了这个叛徒更多的信任和权力。"*

威廉斯戏称比尔·巴恩斯为"迪克西嗡嗡响的炸弹"*,他给乐观的巴恩斯写信说:"我觉得自从我们相遇以来,一切都在朝着最好的方向发展,因为我们的心灵交流中有一种奇妙的平衡。"*威廉斯的朋友们并不是都对巴恩斯有着同样的敬意。1972 年,查尔斯·鲍登在给圣贾斯特的信中写道:"他是一个彻头彻尾的危险分子、同性恋、头等阴谋家。"当时他正和圣贾斯特联手在伦敦制作《呐喊》。"他彻底把田迷住了,什么都听他的,凭借大麻、男妓、个人外表、间谍和他自我标榜的南方绅士称号。"*

在他的活跃统治下，巴恩斯在后造势助威，威廉斯在前乘风踏浪。"我需要我仍在剧院积极活动的事实或者假象——任何剧院——剧院是我这么多年来唯一真正的家。"*威廉斯告诉他。他告诉拉斯基，他"内心在沸腾，如果这不是对迫切行动的渴望，我不知道还能是什么。奥德丽坚持说我疯了。我确实疯了。就像一只后院的老鼠！我知道我现在的状态，我也知道我要继续下去！"*威廉斯所描述的不确定但激情满满的"东西"，比他事业的喧闹更为意义深刻：他渴望重生。"我身上发生了许多变化，我祈祷上帝给我力量，让我像凤凰那样重生。"*他说道。

——

1971年圣诞前夜，威廉斯把新剧《小把戏警告》的终稿寄给了导演威廉·亨特（William Hunt）。这出戏改写自独幕剧《自白》（*Confessional*），写作时，他处于绝望"最终的边缘"*，威廉斯说。这标志着他回归清醒，与世界重新建立联系。这是一部必要的谨慎作品，威廉斯认为它是"次要的"*，《小把戏警告》主要由静态的人物素描拼贴而成：一群被遗弃的、迷失的灵魂，聚集在加州海边一间酒吧里喝酒，狂欢，寻找爱情，在先锋苦难中挣扎。它没有情节结构，没有真正的行动，但有时，它的语言用得很漂亮。"我不想——也无力——去改变这种状态。"*威廉斯告诉亨特。他对《纽约时报》说："生活中最不能失去的就是惊奇。但是我在写这个剧本的时候失去了它。"*

哈罗德·克勒曼在《国民评论》上评论《小把戏警告》时说，他认为这部剧几乎是一种复兴——"它重复了更早期作品的氛围和模式"*。在某种程度上，确实如此。然而，在离开纽约剧院将近三年之后，威廉斯带着一首有点不同的歌重新出现了，创造了一种为这个新的动荡时代而生的修辞。1969年6月纽约格林尼治村石墙酒吧内男同性恋者拒绝被警察拘捕而引发的骚乱，以及1970年他在大卫·弗洛斯特（David Frost）节目上的腼腆亮相（"我不想卷入某种丑闻，但事到临头，我无可逃避了"）*，给了威廉斯第一次直接描写同性恋的胆量，而不再只是暗示。他对自己的性取向态度矛盾，既不以为意，却又充满负罪感，因此，威廉斯并不是新兴的寻求解放的激进同性恋的典型代表；尽管他对进步政治越来越感兴趣，但他也公开表示自己"不是一个热衷致力于改善社会状况的人"*。他是擅长拐弯抹角、含沙射影的作家，不适合辩论式的戏剧。

尽管如此，学生示威、1968年芝加哥民主党全国代表大会上的骚乱、国外反越抗议的怒火和国内的政治欺诈，迫使他接受了正在他周围兴起的青年文化的浪漫理想主义。"年轻人就是世界，我一下子就看清楚了。"*他说。他告诉亨特，上演《小把戏警告》的主要动机就是为了探索"此刻我生命中唯一值得我个人相信和信仰的东西"："这种对我在新一代身上所看到并感知到的东西的认可，貌似天真，但真诚且深切。"他继续说："在那些可怕的岁月里，我一遍又一遍地弹着挽歌的调子，那时我真的没有别的调子可弹。眼下，奇怪的是，你也许会认为不合时宜，我确实有新的非挽歌式、积极的东西要对观众说。这可能会对作品的接受程度产生根本影响。"*

在他追求精神重生的斗争中——"我像一个脾气暴躁的母亲，我不能放手"，他说——60岁的威廉斯吸收了青年文化渴望激进变革的思想。引领威廉斯进入这个疯狂的政治领域的是多森·雷德—— 一个钦加哥式的放荡不羁的向导。他29岁，长着一张娃娃脸，是《新共和》和其他一些杂志的撰稿人，他是左翼，曾因抗议

第九章　漫长的告别

战争被捕过四次。在十几岁经历过一次精神崩溃后，明尼苏达州出生的雷德开始反抗布道者父亲的清教基要主义和军校教育，逃到了纽约。威廉斯结识他时，他是《常青评论》（*Evergreen Review*）的特约编辑。这是美国最重要的先锋杂志，隶属于格罗夫出版社，而这家出版社出版了许多抗议运动煽动者的作品：弗朗茨·法农（Franz Fanon）、马尔科姆·X（Malcolm X）、阿比·霍夫曼（Abbie Hoffman）、阿米里·巴拉卡（Amiri Baraka）。雷德很快就成功出版了第一部煽动性小说《政府检查的肉类及其他有趣的夏季事物》（*Gov's Inspected Meat and Other Fun Summer Things*）。

身材高大、爱冒险、任性的雷德了解反主流文化中的豪赌客和低底盘跳跳车。晚上和威廉斯一起串酒吧时，他穿着黑色皮衣、弗莱牛仔靴，戴一顶黑色的牧场主帽，甚至看起来就像个探路者。雷德的玩世不恭和躁动不安奇特地结合在一起，使他在威廉斯一些年长、相对守旧的朋友中颇具争议性，这些朋友包括维达尔、圣贾斯特和露丝·福特，但对威廉斯——一个爱惹乱子的人而言，这只会使他更叛逆。威廉斯说，雷德对于他保持当代性是"不可或缺的"*。"你带给我魔力和轻松感，我爱你。"*威廉斯后来告诉他。

雷德第一次见到威廉斯是在苏豪区的一个派对上，当时他穿着一身绿林好汉的行头，他的朋友、男同性恋异装癖坎蒂·姐玲（Candy Darling）和威廉斯的约会对象——"超级巨星"安迪·沃霍尔（Andy Warhol）把他介绍给威廉斯，在《小把戏警告》初演时，安迪将作为饰演倒霉又无家可归的维奥莱特的替补演员。"我们俩看起来都比实际年龄大得多"，雷德说，他在回忆录中记下了威廉斯调情的开场白：

"你一晚要多少钱？"
"一百美元。"我配合着他回答。

他顿了一下,一边用蓝眼睛瞥了坎蒂一眼,沉甸甸的黑框眼镜顺着鼻子往下滑。"好吧,宝贝儿,如果陪一位年长的绅士吃饭的话,你要多少钱?"

"50 块钱。"

他假装吃惊,从口袋里摸钱,掏出了几张钞票……"你看我们能安排一起吃午饭吗?"*

"我想见见你的地下朋友,"威廉斯在 1971 年 8 月写给雷德的信中说,"他们会认真对待我吗?或者只是说,'哦,那个闷老头!'然后把我晾一边?要让你的朋友信任我不是一件容易的事,因为这么多年来,我一直以成名作家的身份出现,因为他们喜欢这样看待我,根本就不想费心去了解我想要表达的思想。"*

和雷德一起,威廉斯去了很多地方,遇到了很多他平时根本不会遇到的人——都是年轻人,他们不了解他或者不想从他那里有所取。"那多么自由啊!"雷德说,"那一定和他年轻时一样,那时他还默默无闻,身无分文。人们那个时候喜欢他这个人,对他的感情是无私的。"*这两个人花了很多时间在纽约的地下场所鬼混。"一个晚上,我们会吃一顿晚饭,参加两三个聚会,去两三个酒吧,边走边拉人,最后回到他随便住的某个旅馆或者公寓。笑声一直持续到深夜,*"雷德说,"在那些有身份的人认为不适合被人看见的地方,他与那样一些人产生了一种荒唐的团结感,他们和他一样仇富……仇恨那些践踏穷人、挥霍钱财的花花公子。*"威廉斯告诉雷德:"对于你来说,参与这场运动是再熟悉不过的了……但对我来说,这像山间的空气一样,相当新鲜,令人振奋。"*

雷德说,吸引威廉斯加入反战运动的原因之一是,"年轻人,尤其是那些致力于以媒体为中心活动的年轻人,让他觉得自己还活着,让他接触了历史,这是书本和戏剧里所没有的"*。通过他们,

第九章　漫长的告别

他能够重新融入生活，与文化对话。雷德说："我把田纳西带到反战及其他左翼运动中——示威、抗议、会议——并没有使他变得激进，这只是让他在政治上回到了他的心灵早就栖居的地方。他厌恶各种权威，觉得自己像个局外人，不忠诚于非民主的统治阶级，这就是他不再投票的原因。"*

威廉斯自己也承认，他"几乎是故意与世界失去联系"*，他也许还没想去寻找那些醒目的反主流文化的名字，但他找到了他们。雷德让他认识了女权主义先锋［凯特·米利特（Kate Millett）、吉尔·约翰斯顿（Jill Johnston）、贝蒂·弗里丹（Betty Friedan）］，地下活动分子［罗伯特·马尔普索普（Robert Mapplethorpe）、克里斯托弗·马考斯（Christopher Makos）、派克·泰勒（Parker Tyler）、查尔斯·路德兰姆（Charles Ludlam）、格雷戈里·柯索（Gregory Corso）、卡尔·卡尔弗（Cal Culver）］，以及上城的大佬们［彼得·格伦维尔（Peter Glenville）、帕特·肯尼迪·劳福德（Pat Kennedy Lawford）、乔治·普林顿、鲁斯·卡特尔·斯塔普莱顿、安东尼·博金］。威廉斯交往的人还包括一些反战运动的风云人物［戴夫·德林杰（Dave Dellinger）、汤姆·塞利格森（Tom Seligson）、阿比和阿妮塔·霍夫曼（Abbie and Anita Hoffman）、杰瑞·鲁宾（Jerry Rubin）、卡尔·奥格尔斯比（Carl Oglesby）、格斯·霍尔（Gus Hall）、威廉·孔斯特勒（William Kunstler）］。随着时间的推移，激进的和平主义者德林杰成了他尊敬的朋友，威廉斯后来把基韦斯特的房子借给了他。威廉斯还与民主社会学生组织的埃里克·曼（Eric Mann）和因反战活动而入狱的马克·克鲁兹（Mark Kluz）成了朋友。［威廉斯认为这些人是"纯粹的革命者"*，但就他自己的政治热情而言，他不是纯粹主义者。如果要选择是去火岛和同性恋朋友跳舞，还是去见丹尼尔·贝里根（Daniel Berrigan）——他是被列入联邦调查局十大通缉犯名

561

单的天主教牧师和激进分子,威廉斯会选择去火岛。*]

1971 年,纽约州州长纳尔逊·洛克菲勒允许国民警卫队和州警对阿提卡暴乱的囚犯进行武装镇压,最终导致 43 人死亡。威廉斯和雷德加入了愤怒的公众抗议。雷德说:"在他看来,这个制度在道德上是多么令人反感,怎么说都不为过。"*关于左派对权威的挑战,威廉斯在写给雷德的信中说:

> 想来,放弃希望是很容易的,但我们所拥有的就是希望:给我们的生活赋予意义……光明的一面是,它是牵引我们道德的力量:黑人就是这么干的("我们愿意赴死")。戴夫·德林杰那坚定不移的决心和经人性磨砺的智慧。阿比·霍夫曼身上的那种品质让我觉得自己面前是一个圣人。还有我们对彼此真正的关心。对我来说,这真的是一种宗教皈依,我第一次具有<u>社会</u>、人性意义的皈依。我们必须时刻警惕骗子、自欺欺人的人和机会主义者。有些问题我们甚至不能问,有些信息我们不该知道,比如我们有军火库吗?我们全副武装了吗?也许我们会为我们的生命而战……我还没有准备好去了解地下气象员①或者分享他们的秘密,不是因为我不能被信任,而是因为相信几乎任何一个人是有致命危险的——这一点上,那些黑人是对的。*

不可避免地,威廉斯被雷德拉进了政治行动中。1971 年 12 月 6 日,为了筹集资金和提高运动的知名度,雷德参与组织了一场在圣约翰大教堂举办的慈善活动。雷德说,为了打破对他们活动的新闻封锁,并"颠覆媒体眼中抗议者是一群眼神疯狂、吸毒成瘾并试

---

① 20 世纪 70 年代活动于美国的极左派组织。

图推翻政府的暴力嬉皮士的印象"*，组织这次活动的人民和平与正义联盟聚集了一大批名人支持者。在威廉斯不知情的情况下，雷德将威廉斯的名字写在了"记住战争"福利委员会的信头上——名单上除了其他杰出且直言的进步人士，还包括雷尼·戴维斯（Rennie Davis）、朱尔斯·费弗（Jules Feiffer）、苏珊·桑塔格、保罗·古德曼（Paul Goodman）和马丁·杜伯曼（Martin Duberman）。然而，威廉斯对成为吸引大众媒体的诱饵一事犹豫不决。"我必须先恢复剧作家的身份，然后才能为这个运动提供更大的力量，"他告诉雷德，"亲爱的，我像家鼠一样智慧，知道自己在做什么。你会听到和看到的。我的血液里有政治，你知道的，如果我按照自己的方式去做，我就可以利用它，让我们双方都获利。"*

威廉斯的方式是为《常青评论》写一首名为《撕开母亲》（"Ripping off the Mother"）的诗，为《哈泼时尚》写一篇名为《我们现在是异见者》（"We Are Dissenters Now"）的论辩文，并将两笔稿费都捐给人民联盟。在《哈泼时尚》的文章中，威廉斯痛斥"猪王国"。提起他显赫家谱中先驱的遗产，他讲述了一位女性祖先是如何被印第安人剥了头皮但幸存下来的。"她身上的那些（血液）还在我的动脉里流淌，今天早上，对你叫嚷着'前进'。"威廉斯继续说道："我们现在都是异见者……你不必用 k 来拼写'美国'这个词，就能知道它的状况……不止一方可以呐喊'冲锋！'毫无疑问，对人性的爱和信仰将最终战胜那些只相信死亡、只渴望鲜血的人。"*

不过，雷德仍然敦促威廉斯更积极地参与。他想让他在活动上发表讲话：这位剧作家首次反越战的公开声明显然具有新闻价值。但事实上，想套住威廉斯很难。11月中旬，在绝望中，雷德给他发了电报：

如果我们不采取行动去结束战争和种族主义，那它将如何结束？24 日的弗洛斯特演出和 26 日的卡维特演出必不可少。没有你，我们没法得到媒体的报道。我们就靠你了。*

"我当然赞同那些伟大的抽象概念，但谈论政治前景令人担忧，"威廉斯在给他的导演威廉·亨特的信中说，"作为一只人体蜈蚣，我尽可能一次就把 100 只脚塞进嘴里。"*

最后，他向雷德投降，来到北方为人民联盟尽自己的一份力。在活动当天，威廉斯穿着一种类似联盟制服的衣服，徒劳地想让自己看起来更加年轻帅气。在比尔·巴恩斯和拍摄他的加拿大广播公司摄制组的陪同下，他穿着激进时髦的服装参加了这次演出。威廉斯与雷德和英国导演彼得·格伦维尔坐在第四排，查尔斯·明格斯（Charles Mingus）、钱伯斯兄弟（Chambers Brother）、菲尔·奥克斯（Phil Ochs）以及埃德加·温特与白色垃圾组合（Edgar Winter and White Trash）为将近 5000 名观众表演，这些观众花了 50 美元买一张门票，以示他们的团结。随后是一系列演讲者：纽约圣公会主教小保罗·摩尔（Paul Moore Jr.）、格洛丽亚·斯泰纳姆（Gloria Steinem）、奥西·戴维斯（Ossie Davis）、大卫·德林杰和威廉斯。"我太老了，不能再游行了。"威廉斯在结束时说。"不，不！"观众喊着。威廉斯举起手示意大家安静："但是我会用文字游行抗议！"*

威廉斯在热烈的掌声中坐了下来。接着是诺曼·梅勒（Norman Mailer）45 分钟的抗议剧《我们为什么在越南？》（*Why Are We in Vietnam?*）——这部作品对大教堂神圣祭坛的亵渎令威廉斯大为恼火，他愤然走了出去，以示抗议。"突然之间，这出戏对教堂的亵渎和肤浅的表现癖揭露了了'和平运动'的真相，"他后来写道，"充斥剧中的是毒品、堕落、恶毒，最后是可怕的亵渎。"*

在他的记忆中，这次义演"可能是我一生中最令人震惊和失望的经历，其中包含了太多的震惊和失望"*。这次活动最终使组织损失了近一万美元，这场惨败影响了他与雷德的关系，也给威廉斯的政治活动画上了句号。"在遇到你之前，我一生都避免与政治有任何瓜葛，"他在给雷德的信中写道，"从现在开始，我要彻底避开它们。"*

尽管如此，抗议运动的语言风格却保留了下来——并且用在了他1972年6月21日写下的遗嘱中，雷德见证了此事。遗嘱中，威廉斯要求在哈瓦那北部的加勒比海海葬，就在哈特·克莱恩结束自己生命的地点附近。遗嘱中写道，他的葬礼"由我的革命同志主持……那些渴望从一个帝国主义和军国主义政权那里获得自由的人"*。威廉斯头脑简单的探索，带给他一些持续且具有限定意义的情感认知。在他自己身上和周遭危机四伏的政治世界中——"这种持续的恐怖氛围"*——他觉察到一种日益滋长的野蛮性。"我昨晚在想……我们所有人的同情心和怜悯心已经被严重侵蚀了，"他在7月给雷德的信中写道，"这么多恐怖的事……我们的心灵已经千疮百孔了，对彼此，我们也不再抱有曾经那样的情感。"*

心灵的麻木在改写后的《小把戏警告》中通过昆廷的一段独白得到了表现。昆廷是一个没有前途的同性恋编剧，穿着夹克，戴着丝巾，有"一种无性别的、非阴柔的品质"*。威廉斯认为《小把戏警告》是"继早期剧作之后我最好的作品"*；它也将成为他戏剧生涯最后十年的最佳作品：

> 昆廷：……在大多数同性恋者的经历中，有一种粗糙感，一种令人窒息的粗糙感。这些经历短暂、痛苦、粗暴，模式也基本一致。他们的爱就像吸毒，他们沉迷其中，却越来越缺乏

真正的兴趣和惊喜。他们爱的行为就像皮下注射针的注射,他们依赖上了它,却越来越无聊,也没有惊喜……在他们的"爱情生活"……中缺乏变化和惊喜……(他笑得刺耳)……蔓延到其他的……"情感方面"?(他又笑了笑)……是的,曾经,在很久以前,活着的感觉,感到我是我自己,活着,常常会让我震惊!活在世上,存在于肉体中,是的,由于某种完全神秘的原因,一个单独的、独立的、有强烈意识的存在,我自己:活着!……每当我这样感知……感觉着,这种……对什么……的震惊?……自身的认识?……我会感到惊异,我会被吓呆。对于一切事物的存在,我会感到天打雷劈般震惊……不仅让我震惊,还会给我一种恐慌的感觉,一种突然的……我想那就像癫痫发作一样,只不过我并没有抽搐地倒在地上;不,我更倾向于在大街上的人群中迷失自己,直到发作结束……这种发作很危险。有一次,我开车冲进了山里,把车撞到了树上,我不确定自己是不是有意这么做的,还是……在森林里,你有时会看到一棵几百岁的大树,伤痕累累,被闪电灼伤,伤口几乎被仍然顽强地生长着的树皮掩盖住了。我想知道这样一棵树是否也学到了和我一样的教训,不再感到惊讶,只是继续,继续二三百年?……我今晚遇到的这个男孩,这个来自高大的玉米之乡的孩子,仍然有能力对他在这个地球王国上的所见、所闻、所感感到惊讶。沿着峡谷一路到我家的路上,他一直在说:"真不敢相信,我来了,我来到了太平洋,世界上最大的海洋!……"好像在他之前没有人,包括麦哲伦、巴尔博亚,甚至印第安人,见过它似的;是的,就像他发现了这个海洋,地球上最大的海洋,所以现在因为他自己发现了它,它就存在了,现在,第一次,以前从来没有……他的这种兴奋让我想起我已经失去了说"我的上帝!"的能力,而只会说"哦,好吧"。*

威廉斯在给比尔·巴恩斯的信中说，他在排练时觉得这部戏"即使没有什么好处，也不会有坏处"*。

尽管如此，排练还是令人担忧。亨特被解雇了；有一段时间，在理查德·奥特曼（Richard Altman）被雇来完成这项工作之前，威廉斯自己担任导演。"我当然不想接管导演，但我觉得有义务这样做，因为所有的舞台动作似乎都是随意的，"威廉斯说，"刚有人告诉我，我接手导演的时候，女主角说：'为什么我要听这个被遗弃的老家伙的指挥呢？'"*

1972年4月2日复活节的周日，《小把戏警告》在卡车仓库剧院首演。剧院在曼哈顿下城包厘街附近，威廉斯把这个地方看作"给后代的隐喻"*，预示着他的运气——如果不是风格的话——要转变了。复活节首演让威廉斯很担心，因为它可能给了剧评家一个攻击他的机会。"他们会说复活不成功。"*他开玩笑说。如果《小把戏警告》不是真正的复活，也不受欢迎，它仍然称得上卷土重来。评价褒贬不一。"纽约的批评家似乎已经不想再看在我已年迈或者我过去的贡献的分上体谅我了，"威廉斯在首演后向圣贾斯特抱怨，"他们一直说，'这还没有达到威廉斯的最佳水平，比如《街车》和《猫》'——天哪，这怎么可能呢？如果它是一部像《呐喊》这样的大戏，它是不可能在包厘街的卡车仓库剧院首演的，对吧？"*

事实上，关于《小把戏警告》的评价相当不错，让威廉斯觉得对他作品的评论可能开始转向了。《秀》（*Show*），一个时髦短命的戏剧杂志，刊登了一篇副标题为《一位伟大戏剧家的复兴》*的长文。克莱夫·巴恩斯（Clive Barnes）登在《纽约时报》上的评论则认为《小把戏警告》"可能比他巅峰时期一些被极力吹捧的作品更能流传于世"*。泰德·卡莱姆在《时代》周刊上热情地表示这部剧是"西方世界健在的最伟大的剧作家的一个小练习"*。"当然，你的意思是'西方世界的花花公子'——不过没关系。"* 威廉斯在感谢卡莱姆"不可思议的美妙点评"时开玩笑地说。

《小把戏警告》是威廉斯近十年来最成功的剧院演出，在近六个月的连演中上演了两百场。那年 6 月，售票量有所下降，扮演医生（医生因酗酒丢了执照但仍然秘密行医）的演员要去参加了一个为期四天的电影工作，那时正值这部戏转往曼哈顿上城的新剧院演出。威廉斯介入了。"去他妈的，不，我要自己演！"* 他告诉制片人。他们接受了他的提议。"一个明星诞生了，"威廉斯在给圣贾斯特的信中写道，"我们的戏场场爆满，没人丢卷心菜。我觉得我得承认我是个蹩脚的演员，但是我爱演戏。"* 尽管威廉斯的表演让这部戏起死回生，再次赚钱，但是在舞台上，他是一个有点为所欲为的人，总想着即兴表演。"他从来不会把嘴闭上。"* 参演过威廉斯后期三部戏剧的女演员佩格·默里（Peg Murray）说。其他演员永远不知道他们的表演提示什么时候来。"只能看着他的嘴唇，"扮演快餐厨师史蒂夫的演员威廉·希基（William Hickey）说，"它们一旦不动了，你就上场。"* 不过，没有人需要他给表演提示的时候，默里回忆说，"他演得很棒"*。

那年 9 月，《小把戏警告》被迫停演，为诺埃尔·科沃德的音乐喜剧《哦，懦夫！》（*Oh, Coward*！）让路［威廉斯称这是一对傻帽模仿格蒂·劳伦斯（Gertie Lawrence）和耐莉·科沃德（Nelly Coward）的怀旧作品，为他们所做过的一切向他们致敬*］。在演出的最后几天，威廉斯自己承认，他的行为变得令人担忧。在对即将停演的愤怒中，他在开场独白中对剧院管理人员怒吼（"剧院经理就是个骗子——所有剧作家都是束手无策的笨蛋"*），并向观众扔了一个玻璃杯。在另一场表演中，他扮演的医生刚经历了一次分娩时母子双亡的情况，别人问他事情怎么样，威廉斯大声回答道："如果他们因为耐莉·科沃德而让我们停演，那他们明天在新剧院

第九章　漫长的告别

威廉斯在《小把戏警告》的外百老汇演出中扮演"医生"，1972 年

的情况会更糟！"*在一次演出中，观众席上一名大块头的醉汉朝舞台破口大骂，威廉斯直接从舞台上跳了下去。"我们都吓坏了，"默里回忆道，"穿着白色西装的矮胖男人径直走到了大块头面前。'你不能侮辱艺术家！'田纳西说。太令人震惊了。"*

演出的早些时候，管理者曾抱怨威廉斯的声音不够大，但在表演快结束时他说："我就像埃塞尔·默曼（Ethel Merman）那样通过扩音器高声唱出每一行……我想在经过了这些'光辉岁月'后，我对所谓的'理智行为'有些厌倦了。"*

十年来，戏剧评论家一直在提醒威廉斯，他已经成为过去；现在，一些同性恋解放运动的热心成员也称他是过去反动时代的遗物。"田纳西，你看，一支恋人的队伍开始出现了。他们是从受害者、酷儿、你最先爱上的女性中诞生的，"迈克·西尔弗斯坦（Mike Silverstein）在 1971 年发表在《同性恋阳光》(Gay

Sunshine）上的一封公开信中写道，"我们曾经和你一样是酷儿，和你一样是受害者。但现在我们是快乐的同性恋者，不再接受对我们的伤害，自豪地宣扬我们的人性。"* 西尔弗斯坦是威廉斯的仰慕者，他要求威廉斯写出一种新的作品；其他激进分子就没那么客气了，他们把威廉斯描述成老古董，认为他的作品对同性恋现实没有任何价值。

例如，1972 年《纽约时报》文章《同性恋剧作家为什么要隐藏他们的同性恋倾向？》中，一位笔名为"李·巴顿"的作家——他还写过一出有关黑人-白人同性婚姻的外百老汇戏剧《夜行》（"Nightride"）——站在展望未来"被解放的一代"的视角写道，"一部如实表现同性恋生活的作品抵得上一百次捶胸顿足的个人忏悔"，以此向威廉斯发出挑战。"谁会在乎田纳西·威廉斯终于书面上承认了自己的性取向呢？他必须把他的理解贡献给同性恋戏剧创作，以他惊人的天赋，他的一部作品抵得上任何私人信息。"* 一个月后，威廉斯在《村声》上回应说："我为作者感到遗憾。他因为自己是用笔名写作的，所以认为我也隐瞒了自己的生活，但他错了。我没有什么可隐瞒的。同性恋不是我戏剧的主题。它们关乎所有人与人的关系。我从来没有假装过。"*

多年后，《同性恋阳光》刊登了一篇关于威廉斯《回忆录》的评论，称他的戏剧全是"谎言"和"复杂的现实歪曲"，企图将他的戏剧一笔勾销。* 面对"令人震惊的关于我作品的曲解"* 和文章无理的措辞，威廉斯做了全面的反驳，并在无意中凸显了威廉斯视自己为"公开的同性恋世界的奠基者"* 的认知与自负的新一代对他的看法之间存在的差距：

当然，德沃辛先生，你不会真的相信是剧中角色明确的性取向给一部作品带来了生机。生活中真的有明确的性别身份这

第九章 漫长的告别

种东西吗?在我65年的生活和阅历中,我从未见过。几乎我认识的每个人都具有两到三种性的特质,男性、女性和双性,从我的感觉和思考方式来说,这绝非一个贬抑的分类。现在,我要坦白:这三者我都有。我之所以在塑造女性角色方面毫无困难,是因为在我的精神中,有一小群惊慌失措的女士和/或荡妇。为什么惊慌?因为她们被困在那里……在我的戏剧中,我总有一些东西要说,这对戏剧、对我、对观众来说,比一个角色明确的性别身份这种根本不存在的东西更重要。你读过我的剧本吗?你看过我的剧本在剧院里演出,以及那些常常歪曲了本意的电影版本吗?不知为何,我对此感到怀疑……最后,你真的能够想到一个原因来说明像我这样的人——一个具有(心理上)分裂性别的人——会对描写男女之间的性爱或精神之爱感到困难或不适吗?老实说,这对我来说就像鸭子离不开水或者鸟离不开天空一样自然。要把我想说的话通过男女之间的爱情场景表达出来和通过同性场景一样容易:我可以保证。

那么哪里来的谎言呢?

我觉得,在这种情况下,作为一个评论者,多多审视自己过于固执僵化的观点对你会更为有益。*

多年来,威廉斯不断受到来自媒体和基韦斯特当地恐同者的攻击骚扰。"镇上有很多人不喜欢田,他们觉得他是镇上的耻辱,他们觉得有义务去'惩罚'他。"*大卫·洛布德尔写道。他们经常把垃圾扔进栅栏,在他家草地上撒尿,朝房子丢鸡蛋、放枪,深夜打骚扰电话,开车经过时大声谩骂。"街上有些人看我的眼神好像在说:'我知道你是什么东西。'"*洛布德尔补充道。

威胁是真实存在的。70年代末,威廉斯和雷德唱着南方赞美诗漫步在杜佛街,遇到了五个坐在人行道边水泥花盆上的年轻人。

他们正唱着,那些人凑了上来,声称他们知道威廉斯是谁。其中一个拿着一把刀。雷德抓住威廉斯的袖子想跑;但威廉斯把他一把甩开。"我就是田纳西·威廉斯!我没有退缩的习惯!"* 他对那些小混混说。雷德嘴上挨了一拳;威廉斯被推倒在他身上。威廉斯和雷德都被踢了一脚,但威廉斯没有屈服。* 面对那些欺凌同性恋的自由分子——"我的心忠诚于他们,坚定不移,以伤痕累累的方式"*——威廉斯采取了同样勇敢坚定的态度。但他还是被震动了。

1972 年的第一天,他向比尔·巴恩斯透露,"时间这个无情的东西"开始和我算账了。"我感到我的时间不多了。"* 他说。"我感觉自己太老了,"他在《小把戏警告》首演后对一名记者说,"你知道,人们希望你在 61 岁时再次焕发青春。一个人到了 61 岁是不能有第二次青春的。你必须考虑到人的血管系统。"* 几周后,他对《周六评论》说,"61 岁时,你不会指望自己更有力气,你知道,除非你疯了……作家的力量和性、性能力是息息相关的。并不是说我失去了性能力。不,它非常持久。但性安全感和心理安全感在下降。"*

身体的衰退加剧了威廉斯的不安,地心引力似乎无情地将他拉向地球:他的眼睛、脸颊、脖子和肚子都在下垂。["时间已经把他的皮囊埋葬了",杜鲁门·卡波特在《应验的祈祷》("Answered Prayers")中——该文于 1975 年至 1976 年在《时尚先生》上连载——几乎不加掩饰地、恶意地把威廉斯描述成一个"敦实、大腹便便、酒气熏天的矮子"。] 威廉斯照镜子时,看到了一个被他描述为"肥胖""丑陋""没有吸引力""脱掉衣服就没法儿见人"的人。* "也许我应该做一下面部整容——假造一点青春,嗯,至少看着像中年,可以增加我的机会。"* 他在后期的日记中写道。(他最终做了眼部上提术。*)

为了努力恢复和汲取年轻时的记忆,威廉斯开始写自传,跨越他当前的生活和他的过去——"一个逐渐老去的人在他的回忆和现状之间不停地穿梭"*，他说。他还全身心投入名为《老屋》（*Vieux Carré*）的新作中，重新想象他在新奥尔良图卢兹街 722 号寄宿房里的生活，那是他的文学冒险和性成熟的开端。这种创作能量的涌动与浪漫激情的涌动同时发生。"我最好的作品总是在我深陷恋情的时候完成的。"* 1972 年 4 月他对《周六评论》说。就在《小把戏警告》即将在纽约上演的某个时间，威廉斯遇到了一个英俊、扎着马尾的 25 岁老兵，他曾在东南亚服役三年，正在写一部关于越南以及"东方魅力"*的小说，威廉斯说。他叫罗伯特·卡罗尔（Robert Carrol）。"在这段形同监禁的日子里，他每晚的陪伴都给我带来极大安慰……每个白天更是如此。"* 威廉斯给一位华盛顿的朋友写道。

"小罗伯特"，威廉斯这样称呼他，是西弗吉尼亚州一个煤矿工人的儿子，他是九个孩子中最小的一个，已经与家人失去了联系。至少这是威廉斯讲述的故事，而且他似乎相信这个故事。"罗伯特对自己遇见田纳西之前的生活非常、非常、非常沉默。"* 雷德说。威廉斯一下被他迷住了。"他车开得好，饭做得好，还会纵容我偶尔的性愿望。"* 威廉斯说。但卡罗尔一点也没有女人气；他街头气十足，独立，冲动，是典型的南方人。隔着他的金属架眼镜，他带着怀疑论者放肆、熟练的漠然态度望着外面的世界。他拒绝一切确定性；他不是马屁精。卡罗尔既不顺从，也难以驯服，既不可预知，又无法触及，他似乎对威廉斯的名气、他的戏剧背景，甚至有时对威廉斯本人都无动于衷。他喜怒无常、特立独行——"他的情绪时而像密史脱拉风一样强烈寒冷，时而像斯洛哥风一样干燥闷热，变换不停"*，威廉斯说——卡罗尔不想被一段关系改变；他想一个人待着。事实上，在纽约的一个聚会上，雷德第一次见到卡罗尔的时候，他注意到"田纳西会爱抚他，而罗伯特会躲开。罗伯特

威廉斯与罗伯特·卡罗尔在一起

和田纳西保持着一定的距离"*。"他有点像一只蜷着的猫,"雷德回忆道,"你永远不知道他什么时候会跳起来。他会突然间朝田纳西发作,就像他会迅速攻击威胁田纳西的人一样,这点像弗兰克(梅洛)的样子。他有点像是保镖。"*

"我的年轻作家朋友,那个淘气的坏孩子,一直很神秘,难以相处"*,威廉斯告诉圣贾斯特,后者认为他们的"关系是灾难性的、破坏性的"*。但从卡罗尔易怒、矛盾的性格中——反叛又压抑,雄心勃勃又贫困潦倒——威廉斯看到了自己的影子,"他的性格和我一样,难相处、令人痛苦"*。多年后,他会把卡罗尔称为"旅行者、陌生人、儿子——我的朋友"*;即使在他们关系的早期,他和卡罗尔的关系也几乎如父子般。1972 年 10 月,他讲述了一个"美丽的梦",在梦中"我有了一个新弟弟,几个月大,却已经在大街上乱跑了,很难跟上他。我非常爱他,我对和我一起寻找他的玛丽亚说:'他是我们中唯一拥有我外婆眼睛的人,他只有几个月大,但已经比戴金更聪明了。'"*

与威廉斯身边那些智力不如他的各色朋友不同,卡罗尔有头脑,有骨气,还有既能和威廉斯对抗又能让他高兴的语言天赋。威廉斯将他意象主义的意识流作品和卡森·麦卡勒斯的作品*相提并论。1946年,威廉斯和麦卡勒斯曾分别坐在楠塔基特餐桌的两端写作。那是威廉斯第一次能和其他人在同一间屋子里创作。在纽约,卡罗尔在咖啡桌前用租来的打字机工作,威廉斯则坐在自己的书桌前。在基韦斯特,他们轮流写作,共用威廉斯的工作室。(威廉斯还让卡罗尔住进了他基韦斯特家中的主卧室,挪走了圣母玛利亚的雕像、守夜的蜡烛、印度教神像、罗丝的照片,还有他皈依天主教后祈祷时用的放在神龛上的红色绸布,就为了给一个似乎是他祈祷来的人腾出地方。)

威廉斯和梅洛刚在一起时,威廉斯曾伤心地说,"我给他起的名字是小马。/我希望他给我起个名字"*;在和卡罗尔交往的初期,卡罗尔给威廉斯起了一个绰号,一个带有典型嘲弄意味的绰号——"猎犬"(因为他"一直在嚎"*)。威廉斯会哀号,常是由于不负责任的卡罗尔的缺席,因为卡罗尔有一个习惯,每次离开他们的住处都要在外游荡好几天。对威廉斯来说,缺席总会激发欲望,卡罗尔反复无常的性格——亲密而又难以捉摸,甜蜜而又粗暴,迷人而又难以接近——使他成为一个可望而不可即的人。在一首未发表的诗《罗伯特》("Robert")中,威廉斯写道:

罗伯特在哪儿?
消失了。

心甘情愿吗？
谁能说……

越来越少
叫人知道

鲜活的花
还是石做的花。*

1972 年 10 月，在一早等待卡罗尔约会回家的时候，威廉斯写信给一个他们都认识的朋友："他给自己穿上一条特别合身的黑白条纹双面针织的便裤，黑色 T 恤托着他那迷人的晒成棕褐色的皮肤，裤子也特别配他那几乎无与伦比的小屁股。把我送到邓肯街的小房子后，他就坐着我们租来的汽车大摇大摆地走了，早上 6 点 15 分才能回来——我有一种可怕的感觉，大教堂里所有的守夜灯今晚都熄灭了。"*

卡罗尔的来来去去曾让威廉斯既兴奋又痛苦，有时同伴的消失也是他共谋的结果。"他在镇上有个年轻的（20 岁）爱慕者。"*威廉斯对哈里·拉斯基（Harry Rasky）说。那年 10 月，哈里·拉斯基正在拍一部关于威廉斯的纪录片。*"他第一次彻夜不归，和那个年轻人待在一起的时候，我没有抱怨。昨晚在我的邀请下，那年轻人来了，他们在泳池的一头卿卿我我时，我就在另一头，我根本没看他们，然后就去睡觉了，而他们还在继续。"威廉斯继续说："但心灵有它自己不为理智所明白的道理。我在午夜后醒来，发现他们跑到了我的工作室里，我彻底炸了。真的。我气疯了，我冲罗伯特喊道，'如果你不把那个婊子弄上他的两个轮子'——他是骑自行车来的——那就让我来，而且会让你很不爽！'"*

第九章　漫长的告别

　　威廉斯和卡罗尔之间的激战是一场持续了数年的戏剧，为威廉斯日渐衰退的事业带来了波澜。1972年6月，威廉斯在一种反复无常、不顾一切的精神状态下，背叛了圣贾斯特和鲍登，他们在威廉斯的鼓动下，近一年以来一直在伦敦辛苦工作，与保罗·斯科菲尔德一起制作《呐喊》。然而，在巴恩斯的鼓励下，威廉斯竟轻易接受了该剧在百老汇演出，由迈克尔·约克（Michael York）主演、英国导演彼得·格伦维尔执导。有一段时间，圣贾斯特不再和他说话，还假装把剧本版权归还给威廉斯。她说："所有的权利，道德上的，或作品上的，都没有意义。"*《呐喊》在百老汇的演出是一场灾难，威廉斯后来称之为"格伦威尔的流产"*：毁灭性的评论迫使演出在1973年3月10日，也就是该剧开演九天后结束了。"经历了《呐喊》那样的失败，你不可能再恢复过来了，"威廉斯说，又补充道，"我感觉我的写作生涯完蛋了。我还在写作，但对我已经毫无意义了。"*

　　威廉斯和卡罗尔的关系同样令人困惑。威廉斯告诉圣贾斯特，卡罗尔的情绪仍然变化无常，有时"对我无限甜蜜"，有时"极度粗暴的行为让我根本无法和他一起去公共场合"。*卡罗尔不恰当的着装、粗鲁的沉默，以及他习惯自我介绍为"雇佣伴侣"*的做法，让威廉斯和他的朋友感到不安。尽管他假装对威廉斯的名声漠不关心，但卡罗尔想要剥夺威廉斯权力的冲动，哪怕是在社交场所，昭示了他的嫉妒。比如，在意大利波西塔诺，在弗朗哥·泽菲雷利（Franco Zeffirelli）举办的一次午餐派对上，卡罗尔对宾客视而不见，据威廉斯说："他只是躺在那里一根接一根地抽烟。弗朗哥小声对我说，Maria a ragione——玛丽亚说得对。"*（据威廉斯说，圣贾斯特给卡罗尔起了个"蠢蛋"的绰号，而且对他有一种"难以磨灭的鞑靼人一般的仇恨"。*）威廉斯怀疑卡罗尔的情绪是由毒品引起的。"他抽的那种'草'让他'有点焦躁',"威廉斯对圣贾斯特说,"一小段时间的分离看来是必要的,因为《呐喊》制作期间我不能受干扰。"*卡罗尔是威廉斯精神的影子——在他最好的时候,是他的生命线;在他最糟糕的时候,卡罗尔则是威廉斯对自己的愤怒的化身。就像《呐喊》中的费利斯和克莱尔一样,两个人密不可分又令人疑惑地拥抱和扭打在一起。

作为旅途伴侣的卡罗尔越来越难以相处,这加重了威廉斯的抑郁情绪。在曼谷,卡罗尔不仅坚持要一个自己的房间,而且他甚至要住不同的酒店。"我说:'你觉得我无法忍受。'他说:'我觉得你令人厌恶。'——然后我说,用上了我的布兰奇套路:'没有一年后的你那么令人厌恶。'"*1973 年 5 月底,他们抵达波西塔诺时,小规模冲突已经升级为一场全面战争。一天晚上,吃饭的时候,卡罗尔"一直在说他想自杀",威廉斯写信告诉圣贾斯特,"最后我实在忍不住了,说:'噢,你千万不能那样做,那样会让太多人高兴的!'"

几天后,威廉斯向比尔·巴恩斯发出了警告。"我和卡罗尔的同居生活正在走向命中注定的终点,"他说,"今年夏天他是个难以承受的精神负担,我必须把时间用在诸如工作、游泳和温和的社会交往上才能恢复正常。哦,我真想念温柔的声音和人——我已经受够了相反的一切。"他又说:"这个讨厌的家伙总是因为钱的事烦我,假装没收到每周的工资支票,无缘无故地侮辱别人,还不让我见任何让人快乐的朋友。我知道我现在精神紧张,但我已经忍受得太久了。床笫的亲密恐怕只是一种惯用的骗人伎俩。没有它我也可以。"*在波西塔诺的最后一段时间,威廉斯已经一个人生活了。"看来,'神秘莫测'这个词并不能形容他的一切,"他在给奥利弗·埃文斯的信中写道,"就在他离开之前,他威胁说要杀了我。"*

不过,分手只是暂时的。那年 10 月回到基韦斯特后,威廉斯写信给圣贾斯特,讲述了卡罗尔最近的情况:"这个西弗吉尼亚的孩子昨天突然决定毁掉他的所有物品,其中包括一台在越南花了他260 美元、在美国值 800 美元的相机,还有几乎所有的衣服。我把他的手稿锁在了我的工作室里,以防它们也被毁于一旦。"他还说:"你当然不会相信,但他修改后的书《老孩子》(*Old Children*)是一部精彩的作品,他却想毁掉它。"* 两年后,当威廉斯和卡罗尔抵达英格兰,打算与圣贾斯特共度圣诞节,圣贾斯特坚持要将卡罗尔打发到摩洛哥去度假。起初卡罗尔表示同意,但后来"突然决定,除非我离开,否则他不会走",威廉斯说,"我能想到的最好办法就是让他搬到另一家宾馆——半月街上一家相当不错的宾馆……后来有一天晚上,他发了狂。他找了一些巴比妥酸盐,吞下了足够让他昏迷的剂量,到了傍晚,他被救护车送进了一家公立医院,在那里打碎了一扇窗户和一扇门,打了一个'护士',最后被穿上紧身衣安置在软壁病房。"他又说:"一连好几个小时,我几乎得不到他的任何消息。最后我支付了一大笔赔偿金,才终于让人把他放了出来,现在他回到了弗莱明——他们给他打的针还让他一直睡着。"*

在威廉斯对卡罗尔那些既可怕又惊心动魄的情境的描写中,有一种纯真。威廉斯一直都在为被自己的声名牺牲掉的真实自己而悲伤。卡罗尔耸人听闻的鲁莽有一丝真实的味道,这使威廉斯失去的一切成为一场奇观。"每当田和罗伯特在一起,无论罗伯特醉了还是清醒,他都必须时刻保持警觉、活力满满,"雷德说,"这不能使田纳西激动,但赋予了他生命力,把他一巴掌打醒了。"* 经过多年的争吵、分离、重聚和驱逐,这种关系的强度取代了亲密。"你瞧,你让这只老猎狗承受了这么多,"他在 70 年代末写给卡罗尔的信中说,"但这只猎狗忠心耿耿,只要你允许,定会跟你到天涯海角。我们是无家可归的生物,由女人所生,我们充满悲伤,不愿常驻久留。但我一直希望我们能在一起,成为一辆永不安定的双人大篷车。"*

1978年，在飞往圣胡安的航班上，大篷车出了问题。"罗伯特似乎正在经历一场可怕的精神危机，可能是药物引起的，也可能是系统性的。"威廉斯写道。

因为害怕毒品探员，他从不带毒品上飞机，但他用酒精使自己发狂。在飞往圣胡安的航班上，他喝了六杯双份朗姆酒，然后就开始发疯。大喊："这架飞机上全是犹太人！"——这恰巧是句大实话，并差点引起一场骚乱。然后，一个英俊的年轻乘务员拒绝再给他添酒，他便大声指责他是同性恋。最后，他开始砸驾驶舱的门，这可能会让人把他当成劫机嫌疑犯击毙。现在我看清楚了，他不能再离开基韦斯特了，除非是去退伍军人医院待一段时间，以把他从天使之尘的捆绑中解救出来。*

那年11月回到新奥尔良后，威廉斯年轻时的火爆男伴潘乔·罗德里格斯，见证了威廉斯年老时男伴的火爆。"我心爱的天才在城里待了几天，"罗德里格斯说，"看起来他和罗伯特十天前到了新奥尔良，他们登记入住公寓时，罗伯特开始攻击他，拒绝把田纳西的行李拿上楼。还没等你反应过来，罗伯特已经压在他身上，田纳西大声呼救，租客们出来救了他。警察来了，把罗伯特关押了起来，但他把自己保释出来了。田第二天早上飞去了加利福尼亚，星期天回来时身边跟着一个非常聪明、叫大卫·彼得森（David Peterson）的年轻人，他将永远和他在一起。田纳西声称罗伯特已经有一段时间不正常了，不得不把他送进精神病院。我总是见他沉默寡言，逃避拖延。当然，每个故事都有两面。一个巴掌拍不响。"罗德里格斯继续说："今晚我又看到了那个了不起的人……从这一切中将会诞生另一部狂暴、猛烈的杰作。"*

在70年代末卡罗尔被永远赶走之前——"等你能证明你拥有

我认为你身上潜存的力量，我希望再次见到你——但是在那之前……我绝不能再透支我已经耗尽的心力了"*，威廉斯在信中对他说——他一直住在一家离泳池旁的工作室不远的小旅馆里。但多年的争吵和焦虑耗尽了威廉斯的想象力。"在对彼此的控制方面，罗伯特比田纳西更有自信，"雷德说，"一切都关于控制……无论有意与否，田与罗伯特之间无休止的控制权之争使得田无法集中精力持续写作。"*为什么威廉斯要忍受这么长时间的情感风暴？在他周围的朋友看来，包括雷德，答案与他对梅洛心怀愧疚有关。"对弗兰克的驱逐，加之他以沉默促成了罗丝小姐的脑叶切除术，是他一生中最后悔的事。他无法原谅自己。他不想在罗伯特身上再犯同样不可挽回的错误。"*雷德说。

分手后很长一段时间，威廉斯都记挂着卡罗尔。他把他的绘画老师亨利·福克纳（Henry Faulkner）留给他的西弗吉尼亚一个农场的地契转让给了卡罗尔；1980年，他自作主张修改了卡罗尔最新小说中的标点和句法（"出版社里没有几个人……会透过错误的句法和标点去关注重要的东西—— 一个极具独创性的、令人印象深刻的天才"*）；在遗嘱中，他每年留给卡罗尔7500美元，除了罗丝，卡罗尔是唯一一个他馈赠金钱的人。在他生命的最后时刻，威廉斯像父辈一样给卡罗尔建议。"保重，对抑郁要不屑而坚强。"*他说。

1973年，威廉斯与卡罗尔第一次在意大利分手后，比尔·巴恩斯为这位剧作家找了一位代替者陪伴他最后一段旅程。然而，遭人冷遇才是威廉斯晚年上演的恼人的戏剧。面对别人的拒绝，他比公众更有幽默感。"的确，他仍然无法理解我的魅力，"威廉斯在谈到他新来的旅行伴侣时写道，"我们房间那些价格不菲的门一直都锁着。的确，他和拉韦洛酒店的老板在午夜去兜风。的确，他忘了在凌晨4点给我送咖啡壶，还有激活我的创造力必需的棕榈酒，所有被指控的不当行为都是真实的,但他在公开场合仍然是一个非常体面的同伴,他像一个令人愉快的空乘服务员一样礼貌……分手的时候,我问他会爱我还是恨我,他只思考了几秒钟,然后回答说:'我会记住你。'——毕竟,我还能要求什么呢?"*

煽情,也就是说,让他人感知他的内心世界,是歇斯底里表演的一部分,威廉斯已经把它变成了他自己的艺术形式。但现在他失去了市场,越来越难以找到观众。"我坚信我在美国的事业被暗杀了,"威廉斯在1973年春天给他经纪人的信中说,并补充道,"也许我应该想到我自己被美国不可挽回地抛弃了,考虑移民到另一个讲英语的戏剧界,比如澳大利亚——然后是英国。我是认真的。"*然而,巴恩斯鼓励他的新客户把他自己和他的故事搬上台。为了博人眼球,抬高身价,巴恩斯建议威廉斯拿他自己来炒作,他参加了众多全国电视脱口秀节目,接受了《花花公子》的一次采访,出了一本回忆录,还有一部自传体小说[最终命名为《莫伊兹和理性世界》(*Moise and the World of Reason*)],其中涉及威廉斯和他的许多名人朋友。这部小说"就像自传性的偷窥秀"*,《莫伊兹》的编辑迈克尔·科尔达(Michael Korda)写道。但事实上,自传才是真正的脱衣舞表演。在电视上与大卫·弗洛斯特讨论自己的性取向时,威廉斯还有所保留。而《回忆录》则引人注目地展示了他的同性恋身份,回应了同性恋群体——如果不算异性恋群体——对他的批评。"如果他还没有打开心扉的话,那么他也已经解开他的裤子了。"*一位诙谐的评论家如此说。

威廉斯很清楚他将要上演的大戏。"我平均每天写16页——尽管书出版的时候我也许不得不永远地离开美国——我觉得它值一百万!"*关于回忆录,他对圣贾斯特如此写道。他给双日出版社的编辑凯特·梅迪纳(Kate Medina)写道:"我这一生不打算写一部小心翼翼的作品。我认为所有的好文学都是不谨慎的。"*威廉斯自由散漫的风格和他在性问题上的直言不讳让梅迪纳无所适从,这位编辑提出了大量修改建议,换来的是一封态度友善但坚决的"致亲爱的凯特"的信。"我觉得如果你不参与这本书的实际写作或塑造过程,就不会对这个项目感兴趣,"威廉斯写道,"这本书只有做到完全、毫无保留地忠诚,内容是关于我本人的,由我本人来写,它才能成功……这本书完成后将会是'轰动性的',不是坏的轰动,而是好的。"*

汤姆·康登(Tom Congdon)——另一个双日出版社的编辑——接手了对于威廉斯及其手稿的全面审查。"我很欣赏你的耐心和理解,"威廉斯在信中说,"我知道,现在,尽管我仍然很喜欢凯特·梅迪纳,但由你来负责对我回忆录的审查和建议才是最好的选择。"* 尽管威廉斯告诉出版社,他的自传是他第一部为钱而写的作品,但是到了1975年《回忆录》出版的时候,他已经开始对五万美元的预付款感到不满了。"我觉得我自己只卖了一颗扣子的钱,"他说,"我是在拿我的一生来冒险。我的整个生命。"* 人们对这部自传的评价褒贬不一,但它还是在《纽约时报》的畅销榜上待了九个星期。如果没有别的,威廉斯至少证明了一点:他不能——也不会——被忽视。

然而,关于威廉斯生活的大揭秘,来自两年后《田纳西·威廉斯致唐纳德·温德姆书信集:1940—1965》一书的出版。这些不同寻常的书信写于威廉斯成名前,它们展示了他与他的人生以及天赋之间浪漫、有力的联系。* 威廉斯认为这些信"十分有趣且写得很好"*;其实远不止如此。这本书充满奇迹、幽默、挣扎以及生动的描写,它证明威廉斯是他那个时代最好的书信作者之一,也是美国剧作家中最为雄辩的一个。威廉斯曾两次允许温德姆和他的伴侣桑迪·坎贝尔小范围私人出版这些书信,完全没有意识到他其实是将全部权利都转让了。* 这本书以商业形式出版时,威廉斯大吃一惊——温德姆得到了 25000 美元的预付金——他也因此与老朋友结下了公开的宿怨。

威廉斯有理由感到不平。温德姆曾经许诺在出版前给他看信件的校样；但温德姆并没把校样交给他，并且还有一个好理由。大量（且恶意中伤）的脚注中都是温德姆尖酸刻薄的批评，威廉斯自然感觉受到了"侮辱与伤害"*。"是什么构成了温德姆这个人？"他在日记中写道，"是与生俱来的残忍，我猜，还有因为他的好文章没有带来可观的经济回报而激起的可恶的愤怒。他真的相信《皇家大道》的草稿比终稿还好吗？他真的相信在草稿和终稿之间，我抛弃了，或是丧失了，我作为一名作家的力量和纯粹吗？"威廉斯继续写道："他给我的信件做的那些恶意的脚注和附录损害的是他，而不是我。"*在周日《纽约时报》一篇狭隘的评论中，罗伯特·布鲁斯坦——当时的耶鲁戏剧学院院长，一位专爱发表高调言论、揶揄讽刺威廉斯的批评家——带着恐同的心态对这些信件进行了一顿猛烈的抨击。"那些曾经不敢声张的爱，现在已经因为尖叫而变得声音嘶哑了。"*他如此写道。虽然布鲁斯坦明目张胆的误读令人瞠目结舌，并在《时报》书信版引发了激烈的争吵，但这部书信集还是在短期内影响了人们对威廉斯 70 年代主要作品的看法，掩盖了它们的光芒。

———

威廉斯早期信件中的活泼与他回忆录中的唠叨形成了鲜明对比。这体现了他内心的巨大变化：在人生早期，威廉斯活着是为了写作；而现在，他写作是为了活着。"我无法活着而一字不写，我必须有新作品，让我哪怕多活一会儿也显得有价值——同时，我离写出一篇大作似乎还有些距离。告诉我吧，告诉我吧，告诉我吧!"* 他在写给制片人希拉德·埃尔金斯（Hillard Elkins）的信里这样说道。那封信写于 1974 年，谈及的是一部题为《红魔电池标志》（*The Red Devil Battery Sign*）的政治寓言，该剧始创于剧烈动荡的 1972 年，其初稿于 1973 年被大卫·梅里克选中，他曾是威廉斯之前三部百老汇失败之作的制片人。

这部戏剧以肯尼迪遇刺后的达拉斯为背景,* 有着黑暗、满是阴谋的政治色彩，让威廉斯得以探索自己的存在感：就如他的角色一样，他是一具行尸走肉。["我到底是亡于自己之手，还是被一个阴谋集团慢慢地、残忍地毁灭？"威廉斯在他最近所写的《我的黑皮书》（"Mes Cahiers Noirs"）中如此写道，"也许我根本就不应该存在。"*] 他的女主角只被他赐名为"市区女人"——一位富有、任性的妻子。她的丈夫是一场政治欺诈中的关键人物，穷凶极恶，将她置于监控之下——回想起她曾经举办过的那些腐败而又和善的奢华派对，就像"一场尖叫着的死亡狞笑"*。"他们信任我，让我拿他们的公文箱，里面装着贿赂以及加密的机密，为什么不呢？我难道不也是个完美的人吗?!"她告诉金，一个她在酒吧偶遇的人。他们之间的性关系使她起死回生。"人啊!"她喊道，把头往后一仰。* 金——正饱受脑瘤治疗的痛苦——曾是墨西哥流浪乐队"金的伙伴们"的魅力明星，该乐队以他跳弗拉门戈舞的女儿尼娜为主角。他想重返歌坛，恢复往日的荣耀。"今晚？我和那些人一起站在台上，我——歌唱了！"他这样对妻子说。妻子现在必须支持他。"现在的掌声就像以前一样。很快我就会派人去叫尼娜，我们将再次上路。她的声音和我的声音，都记住吧。"*

在这个堕落与救赎的白日梦里——那是一个幻觉，在这里"人们长期生活在恐惧之中，在城市的峡谷中嚎叫，就像郊狼对着月亮嚎叫一样，悲伤和疾病得不到人们的同情"*，赫伯特·克莱茨莫（Herbert Kretzmer）在伦敦《每日快报》上写道，那是 1977 年，

大卫·梅里克,"可怕的娱乐人"

该剧正在伦敦上演——生不如死的人在短暂的震惊中获得新生。当金死于癫痫，他设法告诉"市区女人"："做梦是必要的"。*国王失去了地上的国度；天性狂野、精神真实的"市区女人"获得了革命性的不朽王国。在剧尾，戏剧从印象主义现实转变为诗意预言。"市区女人"仍然是某种程度上的幽灵，但她那正义的愤怒形象萦绕着观众，携手幽灵般抗议的年轻人——"外表上是歹徒……他们脸上的污迹、血迹斑斑的绷带、简陋的衣服"。*舞台提示告诉我们："它们似乎从一个梦境中炸裂出来——舞台中的他们……双目圆睁，注视着我们这些让他们失望或背叛他们的人……'市区女人'到达离金的尸体最远的地方。她把头往后一仰，发出仿若母狼般茫然若失却又目中无人的嚎叫。"*

梅里克和威廉斯费尽心力想找一位导演，来完成这部富有挑战性的晦涩情节剧，威廉斯在早期草稿上的副标题为《一部为表象戏剧（the Presentational Theatre）而写的作品》。威廉斯想找米尔顿·卡特塞拉斯（Milton Katselas）或者是伊利亚·卡赞；梅里克则力推迈克尔·班尼特（Michael Bennett），他曾是一名舞蹈演员，后来成为导演。他在当时因执导尼尔·西蒙（Neil Simon）的《承诺，承诺》（*Promises, Promises*）而声名大噪。"他才32岁，在这个年龄，他怎么能挖掘出这部剧不可切割之生死的深度呢？我仍然喜欢加吉·卡赞。"*威廉斯在给梅里克的信中写道。他对巴恩斯说："过去，我通常是先有了一个导演，然后才找一个制片人……导演总是比作者更客观，尤其是像我这样一个充满焦虑和不确定性，甚至怀疑明天太阳还会不会升起的作家。大卫都没想到过这些……无可争议的事实。"*

在整个剧本的酝酿过程中，梅里克对待威廉斯就像对待死人一样。批评者称威廉斯是他先前那个自己的孤魂，甚至，夸张地宣布他"死了"，*这在70年代后期是意料之中的事。但对威廉斯来说，被合作者视为隐形人是完全不同层面的侮辱。梅里克经常拒绝与威廉斯直接沟通,也不回复他的来信。"如果这部剧没有赢得你的信心,而我没有获得你的友谊,也许我应该关注即将来临的圣诞节,回到新奥尔良,继续完成这部剧,"1973 年 11 月威廉斯写道,又补充说,"我以为我们已经到了可以打电话的地步,但我还是什么也没收到。一场重要的戏不是这样来准备的。"*

就情感和艺术而言,梅里克和威廉斯碰到了一个僵局。那年 12 月,由于没有排演计划,也没有指定导演,这部剧似乎已经停滞不前了。威廉斯写信给卡赞寻求帮助:"我觉得你对这部戏很感兴趣。这当然会增加我的安全感,我相信梅里克也是这样想的。如果你能做出某种承诺,不,我不是指承诺,只是公开声明'参与'——例如'田纳西要去墨西哥整理出一部激动人心的长剧,如果他不被淫荡、嗜血的土匪强奸或屠杀,那么我将恢复我的导演活动,也就是说,如果田纳西和我都相信他写好一部大作了'。——好吧,你不必说得那么动听,就在《综艺》或《纽约时报》上发上一篇小'豆腐块',也会极大地增加我的动力,增强公众的兴趣。"*

但是卡赞没有上钩,梅里克则继续拖延。"怎么了,大卫?你没带钱吗?"圣贾斯特鲁莽地问制片人,根据他的传记作者的描述,制片人"似乎被她的话噎住了"。* 1974 年 8 月 18 日,在梅里克的契约失效后,* 巴恩斯看到了机会,他加入了给威廉斯带来巨大成功的团队——由克莱尔·布鲁姆(Claire Bloom)主演、艾德·谢林(Ed Sherin)执导的《欲望号街车》在伦敦东山再起。该剧的制片人、布鲁姆的丈夫希拉德·埃尔金斯开始就《红魔》进行谈判,此举激怒了梅里克,他威胁要以违反合同为由提起诉讼,直到威廉斯同意延长他的契约。"我们谁也不想和这样有钱有势的人打官司。"*他说。最后,有一段时间,梅里克和埃尔金斯携手合作。那时,威廉斯选择的导演是谢林,谢林认为《红魔》是"十年来最重要的作品之一，对我们社会中猖獗的破坏性力量发出了明确的警告"，但如果梅里克是唯一的制片人，他又不愿意做出承诺。"我觉得大卫·梅里克没有耐心、理解力或同情心来制作这部特别的作品"，谢林说，他敦促埃尔金斯独自完成这部戏剧。* 埃尔金斯坚称，他可以与梅里克共事，而谢林的感觉属于"多疑"。*

《红魔》定于 1975 年 6 月中旬在波士顿开始试演，然后前往华盛顿，8 月在百老汇公演，演员阵容众星云集，包括安东尼·奎因（Anthony Quinn）、凯蒂·乔拉杜（Katy Jurado）和克莱尔·布鲁姆。出发去纽约排演之时，威廉斯写信给圣贾斯特说："我觉得这是个戏剧之夏，主要指台下。"* 事实也证明了这一点。同时担任公司经理的梅里克要求由一位新布景设计师重新设计布景；工会不允许雇墨西哥流浪乐队艺人，而纽约的马戏艺人也不懂音乐；凯蒂·乔拉杜发现威廉斯的词句很难发音，很难理解；布鲁姆的表演风格和奎因不太合拍，找准她的角色有点麻烦。有天下午排练时，奎因把谢林叫到一边，建议"要么另找个女演员，要么他就得走"，谢林又补充道："我们前往波士顿的四天前，这出戏还未完成，演出质量时好时坏，流浪乐队还没有踪影，但我们下周六就要公开演出了。"* 在一次这样不愉快的排练中，梅里克罕见地露面了。"在我还活着能呼吸时，百老汇先生来了。"威廉斯慢吞吞地说。梅里克看了他一眼。"我想你说过，在我们彩排之前你就会死。"他说。威廉斯回答说："千万不要听一个惊慌失措之人的话。"*

《红魔》没有闯入百老汇，甚至也没有在华盛顿上演。1976 年 6 月 14 日，该剧在波士顿的首次试演长达四个小时，甚至连导演都认为它"业余，沉闷，有失水准，完整性差"*。6 月 18 日首演时，人们对它的评价褒贬不一，从"一团糟"*（《波士顿环球报》）到"值得庆祝……令人难忘的戏剧"*（《基督教科学箴言报》）。

尽管如此，观众还是很热情，几乎座无虚席。据谢林说，就在

克莱尔·布鲁姆、安东尼·奎因和艾德·谢林在排练《红魔电池标志》

该剧"开始引起大众关注"时，梅里克宣布全部 36 万美元投资已经花完，剩下的钱可能不足以支付停演的费用。（据谢林说，他的联合制片人后来声称"只花了 26 万美元或更少"。）*

梅里克提出了一个计划，明显是为了节省制作费用，他要求创作团队大幅削减版税和演员工资。当梅里克的数字受到质疑，他拒绝出示他的账簿，并针锋相对地回应说，如果不立即采纳他的计划，他就会撤掉他个人所有的设备（所有的灯和用于更换道具的绞车）。在那个周末的深夜会议上，管理层和演员之间似乎达成了和解；但在周一晚上 7 点，也就是第二周开始的时候，梅里克一声令下，一张停演通知贴了出来。谢林写道："我难以置信地站在那里，然后跑到所有更衣室向队员保证，肯定是搞错了。"* 克莱尔·布鲁姆平时只是偶尔喝葡萄酒，她从梳妆台上刚打开的酒瓶里喝了一小杯伏特加。安东尼·奎因怒不可遏，愤愤地说这是一场骗局。这一消息对奎因来说一定更加苦涩，在当晚的演出幕落时，他饰演的金赢得了全场起立鼓掌。

那个周二，谢林打电话给威廉斯，告诉了他这个坏消息。"他告诉我梅里克的声明，真令人震惊。他在人前说，他一向恨我，恨这出戏，他演这出戏只是为了毁掉它。谢林先生不是会编造这样一个故事的人，"威廉斯在写给自己的备忘录中写道，"如果梅里克真的认为他毁了这出戏，我想他完全没有意识到我对工作的投入，以及我抵抗破坏的坚韧决心。我有很多敌人；但我觉得，这些敌人的数量远远不及那些理解和欣赏这部作品的人。它是我的心，是真实的自己。"威廉斯补充说："比尔·巴恩斯昨晚邀我过去，告诉了我那张告示的事。我们坐在他的露台上，黄昏降临了……奇怪的是，这一刻没有什么情感的波动。"* 其他演职人员并没有如此放松。奎因对一位记者说："田纳西·威廉斯是有史以来最伟大的天才之一，却被当作流水线上的屠夫一样对待。"* 谢林认为梅里克的残忍做法揭示了一种腐败文化的不祥暗流。"田纳西·威廉斯在《红魔电池标志》中写的就是这种社会力量，"他说，"如果这些力量已经如此强大，都能让我们最伟大的艺术家发出的警告消声的话，那么一切可能已为时太晚了。"*

1975年6月28日，《红魔》结束了在波士顿的演出，这是自35年前《天使之战》以来，在城外停演的第一部威廉斯戏剧。"这戏不会因好停演，"梅里克对《纽约时报》的一名记者说，"它因不好而停演。"* 1975年，这部剧在维也纳的英国剧院以更紧张、更愤怒、更政治化的版本上演时——演员在剧尾高唱"燃烧，燃烧，燃烧"*——它被誉为"威廉斯作品中最激动人心的关于爱与恨的悲剧之一"*（《法兰克福汇报》）和"一把燃烧的火炬，照亮了生活的内核"*（《新闻报》）。但在威廉斯咆哮的愿景所瞄准的社会中，《红魔》却无人听闻，无人关注。

在《红魔》停演的这些年——威廉斯称之为"耻辱政变"*——剧作家感觉自己好像在众人眼前销声匿迹了。尽管他自嘲,并在公众面前勇敢地展示自己的忍耐力——"我就像某个老歌剧明星,不停地出场告别"*,他说——但他就像一张照片一样在褪色。"除了你,《纽约时报》似乎忽略了我在不断努力并且有时也取得了些戏剧成就,"威廉斯写信告诉沃尔特·克尔,"我想你是否可以鼓励他们给我一种生存感……我相信你理解我对这些小提醒的渴望……意味着我还活着。"* 1979 年,肯尼迪中心主席罗杰·史蒂文斯(Roger Stevens)打电话给威廉斯说,他也将在第二届肯尼迪中心终身成就奖年度大会上受表彰,威廉斯回答说:"哎呀,罗杰,你一定以为我死了。"*

1977 年 5 月,威廉斯在《纽约时报》上写道:"人们普遍认为我是一个作家的鬼魂,一个仍然看得见的鬼魂。"* 这份旨在纠正和反驳对他的批评的声明,成为一种无所顾忌的计策,其效果远远超过了他通常与公众玩的大肆宣传自己的游戏。尽管他的濒死经历经常出现在他的公开演说中——他在 1979 年对迪克·卡维特承认,他"死亡在即"*——但威廉斯之前从未宣布过自己死亡。对他来说,书面上承认自己的鬼魂状态是绝望的信号,也是他自我厌恶的信号。

不过,他有时也装死。在基韦斯特无聊的《第十二夜》演出中,威廉斯在中场休息前从第四排中间的座位上脱身,大声喘气道:"救命!给我拿点药来!救命!"* "我给田纳西打了个电话,问他是否还好,"离他很近的导演威廉·普罗瑟(William Prosser)说,"他很健康地回答说:'哦,宝贝,你知道,我从来没怎么喜欢过《第十二夜》。'"* 1975 年,由于对维也纳版《红魔电池标志》的早期排练感到失望,威廉斯让人拿了瓶大氧气罐到他的酒店套房，找来女主角和导演——这对夫妇是这家小剧场的业主经理人，然后装出一副悲痛欲绝的样子，圣贾斯特当时也在场，她说："这样他们就可以听到这位奄奄一息的剧作家的临终遗言，听他说这个演出如何把他折磨致死。"* 1976 年 12 月 16 日，时任英国皇家国家剧院艺术总监的彼得·霍尔（Peter Hall）在日记中说出了威廉斯对另一次"死亡"的幸灾乐祸。"给我百老汇新剧制片的那位女士组织了一次研讨会，"威廉斯告诉霍尔，"我去参加研讨时，看到停演通知就贴在门口的布告栏上。我觉得这很奇怪，因为我参加这个研讨会是为了做推广。"威廉斯继续说道："研讨会结束后，我问这位女制片人为什么会挂这个通知。她说她没钱了。我告诉她这对我是个打击，因为我有心脏病。我扑倒在地板上。她尖叫着喊医生。我大笑着从地板上站了起来。"*

在这些戏剧性场景中，隐含着威廉斯几乎难以抑制的欲望：迫使别人在情感上让步。"田用死亡来控制这场戏"，雷德说——他有时"在田纳西的死亡表演中担任第二主演，从医生那里给他弄来些药物"*。"我看到他经常在一些场合用药，比如他试图搭讪一个不情愿的小伙儿，这个小伙儿从未听说过他，他希望通过呼唤他们共同的人性来达到目的。通常这个目的都能达到。我认识的一位演员——海勒姆·沃克（Hiram Walker）就不一样了，他跟我讲了件事。田纳西跟跟跄跄地走到床边，对着他翻了翻眼珠，向后倒在床垫上。'抱着我，宝贝，我快死了。'田说。海勒姆坐在他旁边，握着田纳西的手，这让他很恼火。海勒姆问他是否应该叫医生。'医生？叫医生已经太晚了，'田纳西说，'你走吧！我宁愿孤独地死去。'"*

对威廉斯来说——他声称自己"极度迷恋过去"*——剧本写作一直是一种与死者的谈判；他把鬼魂从自己的身体里召唤出来，放到舞台上，让他们重新进入时间王国。如今，在他的晚年，他不仅被别人的鬼魂所困扰,也被自己的鬼魂所纠缠。他的戏剧中充满了幽灵。* 他戏剧中幽灵的复苏始于两部优秀作品:辛酸的电视剧本《停止了摇摆》(*Stopped Rocking*,从未开拍)和回忆他在新奥尔良客居岁月的《老屋》。威廉斯在等待《红魔》登上舞台的漫长过程中,于 1974 年完成了这两部作品,作为"替换剧目"*。

《停止了摇摆》最初的题名是《我朋友玛伦的第二次顿悟》(*A Second Epiphany for My Frierd Maureen*),是为玛伦·斯塔普莱顿而写,也是献给她的。这个故事描绘了脆弱的珍妮特·斯文森进入幽灵般生存状态的轨迹,她的丈夫奥拉夫正把她从天主教疗养院(过去五年她一直住在那里)转到国家精神病院。珍妮特住院后,奥拉夫开启了新的生活,并计划和他的新伴侣搬到他州。出于内疚和笨拙,他把珍妮特看作一种脱离了肉体的形象,既被困在时间里又在时间之外。为了把这个消息温和地告诉对他仍念念不忘的珍妮特,奥拉夫用房车带着她去欧萨克度假,这次度假可谓悲喜剧。在他们的旅程中,奥拉夫和珍妮特穿越了一个"幽灵地带"*,这象征了奥拉夫为珍妮特预言的内心隐居:

> 不,不是一个人,你还有幻想、特异的景象,都是你的完美伴侣。你创造的物对你没有任何要求。你将梦想你自己的世界,玛,完全拥有它……
>
> 现实让人永不停歇,永无宁静。为了你:停下来,歇一歇。*

然而,珍妮特设想了一种不同形式的遗忘。"不再有星期天的拜访,现在,永远,不再有,是永远,永远不会有——那些——冗长的话语,永远不会。"* 她说的这句令人心碎的话并没有感动冷漠的奥拉夫。注定要成为活着的尸体的珍妮特投河自尽,却被奥拉夫

第九章　漫长的告别

救了下来，并灌满了抗抑郁药。奥拉夫把珍妮特送回疗养院，正如剧名所示，珍妮特被遗忘了。在对她的最后一个特写中，珍妮特被表现为空洞、迷失了的灵魂，"完全安静，并'从生活中隐退'"；戏剧结束时，虽然奥拉夫还在人群中穿行，但他也"停止了摇摆"*。绰号"石头人"的奥拉夫也成为这样一个人："里里外外、从头到脚都是石头，换句话说，就是冷酷无情。"*

有人提议将《停止了摇摆》作为霍尔马克电视频道的本周电影推荐。威廉斯请求约翰·汉考克担任导演，并与他在洛杉矶会面讨论剧本。威廉斯上次见到汉考克之后的几年里，他已经从戏剧业转向电影，他曾执导过一部纪实短篇《粘我的手指，磨了我的脚》（Sticky My Fingers, Fleet My Feet, 1970），获奥斯卡奖提名，还导演过《战鼓轻敲》（Bang the Drum Slowly, 1973），这是一部关于棒球的故事片，罗伯特·德尼罗（Robert De Niro）就是在这部影片中扮演了第一个主要角色。在与汉考克第一次见面时，威廉斯抱怨他身体的变化。据汉考克说："他悲伤地告诉我，他发现与人上床有多么困难，因为他的身体已经'不像以前那么好了'。"*

但是汉考克发现威廉斯的变化不仅仅是身体上的。一天晚上，他们在梅尔罗丝街和罗波斯顿街交会处的一家意大利餐馆用完餐，那个地方就在贝弗利山和西好莱坞的边界上，因为威廉斯想吃"炸鱿鱼"。"他喝醉了，但没有失控，"汉考克回忆说，"和往常一样，他有点走得不稳——我猜，是由于镇静剂和酒精的协同作用——他挽着我的胳膊从豪华轿车穿过马路去餐馆。我们走近另一边时，排水沟有一个开口，通向那个地区南北街道下面很大的排洪下水道。看到那个开口，他迅速转向我，目光疯狂，恐惧地抽身离开了我。后来，他承认他以为我要把他推到排洪下水道里去。我没有意识到他有那么疯狂。大家都笑了起来，好像这是在开玩笑。但我记得当时我在想，他还是那样有足够的天赋来这般疯狂吗？我认定他是，但他和我以前认识的那个人已经大不相同了。"*

在汉考克看来,威廉斯在《停止了摇摆》中"塑造了另一个了不起的歇斯底里的女性……半夜宿营的灾难所引发的狂乱会给她提供精彩地抒发情感的机会"*。为了让威廉斯认识到剧本中间还是有些"干瘪"*,想让他有兴致再丰富一下剧本,汉考克召集了一群杰出的演员——理查德·乔丹(Richard Jordan)、布莱尔·布朗(Blair Brown)和哈里·哈姆林(Harry Hamlin)——在他位于马里布的房子里当着威廉斯的面通读几场戏。"当我看到田纳西下车,摇摇晃晃地走向前门,我就知道我们有麻烦了,"汉考克说,"来的是个鬼魂。比尔·巴恩斯跟着。他们进来了,田纳西蹒跚着走下三级台阶来到下沉式客厅,与每个人见面。"*

演员们围成一圈,威廉斯坐在椅子上,膝盖上放着一份反复翻阅过的剧本。他开始读了起来,口齿不清。"演员们都惊呆了,很是尴尬。我们面面相觑。我不知如何是好,"汉考克说,"读了大约一页后,我鼓足勇气说:'对不起,田纳西,我想我没说清楚——我们这么多优秀的演员在这儿,我们想把剧本读给您听,不是您读给我们听。'"*威廉斯合上剧本,摘下眼镜,向后一靠,演员们开始读起来。读了几页后,汉考克望了一眼威廉斯,他睡着了。"田纳西动了一下,也许他没睡着?演员们继续严肃地读着。但他睡得很熟。"汉考克回忆道。活动结束后,威廉斯含含糊糊地说了谢谢,跟跟跄跄地走向汽车。"我再也没有听到他的消息,"汉考克说,"我想,我也再没见过田纳西,但从某种意义上说,他甚至还没走就消失了。"*

《老屋》展示的是一个亡灵相聚的黄昏场景,其中一个幽灵就是不成熟的作家本人。该剧最早被构思为一个晚场的两个独幕剧[《壁龛中的天使》(*The Angel in the Alcove*)和《星期天天黑后我才穿戴好》(*I Never Get Dressed until after Dark on Sundays*)]。它从《玻璃动物园》的结尾处开始,来继续讲威廉斯的故事,补上了那些客居他乡的日子里所发生的故事。当时,他28岁,住在新奥尔良的一个寄宿公寓里,几乎穷困潦倒,饱受孤独和"强烈的创作欲望"*的折磨。在其抒情的外表下,《玻璃动物园》实则是一个竞争力量激烈角逐的战场:儿子试图摆脱控制欲强烈而又有害的母亲的控制,而被欺骗的母亲试图让儿子听话。而回忆剧《老屋》则没有这样的紧迫感和争执。"这座房子曾经富有生气,有人住过。在我的记忆中,它仍然如此,但居住者如幽灵般阴森森的。现在他们在我的记忆中清晰起来。"*作家/叙述者在戏剧开场时说道。

到剧终时,作家已经因自己的未来一蹶不振,就像被自己的过去消磨了锐气一样。《老屋》最后几句台词引起两方面的联想:一个是预言,一个是墓志铭。作家打开了寄宿公寓的门,开始了一生的文学冒险:

> (他第一次打开门时,一阵刺耳的声音迫使他后退了几步:那是未来世界里等待他的暴风雨——冷冰冰的混合着痛苦与欢乐的哭喊,还有一阵阵歌声。这声音淡出之后,便是单簧管的紧急召唤声,他走到敞开的门口。)
>
> 作家:……他们在我身后消失了。走了。你在某些地方认识的人就是这样的:你走,他们就走。大地似乎吞噬了他们,墙壁像吸收水汽一样吸收了他们,只像鬼魂一样留在你身边:他们的声音是回声,消失了,却仍被记起。(单簧管又响了起来。他在门口转了一会儿。)这所房子现在是空的。*

在《老屋》的早期草稿中,有这样一个场景:在合作令人振奋之际，一个剧作家意外地向后倒在了乐池中。他吃力地爬出来。"老猫知道怎么着陆。"* 他说。《老屋》来到百老汇时，威廉斯对自己能否东山再起还不是很有把握。在百慕大、大西洋城和基韦斯特之间穿梭，他避开了大部分的预演。"我们很长时间都没看到田纳西，直到有几处场景遇到了较大的问题才见到他，"西尔维娅·西德尼（Sylvia Sidney）说，她在片中饰演怀尔夫人，一个女巫般的爱管闲事的女房东，"他最终过来时，他的借口是：'我需要看到它自立。'那时几乎太迟了。"* 威廉斯更多的是躲避批评家，而不只是舞台制作。1977 年 5 月初，他在写给导演阿瑟·艾伦·塞德尔曼（Arthur Allen Seidelman）的信中，考虑到了负面评论的景象："我和以前一样害怕批评家。如果他们让我们'停演'，我认为我们应该做一些非同寻常的事情，比如公开挑战他们，进行辩论。"威廉斯继续说："我个人已经做好准备，在飞往英国、移民澳大利亚之前，跟他们一决胜负，因为那些人或雇他们的那些人在不断泼脏水。"*

事实上，《老屋》只不幸地演出了五场，便毁于糟糕的导演、糟糕的设计和糟糕的制片人。"结果是出资方缺乏资金，"威廉斯在他的事后分析中写道，并补充说，"导演在我背后做出疯狂举动，把第一部分的高潮场景删掉了。叙述者（他的男朋友）是一个业余表演者，而这个角色需要很高的专业表演技能。"* 尽管这部作品遭到了惨败，威廉斯的创作却没有受到影响。"在美国戏剧史上，田纳西·威廉斯的声音拥有最独特的诗意，最异乎寻常地动人，同时也最具戏剧性——永远如此，"沃尔特·克尔在《纽约时报》上写道，"称他为我们活着的最好的剧作家是毫无意义的。他就是我们最好的剧作家，不必理会任何条条框框。"* 包括克尔在内的一些美国批评家表示有兴趣看到未来的演出。1978 年 8 月，由基思·哈克（Keith Hack）执导、经过修改的伦敦版《老屋》大获成功，使该剧重获荣耀，成为威廉斯最受欢迎的晚期作品之一。

在《老屋》中，威廉斯从外部写自己；在他的下一部主要剧作《夏日旅馆的服装：一部鬼剧》（Clothes for a Summer Hotel: A Ghost Play）中，威廉斯从内部书写了自己。他以F. 斯科特和泽尔达·菲茨杰拉德痛苦而浪漫的传奇故事为题材，《纽约客》的布兰登·吉尔（Brenden Gill）把这一举动比作"盗尸"*。该剧的背景设在北卡罗来纳州阿什维尔附近的精神病院——高地医院，斯科特1940年去世七年后，这家医院被烧毁，泽尔达未能幸免。这对文学夫妻现在成了鬼魂，他们争吵着，在剧作闪回中，还夹杂着20年代他们无所顾忌的鼎盛时期的幽灵：欧内斯特·海明威和哈德利·海明威，杰拉德·墨菲和萨拉·墨菲。沃尔特·克尔在《纽约时报》上发表的负面评论中说："我们只是被告知了我们已经知道的事情。我们不知道为什么现在要费力地原路返回。"* 这番话代表了大部分困惑的公众。

威廉斯真正想告诉公众的是什么？作为一名戏剧创作者，他太聪明、太投入了，他翻出著名的亡灵来可不只是为了盈利。威廉斯把菲茨杰拉德夫妇塑造成幽灵，把他们从历史和社会的表象中抽象化；他们成了他眼里的纯粹观念。"从某种意义上说，所有的剧本都是鬼魂剧本，因为扮演者实际上并不是他们扮演的角色，"他在一篇作者笔记中说，"我们超乎寻常地自由利用时间和地点，是因为在精神病院，这类自由相当普遍；这些自由也会允许我们更深入地探究我们笃信的人物的真实性。"* 与其说困扰威廉斯的是菲茨杰拉德夫妇故事——众所周知的故事——的精神真实性，不如说他是被自己故事——并非众所周知的故事——的精神真实性所困扰。

这部戏于1980年元旦开始排演的时候，威廉斯说："泽尔达是那种我很容易就完成的角色，因为我有个姐姐受着精神疾病的折磨，而我自己可能也有那样的时候。"他补充道："的确，我猜我对斯科特也有某种亲切感。他是一个奇才，他出版第一本书的时候正被酒精所困扰，并且在他人生的最后几年，他的书籍几乎绝版了。我也经历过公众心目中的低潮期。"* 从表面上来看，菲茨杰拉德夫妇的故事——天资浪费、精神疾病、处于生活边缘的颠簸生活——威廉斯很容易就能建立起情感的共鸣。但是他们的故事也指向了某种更深刻的东西，那是威廉斯自身创造性存在中相伴的东西，那种东西他既知道又不知道，他称之为"无意识的暴行"*：为了他的艺术，他蚕食着自己和他人。

在《夏日旅馆的服装》开始排练的那天，导演何塞·昆特罗对媒体说："田纳西的作品，总是关乎生存的问题。想象一下这样一个人，人们都对他说，'你已经精疲力竭了，写不出什么了'，但他仍坚持写作，仍穿着他的浣熊皮大衣来排练。这就是这部剧所表达的——在剧院活下来，在行业中活下来。"* 而《夏日旅馆的服装》所表达的就是这种生存的代价。

"斯科特在他的书里利用了泽尔达的人生，而那呼应了威廉斯在他作品中利用了他自身的经历和他姐姐的经历。"* 扮演泽尔达的杰拉丹·佩姬说。那种盗用是斯科特和泽尔达争论的核心。"那真的是你吗，斯科特？你是我的法定丈夫、声誉卓著的 F. 斯科特·菲茨杰拉德、我人生的作者吗？"* 泽尔达问道，这是她与斯科特说的第一句话，斯科特正坐在疯人院"高得离谱"的黑色铁门外的长椅上等着她。后来，在同一场中，她指控斯科特是一个精神帝国主义者，已经把她活活吞食了。"对你来说重要的是索取和吞噬！"* 她说。现实中泽尔达的讲述——在她自己的小说《最后的华尔兹》(*Save Me the Waltz*) 和南希·米尔福德 (Nancy Milford) 1970 年的传记《泽尔达》(*Zelda*) 中均有所揭示——是这样的，

第九章　漫长的告别

她的丈夫不仅利用她作为自己小说女主人公的原型，署上自己的名字出版了她的故事，而且在他的小说中随意借用她的信件和日记中的内容。["菲茨杰拉德先生……好像认为剽窃是从家里开始。"* 现实中的泽尔达在 1922 年为《美丽与受诅咒的》（*The Beautiful and Damned*）写的一篇评论中写道。] 艺术抱负受挫，泽尔达慢慢地疯了，在她后来的岁月中，她执迷于一种想法：成为一名芭蕾舞演员。"想要呐喊的心依然不变。"* 她在剧中说道。

在这场戏的开场，斯科特给了泽尔达一个她曾扔掉的婚戒的复制品。他说："最亲爱的，这是一枚戒指，一枚与过去——永远在眼前的过去——约定的戒指。"* 斯科特将不会为她的毁灭承担责任。直到最后，在最后一段令人难忘的咏叹调中，泽尔达挑战了斯科特，挑战了他自封的好人形象——一位绅士和一个艺术家——这让他看不到自己给别人造成的伤害：

> 泽尔达：——我现在正在靠近他，不是上帝之子，而是他的绅士之影。令人难以置信的是，尽管困难重重，亲爱的斯科特却通过履行长期的承诺，变得与耶稣一般，甚至现在对我——一个穿着邋遢芭蕾舞裙的野蛮鬼魂来讲，是的，真是一件真实而不可思议的事情。
>
> 斯科特：（轻柔地说，同时仰面躺上长凳）难以置信？——是的。（她在他面前停了一下；然后碰了碰他的肩膀，走到舞台前部中间。）
>
> 泽尔达：……难以置信的一切是唯一真实的存在，斯科特。为什么你一定要发疯般找寻如此简单的道理？假装生存是一件可信的事，这是谁在骗谁？疯子并不易上当。我们不会被如此明显的谎言所欺骗，噢，不，我们知道的你并不知道——（现在她面对着观众）或者说，不敢承认你知道的就是，存在

是最初始,也是最强大的令人难以置信的事物。在婴儿的第一声哭泣和死去的最后一声喘息之间——那都是被安排好的——屈服于已经为我们安排好的一切,除非我们遁入疯癫或投入创造……后一种选择是被一个并非远在千里的人剥夺了,斯科特。(她面向斯科特)看看这让我都成啥样了!

但是斯科特不能也不会听进去她现在说的话。他转变了话题。泽尔达在他旁边坐下,继续她的话——她那关于失落的冗长陈述让人想起威廉斯本人从真实的和想象出的失败中隐退的经历:

——随着年龄的增长,笨蛋,我心里累积的失落感也越来越多,也越来越清醒。这是正常的,对吗?只是变老的过程而已。——信仰已经褪色,宛如蜡烛消逝在白昼中,不得不做出相应调整。换成他们,是什么样子呢?刺眼的光线投射在令我害怕的东西上,让我感到震惊,笨蛋。然后——还有所谓智慧,令人难过的接受现实的智慧。不会接受这种智慧,浪漫主义者不会接受它,你知道的。酒精,疯狂,或多或少都是一回事。我们被抛弃或被关进精神病院,如果被关起来,那么,唉,幻想就会失控,幻觉会把失去的时光带回来……——是的,我回到了幻象的世界,那是我唯一真正的家。*

戏的结尾处,当泽尔达最后一次穿过大门回到疯人院,斯科特试图跟随她。"门是铁的,他们不会让你进,也不会再放我出来,"她说,这些门在她身后关了起来,"我不是你的书!再也不是了!我再也不会成为你的书!为你自己写本新书吧!"斯科特把戒指通过栏杆塞进去。"这枚戒指,拜托你拿着,与过去——(她的身影不见)永远在眼前的过去——的约定,泽尔达!"他说。这是全剧

第九章　漫长的告别

的结束语。最后的舞台提示是："他双眼迷离，默默地问着一个问题，他肯定知道永远也得不到答案的问题。"*

表面上看——评论首演的批评家就是看表面的——《夏日旅馆的服装》就是一个有点漫无目的的故事，讲述的是一对焦头烂额的名流夫妇在表达他们的分歧。然而，在更深的心理层面上，这是威廉斯那众所周知的分裂自我在互相争执。威廉斯既是加害者又是受害人，他为了自己的工作而毁掉了自己。这个想法在剧中由海明威的鬼魂阐明，他谈到把菲茨杰拉德的生活全部挪用到自己的短篇小说中。*他告诉斯科特："你看，我甚至可以背叛我认识最久的亲密朋友，就是在一开始帮助我最多的那个人。这可能至少是我不久后自杀的部分原因，先是试图走进飞机的螺旋桨——后来失败了，又用猎枪把我疲惫的脑袋爆开。"海明威继续说："我也许可以对自己判处极刑，来为我过去的背叛赎罪。"*

威廉斯同样深感内疚，内疚于为了自己更大的荣耀而利用他自己和罗丝，他选择了比海明威更加缓慢的自杀方式，但这仍然是自我毁灭。当泽尔达向斯科特尖叫着"为你自己写本新书吧"*，她的话既是对菲茨杰拉德的控告，也是威廉斯对自己的警告——别再世故，别再啃噬自己的死亡。在威廉斯看来，从50年代中期开始，创造和背叛在心理上便结为一体。为了赋予笔下人物以生命，威廉斯牺牲了自己——利用毒品和滥交来作为驱动力，将绝望奢华地转化为艺术。在寻求解放的过程中，他成了自己的压迫者。在《夏日旅馆的服装》里，那只哀求的手把一枚戒指从精神病院的栏杆里塞进去，这一形象是具有惩罚意义的，它指代这个令人痛苦与煎熬的僵局。和菲茨杰拉德一样，威廉斯一直致力于那份他早已背叛的约定：通过艺术来达到浪漫超越的纯洁性。

这部戏于 1980 年 3 月 26 日，也就是威廉斯 69 岁生日那天，在科特剧院上演。谢幕时，观众起立，为威廉斯鼓掌；他鞠了一躬。第二天——市长宣告的"田纳西·威廉斯日"——威廉斯收到了对他的批评。在首演演职人员派对上，威廉斯沮丧地坐在第三大道一家餐馆的阴暗角落里，圣贾斯特坐在他旁边，这时第一波评论已经传来。"他说他想乘着天使的翅膀飞走。"雷德回忆说，他带着帕特·肯尼迪·劳福德参加了派对。"玛丽亚厉声说：'你很快就会得到那些东西。'这出戏显然是失败了，她对此很生气，像往常一样，她摆出一副高人一等的姿态，回答他：'我们尽力了，是不是，亲爱的？''我们不必对自己太苛刻。'"他说，威廉斯"坚持了十年才在美国剧院取得了成功"。《服装》一剧拥有著名演员的阵容和热门题材，是威廉斯的最佳机会，但他还是输了。帕特坐在他旁边握住他的手。"她以为他濒临崩溃，"雷德说，"为了让他振作，她提出为他举办了周末派对。"据雷德说，威廉斯"喜笑颜开"，还说他很乐意来参加。*

当威廉斯带着圣贾斯特一起来到派对场所，宾客有 20 人左右，大部分人都正在满是鲜花的客厅里喝酒，来的客人有安妮·杰克逊、伊莱·沃勒克、菲利普·金斯利（Philip Kingsley）、瓦斯·沃格利斯（Vass Voglis）、简·库欣（Jan Cushing），还有雷德。肯尼迪的这套雅致复式公寓位于萨顿南第八层，俯瞰花园和东河。大厅的门厅里装饰着一个五英尺高的气球，上面写着"为田纳西喝彩"，但威廉斯跨过公寓门槛时几乎没有那种热情。雷德说："他看起来紧张、沮丧、缺乏自信。"*威廉斯在那里待了大约十分钟，然后冲过客厅，拉开那扇法式门，跑到阳台上，爬过栏杆要往下跳。"伊

《夏日旅馆的服装》剧照,肯尼思·黑格和杰拉丁·佩姬扮演斯科特和泽尔达·菲茨杰拉德

莱是第一个抓住他的人，"雷德说，"这非常令人恐慌。他抗拒着，但还是被拉回了房间，然后仰了一下身子，苦笑了一下，耸了耸肩。真是差点就没命了。"*

那夜晚些时候，沃勒克朗读了威廉斯的滑稽诗《人生故事》（"Life Story"）——描写性交后的闲谈，然后指着他戴的戒指——那上面悲剧面孔变成了喜剧面孔。"我戴它一辈子了，"沃勒克说，"没什么比这枚戒指更让我珍惜和珍视了。它给我带来了好运。没有一个人让我愿意把它送给他；和你相比，没有一个人值得我更多的爱。"他摘下戒指递给威廉斯，威廉斯眼含热泪地接过了戒指。然后沃勒克举起酒杯，为"现世最伟大的剧作家"干杯。其他人起立，都举起了酒杯。"伊莱，谢谢你，宝贝，"威廉斯说，"我不知道你说的话有几分是真，抑或是真又能怎样。但从朋友口中听到这话真是太好了。"*

威廉斯肯定没有从评论家那里听到过这些。随着评论汹涌而至，尖酸刻薄的言辞也纷至沓来，单从剧评新闻标题便可见一斑：《夜色微薄》*（《新闻周刊》），《〈服装〉需要剪裁》*（《纽约邮报》）。约翰·西蒙（John Simon）在《纽约》上写道："这个鬼戏没什么必要，没有必要在这人世上说什么。"* "故事发生在20世纪40年代，设计来自50年代，意识形态属于60年代。离开剧院时，我感觉自己在80年代"，罗伯特·布鲁斯坦在《新共和》上说，他还说威廉斯或许应该订一张"去三里岛的单程机票"。* "这是一个在停尸房度过的夜晚。"* 雷克斯·里德在《纽约每日新闻》上说。

尽管存在叙事方面的种种问题，《夏日旅馆的服装》剧本比首演之夜那些观众看到的版本要好得多，而且更富于韵味。威廉斯在给卡赞的信中写道，"《服装》因为第一幕演砸了而成了牺牲品。斯科特的选角有误"——斯科特由英国演员肯尼思·黑格（Kenneth Haigh）饰演——"加上一个吝啬的制片人，还有格里·佩姬的发

第九章　漫长的告别

音问题，糟糕到我们演过的所有剧院都必须进行扩音。虽然我很喜欢昆特罗，但在我看来，他在关键问题上太优柔寡断了"。* 尽管如此，为了有时间建立口碑，威廉斯孤注一掷，拿出两万美元来帮助支付第二周的费用。"那狗娘养的就不能让我们赶快离开吗？"* 佩姬听到消息后说。演员们走得够快。该剧在复活节停演，在纽约进行了 7 场预演和 15 场演出，在芝加哥演出了 23 场，在华盛顿演出了 39 场，损失了将近 50 万美元。威廉斯告诉《纽约邮报》的漫谈专栏作家厄尔·威尔逊（Earl Wilson），说自己是一宗"评论界凶杀案"* 的受害者。他发誓再也不回百老汇了，这也好，因为他辉煌的戏剧生涯已经结束了。

1976 年，威廉斯在自己入选美国艺术与文学学院的仪式上，听到了罗伯特·佩恩·沃伦（Robert Penn Warren）说的话："没有哪位用英语创作的剧作家创造过如此鲜明的人物性格和难忘的故事世界。"* 在 1979 年获得肯尼迪中心终身成就奖时，他听到卡赞称他"是一名实打实的剧作家，正如雄狮就是雄狮，没有但是"*。1980 年接受总统自由勋章时，威廉斯听吉米·卡特总统说，他"塑造了现代美国戏剧史"*。但自此以后，威廉斯再未听到任何一位重要的美国剧评家赞扬过他的任何新剧本。

———

"我将难以释怀他们在《服装》这部戏上曾如何对待我，"威廉斯在给米奇·道格拉斯（Mitch Douglas）的信中写道，他是威廉斯在 ICM 的新代理人（巴恩斯已离开该机构），"但是我不会停止写作，除非他们把我扔到海里……我想我比任何人都知道我还剩多少时间。我会善加利用。我相信你可以帮助我。"* 在道格拉斯成为威廉斯的经纪人之前，他曾是威廉斯的粉丝；他读过威廉斯所有已出版的书。他坚定、活跃,也有趣。他一开始在 ICM 做演员的间歇担任临时打字员;1974 年,他成为全职经纪人,直到 1978 年威廉斯变成了他的客户。"和田纳西相处很难,因为他很疯狂。很难用一种有策略的方式表达,"道格拉斯说道:"他生吞了比尔·巴恩斯。比利离开 ICM 的其中一个原因是田纳西占用了他所有的时间。我被告知:'不要让他像对待比利·巴恩斯那样占用你所有的时间。'"* 威廉斯的文学人生——电话、演出、书信往来、个人形象、旅行——是一场异常喧闹的马戏表演,道格拉斯则成了其中疲惫不堪的马戏演出指挥。

他第一次去基韦斯特,是为了讨论《停止了摇摆》,道格拉斯从他住的旅馆打电话给威廉斯,让他过来。"嗯,这很难,"威廉斯说,"罗伯特昨晚喝醉了,把车弄坏了。现在他坐在前廊上,膝盖上放着一把枪,威胁说谁走近他,他就打烂谁的脑袋。我觉得我们被围困了。"* 道格拉斯很快明白了,要想和新客户打交道,就必须有严格的界限。当圣贾斯特打电话向他抱怨威廉斯在纽约的公寓——"米奇,这里的窗户很脏,地板更糟"——道格拉斯告诉她:"我不擦窗户。你如果想找个女仆,就叫个女仆。如果你需要业务上的帮助,我很乐意帮忙。"* 不可避免地,即使这样,严肃的道格拉斯有时也难免要应付威廉斯离经叛道的滑稽行为。例如,在肯尼迪中心终身成就奖的午宴上,威廉斯和玛伦·斯塔普莱顿喝醉了。午饭后,他们等车时,一个海军乐队在车道旁演奏。斯塔普莱顿走到指挥面前。"你们演奏得真他妈好。你知道《月亮河》吗?"她说。乐队开始演奏那首歌。斯塔普莱顿和威廉斯开始跳舞;他们一路跳着华尔兹跳进了白宫的禁区。"我去找陆战队中士,然后我说:'你能帮我把他们弄出去吗?'"道格拉斯回忆道,"两名海军陆战队员架着田纳西的胳膊,另两名架着玛伦的胳膊,朝轿车走去。"*

第九章 漫长的告别

由于觉得"时间不多了"*，并决心在自己的盛名之下随心逐流，威廉斯越来越让道格拉斯觉得难以应付。1981年7月，就在《有点缥缈，有点清澈》在外百老汇首演的几个月前——这是一部回忆剧，里面成年的威廉斯重温并点评了1940年他与基普·基尔南的初恋——威廉斯写信给道格拉斯，建议他们"以诚相待"*。"好的"*，道格拉斯答道；他用一种活泼的语调，写了一封四页单倍行距的信，清楚地说明了威廉斯言行中许多让人费解之处：

> 媒体引用了您的话，说您不同意《街车》重拍的协议，谈判的事您并不知情。您也说过您不赞成西尔维斯特·史泰龙（Sylvester Stallone）扮演斯坦利。显然您已经忘了我们与马丁·波尔（Martin Poll）谈判开始前就讨论过出售这些权益一年的可能性。我告诉您为此我可以得到很多钱——75万美元或100万美元——而史泰龙将来扮演斯坦利，您表示您不在乎斯坦利是否会由一个疯子来扮演。您说您需要这笔钱，最好是在您还在世的时候——"我对死后的任何东西都不感兴趣"。我非常赞同您的想法。您长年努力工作，成就斐然，应该享受这些回报——而且就在现在。杰瑞·帕克（Jerry Parker）在《新闻日报》的文章中引用了您说的话，说您不知道这个协议，还说史泰龙是一个"糟糕的演员"，您打电话让我否认有这事，并要求他否认这个说法，同时把这个评价推到帕克采访您时屋里其他几个人中的某一位身上。我让利兹·史密斯（Liz Smith）否认了此事，而一天时间不到，您就去了北卡罗来纳，对另一群不同的记者说了同样的话。现在，史泰龙已经退出了这个项目。马丁·波尔愿意接受这个协议，用您同意的演员阵容重整旗鼓，尽管事实上，没有一个重要的工作室认为《街车》现在是抢手货，事实上，早前我能得到的最高报价是25

万美元。您想要这 75 万美元的交易……还是不要？您简单说个行还是不行就可以了。

您在北卡罗来纳还说过："我不仅努力工作，而且必须代理我自己的业务。我的经纪人只热衷于利用我来牟利。"我讨厌这种侮辱性的言论。我努力为您工作，总是带着双重目的：不管是在艺术还是经济方面，我都力求为您做到最好。不管是我为您预定让·科克托保留剧目剧院（《有点缥缈，有点清澈》），或者是让您签约一个小电影，例如《最离奇的浪漫》(*The Strangest Kind of Romance*)，都不是为了钱——而是为了艺术价值，为了能够完成否则无法完成的工作，希望将来经济上有所回报。很抱歉，但您的戏剧自从《鬣蜥》以来，就经济收益不佳，您的作品在市场上也不好卖。我试着扭转非盈利局面，因为您经常哭诉"我不是个富人"，哪怕有《街车》卖给电影业的如此高额售价……

是的，田纳西，让我们有话直说。近期您写的有关奥德丽·伍德的话，说剧院的人总是难以相处，甚至您从一开始就不是奥德丽好相处的客户。好吧，让我来确认一件事，我想您已经知道了——您现在不是一个容易打交道的客户。您反复无常，不可靠，您会做出承诺但不守信用，您的态度和方式往往不太绅士……

……您在芝加哥攻击我，因为 ICM 没有给您发生日祝贺电报。我回复说："但是田纳西，我来了。""哦，宝贝，如果幸运的话，我们总有一天会来的！"或者在奥兰多，"我想用不透明的玻璃杯盛酒。米奇，你知道怎么拼'不透明'这个词吗？"我在给您做事，但这不包括被您虐待……

另外，您在最近对奥德丽的评论中说，奥德丽会懂的。田纳西，我想我也懂。我们从同一个地区来到这里，有相同的背景（天啊，我们甚至同一天生日），和您一样，我努力成为一个熟练的专业人士……您是我们美国最伟大的剧作家，包括在世和不在世的，我很荣幸和您建立了联系……但是我也必须告诉您，亲爱的田纳西，我不打算因为您而犯第一次心脏病。*

威廉斯温和但迅速地开除了"婊子道格拉斯"。"我祝你走运，我也相信你同样会祝福我，"他写道，提到他解雇的上一位ICM经纪人，补充说，"我知道，如果我在阿尔冈昆酒店经过你的桌子，你绝不会缩回你的手，大惊小怪。"* 威廉斯在给该公司戏剧部门负责人米尔顿·戈德曼的信中写道："你能把我交给ICM的某个经纪人吗？这个经纪人不是也从来不曾是'伍德小姐'的人！"* 从那以后，演员经纪人戈德曼担任了威廉斯名义上的经纪人，而活儿还是道格拉斯干。"我不会再打开一个上面有他名字的信封，"威廉斯写信告诉戈德曼，并补充道，"我最关心的是，如果米奇不（为我和ICM）做体面之事给我换掉道格拉斯，他还是会插手干涉我的事。"*

哈罗德·克勒曼在评论《夏日旅馆的服装》时曾认为，威廉斯的创造性实践已经和他内在的自我不相关了。* 相反，幽灵、阴暗的现实、过去和现在相互对话的双重暴露，这些在威廉斯单薄的后期剧作中占主导地位的主题，正是对他衰弱的自我——这是一个被他坚韧的写作意志所耗干的自我——隐退的戏剧化表现。给予他生命的活动也带给他死亡。威廉斯在1981年初给奥利弗·埃文斯的信中写道："生命中有些时候，我想要死，尽管这些年来我一直在与死亡抗争。"* 埃德温娜·威廉斯于1980年6月去世。（戈尔·维达尔在悼念信中称她为"666"；"这代表'天启之兽'"*，威廉斯向卡赞解释说。）奥德丽·伍德做了31年的替身母亲，1981年中风，再也没有恢复意识。威廉斯把他的一幅画——《十字架上的基

威廉斯所画的耶稣受难像

第九章　漫长的告别

督》——送到了伍德的疗养院。在她一息尚存的那四年里，这幅画一直挂在伍德的床头。* 威廉斯看到了"我身上一段很长很长的荒凉孤寂，现在到了尽头"*。甚至连他的笔迹都发出了转变的信号；他大胆随意的签名突然变得轻柔，不再充满能量和自信。"我病得很重时，就像我现在这样——不健全的胰腺和肝脏——我甚至无法完成我该做的最重要的事情，"他在 1981 年年初告诉埃文斯，并补充说，"唯一好的一点就是回忆生命中那些可爱的时光——至少相对而言。"*

威廉斯的回忆剧流淌的是伤感的血液：优雅与焦虑交织在一起，却没能让他那躁动不安的情绪活跃起来。弗兰克·里奇（Frank Rich）在《纽约时报》上写道："《有点缥缈，有点清澈》有一个引爆点——只要威廉斯先生点燃导火索就好了。"* 他的最后一部多幕剧《摇摇欲坠的房子：一部哥特式喜剧》（A House Not Meant to Stand: A Gothic Comedy）也是一出"鬼魂奏鸣曲"*，剧情凄凉得几乎让人眼花缭乱，然而，威廉斯点燃了导火索，将他作为"残存者"的感觉变成了一种野蛮而耸人听闻的东西。

"不要，不要，绝不要停止大笑！"威廉斯曾建议处于"失衡期"的杜鲁门·卡波特。* 威廉斯践行了自己的说教。《摇摇欲坠的房子》脱胎于 1980 年至 1982 年在芝加哥古德曼剧院上演过的三个版本——一开始是独幕剧《驼鹿小屋的麻烦》（Some Problems for the Moose Lodge）。就风格而言，它与以往风格完全不同。在对滑稽怪诞的推崇中，它宣告了威廉斯拒绝痛苦的决心。这部剧的愿望——把舞台混乱和道德愤怒结合起来——也昭示了英国剧作家乔·奥登的影响；威廉斯把《永恒的门票》（The Everlasting Ticket）献给了奥登，他在酝酿《摇摇欲坠的房子》的 18 个月时间里创作了这部戏。"我不会和乔·奥登竞争。我太爱他了。"* 威廉斯当时说。尽管如此，他还是将奥登的编剧法宝——遗弃、精神错乱和否认一切——编入了自己关于腐朽的寓言。

帷幕升起的时候,年迈的科尔内留斯和贝拉·麦科克尔午夜时分回到他们位于密西西比荒废的房子里,那栋房子被雨水冲刷得破旧不堪,屋顶永远漏雨,室内也破旧不堪,"令人恐慌的混乱"*是为了"营造没有信任的氛围"*。这出戏的第一个声音来自"一个巨大的壁炉挂钟"*,它"发出相当大的滴答声,大约半分钟后,才会响起有人即将进入这所房子的声音"*。时间的无情是问题所在。威廉斯在该剧第一个舞台提示中说,即将到来的结构坍塌的威胁是"社会状态的隐喻"*。(叶芝的警句也同样明确:"事物会分崩离析;中心无法支撑。"*)该剧以喋喋不休的南方说话风格,追求一种闹剧势头:以一定的速度,所有的事物分崩离析。但从威廉斯给该剧起的其他名字来看——《一栋房子不该比主人存在得更久》《遗骸的处置》《可怕的细节》《把他们收起来》——他也在预测自己的结局。该剧讲述了"阴险时代"的幽灵——核战争、通货膨胀、人口过剩——而它展现的惊悚却都是威廉斯的。*

《摇摇欲坠的房子》是一个哈哈镜奇幻屋,威廉斯饱受羞辱的过去现出滑稽的形象,扭转了他的愤怒,并把他的痛苦映射为快乐。威廉斯脾气暴躁、夸大其词的父亲CC以自己的名义归来,扮演滑稽的威胁性人物科尔内留斯。尽管作者安排他患了新的疾病(骨关节炎、胰腺炎),服用新药片(胰脂肪酶、颠茄),但他的厚垫椅和他对家庭的粗暴冷漠完全是他自己。科尔内留斯对他那没出息的二儿子查理说:"我不尊重男人流泪,不尊重男人总是过度依赖妈妈、妈妈、妈妈。"*在剧中,就像在威廉斯的生活中一样,科尔内留斯的威吓已经把两个孩子赶出了家门:一个是同性恋、已经去世的长子奇普斯,另一个是住在疯人院的不出场的女儿琼妮。CC叫年少的威廉斯为"南希小姐"*,科尔内留斯同样嘲笑奇普斯

第九章　漫长的告别

女孩子气——"我记得他在帕斯卡古拉中学被选为最漂亮的女孩"*。幕起时，科尔内留斯和贝拉从奇普斯的葬礼上刚回来，试图理解他们儿子悲剧式的早逝；科尔内留斯把奇普斯的同性恋倾向归结为贝拉的溺爱：

> 科尔内留斯：你鼓励了他，贝拉。鼓励他设计女孩儿的服装。他戴上黄色的假发，以她们为榜样。有点——他们叫作男扮女装。恰恰被邻居——误解了。
> 贝拉：他长大后本可以不再那样的。*

CC威胁要把埃德温娜和她的孩子们赶出家门；在《摇摇欲坠的房子》里，科尔内留斯威胁要把贝拉送进精神病院，这样他就能得到她"私酿酒的钱"，他认为妻子从她贩卖私酒的祖父那里继承了这笔钱又藏了起来。（她的确这样做了。）有一个情节是威廉斯改编自他弟弟的荒唐事，科尔内留斯决定竞选国会议员，希望用贝拉这笔钱支付他的竞选费——这是那场威廉斯担心戴金已经卷入的骗局，当时报纸报道，埃德温娜为戴金那场倒霉的伊利诺伊州参议员竞选贡献了五万美元。（1972年，威廉斯在给母亲的信中写道："和我讨论过这个问题的人没有谁不信他会在这次竞选中被击败。请向我保证，你不会在这样一项毫无希望的事业上浪费这么多钱。"*）威廉斯狡黠地将这一事件转化为他喜剧的推动力：科尔内留斯会把他的手伸向"当西的钱"*吗？糊涂的贝拉能坚持住吗？

但这部戏真正的自传式呈现是其背后的精神氛围。作为母亲的贝拉令人困惑地缺乏沟通，再现了埃德温娜情感的缺失，正是这种缺失触发了她的儿子渴望被人注意的冲动，让他的内心生活变成令人难忘的事件。科尔内留斯告诉查理，他妻子的家族"疯病泛滥"*，患神经衰弱症的"当西们"（"戴金家族"的另一种说法)——就像 CC 过去常常斥责埃德温娜的祖辈,说她的家族充斥着"令人震惊的精神和神经崩溃事件"。*贝拉沉重地在房子里走来走去,失去长子的悲痛使她感到困惑和精神错乱,她像圣徒式的梦游者,思想总在别处:

> 查理:妈妈?
> 贝拉:——奇普斯?
> 查理:不,不,妈妈,我是查理。*

威廉斯在笔记中写道:"贝拉应该被塑造成一个怪诞而又令人心碎的圣母怜子像。她几乎无意识地沉浸在戏剧中,代表着人类的爱、怜悯——和悲剧。"*她退回自己的内心深处,退回到过去,从没有活在当下,她被纠缠着,变得诡异。"我的双眼因——时间——而变得阴郁。"她说。她在厨房里转悠时,查理问她在找什么。"生活,我们在这里曾经的所有生活!"*她回答道。贝拉思念她的孩子们,就像过去他们需要她一样;她无法把他们当作成年人。应该将贝拉表现为一位贤妻良母。她照旧给儿子端上了一个煎蛋卷;她坚持要买东西;她对丈夫专横的命令毫无怨言:

> 科尔内留斯:(要站起来的样子,保持这个姿势没动)泰诺3!泰诺3!
> (贝拉自动走到他身边,从他的夹克口袋里取出药物。)
> 科尔内留斯:用啤酒喝就行。
> 贝拉:啤酒……
> (她若有所思地拖着脚步走过餐厅。)*

她的行为似乎很有教养;她的攻击性——她拒绝接受她的孩子

威廉斯帮助弟弟戴金·威廉斯竞选伊利诺伊州州长，1978年

们——是很难看到的。有一次,贝拉向她的邻居杰茜承认,"小琼妮"住进了州立精神病院。"这怎么会发生在琼妮身上呢?"杰茜问。"我不知道。"贝拉说。琼妮送来了一封信。贝拉的第一反应不是亲自看而是让杰茜读给她听。最后,贝拉大声读着信,这一做法如果不是向贝拉展示的话,也是在向观众说,听不意味着理解:"和我一起住在杰斐逊教区的那个狗娘养的离开了我,回到他该死的妻子身边后,我只是有点精神崩溃。"贝拉停下来道歉并且表达了她仅察觉到的一点:"她似乎不知怎么学会了一些非常难听的话。"*这封信虚构得滑稽并机巧,证明了家庭成员间互相否定的氛围。贝拉无法理解琼妮的语言所流露出的她的贫困处境。她爱她的孩子,但与他们没有联系。她为他们发愁,但她从不了解他们,或不明白自己如何造成了他们的不幸。

当贝拉接近生命尽头,结尾是《玻璃动物园》中情节的反转。在《玻璃动物园》中,汤姆展示了他的文学气质,他在结尾处让自己旧日的魂灵保持沉默("吹熄你的蜡烛吧,劳拉——再见了"*),而贝拉此刻召唤出她自己的幽灵。根据舞台提示:"孩子们鬼魂般的尖叫声淡入——在贝拉的记忆中——伴随着音乐通过屋内的扬声器投放出来。"*她缓缓挪步,庄重而高贵。孩子们的声音带来了"迷人的流逝的童年情怀"*:

> 小奇普斯的声音:——好黑!
> 小查理的声音:妈咪!
> 小琼妮的声音:我们饿了!*

贝拉把当西的钱递给安全可靠的人那一刻,她孩子们的鬼魂便聚集到了餐桌旁。"奇普斯——你能做——祷告吗?"*她说。这句话与阿曼达在《玻璃动物园》里说的第一句话相呼应:"只有你坐到

第九章 漫长的告别

餐桌前我们才能做祈祷！"*阿曼达的祈祷得到了回应，结尾时，汤姆坚强地活了下去。然而，37年后，在威廉斯的最后一部多幕剧中，祷告只是一种回忆。"仪式般地，孩子们的鬼魂从桌边站起来，悄无声息地溜进黑暗中。"*舞台提示写着。最后一个场景是每个鬼魂都在厨房门口"回头看他们的母亲，一段乐曲响起"*。鬼魂的离去给贝拉的挣扎落下了帷幕；它也暗示了一种威廉斯自己的终结感：告别了抒情性，告别了从童年起就折磨和激励他的幽灵般的缺席。随着他们庄严退出，威廉斯似乎有意无意地暗示，他已经说完了所有要说的话。

———

威廉斯在1981年写道："我听（评论家）说，自从1961年的《鬣蜥之夜》后，我就再也没有为剧院写过艺术上成功的作品，他们公然地错得离谱。"*《摇摇欲坠的房子》证明威廉斯是对的。这部剧仅在古德曼上演一个月就收到当地媒体普遍的肯定，但《纽约时报》没有费心派评论员去评论。它在新世界艺术节上演了一个礼拜时，《时代》提到这是"《小把戏警告》后威廉斯写得最好的东西"*。就叙事能力和戏剧创新而言，它要好得多。尽管如此，虽然没有停止写作，但威廉斯作为一个剧作家的传奇在芝加哥收场，那也是他的传奇开始的地方。

尽管世界对威廉斯的新作并不感兴趣，但仍在褒奖他的老作品。1981年，威廉斯70岁那一年，获得了英联邦奖戏剧艺术杰出贡献奖，该奖项由他和哈罗德·品特平分，奖金为2.2万美元。1982年6月，哈佛大学授予他荣誉学位——在圣贾斯特的反复纠缠下，他在遗嘱中将大量文稿赠给了哈佛大学。威廉斯敞着衣领，身着运动夹克置身于穿着深红色长袍的学者之中，在学位授予仪式前,他被领进马萨诸塞厅,很不自在地混在闹哄哄的学术圈中,并且和其他获得荣誉学位的嘉宾一起在留名簿上签名。环顾房间,他注意到两个修女坐在沙发上诵经,熙攘的人群无人关注她们。"天哪,那是特蕾莎修女。"他低声对陪同他的罗伯特·凯利(Robert Kiely)——哈佛大学本科生宿舍亚当斯堂的主管——说道。"这是我做过的最奇怪的介绍,我恭敬地对这位瘦削的脸上布满皱纹的修女说,'特蕾莎修女,这位是田纳西·威廉斯',"凯利回忆说,接着又说,"她抬起头来,很和蔼,显然不知道田纳西·威廉斯是谁。"* 威廉斯双膝跪地,将头伏在她的膝上。特蕾莎修女拍拍他的头,为他祝福。

随着各种荣誉接踵而至,有迹象显示威廉斯在准备随时离开。那年 9 月,回到佛罗里达后,他独自坐在一个公交车站旁的咖啡馆里,和年轻的小说家史蒂文·库恩斯(Steven Kunes)及其妻子聊了起来。感念于他们的热情,他邀请他们到家里坐坐。威廉斯问了库恩斯正在写的小说的情况;过了一会儿,他从他们正在喝咖啡的桌旁站了起来,拿来一只黑色的大箱子。他让库恩斯看看里面是什么。"那是一台 40 年代的安德伍德牌打字机,"库恩斯说,"'我很少再用这个写作了,'他说,'但是我写《夏与烟》和《热铁皮屋顶上的猫》的时候用过它。它需要换新色带,也许还需要一些油。我不知道短时间内是否能给它找个地方安置好。写个剧本,史蒂文。写个剧本就行了。'"* 11 月,在纽约 92 街 Y——这是他最后一次公开露面——威廉斯告诉观众,他几乎忘了到场。"他看起来很老,"当时担任戏剧导演和威廉斯监护人的约翰·尤克(John Uecker)回忆说,"我知道死亡已经露面。"* 威廉斯朗读了半个小时剧本,然后突然站了起来。"表演到此结束。"* 他说。

"我不了解我的生活,过去或现在,我也不了解生活本身,"那年 5 月,他在写给他在基韦斯特的朋友凯特·莫道尔(Kate Mold-

第九章　漫长的告别

awer）的信中说，"对我来说，死亡似乎更容易理解。"*圣诞节前夜，莫道尔和加里·塔克（Gary Tucker，他是《摇摇欲坠的房子》早期演出版的导演）不停地给威廉斯打电话，但没有人接听，忧心之下，他们去了威廉斯家。三天前他就把自己锁在里面了，他们不得不破门而入。他们发现威廉斯躺在地板上，裹着一张床单，周围是小药瓶和酒瓶。他脱水，虚弱，语无伦次。他被紧急送往医院，用了一个假名住院。他在那里恢复了几天。*他在基韦斯特的医生告诉他，如果不延长住院治疗时间，他就不能再坚持多久了。"他就是不想住院，"尤克说，"你无法告诉他任何事。他只做他想做的事。"*

从春天开始，威廉斯就已经盘算着出租他在基韦斯特的房产了。*家中晕倒事件后，他最终决定卖掉它。12月最后一段时间，莱昂西亚·麦吉——他的管家——无意中听到威廉斯在叫出租车。当她询问叫车的事，他告诉她他要去纽约。她问他什么时候回来。"我再也回不来了。"*他说。他递给她一张周薪支票，并解释说她以后会收到纽约寄来的支票。"在汤姆先生独自一人离开之前，他回到厨房，又递给我一张1000美元的支票，"麦吉说，"'这是干什么？'我问汤姆先生。'过圣诞节。'他说。我和他走到前门，离开之前，他吻了我的脸颊，这是他以前从来没有做过的事，就在那一刻，我知道他不会回来了。他吻了我，又是一个人去旅行，他以前从来没有这样过。"*

1983年1月，威廉斯坐下来为詹姆斯·劳克林写了一则赞词，赞词将在纽约国家艺术俱乐部的颁奖晚宴上宣读。劳克林创办的新方向出版公司——其存书目录构成了现代主义文学经典——出版了48部威廉斯著作——这些书总共卖出了500万册，帮助撑起了这家出版社，也使威廉斯成为它的最畅销作家。在赞美了他的朋友后——"詹姆斯·劳克林当年是什么样子，现在还是那个样

威廉斯在领取哈佛大学荣誉学位的队伍中，1982年

子"*——威廉斯提及数十年来劳克林满怀热情地发表的他的作品。"我知道，是诗意使得这些出色的创作与众不同，无论是戏剧还是故事创作，是的，那便是我所奉献的主要东西。"威廉斯写道。他用手划掉了一个没想好的修饰语句，又补充说："现在，清算的时候似乎快要到了……"*

2月，威廉斯情绪沮丧，身体不适，他独自一人前往伦敦、罗马和意大利的陶尔米纳，进行了一次慌里慌张的旅行。不到一周，他就回到了纽约。当时，42街一个小型非营利剧院正在重演《老屋》；这次演出没有人评论。雷德向威廉斯询问此事时，他说："我经历了好评，到差评，再到无人问津。"*

在1939年威廉斯第一次见到奥德丽·伍德并正式开始了他的职业生涯那天，他去了伍德和她的丈夫在美伦酒店的套房。伍德端上了雪利酒,并提议干杯。"为我们。"她说。威廉斯回答说,"我们坦诚点,每个人都为自己干杯",他还向自己新确立的公众身份——"田纳西·威廉斯"致敬。* 在长达 60 多年的写作生涯中,在 30 余部多幕剧和 70 余部独幕剧里,威廉斯建立了一个自我的王国,一度既辉煌又焦虑的自我。"我,我,我!——是一副要放下的重担了。"* 他在 69 岁时写道。1983 年 2 月 24 日下午 7 点 30 分——最后一次有人见到他的时间——到第二天上午 10 点 30 分——他被发现躺在纽约爱丽舍酒店 13 楼日落套房的地板上的时间,用他的话说,是"舒适地躺下"——之间的某个时候,威廉斯放下了那个自我,那个他解放过、伤害过、愉悦过、神化过、毁掉过的自我。

第十章
突如其来的地铁*

> 田纳西称死亡是突如其来的地铁,现在他已经搭上了那列车。
>
> ——詹姆斯·劳克林
> 《田纳西》*

> 他写下了自己的人生,他也想写下自己的死亡。
>
> ——约翰·尤克*

1983年2月25日下午12点40分,警察到达威廉斯在爱丽舍酒店的房间时,门上挂着一块"请勿打扰"的牌子。*三天来,威廉斯一直躲在里面,拒绝清洁工和几乎所有人进来,除了他的新经纪人路易斯·桑尤尔霍(Luis Sanjurjo),偶尔还有约翰·尤克,后者会在套房的客厅和他隔壁的卧室里盯着他。(威廉斯拒绝了圣贾斯特夫人至少五次的长途电话。)

在他的诗《狐狸呐喊》("Cried the Fox")中,威廉斯把他生命中持续不断的惊恐比作狐狸被猎狗追赶的状态:

我跑,狐狸叫喊着,一圈又一圈,

> 越来越窄，越来越窄，
> 穿过那绝望的山谷，
> 绕过那狂乱的小山。*

现在，他已经没有力气再跑一趟了，看起来已经被逼入绝境。尤克在他的房间外面等着，准备订购威廉斯挑选的早餐，和他一起看电视，或者从他特意带的那包书里挑一本读给他听。"我知道他在处理他的一生——他的下一个目的地。他独自一人，没有家；他也没有我，我只是临时的。"*尤克说。

在1983年1月完成的具有先见之明的独幕剧《唯一的例外》（*The One Exception*）——他最后一部作品——中，威廉斯预言了自己的悲惨处境，这也是他的最后一部作品。他的女主角凯拉不久就要住院，"对精神病院有致命的恐惧"*，已经"退缩到了自己的房间"*。"她害怕遇到任何人，"她的看守人梅对来访的维奥拉说，维奥拉是以前欢乐时代的室友，"别生气。现在，除了我，她对每个人都是这样，甚至有时对我也是这样。"*梅和维奥拉聚在凯拉的房间外讨论筹备老友聚会的最佳方式。"她曾经有过几段抑郁期，但已经解脱出来了，"维奥拉说，"她有自己的工作和我们——她的朋友，在那些日子里给予她精神上的支持。"*

凯拉最终出现时，她第一句吞吞吐吐的话是"我——不能说太多。过去的已经——过去了"。生硬又紧张，维奥拉倒出了一连串的流言蜚语，然后试图强迫凯拉听她讲一笔紧急贷款的事。然而，凯拉处于另一种紧急状态。"是的。一个人，"她说，听错了，"除了……什——什么都没有。只——"*维奥拉试图碰她。凯拉颤抖着，大声呼喊，道歉，在梅的帮助下被带回自己的房间，她把自己锁在那里。维奥拉担心她的朋友会自杀，对梅说："我想知道把她马上送进去会不会更好，否则会有不断重复的尝试——"梅打

第十章　突如其来的地铁

电话给医生，恳求凯拉吃饭，准备去医院时，凯拉"木讷地点头"*。她被吓呆了；在威廉斯的绝笔中，他的角色关闭了世界和她自己：

> 凯拉犹豫地朝一个方向走了几步，然后又朝另一个方向走了几步。被自己的拖鞋走在地板上的声音吓了一跳。她脱下拖鞋：穿过每一扇门，悄悄地把它闩上。做完这些，她又不知道下一步该做什么了。最后，她僵硬地坐在舞台中央的一把椅子上，闭上了眼睛。*

"田纳西请求我不要打电话给医生。*不要把他送进医院。"*尤克说。有一次，威廉斯看了一则电视新闻报道——一个人拔掉了他岳母的插管，他问尤克是否愿意为他这么做。"我肯定不会，"尤克说，"这个人被指控犯有杀人罪。我不能那样做。"威廉斯看着他。"嗯，我唯一能说话的人就是玛丽亚小姐。她坚强而富有。"他说。然后他沉默了。过了一会儿，他说："但前提是希望渺茫或没有希望。"*

"每次进入房间，我都得集中精神，"尤克说，"他在看着我，担心我会不会告发他，担心我会不会背叛他。他不想公开死亡。"*尤克是一个忠诚的、有点紧张的伴侣，按照威廉斯的标准，他是一个合格的艺术家和男人。在作为威廉斯"得力助手"的前几个月里，尤克带领他的老板经历了一系列艰难痛苦的退位抽身。"我就像看着一个泰坦陨落，"尤克说，"你看着他的生命力失去。"他继续说道："他对什么都不感兴趣。不和年轻人见面或交往。我一次也没看见他看任何人。他根本看不到美，无论是男性美还是女性美，他与一切都脱离了干系。"*

威廉斯扔掉了他的颜料；不再游泳；卖掉了基韦斯特的房子。

在他去世前的周一,在德雷克酒店吃了一大半三明治后,他告诉尤克:"我无法写作。如果我不能写作,我就不想活下去了。我要去找一些速可眠。我知道你不赞成,但你明白吗?"* 周二晚上,在和他的好朋友简·史密斯(Jane Smith)——她在他崩溃后飞往基韦斯特,并在1月的头两周把他带回了她在纽约的公寓进行康复——共进晚餐时,他吐露道:"我已经面对了这个事实。"*

周四,尤克担心威廉斯的疲惫和他藏在房间保险箱里的速可眠,便打了电话给威廉斯的医生:"我说,'万一他把整瓶药都喝了呢?'他认为我是多虑了,对我说,'如果没有酒,就不用担心。他的身体习惯了这种药物。没有酒精就不会造成伤害'。我说,'但他吃得还不够维持生命啊'。他说不要担心。"* 无法平息心中恐惧的尤克又找到了威廉斯的另一个朋友瓦斯·沃格利斯,要他帮忙一起送威廉斯去住院。他们计划第二天——星期五——就去做这件事。

周四晚上,尤克在7点叫醒了威廉斯,告诉他简·史密斯在客厅里,渴望见到他。威廉斯出来见她;他觉得穿着浴袍很尴尬。"他好像进入了梦乡,"尤克回忆道,"睡了这么久,他有点脸红了。他说:'哦,简,我就是不能出去。'他跟她说了几分钟话就回自己的房间去了。'你和约翰出去吃饭。'"* 他们下楼来到酒店的拉维朗达餐厅。

那天晚上稍晚些时候,尤克回到房间,把耳朵贴在门上,听到了威廉斯的鼾声。第二天早上,他又听了一遍,什么也没听到。上午10:30,尤克打开了门。窗帘拉上了;房间又酸又乱,到处是药片。"很糟糕。如果你拍张照片,哦,天哪。"* 尤克说。威廉斯不在床上。"我根本感觉不到他的存在。我想,哦,天哪,他应该在浴室里,而且会很糟糕。我完全准备好了面对一连串的血迹,或者类似的情况。我看了看浴室,他不在那里,"尤克回忆道,"我的下一

第十章　突如其来的地铁

个念头是，他半夜穿上外套，开始在街上走来走去。然后我看到酒店的钥匙还在那里。当我看到钥匙，我知道他在床的另一边。我不得不正视它，你知道，用我的眼睛。"*

威廉斯穿着骑师短裤，如婴儿般在绿色的地毯上蜷成一团。他滑倒在床和床头柜之间。他向右侧躺着，还戴着眼镜。他的右臂向后伸展，前臂在肘部弯曲，靠在床垫上。在玻璃覆盖的床头柜下面，放着一个盛放速可眠的空瓶子和几个科尔沃-萨拉帕鲁塔干红葡萄酒的软木塞，床头柜上还有半杯，以及《总有一天》（"Some of These Days"）的复印件——这是威廉斯的朋友詹姆斯·珀迪（James Purdy）的短篇小说，讲述了一个男孩因心碎而死的故事。在这一页的顶端，珀迪写了两行托马斯·查特顿（Thomas Chatterton）的诗句，作为题词："戴着芦苇冠冕的水女巫/带我去你致命的潮汐。"*

警察到达现场时，他们封锁了卧室。他们在梳妆台上发现了 13 瓶处方药，包括爱道美、别嘌呤醇、灭吐灵、胰脂酶和二氢氯噻。在威廉斯的右手下，他们发现了一个速可眠胶囊；他们把他的身体翻过来时，又发现了一个；睡衣和床单拿掉后，一共发现了五个胶囊。

整个星期以来，这套房间一直是一个孤独的洞穴，现在突然人满为患。房间里坐满了警察、几名摄影师和纽约市首席法医艾略特·M. 格罗丝（Elliot M. Gross）。威廉斯的亲密朋友和商业伙伴——路易斯·桑尤尔霍、米尔顿·戈德曼、瓦斯·沃格利斯和简·史密斯也加入了这场混乱。"现场的人太多了，简直难以置信"，尤克自己也承认，现场的喧闹声让他"抓狂"，他回忆道。"这一切都变得如此不人道。警察带着庸俗的想法进来了。哦，看看这些药——哈，哈，哈。他们转动着眼睛，咯咯地笑着，傻笑着。一个富有的颓废者死了。如果一个人拥有别人不理解也不具

备的天赋，他就会被淘汰出局。我只是还没有准备好，"他说，
"我看到他们做出结论。我听到有人说媒体都在外面。"尤克试着
和格罗丝说话。"我说：'看，事情不是看起来的那样。我知道那
看起来是什么样子——但事实并非如此。我向你发誓。'"* 格罗
丝走开了。

威廉斯被装进尸袋，放在了担架上。救护人员把他推出了卧
室；还没等他们走到前门——门外已经挤满了记者——正在和尤克
从他的卧室往外看的史密斯说："我一定要见他！"她冲到担架前，
从密集的救护人员中挤到威廉斯的尸体前。"就像在看一场不可思
议的歌剧，"尤克说，"整个房间似乎都停了下来。"史密斯双手双
膝着地，抱着放在黑色橡胶袋子里的威廉斯。"她哭啊，哭啊，哭，
并且吻了他。"* 尤克说。

名声，对活着的威廉斯来说是个难题，在他死后也莫不如此。
2月26日，格罗丝向媒体宣布，他不怀疑有谋杀行为。死亡原因是
声门堵塞造成的窒息，他说，"是由一个塑料盖引起的"*。然而，
法医病理学家、前纽约首席法医迈克尔·巴登（Michael Baden）
认为瓶盖"不够宽，无法封住威廉斯的气道。事实上，它甚至不在
他的气道里，而是在他的嘴里"*。尽管如此，威廉斯被细长的医
用橡胶瓶塞窒息的故事成为新闻头条，也是官方给出的死亡通
报；* 它被收录在圣贾斯特《五点钟天使》和威廉斯自己编辑的多
卷本《日记》的最后一页。格罗丝还告诉媒体："今天上午对托马
斯·L. 威廉斯的尸体进行了尸检……并将进行进一步的研究，包
括化学试验。"* 格罗丝确实把样本送到实验室进行分析，但样本
用的是另一个名字，一个从屋顶上跳下来的年轻瘾君子的名字。
后来，格罗丝声称，他之所以这么做，一是担心谋杀，二是出于
防止媒体泄露名人信息的需要。1985 年，格罗丝有争议的做
法——尤其是他在威廉斯死亡时的行为——被《纽约时报》的一

篇文章特别报道。"格罗丝告诉我,这是一个非常重要的案件,他不想让任何人知道他们在使用这些材料,"前首席法医办公室毒理学主任米尔顿·L. 巴斯托斯医生(Dr. Milton L. Bastos)告诉《纽约时报》,"这是不正常的,也不恰当的。但我这样做了。这是命令。"*威廉斯死后大约五个月,格罗丝坚持认为死亡原因是窒息,他发表了一份声明,修正了他最初的发现,但只是承认"很显然,盖子是用来吞食速可眠的"*。撇去那些含糊其词的话,在格罗丝向媒体发表声明的两个月前完成的毒理学报告清楚地表明,无论是偶然还是故意,威廉斯摄入了致毒数量的速可眠。*报告显示,威廉斯的大脑、血液、胃、肝脏和肾脏都充满了被称为速可眠的司可巴比妥。

威廉斯去世的消息首次登上头版时,人们为他祈祷,为他哭泣,为他朗诵,为他赞美。在舒伯特剧院拥挤的悼念仪式上,在休姆·克罗宁读的一封信中,伊利亚·卡赞呼吁戏剧界停止为威廉斯的死亡制造"悲伤的集体噪声"*。"这个人度过了非常美好的生活,充满了最深刻的乐趣,他度过了他选择的生活,"卡赞说,"我们中很少有人能做到这一点。"*女演员伊丽莎白·阿什利,也就是威廉斯不可替代的"玛吉猫"说:"为了和生活和解,大多数人都绘制了一条避开岩石和浅滩的情感道路……但是田纳西写下了所有的浅滩和会上浮吞食船只的海怪。他探讨了心灵的禁忌,让我们知道,我们不必从我们的灵魂中剜去纯真和疯狂——这些都是社会想要切除的东西。他看到了整个生命——不仅是手上的皮肤,还有下面的骨头和血管里的血液。"*阿瑟·米勒和威廉斯一样,也经历了一落千丈的关键时刻,他切中了威廉斯事业和勇气的本质:"有一段时间,剧院喜欢他,但后来又回到钱袋子里去寻找自己的灵魂了。他选择了一种艰苦的生活,需要鳄鱼的皮肤和诗人的心灵。为了他永

远的荣誉,他坚持不懈,带着我们所有人走向荣耀。"*

威廉斯去世后的第二天,百老汇20家剧院门口灯光暗淡。在上东区弗兰克·E.坎贝尔殡仪馆,威廉斯的遗体被安放在一个没有把手的简单木制棺材里——用戴金·威廉斯和圣贾斯特的说法就是"东正教犹太人的棺材"*——放置了三天。为了这个场合,一名俄罗斯东正教牧师被圣贾斯特请来,一个俄罗斯圣像被放置在威廉斯交叠的双手中。威廉斯的堂兄西德尼·拉尼尔牧师主持了仪式。"对所有了解他并与他分享生活的人来说,这是一个和解的时刻。他可能会嘲笑我们的心情——我们都记得他独特的笑声,不是吗?"*拉尼尔这样开始。那个周末第二场追悼会在圣路易斯举行时,呼之欲出的是更加黑暗的笑声。

威廉斯曾想过海葬。他的愿望在一封经过公证的信中写得很清楚;他对着朋友,甚至对着镜头说过这件事。"我要用一艘廉价的小船,也许是只捕虾船,把我载入海里。我建议它从我在基韦斯特岛的家出发,当这艘小船到达几乎可以确定是哈特·克莱恩把自己交付大海的地点,就在那里,在现有的所有记录都可以确定的最接近的地点,我希望被送回大海,据说生命从那里来。"*他在纪录片《田纳西·威廉斯的南方》(*Tennesse Williams' South*)中说。

而将威廉斯安葬在圣路易斯的加略山公墓的决定则来自他弟弟戴金——他的"私人传记"将于那年4月出版。前一年12月,戴金飞到基韦斯特想给威廉斯看校样,并希望得到他的祝福;威廉斯没有见他就让他走了。"如果他必须死,而每个人都必须死,那他死的时机再恰当不过。"*戴金说,他设想在他哥哥死后,会有一场文学上的意外之财——他的作品被大量印刷。"突然间,他从默默无闻变成了全国的头条新闻。我想我的生活逐渐像样了。"他告诉《华盛顿邮报》。戴金说,处于威廉斯的阴影之下,"我被迫去竞选

第十章 突如其来的地铁

公职，除了从帝国大厦跳下去，我什么都做了"。他接着说："我和他在一起没有多少愉快的时光。在他健康的时候，他不想和我有任何关系；他生病的时候，在他身边很不愉快。我大多是在他生病的时候在他身边。我想你可以说我参加了所有的葬礼，却没有参加一次野餐会。"*

戴金毫不掩饰兄弟之间的竞争。对他来说，威廉斯的葬礼就像某种野餐一样。在为期两天的圣路易斯守灵中，威廉斯躺在一个敞开的棺材里，脖子上挂着一个东正教的十字架。戴金身着"巴黎装束"*，一种前面有拉链的豌豆绿色皮革连体裤，在不透气的殡仪馆的房间里大摇大摆地闲逛。咖啡桌上显著的位置摆放着《老屋》的书稿和戴金自己的《奇异酒吧》（*Bar Bizarre*），这本私人出版的书讲述了他的法律生涯，还有他哥哥对此书的介绍。戴金曾一度考虑过把威廉斯葬在俄亥俄州韦恩斯维尔市他深爱的外祖父母身边，但他最后认为这不现实。"牛奶车不再在韦恩斯维尔停留了。"* 他说。关于他决定把圣路易斯作为威廉斯的最后一站，戴金说："我敢肯定，他不赞成葬在这里。但我是他唯一还在世的亲属，我想这是他应该安息的地方。我还应该把他安葬在什么地方呢？"他补充说："这样他就会在一个中间地带，方便大家向自莎士比亚以来世界上最伟大的天才致敬。"* 如果戴金的夸张不失有点 P. T. 巴纳姆的味道，那可能是因为他计划把墓地变成一个旅游景点。"戴金计划开一个小卖部，兜售点心、小饰品、纪念钥匙链和戴金的书，"多森·雷德说，"好心的老戴金总是想捞钱。参观像雅园这样的墓地要收取入场费。"* 这时，戴金才知道被哥哥的遗嘱愚弄了：在大约 500 万美元的遗产中，戴金仅能在罗丝死后得到 2.5 万美元。然而，他成了笑到最后的赢家。戴金没办法让威廉斯在生前重视他，但他会让威廉斯在死后付出代价。*

3月5日，1200多名哀悼者聚集在拜占庭风格的圣路易斯大教堂举行了 90 分钟的安魂曲弥撒。此后,长达一英里的哀悼者列队走过威斯敏斯特广场 4633 号去往加略山公墓。威斯敏斯特广场 4633 号是 1918 年威廉斯家刚落脚圣路易斯时的居处,那时汤姆·威廉斯七岁。墓地前的青草上搭建了一个帐篷,里面有供送葬者使用的椅子和供护柩者放棺材的支架。威廉斯在微雨轻飘、金钟花开始绽放的时候被送进了坟墓。由此,田纳西·威廉斯被埋葬在他自己称作"圣污染"(St. Pollution)* 的城市;他出生时是圣公会教徒,皈依时是罗马天主教徒,最终在犹太棺材里安息,墓碑上雕刻着东正教十字架。那个想要重新融入海洋母亲的男人,最终在他母亲身边过永恒的时光,那是一个他一生逃离并保持距离的女人。

———

关于威廉斯遗体的争论暂告一段落;但对于他的文学遗作来说并非如此。威廉斯的临终遗嘱和遗言像他一生所写的作品一样,充满了谎言与篡改。在《五点钟天使》倒数第二段中,圣贾斯特写道:"田纳西的两大最爱就是他的作品和他的姐姐罗丝。在遗嘱中,他都委托给了玛丽亚。"* 从她自己的讣告中可以看出,圣贾斯特在她的余生中成功地传播了这个神话。*《伦敦旗帜晚报》的标题是《热爱田纳西·威廉斯的贵族悍妇》*。《卫报》则更平静地详细讲述了她的故事:"她是威廉斯最亲密的女性朋友,她对他近乎家人般的奉献在他死时得到世人的认可,她被称为田纳西的书稿保管人。作为他的文学遗作管理员,不可能有人比她更加负责了。"*

尽管有很多反对的声音,但威廉斯实际上并没有将圣贾斯特指定为他的书稿保管人。他在遗嘱中明确表示出想要区分两组委托人的意图——一组是对罗丝具有信托权且须承担责任的圣贾斯特和约翰·伊斯门（John Eastman），另一组是评估其文学遗产的委托人。在1980年9月11日起草的一份遗嘱附录中，威廉斯指定哈佛大学为其文学遗产评判的唯一仲裁者。在修改这段历史的过程中，圣贾斯特也在修改着她在威廉斯故事中的地位。自1975年他的《回忆录》出版以来，这一直是他们之间争论的焦点。正如圣贾斯特经常告诉媒体的那样，她曾一气之下把《回忆录》扔进垃圾桶。她说，她被那些离谱的故事激怒了。威廉斯在书中只提到她11次，称她为"偶尔出场的女演员"*，并向读者保证，"以后我会写更多关于玛丽亚的故事"*，这使她更加气愤。这本书中关于她的最令人难忘的评论是"这位女士就是个自大狂"*。圣贾斯特向威廉斯施压，而他的道歉仅仅是关于他们之间关系的几页打字稿，他承诺将在《回忆录》英国版中出版。然而最终，它们被发表在圣贾斯特的《五点钟天使》中。威廉斯写道："在我回忆录的美国版中，由于某种原因，这种丰盈而持久的关系被编辑删减到了如此地步，看起来几乎只是熟人，这简直莫名其妙。"*

然而，其他人对圣贾斯特与威廉斯之间恋爱般的友谊印象深刻吗？"答案是否定的。"*这本书的原主编凯特·梅迪纳说。威廉斯本人在官方的生活故事中实际上已经抛开了圣贾斯特。她对威廉斯一心一意，但威廉斯是否如她在《五点钟天使》中所说的那样也一心一意地对她呢？"我想在某种意义上，他是这样的，"戈尔·维达尔说，"尽管他是一个性格非常孤僻的人。他在某种程度上感激她为他所做的一切，这一切也只是一种照顾。但我认为他从未对任何人有过任何爱慕。"*在威廉斯1976年的戏剧《这是（娱乐）》［This Is（An Entertainment）］的结局中——这是一部关于圣贾斯特并献给她的剧，将军向圣贾斯特的替身——女伯爵献上了深情的诗行："我的最后一个请求，也是最后一个命令。请为那位女士提供

593

一条能穿越群山的安全通道！你能吗？看在旧日的情分上？"* 从某种意义上说，威廉斯曾为圣贾斯特提供了一条安全的生活通道。然而，从创作该作品到威廉斯去世的 15 年间，他们的关系已经疏远了。威廉斯在 1982 年 11 月写的最后一个混乱的故事——《消极》("The Negative")讲述了一位昔日诗人的故事，他没办法完成自己的诗作，且将被送进养老院。他接到神秘的"莫娜夫人"的电话，她似乎了解他所有的难处，而且想成为他的缪斯女神。他们在一个昏暗的咖啡馆见面。这位诗人被那个女人贪婪的眼睛吓坏了，跳进泰晤士河自杀了。*

布鲁斯·史密斯（Bruce Smith）在他的回忆录《代价高昂的表演：田纳西·威廉斯：最后的舞台》(*Costly Performances: Tennessee Williams: The Last Stage*)中讲述了他和威廉斯的友谊以及他为威廉斯后期戏剧所做的公关工作。关于圣贾斯特这个人，他说："他知道她将他们友谊夸大并利用到无法辨认的地步。"* 史密斯补充说，在接近生命的尽头时，威廉斯"正在逃离她，甚至我在那儿的时候，都看到有一些来自圣贾斯特但从未打开的信件。那时她已经回伦敦了。他在感情上已经和她结束了。他对我说：'我不知道她为什么要来这里找这些空缺职位，她很多余而且不受欢迎。'"* 米奇·道格拉斯回忆起威廉斯最后一部百老汇戏剧《夏日旅馆的服装》的排练时说："玛丽亚的存在十分特别，有很多记录，而且坦白说，我也认为玛丽亚很碍事。在面对她时，田纳西会对她微笑并表现得非常友善，然而转身就对旁边的人说：'嗯，你知道，她真的不了解这种戏剧。'"在威廉斯的遗嘱于 1988 年 6 月被认证之前，佛罗里达东南银行是威廉斯财产的唯一执行者，其个人代表查尔斯·卡罗尔（Charles Carroll）说，威廉斯在去世前曾考虑从遗嘱中取消圣贾斯特作为遗嘱的联合委托人，但"他太拖延了，以至于这件事一直没完成"*。

第十章 突如其来的地铁

威廉斯的遗嘱不可避免地成为他和圣贾斯特之间强烈而矛盾的情感焦点。"她总是在抱怨钱,"多森·雷德说,"抱怨她的未来。她正在变老。他会说:'哦,宝贝,别担心。你在遗嘱里呢。'"雷德补充说:"田纳西总是告诉别人他们在他的遗嘱里。"* 朋友们说,圣贾斯特与威廉斯在圣贾斯特可能继承的遗产问题上争论甚至是激战了很多年。这种嫌隙可以从威廉斯在 1959 年至 1967 年写给圣贾斯特的寥寥 20 封信件看出,这些信件出现在《五点钟天使》里。"最终,金钱是她邪恶的根源,"葆拉·劳伦斯说,"她爱钱。金钱与她的安全感、爱情、情感息息相关。"** 她要管理一大笔财产,而她的两个女儿在私立学校读书,丈夫漂泊不定,因此,财务安全一直困扰着圣贾斯特。她希望威廉斯将他一部主要戏剧的版税的一部分留给她——他也对其他照顾他的重要人员承诺过。但是威廉斯留给圣贾斯特的唯一版税是他很少演出的《二人剧》的收益*——从财政角度说,这就像莎士比亚留给他的妻子"第二好的床"*一样是个无礼的玩笑。威廉斯还让圣贾斯特担任罗丝·威廉斯信托基金会的共同托管责任人,这一职务以及这项工作最终带来的高额津贴取决于罗丝的寿命。根据遗嘱,罗丝的生命结束时,共同受托人的薪水和福利也将终止。这是圣贾斯特承诺对罗丝的虔诚奉献之外的保证,以确保罗丝得到足够的照顾。

圣贾斯特精心照顾临终的生病丈夫彼得·圣贾斯特时,纽约专栏作家哈丽雅特·范·霍恩问她:"假设彼得和田都病入膏肓,您会选择在谁的床边照顾呢?"据范·霍恩所说,圣贾斯特回答道:"嗯,田纳西,亲爱的,当然是他。"* 碰巧,威廉斯早了彼得·圣贾斯特一年半去世。在她的余生中,圣贾斯特经常问葆拉·劳伦斯:"您怎么看?如果田纳西还活着,这将如何结束?"劳伦斯解释说:"她希望我们让她放心,他一定会和她在一起。也许不是合法婚姻,但会在一起。听到这儿,你一定会非常难过。'现实点吧,姑娘!'

老天！"*

作为罗丝·威廉斯信托基金的共同受托人，圣贾斯特的沮丧和成为威廉斯遗孀的幻想结合在了一起。罗丝·威廉斯信托基金持有威廉斯的大部分财产，总共价值约500万美元。在她照料罗丝的过程中，圣贾斯特充满想象力与热情，尽职尽责；然而，在参与威廉斯的文学事务时，她是狂热的。圣贾斯特在促使威廉斯在遗嘱附录上签字中起到了重要作用，不再把他的文稿遗赠给南方大学——他敬爱外祖父的母校，他以外祖父的名义成立了一个文学基金——而是将其捐赠给哈佛大学。（南方大学同意接受信托基金的资产——包括已出版作品的收益——而哈佛获得了手稿的明确所有权，这一大堆法律难题就这么私下解决了。）圣贾斯特打电话谈起遗嘱附录一事时，制片人莱尔·莱弗里奇与威廉斯正在新奥尔良。"'告诉她我睡着了'，"他回忆起威廉斯对他的伴侣说，"然后他转向我说：'他们要我改变遗嘱。'这是他的原话。并喃喃自语不想这么做。还摇了摇头。"*但是在不断的压力下，威廉斯确实签署了这份遗嘱附录，当时哈佛戏剧特藏馆的策展人珍妮·纽林（Jeanne Newlin）成为他去世后的文稿负责人。与约翰·伊斯门一起管理遗产这件事让人望而生畏——约翰·伊斯门起草了威廉斯的遗嘱，但对他不甚了解。他正忙于处理许多其他名人客户的事务，这些客户包括保罗·麦卡特尼（Paul McCartney，已与伊斯门的妹妹结婚）、安德鲁·劳埃德·韦伯（Andrew Lloyd Webber）、大卫·鲍伊（David Bowie）以及比利·乔尔（Billy Joel）——纽林迫使圣贾斯特也参与其中。"我知道她是了解田纳西的人，而我开始担心这些材料，"纽林补充说，"我告诉你，这是必要的。有一个了解田纳西·威廉斯的人是必须的，这个人熟悉这项工作。"*

因为该信托公司拥有戏剧的版权，所以圣贾斯特发现自己越来越有权力批准或拒绝制作这些戏剧。她对这份工作充满了报复性的热情，就像她婆婆去世后，她大张旗鼓地翻修丈夫家在威尔伯里的地产。("砰，砰，砰，气势高昂地进行下去"*，她曾兴致勃勃地给威廉斯写信，说要解雇厨师、男管家、餐具室的男仆和打扫房间的女仆。）就像《牛奶车不再在此停留》中的戈福斯太太，圣贾斯特把所有不愿听从她命令的人都送到了"地下密牢"*。她太强悍了，甚至连她自己的律师、传奇性的问题化解高手阿诺德·古德曼勋爵（Lord Arnold Goodman）都对她说，她实在是过分。古德曼在1993年的回忆录《告诉他们我在路上》（*Tell Them I'm on My Way*）中写道："为了保持各种演出的完整性，她一直在进行激烈的战斗，尽管我不断地表示，作为受托人，戏剧的演出并不属于她的职责。然而，劝说玛丽亚就像劝告一头冲锋的公牛它走错路了一样徒劳。"*伊斯门说："玛丽亚是田纳西·威廉斯有史以来最伟大的啦啦队长，有时候，一旦你把啦啦队长从赛场上弄下来，她们就不那么漂亮了。"*然而，对于那些处理遗产的人来说，伊斯门似乎很愿意让圣贾斯特来负责威廉斯文学方面的事务。维达尔说："伊斯门非常愿意摆脱一些不赚钱的事，也就是文学方面的事。"*

在最实际的意义上来说，圣贾斯特和伊斯门履行了他们作为受托人的职责，即提高遗产的经济价值。从1984年圣贾斯特和伊斯门开始协助佛罗里达东南银行管理遗产起，到1989年，威廉斯的收入从每年34.9万美元跃升至54.5万美元；到1993年，年收入达到80.9万美元。但圣贾斯特没接受过学术训练，也不了解文学声誉是如何建立或维持的。她能理解威廉斯的作品是一项金融资产，但十多年来，由于她强烈地渴望保留对文学事务的控制权，她设法冻结了几乎所有有关文学遗产的评论性论述。威廉斯的版税上升了，但有关他作品的讨论减少了。学者们被拒绝引用威廉斯未发表的作品，甚至不得引用他早期文件的影印件，而得克萨斯大学奥斯汀分校的哈里·兰瑟姆中心有一百箱这样的资料。"就是这些人通过写威廉斯并在课堂上教授威廉斯的作品来保持他的名声,"*当时负责馆藏的图书管理员凯茜·亨德森(Cathy Henderson)在1992年写给圣贾斯特的信中说,"不允许这群用户利用影印本至少做一部分研究,会减少批评界对他的关注,并为他作品观众的流失埋下伏笔。"*"玛丽亚并不在意威廉斯学术研究或其影响力的未来,"*伊丽莎白·麦肯(Elizabeth McCann)说,她是1989年彼得·霍尔爵士复排《琴仙下凡》的美国联合制片人,"她只对其中对她有用的内容感兴趣。现在,此刻。"*

在威廉斯去世后的前九个月里,圣贾斯特试图阻止佛罗里达东南银行批准的许多演出,包括与安-玛格丽特(Ann-Margret)合作的电视剧《街车》——一个威廉斯活着时就已经发起的项目。威廉斯去世两个月后,埃德·谢林写信给圣贾斯特,希望获准在他作为艺术总监的康涅狄格州斯坦福德的哈特曼剧院上演《红魔电池标志》——他持有威廉斯支持1983—1984年再次制作该剧的信件,还有雪莉·奈特(Shirley Knight)同意出演"市区女人"的协议。圣贾斯特对此表示反对。圣贾斯特如此居高临下地批判道,如果他对她为这出戏制订了其他计划感到震惊的话,她感到震惊的是他没有对她痛失心爱的田纳西表示任何同情。*

当时纽约朱贾姆辛剧院的负责人洛克·兰德斯曼(Rocco Landesman)联系了圣贾斯特,想用威廉斯的名字来命名一家百老汇剧院。"我想以田纳西的名字命名现在的沃尔特·克尔剧院,"兰德斯曼说,"我打电话给玛丽亚·圣贾斯特。她话很多,但根本没有听我说话。对话的要旨是,如果我们答应在百老汇上演《琴仙下凡》,她就可以安排此事。这太糟糕了,因为田纳西本可以在纽约拥有以他的名字命名的最美丽的剧院。但我不会屈服于敲诈。"*

第十章 突如其来的地铁

因为圣贾斯特的任性,《有点缥缈,有点清澈》由于涉及圣贾斯特不喜欢的"同性恋题材"*,直到 1995 年才出版。《摇摇欲坠的房子》直到 2008 年才出版。格雷戈里·莫舍(Gregory Mosher)——曾担任芝加哥古德曼剧院的艺术总监,转至林肯中心经营维维安·博蒙特剧院——向遗产托管会主动提出在纽约以大制作上演《房子》,但被圣贾斯特拒绝了。"她说:'这场戏是行不通的。'"莫舍回忆道,"我说:'你甚至都没有看。你怎么知道它是否可行?'"*当彼得·霍尔或理查德·艾尔等老练的英国导演打来电话,圣贾斯特既迷人又听话。但是对待那些缺少霍尔和艾尔的威信和魅力的年轻导演,她的态度就比较糟糕。当时,英国广播公司电视剧负责人西蒙·柯蒂斯(Simon Curtis)试图说服圣贾斯特,让他制作《停止了摇摆》。"她很能装,"柯蒂斯回忆道,"'谁来写剧本?'她对我说。'这就是一个剧本。'我说。"*

圣贾斯特的公众形象如同一座精心设计的纸牌屋,进行任何细究对她来说都是一种威胁,所以她下定决心要在威廉斯传记作者的选择上掌握决定权。关于威廉斯的大量未经充分研究的回忆录,包括他自己的回忆录——强调喝酒、吸毒和同性恋滥交,她说:"他的个人形象被令人震惊地玷污了。"*戈尔·维达尔说:"我向她解释,'你所关心的就只是你自己在故事中的形象,任何传记作者都要赋予你权利审查任何关于你自己的事情,可传记不是玛丽亚的,而是田纳西的'。"在诸多传记作家中,有一名被选中。他就是玛格特·彼得斯(Margot Peters),夏洛特·勃朗特和巴里莫尔家族传记的作者。*她从 1989 年到 1991 年一直从事威廉斯传记的创作。过程并不顺利。"她绝对想审查手稿,"彼得斯谈到圣贾斯特时说,"我一直对她说:'玛丽亚,这是我自己的传记。你授予我权利,但它是我的。如果你要审查手稿,我就没办法工作。'有些东西她甚至都不让我检查核实。有些一开始我可以使用引号,但后来也许就不能了。"* 这个项目曾中止过,之后又启动。最后,这两位女士在一次折磨人的跨大西洋通话中分道扬镳。"我永远不会把他的事放心地交付给你。"* 圣贾斯特告诉彼得斯。彼得斯冲圣贾斯特大喊:"你毁掉了田纳西·威廉斯!你正在毁掉他!你正在毁掉他的声誉!你正在毁掉关于他的学术研究!我坚决不再为他写传记,也绝不会跟你在这世上有任何合作!"* 然后她摔了电话。

作为玛格丽特·撒切尔的崇拜者,圣贾斯特在面对反对者时采取了前首相的策略:她不抓俘虏。消灭而不是谈判,这是她的风格。她从没提起,甚至对"授权"过的彼得斯也一样守口如瓶,在他去世前的五年里,威廉斯一直与莱尔·莱弗里奇合作,莱尔·莱弗里奇计划写一本由两部分构成的传记,他拥有两封威廉斯写给他的信,委托他为自己授权的传记作者,并允许他"完全可以查阅我的私人信件和日记"*。威廉斯第一次见到莱弗里奇是在1976年,当时莱弗里奇正管理着一家名为"橱窗"的旧金山小剧院,该剧院成功演出了《二人剧》。第二年,莱弗里奇给《纽约时报》写了一封长信,以回应罗伯特·布鲁斯坦对《田纳西·威廉斯致唐纳德·温德姆书信集:1940—1965》的评论,威廉斯写信感谢他的支持。次年的一次晚餐上,莱弗里奇提示威廉斯自己的《回忆录》给他带来了伤害,并提议写一本关于威廉斯在剧院工作的书,于是威廉斯说:"宝贝,你来写!"* 1979年1月,威廉斯指示比尔·巴恩斯代理莱弗里奇。随后,他决定应该由莱弗里奇担任自己的传记作者,从未写过书的莱弗里奇接受了这一任务。1984年,威廉斯去世后不久,查尔斯·卡罗尔证实莱弗里奇为威廉斯的官方传记作者。

莱弗里奇在相对平静的十年中创作了他的第一部作品《汤姆:未知的田纳西·威廉斯》(*Tom: The Unknown Tennessee Williams*)。

第十章　突如其来的地铁

这部作品原定于 1991 年秋天由格罗夫·魏登菲尔德（Grove Weidenfeld）出版。但是到 1988 年年中，威廉斯的遗嘱通过了认证，圣贾斯特自行升任威廉斯的文学监护人。她着手收回莱弗里奇的出版许可，理由是威廉斯的两封授权书没有明确说明莱弗里奇可以引用来往信件和日记。莱弗里奇辩称，他确实已经获得了佛罗里达东南银行的批准，并从那时起，就真诚地开始了写作。但圣贾斯特只是将莱弗里奇的著作视为另一本"盗版书"*。她与哥谭书店的所有者、文学档案鉴定人安德烈亚斯·布朗进行了接洽，后者曾在 60 年代被奥德丽·伍德雇用过，他负责对威廉斯的文献进行编目和鉴定，并在威廉斯去世后继续了这一任务。在一封信中，圣贾斯特谴责布朗帮助莱弗里奇，并向他保证，莱弗里奇永远不会成为被授权的传记作者。布朗回信说，他是按照威廉斯的指示帮助了莱弗里奇。尽管莱弗里奇的出版商认为他占据优势，但他们也不愿对古怪的圣贾斯特夫人进行一次可能代价高昂的讨伐。出版计划遭搁浅，这本书被搁置一旁。

在给布朗的另一封信中，圣贾斯特把遗产强硬路线的责任推给了詹姆斯·劳克林，莱弗里奇曾向他提交了手稿的初稿以征询意见。劳克林于 1989 年春归还了这份手稿，声称自己正在处理康涅狄格州家中火灾损失而无法阅读。不过，他补充说，他认为这不会"符合玛丽亚的计划"，因为"她想要的作品要简短得多，而且有不同的倾向"。*后来，劳克林写信给遗产律师谈及这本传记："我很钦佩其研究的深度，但并不认为这本书具有被指定为田纳西·威廉斯授权传记所必需的文学品质。"*

发生了什么事情？布朗很想知道。他对莱弗里奇和劳克林都非常熟悉。"我记得，"他在 1990 年 6 月 27 日写给劳克林的信中说，"莱尔给你他未经编辑的早期草稿，以征求一般性意见，而不是作为玛丽亚和遗产管理委员会接受或拒绝莱尔作品的'授权'筛选过程。此外,我不记得我们两人一起讨论莱尔和他的手稿时,你什么时候说过你认为他的传记没有授权书。"* 布朗从一张盖着 7 月 5 日的邮戳的手写明信片上得到了劳克林的解释:"答案是明明白白的勒索。抱歉!"* 圣贾斯特打出了她的王牌。作为版权的持有人,她可以选择将威廉斯将来的任何书籍转到另一家出版社,也可以阻止劳克林出版威廉斯写给他的书信的计划。1992 年 5 月,劳克林写信给莱弗里奇:"我必须与遗产管理者保持友谊,因为我们与他们有公务来往。但我一点都不喜欢这种审查制度。"*

其他人,包括维达尔,为了莱弗里奇和学术自由游说圣贾斯特。维达尔说:"我谴责了她,我吼了她。她知道一是他非常周密,二是他在调查堕胎。我说:'每个人都有堕胎的事儿,天哪,有什么大不了的?又不是你要当英格兰女王而这可能是你的公关灾难。你只是一个女演员——女演员很容易卷入这种事情。'"* 为了将事情掌握在自己手中,圣贾斯特来到奥斯汀哈里·兰瑟姆中心的威廉斯档案馆,要求作为他的遗稿保管人,应允许她在一个私人房间里独自阅读他的信。她用剃刀裁下了威廉斯信中所有牵连自己的文字(但是,她没有意识到图书馆保留了每份文件的缩微胶片副本,并且可以知道被删除的内容)。莱弗里奇写信给圣贾斯特,提出把他发现的一切敏感材料都"提交给你检查评论"*。她从未回复。布朗说:"玛丽亚对这个人的生活造成了严重破坏,这是一种真正的道德犯罪。"*

1994 年,即圣贾斯特去世的那一年,在《纽约客》杂志对威廉斯遗产的受托人和文学上的胡闹进行了为期三个月的调查之后,约翰·伊斯门终于让莱弗里奇的传记得以出版。* 被埋葬 13 年后,美国最伟大的剧作家威廉斯终于得以与他曾经匆忙行走其中的世界开始对话。这一重新活跃的讨论结果可以从票房上看出。2000 年,威廉斯戏剧的演出有 246 场,总收入为 115 万美元。* 到 2011 年,全球演出的数量已增至 309 场，收入达到 140 万美元。

在他努力摆脱压抑、争取自由、从痛苦中锻造荣耀的过程中，威廉斯将自己的谵妄变成了 20 世纪个人主义辉煌而野蛮的伟大编年史之一。为了说出我们的痛苦，他吞噬了自己：

> ……这一点就像他失去的任何一个早晨一样清晰，
> 他确实拥有一个英雄该拥有的本质，
> 生命就是毫无保留地让自我臣服于火焰。*

出于渴望被爱这个悲伤而微小的愿望，威廉斯把人物勾画得如此宏大，以至于他们成了美国民间传说的一部分。布兰奇、斯坦利、老爹、布里克、阿曼达和劳拉超越了他们的故事——他们成为耸人听闻的鬼魂，多年来以他们凶猛而有缺陷的生活困扰着我们。威廉斯让文字像赞美诗一样在这个国家的想象中存在着："我总是依赖陌生人的好意"*"有时候——上帝出现——那么迅速"*"当今世界被闪电照亮"*"出发吧！——努力出发！——除了出发，别无其他"*。

威廉斯抓住成功的铜环和身体的秋千，往高处荡，往低处荡。他在时光中的穿梭令人感动。他顽强地和分裂的自我进行斗争。在他身上，直到他呼出最后一口气，生和死的力量一直进行着激烈的战斗。艺术是他的习惯、他的"致命需求"*、他的救赎。他在那些语言几乎不起作用、无法形容的感官领域里寻觅，揭露了我们的悲伤、我们的欲望和我们的困扰。同时，他改变了美国商业剧院的形态和野心，这些商业剧院最终却无法支持他的故事试图捕捉的悖论性真理，即"人类精神的悲剧性分裂"*。

在他一心一意追求伟大的过程中，威廉斯耗尽了自己的精力，迷失了方向。"我想找回我的善良。"* 他经常说。如果他没有找到光明,他嘶吼的内心无疑投射了光明。"在我们孤独的洞穴里,除了文字、图像、颜色和划痕,还有什么别的东西吗?"* 他询问。在他和他的戏剧与世界玩的捉迷藏游戏中,威廉斯留下了一条美的小径,我们可以沿途努力去找他。

致　谢

我深知许多威廉斯迷已经等了很久，期望我这本书能面世。一部传记是需要时间的；即便我有意，也不能操之过急。尽管如此，从开始到结束共12年也是挑战极限了。我很感激还能活着完成这次极具挑战性的长途跋涉。如果不是沿途许多人的慷慨和忠贞不渝的支持，这次攀登是不可能完成的。

谨向以下诸位致敬：大卫·阿罗诺维奇（David Aaronovitch）、金尼·阿格纽（Ginny Agnew）、丹尼尔·艾伦塔克（Daniel Allentuck）、凯瑟琳·艾伦塔克（Katharine Allentuck）、希尔顿·阿尔斯（Hilton Als）、杰西·安杰洛（Jesse Angelo）、赫尔曼·阿罗（Herman Arrow）、伊丽莎白·阿什利、玛丽·巴布科克（Mary Babcock，文字编辑）、乔纳森·贝克（Jonathan Baker）、埃米利奥·班达（Emilio Banda）、米利·S. 巴林杰（Milly S. Barringer）、格雷格·巴里奥斯（Gregg Barrios）、梅根·贝蒂（Megan Beatie）、约瑟夫·P. 贝宁卡萨（Joseph P. Benincasa）、梅根·伯纳德（Megan Bernard）、乔治斯和安·博哈特（Georges and Anne Borchardt）、罗伯特·布雷、安德烈亚斯·布朗、安·卡塞尔塔（Ann Caserta）、马克·凯夫（Mark Cave）、弗兰克·科赛罗、梅格·考特尼（Meg Courtney）、耶雷·科图雷（Jere Couture）、保

罗·戴维斯、约瑟芬·德佩特里（Josephine DePetris）、米奇·道格拉斯、理查德·艾尔、阿尔卡迪亚·法尔科内（Arcadia Falcone）、大卫·芬克尔（David Finkle）、罗伊·弗卢金格（Roy Flukinger）、霍顿·富特、帕特里克·福克斯（Patrice Fox）、佩姬·L. 福克斯（Peggy L. Fox）、莱斯利·加里斯（Leslie Garis）、林恩·戈德堡（Lynn Goldberg）、安·戈尔茨坦（Ann Goldstein）、罗伯特·戈特利布（Robert Gottlieb）、朱莉·格罗布（Julie Grob）、艾琳·黑尔（Allean Hale）、约翰·汉考克、凯茜·亨德森、肯尼思·霍尔迪奇（Kenneth Holditch）、特鲁迪·霍曼（Trudie Homan）、安妮·杰克逊、弗朗西丝·卡赞、尼克·卡赞、托马斯·基思（Thomas Keith，年表）、阿瑟·科皮特、希拉·库夫普菲（Shelagh Kufpfe）、托尼·库什纳、简·拉尔、斯坦利·莱德贝特（Stanley Ledbetter）、詹妮弗·B. 李（Jennifer B. Lee）、马戈·莱昂（Margo Lion）、费利西娅·隆德雷（Felicia Londre）、苏莱玛·洛普（Zoulema Loup）、西德尼·吕美特、詹姆斯·马尔科姆（James Malcolm）、肯德拉·马利诺夫斯基（Kendra Malinowski）、林恩·马斐斯（Lynne Maphies）、约翰·马克斯通-格雷厄姆、彼得·米尔斯（Peter Mears）、麦克·梅达沃伊（Mike Medavoy）、乔安妮·梅奇（JoAnne Metsch）、理查德·迈克尔（Richard Mikel）、西摩·米尔伯特、阿瑟·米勒、朱迪·莫里斯·莫里斯（Judy Morris）、格雷戈里·莫舍、佩格·默里、琳达·布里斯科·迈尔斯（Linda Briscoe Myers）、麦克·尼科尔斯、肖恩·诺埃尔、理查德·奥拉姆（Richard Oram）、哈罗德·品特、杰伊·帕里尼（Jay Parini）、肯特·保罗（Kent Paul）、迈克尔·波隆斯基（Michael Polonsky）、丹尼尔·拉比诺维茨（Daniel Rabinowitz）、多森·雷德、利奥·兰盖尔（Leo Rangell）、雷切尔·劳思（Rachel Routh）、迈克尔·瑞安（Michael Ryan）、艾

致　谢

伦·U. 施瓦茨、安·施耐德（Ann Schneider，照片编辑）、丹尼尔·H. 希恩三世（Daniel H. Sheehan III）、艾德·谢林、凯蒂·史密瑟（Katie Smither）、德克兰·斯普林（Declan Spring）、托马斯·F. 斯特利（Thomas F. Staley）、伊莱恩·F. 坦卡德（Elaine F. Tankard，研究）、玛格丽特·塔夫茨·坦尼（Margaret Tufts Tenney）、约翰·尤克、杰夫·温布罗（Jeff Umbro）、伊莱·沃勒克、里克·沃森（Rick Watson）、乔治·C. 怀特（George C. White）、大卫·威尔克（David Wilk）、戴金·威廉斯、理查德·沃克曼（Richard Workman）。

同时，我也向伦敦心理分析界的朋友们表示由衷的感谢，这些年来他们的谈话和见解帮助我加深了对威廉斯的理解：格雷戈里奥·科霍（Gregorio Kohon）和他的论文《处于边界的卡夫卡》，以及唐纳德·坎贝尔（Donald Campbell）、斯蒂芬·格罗丝（Stephen Grosz）、普丽西拉·罗思（Priscilla Roth）。还需向克里斯托弗·博拉斯（Christopher Bollas）表示公开感谢，他的著作（《歇斯底里》《物体的影子》《成为一个人物》）和兴致勃勃的长谈一直是我灵感和启示的源泉。

《纽约客》一直是我写作生活中的喜悦。它也将许多文学界的天使带到我身边：泰·鲍德温（Ty Baldwin），我坚定的得力助手；珍妮弗·斯塔尔（Jennifer Stahl），核定事实的总监；德博拉·特雷斯曼（Deborah Treisman），过去 13 年里我能干的主编，她的出谋划策是一份珍贵的礼物。书稿中留下了这些专家的足迹。在诺顿，我有幸遇到约翰·格洛斯曼（John Glusman）这么一位优秀而体贴的合作者，作为出版社的总编和我的主编，他满腔热忱地监管了这项复杂的工程。极为幸运的是，就职于布鲁姆斯伯里出版公司——我的英国出版商——的比尔·斯温森（Bill Swainson）也为传记的书写给予了热情与指导。

在我结束这份工作之际,我愿意紧紧握住莱尔·莱弗里奇的手,是他让我开始了这次写作,还有我的妻子康妮·布思,她对我和这个项目的信任伴我走过这本书长长的孕育期。从差不多 25 年前的恋爱期开始,田纳西·威廉斯便是我们交谈的永恒话题。康妮早年当专业演员时,在 1977 年《玻璃动物园》伦敦演出中扮演劳拉,那场演出得到了威廉斯的赞赏——他直接到后台告诉她的。她对这个男人和他的家庭不幸的直觉理解,融入了本书的字里行间。

JL

伦敦

2013 年 10 月 9 日

年　表

1907　埃德温娜·埃丝特尔·戴金（Edwina Estelle Dakin，1884—1980）和科尔内留斯·科芬·威廉斯（Cornelius Coffin Williams，1879—1957）于6月3日在密西西比州哥伦布市结婚，后来搬到密西西比州的格尔夫波特。

1909　夫妻俩搬到密西西比州哥伦布，和埃德温娜的父亲沃尔特·E. 戴金牧师（Walter E. Dakin，1857—1954）及母亲罗西娜·伊莎贝尔·奥特·戴金（Rosina Isabel Otte Dakin，1863—1944）住在牧师住宅里。作为一位旅行推销员，科尔内留斯长期在外奔波。

罗丝·伊莎贝尔·威廉斯（Rose Isabel Williams）11月19日出生。

1911　3月26日，托马斯·拉尼尔·威廉斯三世（Thomas Lanier Williams Ⅲ）出生。家里人都称呼他为"汤姆"。

1913　举家搬到田纳西州纳什维尔，戴金牧师成为降临教堂的牧师。

1914　科尔内留斯以旅行推销员的身份就职于圣路易斯的国际鞋业公司。

1916　1月，戴金牧师回到密西西比，担任坎墩恩典教堂、莱克星顿圣玛丽教堂的教区长，同时在杜伦特担任牧师。其间，威廉斯全家都住在坎墩。

汤姆罹患白喉，几乎死掉，卧床养病至少一年。

1917　2月，戴金牧师成了密西西比州克拉克斯代尔圣乔治教堂的教区长。威廉斯全家同年晚些时候搬去同住，1917—1918年度汤姆就

	读一年级。
1918	科尔内留斯接受了国际鞋业公司驻密苏里州圣路易斯办公室的管理岗位。埃德温娜和汤姆于7月抵达圣路易斯。9月罗丝过来后,孩子们入学尤金菲尔德小学。
1919	汤姆的弟弟沃尔特·戴金·威廉斯(Walter Dakin Williams),被称为戴金,于2月21日出生。
1920	汤姆1920—1921学年与外祖父母住在密西西比州克拉克斯代尔。
1921	接下来的十年,汤姆或是在克拉克斯代尔或是在外祖父母居住的其他南方城镇度过夏季的大部分时间。
1922	汤姆就读于斯迪克斯学校,在那里遇到了他未来的女朋友黑兹尔·克雷默。
1924	埃德温娜花了十美元为他买了一台二手打字机。 汤姆发表的第一个短篇小说《孤零零》("Isolated")于11月刊登在布卢伊特初级中学报纸《初中生活》上。
1925	他发表的第一首诗歌《大自然的感恩》("Nature's Thanksgiving"),刊登在11月的《初中生活》上。 罗丝被送去密西西比维克斯堡的诸圣学院。
1926	汤姆1月入学索尔丹高中,6月转入大学城高中。
1927	他的文章《贤妻能是玩伴吗?》("Can a Good Wife Be a Good Sport?")在《上流社会》杂志征文比赛中赢得三等奖和五美元的奖金,5月份该文发表。
1928	在大学城高中时,他的短篇故事《尼托克里斯的复仇》("The Vengeance of Nitocris")发表在廉价杂志《怪谈》8月刊上。 汤姆的外公戴金带他去了纽约市,他们在那儿看了原汁原味的百老汇演出《演艺船》(Show Boat),然后乘坐皇家邮轮"荷马号"进行为期11周的欧洲旅行,从7月6日到9月12日,游历了伦敦、巴黎、蒙特卡洛、那不勒斯、罗马、米兰和科隆等地。
1929	汤姆高中毕业,9月入学哥伦比亚市的密苏里大学,在那里加入了

ATO 兄弟会。

1930　他的首个独幕剧《美就是它》（Beauty Is the Word）在学校戏剧艺术俱乐部竞赛中赢得第六名——一位新生的作品能够闯入决赛实属罕见。

1931　汤姆于 9 月入学密苏里大学新闻专业。

10 月，在戏剧公会巡演的尤金·奥尼尔剧作《悲悼》中，他受到苏联女演员阿拉·纳济莫娃（Alla Nazimova）的鼓舞，决定要进行戏剧创作。

1932　春季学期，他没有通过预备役军官训练营，被父亲强迫退学，并被安排到国际鞋业公司做职员。

哈特·克莱恩乘远洋班轮"奥里萨巴号"行至哈瓦那以北 300 英里处跳海自尽。

那年 11 月汤姆第一次也是最后一次投票选举总统，支持社会主义候选人诺曼·托马斯（Norman Thomas）。

1934　汤姆继续每日在家中阁楼写作，同时在鞋业公司上班。

1935　1 月，他因极度疲劳而病倒，不再在国际鞋业公司库房工作，被送到孟菲斯和外祖父母度过夏季。

多萝西·沙皮洛（Dorothy Shapiro）和汤姆·威廉斯的"独幕情节剧"《加罗！上海！庞贝！》（Cairo! Shanghai! Bombay!）于 7 月在沙皮洛孟菲斯家的后院由孩子们上演。

秋季，汤姆在圣路易斯华盛顿大学旁听，他在那里遇到了胸怀抱负的诗人威廉·杰伊·史密斯和克拉克·米尔斯·麦克伯尼（Clark Mills McBurney）。米尔斯向威廉斯和史密斯介绍了哈特·克莱恩、兰波、里尔克及其他人的诗歌。

1936　1 月，汤姆入学华盛顿大学。

10 月，他的独幕剧《魔幻小屋》（The Magic Tower）由韦伯斯特·格罗夫斯戏剧公会演出，这是一个圣路易斯郊外的业余剧团。他参加易卜生《群魔》巡回演出团，看了阿拉·纳济莫娃另一场激动人心的表演。

1937 3月,圣路易斯哑剧团演出了他的第一部多幕剧《矿灯》(*Candles to the Sun*)。

罗丝住进了圣路易斯精神科病房,后来在一家天主教疗养院被确诊为精神分裂症。夏天,她被转到密苏里法明顿的一家州立医院,她在那里被施以休克疗法。

9月,汤姆转到艾奥瓦大学学习戏剧写作。

11月,哑剧团演出了《逃遁者》。

他完成了《春日风暴》草稿。

1938 8月,威廉斯获得艾奥瓦大学学士学位。

他开始着手创作《无关夜莺》。

他将自己的多幕剧和几个独幕剧署名为"田纳西·威廉斯",从孟菲斯寄出参赛,并于12月28日从孟菲斯第一次来到新奥尔良。

1939 他一直住在新奥尔良法国区图卢兹街722号,直到2月20日,他和詹姆斯·帕罗特前往加利福尼亚旅行。

8月,他当时称为《美国蓝调》(*American Blues*)系列剧中的三个独幕剧为他赢得同仁剧团100美金的"特别奖"。获奖引起的关注使他接触到了奥德丽·伍德(1905—1985),她成为他的经纪人。

《蓝调孩子的田野》("The Field of Blue Children")以"田纳西·威廉斯"之名发表在《故事》杂志9—10月刊上。这是他首次以此名公开发表作品。

12月,他获得来自洛克菲勒基金会1000美元的资助。

1940 威廉斯移居纽约,在新学院大学跟随约翰·加斯纳(John Gassner)和欧文·皮斯卡托学习戏剧创作。

那年夏天在马萨诸塞州的普罗温斯敦,他爱上了加拿大舞蹈演员基普·基尔南(1918—1944);他们的关系仅持续了几个星期。

8—9月,威廉斯在墨西哥旅行。

戏剧公会于 12 月 30 日在波士顿开演《天使之战》。

1941　《天使之战》在波士顿上演两周后停演。百老汇演出被取消。

他首个出版的独幕剧《摩尼的孩子不哭》(*Moony's Kid Don't Cry*) 发表在由玛格丽特·马约尔加（Magaret Mayorga）主编的《1940 年最佳独幕剧》中。

1942　在 1941 年和 1942 年大部分时间里，威廉斯一直在旅行，主要穿梭于纽约、圣路易斯、新奥尔良、梅肯、墨西哥、杰克逊维尔和普罗温斯敦之间。

在 12 月纽约的一次鸡尾酒会上，他遇到了他一生的挚友和出版商詹姆斯·劳克林（1914—1997），新方向出版公司的创始人。

1943　1 月 13 日，罗丝被施以脑叶白质切除术。

从 5 月中旬到 8 月中旬，威廉斯在好莱坞为米高梅电影公司工作，每周 250 美元，他的任务是为女影星拉娜·特纳和玛格丽特·奥布赖恩（Margaret O'Brien）写剧本。

他将基于自己的短篇故事《玻璃女孩画像》改写的戏剧《来访绅士》草稿版进一步处理成了电影版，被米高梅公司拒绝。

与唐纳德·温德姆合作的剧作《你碰了我!》于 10 月 13 日在克利夫兰剧院首演。

1944　威廉斯挚爱的外婆——"外外"——罗西娜于 1 月 6 日去世。

基普·基尔南于 5 月 21 日死于脑瘤。

新方向出版公司在《1944 年五位美国青年诗人诗集》中出版了他的 26 首诗歌并在一个文学期刊发表了《天使之战》的剧本。（除非另有说明，将来所有剧本和其他作品的商业版均由新方向出版）。

《玻璃动物园》于 12 月 26 日在芝加哥首演，获得好评。

1945　《通往楼顶的阶梯》于 3 月 25 日在加州帕萨迪纳剧院首次公演。

《玻璃动物园》于 3 月 31 日在百老汇开演，并赢得纽约戏剧评论家协会奖年度最佳剧作奖。

	《你碰了我！》于9月25日在百老汇首演，剧本演出版由塞缪尔·弗兰奇公司出版。
	《27辆棉花车及其他独幕剧》出版。
	《玻璃动物园》由兰登书屋出版。
1946	威廉斯与潘乔·罗德里格斯-冈萨雷斯（1921—1995）住在新奥尔良法国区；他们接下来的两年一直在一起。
1947	威廉斯那年夏天在普罗温斯敦遇到弗兰克·梅洛（1922—1963）。从1948年开始，他们成为情人、伴侣并一起生活了近14年。
	12月3日，《欲望号街车》在百老汇首演，由伊利亚·卡赞导演，杰西卡·坦迪、马龙·白兰度、金·亨特和卡尔·莫尔登出演，演出好评如潮，并赢得普利策奖和纽约戏剧评论家协会奖。
1948	《夏与烟》于10月6日在百老汇首演，只演了三个月便停演了。由五个独幕剧组成的剧集《美国蓝调》由剧作家戏剧服务出版公司出版。
	威廉斯十年后首次返回欧洲，并在罗马遇到了杜鲁门·卡波特和戈尔·维达尔。
	《一只手臂及其他故事》（One Arm and Other Stories）以限量版出版。
1949	威廉斯带着外祖父和梅洛来到基韦斯特，威廉斯在那儿买了邓肯街1431号的房子。
1950	他的小说《斯通夫人的罗马春天》出版。
	他将姐姐罗丝转到纽约奥西宁附近的石屋专科医院。
	华纳兄弟公司发行电影《玻璃动物园》。
1951	《玫瑰文身》由玛伦·斯塔普莱顿和伊莱·沃勒克出演，于2月3日在百老汇首演，并赢得托尼奖最佳剧作奖。
	电影《欲望号街车》发行，费雯·丽扮演布兰奇，马龙·白兰度扮演斯坦利。
1952	《夏与烟》的复排由何塞·昆特罗执导，杰拉丹·佩姬出演，于4

月 24 日在外百老汇方圆剧院首演，受到业界好评。

美国艺术与文学学院吸纳威廉斯为会员。

1953 《皇家大道》由伊利亚·卡赞执导，于 3 月 19 日在百老汇首演，不足两个月便在严厉的批评声中停演。

1954 威廉斯第二部故事集《硬糖及其他故事》（*Hard Candy and Other Stories*）出版。

1955 他的外祖父戴金牧师于 2 月 14 日去世，享年 97 岁。

3 月 24 日，《热铁皮屋顶上的猫》在百老汇首演，由伊利亚·卡赞执导，芭芭拉·贝尔·格迪斯、本·加扎拉（Ben Gazzara）和伯尔·艾夫斯主演。《猫》既赢得了普利策奖，也赢得了纽约戏剧评论家协会奖。

电影《玫瑰文身》发行，安娜·马格纳尼后来因此获奥斯卡金像奖。

1956 电影《洋娃娃》发行，由伊利亚·卡赞执导，威廉斯编剧，引发广泛争议并被弗朗西斯·斯佩尔曼主教列入黑名单。

威廉斯第一部诗集《在城市的冬季里》（*In the Winter of Cities*）出版。

1957 《天使之战》的修改版《琴仙下凡》于 3 月 21 日在百老汇首演，哈罗德·克勒曼执导，两个月后停演。

威廉斯的父亲 CC 于 3 月 27 日去世。

威廉斯于 6 月开始在劳伦斯 S. 库比处进行为期一年的心理分析治疗。

1958 《去夏突至》和《未说出的话》（*Something Unspoken*）于 2 月 7 日在外百老汇首演，总题名为《花园区》（*Garden District*）。

电影《热铁皮屋顶上的猫》发行，由理查德·布鲁克斯（Richard Brooks）导演。

1959 《青春甜蜜鸟》——与导演伊利亚·卡赞最后一次合作的作品——于 3 月 10 日在百老汇首演，持续演出三个月。

	电影《去夏突至》发行，编剧戈尔·维达尔。
1960	喜剧《调整时期》于 11 月 10 日在百老汇首演，持续演出超过四个月。
	《琴仙下凡》电影版发行，题名为《逃遁者》。
1961	《鬣蜥之夜》于 12 月 28 日在百老汇首演，持续演出九个月，并赢得纽约戏剧评论家协会奖。
	《夏与烟》和《斯通夫人的罗马春天》电影版发行。
	威廉斯成为麦克斯·雅各布森医生——人称"感觉良好医生"——患者，该医生为他提供了可注射的巴比妥酸盐和安非他命。
1962	《青春甜蜜鸟》和《调整时期》电影版发行。
	威廉斯在新奥尔良的法国区杜梅因街 1014 号购置一处连栋住宅。
1963	《牛奶车不再在此停留》于 1 月 16 日在百老汇首演，两个月后由于一场暴雪和报纸的罢工停演。
	与威廉斯疏远了将近两年的弗兰克·梅洛于 9 月 20 日死于肺癌。
1964	《牛奶车不再在此停留》于 1 月 1 日在百老汇复排，由塔卢拉·班克黑德和泰布·亨特主演；不到一周停演。
	约翰·休斯顿导演的《鬣蜥之夜》电影版上映。
1965	《夏与烟》的修改版《夜莺怪事》（The Eccentricities of a Nightingale）出版。
1966	两个独幕剧《残疾者》和《贵族小姐》，合集题名为《滑稽悲剧》于 2 月 22 日在百老汇首演，连演七场。
	一部中篇和一些短篇以题名《骑士般的求索》（The Knightly Quest）出版。
1967	《二人剧》最初版在伦敦汉普斯特德剧院俱乐部上演，并以限量版出版。
1968	《地球王国》于 3 月 27 日在百老汇上演，题名为《桃金娘的七次堕落》。

《牛奶车不再在此停留》电影版以题名《砰!》发行，导演为约瑟夫·洛西。

1969　田纳西的弟弟戴金于1月10日在一个仪式上安排他皈依罗马天主教。

《东京旅馆酒吧间》于5月11日在外百老汇首演，持续演出三周。

5月，威廉斯被密苏里大学授予人文学科博士学位，被美国艺术与文学学院授予戏剧金质奖章。

戴金把田纳西送到圣路易斯巴恩斯医院精神科雷纳德分部，他在那儿住了三个月。

1970　《地球王国》电影版发行，编剧戈尔·维达尔，电影题名为《远离莫比尔》(*Last of the Mobile Hot Shots*)。

在大卫·弗罗斯特的电视节目采访中，威廉斯讨论了他的同性恋身份。

戏剧集《龙国》(*Dragon Country*)出版。

1971　威廉斯与他的经纪人奥德丽·伍德关系破裂。比尔·巴恩斯继任；之后在1978年经纪人是米奇·道格拉斯，1981年是路易斯·桑尤尔霍。

12月，在一次由诺曼·梅勒组织的纽约圣约翰大教堂集会上，威廉斯讲出了他抵制越战的观点。

1972　威廉斯获哈特福德大学颁发的荣誉学位，并参加了普渡大学年度文学奖宴会。

《小把戏警告》于4月2日在外百老汇首演，共持续演出六个月，先是在卡车库房剧院，后来在新剧院，威廉斯在新剧院演出时扮演医生以刺激票房。

1973　《二人剧》的改良版《呐喊》于3月1日在百老汇首演，仅演出了一周多时间。

1974　短篇故事集《八位着了魔的女士》(*Eight Mortal Ladies Possessed*)出版。

1975　威廉斯获得国家艺术俱乐部文学荣誉勋章。

　　　小说《莫伊兹和理性世界》由西蒙与舒斯特公司出版,《回忆录》由双日出版公司出版。

1976　《这是(娱乐)》于1月20日在旧金山美国经典剧目剧院首演。

　　　《二人剧》(《呐喊》)的终极版出版。

　　　《红魔电池标志》于6月在波士顿试演期间停演。

　　　《夜莺怪事》于11月23日在百老汇首次公开演出,连续演出两周。

　　　威廉斯在戛纳电影节担任评委会主席。

　　　他入选美国艺术与文学学院。

1977　《老屋》于5月11日在百老汇首演,不到五天停演。

　　　他的第二部诗集《雌雄同体,我的爱》(Androgyny, Mon Amour)出版。

1978　《老虎尾巴》(Tiger Tail)在乔治亚州亚特兰大联合剧院首次公演,修改版于次年在佛罗里达州甘尼斯维尔的竞技场剧院首次公演。

　　　杂文选《我所居处》(Where I Live)出版。

1979　《一个失恋者的快乐星期天》(A Lovely Sunday for Creve Coeur)于1月10日在外百老汇的哈德逊公会剧院首演,并连续演出一个月。

　　　《教堂、厨房、孩子》(Kirche, Küche, Kinder)在外百老汇让·科克托剧目轮演剧院以工作坊作品形式演出。

　　　他在华盛顿特区约翰·F.肯尼迪表演艺术中心接受总统吉米·卡特颁发的肯尼迪中心荣誉勋章。

1980　《梅里韦瑟先生会从孟菲斯归来吗?》于1月25日在佛罗里达基韦斯特的田纳西·威廉斯表演艺术中心首次公演,演出场次不多。

　　　3月26日,他最后的百老汇演出剧目《夏日旅馆的服装》首演,演出15场后停演。

6月1日，威廉斯的母亲埃德温娜去世，享年95岁。

他被吉米·卡特授予总统自由勋章。

1981　《有点缥缈，有点清澈》于8月24日在外百老汇的让·科克托剧目轮演剧院首次公演，并在该剧院轮演到第二年。

他根据契诃夫《海鸥》自由改编的《特里果林的笔记本》（*The Notebook of Trigorin*）于11月12日在温哥华剧场剧院首次公演。

1982　《摇摇欲坠的房子》两版中的后一版于5月8日在芝加哥古德曼剧院首演，演出场次不多。

《基甸之点》（*Gideon's Point*）工作坊演出版于8月在威廉斯镇戏剧节演出。

威廉斯获得哈佛大学荣誉学位。

1983　2月25日，威廉斯被发现死在纽约市爱丽舍酒店自己的房间里。他后来被葬在圣路易斯。

《夏日旅馆的服装》出版。

1984　《停止了摇摆及其他电影剧本》（*Stopped Rocking and Other Screenplays*）出版。

1985　他的《短篇小说选集》（*Collected Stories*）出版，戈尔·维达尔作序。

1988　《红魔电池标志》出版。

1995　莱尔·莱弗里奇的传记《汤姆：未知的田纳西·威廉斯》按时间顺序记述了威廉斯的早期人生，由皇冠出版社出版。

《有点缥缈，有点清澈》出版。

1996　罗丝·威廉斯于9月5日在纽约塔利镇去世，享年86岁。

威廉斯所有出版作品的所有权转交到田纳西州西沃恩南方大学。他的未版文稿遗赠哈佛大学。

威廉斯修改版《特里果林的笔记本》于9月5日在辛辛那提公园剧院首演，并于1997年出版。

1998　由特雷弗·努恩（Trevor Nunn）导演的《无关夜莺》于3月5日

	在伦敦皇家国家剧院首次公演,后来搬演得克萨斯州休斯敦艾利剧院。
1999	《春日风暴》于 11 月 6 日在得克萨斯州奥斯汀演员轮回剧目剧院首次公演,同年出版。
	11 月 25 日,《无关夜莺》在百老汇首演。
2000	《田纳西·威廉斯书信集》第一卷出版。
	《通往楼顶的阶梯》出版。
2001	《逃遁者》出版。
2002	《诗歌选集》(Collected Poems)出版。
2004	《矿灯》出版。
	《田纳西·威廉斯书信集》第二卷出版。
2005	《天堂先生及其他独幕剧》(Mister Paradise and Other One-Act Plays)出版。
2006	威廉斯的私人日记由耶鲁大学出版社出版,题名《田纳西·威廉斯日记》。
2008	《摇摇欲坠的房子》和《旅行伴侣及其他戏剧》(The Traveling Companion and Other Plays)出版。
	戴金·威廉斯在伊利诺伊州贝尔维尔去世,享年 89 岁。
2009	《新杂文选:我所居处》(New Selected Essays: Where I Live)出版。
2011	《魔幻小屋及其他独幕剧》(The Magic Tower and Other One-act Plays)出版。
	在他百年诞辰之际,世界范围内举行庆祝活动和演出敬献威廉斯。巴黎法兰西喜剧院上演了《欲望号街车》,由美国导演李·布鲁尔(Lee Breuer)执导,这是该公司 331 年历史上上演的第一部由非欧洲剧作家创作的戏剧。

参考文献

档案与馆藏

Betty Davis Collection, Howard Gotlieb Archival Research Center, Boston University, Boston, Mass.

Billy Rose Theatre Collection, New York Public Library for the Performing Arts, Lincoln Center, New York, N. Y.

Carson McCullers Papers, David M. Rubenstein Rare Book and Manuscript Library, Duke University, Durham, N. C.

Carter Burden Collection of American Literature, Morgan Library and Museum, New York, N. Y.

Cheryl Crawford Collection, Courtesy of Special Collections, University of Houston Libraries, Houston, Tex.

Chicago Theater Collection, Harold Washington Library Center, Chicago Public Library, Chicago, ill.

Columbia Center for Oral History Collection, Columbia University, New York, N. Y.

Elia Kazan Collection, Cinema Archives, Wesleyan University, Middletown, Conn.

Fred W. Todd Tennessee Williams Collection, Williams Research Center, The Historic New Orleans Collection, New Orleans, La.

Irene Mayer Selznick Collection, Howard Gotlieb Archival Research Center, Boston University, Boston, Mass.

James Laughlin Papers, Houghton Library, Harvard University, Cambridge, Mass.

John Lahr Collection, Howard Gotlieb Archival Research Center, Boston University, Boston, Mass.

Katherine Anne Porter Collection, University of Maryland Libraries, College Park, Md.

Lyle Leverich Collection, attached to the John Lahr Collection, Howard Gotlieb Archival Research Center, Boston University, Boston, Mass.

Manuscripts Department, Huntington Library, San Marino, Calif.

Papers of the Rev. Walter Dakin, Archives of the University of the South, Sewanee, Tenn.

Tennessee Williams Collection, Archives of the University of the South, Sewanee, Tenn.

Tennessee Williams Collection, Harry Ransom Center, University of Texas at Austin, Tex.

Tennessee Williams Collection, Special Collections, University of Delaware Library, Newark, Del.

Tennessee Williams Papers, Harvard Theatre Collection, Houghton Library, Harvard University, Cambridge, Mass.

Tennessee Williams Papers, Rare Book and Manuscript Library, Columbia University, New York, N. Y.

Wisconsin Center for Film and Theater Research, Wisconsin Historical Society, Madison, Wisc.

手稿、书籍与文章

Aaronovitch, David. *Voodoo Histories*. New York: Riverhead, 2010.

Baden, Michael M., with Judith Adler Hennessee. *Unnatural Death: Confessions of a Medical Examiner*. New York: Ballantine, 2005.

Barrymore, Diana, and Gerold Frank. *Too Much, Too Soon*. London: Muller, 1957.

Bollas, Christopher. *Hysteria*. New York: Routledge, 1999.

Bosworth, Patricia. *Marlon Brando*. New York: viking, 2001.

Brando, Marlon, with Robert Lindsey. *Brando: Songs My Mother Taught Me*. New York: Random House, 1994.

Brody, Eugene B. "Introduction." in Lawrence S. Kubie, *Symbol and Neurosis: Selected Papers of Lawrence S. Kubie*. Madison, Conn.: International Universities Press, 1978.

Caldwell, Zoe. *I Will Be Cleopatra: An Actress's Journey*. New York: W. W. Norton, 2001.

Campbell, Sandy. *B: Twenty-Nine Letters from Coconut Grove*. Campagnola di Zevio, Italy: Stamperia Valdonega, 1974.

Capote, Truman. *Too Brief a Treat: Letters of Truman Capote*. Edited by Gerald Clarke. New York: Random House, 2004.

Carr, Virginia Spencer. *The Lonely Hunter: A Biography of Carson McCullers*. New York: Doubleday, 1975.

Chandler, Charlotte. *The Girl Who Walked Home Alone: Bette Davis*. New York: Simon & Schuster, 2006.

Clurman, Harold. "Introduction." in Tennessee Williams, *Tennessee Williams: Eight Plays*. Garden City, N. Y.: Nelson Doubleday, 1979.

Courtney, Marguerite. *Laurette: The Intimate Biography of Laurette Taylor*. New York: Limelight Editions, 1984.

Crawford, Cheryl. *One Naked Individual: My Fifty Years in the Theatre*. Indianapolis: Bobbs-Merrill, 1977.

Devlin, Albert J., ed. *Conversations with Tennessee Williams*. Jackson: University Press of Mississippi, 1986.

Dowling, Eddie. "The Reminiscences of Eddie Dowling" (unpublished). Columbia Center for Oral History Collection, Columbia University, New York.

Evans, Harold. *The American Century*. New York: Alfred A. Knopf, 2000.

Foote, Horton. *Beginnings: A Memoir*. New York: Scribner, 2001.

Freud, Anna. *The Writings of Anna Freud*. vol. 2: *Ego and the Mechanisms of Defense*. Madison, Conn.: International Universities Press, 1936.

Frommer, Myrna Katz, and Harvey Frommer, eds. *It Happened on Broadway: An Oral History of the Great White Way*. New York: Harcourt Brace, 1998.

Gill, Brendan. *Tallulah*. New York: Holt McDougal, 1972.

Governi, Giancarlo. *Nannarella: Il romanzo di Anna Magnani*. Rome: Minimum Fax, 2008.

Halberstam, David. *The Fifties*. New York: Villard, 1993.

Hale, Alleane. "The Gnadiges Fraulein: Tennessee Williams's Clown Show." In Philip C. Kolin, ed., *The Undiscovered Country: The Later Plays of Tennessee Williams*. New York: Peter Lang, 2002.

Hall, Peter. *Peter Hall's Diaries: The Story of a Dramatic Battle*. Edited by John Goodwin. London: Oberon Books, 2000.

Harpham, Geoffrey Galt. *On the Grotesque*. Princeton, N. J.: Princeton University Press, 1982.

Heilpern, John. *John Osborne: A Patriot for Us*. New York: Vintage, 2007.

Hewes, Henry. *Best Plays of 1964-1965*. New York: Dodd, Mead, 1965.

Hunter, Tab, with Eddie Muller. *Tab Hunter Confidential: The Making of a Movie Star*. Chapel Hill, N. C.: Algonquin Books, 2006.

Isaac, Dan, ed. "Introduction." In Tennessee Williams, *Spring Storm*. New York: New Directions, 1999.

Jay, Kaila, and Allen Young, eds. *Out of the Closet: Voices of Gay Liberation*. New York: New York University Press, 1992.

Kazan, Elia. *An American Odyssey*. Edited by Michel Ciment. London: Bloomsbury, 1988.

——. *Elia Kazan: Interviews*. Edited by William Baer. Jackson: University Press of Mississippi, 2000.

——. *Kazan on Directing*. New York: Alfred A. Knopf, 2009.

——. *A Life*. New York: Alfred A. Knopf, 1988.

Keathley, George. Unpublished, untitled manuscript. John Lahr Collection, Howard Gotlieb Archival Research Center, Boston University, Boston, Mass.

Keith, Thomas. "Introduction: A Mississippi Fun House." In Tennessee Williams, *A House Not Meant to Stand*. New York: New Directions, 2008.

Khan, Masud. *Hidden Selves: Between Theory and Practice in Psychoanalysis*. London: Karnac Books, 1989.

Kissel, Howard. *David Merrick: The Abominable Showman*. New York: Applause Books, 1993.

Kubie, Lawrence. *Practical and Theoretical Aspects of Psychoanalysis*. Madison, Conn.: International Universities Press, 1950.

Kushner, Tony. "Introduction: Notes on *The Glass Menagerie*." In Tennessee Williams, *The Glass Menagerie* (Centennial Edition). New York: New Directions, 2011.

Lahr, John. "The Lady and Tennessee." *The New Yorker*, December 19, 1994.

——. *Show and Tell: New Yorker Profiles*. Woodstock, N. Y.: Overlook Press, 2000.

Laughlin, James. *The Way It Wasn't: From the Files of James Laughlin*. Edited by Barbara Epler and Daniel Javitch. New York: New Directions, 2006.

Leaming, Barbara. *Bette Davis: A Biography*. London: Penguin Books, 1993.

Leavitt, Richard F. *The World of Tennessee Williams*. New York: G. P. Putnam's Sons, 1978.

Leverich, Lyle. *Tom: The Unknown Tennessee Williams*. New York: W. W. Norton, 1995.

Manso, Peter. *Brando: The Biography*. New York: Hyperion, 1994.

Maxtone-Graham, John. Production Notes for *Night of the Iguana* (audiotape diary). Tennessee Williams Collection, Archives of the University of the South. Sewanee, Tenn.

Maxwell, Gilbert. *Tennessee Williams and Friends: An Informal Biography*. Cleveland: World Publishing, 1965.

Medved, Harry, and Michael Medved. *The Hollywood Hall of Shame: The Most Expensive Flops in Movie History*. New York: Perigee Books, 1984.

Milbert, Seymour. "Stage Manager's Rehearsal Account" (unpublished) of *Camino*

Real. Billy Rose Theatre Collection, New York Public Library for the Performing Arts, Lincoln Center, New York, N. Y.

Miller, Arthur. "Introduction." In Tennessee Williams, *A Streetcar Named Desire*. New York: New Directions, 2004.

——. "Tennessee Williams' Legacy: An Eloquence and Amplitude of Feeling." In Arthur Miller, *Echoes Down the Corridor: Collected Essays: 1944 - 2000*. New York: Penguin Books, 2000.

——. *Timebends: A Life*. London: Methuen, 1999.

Morley, Sheridan. *John Gielgud: The Authorized Biography*. New York: Simon & Schuster, 2002.

Murphy, Brenda. *Tennessee Williams and Elia Kazan: A Collaboration in the Theatre*. Cambridge, U. K.: Cambridge University Press, 1992.

Nicklaus, Frederick. *The Man Who Bit the Sun*. New York: New Directions, 1964.

Odets, Clifford. *The Time Is Ripe: The 1940 Journal of Clifford Odets*. New York: Grove Press, 1988.

Paller, Michael. *Gentlemen Callers: Tennessee Williams, Homosexuality, and Mid-Twentieth-Century Drama*. New York: Palgrave Macmillan, 2005.

Palmer, R. Barton, and William Robert Bray. *Hollywood's Tennessee: The Williams Films in Postwar America*. Austin: University of Texas Press, 2009.

Parker, Brian. "Swinging a Cat." In Tennessee Williams, *Cat on a Hot Tin Roof*. New York: New Directions, 2004.

Prosser, William. *The Late Plays of Tennessee Williams*. New York: Scarecrow Press, 2009.

Quintero, José. *If You Don't Dance They Beat You*. Boston: Little, Brown, 1974.

Rader, Dotson. *Blood Dues*. New York: Alfred A. Knopf, 1973.

——. *Tennessee: Cry of the Heart*. Garden City, N. Y.: Doubleday, 1985.

Reeves, Richard. *President Kennedy: Profile of Power*. New York: Simon & Schuster, 1993.

Richardson, Tony. *The Long-Distance Runner: A Memoir*. London: Faber & Faber, 1993.

Sagan, Françoise. *With Fondest Regards*. New York: Dutton, 1985.

Sayre, Nora. *Previous Convictions: A Journey through the 1950s*. New Brunswick, N. J.: Rutgers University Press, 1995.

Schickel, Richard. *Elia Kazan: A Biography*. New York: Harper Collins, 2005.

Selznick, Irene. *A Private View*. New York: Alfred A. Knopf, 1983.

Sherry, Michael S. *Gay Artists in Modern American Culture: An Imagined Conspiracy*. Chapel Hill: University of North Carolina Press, 2007.

Smith, Bruce. *Costly Performances: Tennessee Williams: The Last Stage: A Personal Memoir*. St. Paul, Minn.: Paragon House, 1990.

Spada, James. *More Than a Woman: An Intimate Biography of Bette Davis*. New York: Warner Books, 1994.

Spoto, Donald. *The Kindness of Strangers: The Life of Tennessee Williams*. Boston: Little, Brown, 1985.

Staggs, Sam. *When Blanche Met Brando: The Scandalous Story of "A Streetcar Named Desire."* New York: St. Martin's Press, 2005.

Stapleton, Maureen, and Jane Scovell. *A Hell of a Life*. New York: Simon & Schuster, 1995.

Steen, Mike. *A Look at Tennessee Williams*. New York: Hawthorn Books, 1969.

Sweet Tornado: Margo Jones and the American Theater. DVD, directed by A. Dean Bell, Kay Cattarulla, and Rob Trachin. KERA-Tv, PBS, 2006.

Tennessee Williams' South. DVD, directed by Harry Rasky. Canadian Broadcasting Corporation, 1972.

Tynan, Kenneth. *The Diaries of Kenneth Tynan*. Edited by John Lahr. New York: Bloomsbury, 2001.

Updike, John. *Self-Consciousness*. New York: Alfred A. Knopf, 1989.

vidal, Gore. *The Essential Gore Vidal*. Edited by Fred Kaplan. New York: Random House, 1999.

———. *The Golden Age*. New York: Doubleday, 2000.

———. *Palimpsest: A Memoir*. New York: Random House, 1995.

———. "Tennessee Williams: Someone to Laugh at the Squares With." In Gore

Vidal, *Armageddon? Essays 1983–1987*. London: Andre Deutsch, 1987.

Wallach, Eli. *The Good, the Bad, and Me: In My Anecdotage*. Boston: Houghton Mifflin Harcourt, 2005.

Webster, Margaret. *Don't Put Your Daughter on the Stage*. New York: Alfred A. Knopf, 1972.

Williams, Dakin. "The Last Days of Diana Barrymore" (unpublished). Lyle Leverich Collection, attached to the John Lahr Collection, Howard Gotlieb Archival Research Center. Boston University, Boston, Mass.

Williams, Dakin, and Shepherd Mead. *Tennessee Williams: An Intimate Biography*. New York: Arbor House, 1983.

Williams, Edwina Dakin, as told to Lucy Freeman. *Remember Me to Tom*. New York: G. P. Putnam's Sons, 1963.

Williams, Tennessee. "The Big Time Operators" (unpublished). Tennessee Williams Collection, Harry Ransom Center, University of Texas at Austin.

———. *The Collected Poems of Tennessee Williams*. Edited by David Roessel and Nicholas Moschovakis. New York: New Directions, 2002.

———. *Collected Stories*. New York: New Directions, 1985.

———. *Five O'Clock Angel: Letters of Tennessee Williams to Maria St. Just, 1948–1982*. With commentary by Maria St. Just. New York: Alfred A. Knopf, 1990.

———. *Memoirs*. New York: Doubleday, 1975.

———. "Memoirs" (unpublished manuscript). Lyle Leverich Collection, attached to the John Lahr Collection, Howard Gotlieb Archival Research Center, Boston University, Boston, Mass.

———. *Moise and the World of Reason*. London: Brilliance Books, 1984.

———. *New Selected Essays: Where I Live*. Edited by John S. Bak. New York: New Directions, 2009.

———. "Night Passage" (unpublished). Lyle Leverich Collection, attached to the John Lahr Collection, Howard Gotlieb Archival Research Center, Boston University, Boston, Mass.

———. *Notebooks: Tennessee Williams*. Edited by Margaret Bradham Thornton.

New Haven, Conn.: Yale University Press, 2006.

——. "The Primary Colors" (unpublished). Tennessee Williams Collection, Harry Ransom Center, University of Texas at Austin.

——. *The Roman Spring of Mrs. Stone*. London: Vintage Classic, 1999.

——. *The Selected Letters of Tennessee Williams*. vol. 1: *1920 – 1945*. Edited by Albert J. Devlin and Nancy M. Tischler. New York: New Directions, 2000.

——. *The Selected Letters of Tennessee Williams*. vol. 2: *1945 – 1957*. Edited by Albert J. Devlin, co-edited by Nancy M. Tischler. New York: New Directions, 2004.

——. *Tennessee Williams' Letters to Donald Windham*, *1940 – 1965*. Edited and with comments by Donald Windham. New York: Holt, Rinehart & Winston, 1977.

——. *Tennessee Williams: Plays 1937 – 1955*. New York: Library of America, 2000.

——. *Tennessee Williams: Plays 1957 – 1980*. New York: Library of America, 2000.

Williams, Tennessee, and Donald Windham. *You Touched Me!* New York: Samuel French, 2010.

Windham, Donald. *As If: A Personal View of Tennessee Williams*. Verona, N. Y.: Privately published, 1985.

Wood, Audrey, with Max Wilk. *Represented by Audrey Wood*. Garden City, N. Y.: Doubleday, 1981.

Young, Jeff. *Kazan: The Master Director Discusses His Films*. New York: Newmarket Press, 1999.

注　释

缩略词使用

BDC—Betty Davis Collection, Howard Gotlieb Archival Research Center, Boston University.

BRTC—Billy Rose Theatre Collection, New York Public Library for the Performing Arts.

CCOHC—Columbia Center for Oral History Collection, Columbia University.

Columbia—Tennessee Williams Papers, Rare Book and Manuscript Library, Columbia University.

CP—*The Collected Poems of Tennessee Williams*, by Tennessee Williams. Edited by David Roessel and Nicholas Moschovakis. New York: New Directions, 2002.

CS—*Collected Stories*, by Tennessee Williams. New York: New Directions, 1985.

CWTW—*Conversations with Tennessee Williams*, edited by Albert J. Devlin. Jackson: University Press of Mississippi, 1986.

Delaware—Tennessee Williams Collection, Special Collections, University of Delaware Library.

DPYD—*Don't Put Your Daughter on the Stage*, by Margaret Webster. New York: Alfred A. Knopf 1972.

注 释

Duke—Carson McCullers Papers, David M. Rubenstein Rare Book and Manuscript Library, Duke University.

ESC—Ed Sherin Collection, Howard Gotlieb Archival Research Center, Boston University.

FOA—*Five O'Clock Angel: Letters of Tennessee Williams to Maria St. Just, 1948 – 1982*, by Tennessee Williams. With commentary by Maria St. Just. New York: Alfred A. Knopf, 1990.

Harvard—Tennessee Williams Papers, Harvard Theatre Collection, Houghton Library, Harvard University.

Houston—Cheryl Crawford Collection, Courtesy of Special Collections, University of Houston Libraries.

HRC—Tennessee Williams Collection, Harry Ransom Center, University of Texas at Austin.

Huntington—Manuscripts Department, Huntington Library.

ISC—Irene Mayer Selznick Collection, Howard Gotlieb Archival Research Center, Boston University.

JLC—John Lahr Collection, Howard Gotlieb Archival Research Center, Boston University.

JLI—John Lahr Interview. John Lahr Collection, Howard Gotlieb Archival Research Center, Boston University.

KAL—A Life, by Elia Kazan. New York: Alfred A. Knopf, 1988.

KOD—Kazan on Directing, by Elia Kazan. New York: Alfred A. Knopf, 2009.

L1—*The Selected Letters of Tennessee Williams*, vol. 1: 1920 – 1945, by Tennessee Williams. Edited by Albert J. Devlin and Nancy M. Tischler. New York: New Directions, 2000.

L2—*The Selected Letters of Tennessee Williams*, vol. 2: 1945 – 1957, by Tennessee Williams. Edited by Albert J. Devlin, co-edited by Nancy M. Tischler. New York: New Directions, 2004.

LIB—Laurette: The Intimate Biography of Laurette Taylor, by Marguerite Courtney. New York: Limelight Editions, 1984.

LLC—Lyle Leverich Collection, attached to the John Lahr Collection, Howard

Gotlieb Archival Research Center, Boston University.

LLI—Lyle Leverich Interview. Lyle Leverich Collection, attached to the John Lahr Collection, Howard Gotlieb Archival Research Center, Boston University.

LOA1—*Tennessee Williams: Plays 1937 – 1955*, by Tennessee Williams. New York: Library of America, 2000.

LOA2—*Tennessee Williams: Plays 1957 – 1980*, by Tennessee Williams. New York: Library of America, 2000.

M—*Memoirs*, by Tennessee Williams. New York: Doubleday, 1975.

Maryland—Katherine Anne Porter Collection, University of Maryland Libraries.

Morgan—Carter Burden Collection of American Literature, Morgan Library and Museum.

Ms. —manuscript.

Ms. "Memoirs" — "Memoirs" (unpublished manuscript), by Tennessee Williams. Lyle Leverich Collection, attached to the John Lahr Collection, Howard Gotlieb Archival Research Center, Boston University.

N—*Notebooks: Tennessee Williams*, by Tennessee Williams. Edited by Margaret Bradham Thornton. New Haven, Conn.: Yale University Press, 2006.

NSE—*New Selected Essays: Where I Live*, by Tennessee Williams. Edited by John S. Bak. New York: New Directions, 2009.

RBAW—*Represented by Audrey Wood*, by Audrey Wood, with Max Wilk. Garden City, N. Y.: Doubleday, 1981.

RMTT—*Remember Me to Tom*, by Edwina Dakin Williams, as told to Lucy Freeman. New York: G. P. Putnam's Sons, 1963.

RS—*The Roman Spring of Mrs. Stone*, by Tennessee Williams. London: Vintage Classics, 1999.

Sewanee—Archives of the University of the South, Sewanee, Tennessee.

THNOC—Fred W. Todd Tennessee Williams Collection, Williams Research Center, The Historic New Orleans Collection.

TWIB—*Tennessee Williams: An Intimate Biography*, by Dakin Williams and Shepherd Mead. New York: Arbor House, 1983.

注 释

TWLDW—*Tennessee Williams' Letters to Donald Windham*, 1940–1965, by Tennessee Williams. Edited and with comments by Donald Windham. New York: Holt, Rinehart & Winston, 1977.

题 词

ix Mark Rothko, *Writings on Art* (Dexter, Md.: Thomas Shore, 2006), p. 45.

序 言

xiii Oscar Wilde, *Oscar Wilde: The Major Works*, ed. Isobel Murray (Oxford, U.K.: Oxford University Press, 2000), p. 256.
xiv *N*, Apr. 9, 1939, p. 147.
xiv Ibid.
xiv Robert Van Gelder, *New York Times*, sec. 2. 1, Apr. 22, 1945.
xv Lyle Leverich, *Tom: The Unknown Tennessee Williams* (New York: W. W. Norton, 1995), dedication page.

第一章：热血沸腾与个人情怀

1 Clifford Odets, *The Time Is Ripe: The 1940 Journal of Clifford Odets* (New York: Grove Press, 1988), pp. 217–18.
1 早期，百老汇演出时间为晚上 8:40——为纪念 20 世纪 30 年代最著名的时俗讽刺剧之一《生命始于 8:40》。
1 *TWIB*, p. 125.
1 *RBAW*, p. 143.
2 Audrey Wood to Tennessee Williams, Apr. 1, 1939, *L1*, p. 164.
2 Audrey Wood to Tennessee Williams, Apr. 28, 1939, ibid., p. 172. 伍德对威廉斯的戏剧小品《美国蓝调》"印象深刻"，但认为他戏剧上的问题是"如何在一部多幕剧里保持一个戏剧理念"。1939 年 5 月 4 日，威廉斯在写给母亲的信中说道:"同仁剧团和我的新经纪人奥德丽·伍德都敦促我致力于创作一部构思巧妙的长剧,因为他们感觉我一直写得太快,而没能集中所有精力于一件事上。"(Williams to Edwina Williams, May 4, 1939, ibid, p. 168.)

2　Williams to Audrey Wood, June 25, 1939, ibid., p. 178.

2　*CWTW*, p. 330.

2　LOA1, p. 400.

3　Lyle Leverich, *Tom: The Unknown Tennessee Williams*(New York: W. W. Norton, 1995), p. 547.

3　*LIB*, p. 415.

4　Reminiscences of Eddie Dowling, Nov. 21, 1964, Columbia University Center for Oral History Collection (hereafter CUCOHC), p. 815.

4　Ibid.

4　Dowling, CCOHC, p. 819.

4　Ibid., p. 165.

4　Ibid., p. 820. 道林对前几行的叙述和印刷版文本不符。但正如威廉斯从并不愉快的亲身经历所知,道林和泰勒是即兴表演老手。

4　Dowling, Nov. 6, CUCOHC, p. 165. 伍德最初是拒绝的。"埃迪,这样不对。这小子有这么多次失败。"道林回忆她的话。(Ibid., p. 166.)

4　Ibid., pp. 165 – 67.

5　Williams to Donald Windham, Apr. 1943, *TWLDW*, p. 58.

5　*N*, p. 413.

5　Dowling, CCOHC, p. 171.

5　Ibid., pp. 170 – 71.

7　Ibid., pp. 171 – 73.

7　Laurette Taylor to Dwight Taylor, 无日期, HRC.

7　Effie Allen, "You Can't Whip the Charm of Laurette Taylor," *Chicago Tribune*, Feb. 1945. 引文中泰勒是这么说的:"告诉他们悲痛中无路可逃。他们必须毅然直面它。我知道,因为我曾试图逃脱……我现在知道了你不能逃脱不幸。你只有学会忍受不幸。"

7　Helen Ormsbee, "Laurette Taylor Knew Amanda Was Her Absolutely Right Part," New York Herald Tribune, 1945.

7　Allen, "You Can't Whip the Charm."

7　Dowling, CCOHC, pp. 173-74.

8　Ibid., p. 817. 威廉斯写信给唐纳德·温德姆说，即使在芝加哥，泰勒说起话来仍然像广播节目《杰迈玛大婶煎饼时间》。（Dec. 18, 1944, *TWLDW*, p. 155.）然而，泰勒坚持跟威廉斯学习南方口音："在整个排练期间，我会跟他说：'跟我说话就行，田纳西。不用解释这些词如何发音；就不断地跟我说话。'我们谈得极多。阿曼达的口音就是这样来的。"（*LIB*, p. 397.）

9　Dowling, CCOHC, p. 177.

9　Ibid., pp. 177-78.

9　伊尔卡·蔡斯（1900—1978）是一位出身很好的戏剧和电影滑稽女演员，她参演过的百老汇演出剧目有克莱尔·布斯·卢斯的《女人》(1983) 和尼尔·西蒙的《新婚宴尔》(1963)。20世纪40年代有那么几年，她主持一档广播节目——《华尔道夫的午宴》。她的墓志铭为："我终得追根究底。"

9　劳伦斯·斯托林斯（1894—1968）是剧作家、编剧和小说家。在舞台上，他与马克斯韦尔·安德森合作《光荣何价？》；在银幕上，他编剧的作品包括约翰·福特的《黄金骑兵队》和金·维多的《神枪游侠》。他曾是"阿尔冈昆圆桌"成员。

9　Dowling, CCOHC, pp. 179-80.

9　Williams to James Laughlin, Dec. 15, 1944, *L1*, p. 539.

11　*N*, Dec. 9, 1944, p. 431.

11　Williams to Donald Windham, Dec. 18, 1944, *TWLDW*, p. 155.

11　Tennessee Williams, "On Laurette Taylor," 无日期, HRC.

12　Laurette Taylor to Dwight Taylor, Chicago, 无日期, HRC.

12　Ibid.

12　Murray Schumach, "A Texas Tornado Hits Broadway," *New York Times Magazine*, Oct. 17, 1948.

12　Dowling, CCOHC, p. 796.

12　剪报档案中的广告 LLC.

12　*RBAW*, p. 142.

13　Dowling, CCOHC, p. 183.

13　"最后，当我们宣布我们要在两周后离开时，他们把门都卸了下来。我们不得不增加了两个日场,我们一致认为我们本可以在那儿待上几年。但我们必须走,因为辛格已经在运作,并与48街的剧场剧院签了合同。"(Ibid.)

13　Laurette Taylor correspondence, Chicago, 无日期, HRC.

13　Williams to the Editor, Feb. 25, 1945, *L1*, p. 546.

13　Williams to James Laughlin, Mar. 11, 1945, ibid., p. 553.

13　Dowling, Nov. 21, 1964, CUCOHC, pp. 813 - 14."泰勒一直在喝酒,但目前还没有醉酒迹象",威廉斯在芝加哥首演一周前致信温德姆说。(Dec. 18, 1944, *TWLDW*, p. 155.) 到2月时,醉酒迹象就很多了。"担心洛蕾特,"威廉斯致信奥德丽·伍德,"她在前天晚上的派对上酩酊大醉。确切地说是昏了过去,摔倒在人行道上——第一次出现这种事。"(Williams to Audrey Wood, Feb. 5, 1945, *L1*,,p. 545.)

14　Dowling, CCOHC, p. 815.

14　*LIB*, p. 412.

14　Dowling, CCOHC, p. 815.

14　John Lahr, "Lucky Man: Horton Foote's Three Acts," *The New Yorker*, Oct. 26, 2009, p. 90.

14　Dowling, CCOHC, p. 816.

14　Ibid.

15　Ibid., p. 818.

15　Ibid.

15　Ibid.

15　Ibid.

15　Horton Foote, *Beginnings: A Memoir* (New York: Scribner, 2001), p. 258.

15　Lahr, "Lucky Man," p. 90.

15　Williams to Horton Foote, Apr. 24, 1943, *L1*, p. 443."我是怀着暴怒来创作《来访绅士》的,"1943年他写信告诉富特,接着又加了一句,"如果你能想象,里面至少有一部分是为你写的,也许两部分。"

15　Foote, *Beginnings*, p. 258.

16　Dowling, CCOHC, p. 817.

16　LOA1, p. 187.

16　Williams to Theatre Guild, Sept. 20, 1940, *L1*, p. 279.

16 *N*, Dec. 11, 1939, p. 173. "一个人必须学会……将抒情性和现实主义融为和谐一体——我猜想我的主要问题是我没做到。我的失态极其可怕……我如今害怕我选择了戏剧是个明显的错误——但是,哦,有时我对戏剧有如此强烈的感觉。"

18 LOA1, p. 212.

18 Ibid., p. 243.

18 Ibid., p. 199.

18 *N*, June 14, 1939, p. 187.

18 *DPYD*, p. 74.

18 LOA1, p. 235.

18 Ibid., p. 258.

19 Williams to Donald Windham, Sept. 1940, *TWLDW*, p. 14.

19 LOA1, p. 207.

19 Ibid., p. 270.

19 Ibid., p. 211.

19 Williams to Joseph Hazan, Sept. 3, 1940, *L1*, pp. 274–75.

19 Williams to Donald Windham, June 19, 1945, *TWLDW*, p. 174.

19 LOA1, p. 273.

20 "如果你在寻找一个象征,巫医代表着事物黑暗而又神秘莫测的一面,根本的生命之谜——'了知一切而不露的人'——全知、命运或诸如此类的事,其中死亡、生命和其他的一切都是他的深色外罩上面缝着的诸多奇特代码。"(Williams to Lawrence Langner, July 3, 1941, *L1*, p. 320.)

20 LOA1, p. 274.

20 Tennessee Williams, "Better Return at Once"(未发表), HRC.

20 Williams to Donald Windham, May 1, 1941,

20 他其实29岁。Tennessee Williams, *TWLDW*, p. 22. 无日期, Ms., HRC.

20 Williams, "Better Return at Once," HRC.

21 Ibid.

22 1935年到1940年,奥德茨写了七部剧;1940年到1963年他57岁去世时,仅仅又写了三部。

22 Williams to Paul Bigelow, Oct. 23, 1941, *L1*, p. 352.

22　*DPYD*, p. 69.

22　LOA1, p. 275.

22　戏剧公会的合作导演劳伦斯·兰纳和特里萨·赫尔本被玛格丽特·韦伯斯特描述为"角色分配不当之大师"。（*DPYD*, p. 68.）

22　LOA1, p. 275.

22　Leverich, *Tom*, p. 363.

22　Ibid., p. 364.

23　*RBAW*, p. 136.

23　Williams to Joseph Hazan, *L1*, Jan. 2, 1941, p. 297.

23　Williams to the Williams Family, Nov. 18, 1940, ibid., p. 293.

23　*DPYD*, p. 69.

23　Williams to the Williams Family, Nov. 18, 1940, *L1*, p. 293.

23　LOA1, p. 283.

24　*DPYD*, p. 71.

25　LOA1, p. 285.

25　Ibid., p. 285.

25　Williams to Joseph Hazan, Jan. 2, 1941, *L1*, p. 297.

25　William Jay Smith, *My Friend Tom: The Poet-Playwright Tennessee Williams* (Jackson: University of Mississippi Press, 2012), p. 54.

26　Leverich, *Tom*, p. 393.

26　*RBAW*, p. 136.

26　Ibid., p. 137.

26　在后来和奥德丽·伍德的通信中，威廉斯称呼兰纳为"劳伦斯·斯坦尼斯拉夫斯基·兰纳，那个操纵东56街著名的艺术剧院的人"。（Williams to Audrey Wood, June 20, 1945, *L1*, p. 565.）

26　Audrey Wood to Williams, 无日期, HRC.

26　Gilbert Maxwell, *Tennessee Williams and Friends: An Informal Biography* (Cleveland: World Publishing, 1965), p. 51.

26　Ibid.

26　Leverich, *Tom*, p. 394.

27　*L1*, p. 298.

注 释

27　*DPYD*, p. 72.

27　LOA1, p. 286.

27　Leverich, *Tom*, p. 394.

27　*DPYD*, p. 72.

27　Maxwell, *Tennessee Williams and Friends*, p. 50.

27　Leverich, *Tom*, p. 395.

27　Ibid.

27　Williams to Joseph Hazan, Jan. 2, 1941, *L1*, p. 297.

27　Williams to James Laughlin, Apr. 2, 1944, ibid., p. 521.

27　*DPYD*, p. 72.

27　Leverich, *Tom*, p. 395.

27　Williams to Lawrence Langner, Feb. 26, 1941, *L1*, pp. 305 - 6. 改写稿被戏剧公会拒绝后，威廉斯写信给奥德丽·伍德："替我唾骂他。"（Williams to Audrey Wood, Sept. 2, 1941, ibid., p. 318.）1941 年 6 月 27 日，威廉斯改过的《天使之战》剧本被戏剧公会拒绝了。他对此很达观。"显然，还没有出现最佳的剧本，尽管如此……最佳剧本最终会出现的——《天使之战》经得起等待，可能要强过像《守卫莱茵河》《不再有黑夜》这样的戏剧，"他跟兰纳说，并补充道，"我写作的这部剧源于历久弥坚的题材，如激情、死亡和人的精神对无限可能性的追求，这些都是经得起时间磨砺的。"（Williams to Lawrence Langner, July 3, 1941, ibid., p. 317.）

29　"Speech from the Stairs," CCOHC, p. 819.

29　Williams to Joseph Hazan, Sept. 3, 1940, *L1*, p. 275.

29　*N*, Feb. 16, 1941, p. 221.

29　Williams to Audrey Wood, Feb. 27, 1941, *L1*, p. 308.

30　*N*, June 27, 1941, p. 227.

30　Ibid.

30　Williams to James Laughlin, May 29, 1943, *L1*, p. 455.

30　Williams to Audrey Wood, June 20, 1945, ibid., p. 564.

30　Williams to Audrey Wood, Sept. 1, 1942, ibid., p. 402.

30　*N*, July 9, 1942, pp. 301 - 3.

30　Williams to Joseph Hazan, Sept. 24, 1940, *L1*, p. 285. 战争的潜流似乎淹没

了 20 世纪 30 年代主导百老汇剧院的乔治·凯利、罗伯特·舍伍德、保罗·格林、菲利普·巴里的作品，也淹没了马克斯韦尔·安德森华而不实的诗意戏剧。

31　N, Feb. 25, 1942, p. 281.

31　Williams, 无日期, HRC.

31　Williams to William Saroyan, Nov. 29, 1941, L1, p. 359.

31　Williams to Horton Foote, Apr. 24, 1943, ibid., p. 443.

31　N, Oct. 26, 1943, p. 401.

31　Williams to Donald Windham, July 28, 1943, TWLDW, p. 94.

31　Williams to Margo Jones, Aug. 27, 1943, HRC.

32　Williams to Donald Windham, Aug. 1944, TWLDW, p. 148.

32　Dowling, CCOHC, p. 819.

32　LIB, p. 412.

32　Dowling, CCOHC, p. 820.

32　LIB, p. 412.

32　Williams, "On Laurette Taylor," HRC.

32　Ibid.

32　Stark Young, New Republic, Apr. 16, 1945.

32　RBAW, p. 143.

33　Williams to Donald Windham, Apr. 1943, TWLDW, p. 57.

33　LOA1, p. 401.

33　LIB, p. 412.

33　Williams to Kenneth Tynan, July 26, 1955, TWLDW, p. 306.

33　Williams to Donald Windham, July 28, 1943, ibid., p. 91.

33　Williams to Brooks Atkinson, Sept. 2, 1959, BRTC.

34　CP, ["I Have a Vast Traumatic Eye"], p. 173.

34　Williams to Lawrence Langner, Aug. 22, 1940, L1, p. 267.

34　Greil Marcus and Werner Sollers, eds., A New Literary History of America (Cambridge, Mass.: Harvard University Press, 2009).

34　LOA1, p. 276.

34　Ibid., p. 275.

注 释

34　Ibid.

34　*CS*, "Portrait of a Girl in Glass," p. 119.

35　Williams to Jessica Tandy, as quoted in Mike Steen, *A Look at Tennessee Williams* (New York: Hawthorn Books, 1969), p. 181.

35　Gore Vidal, "Tennessee Williams: Someone to Laugh at the Squares With," in Gore Vidal, *Armageddon? Essays 1983 – 1987* (London: Andre Deutsch, 1987), p. 53.

35　JLI with Gore Vidal, 2000, JLC.

35　*CP*, "Cortege," p. 30.

35　*RMTT*, p. 19.

36　LOA1, p. 401.

36　威廉斯说:"我母亲过分关心我,把我养成了一个娘娘腔。"(*M*, pp. 11 – 12.)

36　*CP*, "Cortege," p. 30.

36　Williams to Donald Windham, July 28, 1943, *TWLDW*, p. 91. "这就好像是我的皮肤下面有野猫在乱窜。"

36　Tennessee Williams, "Why the Title"(未发表), HRC.

38　*RMTT*, p. 28.

38　Ibid., p. 32.

38　*NSE*, p. 59.

39　"The Wingfields of America"(未发表), HRC.

40　*N*, "Mes Cahiers Noirs," 1979, p. 751.

40　*M*, p. 12.

40　Williams to Donald Windham, *TWLDW*, p. 298.

41　Leverich, *Tom*, p. 519.

41　LOA2, p. 221.

41　*RMTT*, p. 162.

41　*Time*, Mar. 9, 1962.

41　JLI with Gore Vidal, 2000, JLC.

41　*CS*, "Grand," p. 379.

41　Leverich, *Tom*, p. 152. See *CS*, "Grand."

41　*CS*, "Grand," p. 384.

42　Vidal,"Tennessee Williams," p. 52.

42　Dennis Brown,"Miss Edwina under Glass," *St. Louisian*, Mar. 1977, p. 62.

42　Ibid.

42　Williams to Donald Windham, Nov. 23, 1943, *TWLDW*, p. 121. 随着威廉斯越来越不认识自己,自己是个幽灵的想法日渐增强。他的笔友诗人大卫·洛布德尔后来成了他的看房人,在给洛布德尔的一封信中,威廉斯是这样结尾的:"大卫,我将一只幽灵的手放在你的手、你的脸庞、你的发上。"(Williams to David Lobdell. Sept. 14, 1968, LLC.)

42　LOA1, p. 400.

43　*N*, Nov. 20, 1941, p. 257.

43　"对镇上几乎所有她的朋友来说,我母亲在密西西比哥伦布的婚礼仪式来得太突兀了,"威廉斯写信跟奥德丽·伍德说,"仪式在教堂举行,但是悄悄进行的,参加的人都感到无比震惊,因为我父亲娶到一位牧师的女儿有些'太快了'。"(Williams to Audrey Wood, Nov. 26, 1946, HRC.)

43　LOA1, p. 410.

43　*RMTT*, p. 34.

43　Leverich, *Tom*, p. 70.

43　*RMTT*, p. 186.

43　*CWTW*, p. 87.

44　*CS*, "The Man in the Overstuffed Chair," p. vii.

44　Leverich, Tom, p. 34.

44　Ibid., p. 36.

44　Ibid., p. 48.

44　Dakin Williams interview with Robert Bray, *Mississippi Quarterly*, vol. 48 (Fall 1995), p. 777.

44　LOA1, p. 394.

44　Leverich, Tom, p. 520.

45　*RMTT*, p. 39.

45　Ibid., p. 63.

45　Ibid., p. 26.

46　Leverich, Tom, p. 138.

46 LOA1, p. 266.
46 *RMTT*, p. 35.
46 Ibid., p. 56.
46 Harold Bloom, ed., *Tennessee Williams* (Broomall, Penn.: Chelsea House, 2003), p. 24.
46 Durant Da Ponte, "Tennessee's Tennessee Williams," Tennessee Studies in Literature, University of Tennessee Studies in the Humanities, 1956, p. 14.
46 Dakin Williams to Lyle Leverich, Aug. 16, 1984, LLC.
48 Williams to Kenneth Tynan, July 26, 1955, *TWLDW*, p. 302.
48 *CWTW*, p. 258.
48 *RMTT*, p. 62.
48 Ibid., p. 69.
48 Ibid., p. 35.
48 *CP*, "Cortege," p. 30.
48 Williams to Donald Windham, Apr. 1943, *TWLDW*, p. 58.
48 LLI with Dakin Williams, 1985, LLC.
48 N, Aug. 23, 1942, p. 323.
48 Williams to Donald Windham, Apr. 1943, *TWLDW*, p. 56.
49 Ibid., p. 57.
49 Williams to Audrey Wood, Jan. 15, 1946, HRC.
49 Williams to James Laughlin, Mar. 11, 1945, *L1*, p. 554.
49 *RMTT*, p. 167.
49 Papers of the Rev. Walter Dakin, Sewanee.
51 *RMTT*, p. 15.
51 JLI with Dakin Williams, 2001, JLC.
51 JLI with Dakin Williams, 2004, JLC.
51 Tennessee Williams, "Let It All Hang Out," *NSE*, p. 174.
51 *RMTT*, p. 202.
51 LOA1, p. 403.
51 *RMTT*, p. 14.
51 Ibid., pp. 254–55.

52　LOA1，p. 403.

52　JLI with Gore Vidal，2000，JLC.

52　*RMTT*，p. 15.

52　"戴金说，人物塑造太精准了，埃德温娜本可以起诉汤姆。'她的昏厥和她"受难基督"般的面部表情是她所有表情中最致命的（也是最让人无法容忍的）。'"（Leverich，*Tom*，p. 567.）

52　Leverich，*Tom*，p. 560.

53　Ibid.

53　*M*，p. 116.

53　1920 年她流过产；1922 年顽疾被确诊为初期结核病；1926 年子宫切除，她差点因此丧命。

53　*CWTW*，p. 327.

53　Leverich，*Tom*，p. 61.

53　JLI with Dakin Williams，2001，JLC.

53　JLI with Dakin Williams，2004，JLC. 埃德温娜声称自己的母亲、威廉斯挚爱的"外外"，"从不是很外露，是我所认识的最不外显的人，但她深深感知一切"。（*RMTT*，p. 162.）

53　LOA1，p. 421.

53　*CWTW*，pp. 326–27.

53　*M*，p. 119.

53　Williams to Audrey Wood，Jan. 15，1946，HRC.

53　打字练习被归档在 HRC Rose Williams 文件中。

54　Leverich，*Tom*，p. 567.

54　*CS*，"Man in the Overstuffed Chair，" p. x.

54　Ibid.

54　*N*，p. 751.

54　"我对性所知几乎为零，1955 年我 37 岁和乔伊斯结婚时还是个'处男'。"（Dakin Williams to Lyle Leverich，July 15，1987，LLC.）

54　Farmington State Hospital，Dr. CC Ault，Dec. 16，1937，LLC.

54　*N*，pp. 751–53.

54　*M*，p. 119.

54 *CS*, "Portrait of a Girl in Glass," p. 110.

54 Leverich, *Tom*, p. 63.

54 *M*, p. 23.

54 Ibid., p. 17.

55 *N*, Sept. 23, 1942, p. 325.

55 *RMTT*, p. 244.

55 *CWTW*, p. 327. 埃德温娜本人一度精神不正常；晚年时，她将名字里的字母a去掉了，签名为Edwin Williams。

55 Williams to Elia Kazan, July 5, 1980, Harvard.

55 LOA1, p. 419.

55 Ibid., p. 402.

55 Ibid., p. 410.

55 Ibid., p. 404.

56 LLI with Dakin Williams, Apr. 15, 1985, LLC.

56 Tennessee Williams, "Stairs to the Roof"（未发表）, HRC.

56 Leverich, *Tom*, p. 65.

56 Williams to Elia Kazan, 无日期, WUCA.

56 Dakin Williams to Lyle Leverich, Aug. 16, 1984, LLC.

56 *N*, Oct. 7, 1938, p. 125.

56 Leverich, *Tom*, p. 65.

56 *M*, p. 15.

57 *N*, Oct. 10, 1943, p. 395.

57 Williams to Audrey Wood, Sept. 4, 1942, HRC.

58 Leverich, *Tom*, p. 247.

58 *M*, p. 119.

58 *RMTT*, p. 85.

58 *N*, Jan. 25, 1937, p. 73.

58 "Psychiatric Summary."

58 *CWTW*, p. 327.

58 *RMTT*, p. 14.

58 *NSE*, p. 76.

59 Leverich, *Tom*, p. 65.

59 "Psychiatric Summary."

59 对威廉斯来说，戏剧创作是一种挥之不去的东西。"一部戏剧似乎是在物象化一些东西，像是一个幽灵变得逐渐清晰，逐渐清晰，逐渐清晰。"他说。（*CWTW*, p. 330.）他后来写信给伊利亚·卡赞谈起"艺术的超然之眼"及其看穿人性的所有矛盾冲突的能力，"就好像一个幽灵从高处坐观人类的忙忙碌碌，真实地做着记录"。（Williams to Elia Kazan Apr. 19, 1947, WUCA.）

59 第一次看《玻璃动物园》演出时，CC 的唯一评价是："嗯，我可从来没有抛弃这个家。"

59 Williams to Donald Windham, July 28, 1943, *TWLDW*, p. 91.

59 LOA1, p. 417.

59 Ibid., p. 465.

60 Ibid., p. 425.

60 Williams to Donald Windham, Apr. 1943, *TWLDW*, p. 56.

60 LOA1, p. 465.

60 Dowling, CCOHC, p. 820.

60 *LIB*, p. 413.

60 JLI with Betsy Blair, 2002, JLC.

60 *Life*, Apr. 30, 1945.

61 Irving Hoffman, *Hollywood Report*.

61 Dowling, CCOHC, p. 820.

61 Ibid., pp. 821-22.

61 Stark Young, as quoted in *LIB*, p. 408.

62 *CWTW*, p. 239.

62 Williams, "On Laurette Taylor," HRC.

62 Leverich, Tom, p. 585.

62 *CWTW*, p. 330.

62 Scrapbook, HRC. 星象图上还有："在这个星象图四周写着大部分重要的关系，是那个激动人心的首演之夜行星与演员和作家们的行星匹配关系图。（首先要注意的是，唯一一个没有关系的行星是土星，这颗行星的一般寓意是障碍与失败，这次首演与此毫无关系——与负面评论也没有关系）。"

注 释

62 Arthur Miller, "Tennessee Williams' Legacy: An Eloquence and Amplitude of Feeling," in Arthur Miller, *Echoes down the Corridor: Collected Essays: 1944 - 2000* (New York: Penguin Books, 2000), p. 204.

62 Carson McCullers to Williams, Feb. 10, 1949, Duke.

63 *RMTT*, p. 200.

63 As quoted in the *Knoxville News-Sentinel*, Apr. 22, 1945.

63 *New York Times*, Apr. 1, 1945.

63 *TWIB*, p. 126.

64 Lewis Nichols, "The Glass Menagerie," *New York Times*, Apr. 2, 1945.

64 Stark Young, *New Republic*, Apr. 15, 1945.

64 *LIB*, p. 415.

64 Laurette Taylor to Dwight Taylor, Apr. 8, 1945, HRC.

64 Philip Roth, *American Pastoral* (New York: Vintage Books, 1997), p. 40.

64 Harold Evans, *The American Century* (New York: Alfred A. Knopf, 2000), p. 435.

64 JLI with Arthur Miller, 2004, JLC.

65 John Lahr, *Show and Tell: New Yorker Pro!les* (Woodstock, N. Y.: Overlook Press, 2000), p. 94.

65 Odets, *Time Is Ripe*, p. 344.

65 LOA1, p. 422.

65 Walt Whitman, "Out of the Endless Rocking."

65 *CP*, "The Siege," p. 9.

65 *CS*, "Grand," p. 383.

65 *N*, Aug. 23, 1942, p. 325.

65 Ibid., Sept. 17, 1941, p. 239.

65 Williams to Paul Bigelow, Oct. 10, 1941, *L1*, p. 348.

66 Williams, "Stairs to the Roof," HRC. "对他来说,自由戴着危险的鲜亮面具,他只愿意在一定的安全距离内来思量它。"威廉斯在表现主义剧作《通往楼顶的阶梯》(副标题为《为囚禁的狂野之心祈祷》)的早期短篇故事版里写道。该剧在《玻璃动物园》首演前一周在小小的帕萨迪纳剧场剧院亮相,效果一般。在威廉斯的脑海里,自由指的是一种精神层面的自由。在《通往楼顶的阶梯》的舞台提示里,他直截了当地指出楼顶代表什么:"在这个区域以下,世界可能是一种槽沟状重复,但这里是超脱的——光、光、光!这里是精神的最后制高点,摒弃了物质,是宗教的抽象教义:纯真、奇妙和爱。"("Stairs to the Roof," HRC, p. 90.)主人公本·墨菲在消失于一片云雾中,进入一个新的轨道之前,告诉与他一起的女孩儿:"楼顶对于拥有我这样野心的人来说只是个跳板。"成群的工人尖声叫着他的名字,"扔掉他们的账本、他们的文件和铅笔,兴奋地高喊着要自由",他"从遥远的地方"朝他们喊着最后的话:"你们好——再见。"(Ibid. p. 98.)

66 威廉斯在自己的《哈特·克莱恩诗歌选》扉页上所写,他随身携带这本诗集。Columbia.

66 *N*,Aug. 14,1942,p. 321.

66 Ibid.,June 27,1941,p. 229.

66 LOA1,p. 401.

66 *NSE*,pp. 77 – 78.

66 Ibid.,p. 78.

67 *New York Times*,Apr. 4,1945.

67 Williams to Paul Bigelow,Apr. 10,1943,*L1*,p. 438.

第二章　心不我待

68 *N*,Apr. 29,1938,p. 229.

68 Ibid.,Sept. 17,1939,p. 165.

68 Williams to Erwin Piscator,Aug. 13,1942,*L1*,p. 393.

68 *N*,Oct. 6,1943,p. 3.

68 *NSE*,p. 33.

68 Ibid.

69 Williams to Guthrie McClintic,May 23,1945,*L1*,p. 560.

69 Williams to Audrey Wood,June 20,1945,*L2*,p. 7.

69 Lyle Leverich,*Tom: The Unknown Tennessee Williams*(New York:W. W. Norton,1995),p. 280.

69 Williams to Audrey Wood,Dec. 14,1945,HRC.

注　释

69　Ibid.

69　Williams to Audrey Wood, Jan. 15, 1946, *L2*, p. 36.

69　1945年至1947年，继《玻璃动物园》成功后，威廉斯写了《夏与烟》《欲望号街车》,《皇家大道》的第一稿，他的两个主要短篇《一只手臂》和《欲望与黑人按摩师》，以及故事形式的《鬣蜥之夜》。

69　《你碰了我!》在演出109场后停演；《玻璃动物园》于1946年8月3日演出563场后停演；依据威廉斯1947年3月末写给奥德丽·伍德的信，巡演剧团真是"对该剧的嘲弄，主要由于演员里的埃迪·安德鲁斯无能得令人瞠目咋舌"。(Williams to Audrey Wood, Mar. 1947, *L2*, p. 88.)

70　*M*, p. 52.

70　Williams to Audrey Wood, Jan. 3, 1946, *L2*, pp. 31-32.

70　Williams to James Laughlin, Jan. 25, 1946, ibid., pp. 39-40："我和西尔维娅这个女孩儿在一起时非常羞怯，以至于要是独自跟她在一个房间，更是痛苦难耐。你和别人在一起有那种感觉吗？我告诉过她我的那种感觉——她每隔几分钟便询问一次：'我让你不舒服吗？''你现在要我出去吗？''我坐在这儿可以吗？''除非你愿意，否则不用跟我说话？'等等。这只让一切更糟糕。然后，她坐在那儿，明亮的眼睛看着我每个局促的表情变化，就好像她在一个实验室里进行着某种不一般的实验，让我不知看哪儿好，更别提说什么了。像极了一部无声老电影里的丽莲·吉许，或者顶多像哈罗德·劳埃德。女人是由什么做的啊?!"

70　威廉斯没有参加演出；他睡着了，也错过了白宫招待会。

70　Williams to James Laughlin, Jan. 25, 1946, *L2*, pp. 39-40.

70　Williams to Audrey Wood, Jan. 3, 1946, ibid., p. 31.

70　Williams to Audrey Wood, Dec. 14, 1945, HRC.

70　Williams to Audrey Wood, Jan. 3, 1946, *L2*, p. 31.

70　Williams to Oliver Evans, Jan. 1946, ibid., p. 37.

71　Oliver Evans to Williams, 无日期, LLC.

71　Williams to James Laughlin, Jan. 4, 1946, LLC.

71　Williams to "Rod" (letter signed by "John"), Oct. 19, 1945, HRC.

71　LLI with Pancho Rodriguez, 1983, LLC. 唐纳德·斯波托的《陌生人的善意》和美国经典文库关于田纳西·威廉斯的卷本都错误地认为，威廉斯是在墨西哥遇见的罗德里格斯，然后罗德里格斯跟随威廉斯来到了新奥尔良。"我是1945年冬天在这儿，在新奥尔良遇见他的，"罗德里格斯说，"他刚从墨西哥回来。我没认出他是谁，因为我那时不大喜欢戏剧。"

71　*CS*，"Rubio y Morena，" p. 261.

71　*N*, Oct. 23, 1943, p. 401.

71　*KAL*, p. 334.

71　*CS*，"Rubio y Morena，" pp. 259 - 61.

72　Ibid., p. 258.

72　Williams to Paul Bigelow, Feb. 27, 1946, *L2*, pp. 43 - 44.

72　Williams to Audrey Wood, Jan. 15, 1946, ibid., p. 35.

72　Williams to Audrey Wood, Jan. 3, 1946, HRC.

72　Williams to Donald Windham, Sept. 8, 1943, *TWLDW*, pp. 103 - 4.

73　LOA1, p. 440.

73　*Time*, Mar. 9, 1962, p. 55

73　*N*, Apr. 9, 1939, p. 147. 在1939年复活节那天，同仁剧团已经对他的作品予以认可并给予100美元奖金，威廉斯重新对自己的戏剧创作设下愿景："我内心的图画——里面没有虚假——我要说出眼睛所见的真理——道出看到的扭曲——狂野如我——温柔如我——疯癫如我——激情如我——它将是我自己，毫无遮掩。"

73　Williams to Audrey Wood, Jan. 3, 1946, HRC.

73　*CS*，"Desire and the Black Masseur，" pp. 205 - 6.

73　Ibid., p. 206.

73　*CWTW*, p. 228.

74　Williams to Audrey Wood, Sept. 24, 1941, *L1*, p. 341.

74　Papers of the Rev. Walter Dakin, Sewanee.

74　Amory H. Bradford, 威廉斯那本《灵魂升天》被放在圣路易斯华盛顿大学图书馆。题词如下："外祖父沃尔特·埃德温·戴金致T. 拉尼尔·威廉斯，1933年圣诞。愿他'阅读、标记、学习并真正消化'这本书的思想。"

74　4 - 5 Eastertide, Acts 24：14 - 16, Papers of the Rev. Walter Dakin, Sewanee.

74　*CS*，"The Resemblance between a Violin Case and a Coffin，" p. 277.

75　Tennessee Williams and Donald Windham, *You Touched Me!* (New York: Samuel French, 2010), p. 115.

75　Ibid., p. 4.

75　Ibid., p. 5.

75　Ibid., p. 116.

75　Ibid., p. 18.

75　Williams to Audrey Wood, Sept. 4, 1942, HRC.

75　Williams and Windham, *You Touched Me!*, p. 84.

75　Williams to Audrey Wood, Sept. 4, 1942, HRC.

75　Ibid.

76　Williams to Elia Kazan, Nov. 18, 1950, WUCA.

77　Williams and Windham, *You Touched Me!*, p. 115.

77　Ibid., pp. 113-14.

77　*CWTW*, pp. 228-31.

77　Williams and Windham, *You Touched Me!*, pp. 50-51.

77　LOA1, p. 511.

77　Ibid., p. 612.

78　Ibid., p. 421.

78　Williams to Donald Windham, Jan. 3, 1944, *TWLDW*, p. 126.

78　遇见一头红发、活泼的黑兹尔·克雷默（1912—1951）时，威廉斯11岁，她9岁。"一些小流氓正在……朝一个胖乎乎的小女孩扔石块。我过去保护她……从而开始了我们亲密的孩提友谊，进而发展成一种浪漫的关系。"威廉斯在《回忆录》中写道（pp. 14—15）。到了青春期，威廉斯回忆说："我对黑兹尔有一种性欲，那是在德玛街西区抒情影院。电影还没开演，坐在她身边，我突然觉察到她那光滑的肩膀，我想去摸摸那肩膀，同时感到生殖器在冲动。"（Leverich, *Tom*, p. 73.）埃德温娜说，CC不认为她"配得上汤姆"，便反对他们去同一所大学读书。她去了威斯康星大学。

78　*M*, p. 29.

78　*CWTW*, pp. 230-31.

78　*N*, Oct. 9, 1937, p. 109.

79　Ibid., Sept. 14, 1941, p. 235.

79 Ibid., May 30, 1938, p. 119.

79 *M*, p. 43. 关于他的呕吐:"突然我感到一阵恶心,因为喝的酒、绷紧的神经和局促不安。我冲进卫生间呕吐,出来时围着浴巾,对自己的性功能考验失败羞愧难当。"

79 Ibid.

79 Ibid. 这种关系持续了几个月,后来威廉斯被"这可爱的婆娘踹了——但这次经历是宝贵的"。(*N*, Apr. 29, 1938, p. 115.)

79 *M*, p. 49.

79 LOA1, p. 624.

79 *N*, Nov. 23, 1937, p. 69.

79 Ibid., Jan. 1, 1939, p. 133. 短语"身体的疯狂朝圣"首次提及见 ibid., Jan. 14, 1939, p. 133:"我尽是兽性,尽是为所欲为、盲目愚蠢的野兽吗?难道没有另一部分不是这身体疯狂朝圣的同谋吗?"在短篇故事《诅咒》(1945) 中,该短语首次正式出现。

80 Leverich, Tom, p. 278.

80 *N*, June 11, 1939, p. 153.

80 Ibid., June 14, 1939, p. 153.

80 Ibid., June 25, 1939, p. 153.

80 Ibid., May 25, 1939, p. 149.

80 Ibid., Mar. 7, 1939, p. 141.

80 Ibid., Mar. 8, 1939, p. 143.

80 Ibid.

80 Ibid., July 6, 1939, p. 155.

81 Ibid.

81 *N*, July 30, 1939, p. 161.

81 LOA1, p. 587.

81 *N*, July 30, 1939, p. 161.

81 Ibid., Aug. 11, 1936, p. 49.

81 Ibid., Oct. 16, 1938, p. 125."恐惧本身比恐惧的事情糟糕得多——心脏病,无论多么真实,不会引起什么不适,没有实际的疼痛——只要我不害怕它,但是恐惧本身会引起连带的折磨、可怕的紧张、狂野恐怖症和幽闭恐惧症、神经性消化不良、胃部闷胀。"

81　Ibid., July 30, 1939, p. 161.

81　Ibid.

82　*CWTW*, p. 83.

82　*N*, Oct. 3, 1939, p. 166.

82　Ibid., Aug. 23, 1942, p. 325.

82　Ibid., May 27, 1937, p. 87.

82　*CWTW*, pp. 229–30.

82　*N*, Oct. 6, 1943, p. 391.

82　*M*, p. 131.

82　*N*, July 1, 1942, p. 297.

83　Ibid., Jan. 28, 1940, p. 185.

83　*N*, Dec. 15, 1939, p. 179.

83　*CWTW*, p. 231.

83　*N*, Jan. 12, 1940, p. 183.

83　Ibid., Jan. 26, 1940, p. 183.

83　Williams to Joseph Hazan, Sept. 1940, *L1*, p. 276.

83　*N*, Feb. 7, 1940, p. 187.

83　Ibid., Mar. 11, 1940, p. 191.

83　Williams to Joseph Hazan, Aug. 18, 1940, *L1*, p. 262.

83　*N*, May 26, 1940, p. 195.

84　Donald Windham, *As If: A Personal View of Tennessee Williams* (Verona, N. Y.: Privately published, 1985), pp. 17–18.

84　*M*, p. 53.

85　Windham, As If, p. 17.

85　Anna Freud, *The Writings of Anna Freud*, vol. 2: *Ego and the Mechanisms of Defense* (Madison, Conn.: International Universities Press, 1936), pp. 153–54:"那些经历了我心中这种禁欲阶段的年轻人似乎更害怕他们本能的数量而不是质量。他们一般不相信娱乐,因此他们最安全的对策便是简单地用更严格的禁止来对付更急迫的欲望。每次本能说'我要'时,自我反驳说'你不可以',更像严厉的父母在孩子小时候训练他们的样子……但是青春期的人否认自己本能的行为的结果无一例外是替代满足……对抗自我的结果,我们发现,是从禁欲到过度屈从本能的大逆袭,青春期的人会突然沉溺于以前被禁做的一切,无视任何外在的约束。"

85 *CWTW*, p. 231.

85 Williams to Donald Windham, Oct. 11, 1940, *TWLDW*, p. 17.

85 Williams to Theresa Helburn, Oct. 11, 1940, *L1*, p. 290.

85 Williams to Donald Windham, Oct. 11, 1940, *TWLDW*, p. 17.

85 *M*, p. 53.

85 Ibid.

85 Williams to Paul Bigelow, Sept. 27, 1941, *L1*, p. 333.

85 *N*, Jan. 15, 1943, p. 409.

85 Williams to Donald Windham, May 1, 1941, *TWLDW*, p. 22.

86 *N*, July 12, 1942, p. 303.

86 Williams to Donald Windham, July 23, 1942, *TWLDW*, p. 37.

86 *N*, Oct. 4, 1941, p. 243.

86 Ibid., Oct. 29, 1941, p. 255.

86 Williams and Windham, *You Touched Me!*, p. 65.

86 Williams to Paul Bigelow, July 25, 1941, *L1*, pp. 325-26.

87 *CP*, "The Siege," p. 910.

87 *CWTW*, p. 229.

87 Windham, *As If*, pp. 16-17. 也参见"Portrait of a Girl in Glass"(*CS*, p. 119, originally published 1943):"在五年时间里,我几乎忘了家。我不得不忘却它,我不能背负着它。"

87 *N*, Oct. 28, 1946, p. 447.

87 "我感觉就像一个幽灵。" Williams to Donald Windham, Nov. 23, 1943, *TWLDW*, p. 121.

88 *N*, Feb. 25, 1942, p. 281.

88 LOA1, p. 465.

88 *N*, Mar. 29, 1940, p. 191.

88 *CS*, "The Malediction," p. 147.

88 *N*, May 26, 1940, p. 195.

- 88　*M*，p. 53.
- 88　*N*，May 30，1940，p. 195.
- 88　*M*，p. 53.
- 88　Williams to Luise Sillcox，July 8，1940，*L1*，p. 257.
- 88　Williams to Joseph Hazan，Aug. 18，1940，ibid.，p. 262.
- 88　Williams to Donald Windham，Aug. 1940，*TWLDW*，p. 11.
- 89　LLI with Joseph Hazan，1985，LLC.
- 89　LLI with Joseph Hazan，1985，LLC.
- 89　*M*，p. 54.
- 89　Ibid.
- 89　Ibid.
- 89　Ibid.
- 89　Ibid.
- 89　*M*，p. 54.
- 89　LLI with Joseph Hazan，LLC.
- 90　*M*，p. 54.
- 90　Ibid.，p. 55.
- 90　哈赞认为基普和威廉斯只有过一次性接触，威廉斯渲染了他和基普的性生活。（参见 *N*，p. 202.）在《回忆录》中（p. 55），威廉斯暗示他们的关系不只是一夜情。"自那之后，我们每晚都一起睡在上面的双人床上，我对这个男孩的欲望无法节制，以至于晚上我会不断地叫醒他更多地做爱……"威廉斯写道。不管怎样，他们的关系持续了不到六个星期。
- 90　Williams to Donald Windham，July 29 - 30，1940，*TWLDW*，pp. 9 - 10.
- 90　Ibid.
- 91　*M*，p. 55.
- 92　Ms."Memoirs，"p. 237；在出版的书中，他补充道，"以他稀里糊涂的方式"（*M*，p. 55）。出版的书删去了最后两句话。
- 92　Williams to Donald Windham，July 1940，*TWLDW*，p. 8.
- 92　*M*，p. 55.
- 92　*N*，July 29，1940，p. 201.
- 92　Ibid.，July 19，1940，p. 199.

92　Williams to Donald Windham, July 1940, *TWLDW*, p. 8.

92　Ms. "Memoirs," p. 56. 一段经过编辑的文字写道："女孩是肯尼思·泰南妻子伊莱恩的姐妹。"

93　*M*, p. 56.

93　*N*, Aug. 15, 1940, p. 205.

93　Ibid.

93　Ibid., Aug. 12, 1940, p. 203.

93　Ibid., Aug. 15, 1940, p. 205.

93　Ibid., Aug. 19, 1940, p. 207.

93　Williams to Kip Kiernan, Aug. 22, 1940, *L1*, p. 269.

93　Ms. "Memoirs," p. 240.

93　*N*, Aug. 19, 1940, p. 207.

93　当基普住在时代广场附近的综合医院里卧病在床奄奄一息时,威廉斯去看他。那时,基普已经结婚了;病榻上,他请求见"田尼"。威廉斯害怕一个人去看他,便带着温德姆同行。"当我走进基普的病房,他正由一个护士用勺子喂食;是甜杏。他看起来比以往任何时候都更美,"威廉斯在 1981 年接受《巴黎评论》采访时说,"我们说了一会儿话。然后我起身,向他伸出手,他够不到我的手,我不得不去够他的手。"后来,他给基普送去一件乳白色绸袍。他在《死亡高高在上》中纪念了这次见面:"回来吧,你在睡眠中呼唤着。/我拼命地往回赶/……我的渴望强烈/再一次被你睡着的样子/抚慰与温暖,/就一会儿,不要高于/你的所在,/小小的房间、温暖的爱、谦卑的星辰!" Williams to Paul Bowles, Feb. 23, 1950, HRC. 此前草稿经过大幅度改动后以《死亡高高在上》发表,没有题献给梅洛。

94　Gore Vidal, "Tennessee Williams: Someone to Laugh at the Squares With," in Gore Vidal, *Armageddon? Essays 1983–1987* (London: Andre Deutsch, 1987), p. 59.

94　*CS*, "Preface," p. xv.

94　《有点缥缈,有点清澈》这个题目指的是威廉斯遇见基普时的眼睛,对威廉斯来说,它代表着"我本性中的两面。一面是痴迷的同性恋,情不自禁地对性产生兴致。还有一面是在那些日子里所具有的温柔、善解人意和沉思"。(*CWTW*, p. 346)

- 94 LOA1，p. 199.
- 94 Ibid.，p. 575.
- 94 Ibid.，p. 701.
- 94 LOA1，p. 884.
- 94 Williams to Donald Windham，Jan. 3，1944，*TWLDW*，p. 126.
- 94 Williams to Kip Kiernan，Aug. 22，1940，*L1*，p. 269.
- 94 *CWTW*，p. 229.
- 95 Williams to Donald Windham，Sept. 20，1943，*TWLDW*，p. 105.
- 95 *N*，Jan. 5，1943，p. 339.
- 95 Ibid.，Jan. 7，1943，p. 339.
- 95 Tennessee Williams，"The Primary Colors"（未发表），HRC.
- 95 在《街车》的一个早期版本中，布兰奇对"乔治"（米奇）说："人们对自己身体的所作所为并不能决定他们是好人还是坏人！"Ibid.
- 95 *N*，Aug. 25，1942，p. 327.
- 95 LOA1，p. 400.
- 95 Williams，"Primary Colors，" HRC.
- 95 Williams to Audrey Wood，Mar. 23，1945，*L1*，p. 557.
- 96 *N*，Sept. 14，1941，pp. 232 - 33. 埃文斯也是威廉斯短篇故事《两人搭伙》中比利的原型。
- 96 Ibid.，Sept. 14，1941，p. 235.
- 96 Williams to Erwin Piscator，Aug. 13，1942，*L1*，p. 393.
- 96 Williams to Audrey Wood，July 29，1942，ibid.，p. 387.
- 96 Williams to Mary Hunter，mid-April 1943，ibid.，p. 438.
- 96 Ibid.
- 96 Williams to William Saroyan，Nov. 29，1941，*L1*，p. 359.
- 96 Williams to Donald Windham，July 18，1943，*TWLDW*，p. 88："我们一定要有长长的手指来抓住我们身边飘过的一切。"
- 96 LOA1，p. 265.
- 97 Ibid.，p. 565.
- 97 Williams to Donald Windham，Sept. 20，1943，*TWLDW*，p. 106.
- 97 约翰："他们告诉我，我是魔鬼。我倒宁愿自己是魔鬼。"剧本甚至让布坎南像"恶魔"一样开车。LOA1, p. 610.
97　Ibid., p. 575.
97　Ibid.
97　Ibid., p. 622.
97　Ibid., p. 611.
97　Ibid., p. 612.
97　Ibid., p. 624.
97　Ibid.
97　Ibid., p. 638.
99　Ibid., p. 504.
99　N, June 27, 1941, p. 229.
99　Williams to Joseph Hazan, Aug. 20, 1940, L1, p. 265.
99　CWTW, p. 83.
99　LOA1, p. 642.
99　CP, "Iron Is the Winter," pp. 60–61.
99　N, Nov. 28, 1945, p. 437.
100　Williams to Donald Windham, Dec. 18, 1945, TWLDW, pp. 178–79.
100　LLI with Pancho Rodriguez, 1983, LLC.
100　N, Aug. 18, 1940, p. 206.
100　LLI with Pancho Rodriguez, 1983, LLC.
100　Williams to Margo Jones, Oct. 17, 1946, L2, p. 75.
100　LLI with Pancho Rodriguez, 1983, LLC.
100　Williams to Joseph Hazan, Aug. 22, 1940, L1, p. 270.
101　Tennessee Williams/Pancho Rodriguez record, BRTC.
101　*Miami Herald*, Mar. 30, 1958.
101　LOA1, p. 640.
101　Williams to Studs Terkel, radio interview (Blackstone Hotel), Dec. 1961, LLC.
101　潘乔·罗德里格斯生于1920年12月1日。
102　"他是一个野蛮粗俗的人",新奥尔良艺术家弗里茨·布尔特曼说,转引自Donald Spoto, *The Kindness of Strangers: The Life of Tennessee Williams*

(Boston: Little, Brown, 1985), p. 122。

102 Ms. "Memoirs," p. 24.

102 *M*, p. 106.

102 Ms. "Memoirs," p. 24.

103 LLI with Pancho Rodriguez, 1983, LLC.

103 Ms. "Memoirs," p. 24.

103 *CS*, "Rubio y Morena," p. 259.

103 Ibid., p. 257.

103 Ibid., p. 261.

103 Ibid., p. 595.

103 Ibid., p. 610.

103 Ibid., p. 642.

103 Ibid., p. 618.

103 *CS*, "Rubio y Morena," p. 265.

103 LOA2, p. 875.

103 Williams to Pancho Rodriguez, Nov. 1947, *L2*, p. 130.

103 *CS*, "Rubio y Morena," p. 260.

104 Ms. "Memoirs," p. 28.

104 Williams to Audrey Wood, Apr. 21, 1946, *L2*, p. 46.

104 Williams to Donald Windham, Apr. 1946, *TWLDW*, p. 188.

104 Williams to Pancho Rodriguez, Apr. 1946, *L2*, pp. 48–49.

105 Ms. "Memoirs," p. 29.

105 Williams to Audrey Wood, May 27, 1946, HRC.

105 Ms. "Memoirs," p. 32.

105 *M*, p. 103.

105 Ibid., p. 104.

105 Williams to Kenneth Tynan, July 26, 1955, *TWLDW*, p. 304.

105 Ms. "Memoirs," p. 32.

105 "Williams to Audrey Wood, May 27, 1946, HRC.

105 Ibid.

105 Williams to Kenneth Tynan, July 26, 1955, p. 304.

106 Williams to James Laughlin, July 1947, *L2*, p. 57.

106 Williams to Kenneth Tynan, July 26, 1955, *TWLDW*, pp. 305 - 6.

106 Williams to Donald Windham, May 1946, *TWLDW*, p. 191.

106 Williams to Kenneth Tynan, July 26, 1955, Ibid., p. 306.

106 Ms. "Memoirs," p. 42.

106 Williams to Margo Jones, Sept. 5, 1946, HRC.

106 JLI with Gore Vidal, 2000, JLC.

106 Williams to James Laughlin, July 1946, *L2*, p. 58.

107 出自"Love and the Rind of Time",后面的诗句为:"作为海洋植物中挣扎的基因/命定的自愿细胞将/进化转向给了鱼类,然后兽类。"引自 Carson McCullers, *The Mortgaged Heart: Selected Writings*, ed. Margarita G. Smith (London: Penguin, 1975), pp. 290 - 91。

107 Carson McCullers to Williams, May 11, 1948, Columbia.

107 *CWTW*, p. 199.

107 Ibid.

107 Virginia Spencer Carr, *The Lonely Hunter: A Biography of Carson McCullers* (New York: Doubleday, 1975), p. 272.

107 *M*, p. 107.

107 Ibid.

107 Ibid., p. 275.

108 *CWTW*, p. 200.

108 Carson McCullers to Williams, May 11, 1948, Columbia.

109 Ms. "Memoirs," p. 37.

109 Williams to Audrey Wood, Sept. 29, 1946, HRC.

109 Williams to Pancho Rodriguez, July 1946, *L2*, p. 61.

110 LLI with Pancho Rodriguez, 1983, LLC.

110 Paul Bigelow to Jordan Massie, Oct. 16, 1946, LLC.

110 Williams to Margo Jones, Oct. 1947, *L2*, p. 129. "那个墨西哥麻烦几天前又回到曼哈顿了,非常令人意外,现在跟我住在单人间公寓里。明天他会找份工作。(总是明天。)"

110 Carson McCullers to Williams, 无日期, Columbia.

110　Paul Bigelow to Jordan Massie, Oct. 16, 1946, LLC.

110　*TWIB*, p. 142.

110　LLI with Pancho Rodriguez, 1983, LLC.

110　Dakin Williams to Williams, Mar. 8, 1947, HRC.

110　*TWIB*, p. 142.

111　Ibid.

111　Paul Bigelow to Jordan Massie, Sept. 20, 1946, LLC. "当然了，我是不同意去的，并严厉地告诫利布林永不要跟田提起此事，间接提起也不行。因为一旦提起，便意味着奥德丽不会再是田的经纪人——潘乔会接手这一切，即便田并未感到受了冒犯——而这对奥德丽长期无私地支持田的工作也是不公平的。"

111　LLI with Pancho Rodriguez, 1983, LLC.

111　Paul Bigelow to Jordan Massie, Oct. 30, 1946, LLC. "对于奥德丽深感受到冒犯，我并不责怪她。要知道田带着潘乔出席所有与她的会面，在一些只涉及奥德丽代理的事务上，他却征求潘乔的意见和主意，尤其是潘乔与她说话时采取了那种极度高高在上的语调，包括提及她在电影拍摄协议签订上面的拖延。"

111　LLI with Pancho Rodriguez, 1983, LLC.

111　Paul Bigelow to Jordan Massie, Sept. 29, 1946, LLC.

111　Tennessee Williams/Pancho Rodriguez record, BRTC.

112　Paul Bigelow to Jordan Massie, Oct. 30, 1946, LLC. 在同一封信中，比奇洛写道："令我恐惧的是，这些事儿在他的工作圈子里传开了，因为戏剧界一直令人惊异地一本正经，像娼妓一样，比体面人更害怕丑闻。对于好莱坞来说，丑闻肯定意味着职业生涯的结束。我就是不相信有人在攻击田的生活。"

112　LLI with Rodriguez, 1983, LLC.

112　斯特拉："不，任何人大吵大闹都不合适，但是——有时人们会那么做。斯坦利就常常砸东西。唉，在我们新婚之夜——我们刚进屋不一会儿——他抓下我的一只拖鞋，在这里乱冲，用鞋打碎灯泡……他用我那只鞋的鞋跟击碎了所有的灯泡……这一举动让我——有点——兴奋。"（LOA1, p. 504.）

112　LLI with Pancho Rodriguez, 1983, LLC.

113　Windham, *As If*, p. 81.

113　Ibid.

113　Ibid.

113　Williams to Donald Windham, June 6, 1947, *TWLDW*, p. 200.

113　*CS*, "Rubio y Morena," p. 263.

114　在《回忆录》手稿中（p. 42），威廉斯写道："我会从一大清早就开始工作，一直到午后，然后，舒缓自己由于一直创作而产生的僵硬感，我会转过街角去一家名为维克托的酒吧，来杯店里的特色——美味的亚历山大白兰地，让自己精神起来。我总会在电唱机上播放墨水点乐队的歌《假如我不介意》，然后吃块儿三明治，再去北兰帕街的运动俱乐部。"

114　Ms. "Memoirs," p. 42.

114　*N*, Nov. 15, 1946, p. 447.

114　Ibid., Dec. 16, 1946, p. 451.

114　Ibid., Dec. 19, 1946, p. 453.

114　Williams to Audrey Wood, Dec. 3, 1946, HRC.

114　Audrey Wood to Williams, Nov. 18, 1948, HRC.

114　Ibid.

115　*N*, Dec. 1, 1946, p. 449.

115　Ms. "Memoirs," p. 41.

115　*N*, Dec. 16, 1946, p. 4

115　Ms. "Memoirs," p. 43. "马戈·琼斯和她的朋友乔安娜·阿尔布斯从达拉斯过来了，我给她们大声朗读了《街车》第一稿。我想她们感到很震惊。我也有同感。布兰奇似乎远离了现实。你会说她遥远得让人看不见。"（*M*, p. 111.）

115　*N*, Dec. 19, 1946, p. 453.

115　Ibid.

115　Ibid.

115　Williams to Audrey Wood, Jan. 9, 1947, *L2*, p. 83.

115　*N*, Dec. 16, 1946, p. 451. "白日梦"指涉奥尼尔剧作《送冰人来了》。

116　*N*, Dec. 24, 1946, p. 455.

116　Ibid.

116　Williams to Audrey Wood, Jan. 9, 1947, *L2*, p. 83.

- 116 *N*, Jan. 2, 1947, p. 457.
- 116 Ibid.
- 116 Victor Campbell Collection, Oct. 2, 1946, THNOC.
- 116 *N*, Jan. 2, 1947, p. 457.
- 116 *M*, p. 111.
- 116 Williams to Donald Windham, Jan. 28, 1947, *TWLDW*, p. 193.
- 116 Williams to Pancho Rodriguez, ca. Jan. 31, 1947, *L2*, p. 85.
- 117 Williams toRev. Walter Dakin, Oct. 10, 1946, ibid., pp. 71-72.
- 117 Ibid. 另一位是"外外"——戴金的妻子；参见威廉斯短篇小说《外外》。
- 118 *M*, p. 111.
- 118 Williams to Pancho Rodriguez, ca. Jan. 31, 1947, *L2*, p. 85.
- 118 *M*, p. 111.
- 118 威廉斯在扉页下面写道："如果用心编辑的话，我觉得可以从这些粗糙的场景中整理出一部合乎情理的完整剧本。我的意思是，如果我自己整理不出来的话。" Tennessee Williams, "The Poker Night"（未发表），HRC.
- 118 Ibid.
- 118 Ibid.
- 118 Ibid.
- 118 在最初的手稿中，威廉斯在稿子的上端写道："打字员——看到稿子中的名字'拉尔夫'，都把它改成'斯坦利'。" Williams, "Poker Night," HRC.
- 119 LOA1, p. 515.
- 119 Ibid., p. 482.
- 119 Ibid., p. 506.
- 119 Williams to Elia Kazan, Apr. 19, 1947, *L2*, p. 95.
- 119 Kazan notebook, WUCA.
- 120 *KAL*, p. 349.
- 120 Williams to Donald Windham, Mar. 26, 1947, *TWLDW*, p. 197.
- 120 *N*, Mar. 30, 1947, p. 461.
- 121 Williams to Elia Kazan, Apr. 19, 1947, *L2*, p. 95.
- 121 *N*, Mar. 29, 1947, p. 459.
- 121 LOA1, p. 546.

121　Ibid., p. 528.

121　Ibid., p. 538.

122　Ibid., p. 529.

122　Tennessee Williams, "The Primary Colors"（未发表的早期版本）, HRC.

122　Ibid.

122　LOA1, p. 510.

122　Production script of *A Streetcar Named Desire*, WUCA. 在笔记中，卡赞这样描绘斯坦利："斯坦利所不能容忍的是有人认为他或她比他强。他认为他浑身臭烘烘的，那么他用来解释自己的唯一办法——便是所有人都是臭烘烘的。这是具有象征意义的。符合我们愤世嫉俗的国情。没有价值观。没有什么能强迫他忠诚。斯坦利强暴了布兰奇，因为他费尽心机要将她拉到和他一样的位置。"

122　LOA1, p. 470.

122　Ibid., p. 565.

122　Jeff Young, *Kazan: The Master Director Discusses His Films*（New York: Newmarket Press, 1999）, p. 83.

122　*M*, p. 109.

122　Williams, "Primary Colors," HRC.

123　LLI with Pancho Rodriguez, 1983, LLC.

123　Ibid.

123　*M*, p. 133.

123　弗兰克·梅洛，他后来成了威廉斯的伴侣，共同度过了15年的时光。

124　*M*, p. 133.

124　Ms. "Memoirs," p. 56.

124　Ibid., p. 58.

124　Ibid.

124　*N*, Mar. 16, 1947, p. 457.

124　Ibid.

124　*NSE*, p. 132.

124　Ibid.

125　*RBAW*, p. 152.

125　Audrey Wood to Williams, Mar. 22, 1947, HRC.

125　*RBAW*, p. 151.

125　Williams to Audrey Wood, Mar. 1947, *L2*, p. 89.

125　Williams to James Laughlin, Apr. 9, 1947, ibid., p. 92.

125　Williams to Audrey Wood, Apr. 8, 1947, ibid., p. 91.

125　Williams to Donald Windham, Apr. 10, 1947, *TWLDW*, p. 198.

125　Ibid.

126　1937年至1946年，梅尔每年收入一百万美元，相当于今天的两千万。

126　Williams to Donald Windham, Apr. 10, 1947, *TWLDW*, p. 198.

126　*RBAW*, p. 141.

126　Williams to Audrey Wood, June 20, 1945, *L1*, p. 565.

126　Williams to Audrey Wood, Mar. 1947, *L2*, p. 88.

126　Ibid."演出真可谓对这出戏的滑稽模仿，主要是因为其中一个演职人员——演'来访绅士'的艾迪·安德鲁斯——刺眼的、木讷的表现。我想，如果他们足够尊重这出戏，哪怕当它是一个商品，也不会让这出戏以如此丢人的面貌全国巡演。他们只消开除艾迪，请一个还可以让人忍受的演员来替他就行了。当然，我意识到辛格大概分不清演员的好坏，但道林是应该懂的，他应该早就注意的。"

126　阿瑟·苏伦茨的第二部剧改写后大获成功，剧名改为《杜鹃时间》。

126　Irene Selznick, *A Private View* (New York: Alfred A. Knopf, 1983), p. 291.

126　*RBAW*, p. 152.

126　Selznick, *Private View*, p. 294.

127　Ibid., p. 295.

127　Ibid.

127　Ibid.

127　Audrey Wood to Irene Selznick, June 1, 1947, ISC.

127　*RBAW*, p. 153.

127　Selznick, *Private View*, pp. 296-97.

127　bid., p. 297.

127　Ibid.

128 关于合同：威廉斯事先拿了 2000 美元，同意将演出档期从 1947 年 11 月 15 日延长至 1948 年 1 月 15 日，如果制作团队可以证明他们已经"签约了一位经过作者同意的导演，以及经过作者同意的扮演女一号布兰奇和她妹妹斯特拉的演员"。(Apr. 19，1947，ISC.) 作者已经认同了舞台设计师及附带的音乐。他得到保证，首演之前先巡演四周半，还会获得四张前六排的戏票。

128 Williams to James Laughlin, Apr. 9, 1947, *L2*, p. 92.

128 Selznick, *Private View*, p. 297.

128 Ibid.

128 *KAL*, p. 327.

128 Cheryl Crawford, *One Naked Individual: My Fifty Years in the Theatre* (Indianapolis：Bobbs-Merrill, 1977), pp. 184–85.

128 *KAL*, p. 327.

128 Ibid., p. 328.

128 Williams to Pancho Rodriguez, Apr. 15, 1947, *L2*, p. 94.

129 Williams to James Laughlin, Apr. 9, 1947, ibid., p. 93.

129 Williams to Audrey Wood, 无日期, LLC.

129 *KAL*, p. 328.

129 Ibid., p. 327.

129 Ibid.

129 Ibid., p. 328.

130 Elia Kazan, *Elia Kazan: Interviews*, ed. William Baer (Jackson：University Press of Mississippi, 2000), p. 67.

130 *KAL*, p. 116. "那是我听说过的戏剧界最令人震撼的欢迎。《推销员之死》的观众也许更加心潮澎湃，我想他们是会那样的。《欲望号街车》的记忆也许会长久地留在观众脑海中——的确如此。但是《老左》'盖过'了两者。"(Ibid., p. 115.)

130 Ibid., p. 116.

130 Ibid.

130 Marlon Brando with Robert Lindsey, *Brando: Songs My Mother Taught Me* (New York：Random House, 1994), p. 170.

130 Kazan, *Elia Kazan*, p. 16.

注 释

130　Ibid.

130　*KAL*，p. 328.

130　Ibid.，p. 335.

130　Ibid.，p. 336.

130　Williams to Bill Barnes，Dec. 28，1973，private collection.

130　*KAL*，pp. 334–35.

131　Ibid.，p. 329.

131　Ibid.，p. 338.

131　Williams to Irene Selznick，May 1947，*L2*，p. 102.

131　*KAL*，p. 331.

131　Williams to Irene Selznick，May 1947，*L2*，p. 102.

131　Ibid.

132　Selznick，*Private View*，p. 300.

132　*KAL*，p. 338.

132　Ibid.，p. 339.

133　Irene Selznick to Irving Schneider，July 2，1947，ISC. "乔给《街车》的舞台设计差不多是我见过的最好设计，"威廉斯给马戈·琼斯写信说，"室内的后墙是透明的，很时尚，墙外是一个全景，可以看到火车站和全城（打了光的时候）。这会大大增加该剧的诗意。"（Williams to Margo Jones，July 1947，*L2*，p. 109.）

133　*KAL*，p. 340.

133　Williams to Donald Windham，July 29，1947，*TWLDW*，p. 202.

133　Contract onfile in ISC.

133　Williams to Audrey Wood，Aug. 25，1947，*L2*，p. 115.

133　Irene Selznick memo to Irving Schneider，July 28，1947，ISC.

133　Irene Selznick to Irving Schneider，July 2，1947，ISC.

134　Ibid.

134　Williams to Audrey Wood，Aug. 25，1947，*L2*，p. 115.

134　Irving Schneider telegram to Irene Selznick，Sept. 15，1947，ISC.

135　Irene Selznick to Irving Schneider，Aug. 18，1947，ISC.

135　Irene Selznick telegram to Irving Schneider，Aug. 19，1947，ISC.

135　Margorie Loggia and Glenn Young, eds., *The Collected Works of Harold Clurman: Six Decades of Commentary on Theatre, Dance, Music, Film, Arts, and Letters* (New York: Applause Books, 1994), p. 977.

135　Ibid.

135　Patricia Bosworth, *Marlon Brando* (New York: Viking, 2001), p. 31.

135　Young, Kazan, p. 81.

136　Ibid., p. 83. "他的表演让人惊喜连连,超过了我和威廉斯的预期。"卡赞写道。

136　Williams to Elia Kazan, Apr. 19, 1947, *L2*, p. 95.

136　*New York Times*, July 2, 2004.

136　Brando with Lindsey, *Brando*, p. 118.

136　Sam Staggs, *When Blanche Met Brando: The Scandalous Story of "A Streetcar Named Desire"* (New York: St. Martin's Press, 2005), p. 31.

136　Ibid.

136　*KAL*, p. 342.

136　Ibid., p. 341.

137　Williams to Audrey Wood, Aug. 29, 1947, *L2*, p. 119.

137　Ibid.

137　Ibid.

137　Ibid.

137　*M*, p. 131.

137　*CWTW*, p. 204.

137　Ibid.

137　Brando with Lindsey, *Brando*, pp. 121–22.

137　*M*, p. 131.

137　Williams to Audrey Wood, Aug. 29, 1947, *L2*, pp. 118–19. 四天内就签下了白兰度。1947年9月3日的《纽约时报》第一次刊登了他的照片,报道了他签约的新闻。

137　*M*, p. 131.

137　Williams to Audrey Wood, Aug. 29, 1947, *L2*, p. 118.

138　Ibid.

138　Brando with Lindsey, *Brando*, p. 122.
138　*M*, p. 132. "白兰度不知何故对我总是有点害羞。" 威廉斯写道。
138　Ibid.
138　Williams to Audrey Wood, Aug. 29, 1947, *L2*, p. 119.
138　*M*, p. 134.
138　Ibid.
138　Brenda Murphy, *Tennessee Williams and Elia Kazan: A Collaboration in the Theatre* (Cambridge, U.K.: Cambridge University Press, 1992), p. 22.
138　Williams to Irene Selznick, Sept. 8, 1947, *L2*, p. 123.
139　Williams, "Poker Night," HRC.
139　LOA1, p. 564.
139　Williams to Elia Kazan, Apr. 19, 1947, *L2*, p. 96.
139　*KAL*, p. 353.
139　Williams to Donald Windham, Mar. 26, 1947, *TWLDW*, p. 197.
139　LLI with Pancho Rodriguez, 1983, LLC.
139　Williams to Margo Jones, Oct. 1947, *L2*, p. 128.
139　*N*, Oct. 20, 1947, p. 463.
139　Williams to Pancho Rodriguez, Oct. 1947, *L2*, p. 126.
140　Ms. "Memoirs," p. 61.
140　*M*, p. 135.
140　Williams to Margo Jones, Oct. 1947, *L2*, p. 129.
140　LLI with Pancho Rodriguez, 1983, LLC.
140　Williams to Pancho Rodriguez, Nov. 1947, *L2*, p. 131.
140　Williams to Edwina Williams, Nov. 1947, ibid., p. 133.
140　Ibid.
140　Williams to Pancho Rodriguez, Nov. 1947, *L2*, p. 130.
141　*M*, p. 135.
141　Williams to Margo Jones, Oct. 1947, *L2*, p. 129.
141　"加吉的方法就是每天导一个新场次，然后按照先后顺序再回头过一遍，" 威廉斯写信给琼斯说，"明天是周一，他会导演最后一场，也就是第十一场，也是我觉得最关键的一场。" (Williams to Margo Jones, Oct. 1947, *L2*,

p. 128.)

141　*N*, Oct. 27, 1947, pp. 465–67.

141　*M*, p. 136.

141　As quoted by Kim Hunter, in Myrna Katz Frommer and Harvey Frommer, eds., *It Happened on Broadway: An Oral History of the Great White Way* (New York: Harcourt Brace, 1998), p. 7.

141　*KAL*, p. 343.

142　Brando with Lindsey, *Brando*, p. 124.

143　*KAL*, p. 344.

143　Ibid., pp. 347, 350.

143　Young, *Kazan*, pp. 83–84.

143　*KAL*, pp. 346–47.

143　LLI with Pancho Rodriguez, 1983, LLC.

143　Ibid.

144　Williams to Pancho Rodriguez, Nov. 1947, *L2*, p. 132.

144　LLI with Pancho Rodriguez, 1983, LLC.

144　Williams to Elia Kazan, Apr. 19, 1947, *L2*, p. 96.

144　Williams to Pancho Rodriguez, Nov. 1947, *L2*, pp. 130–31. "弗兰克·梅洛死后,田纳西回到新奥尔良叫我再去和他同居。"罗德里格斯说。(LLI with Pancho Rodriguez, 1983, LLC.)

145　Bosworth, *Marlon Brando*, p. 46.

145　Williams to Margo Jones, Oct. 1947, *L2*, p. 128.

145　Peter Manso, *Brando: The Biography* (New York: Hyperion, 1994), p. 231.

145　Williams telegram to Marlon Brando, HRC.

145　Williams to James Laughlin, Dec. 4, 1947, *L2*, pp. 133–34.

145　前来观看首演的名流还有加里·格兰特、保罗·穆尼、蒙哥马利·克利夫特、爱德华·罗宾逊、奥利维亚·德·哈维兰、莉莲·海尔曼、莫斯·哈特、鲁思·戈登和乔舒亚·洛根。

146　Arthur Miller, "Introduction," in Tennessee Williams, *A Streetcar Named Desire* (New York: New Directions, 2004), p. xii.

146　Alan Sinfield, *Out on Stage: Lesbian and Gay Theater in the 20th Century* (Bath, U. K.: Bath Press, 1999), p. 89.

146　*Theatre Book of the Year 1947-1948* (New York: Alfred A. Knopf, 1948), pp. 163-66.

146　Vidal, "Tennessee Williams," p. 61.

146　JLI with Gore Vidal, 2000, JLC.

146　Elia Kazan, *An American Odyssey*, ed. Michel Ciment (London: Bloomsbury, 1988), p. 184.

146　LOA1, p. 537.

149　*Life*, Dec. 15, 1948.

150　Audrey Wood to Irene Selznick, May 3, 1947, ISC: "Dear Woman of the Year"."太好了！简直就像童话故事一样。我和威廉斯正是这样期望的，看到美梦成真比看戏本身更加具有戏剧性。我们俩都很骄傲、很高兴你被选为该戏的助产士。"

150　"我觉得马戈导得实在太一般了，"威廉斯给唐纳德·温德姆写信说，"没有导出卡赞能导出的那种水准——优秀，生动。这出戏恰恰非常需要那种水准。"(Oct. 19, 1948, *TWLDW*, p. 225.)

150　Williams to Donald Windham, Oct. 19, 1948, *TWLDW*, p. 226.

150　Ibid., p. 225.

150　Ibid., p. 226. Jane and Tony Smith, Sandy Campbell, Joanna Albus.

第三章：缺场之情色

151　这一短语是克里斯托弗·博拉斯在《歇斯底里》中新造的。征得作者同意后用作本章的标题。

151　*RS*, pp. 70-71.

151　Franz Kafka, *Letter to His Father* (London: One world, 2008), p. 56.

151　1928年，威廉斯17岁时，和外公在欧洲游历过两个月。

151　Williams to Oliver Evans, Feb. 11, 1948, *L2*, p. 165.

151　Tennessee Williams, "Night Passage"（未发表）, p. 11, LLC.

151　Williams to Margo Jones, Dec. 31, 1947, *L2*, p. 141.

152　Ibid., p. 140.

152　Williams to Donald Windham, July 25, 1948, *TWLDW*, p. 223.

152　Williams to Donald Windham, Jan. 17, 1948, ibid., p. 205.

152　*M*, p. 140.

152　Williams to Elia Kazan, Jan. 25, 1948, WUCA.

152　*N*, Jan. 27, 1948, p. 469.

153　Williams to Oliver Evans, Jan. 31, 1948, *L2*, p. 155.

153　Williams to Carson McCullers, Feb. 8, 1948, ibid., p. 160.

153　*RS*, p. 9.

153　Williams to Brooks Atkinson, Mar. 29, 1948, *L2*, p. 177.

153　Williams to Elia Kazan, Jan. 25, 1948, WUCA.

153　*RS*, p. 51.

153　Williams to Carson McCullers, Mar. 11948, *L2*, p. 170.,

153　Hart Crane, "The Bridge" (1930): "the empty trapeze of the flesh."

153　Williams to Donald Windham, Feb. 20, 1948, *TWLDW*, p. 207.

153　Williams to Jane Lawrence Smith, June 29, 1950, *L2*, p. 328.

153　Williams to Oliver Evans, Jan. 31, 1948, ibid., p. 155

154　Williams to Donald Windham, Mar. 9, 1948, *TWLDW*, p. 210.

154　Williams to James Laughlin, May 18, 1948, *L2*, pp. 192–93.

154　Ibid.

155　John Updike, *Self-Consciousness* (New York: Alfred A. Knopf, 1989), pp. 252–53.

155　Williams to James Laughlin, May 18, 1948, *L2*, p. 193.

155　Williams to Audrey Wood, Dec. 5, 1948, ibid., p. 217.

155　"On a Streetcar Named Success," *New York Times*, Nov. 30, 1947, as quoted in *NSE*, p. 35.（文章标题后改为"The Catastrophe of Success"。）

155　Williams to Carson McCullers, June 18, 1948, *L2*, p. 196.

155　Williams to Donald Windham, July 9, 1948, *TWLDW*, p. 222.

155　Williams to Donald Windham, June 22, 1948, ibid., p. 220.

156　Sheridan Morley, *John Gielgud: The Authorized Biography* (New York: Simon & Schuster, 2002), p. 199.

156　Williams to Audrey Wood, Apr. 24, 1948, *L2*, p. 185.

156　Williams to Audrey Wood, June 13, 1948, ibid., p. 198.

156　*Gielgud* (London: Hodder & Stoughton, 2001), p. 199.

156　Sheridan Morley, *John G: The Authorized Biography of John*.

156　Williams to Maria Britneva, July 18, 1948, *FOA*, p. 3.

156　Helen Hayes, *My Life in Three Acts* (New York: Simon & Schuster, 1990), p. 168.

156　Ibid.

157　JLI with Gore Vidal, 2006, JLC.

157　Williams to Helen Hayes, July 30, 1948, *L2*, p. 205.

157　Williams to Maria Britneva, July 30, 1948, *FOA*, p. 5.

157　John Lahr, "The Lady and Tennessee," *The New Yorker* Dec. 19, 1994, p. 78.

157　Ibid.

157　Ibid., p. 83.

157　Kazan, quoted in *FOA*, p. ix.

157　Williams to Carson McCullers, June 18, 1949, *L2*, p. 256.

158　Williams to Audrey Wood, June 13, 1948, ibid., p. 199. 威廉斯在写给唐纳德·温德姆的信中说，自己和梅洛有一次开吉普车去卡普里岛和索伦托，和琼斯同住一个房间，还提到他的意大利情人非常奇怪琼斯看起来对意大利风光无动于衷。"这个女人非常奇怪。这女人喜欢说，喜欢吃，喜欢喝酒，不喜欢爱情和诗歌！"但是这位女士非常有用，"十分热衷于收拾行李、安排行程之类的事。我不用动一根指头就有了去伦敦的机票和预订好的行程"。(Williams to Donald Windham, June 7, 1948, TWLDW, p. 219.)

158　"媒体剧评是这戏在欧洲所有演出城市中得到的最差剧评。"威廉斯写信告诉布里特涅娃。(July 30, 1948, *FOA*, p. 4.)

158　Williams to Maria Britneva, July 30, 1948, *FOA*, p. 5.

158　Lahr, "Lady and Tennessee," p. 78.

159　Ibid.

159　Ibid.

159　Williams to Donald Windham, May 8, 1949, *TWLDW*, p. 241.

159　Lahr, "Lady and Tennessee," p. 80.

159　Ibid., p. 79.

160　Ibid.

160　Ibid.

160　Ibid.

160　Ibid.

160　Feb. 2, 1952, *FOA*, p. 52.

160　Truman Capote to Donald Windham and Sandy Campbell, ca. Mar. 25, 1949, in Truman Capote, *Too Brief a Treat: Letters of Truman Capote*, ed. Gerald Clarke (New York: Random House, 2004), p. 69.

162　*FOA*, p. xiv.

162　Williams to Maria Britneva, Feb. 7, 1949, ibid., p. 13.

162　Ibid., p. 10.

162　Williams to Brooks Atkinson, June 1954, *L2*, p. 533.

162　*Sweet Tornado: Margo Jones and the American Theater*, DVD, directed by A. Dean Bell, Kay Cattarulla, and Rob Trachin (KERA-TV, PBS, 2006).

162　Williams to Audrey Wood, Apr. 2, 1948, *L2*, p. 178.

163　*RBAW*, p. 157.

163　Ibid.

163　*Sweet Tornado*, DVD.

163　Williams to Brooks Atkinson, June 1954, *L2*, p. 533.

163　四年后何塞·昆特罗导演的《夏与烟》——杰拉丹·佩姬主演、纽约广场圈剧院演出——挽救了该剧的声誉。阿特金森在《纽约时报》的剧评文章中称："《夏与烟》的复排是过去几年来戏剧界最重要的事件。"

163　*M*, p. 153.

163　Williams to Audrey Wood, Mar. 23, 1949, *L2*, p. 239.

163　Williams to Brooks Atkinson, June 1954, ibid., pp. 533–34.

163　*M*, p. 153.

163　*Sweet Tornado*, DVD.

164　*RBAW*, p. 158.

164　Howard Barnes, *New York Herald Tribune*, Oct. 7, 1948.

164　John Coleman, *New York Daily News*, Oct. 7, 1948.

164　Williams to Donald Windham, Oct. 19, 1948, *TWLDW*, p. 225.

164　Ibid. 第二年同一时间，威廉斯对于马戈的失望变成了讨厌马戈草率的芝加哥巡演。"对马戈非常生气，"他写信给布里特涅娃，"生气至极。她自己吹得天花乱坠的芝加哥制作团队做出来的东西完全歪曲了本该有的样子。"（Williams to Maria Britneva, Oct. 9, 1949, *FOA*, p. 27.）

164　*CP*, "Little Horse," pp. 75 – 76.

164　JLI with Mary Henderson, 2001, JLC. 1979 年至 1985 年，她是纽约市立博物馆的馆长。她的著作包括《城市、戏剧与梅尔齐纳：现代舞台设计大师》（*The City and the Theatre and Mielziner: Master of Modern Stage Design*）。

165　"你穿着神的衣服，你的裸体/在一个由窗口组成的房间里从一个窗口走到另一个窗口，画画，拉下窗帘，你的背/对着我，看不出你知道自己/在建造一座岛屿；来，歇会儿，以你神的完美形象游来我身边……"（*CP*, "A Separate Poem," pp. 80 – 81.）

165　"也许弗兰克可以去演电影，"卡波特 1949 年给人写信时说，把他称作"那个讨厌的梅洛小子"，"我知道所有朗·钱尼的黑白无声恐怖片要重拍了，他们要请了这小子的话可以省下化妆费。"（Truman Capote to Andrew Lyndon, Aug. 23, 1949, in Capote, *Too Brief*, p. 98.）

165　JLI with Mary Henderson, 2001, JLC.

165　JLI with Gore Vidal, 2006, 2001, JLC.

165　Frank Merlo to Frank Gionataiso, Nov. 3, 1942, LLC.

165　Ibid.

165　Ibid.

166　Frank Merlo to Frank Gionataiso, Feb. 27, 1943, LLC.

166　Frank Merlo to Frank Gionataiso, Feb. 3, 1943, LLC.

166　Ibid.

166　Frank Merlo to Frank Gionataiso, Apr. 8, 1942, LLC.

166　Frank Merlo to Frank Gionataiso, Feb. 27, 1943, LLC.

166　Frank Merlo to Frank Gionataiso, Feb. 3, 1943, LLC.

167　Frank Merlo to Frank Gionataiso, Feb. 27, 1943, LLC.

167　Frank Merlo to Frank Gionataiso, Feb. 27, 1943, JLC.

167　JLI with Mary Henderson, 2001, JLC.

167　Frank Merlo to Frank Gionataiso, Feb. 27, 1943, LLC.

167　Gore Vidal, *Palimpsest: A Memoir* (New York: Random House, 1995), pp. 200 – 201.

169　Audrey Wood to Irene Selznick, June 2, 1948, HRC.

169　Oliver Evans to Marion Vaccaro, Jan. 30, 1950, THNOC. 埃文斯是一位诗人、英语教授。威廉斯称之为"小丑"。另外一个旅伴是瓦卡罗,一位女继承人,人称"香蕉女王"。

169　Donald Spoto, *The Kindness of Strangers: The Life of Tennessee Williams* (Boston: Little, Brown, 1985), p. 153.

169　Williams to Carson McCullers, July 5, 1948, *L2*, p. 201.

169　*CWTW*, p. 235.

169　Ibid., p. 340.

169　Spoto, *Kindness*, p. 153.

169　LOA1, p. 546.

170　*M*, p. 159.

170　Ibid.

170　*N*, Dec. 4, 1948, p. 487.

170　Ibid., p. 489.

171　Williams to Elia Kazan and Molly Day Thacher, July 12, 1949, *L2*, p. 261.

171　Tennessee Williams, "The Big Time Operators"(未发表), HRC.

172　*N*, Dec. 5, 1948, p. 493.

172　Williams, "Big Time Operators," HRC.

172　*N*, Dec. 5, 1948, p. 493.

172　Ibid., July 22, 1950, p. 515.

172　Ibid., Dec. 5, 1948, p. 493.

172　Williams to Brooks Atkinson, June 1949, *L2*, pp. 258 – 59.

173　*CP*, "The Soft City," p. 10. 威廉斯 5 月寄出这首诗。"如果这城里有任何不温柔,"他写道,"那是情不自禁的欢呼,上帝温柔制止。/他无形地俯身,呼出一种麻醉/对着那张仰首乞求的脸,写满惊慌。"

173　Williams to Audrey Wood, Feb. 15, 1949, *L2*, p. 234.

173　Williams to James Laughlin, Apr. 10, 1949, ibid., p. 249.

173 Williams to James Laughlin, Jan. 30, 1950, ibid., p. 297.

173 *N*, May 27, 1949, p. 501.

173 Williams to Audrey Wood, Feb. 15, 1949, *L2*, p. 234.

173 "对任何人来说,在这上面署名都是耻辱。"威廉斯如此说起这个电影脚本,他还在封面上写:"可怕之物!田纳西·威廉斯认证。"(Williams to Audrey Wood, May 13, 1949, ibid., p. 245.) 1949 年 6 月初,他给出版商杰伊·劳克林写信说:"它真是让人憎恶。"(Williams to James Laughlin, June 3, 1949, ibid., p. 252.)

174 Williams to Brooks Atkinson, June 1949, ibid., p. 258.

174 Williams to Audrey Wood, Feb. 15, 1949, ibid., p. 233.

174 Ibid., p. 235.

174 Williams to Donald Windham, Mar. 23, 1949, *TWLDW*, p. 236.

174 Williams to Carson McCullers, Mar. 23, 1949, *L2*, p. 240.

174 Truman Capote to Andrew Lyndon, Mar. 28, 1949, in Capote, *Too Brief*, p. 72. 卡波特此处提到的明显的紧张局面是指在他重复了马戈·琼斯对《夏与烟》剧组人员所传播的谣言——"这是一部垂死之人写的戏"之后所发生的争执。

174 Williams to Donald Windham, Mar. 23, 1949, *TWLDW*, p. 234.

174 Williams to Donald Windham, Apr. 8, 1949, ibid., p. 238.

175 *N*, May 23, 1949, p. 499.

175 Ibid., June 3, 1949, p. 505.

175 *CP*, "Faint as Leaf Shadow," pp. 8–9.

176 Williams to Donald Windham, Mar. 23, 1949, *TWLDW*, p. 236.

176 *FOA*, July 11, 1949, p. 25.

176 Ibid., June 10, 1949, p. 19.

176 Tennessee Williams, "Stornello: Brief Outline of Play in Progress," HRC.

176 Williams to James Laughlin, June 3, 1949, *L2*, p. 251.

176 *RS*, p. 21.

176 Williams to James Laughlin, June 3, 1949, *L2*, p. 252. 德·兰努克斯 1996 年去世,享年 102 岁。

177 *RS*, p. 37.

177　Ibid., p. 85.

177　Ibid., p. 16.

178　*N*, Dec. 5, 1948, p. 493.

178　Williams to Donald Windham, Apr. 4, 1960, *TWLDW*, p. 298:"我继承了父亲的热血,以及想方设法要崛起的力量。那种崛起怎么可能温柔?"

178　*RS*, pp. 82–83.

178　*NSE*, p. 36.

178　*RS*, p. 34.

178　Ibid., pp. 86–87.

179　Ibid., p. 55.

179　Ibid., pp. 67–68.

179　Ibid., p. 71.

179　Tentative play outline for *The Roman Spring of Mrs. Stone*（未发表）, HRC.

179　*RS*, p. 52.

179　Ibid., p. 76.

179　Ibid., p. 29.

180　Ibid., p. 34.

180　Ibid., p. 51.

180　Ibid., p. 95.

180　*N*, May 30, 1949, p. 503.

180　Ibid., May 29, 1949, p. 501.

181　*RS*, p. 36.

181　Ibid., p. 10.

181　Ibid., p. 116.

181　Ibid.

181　Ibid., p. 64.

181　Ibid., p. 40.

181　Ibid., p. 116.

181　Ibid., pp. 116–17.

182　LOA2, p. 236.

注 释

182 Williams to Elia Kazan and Molly DayThacher, July 12, 1949, *L2*, p. 261.

182 Tennessee Williams, "Stornello"（未发表），HRC.

182 Ibid.

182 《回忆录》中写道（p.119），罗丝·威廉斯在疯狂的时候曾"放了一把菜刀在随身携带的挎包里，然后出门去心理医生办公室，明显带着杀人意图"。埃德温娜·威廉斯在她的回忆录《代我向汤姆问好》中写道（p.85）："一位心理医生告诉了科尔内留斯一些我觉得不该告诉他的东西。他告诉我丈夫：'罗丝可能某天晚上下楼拿把砍刀割你的喉。'"

182 Williams, "Stornello," HRC.

183 Ibid.

183 Ibid.

183 Williams to Elia Kazan and Molly Day Thacher, July 12, 1949, *L2*, p. 262.

183 Williams to James Laughlin, Aug. 17, 1949, ibid., p. 266.

183 *N*, July 12, 1949, p. 507.

183 Williams to Elia Kazan, Feb. 24, 1950, WUCA.

184 *N*, July 12 or 13, 1949, p. 509.

184 Ibid., July 16, 1949, p. 509.

184 Ibid., Aug. 10, 1949, p. 511.

184 Williams to James Laughlin, Aug. 17, 1949, *L2*, p. 266.

184 *RBAW*, p. 157.

185 Audrey Wood to George Cukor, Sept. 7, 1949, HRC.

185 Williams to Elia Kazan, 无日期, *L2*, p. 269.

185 *RBAW*, p. 156.

185 Williams to Elia Kazan, 无日期, WUCA.

185 Ibid.

186 Williams to Walter Dakin, Edwina Williams, and Dakin Williams, Sept. 1949, *L2*, p. 268.

186 这一角色也考虑过其他女影星，比如贝蒂·戴维斯、塔卢拉·班克黑德、米丽娅姆·霍普金斯、米尔德丽德·迪诺克、朱迪思·安德森和埃塞尔·巴里摩尔。

186 *L2*, p. 269. See note.

186　Williams to Walter Dakin, Edwina Williams, and Dakin Williams, Sept. 1949, *L2*, p. 269.
186　Williams to Maria Britneva, Oct. 9, 1949, *FOA*, p. 26.
186　Williams to Irving Rapper, Aug. 5, 1949, *L2*, p. 264.
186　Ibid.
186　R. Barton Palmer and Williams Robert Bray, *Hollywood's Tennessee: The Williams Films and Postwar America* (Austin: University of Texas, 2009), p. 52.
187　Ibid.
187　Williams to Jack Warner, Jerry Wald, and Charles Feldman, May 6, 1950, *L2*, p. 316.
187　*Variety*, Sept. 19, 1950.
187　Bosley Crowther, *New York Times*, Sept. 29, 1959.
187　Ibid.
187　Jack Warner to Mort Blumenstock, Apr. 29, 1950, in Palmer and Bray, *Hollywood's Tennessee*, p. 58.
187　Palmer and Bray, *Hollywood's Tennessee*, p. 58.
188　Ibid., p. 59.
188　他们约11月12日抵达。见 *L2*, p. 271。
188　Williams to Maria Britneva, Nov. 1949, *FOA*, p. 30.
188　Williams to Audrey Wood, Nov. 1949, *L2*, p. 272.
188　Ibid.
188　Williams to James Laughlin, Dec. 9, 1949, James Laughlin Papers, Houghton Library, Harvard University, Cambridge, Mass.
188　*CWTW*, p. 167.
188　Williams to Carson McCullers, Apr. 1950, *L2*, p. 310.
188　Williams to Paul Bigelow, Dec. 4, 1949, ibid., p. 275.
188　Williams to Margo Jones, Jan. 2, 1950, ibid., p. 280.
189　Williams to Donald Windham, Jan. 26, 1949, *TWLDW*, p. 230.
189　Rev. Walter Dakin to Audrey Wood, Jan. 30, 1949, LLC.
189　Williams to Paul Bigelow, Dec. 4, 1949, *L2*, p. 275.

注　释

189　Williams to Margo Jones, Jan. 2, 1950, ibid., p. 280.
190　Williams to Carson McCullers, Dec. 6, 1949, ibid., p. 278.
190　Ibid., p. 277.
190　Williams to Jane Lawrence and Tony Smith, Jan. 5, 1950, ibid., p. 282.
190　Williams to Jane Lawrence and Tony Smith, Jan. 5, 1950, *L2*, p. 282.
190　Frank Merlo to Rev. Walter Dakin, July 6, 1950, LLC.
190　在初稿说明中，威廉斯如此写道："我将它称为'厨房水槽版草稿'是因为我把能想到的每一个戏剧手段都丢了进去。也许它们都能奏效。也许它们没有一个奏效。也许其中几个会奏效。"（见 Williams to Paul Bigelow, Dec. 4, 1949, *L2*, p. 275。）对于威廉斯而言，完成一个剧永远是一个移动的目标。到了 1950 年 2 月 2 日，他还在给温德姆的信中这样说起《玫瑰文身》："我对它将要成形的样子感到满意。"(*TWLDW*, p. 254.)
190　Williams to Elia Kazan, June 16, 1950, *L2*, p. 324.
190　Ibid., pp. 324-25.
190　Tennessee Williams, "The Rose Tattoo"（未发表的"厨房水槽版"），HRC.
190　Ibid.
190　Williams to Paul Bowles, Feb. 23, 1950, HRC. 这一早期版本后来经过大幅修改后以《死亡高高在上》为题发表，没有题词献给梅洛。
192　Williams to Audrey Wood, Mar. 27, 1950, *L2*, p. 300.
192　LOA1, p. 246.
192　*FOA*, pp. 18-19.
192　Williams to Elia Kazan, June 16, 1950, *L2*, p. 325.
192　Williams to Maria Britneva, Mar. 5, 1949, *FOA*, p. 16.
193　*NSE*, p. 63.
193　LOA1, p. 654.
193　Audrey Wood to Williams, Mar. 5, 1950, HRC.
193　Williams to Elia Kazan, June 16, 1950, *L2*, p. 324.
193　Ibid.
193　Williams to Audrey Wood, 无日期, LLC.
193　Williams to Elia Kazan, Feb. 24, 1950, *L2*, p. 289.
193　Williams to Audrey Wood, Jan. 23, 1950, HRC.

193　Williams to Paul Bigelow, Feb. 23, 1950, HRC.

193　Williams to Gore Vidal, Mar. 1, 1950, *L2*, p. 293.

194　Elia Kazan to Williams, 无日期, HRC.

194　*NSE*, p. 63.

194　Williams to Elia Kazan, Feb. 27, 1950, *L2*, p. 289.

194　*KAL*, p. 223.

194　"我厌恶我的昵称,"他后来写道,"它暗指一个讨人喜欢、永远顺从的小家伙,一个辛苦劳作、总是听从命令的老好人。"(*KAL*, p. 5.)

194　Elia Kazan to Williams, 无日期, HRC.

194　Williams to Elia Kazan, Feb. 24, 1950, *L2*, pp. 289-90.

195　As quoted in Williams to Elia Kazan and Molly Day Thacher, Mar. 23, 1950, WUCA.

195　在终稿中,罗萨里奥是一个没被落实的想法。在之前的各种版本里,他没出现在观众的视线内,而是藏在玫瑰色的窗帘后,但不至于像在终稿里如此被内在化。

195　Kazan to Williams, 无日期, WUCA, 同意。

195　Audrey Wood to Williams, Mar. 5, 1950, HRC.

196　Williams to Elia Kazan and Molly Day Thacher, Mar. 23, 1950, WUCA.

196　Williams to Audrey Wood, Apr. 3, 1950, HRC.

196　Williams to Oliver Evans, Apr. 7, 1950, *L2*, p. 304.

196　Audrey Wood to Irene Selznick, May 3, 1948, ISC. 到了1950年,伍德的调子不一样了。她给威廉斯如此写道:"我非常非常担心艾琳的方法是否适合这第二次风险投资,不是说又担心她当制片人是否能行,而是更多担心她的为人。如果要强迫我在一个我会称为'默许的真空'的环境下工作,我肯定干不好。"(Audrey Wood to Williams, Apr. 10, 1950, HRC.)

196　Williams to Audrey Wood, Apr. 11, 1950, ibid., p. 306.

196　Williams to Irene Selznick, Feb. 1949, *L2*, p. 311.

196　演出上演了326场。奥利维亚很少导演当代戏剧。肯尼思·泰南说奥利维亚的制作显示出"一部好剧能被缺乏共鸣、糟糕的导演所破坏"的方式。

196　 Irene Selznick, *A Private View* (New York: Alfred A. Knopf, 1983), p. 329.

197　Williams to Irene Selznick, Apr. 10, 1950, *L2*, p. 305.

197　Irene Selznick to Williams, Apr. 16, 1950, HRC.

197　Irene Selznick to Williams, Apr. 16, 1950, ISC.

197　Williams to Irene Selznick, Apr. 1950, *L2*, p. 311.

197　Ibid.

197　Williams to Irene Selznick, Apr. 1950, *L2*, p. 311.

197　Irene Selznick to Williams, Apr. 16, 1950, HRC.

197　Williams to Irene Selznick, Apr. 1950, *L2*, p. 313.

198　Ibid.

198　谢里尔·克劳福德是演员工作室的共同创始人——1931年制作第一部戏。她还是同仁剧团的创始人之一，制作过克利福德·奥德茨、马克斯韦尔·安德森、约翰·霍华德·劳森等人的戏剧。她还制作过很多百老汇音乐剧，如《波吉和贝丝》(*Porgy and Bess*)、《爱神维纳斯》(*One Touch of Venus*)和《布里加东》(*Brigadoon*)等。

198　Cheryl Crawford to Elia Kazan, Apr. 13, 1950, WUCA.

198　Molly Day Thacher to Williams, May 9, 1950, WUCA.

199　Williams to Elia Kazan, May 1950, WUCA.

199　Williams to Elia Kazan, June 16, 1950, *L2*, p. 323.

199　Williams to Elia Kazan, May 30, 1950, WUCA.

200　Williams to Elia Kazan, June 16, 1950, *L2*, pp. 323-24.

200　Ibid., p. 322.

200　Ibid, p. 324.

201　Irwin Shaw to Elia Kazan, June 19, 1950, WUCA.

201　Williams to Cheryl Crawford, June 26, 1950, *L2*, p. 329.

201　Williams to Oliver Evans, June 20, 1950, ibid., p. 327.

201　*N*, July 23, 1950, p. 515.

201　Williams to Maria Britneva, Aug. 8, 1950, *FOA*, p. 34.

201　*N*, July 23, 1950, p. 515.

201　Williams to Audrey Wood and Cheryl Crawford, Aug. 15, 1950, *L2*, p. 343.

202　Williams to Cheryl Crawford, Aug. 11, 1950, ibid., p. 342.

202　Audrey Wood to Williams, Mar. 5, 1950, HRC.
202　Williams to Audrey Wood, July 1950, *L2*, p. 331.
202　Williams to Paul Bigelow, Aug. 3, 1950, ibid., p. 339.
202　Williams to Cheryl Crawford, Aug. 11, 1950, ibid., p. 342.
202　Quoted in Giancarlo Governi, *Nannarella: Il romanzo di Anna Magnani* (Rome: Minimum, Fax, 2008).
203　Williams to Cheryl Crawford, Aug. 11, 1950, *L2*, p. 342.
203　Ibid. 1954 年，马格纳尼和伯特・兰卡斯特在霍尔・瓦利斯（Hal Wallis）制片的《玫瑰文身》中演对手戏。
203　Williams to Robert Lewis, Oct. 10, 1950, *L2*, p. 352.
203　Elia Kazan to Audrey Wood, Aug. 12, 1950, HRC.
203　Williams to Audrey Wood and Cheryl Crawford, Aug. 15, 1950, *L2*, p. 344.
203　*N*, Sept. 1, 1950, p. 517.
203　Williams to Audrey Wood and Cheryl Crawford, Aug. 15, 1950, *L2*, p. 344.
203　James Laughlin to Tennessee Williams, Nov. 3, 1950, Harvard.
204　Williams to Elia Kazan, Nov. 18, 1950, WUCA.
204　LOA1, p. 687.
204　"我认为，作为一名作家，给予我最大帮助的就是多年的孤独。我四处漂泊，很快便能深入了解一个陌生人，朋友一个接一个，每个人都给我打下了全新的新鲜印记。"威廉斯说。(As quoted in *KAL*, p. 496.)
205　LOA1, p. 696.
205　Ibid., p. 680.
205　Ibid., p. 685.
205　Ibid., p. 684.
205　Williams, "Rose Tattoo," HRC.
205　同样被删减的还有模仿罗萨里奥声音的鹦鹉。
205　LOA1, p. 661.
205　Ibid., p. 659.
205　Ibid., p. 702.

206　Ibid., p. 703.
207　Ibid., p. 712.
207　Ibid., p. 711.
207　Williams, "Stornello," HRC.
207　LOA1, p. 707.
207　Ibid., p. 702.
207　Ibid., p. 729.
207　Ibid., p. 733.
207　Ibid., p. 734.
208　Ibid.
208　Ibid., p. 736.
208　Ibid.
208　Ibid., p. 737.
208　Elia Kazan to Williams, 无日期, WUCA.
208　Williams, "Stornello," HRC.
208　Ibid.
208　Elia Kazan to Williams, 无日期, 1950, WUCA.
209　*KAL*, p. 494.
209　Williams to Audrey Wood, Aug. 7, 1939, *L1*, p. 193.
209　Gore Vidal, "Tennessee Williams: Someone to Laugh at the Squares With," in Gore Vidal, *Armageddon? Essays 1983–1987* (London: Andre Deutsch, 1987), p. 59.
209　Williams, "Stornello," HRC.
209　LOA1, p. 738.
209　"我来了，我来了，我的爱人！"
210　Vidal, "Tennessee Williams," p. 59.
210　*M*, p. 162.
210　Williams to Cheryl Crawford, July 14, 1950, *L2*, p. 337.
210　Williams to James Laughlin, Oct. 15, 1950, ibid., p. 353.
211　Williams to Audrey Wood, Nov. 26, 1950, HRC.
211　Williams to Cheryl Crawford, Mar. 3, 1951, *L2*, p. 374.

211　Audrey Wood to Williams；无日期，HRC.

211　Williams to Elia Kazan，无日期，WUCA.

211　Williams to James Laughlin，Nov. 7，1950，*L2*，p. 357.

211　Ibid.

211　Williams to Cheryl Crawford，Aug. 11，1950，ibid.，p. 342.

211　Quoted in Maureen Stapleton and Jane Scovell，*A Hell of a Life*（New York：Simon & Schuster，1995），p. 82.

212　Ibid.，p. 83."是我找到了玛伦·斯塔普莱顿来演这个角色。"威廉斯在《回忆录》中说。(p. 160.)

212　*M*，p. 162.

212　Arthur Gelb，"Frank Talk from an Actress，" *New York Times*，Feb. 18，1951.

212　As quoted in Mike Steen，*A Look a* Tennessee Williams（New York：Hawthorn Books，1969），p. 284.

212　Williams to Edwina Williams and Walter Dakin，Dec. 16，1950，*L2*，p. 362.

212　*NSE*，p. 63.

212　Williams to Elia Kazan，Nov. 18，1950，WUCA.

212　Ibid.

213　Ibid.

214　*N*，Jan. 30，1951，p. 519.

第四章：逃遁之心

215　Williams to Bill Barnes，Dec. 23，1973，LLC.

215　Williams to Brooks Atkinson，Feb. 5，1951，*L2*，p. 369.

215　Richard Watts Jr.，"Mr. Williams among the Sicilians，" *New York Post*，Feb. 5，1951.

215　John McClain，"Play Isn't Worthy of the Fine Acting，" *New York Journal-American*，Feb. 5，1951.

215　Robert Coleman，"'Rose Tattoo' Is Thorny, Much Too Earthy，" *New York*

Daily Mirror, Feb. 5, 1951.

215　Brooks Atkinson, "The Rose Tattoo," *New York Times*, Feb. 5, 1951.

215　Brooks Atkinson, "Tattooing," *New York Times*, June 3, 1951.

216　Arthur Gelb, "Frank Talk from an Actress," *New York Times*, Feb. 18, 1951.

217　Maureen Stapleton and Jane Scovell, *A Hell of a Life* (New York: Simon & Schuster, 1995), p. 86. 威廉斯在首演之夜给斯塔普莱顿留言:"亲爱的玛伦,我不说操剧评人,因为他们不值得一操。"(Ibid., p. 87.)

217　Tennessee Williams to Maureen Stapleton, Feb. 19, 1951, HRC.

217　Ibid.

217　Williams to Cheryl Crawford, Mar. 3, 1951, *L2*, pp. 373-74.

217　Ibid.

217　Williams to Audrey Wood, Mar. 14, 1951, *L2*, p. 375. 这部戏演过306场之后于1951年10月27日停演。两天后开始巡演,主演是斯塔普莱顿和沃勒克。

218　Williams to Brooks Atkinson, Feb. 5, 1951, *L2*, p. 369.

218　Williams to Theatre Musicians Union, Aug. 3, 1951, ibid., p. 393.

218　*NSE*, p. 206.

218　Ibid.

218　Williams to Irene Selznick, Feb. 27, 1951, *L2*, p. 370.

219　*CS*, "Two on a Party," p. 287.

219　LOA1, p. 465.

219　Williams to Maureen Stapleton, Feb. 19, 1951, HRC.

219　*KAL*, p. 454.

219　Williams to Elia Kazan, Aug. 23, 1952, WUCA.

220　J. Hector St. John de Crèvecoeur, *Letters from an American Farmer* (Carlisle, Mass.: Applewood Books, 2007), p. 27.

220　David Halberstam, *The Fifties* (New York: Villard, 1993), p. 186.

220　Fred Allen, *Treadmill to Oblivion* (Rockville, Md.: Wildside Press, 2009), p. 239.

221　Nora Sayre, *Previous Convictions: A Journey through the 1950s* (New

Brunswick, N. J.: Rutgers University Press, 1995), p. 112.
221　Williams to Margo Jones, Dec. 1950, *L2*, p. 363.
221　Arthur Miller, "Many Writers, Few Plays," *New York Times*, Aug. 10, 1952.
221　*CS*, "Two on a Party," p. 292.
221　*CP*, "Cried the Fox," p. 7.
221　Williams to Oliver Evans, Mar. 31, 1951, *L2*, p. 378.
221　Ibid.
222　Gore Vidal, *The Golden Age* (New York: Doubleday, 2000), p. 317.
222　Williams to Cheryl Crawford, Nov. 1950, *L2*, p. 359.
222　David Aaronovitch, *Voodoo Histories* (New York: Riverhead, 2010), p. 111.
222　Sayre, *Previous Convictions*, p. 274.
222　Halberstam, *Fifties*, p. 54.
222　Gore Vidal, *The Essential Gore Vidal*, ed. Fred Kaplan (New York: Random House, 1999), p. 964.
222　*Imagined Conspiracy* (Chapel Hill: University of North Carolina Press, 2007), p. 29.
222　Ibid., p. 30.
222　Ibid.
223　Halberstam, *Fifties*, p. 273.
223　Michael Paller, *Gentleman Callers: Tennessee Williams, Homosexuality, and Mid-Twentieth-Century Drama* (New York: Palgrave Macmillan, 2005), p. 62.
223　Williams to Cheryl Crawford, Nov. 1950, *L2*, p. 359.
223　Williams to Josephine Healy, Feb. 27, 1951, Columbia.
223　Williams to Brooks Atkinson, June 12, 1951, *L2*, p. 384.
224　Williams to Brooks Atkinson, Apr. 3, 1953, ibid., pp. 469–70.
225　Mervyn Rothstein, "Remembering Tennessee Williams as a Gentle Genius of Empathy," *New York Times*, May 30, 1990.
225　LOA1, p. 465.

226　Williams to Jack Warner, Jerry Wald, and Charles K. Feldman, May 6, 1950, *L2*, p. 317.

226　LOA1, p. 467.

226　R. Barton Palmer and William Robert Bray, *Hollywood's Tennessee: The Williams Films in Postwar America* (Austin: University of Texas Press, 2009), p. 64.

226　*KAL*, p. 433.

226　Palmer and Bray, *Hollywood's Tennessee*, p. 87.

226　Ibid., p. 83.

226　Ibid.

227　Ibid.

227　Ibid., p. 86.

227　Ibid.

227　Williams to Joseph Ignatius Breen, Oct. 29, 1950, *L2*, pp. 355–56.

228　Palmer and Bray, *Hollywood's Tennessee*, p. 87.

229　Ibid., p. 84.

229　LOA1, p. 564.

229　Ibid.

229　Tennessee Williams, *A Streetcar Named Desire* (screenplay), HRC.

229　Palmer and Bray, *Hollywood's Tennessee*, p. 91.

230　Ibid.

230　Elia Kazan, "Pressure Problem," *New York Times*, Oct. 21, 1951.

230　Elia Kazan to Martin Quigley, Aug. 16, 1951, WUCA.

230　Martin Quigley to Elia Kazan, Aug. 20, 1951, WUCA.

231　Elia Kazan to Jack Warner, July 20, 1951, WUCA.

231　Kazan, "Pressure Problem."

232　*KAL*, p. 434. 这篇文章被卡赞的妻子莫莉·戴·撒切尔重写和美化。

232　Ibid., p. 437.

232　Ibid., p. 438.

232　Elia Kazan to Williams, ca. 1954–1955, as quoted in Elia Kazan, *An American Odyssey*, ed. Michel Ciment (London: Bloomsbury, 1988), p. 190.

233　Williams to Oliver Evans, Mar. 5, 1951, *L2*, p. 371.

233　Williams to Audrey Wood, Aug. 23, 1951, ibid., p. 395.

233　*N*, July 25, 1951, pp. 521–23.

233　Williams to Konrad Hopkins, Dec. 22, 1952, LLC.

235　*N*, July 25, 1951, p. 523.

235　Ibid., 1951, p. 532.

235　Williams to Elia Kazan, 1951, LLC.

235　Williams to Audrey Wood, July 22, 1951, *L2*, pp. 390–91.

236　*N*, July 22, 1951, p. 521.

236　Ibid., July 30, 1951, p. 527.

236　Ibid., July 29, 1951, p. 527.

236　原故事第一部分的标题。

236　Tennessee Williams, "Three against Grenada," HRC.

236　Tennessee Williams, "Three Players of a Summer Game," *The New Yorker*, Nov. 1, 1952.

236　Williams, "Three against Grenada," HRC.

236　*N*, July 31, 1951, p. 529.

236　Ibid., July 25, 1951, p. 523.

236　Ibid., Aug. 29, 1951, p. 533.

236　*CS*, "Three Players of a Summer Game," p. 305.

237　Williams, "Three against Grenada," HRC.

237　Williams to Brooks Atkinson, May 1952, *L2*, p. 425.

237　Williams to Audrey Wood, Sept. 28, 1951, ibid., p 403. 布里克在酒醉状态下去田径场跨栏把脚扭伤后走路蹒跚，具象征性。

237　*N*, Aug. 4, 1951, p. 529.

237　Williams to Maria Britneva, Aug. 3, 1951, *FOA*, p. 44.

237　Ibid., p. 7.

238　*N*, Oct. 1, 1951, p. 539.

238　Williams to Carson McCullers, June 18, 1949, *L2*, p. 256.

238　布里特涅娃曾介绍威廉斯认识巴德利，想让她扮演英国版《玫瑰文身》中塞拉菲娜这一角色。巴德利在1962年《牛奶车不再在此停留》中扮演了戈福斯太太。

238　Entry dated Nov. 25, 1972, in Kenneth Tynan, *The Diaries of Kenneth Tynan*, ed. John Lahr (New York: Bloomsbury, 2001), p. 110.

238　Ibid., pp. 111 – 12.

240　Williams to Frank Merlo, Aug. 29, 1951, *L2*, p. 401.

240　LOA1, p. 885.

240　*N*, Sept. 11, 1951, p. 537.

240　*N*, Sept. 16, 1951, p. 537.

240　Williams to Maria Britneva, Sept. 18, 1951, *FOA*, p. 46.

240　Elia Kazan, 无日期, BRTC.

240　卡赞导演了6、7街区。

241　Williams to Elia Kazan, Oct. 8, 1951, WUCA.

241　Williams to Audrey Wood, Sept. 28, 1951, *L2*, pp. 403 – 4.

241　*KAL*, p. 334.

241　*M*, p. 166.

241　Williams to Elia Kazan, 1959, *KOD*, p. ix.

241　*KAL*, p. 336.

241　*KAL*, pp. 190 – 91.

242　Ibid., p. 495.

242　Ibid., p. 335.

242　Ibid., p. 71.

242　Ibid., p. 10.

242　Ibid., p. 357.

242　Ibid., p. 25.

242　Ibid., p. 317.

242　Ibid., p. 24.

243　Ibid., p. 29.

243　Ibid.

243　Ibid., p. 31.

243　Ibid., p. 41.

243　Ibid., p. 44.

243　Ibid., p. 138.
243　Ibid., p. 12.
243　JLI with Elizabeth Ashley, 2003, JLC.
244　*KAL*, p. 27.
244　Ibid.
244　Williams to Elia Kazan, Jan. 21, 1952, *L2*, p. 415.
244　*KAL*, p. 178.
244　"如果一个人一直是妈妈无可争议的最爱，"弗洛伊德写道，"他一生都会有一种胜利感，对成功充满信心，而这没少给他带来真正的成功。"［Sigmund Freud, *The Complete Psychological Works of Sigmund Freud*, vol. 17 (1917 - 1919): *An Infantile Neurosis and Other Works* (London: Vintage, 2001), pp. 145 - 46.］
244　*KAL*, p. 562.
244　Arthur Miller, *Timebends: A Life* (London: Methuen, 1999), p. 273.
244　Miller, *Timebends*, p. 132.
244　Ibid., p. 273.
245　Ibid., p. 132.
245　Williams to Elia Kazan, 1949, WUCA.
245　Williams to Audrey Wood, Oct. 27, 1951, *L2*, p. 405.
245　Williams to Elia Kazan, Jan. 21, 1952, ibid., p. 415.
246　Williams to Konrad Hopkins, Feb. 24, 1954, LLC.
246　Williams to Cheryl Crawford, Feb. 10, 1952, *L2*, p. 419.
246　*N*, Feb. 1952, p. 547.
246　Williams to Oliver Evans, Feb. 20, 1952, *L2*, p. 420.
246　Williams to Oliver Evans, Jan. 18, 1952, ibid., p. 413.
247　Williams to Cheryl Crawford, Apr. 5, 1952, ibid., p. 423.
247　Tennessee Williams, "A Moment in a Room"（未发表），LLC.
248　*N*, p. 546.
248　*KAL*, p. 454.
248　Williams to Elia Kazan, Feb. 14, 1952, WUCA.
248　*KAL*, p. 451.

注　释

248　*N*, Mar. 7, 1952, p. 547.

248　Williams to Cheryl Crawford, Apr. 5, 1952, *L2*, p. 422.

248　Williams to Maria Britneva, Mar. 29, 1952, *FOA*, p. 54.

249　Williams to Cheryl Crawford, Apr. 5, 1953, *L2*, p. 422.

249　Ibid.

249　*KAL*, p. 456.

249　Ibid., p. 442.

250　Williams to Maria Britneva, Mar. 29, 1951, *FOA*, pp. 54-55.

250　Ibid., p. 54.

250　John Lahr, "The Lady and Tennessee," *The New Yorker*, Dec. 19, 1994, p. 80.

250　Ibid.

251　Ibid.

251　Ibid.

251　*KAL*, p. 449.

251　Miller, *Timebends*, pp. 333-34.

252　Elia Kazan, "A Statement by Elia Kazan," *New York Times*, Apr. 12, 1952.

252　Williams to Audrey Wood, Apr. 14, 1952, *L2*, p. 424.

252　*KAL*, p. 468.

253　Irene Selznick, *A Private View* (New York: Alfred A. Knopf, 1983), p. 339.

253　*KAL*, p. 472.

253　Ibid., p. 194.

253　Molly Day Thacher to Elia Kazan, Aug. 18, 1952, WUCA.

253　Williams to Maria Britneva, May 27, 1952, *FOA*, p. 56.

253　*KAL*, p. 495.

253　Williams to Elia Kazan, Jan. 10, 1952, WUCA.

253　Williams to Maria Britneva, Dec. 22, 1951, *FOA*, p. 51. "我必须承认加吉和演员们没干好。剧本本身是不错的。但制作太过了。剧中场景被煞费苦心、不厌其烦地演绎出来，结果反而导致其中简单的真理在非常熟练的戏剧夸张中被弄丢了。"

253　Ibid.
254　Eli Wallach to Elia Kazan, Feb. 12, 1952, WUCA.
254　Williams to Audrey Wood, June 10, 1952, HRC.
254　Williams to Audrey Wood, Feb. 27, 1946, HRC.
254　LOA1, p. 743.
254　*NSE*, p. 108.
254　LOA1, p. 741.
254　Williams to Elia Kazan, July 29, 1952, *L2*, p. 443.
254　Williams to Oliver Evans, Oct. 7, 1953, ibid., p. 500.
255　LOA1, p. 797.
255　Williams to Elia Kazan, July 29, 1952, *L2*, p. 442.
255　*NSE*, p. 202.
255　LOA1, p. 751.
256　Kazan script for *Camino Real*, WUCA.
256　Williams to Elia Kazan, Nov. 11, 1949, WUCA.
256　*KAL*, pp. 495–97.
257　*CP*, "Carrousel Tune," p. 60.
257　Camino REal：皇家大道；Camino Real：冷酷现实。
257　Williams to Brooks Atkinson, Apr. 3, 1953, *L2*, p. 469.
257　Kazan script for *Camino Real*, WUCA.
257　LOA1, p. 745.
257　Elia Kazan, "Notes on Camino Real," WUCA.
257　Williams to Brooks Atkinson, Apr. 3, 1953, *L2*, p. 469.
257　Kazan script for *Camino Real*, WUCA.
258　Elia Kazan to Williams, Nov. 17, 1952, HRC.
258　LOA1, p. 772.
258　Elia Kazan to Williams, Nov. 17, 1952, HRC. 1952年8月10日《纽约时报》刊载文章《很多的作家，很少的剧作》（"Many Writers, Few Plays"），阿瑟·米勒在文中特别提到艺术界缺乏勇气。"这背后是麦卡锡主义在下指示吗？"米勒质问这一文化萎缩症。他接着说道："提防，怀疑，置身事外，

> 我看到身边尽是如此特征，这些难道与创造性行为有任何关系吗？……说一个时代呼唤一位艺术家——呼唤渴求戏剧并且热爱戏剧的人——世界必须被置于身后，而这位艺术家像一名朝圣者一样只向自己的内心寻求答案并大刀阔斧地导出内心的真相，这是不是太理想了？

258　Flannery O'Connor, "The Fiction Writer & His Country," in *Mystery and Manners: Occasional Prose*, ed. Sally and Robert Fitzgerald New York: Farrar, Straus & Giroux, 1969), p. 34.

258　LOA1, p. 767.

258　*M*, p. 165.

258　Williams to Elia Kazan, Apr. 12, 1954, WUCA.

259　Williams to Audrey Wood, June 22, 1952, *L2*, p. 433.

259　Williams to Elia Kazan, July 29, 1952, ibid., p. 443.

259　Williams to Audrey Wood, June 22, 1952, ibid., p. 433.

259　Williams to Audrey Wood, Sept. 28, 1951, ibid., p. 403.

259　Williams to Audrey Wood, June 22, 1952, ibid., p. 434.

259　Williams to Elia Kazan, July 29, 1952, ibid., p. 443.

259　Elia Kazan to Williams, 无日期, ca. Aug. 1952, WUCA.

260　Williams to Cheryl Crawford, Feb. 10, 1952, *L2*, p. 419.

260　Jo Mielziner to Williams, Aug. 26, 1952, HRC.

260　Williams to Elia Kazan, July 14, 1952, *L2*, p. 438.

260　Ibid.

260　Williams to Elia Kazan, July 29, 1952, ibid., p. 442.

261　*N*, July 29, 1952, p. 555.

261　Ibid., Aug. 20, 1952, p. 557.

261　LOA1, p. 745.

261　Ethan Mordden, *All That Glittered: The Golden Age of Drama on Broadway, 1919–1959* (New York: St. Martin's Press, 2007), p. 286.

261　Williams to Maria Britneva, Feb. 11, 1953, *FOA*, p. 71.

261　Williams to Elia Kazan, 无日期, 1952, LLC.

261　Williams to Elia Kazan, Oct. 1952, *L2*, p. 457.

261　Williams to Paul Bowles, Jan. 1953, ibid., p. 460.

261　Elia Kazan to Molly Day Thacher，无日期，WUCA.
262　Molly Day Thacher to Elia Kazan，Sept. 24，1952，WUCA.
262　JLI with Nick Kazan，2010，JLC.
262　*KAL*，p. 54.
263　Molly Day Thacher to Elia Kazan，Aug. 22，1952，WUCA.
263　Molly Day Thacher to Williams，Dec. 9，1952，WUCA.
263　Williams to Maria Britneva，Dec. 19，1952，*FOA*，p. 69.
263　Williams to Maria Britneva，Feb. 11，1953，ibid.，p. 71.
263　Williams to Maria Britneva，Dec. 19，1953，ibid.，p. 69.
263　*KAL*，p. 498.
263　*N*，Aug. 16，1952，p. 557.
263　Williams to Carson McCullers，Aug. 1952，*L2*，p. 444.
264　Elia Kazan to Williams，Nov. 17，1952，HRC.
264　LOA1，p. 839.
265　Tennessee Williams，"Invocation to Possible Angels by Author," LLC.
265　Ibid. "仅仅阅读它并没有什么用，因为它的大部分价值都是造型的、图像的和动态的，所以仅仅靠听或读几乎无用，除非听者或读者接受过戏剧训练。"威廉斯在给玛丽亚·布里特涅娃的信中写道。(Dec. 3，1952，*FOA*，p. 67.)
265　Williams to Maria Britneva，Dec. 19，1952，*FOA*，p. 69.
265　Elia Kazan to Williams，Dec. 10，1952，WUCA.
265　Elia Kazan to Williams，Dec. 10，1952，LLC.
265　Molly Day Thacher to Williams，Dec. 9，1952，WUCA.
266　Elia Kazan to Williams，Dec. 10，1952，HRC.
266　Elia Kazan to Williams，Dec. 2，1952，LLC.
266　Ibid.
266　Elia Kazan to Williams，Dec. 10，1952，WUCA.
266　Williams to Maria Britneva，Apr. 22，1953，*FOA*，p. 75.
266　Ibid.
266　Williams to Konrad Hopkins，Jan. 16，1953，LLC.
267　Ibid.
267　Ibid.

267 Ibid.

267 Eli Wallach, *The Good, the Bad, and Me: In My Anecdotage* (Boston: Houghton Mifflin Harcourt, 2005), pp. 151, 153.

267 Seymour Milbert, "Stage Manager's Rehearsal Account," BRTC.

268 Kazan rehearsal script for *Camino Real*, WUCA.

268 Milbert, "Stage Manager's Rehearsal Account," BRTC.

268 Ibid.

268 Ibid.

268 Kazan rehearsal script for *Camino Real*, WUCA.

268 Ibid.

269 Kazan, "Notes on Camino Real," WUCA.

269 Ibid.

269 Kazan rehearsal script for *Camino Real*, WUCA.

269 Ibid.

269 LOA1, p. 842.

269 Milbert, "Stage Manager's Rehearsal Account," BRTC.

270 Ibid.

270 Ibid.

271 Ibid.

271 Ibid.

271 Ibid.; Wallach, *Good, Bad*, p. 151.

271 *N*, Feb. 10, 1953, p. 563.

271 *KAL*, p. 497.

272 Ibid.

272 *N*, Feb. 20, 1953, p. 563.

272 Williams to James Laughlin, Jan. 5, 1953, *L2*, p. 472.

272 Walter Winchell, "The Broadway Lights," *New York Daily Mirror*, Mar. 22, 1953.

272 Williams to Konrad Hopkins, Feb. 28, 1953, LLC.

272 Elia Kazan, "Playwright's 'Letter to the World,'" *New York Times*, Mar. 15, 1953.

273　Williams to James Laughlin, Apr. 5, 1953, *L2*, p. 472.

273　Walter Kerr, "Camino Real," *New York Herald Tribune*, Mar. 20, 1953.

273　Richard Watts Jr., "An Enigma by Tennessee Williams," *New York Post*, Mar. 20, 1953.

273　John Chapman, "Symbols Clash in 'Camino Real,'" *New York Daily News*, Mar. 20, 1953.

273　Eric Bentley, *What Is Theatre? Incorporating the Dramatic Event and Other Reviews 1946-1967* (New York: Hill & Wang, 2000), p. 74.

273　Louis Kronenberger, ed., *The Best Plays of 1952-1953* (New York: Dodd, Mead, 1953).

273　Walter Kerr to Williams, Apr. 13, 1953, as quoted in Donald Spoto, *The Kindness of Strangers: The Life of Tennessee Williams* (Boston: Little, Brown, 1985), p. 188.

273　Robert Sylvester, "A Stroll along 'Camino Real,'" *New York Daily News*, Mar. 23, 1953.

273　Brooks Atkinson, "Camino Real," *New York Times*, Mar. 20, 1953.

273　*M*, p. 167.

273　Ibid., p. 166.

273　Williams to Konrad Hopkins, Apr. 14, 1953, LLC.

273　*M*, p. 167.

274　*KAL*, p. 497.

274　*M*, p. 167.

274　Letters to the Editor, LLC. 西特韦尔也在《纽约时报》上发表文章称（1953年4月5日）："长期以来我都认为威廉斯先生是一位重要剧作家。现在，我认为他是一位非常伟大的剧组家。……为什么能看得深刻一些的人要被剥夺一部将我们整个文明照亮到刺眼的作品？从文字上、思想上、视觉效果上（舞台设计太美了）看，这都是一部出类拔萃的作品。"

275　Williams to Walter Kerr, Mar. 31, 1953, *L2*, p. 464.

275　简和保罗鲍尔斯、罗特·莲娜、伊莱恩和威廉·德·库宁·约翰·拉图什、戈尔·维达尔等人签署联名信，寄往报社，Columbia。

275　Walter Winchell, *New York Daily Mirror*, Apr. 6, 1953.

276 "Concerning Camino Real," *New York Times*, Apr. 5, 1953.

276 Carl Gaston, "Sidewalks of New York," *New York Post*, Apr. 23, 1953.

276 *New York Herald Tribune*, Apr. 15, 1953.

276 *RMTT*, p. 206.

277 Williams to Brooks Atkinson, Mar. 24, 1953, *L2*, p. 462.

277 Brooks Atkinson, "Tennessee Williams Writes a Cosmic Fantasy Entitled 'Camino Real,'" *New York Times*, Mar. 20, 1953.

277 Williams to Brooks Atkinson, Mar. 24, 1953, LLC.

277 Williams to Brooks Atkinson, Apr. 3, 1953, *L2*, p. 468.

277 Williams to Brooks Atkinson, Apr. 3, 1953, LLC.

277 Williams to Maria Britneva, Apr. 22, 1953, *FOA*, p. 75.

277 Williams to Brooks Atkinson, Apr. 1953, *L2*, p. 474.

278 Williams to James Laughlin, Apr. 3, 1953, LLC.

278 《没有星星的天空》1953 年 5 月 13 日在休斯敦的剧场剧院首次公演。威廉斯不得不禁止温德姆进入剧场。两人的友谊此后没能修复。"我对加吉有一种新的欣赏了。我一直都喜欢他，仰慕他。但当我想到有多少次我向可怜的温德姆'一吐为快'时，加吉一定也想对我吼，却没有吼，我的确敬畏他的淡定或者说自控力。"（Williams to Brooks Atkinson, June 25, 1952, BRTC.）

278 Williams to Maria Britneva, Apr. 22, 1953, *FOA*, p. 75.

278 Williams to Brooks Atkinson, Apr. 3, 1953, *L2*, p. 468.

278 Williams to James Laughlin, Apr. 5, 1953, ibid., p. 473.

第五章：崩溃之惊雷

279 *N*, May 8, 1936, p. 33.

279 Ibid.

279 Williams to Gore Vidal, Jan. 27, 1954, *L2*, p. 514.

279 *N*, Dec. 28, 1953, p. 609. 1946 年的手术是在新墨西哥的陶斯切除阑尾和被感染的肠子，这对威廉斯而言是一次创伤性经历。他告诉肯尼思·泰南："绝望时刻就是在那里开始的。"（Williams to Kenneth Tynan, July 27, 1955, *TWLDW*, p. 306.）关于 1953 年这次生病，威廉斯写道："那是一种毫不留情的、持续不断的、灼烧般的疼痛。把我吓坏了，让人惊恐万分地寻思我们的身体究竟能承受怎样的折磨和痛苦。而我自己正在承受的痛苦实在是太不人道了。至少也该让我在一个看上去还过得去的地方疼啊。"(*N*, Dec. 29, 1953, p. 609.)

279　*N*, Dec. 28, 1953, p. 609.
279　Ibid., Aug. 19, 1953, p. 583.
280　*N*, July 4, 1958, p. 713.
280　*N*, Dec. 29, 1953, p. 609.
280　Ibid., June 5, 1953, p. 567.
280　Ibid.
280　Ibid., July 1, 1953, p. 571.
280　Ibid., July 10, 1953, p. 571.
280　Williams to Elia Kazan, 无日期, WUCA; also quoted, *N*, p. 572.
280　*N*, July 17, 1953, p. 575.
281　Ibid., p. 575.
281　*N*, Aug. 24, 1953, p. 583.
281　Williams to Audrey Wood, Oct. 14, 1953, *L2*, p. 502.
281　Williams to Kenneth Tynan, July 26, 1955, *TWLDW*, p. 307.
281　Williams to Donald Windham, Dec. 20, 1949, ibid., p. 249.
281　*N*, Aug. 19, 1953, p. 583.
281　Ibid., Dec. 4, 1953, p. 601.
281　Williams to Maria Britneva, Oct. 15, 1953, *FOA*, p. 79.
281　*N*, Oct. 20, 1953, p. 601.
282　Ibid., Oct. 1953, p. 595.
282　Ibid., Dec. 29, 1953, p. 611.
282　*CP*, "Cortege," pp. 30–33.
283　*N*, Dec. 30, 1953, pp. 611–13.
283　Ibid., p. 615.
283　Ibid.
283　Ibid., Jan. 1, 1954, p. 619.
283　Ibid., Jan. 2, 1954, p. 621.

283　Ibid., Jan. 5, 1954, p. 623.
283　Ibid., Jan. 1, 1954, p. 619.
283　Ibid., Jan. 16, 1954, p. 627.
284　*M*, p. 109.
284　Williams to Audrey Wood, Apr. 1, 1954, *L2*, p. 525.
284　Williams to Audrey Wood, Mar. 21, 1954, ibid., p. 541.
284　Williams to Audrey Wood, Apr. 1, 1954, ibid., p. 525.
284　*RBAW*, p. 165.
284　Ibid.
284　Williams to Cheryl Crawford, June 1954, *L2*, p. 534.
284　*N*, June 9, 1954, p. 643.
284　Ibid., June 3, 1954, p. 637.
285　Ibid., Aug. 13, 1954, p. 653.
285　Ibid., June 6, 1954, p. 639.
285　Williams to Kenneth Tynan, July 26, 1955, *TWLDW*, p. 307.
285　Ibid.
285　Williams to Kenneth Tynan, July 26, 1955, *TWLDW*, p. 307.
285　*N*, June 9, 1954, p. 643.
285　LOA1, p. 880.
285　*RBAW*, p. 165.
285　Williams to Elia Kazan, Nov. 31, 1954, *L2*, p. 558.
285　*N*, Dec. 30, 1953, p. 615.
287　LOA1, p. 936.
287　Masud Khan, *Hidden Selves: Between Theory and Practice in Psychoanalysis* (London: Karnac Books, 1989), p. 57. "歇斯底里与其说是一种疾病，不如说是一种让自己陷入空白、缺席的一种手段，其症状都是为了替代从而掩盖缺席。问题来了：在歇斯底里患者早期的母子关系中，是什么催生了这种陷入自我空白的需要并引起这种对心理投降的恐惧？或者，换一种方式来说，为什么歇斯底里患者的内心生活成了拒绝的墓地？
287　LOA1, pp. 911–12.
287　Ibid., p. 91.

287　Ibid., p. 913.

287　Williams, "About Evasions," *FOA*, p. 110.

288　LOA1, p. 890.

288　Ibid., p. 892.

288　Williams to Cheryl Crawford, June 1954, *L2*, p. 536.

288　*TWLDW*, p. 321.

288　Williams to Ted Kalem, ca. 1962, Columbia.

289　Tennessee Williams, "Drinky-Pie"（未发表诗歌）, Harvard.

289　Williams to Cheryl Crawford, June 1954, *L2*, p. 535.

289　Elia Kazan to Williams, Dec. 25, 1953, LLC.

290　Williams to Elia Kazan, Aug. 18, 1954, WUCA.

290　Williams to Elia Kazan, 无日期, 1954, HRC.

290　Audrey Wood to Williams, July 19, 1954, HRC.

291　"这个剧大有潜力可挖，但必须先要写完它。"她告诉他。*RBAW*, pp. 165-66.

291　Williams to Audrey Wood, Sept. 1954, *L2*, p. 543.

291　Elia Kazan to Williams, 无日期, ibid., p. 548.

291　Williams to Maria Britneva, Oct. 17, 1954, *FOA*, p. 101.

291　Ibid.

291　Williams to Elia Kazan, Sept. 16, 1954, WUCA.

292　*KAL*, p. 73.

292　Elia Kazan to Williams, Oct. 20, 1954, WUCA.

292　Elia Kazan to Williams, Oct. 18, 1954, WUCA.

292　Ibid.

292　Elia Kazan to Williams, Oct. 20, 1954, WUCA.

292　LOA1, p. 929.

292　Ibid., p. 883.

292　HRC.

293　Donald Spoto, *The Kindness of Strangers: The Life of Tennessee Williams* (Boston: Little, Brown, 1985), p. 198.

293　Williams to Elia Kazan, Nov. 3, 1954, *L2*, p. 551.

293	*M*, p. 168.
293	LOA1, p. 942.
293	Ibid.
294	First draft of *Cat on a Hot Tin Roof*, HRC.
294	Elia Kazan to Williams, Oct. 18, 1954, WUCA.
295	Elia Kazan to Williams, Oct. 20, 1954, WUCA.
295	Williams to Elia Kazan, Oct. 1954, *L2*, pp. 549–50.
295	Williams to Maria Britneva, Oct. 29, 1954, *FOA*, p. 103.
296	*KAL*, p. 541.
296	Williams to Elia Kazan, Nov. 3, 1954, *L2*, pp. 551–52.
296	Ibid.
296	Williams to Elia Kazan, 无日期, LLC.
296	Williams to Elia Kazan, 无日期, *N*, p. 658.
297	"上礼拜玛格丽特·路易斯·鲍威尔在北卡的养老院去世了……我们都叫她'玛吉猫',她还的确是一个生存能力强的人。田纳西认识她,也从我和保罗(比奇洛)口中听说过她的种种故事……我的确认为田纳西剧中的'玛吉猫'就源于此。她非常漂亮。"(Jordan Massie to Lyle Leverich, May 19, 1995, LLC.)"他似乎对她的故事而不是她本人更感兴趣。同一年夏天,他还认识了'大爹'。很显然,种子埋下了,后来长成一部威廉斯经典剧作。"(Jordan Massie to Lyle Leverich, June 5, 1995, LLC.)
297	Williams to Maria Britneva, Nov. 7, 1954, *FOA*, p. 106.
297	LOA1, p. 883.
297	*FOA*, p. 107.
297	LOA1, p. 908.
297	Ibid., p. 907.
297	Drafts of *Cat on a Hot Tin Roof*, HRC.
298	Williams to Audrey Wood, July 8, 1952, HRC.
298	James Laughlin, *The Way It Wasn't: From the Files of James Laughlin*, eds. Barbara Epler and Daniel Javitch (New York: New Directions, 2006), p. 184.
298	Ibid., pp. 184–85.

298　Williams to Maria Britneva, Mar. 27, 1954, *FOA*, p. 90.
299　*FOA*, p. 91.
299　John Lahr, "The Lady and Tenessee," *The New Yorker*, Dec. 19, 1994, p. 81.
299　Ibid.
299　Ibid.
299　Williams to Audrey Wood, Aug. 5, 1954, *L2*, p. 538.
299　Williams to Audrey Wood, 无日期, ibid., p. 540.
299　Williams to Audrey Wood, Sept. 1954, ibid., p. 547.
300　Williams to Audrey Wood, July 10, 1954, HRC.
300　*FOA*, p. 112.
300　Williams to James Laughlin, Dec. 3, 1954, James Laughlin Papers, Houghton Library, Harvard University, Cambridge, Mass.
300　James Laughlin to Williams, Jan. 9, 1955, James Laughlin Papers.
301　*FOA*, p. 112.
301　Brooks Atkinson, "Williams Play Revived by Originals Only," *New York Times*, Mar. 4, 1955.
301　Lahr, "Lady and Tennessee," p. 82.
302　Ibid., p. 81.
302　Ibid., p. 82.
302　Williams to Audrey Wood, Nov. 23, 1954, *L2*, p. 554.
302　Ibid.
302　*N*, Dec. 3, 1954, p. 663.
303　*L2*, p. 559. 此短语出现在 HRC 一张手稿残片中，参考文献 *L2* 有提及。
303　*N*, Nov. 29, 1954, p. 663.
304　Elia Kazan to Molly Day Thacher, 无日期, WUCA.
304　Williams to Elia Kazan, Nov. 31, 1954, WUCA.
304　Ibid.
305　Elia Kazan to Williams, Feb. 3, 1955, WUCA.
305　Elia Kazan to Williams, Feb. 11, 1955, WUCA.
305　Elia Kazan to Williams, Jan. 5, 1955, WUCA.

305　Ibid.

306　LOA1，p. 951.

306　Elia Kazan to Williams，Feb. 11，1955，WUCA.

306　Ibid.

306　Ibid.

307　Elia Kazan to Williams，Feb. 3，1955，WUCA.

307　Elia Kazan to Williams，Feb. 5，1955，WUCA："他在这儿告诉库珀和梅，他们可以拥有那该死的种植园不是正好……这让玛吉的工作更难做了？"

307　Elia Kazan to Williams，Feb. 11，1955，WUCA.

308　LOA1，p. 1004.

308　*N*，Mar. 2，1955，p. 667.

308　Ibid.，Feb. 26，1955，p. 665.

308　Ibid.，Feb. 22，1955，p. 665.

308　Ibid.，Feb. 26，1955，p. 665.

308　Williams to Elia Kazan，Mar. 1，1955，*L2*，p. 567.

308　*KAL*，p. 544.

308　Ibid.，p. 546："我想让它们成为'我自己的'，为此，我的确压制了这两个剧（《热铁皮屋顶上的猫》和《青春甜蜜鸟》）。发生了一种变形。我记得当时在写它们的时候，心里有一种恼人的急躁，那急躁当中其实包含一种终于要为自己说话的需求。我必定以为，这下我终于能下定决心，不再强迫自己学别人，而是寻找自己的题材，找到自己的声音，就算那声音必然不如威廉斯那般动听。

308　LOA1，p. 1005.

308　Ibid.

310　Ibid.，p. 976.

310　Brian Parker，"Swinging a Cat," in Tennessee Williams，*Cat on a Hot Tin Roof*（New York：New Directions，2004），p. 181.

310　*FOA*，p. 108.

310　*M*，p. 169.

310　*RBAW*，p. 169.

311　*M*，p. 169.

311　Williams to Audrey Wood, Aug. 9, 1955, *L2*, p. 592："你是我在这世上唯一信任的人。"

311　*FOA*, p. 108.

311　Williams to Brooks Atkinson, Mar. 25, 1955, *L2*, p. 569.

311　这间意大利餐馆所在的街角，现在由纳斯达克占据。

311　Brooks Atkinson, "Tennessee Williams''Cat,'" *New York Times*, Mar. 25, 1955.

311　Walter Kerr, "Cat on a Hot Tin Roof," *New York Herald Tribune*, Mar. 25, 1955.

311　Richard Watts Jr., "The Impact of Tennessee Williams," *New York Post*, Mar. 25, 1955.

311　*RBAW*, pp. 169-70.

311　Williams to Elia Kazan, Nov. 3, 1954, *L2*, p. 552.

311　Williams to Brooks Atkinson, Mar. 25, 1955, ibid., p. 569.

311　1944年，英奇曾代表《圣路易斯星报》采访威廉斯。他们成为朋友，有一段不长的时间还是情人。威廉斯将英奇介绍给伍德和马戈·琼斯，后者制作了英奇的第一个剧《远离天堂》(1947)

312　*LOA1*, p. 978.

312　Elia Kazan to Williams, Apr. 22, 1960, *KOD*, p. 136.

312　Williams to Elia Kazan, Aug. 1955, *L2*, p. 588.

312　这笔钱相当于今天400万美元的购买力。

312　Williams to Audrey Wood, July 2, 1955, *L2*, p. 576.

312　Audrey Wood to Williams, Aug. 3, 1955, HRC.

313　Williams to Audrey Wood, July 28, 1955, *L2*, p. 586.

313　*CWTW*, p. 72.

313　Elia Kazan to Williams, Apr. 22, 1960, *KOD*, pp. 136-37.

313　Williams to Maria Britneva, Jan. 10, 1956, *FOA*, p. 131.

313　*LOA1*, p. 978.

314　*N*, June 24, 1955, p. 675.

314　Williams to Audrey Wood, July 11, 1955, *L2*, p. 574.

314　沃尔特·戴金牧师死于1955年2月14日。"你要来市里（纽约）是我最大的快乐和安慰，还会给我带来好运。"（Williams to Rev. Walter Dakin, Sept. 13, 1950, HRC.）"为什么幸运与我如此作对？它是否和外公一起仙逝了？"（*N*, Mar. 2, 1955, p. 667.）

314　Dan Isaac, ed., "Introduction," in Tennessee Williams, *Spring Storm* (New York: New Directions, 1999), p. xv.

314　Williams to Audrey Wood, Aug. 1955, *L2*, p. 591.

314　Williams to Audrey Wood, July 21, 1956, ibid., p. 620.

315　Spoto, *Kindness*, p. 206.

315　*New York Herald Tribune*, 1957.

315　First draft of "The Enemy: Time," HRC.

315　Williams to Audrey Wood, Sept. 1955, *L2*, p. 592.

315　Williams to Maria Britneva, Apr. 27, 1955, *FOA*, p. 113.

315　Williams to Audrey Wood, July 11, 1955, *L2*, p. 574.

315　Williams to Audrey Wood, Nov. 18, 1955, ibid., p. 594.

317　Williams to Maria Britneva, June 20, 1955, *FOA*, p. 117.

317　*KAL*, p. 562.

317　Williams to Audrey Wood, June 1955, *L2*, p. 574. 威廉斯提议共同署名："我担当编剧，伊利亚·卡赞负责改编。"

317　Spoto, *Kindness*, p. 204.

317　Ibid.

317　Sandy Campbell, *B: Twenty-Nine Letters from Coconut Grove* (Campagnola di Zevio, Italy: Stamperia Valdonega, 1974), p. 47.

317　*KAL*, p. 562.

318　Elia Kazan to Williams, Dec. 18, 1955, WUCA.

319　Elia Kazan to Williams, Dec. 18, 1955, WUCA.

319　Williams to Elia Kazan, Jan. 1956, *L2*, p. 597.

319　Williams to Elia Kazan, Jan. 1959, ibid., p. 597.

320　R. Barton Palmer and Williams Robert Bray, *Hollywood's Tennessee: The Williams Films and Postwar America* (Austin: University of Texas, 2009), p. 130.

320　Richard Schickel, *Elia Kazan: A Biography* (New York: Harper Collins,

2005），p. 332.

320　这还只是斯佩尔曼第三次讲道。前两次是抨击共产主义和匈牙利共产党囚禁了约瑟夫·明曾蒂主教。

320　Schickel，*Elia Kazan*，p. 333.

320　*Knoxville Sentinel*，Mar. 31，1956.

320　*New York Post*，Dec. 17，1956.

320　Williams to Maria Britneva，Jan. 3，1957，*FOA*，p. 141.

320　*New York Post*，Dec. 17，1956.

320　Ibid.

320　Palmer and Bray，*Hollywood's Tennessee*，p. 130.

321　*Variety*，May 29，1957："据卡赞说，耗资120万美元的《洋娃娃》全球总票房会达到500万，其中300万已收入囊中。他说，卡赞自己的新城制作公司会因这部片子挣上100多万。"

321　Palmer and Bray，*Hollywood's Tennessee*，p. 147.

321　Ibid.，p. 148.

321　Robert E. Fitch，"The Mystique of Merde，" *New Republic*，Sept. 3，1956，pp. 17-18.

321　Williams to Audrey Wood，July 21，1956，*L2*，p. 620.

322　Williams to Audrey Wood，Jan. 1，1956，HRC.

322　Campbell，*B*，p. 10.

322　Ibid.

322　Ibid.，p. 32.

322　Ibid.，p. 35.

323　Williams to Paul Bigelow，无日期明信片，1956，LLC.

323　*New York Times*，Mar. 4，1956.

324　Campbell，*B*，p. 58.

324　Paul Taylor，"Tennessee Williams: A Tormented Playwright Who Unzipped His Heart，" *Independent*，Dec. 13，2013.

324　Campbell，*B*，p. 40.

324　Williams to Edwina Williams，Mar. 18，1956，*L2*，p. 608.

324　Williams to Lady St. Just，Jan. 3，1957，*FOA*，pp. 139-41.

注 释

324　*N*, Aug. 6, 1956, p. 691.
324　Williams to Christopher Isherwood and Don Bachardy, May 12, 1956, *L2*, p. 613.
324　*N*, July 28, 1956, p. 689.
324　Ibid., Sept. 27, 1956, p. 693.
325　Françoise Sagan, *With Fondest Regards* (New York: Dutton, 1985), pp. 46, 49.
325　Ibid., pp. 52–53.
325　Williams to Maria Britneva, Sept. 4, 1955, *FOA*, p. 126.
325　Williams to AudreyWood, July 28, 1955, *L2*, p. 586.
326　*RMTT*, p. 152.
326　*M*, p. 131.
326　Williams to Audrey Wood, July 28, 1955, *L2*, p. 586.
326　Williams to Frank Merlo, July 22, 1955, ibid., pp. 581–82.
326　Williams to Audrey Wood, Mar. 16, 1956, ibid., p. 605.
327　Williams to Audrey Wood, July 28, 1955, ibid., p. 587.
327　Spoto, *Kindness*, p. 205.
327　Williams to Maria Britneva, Apr. 20, 1956, *FOA*, p. 133.
328　*N*, p. 690.
328　Williams to Lady St. Just, Aug. 27, 1957, *FOA*, p. 149.
328　*N*, Aug. 6, 1956, p. 691.
328　Ibid., Feb. 19, 1957, p. 701.
329　Brooks Atkinson, "Early Williams," *New York Times*, Nov. 22, 1956.
329　"Stairs to the Roof" story, HRC.
329　*NSE*, p. 94.
329　Williams to Audrey Wood, Dec. 1939, *L1*, p. 220.
329　*Miami Herald*, Jan. 22, 1956.
329　Hart Crane, "The Bridge" (1930).
329　*N*, Sept. 27, 1956, p. 693.
330　Williams to Audrey Wood, Oct. 14, 1953, *L2*, p. 502. 威廉·利布林同样不怎么喜欢《琴仙下凡》。1956 年，他还在讲威廉斯把这部戏当作摇钱树，

想要卖给电影公司，威廉斯倍感侮辱。"我的天啊，这部戏我写了多久啊，一直都是当作舞台剧脚本来写的。舞台剧！跟人家说我这本子是送去电影工厂的，这深深地刺痛了我。"他给利布林写信说。（Williams to William Liebling, July 21, 1956, HRC.）

330　Williams to Lady St. Just, Jan. 3, 1957, *FOA*, p. 141.

330　Williams to Elia Kazan, Apr. 3, 1957, *L2*, p. 646.

330　*CWTW*, p. 209.

330　电影《逃遁者》的编剧是田纳西·威廉斯和米德·罗伯茨，导演是西德尼·吕美特。开场基本上是一段对着镜头的独白，马龙·白兰度扮演的瓦尔说他靠卖身而不是卖歌为生。这五分钟是白兰度在银幕上表现最为优秀也最鲜为人知的时刻之一。

331　LOA2, p. 9.

331　Ibid.

331　LOA1, p. 701.

331　Williams to Audrey Wood, Oct. 14, 1953, *L2*, p. 501.

331　LOA2, p. 58.

331　Ibid., p. 59.

331　Ibid., p. 24.

331　Ibid.

331　Ibid., p. 34.

332　Ibid., p. 11.

332　Ibid., p. 95.

332　Ibid., p. 25.

332　Ibid., p. 26.

332　Ibid.

332　Ibid., p. 54.

332　Ibid., p. 34.

332　Ibid., p. 37.

332　Ibid., p. 34.

333　*CP*, "Heavenly Grass," p. 63.

333　LOA2, p. 38.

333 Tennessee Williams, *Orpheus Descending* (New York: Dramatists Play Service, 1959), p. 29.
333 LOA2, p. 39.
334 Ibid., p. 91.
334 Ibid.
334 Ibid., p. 83.
334 Ibid., p. 87.
335 Ibid., p. 74.
335 Ibid., p. 90.
335 Ibid., p. 87.
335 Ibid.
335 Ibid.
335 Ibid., p. 89.
335 Ibid.
335 Ibid., p. 94.
336 Ibid., p. 95.
336 Williams, *Orpheus Descending*, p. 77. LOA2, p. 95：" 夫人呻吟着，'哦，天呐，哦——天呐'。"
336 LOA2, p. 96.
336 Tennessee Williams, "Anna Magnani: Tigress of the Tiber," *New York Herald Tribune*, Dec. 11, 1955.
336 LOA2, p. 24.
336 Anna Magnani to Martin Juro, Sept. 11, 1955, LLC.
336 *M*, p. 165.
336 Ibid., p. 163.
337 Williams to Elia Kazan, 无日期, WUCA.
337 Williams, "Anna Magnani."
337 Ibid.
337 Williams to Audrey Wood, June 29, 1956, *L2*, p. 616.
337 *M*, pp. 163-64.
337 Williams to Audrey Wood, June 1955, *L2*, p. 573.

337　*TWIB*, p. 227.

337　Williams to Maria Britneva, Sept. 29, 1954, *FOA*, p. 104.

337　Anna Magnani to Audrey Wood, 无日期, HRC.

337　AnnaMagnani to Audrey Wood, November 3, 1955, HRC. 关于白兰度, 马格纳尼接着说: "就我而言, 我对白兰度作为一个人不感兴趣, 他不过是扮演瓦尔的完美演员。就这么回事。其他的我一概不关心。"

339　Marlon Brando to Williams, 无日期, Columbia.

339　Quotation from undated letter from Marlon Brando reproduced by permission of Brando Enterprises, L. P.

340　JLI with Sidney Lumet, 2011, JLC.

340　Marlon Brando with Robert Lindsey, *Brando: Songs My Mother Taught Me* (New York: Random House, 1994), p. 262.

341　JLI with Sidney Lumet, 2011, JLC.

341　Ibid.

341　Review of *The Fugitive Kind*, *Variety*, Dec. 31, 1959.

341　Bosley Crowther, "2 Theatres Show Film from Williams Play," *New York Times*, Apr. 5, 1960.

341　JLI with Sidney Lumet, 2011, JLC.

341　Williams to Audrey Wood, Feb. 7, 1940, *L1*, p. 230: "克勒曼把长剧(《天使之战》)带去了波士顿。……克勒曼说, 如果奥德茨的剧反响不错, 他或许会考虑做独幕剧——就在今年春天——恐怕这个'如果'从句是个大问题。"

341　Harold Clurman, "Introduction," in Tennessee Williams, *Tennessee Williams: Eight Plays* (Garden City, N. Y.: Nelson Doubleday, 1979).

341　*M*, p. 172.

341　*KAL*, pp. 121-22.

341　Williams to Audrey Wood, July 28, 1955, *L2*, p. 587.

341　*M*, p. 172.

341　Williams to Cheryl Crawford, Dec. 1956, *L2*, p. 641.

343　*M*, p. 172.

343　Brooks Atkinson, "Theatre: Rural Orpheus," *New York Times*, Mar. 22,

1957.

343 "Only the Flashes," *Newsweek*, Jan. 1, 1957.

343 Richard Watts Jr., "The World of Tennessee Williams," *New York Post*, Mar. 22, 1957.

343 Wolcott Gibbs, "Well, Descending, Anyway," *The New Yorker*, Mar. 30, 1957.

343 *M*, p. 173.

343 Williams to Donald Windham, *TWLDW*, June13, 1957, p. 293.

343 CC Williams to Audrey Wood, Feb. 8, 1950, *L2*, p. 274.

343 *Knoxville News-Sentinel*, Mar. 28, 1957, LLC.

343 *N*, June 6, 1954, p. 639.

343 Williams to Kenneth Tynan, July 26, 1955, *TWLDW*, p. 302.

344 Williams to Paul Bigelow, Jan. 7, 1948, *L2*, p. 143.

344 LLI with Dakin Williams, 1985, LLC.

344 Ibid.

344 *RMTT*, p. 202.

344 *TWIB*, p. 212; see also Gilbert Maxwell, Tennessee Williams and Friends: An Informal Biography (Cleveland: World Publishing, 1965), p. 222.

344 *TWIB*, p. 150.

344 *CS*, "The Man in the Overstuffed Chair," p. xvii.

345 Williams to Audrey Wood, Jan. 5, 1957, LLC.

345 Williams to Elia Kazan, Apr. 31, 1957, *L2*, p. 646. 卡赞在一个月前曾给威廉斯写信，陈述他对《琴仙下凡》的批评意见。"我认为你得找一个什么人和你对着干，一个比你更强势、更敏锐，也许更令人不快的合作者，客观地告诉你剧本哪里不对，哪里不够清晰，哪里太突兀，哪里看起来无关紧要且跳跃太快。事实上，你需要一个像我在《猫》剧里那样冒险的人。冒险到你后来会心怀憎恨，会觉得你被影响太深。届时你可以再写一个前言说，'大家在百老汇舞台上看到的版本不是我想要的'。即便如此，我觉得总体而言你会比现在更开心一些。"[Elia Kazan to Williams, Mar. 27, 1957, *The Selected Letters of Elia Kazan*, ed. Albert J Devlin with Marlene J. Devlin (New York: Alfred A. Knopf, 2014), p. 350.]

345　Spoto, *Kindness*, p. 215.

345　Williams to Brooks Atkinson, Mar. 24, 1957, *L2*, p. 644.

345　Williams to Lady St. Just, June 7, 1957, *FOA*, p. 147.

345　Williams to Audrey Wood, Apr. 24, 1957, HRC.

345　Williams to Sandy Campbell, Jan. 5, 1957, *TWLDW*, p. 292.

345　*N*, Mar. 31, 1957, p. 701.

第六章：巨人国

346　*CP*, "You and I," p. 123.

346　"我不止一次看到吉尔伯特对着田的脸泼酒水,他脾气不好的时候会叫田纳西'塔纳莎'(Ta-ness-a)。"导演乔治·吉斯利说。(Keathley,未出版 Ms., JLC.)

346　理查德·莱维特的传记册子题为《田纳西·威廉斯的世界》。他还和肯尼思·霍尔迪奇合作,在 2002 年出版了《田纳西·威廉斯与南方》。

346　*N*, Apr. 1, 1957, p. 703.

346　Eugene B. Brody, "Introduction," in Lawrence S. Kubie, *Symbol and Neurosis: Selected Papers of Lawrence S. Kubie* (Madison, Conn.: International Universities Press, 1978), p. 6.

348　*N*, Apr. 1, 1957, p. 703.

348　1966 年,一场调查邀请全美 490 名顶尖精神分析师列出他们心目中最杰出的健在的精神分析师,库比名列第五,排在闻名遐迩的门宁格夫妇前面。See Norman Cousins, *Memorial*(个人出版), p. 237.

348　Lawrence Kubie, *The Riggs Story: The Development of the Austen Riggs Center for the Study and Treatment of the Neuroses* (New York: Paul B. Hoeber, 1960).

349　Lawrence Kubie, *Practical and Theoretical Aspects of Psychoanalysis* (Madison, Conn.: International Universities Press, 1950), p. 129.

349　Gore Vidal, "Tennessee Williams: Someone to Laugh at the Squares With," in Gore Vidal, *Armageddon? Essays 1983 – 1987* (London: Andre Deutsch, 1987), p. 54.

349 Kubie, *Practical and Theoretical Aspects*, p. 131.
349 *N*, June 3, 1957, p. 705.
349 Ibid., June 7, 1957, p. 705.
349 Williams to Elia Kazan, June 10, 1957, WUCA.
349 *N*, June 13, 1957, p. 707.
349 Ibid., June 11, 1957, p. 707.
349 Williams to Elia Kazan, June 10, 1957, WUCA.
349 Ibid.
350 他当时正在创作《一颗泪珠钻石的丢失》,2008 年改编为电影。
350 Williams to Frank Merlo, June 1957, THNOC.
350 Williams to Lady St. Just, June 17, 1957, *FOA*, p. 148.
350 Ibid.
350 Williams to Audrey Wood, June 19, 1957, HRC.
350 Williams to Edwina Williams, June 28, 1957, *N*, p. 706.
350 Williams to Paul Bowles, June 1957, HRC.
351 Williams to Lady St. Just, Aug. 27, 1957, *FOA*, p. 149.
351 Williams to Oliver Evans, 无日期, Harvard.
352 Williams to Edwina Williams, June 28, 1957, *N*, p. 704.
352 Williams to Elia Kazan, June 28, 1958, WUCA.
352 Williams to Lady St. Just, Oct. 30, 1957, *FOA*, p. 150.
352 *CWTW*, p. 245.
352 Robert Rice, "A Man Named Tennessee," *New York Post*, May 4, 1958.
352 *New York Post*, May 4, 1958.
353 Tennessee Williams, "Iron Man" (未发表诗歌), ca. 1935–1939, Harvard.
353 *CS*, "The Man in the Overstuffed Chair," p. xv.
354 Williams to Lucy Freeman, 无日期 (ca. July 1962), LLC.
354 *CWTW*, p. 169.
354 *RMTT*, p. 202.
354 *N*, June 17, 1942, p. 291.
354 Vidal, "Tennessee Williams," p. 54.
354 *CWTW*, p. 54.

356　*Miami Herald*, Dec. 21, 1958.

356　Williams to Elia Kazan, July 5, 1980, Harvard.

356　As quoted in Geoffrey Galt Harpham, *On the Grotesque* (Princeton, N. J.: Princeton University Press, 1982), p. 181.

356　LOA2, p. 100.

356　Ibid., p. 138.

357　Ibid., p. 141.

357　Ibid., p. 111.

357　Ibid., p. 110.

357　Ibid., p. 147.

357　Ibid., p. 127.

357　Edwina Williams to Williams, Jan. 20, 1943, in Lyle Leverich, *Tom: The Unknown Tennessee Williams* (New York: W. W. Norton, 1995), p. 480.

357　Williams to Edwina Williams, Jan. 25, 1943, *L1*, p. 481.

359　Leverich, *Tom*, p. 481.

359　*RMTT*, p. 85. 法明顿州立医院主管艾米特·霍克特医生提议做这个手术，手术由保罗·施拉德尔医生完成，霍克特医生在场。"他对我很好，让我觉得他对罗丝的提议是对的。他是一个道德高尚、有基督教品质的人，同样也是罗马天主教徒。"埃德温娜写道。(Leverich, *Tom*, p. 224.)

359　"她现在在法明顿的州立医院住院。科尔内留斯周六将她送去了医院，"埃德温娜写信告诉父母，"你们离开以后她变得非常疯狂，他们只好让她单独住一间，并且告诉我，建议立即使用胰岛素，那是唯一的希望……他们都同意这是唯一的希望，而法明顿医院是最好的，所以我能做的就只有同意。"(Leverich, *Tom*, p. 223.)

359　Leverich, *Tom*, p. 335.

359　Ibid., p. 247.

359　Ibid.

359　Williams to Oliver Evans, July 1971, Harvard.

360　Leverich, *Tom*, p. 149.

360　Ibid., p. 199.

360　Ibid., pp. 199 - 200.

360 *TWIB*, p. 63.

360 Farmington State Hospital, Dr. CC Ault, Dec. 16, 1937, LLC.

361 *N*, p. 82.

361 *N*, Dec. 20, 1939, p. 177.

361 *M*, p. 251.

361 *CWTW*, p. 327.

362 Rose Williams to Williams, July 8, 1944, HRC.

362 *M*, p. 127.

363 John Lahr, "The Belle of Bethel," Talk of the Town, *The New Yorker*, Sept. 23, 1996, p. 34.

363 Ibid.

363 Ibid.

363 Ibid.

363 Donald Spoto, *The Kindness of Strangers: The Life of Tennessee Williams* (Boston: Little, Brown, 1985), p. 219.

363 *RMTT*, p. 233.

365 Williams to Cheryl Crawford, Oct. 1956, *L2*, p. 634.

365 LOA1, p. 465.

365 *N*, Oct. 7, 1936, p. 59.

365 Ibid.

365 *M*, p. 122.

366 *N*, Oct. 9, 1937, p. 109.

366 Ibid., Dec. 20, 1939, p. 177.

366 Ibid., July 10, 1939, p. 159.

366 Ibid., Sept. 16, 1939, p. 159.

366 Ibid., Jan. 14, 1943, p. 343.

366 Ibid., Mar. 22, 1943, p. 359.

366 Ibid., Mar. 24, 1943, p. 361.

366 LOA1, p. 13.

367 Ibid., p. 79.

367 Ibid., p. 528.

367　LOA2, p. 142.

367　Williams to Paul Bigelow, Apr. 10, 1943, *N*, p. 362.

367　Williams to Donald Windham, Apr. 1943, *TWLDW*, p. 57.

367　威廉斯至少在15部剧中塑造过以罗丝为原型的人物,写了至少八首诗献给她,还有十余部剧作写到精神疾病和脑叶白质切除术。(See *N*, p. 40.)

368　*CS*, "Portrait of a Girl in Glass," p. 114.

368　Ibid., p. 118.

368　Ibid.

368　Ibid., p. 112.

368　Ibid., p. 119.

369　Tony Kushner, "Introduction: Notes on *The Glass Menagerie*," in Tennessee Williams, *The Glass Menagerie* (Centennial Edition) (New York: New Directions, 2011), p. 27.

369　Williams to Paul Bowles, Dec. 1957, HRC.

369　《去夏突至》是和《没有讲出来的话》一起以《花园区》为题在同一个晚上演出的。

369　Katherine Anne Porter to Williams, Jan. 28, 1958, Maryland.

369　Wolcott Gibbs, "Oddities, Domestic and Imported," *The New Yorker*, Jan. 18, 1958.

369　Brooks Atkinson, "2 By Williams," *New York Times*, Jan. 8, 1958.

369　Williams to Brooks Atkinson, Jan. 9, 1958, BRTC.

370　LOA2, p. 147.

370　Ibid., p. 145.

370　Ibid.

370　Lawrence S. Kubie to Williams, Jan. 13, 1958, Columbia.

370　LOA2, p. 102.

370　Lawrence S. Kubie to Williams, Jan. 13, 1958, Columbia.

371　Katherine Anne Porter to Williams, Jan. 28, 1958, Maryland.

371　Whitney Bolton, "Williams Talks on Violence," *Philadelphia Inquirer*, Feb. 1, 1959.

371　LOA2, p. 148.

注 释

- 371　*New York Post*，May 2，1958.
- 371　Elia Kazan to Williams，无日期，WUCA.
- 372　Elia Kazan to Williams，Jan. 10，1958，WUCA.
- 372　Williams to Elia Kazan，June 4，1958，WUCA.
- 372　Williams to Lady St. Just，Apr. 23，1958，*FOA*，p. 151.
- 372　Ibid.
- 372　Williams to Elia Kazan，June 27，1958，WUCA.
- 373　Lawrence Kubie to Lucie Freeman，无日期，LLC.
- 373　Williams to Elia Kazan，June 4，1958，*N*，p. 711.
- 373　Williams to Audrey Wood，July 9，1958，ibid.，p. 716. 在同一封信中，他抱怨说："我觉得他一直在固执地催我要继续写完，当我完全没有头绪时还在说，等我好不容易有点感觉了，我又没有时间去完成它。"
- 373　*N*，Aug. 1958，p. 719.
- 374　Ibid.，July 18，1958，p. 717. "我计划提前回国落实这一合作（《青春甜蜜鸟》），再者，我想我必须继续接受心理分析，也不找库比，而是去找一个比他年轻的、有更新思想的人，或者找个女人，更倾向于荣格学派的精神分析师。"（Williams to Audrey Wood，July 9，1958，HRC.）
- 374　Williams to Audrey Wood，July 9，1958，LLC.
- 374　Williams to Audrey Wood，June 6，1958，HRC.
- 374　Williams to Jo Mielziner，Aug. 5，1958，HRC.
- 374　Williams to Frank Merlo，Spring 1959，Harvard.
- 375　"我可以随时、立刻谴责一个我爱的人，因为我不相信对方也同样爱我，"他向伍德坦白，"而且我是一个非常自我中心的人，无论我能给予他人的关注有多少，我想要的还是别人对我付出多得多的关注。"（Williams to Audrey Wood，Sept. 27，1959，HRC.）
- 375　LOA2，p. 230.
- 376　Ibid.，p. 417.
- 376　Ibid.，p. 236.
- 376　Ibid.，p. 172.
- 376　Ibid.，p. 182.
- 376　Tennessee Williams，"Anna Magnani: Tigress of the Tiber," *New York Her-*

ald Tribune, Dec. 11, 1955.

377 Williams to Elia Kazan, Dec. 23, 1958, WUCA.

377 LOA2, p. 230.

377 Williams to Audrey Wood, July 9, 1958, HRC.

377 Williams to Oliver Evans, Nov. 15, 1958, HRC.

377 Williams to Elia Kazan, June 28, 1958, WUCA.

377 Williams to Ted Kalem, 无日期, Columbia.

378 Williams to Brooks Atkinson, Sept. 2, 1959, BRTC.

378 Elia Kazan to Williams, May 20, 1958, WUCA.

378 Ibid.

378 Elia Kazan to Jo Mielziner, Sept. 9, 1958, WUCA.

378 Molly Day Thacher to Elia Kazan, May 29, 1958, WUCA.

379 Ibid.

379 Elia Kazan to Jo Mielziner, Sept. 9, 1958, WUCA.

379 Ibid.

380 Ibid.

381 LOA2, p. 217.

381 Ibid., p. 230.

381 Ibid., p. 232.

381 Ibid., p. 233.

381 Williams to Audrey Wood, Sept. 27, 1959, HRC.

382 LOA2, p. 235.

383 Ibid., p. 207.

383 Ibid., p. 234.

383 Ibid.

383 Williams to Audrey Wood, May 7, 1958, HRC.

383 Elia Kazan to Williams, May 20, 1958, *KOD*, p. 118.

383 Williams to Audrey Wood, June 6, 1958, LLC.

383 Williams to Audrey Wood, June 6, 1958, HRC.

383 Sept. 2, 1958, *KOD*, p. 119.

384 May 20, 1958, ibid., p. 117.

384 Elia Kazan to Williams, Aug. 28, 1958, WUCA.

384 *KAL*, p. 544.

384 Williams to Audrey Wood, July 26, 1958, HRC.

384 Elia Kazan to Audrey Wood, Aug. 28, 1958, Columbia.

384 Elia Kazan to Williams, Aug. 28, 1958, Columbia.

384 Williams to Audrey Wood, July 26, 1958, HRC.

385 Williams to Cheryl Crawford, Sept. 4, 1958, HRC.

385 Williams to Audrey Wood, Aug. 31, 1958, HRC.

385 *KAL*, p. 545.

385 José Quintero, *If You Don't Dance They Beat You* (Boston: Little, Brown, 1974), p. 113.

385 Williams to Cheryl Crawford, Aug. 13, 1958, HRC.

385 Williams to Audrey Wood, July 24, 1958, HRC.

385 Ibid.

386 Mike Steen, *A Look at Tennessee Williams* (New York: Hawthorn Books, 1969), p. 229.

386 *RBAW*, p. 177.

386 *M*, p. 174.

386 LOA2, p. 271.

386 *KAL*, p. 545.

387 *M*, p. 174.

387 Ibid.

387 *KAL*, p. 545.

387 Williams to Elia Kazan, Feb. 18, 1959, WUCA.

387 Steen, *Look*, p. 242.

388 Williams to Elia Kazan, 无日期, Harvard.

388 *M*, p. 174.

388 Ibid.

388 Williams to Elia Kazan, 无日期, Harvard.

388 Ibid.

388 Ibid.

390　Williams to Elia Kazan, 无日期, Columbia.
390　*KAL*, p. 546.
390　Williams to Elia Kazan, 无日期, 1959, LLC.
390　Ibid.
391　Elia Kazan to Williams, 无日期, Columbia.
391　Elia Kazan to Williams, 无日期, 1959, LLC.
392　Walter Kerr, "Sweet Bird of Youth," *New York Herald Tribune*, Mar. 11, 1959.
392　Brooks Atkinson, "Portrait of Corruption," *New York Times*, Mar. 11, 1959.
392　Richard Watts Jr., *New York Post*, Mar. 11, 1959.
392　Kerr, "Sweet Bird of Youth."
392　Williams to Brooks Atkinson, Mar. 27, 1959, BRTC.
392　Williams to Elia Kazan and Jo Mielziner, Nov. 16, 1958, WUCA.
393　Williams to Kenneth Tynan, 无日期, HRC.
393　Kenneth Tynan, "Ireland and Points West," *The New Yorker*, Mar. 21, 1959, pp. 97–102.
393　Williams to Kenneth Tynan, 无日期, LLC.
393　Tynan, "Ireland and Points West."
393　Kenneth Tynan, *The Diaries of Kenneth Tynan*, ed. John Lahr (London: Bloomsbury, 2001), p. 9.
393　LOA2, p. 175.
394　Tynan, *Diaries*, p. 15.
394　Williams to Kenneth Tynan, 无日期, 1959, LLC.
394　Williams to Kenneth Tynan, 无日期, 1959, LLC.
394　Williams to Max Learner, 无日期, 1959, Harvard. 对于那些批评他的人，威廉斯接着对雷纳说："我认为这些贬低我的人，无论他们的攻击如何非常奇怪地充满激情，比他们被枯燥、单调、平庸、迂腐所挑衅后的攻击更加充满激情，他们其实并不知道自己要什么。他们对外国戏剧，主要是法国戏剧，顶礼膜拜，但是你去看他们对吉侯杜、加缪和阿努伊等戏剧大家的评论，你会发现那里面更多是在谈思想而不是情感。难道戏剧不总是首先对着我们身上——不管身上哪里，是什么——那能够感知温暖情感的部分说话吗？"

394　Williams to Elia Kazan，无日期，WUCA.

394　Williams to Elia Kazan，无日期，WUCA.

395　LOA2，p. 233.

395　Williams to Elia Kazan，Mar. 28，1959，WUCA.

395　Williams to Elia Kazan，无日期，WUCA.

395　Williams to Audrey Wood，May 7，1959，HRC.

395　Williams to Lady St. Just，July 8，1959，*FOA*，pp. 161 – 62.

396　Williams to Audrey Wood，Oct. 30，1959，HRC.

396　Williams to Lilla Van Saher，Oct. 20，1959，HRC.

396　Williams to Elia Kazan，无日期，HRC.

第七章：怪癖

397　Williams to Hermione Baddeley，1963，HRC.

397　*Newsweek*，June 27，1960. 据吉尔伯特·马克斯韦尔说，巴里摩尔的死似乎让威廉斯昏了头：他在大雪天回到纽约，穿了棉裤但没穿棉袄，他甚至还忘记带纽约公寓的钥匙，只好去住哈莱姆的女佣那儿拿。［Gilbert Maxwell，*Tennessee Williams and Friends: An Informal Biography*（Cleveland：World Publishing，1965），p. 276.］

397　Mervin Block，"The Diana Barrymore Tragedy，" *Chicago Tribune*，Jan. 26，1960.

397　Brooks Atkinson，"*Ivory Branch* Opens at the Provincetown，" *New York Times*，May 25，1956.

397　Diana Barrymore and Gerold Frank，*Too Much，Too Soon*（London：Muller，1957），p. 303.

398　Dakin Williams，"Last Days，" LLC.

398　Beatrice Washburn，"D. B.：Bewitching，" *Miami Herald*，June 1，1959.

399　Williams to the Editors of *Time*，Feb. 10，1960，HRC. 多年后，这份素材重新出现在《红魔电池标志》中。

399 Maxwell, *Tennessee Williams and Friends*, p. 264.

399 D. Williams, "Last Days," LLC.

399 George Keathley, 未出版 Ms., JLC.

399 *M*, p. 177.

399 Ibid., pp. 176–77.

399 Williams to Lucy Freeman, Feb. 27, 1963, LLC.

399 D. Williams, "Last Days," LLC.

399 Ibid.

400 Barrymore and Frank, *Too Much*, p. 301.

400 D. Williams, "Last Days," LLC.

400 Marion Vaccaro and Dr. Hugh Hyatt.

400 D. Williams, "Last Days," LLC.

400 Maxwell, *Tennessee Williams and Friends*, p. 283.

400 Williams to Brooks Atkinson, Mar. 1960, BRTC.

400 D. Williams, "Last Days," LLC.

401 *M*, p. 177.

401 Williams to Lucy Freeman, 无日期, LLC.

401 *M*, p. 177.

401 Ibid.

401 Maxwell, *Tennessee Williams and Friends*, p. 266.

401 Ibid.

402 LOA2, p. 272. 威廉斯当时写信给经纪人比尔·巴恩斯这样说起自己的回忆录:"我想到一个新题目,就叫《逃,逃离这个伤心旅馆》——来自安妮·塞克斯顿的诗,她自己又是从兰波那里借来的。当然,这里的旅馆是一个隐喻,代表我的生活,而我的逃离——如果不是一种冲动——至少也是一种迫切需要。"(Williams to Bill Barnes, May 31, 1973, HRC.)

402 LOA2, p. 322.

402 Williams to Cheryl Crawford, 无日期, BRTC.

402 "Playwrights: Unbeastly Williams."

402 Ted Kalem, "The Angel of the Odd," *Time*, Mar. 9, 1962.

402 Ibid.

402　David Levin, "Desperation," *World-Telegram and Sun*, Aug. 20, 1960.

402　"Playwrights: Unbeastly Williams."

402　Williams to Elia Kazan, 无日期, WUCA.

403　LOA2, p. 321. "《调整时期》大大低于威廉斯的惯常水准,无论怎么说也没法证明任何东西,"布鲁克斯·阿特金森在1961年11月26日的《纽约时报书评》中写道,"他的心不在这个平庸的笑话里。"

403　LOA2, p. 240.

403　Ibid., p. 312.

403　Williams to Elia Kazan, Mar. 1963, WUCA.

403　Audrey Wood to Williams, June 11, 1963, HRC.

403　Charlotte Chandler, *The Girl Who Walked Home Alone: Bette Davis* (New York: Simon & Schuster, 2006), p. 233.

403　Williams to Elia Kazan, June 1959, WUCA.

403　Ibid.

403　Williams to Christopher Isherwood, Dec. 27, 1959, Huntington.

404　*CP*, "A Separate Poem," pp. 80–81.

404　Ibid.

404　Williams to Lady St. Just, August 10, 1960, *FOA*, p. 165.

405　Williams to Robert MacGregor, 1963, LLC.

405　Frank Merlo, 未发表诗歌, 1960, THNOC.

405　Arthur Gelb, "Williams and Kazan and the Big Walk-Out," *New York Times*, May 1, 1960.

405　只有劳埃德·理查兹与奥古斯特·威尔逊的合作接近威廉斯与卡赞合作的深度和重要性。

406　Audrey Wood to Tennessee Williams, Oct. 16, 1959, HRC.

406　Arthur Gelb, "Williams and Kazan and the Big Walk-Out," *New York Times*, May 1, 1960. "我说过拍完电影就去做他的剧,但是田纳西不想等那么久。"卡赞告诉《纽约时报》。

406　*KAL*, p. 595. "从我内心来说很难喜欢任何一个还在写剧的剧作家。米勒,是的! 英奇,有时候。……这都是竞争体制造成的恶劣影响。他们的优秀刺激我的结果是虚荣心给赶了出来。"(Williams to Audrey Wood, Aug. 1955,

　　　　L2, p. 592.)
406　*RBAW*, p. 222.
406　Elia Kazan to Williams, Apr. 22, 1960, *KOD*, pp. 134 – 35.
406　Ibid., p. 134.
408　Ibid., pp. 134 – 35.
408　 Whitney Bolton, "Williams Talks on Violence," *Philadelphia Inquirer*, Feb. 1, 1959.
408　Elia Kazan to Williams, Apr. 22, 1960, *KOD*, pp. 135 – 36.
408　Claudia Cassidy, "Some Heady Virtuosity Even Tho Williams' 'Bird' Flies Half Mast," *Chicago Tribune*, Apr. 26, 1959.
409　*CWTW*, p. 72.
409　See *KAL*, p. 544. Also, see "Note of Explanation," "Act Three (Broadway Version)," in Tennessee Williams, *Cat on a Hot Tin Roof and Other Plays* (London: Penguin Classics, 1976), p. 107.
409　Elia Kazan to Williams, 无日期, Columbia.
409　Gelb, "Williams and Kazan."
409　Elia Kazan to Williams, Apr. 22, 1960, *KOD*, p. 137.
410　*KAL*, p. 660.
410　Ibid., p. 596.
410　Elia Kazan to Williams, 无日期, WUCA.
410　*KAL*, p. 596.
410　Gelb, "Williams and Kazan."
410　Williams to Elia Kazan, 无日期, WUCA.
410　Williams to Elia Kazan, 无日期, WUCA.
410　Elia Kazan to Williams, 无日期, Columbia.
411　Williams to Elia Kazan, 无日期, Harvard.
412　Williams to Cheryl Crawford, 1961, LLC.
412　Williams to Elia Kazan, 无日期, Harvard. 1962 年，卡赞担任新成立的林肯中心剧院——几个月前才就任总统的肯尼迪有意把它打造为一个国家剧院——艺术总监之一时，曾给威廉斯写信请求用他的剧作给剧院开幕——威廉斯是卡赞写过信的两位在世剧作家之一。"我们真的非常需要你的关系，"

卡赞写道,"如果我们不演你的剧,也就称不上什么想要成为国家剧院的轮演剧目剧院。我们第一个演出季就得演一个才好,就放在演出季的第一或第二剧目来演。我们想让林肯中心成为每年都有一部威廉斯戏剧在上演的地方,无论是你的那些'成功剧作',还是你会写出的走在时代前列的剧作,总之要让中心成为你的剧作不断演下去、活下去的地方……如果你不把你的一些新作和你所有之前写的剧作给我们来演,那对于我们会是一个很大的打击。……我们会把你的剧做好。"(Elia Kazan to Williams, Apr. 25, 1962, Columbia.)但是威廉斯谢绝了。"我现在在做的事就是反省,看看自己现在怎么样——答案是非常不好。"他回信说。(Williams to Elia Kazan, 无日期, Harvard.)

412　Williams to Lady St. Just, Dec. 25, 1960, *FOA*, p. 169.

412　Ibid.

412　John McCarten, "Tennessee Tries a Tender Pitch," *The New Yorker*, Nov. 19, 1960.

412　Released by MGM in 1962, directed by George Roy Hill, and starring Jane Fonda and Tony Franciosa.

412　Williams to Lady St. Just, Dec. 25, 1960, *FOA*, p. 169.

412　Williams to Audrey Wood, 无日期, HRC.

412　JLI with Frank Corsaro, 2011, JLC.

413　*CS*, "The Night of the Iguana," p. 243.

413　Ibid., p. 229.

413　JLI with Frank Corsaro, 2011, JLC.

413　Ibid.

413　Williams to Frank Corsaro, May 13, 1960, Morgan.

413　*CWTW*, p. 86.

414　LOA2, p. 331.

414　Ibid., p. 397.

414　Ibid., p. 378.

414　*CWTW*, p. 104.

414　LOA2, p. 338.

414　*CS*, "Night of the Iguana," p. 230.

414　LOA2，p. 377.

414　Williams to Katharine Hepburn，Feb. 16，1961，Delaware.

414　Ibid.

414　Williams to Frank Corsaro，无日期 fragment，LLC.

415　Tennessee Williams，"Three Acts of Grace," HRC.

415　年轻的作家射精在伊迪丝身上。"她感到腹部有一阵类似翅膀扑动的感觉，然后一片烫伤般的潮湿。然后他放开了她。"后来，她躺在床上回顾这事。"睡着之前，她又想起并摸了摸那一块湿的地方，现在已经凉了，但还是宛如一个轻轻的但持续不断的吻一样粘在腹部那块儿。她用手指怯怯地抚摸它。按理说手指本该厌恶地抽回，但居然没受影响。它们好奇地抚摸着它，甚至有些可怜它，好一阵都没收回。啊，人生，她自我寻思，几乎要为自己这个想法的创意笑出声来，然后黑暗盖过她脑海的瞭望。"(CS，"Night of the Iguana," pp. 244–45.)

415　LOA2，p. 421.

415　Ibid.，p. 387.

415　Ibid.，p. 343.

415　Williams to Frank Corsaro，Mar. 13，1960，Morgan.

415　LOA2，p. 380.

415　Williams to Audrey Wood，Oct. 30，1959，HRC.

416　Williams to Frank Corsaro，Aug. 17，1960，Morgan.

416　Ibid.

416　LOA2，p. 403.

416　Williams to Lilla Van Saher，Oct. 20，1959，HRC.

416　JLI with Frank Corsaro，2011，JLC.

416　Williams to Brooks Atkinson，Sept. 2，1959，BRTC.

417　Williams to Audrey Wood，May 7，1959，HRC.

417　Anna Magnani to Williams，Nov. 23，1961，Columbia.

417　"我都想跟你一起退休了。"Williams wrote to Atkinson（June 3，1960，BRTC.）

417　Williams to Audrey Wood，无日期，HRC.

417　Williams to Frank Merlo，Jan. 2，1961，Columbia.

418　*M*, pp. 184–85.

418　Gore Vidal, *Palimpsest: A Memoir* (New York: Random House, 1995), p. 405.

418　Ibid.

418　*M*, pp. 185–86.

419　Ibid., p. 186.

419　Williams to Audrey Wood, Mar. 13, 1961, HRC.

420　Ibid.

420　威廉斯与玛丽昂·瓦卡罗 1941 年相识于基韦斯特, 并成为朋友。她妈妈让威廉斯住在她家具有 125 年历史的豪宅 "信风" 后面当年奴隶住的地方。瓦卡罗受过昂贵的教育, 先后就读于休利特私立学校和康州的罗斯玛丽女校、密歇根大学和史密斯学院。她生性活泼, 招人喜欢, 对艺术感兴趣。她与雷吉斯·瓦卡罗成婚, 瓦卡罗是标准水果和蒸汽船公司的继承人, 故她得了昵称'香蕉女王'。结婚之前, 她给百老汇主持人弗洛伦兹·齐格菲尔德及其妻子演员比利·伯克工作过, 担任他们女儿的家庭教师。威廉斯在基韦斯特的卧室床头一直放着早年瓦卡罗的照片。她喝酒厉害, 爱得痛快, 是短篇小说《两人搭伙》中科拉的原型。她一直到 1970 年去世前都是威廉斯亲密而慷慨的朋友。[See Philip C. Kolin, "Tenn and the Banana Queen: The Correspondence of Tennessee Williams and Marion Black Vaccaro," *Tennessee Williams Annual Review*, no. 8 (2006), available at www.tennesseewilliamsstudies.org/archives/2006/07kolin.htm.]

420　Williams to Robert MacGregor, Apr. 30, 1960, LLC.

420　Williams to Audrey Wood, 无日期, THNOC.

420　Ibid.

420　Ibid.

420　Williams to Audrey Wood, Apr. 1961, THNOC.

420　Williams to Robert MacGregor, Apr. 30, 1961, LLC.

420　Williams to Audrey Wood, Apr. 29, 1961, HRC.

420　Williams to Audrey Wood, May 7, 1961, HRC.

421　Williams to Frank Corsaro and Charles Bowden, May 19, 1961, Morgan.

421　LOA2, p. 346.

421　Ibid., p. 414.

421　Williams to Lady St. Just，无日期 (ca. 1961)，*FOA*，p. 175.

422　Cheryl Crawford to Williams，Aug. 6，960，Houston. 在演员工作室的工作坊之后，克劳福德告诉伍德："周日晚田看了《鬣蜥》，深受感动，都哭了。"（Cheryl Crawford to Audrey Wood，May 31，1960，HRC.）

422　Cheryl Crawford, *One Naked Individual: My Fifty Years in the Theatre*（Indianapolis：Bobbs-Merrill，1977），pp. 197 – 98.

422　Ibid., p. 199.

422　Ibid.

422　Williams to Charles Bowden，Sept. 28，1960，HRC.

422　鲍登及其制片合伙人 H. 里奇利·布洛克已经出品过《天堂宾馆》《罗马帝国艳情史》《选择季节》，以及《堕落天使》的复排版。"他真的'研究'了这出戏并竭尽全力给它最好的制作。例如，他不只是给赫本打电话，给她寄改写本请她出演，还直接飞过去见她，在还没有签约的情况下就这么干了。这更让人感动、令人难忘。"（Williams to Audrey Wood，Mar. 13，1961，HRC.）

423　JLI with Frank Corsaro，2011，JLC.

423　Williams to Charles Bowden，无日期，HRC.

423　JLI with Frank Corsaro，2011，JLC.

423　香农："然后她注意到，我也注意到了，这片无名之地上的两个老家伙，几乎赤裸着身子，只有几块儿脏兮兮的破布盖着，爬在这堆……偶尔停下来捡起点啥，然后丢进他们嘴里。"（LOA2，p. 422.）

423　JLI with Frank Corsaro，2011，JLC.

423　Williams to Frank Corsaro，July 1960，HRC.

424　Williams to Katharine Hepburn，Feb. 15，1961，Delaware.

424　Williams to Elia Kazan，无日期，Harvard.

424　Williams to Katharine Hepburn，Jan. 5，1961，Delaware.

424　LOA2，p. 371.

424　Williams to Katharine Hepburn，Jan. 5，1961，Delaware.

424　Ibid.

424　Ibid.

注 释

424　Williams to Katharine Hepburn, Feb. 16, 1961, Delaware.
425　Ibid.
425　Dan Isaac, "Love in Its Purest Terms: Williams, Hepburn and Night of the Iguana," *Village Voice*, May 14, 1996.
425　Ibid.
425　Williams to Oliver Evans, 1961, HRC.
425　James Spada, *More Than a Woman: An Intimate Biography of Bette Davis* (New York: Warner Books, 1994), p. 361.
425　Williams to Audrey Wood, Mar. 13, 1961, HRC.
425　Williams to Bette Davis, 无日期, *FOA*, p. 176.
426　JLI with Frank Corsaro, 2011, JLC.
426　Ibid.
426　Williams to Charles Bowden, Oct. 4, 1961, HRC.
426　*M*, p. 180.
426　John Maxtone-Graham, "Production Notes," Sewanee.
426　JLI with Frank Corsaro, 2011, JLC.
426　Ibid.
426　Maxtone-Graham, "Production Notes," Sewanee.
426　JLI with Frank Corsaro, 2011, JLC.
426　Ibid.
427　Maxtone-Graham, "Production Notes," Sewanee.
427　Ibid.
427　JLI with Frank Corsaro, 2011, JLC.
427　Maxtone-Graham, "Production Notes," Sewanee.
427　Ibid.
428　JLI with Frank Corsaro, 2011, JLC.
428　Barbara Leaming, *Bette Davis: A Biography* (London: Penguin Books, 1993), p. 230.
428　JLI with Frank Corsaro, 2011, JLC.
428　Spada, *More Than a Woman*, p. 482.
428　Leaming, *Bette Davis*, p. 229.

428　Maxtone-Graham, "Production Notes," Sewanee.
428　JLI with Frank Corsaro, 2011, JLC.
428　Ibid.
428　Ibid.
428　Maxtone-Graham, "Production Notes," Sewanee.
428　JLI with Frank Corsaro, 2011, JLC.
429　Maxtone-Graham, "Production Notes," Sewanee.
429　Williams to Audrey Wood, Mar. 13, 1961, HRC.
429　LLI with Charles Bowden and Paula Laurence, 1996, LLC.
429　JLI with Frank Corsaro, 2011, JLC.
429　Williams to Oliver Evans, Nov. 1961, LLC.
429　Ibid.
429　*M*, p. 180.
431　Ibid.
431　Ibid.
431　Ibid., p. 181.
431　Donald Spoto, *The Kindness of Strangers: The Life of Tennessee Williams* (Boston: Little, Brown, 1985), p. 247.
431　LLI with Charles Bowden and Paula Laurence, 1996, LLC.
431　JLI with Maureen Stapleton, 2005, JLC.
431　Mary F. Lux, "Tenn among the Lotus-Eaters: Drugs in the Life of Tennessee Williams," *Southern Quarterly* (Fall 1999), p117.
432　Williams to Robert MacGregor, Apr. 30, 1961, LLC.
432　Richard Reeves, *President Kennedy: Profile of Power* (New York: Simon & Schuster, 1993), p. 147.
432　Boyce Rensberger, "Amphetamines Used by a Physician to Lift Moods of Famous Patients," *New York Times*, Dec. 4, 1972.
432　*M*, p. 209. 除了硫利达嗪，他每日的药品大杂烩还包括烈酒、两片多睡丹和巴比妥酸盐。
432　Williams to Joseph Losey, Nov. 11, 1966, HRC.
432　*M*, p. 208.

432　JLI with Frank Corsaro, 2011, JLC.

432　Claudia Cassidy, "Even for a Man of Less Talent This Would Be a Bankrupt Play," On the Aisle, *Chicago Tribune*, Nov. 22, 1961.

433　John Maxtone-Graham, "Production Notes," Sewanee.

433　Mike Steen, *A Look at Tennessee Williams* (New York: Hawthorn Books, 1969), p. 67.

433　Maxtone-Graham, "Production Notes," Sewanee.

433　JLI with Frank Corsaro, 2011, JLC.

433　Spada, *More Than a Woman*, pp. 486–87.

433　Maxtone-Graham, "Production Notes," Sewanee.

434　Williams to Bette Davis, Jan. 1962, BDC.

434　JLI with Frank Corsaro, 2011, JLC.

434　Ibid.

435　Maxtone-Graham, "Production Notes," Sewanee.

435　JLI with Frank Corsaro, 2011, JLC.

435　Maxtone-Graham, "Production Notes," Sewanee.

435　JLI with Frank Corsaro, 2011, JLC.

435　Leaming, *Bette Davis*, p. 234.

435　Williams to Bette Davis, 无日期, BDC.

436　Williams to Bette Davis, 无日期, BDC.

436　Williams to Bette Davis, 无日期, BDC.

436　Williams to Bette Davis, 无日期, BDC.

436　Elia Kazan to Williams, Feb. 12, 1962, Columbia.

436　Brooks Atkinson, "His Bizarre Images Can't Be Denied," *New York Times*, Nov. 26, 1961.

437　泰德·卡莱姆（1961—1965）接手路易斯·克罗嫩伯格（1938—1961）。

437　Ted Kalem, "The Angel of the Odd," *Time*, Mar. 9, 1962.

437　JLI with Frank Corsaro, 2011, JLC.

437　Ibid.

437　Spada, *More Than a Woman*, p. 489.

437　Walter Kerr, "First Night Report: 'The Night of the Iguana,'" *New York

Herald Tribune, Dec. 30, 1961.

437　Williams to Bette Davis, Jan. 1962, BDC.

437　Ibid.

438　Williams to Lady St. Just, Apr. 15, 1962, *FOA*, pp. 179-80. "一片混乱。温特斯在化妆间喝了五分之一瓶杰克·丹尼尔的田纳西酸味威士忌, 整个演出期间都在喝。压根就接不上台上其他演员的话。"

438　Spada, *More Than a Woman*, p. 492.

438　*Variety*, Sept. 21, 1962.

438　JLI with Frank Corsaro, 2011, JLC.

438　Ibid.

438　LOA2, p. 379.

439　Ibid., p. 424.

439　Ibid., p. 425.

439　Ibid., p. 426.

439　Ibid., p. 423. "我确信心灵比身体更快疲劳。"(Williams to Oliver Evans, 1962, LLC.)

439　Harold Clurman, "Theatre," *Nation*, Jan. 27, 1962.

439　Howard Taubman, "'Night of the Iguana' Opens," *New York Times*, Dec. 29, 1961.

439　John Chapman, "Williams Is at His Poetic, Moving Best with 'Night of the Iguana,'" *New York Daily News*, Dec. 29, 1961.

439　Kalem, "Angel of the Odd."

439　Richard Watts Jr., "Reveries of Tennessee Williams," *New York Post*, Dec. 29, 1961.

440　LOA2, p. 427.

440　Ibid.

440　Ibid.

440　Walter Kerr, "Iguana: True Tone," *New York Herald Tribune*, Jan. 7, 1962.

440　Leaming, *Bette Davis*, p. 235.

440　LOA2, p. 427.

440　Elia Kazan to Williams，1962，Columbia.
440　*CWTW*，p. 99.
441　《与尼克尔斯和梅的一晚》在约翰·戈登剧院从 1960 年 10 月 8 日到 1961 年 7 月 1 日共上演了 306 场。演出唱片（阿瑟·佩恩导演，水星唱片公司，1960）荣获 1961 年格莱美最佳喜剧表演奖。
441　Mike Nichols to John Lahr，Aug. 23，2011，JLC.
441　Williams to Herbert Machiz，Oct. 1962，Columbia. 阿尔比的剧于 1962 年 10 月 13 日公演。
441　Ibid.
441　Williams to Joseph Losey，Mar. 5，1967，HRC.
441　*CWTW*，p. 98.
442　Ibid.
442　Williams to James Laughlin，Sept. 24，1962，JLC.
442　Ibid.
442　LOA2，p. 512.
442　Williams to Herbert Machiz，Oct. 1962，Columbia.
442　LOA2，p. 496.
442　Walter Kerr，"Williams' Reworked 'Milk Train' Is Back," *New York Herald Tribune*，Jan. 2，1964.
442　John Hancock to John Lahr，Nov. 11，2011，JLC. 朱尔斯·欧文和赫伯特·布劳离开旧金山演员工作坊去主管纽约林肯中心维维安·博蒙特剧院时，汉考克是当时美国轮演剧目剧院最年轻的导演。
443　Williams to John Hancock，无日期，1965，Harvard.
443　Henry Hewes，*Best Plays of 1964 – 1965*（New York：Dodd, Mead，1965）.
443　LOA2，p. 495.
443　Williams to Hermione Baddeley，无日期，LLC.
443　Williams to John Hancock，无日期（ca. 1965），Harvard.
443　LOA2，p. 555.
443　Ibid.，p. 512.
443　Ibid.，p. 497.
443　戈福斯太太似乎不清楚自己究竟有过多少个丈夫。有时说是四个。有时说六个。

443　Ibid., p. 512.

443　Ibid., p. 541.

444　Williams to Hermione Baddeley，无日期，LLC.

444　LOA2, p. 549.

444　Williams to Hermione Baddeley, Jan. 1963，HRC.

444　LOA2, p. 576.

444　Williams to John Hancock，无日期，Harvard.

445　*CWTW*, p. 288.

445　LOA2, p. 529.

445　Ibid., p. 543.

445　百老汇第一次上演该剧时，歌舞伎风格将舞台变成了一个梦幻的、令人迷惑的世界，增强了不同领域之间的隔离感。

445　LOA2, p. 518.

446　Ibid., p. 575.

446　Ibid., p. 576.

446　Williams to Kenneth Tynan, July 26，1955，*TWLDW*, p. 307.

446　LOA2, p. 555.

446　Ibid., p. 579.

446　Ibid., p. 563.

446　Ibid., p. 572.

447　Williams to David Lobdell, Apr. 17，1967，HRC.

447　LOA2, p. 545.

447　Ibid., p. 547.

447　Ibid.

447　Ibid., p. 554.

447　Ibid., p. 571.

447　Ibid., p. 548.

448　Ibid., p. 582.

448　Harry Medved and Michael Medved, *The Hollywood Hall of Shame: The Most Expensive Flops in Movie History* (New York: Perigee Books, 1984),

注 释

p. 107.

448　电影版《砰!》由伊丽莎白·泰勒和理查德·伯顿主演。"(1945 年以后)你不会口里说'砰'而脑海里不会闪过原子弹之类的画面,暗示其中一个人物是死亡天使。"约翰·汉考克说。(JLI with John Hancock,2012,JLC.)

448　*CWTW*,p. 288.

448　LOA2,p. 581.

448　Ibid.

449　Ibid.,p. 501.

449　Ibid.

449　Ibid.,p. 500.

449　Williams to Marion Vaccaro,June 28,1962,LLC.

449　*M*,p. 188.

449　Williams to Robert MacGregor,Aug. 1,1967,LLC.

449　LLI with Frederick Nicklaus,1983,LLC.

449　Williams to Lilla Van Saher,Aug. 1962,HRC.

449　LLI with Frederick Nicklaus,1986,LLC.

450　Robert Hines to Nancy Tischler,无日期,LLC.

000　Robert Hines to Nancy Tischler,June 2,1996,LLC.

451　Robert Hines to Nancy Tischler,无日期,LLC.

451　Ibid.

451　Ibid.

451　Robert Hines to Nancy Tischler,June 2,1996,LLC.

451　Tennessee Williams,"Intimations of Mortality," THNOC. 手写的"终了时光"字样出现在打字稿的原标题下面,原标题为《暗示死亡》(一部早期独幕剧,后来经过了改写)。

452　Williams to Andreas Brown,Feb. 23,1962,HRC.

452　Williams to Elia Kazan,Mar. 19,1962,WUCA.

452　Williams to Lady St. Just,Apr. 15,1962,*FOA*,p. 180.

452　Williams to Frederick Nicklaus,May 6,1962,LLC.

452　*M*,p. 188.

452　Ibid.

779

453　Ibid.

453　*CP*, "Tangiers: The Speechless Summer," p. 139.

453　Frederick Nicklaus, *The Man Who Bit the Sun* (New York: New Directions, 1964), p. 29.

453　Frederick Nicklaus, "Tangier 1," in ibid., pp. 29–30.

453　Williams to Andreas Brown, 1962, LLC.

454　Williams to Robert Hines, 无日期, LLC.

454　*M*, p. 187.

454　Williams to Lilla Van Saher, Aug. 16, 1962, HRC.

454　Ibid.

454　Williams to Robert MacGregor, Summer 1962, LLC.

454　Williams to Robert Hines, Sept. 1962, LLC.

454　Williams to Andreas Brown, Sept. 17, 1962, THNOC.

454　Williams to Herbert Machiz, Nov. 1962, Columbia.

454　Williams to Hermione Baddeley, 无日期, HRC.

455　Williams to Audrey Wood, 无日期, HRC.

455　Richard Gilman, "Mistuh Williams, He Dead," *Commonweal*, Feb. 8, 1963.

455　Ibid.

455　Williams to John Hancock, 无日期, Harvard.

455　Williams to Robert MacGregor, Mar. 27, 1963, LLC.

455　Ibid.

第八章：挥手求救

456　Stevie Smith, "Not Waving but Drowning," in Stevie Smith, *Selected Poems*, ed. James MacGibbon (London: Penguin Books, 1978), p. 167.

456　Williams to Elia Kazan, Sept. 9, 1963, WUCA.

456　Donald Spoto, *The Kindness of Strangers: The Life of Tennessee Williams* (Boston: Little, Brown, 1985), p. 255.

457　Williams to Lady St. Just, Apr. 15, 1962, *FOA*, p. 179. 尽管梅洛是那种一

天要抽四包烟的人，无论医生还是威廉斯都没将抽烟与他的癌症联系起来。

457　*M*，p. 189.

457　Ibid.

457　Ibid.

457　LLI with Frederick Nicklaus，1985，LLC.

457　*M*，p. 190.

457　Williams to Edwina Williams，Feb. 25，1963，LLC.

458　*CP*，"Morgenlied，" p. 143.

458　Williams to Lady St. Just，Apr. 5，1963，*FOA*，p. 182.

459　LLI with Frederick Nicklaus，1985，LLC.

459　Ibid.

459　*M*，p. 190.

459　LLI with Frederick Nicklaus，1983，LLC.

459　*M*，p. 191.

459　LLI with Frederick Nicklaus，1985，LLC.

459　Ibid.

460　LLI with Frederick Nicklaus，1983，LLC.

460　Williams to Marion Vaccaro，无日期，THNOC.

460　Williams to Marian Vaccaro，1963，THNOC.

460　Williams to Paul Bowles，June 13，1963，LLC.

460　Williams to Marion Vaccaro，无日期，THNOC. 在《陌生人的善意》中（p. 251），斯波托认为是伍德的电报将威廉斯召回基韦斯特，但无论是伍德的回忆录、档案还是威廉斯的信都没有证据支持他的说法。看起来，威廉斯完全是出于自己可敬的本能。

460　Williams to Audrey Wood，ca. July 1963，Harvard.

460　Williams to Lady St. Just，Aug. 5，1963，*FOA*，p. 184.

460　*M*，p. 191.

460　Ibid.，p. 193.

460　Ibid.

460　JLI with Alan U. Schwartz，2009，JLC.

460　*M*，p. 193.

461　Maureen Stapleton and Jane Scovell, *A Hell of a Life*（New York: Simon & Schuster, 1995), p. 86.

461　*M*, p. 193.

461　Ibid., p. 194.

462　Tennessee Williams, "The Final Day of Your Life"（未发表诗歌）, THNOC.

462　Ibid.

462　*M*, p. 193.

462　Williams, "Final Day of Your Life," THNOC. 威廉斯在他的《回忆录》中说梅洛"安静地躺在那儿"。(*M*, p. 194.)

462　*M*, p. 194.

462　*CP*, "Little Horse," p. 76.

462　*M*, p. 194.

462　LLI with Richard Leavitt, 1983, LLC.

462　Williams, "Final Day of Your Life," THNOC.

462　Ibid.

462　LLI with Frederick Nicklaus, 1983, LLC.

463　Williams to Lady St. Just, Sept. 23, 1963, *FOA*, pp. 185–87.

463　Gilbert Maxwell, *Tennessee Williams and Friends: An Informal Biography* (Cleveland: World Publishing, 1965), p. 322.

463　Ibid., pp. 322–24.

465　梅洛被安葬在新泽西州林登市罗斯戴尔罗斯希尔公墓。墓碑上的出生年份故意写错了。他的侄女约瑟芬·德佩特里解释说："他是1922年出生的。15岁那年就入伍了美国海军陆战队，在出生证上改了年龄之后（当时入伍年龄要至少16岁）……他死后，家里人继续将他的出生年份写为1921年，担心如果真相暴露，军方会找麻烦。"(Josephine DePetris to John Lahr, July 4, 2013.)

465　LLI with Elaine Steinbeck, 1985, LLC.

465　Spoto, *Kindness*, pp. 258–59.

465　Alan U. Schwartz, "Mr. Williams and His Monkey"（未发表）, 2005.

465　*M*, p. 190.

465 Schwartz, "Mr. Williams and His Monkey."
466 Williams to Marion Vaccaro, Oct. 1963, THNOC.
466 Williams to Dakin Williams and Edwina Williams, Nov. 14, 1963, LLC.
466 LLI with Frederick Nicklaus, 1983, LLC.
466 Williams to Audrey Wood, 无日期, 1963, LLC.
466 Williams to Audrey Wood, Oct. 31, 1963, LLC.
467 Ibid.
467 Williams to Audrey Wood, July 18, 1963, LLC.
467 David Merrick to Williams, May 3, 1963, LLC.
467 John Heilpern, *John Osborne: A Patriot for Us* (New York: Vintage, 2007), p. 203.
467 Williams to Audrey Wood, 无日期, LLC.
467 Brendan Gill, *Tallulah* (New York: Holt McDougal, 1972), pp. 83–84.
467 Tennessee Williams, "T. Williams's View of T. Bankhead," *New York Times*, Dec. 29, 1963.
467 Gill, *Tallulah*, p. 84.
468 Williams, "T. Williams's View of T. Bankhead."
468 Gill, *Tallulah*, p. 84.
468 Tony Richardson, *The Long-Distance Runner: A Memoir* (London: Faber & Faber, 1993), p. 145.
468 Ibid., p. 146.
468 Williams to Audrey Wood, 无日期, LLC.
469 成功创造了"他的男孩们"的同性恋经济人: Rock Hudson, Rory Calhoun, Guy Madison, and Tab Hunter.
469 Williams to Audrey Wood, Oct. 31, 1963, LLC.
469 Ibid.
470 Tab Hunter with Eddie Muller, *Tab Hunter Confidential: The Making of a Movie Star* (Chapel Hill, N. C.: Algonquin Books, 2006), p. 254.
470 Ibid., p. 247.
470 Richardson, *Long-Distance Runner*, p. 147.
470 Ibid.

470　Ibid., p. 149.

470　Ibid., p. 147.

470　Ibid.

471　Ibid.

471　Hunter, *Tab Hunter Confidential*, p. 251.

471　Richardson, *Long-Distance Runner*, p. 148.

471　Ibid.

471　Williams to Herbert Machiz, 无日期, Columbia.

471　Richardson, *Long-Distance Runner*, p. 148.

471　*M*, p. 199.

472　Ibid. 威廉斯补充道："这在他说话的时候是对的，但并非总是如此。"

472　Ibid., p. 200.

472　Williams to Herbert Machiz, 无日期, 1964, LLC.

472　Hunter, *Tab Hunter Con!dential*, p. 253.

472　"Tallulah and Tennessee," *Newsweek*, Jan. 13, 1964.

472　John McCarten, "Durable Dame," *The New Yorker*, Jan. 11, 1964.

472　Walter Kerr, "Williams' Play Revamp 'Worse Than Original,'" *New York Herald Tribune*, Jan. 2, 1964.

472　班克黑德没演成电影版《砰!》的女一号——她觉得自己就是这一角色的原型——之后就没和威廉斯讲过话了。她死前不久的1968年，《砰!》在迈阿密演出时，她碰巧在那里。她雇了一辆车一路开到威廉斯在基韦斯特的家，穿着貂皮大衣走到他家前门。"我喊她：'塔鲁，亲爱的! 快进来!'"威廉斯告诉多森·雷德——他在《田纳西：心的呐喊》一书中记录了他们的对话，"她没动。她站在那里盯着我，就像一只猫鼬盯着一条蛇。然后，她说……'威廉斯先生，我来告诉你，我看了他们用你那个糟糕的剧本改编的糟透的电影!'那是我最后一次见到她。"[Dotson Rader, *Tennessee: Cry of the Heart* (Garden City, N. Y.: Doubleday, 1985), p. 172.]

472　Williams to Dakin Williams, Feb. 29, 1964, LLC.

472　*M*, p. 212.

472　Ibid., p. 203.

472　Williams to Audrey Wood, Mar. 4, 1944, *L1*, p. 516.

473　Williams to Sidney Lanier, Jan. 21, 1964, THNOC.

473　Williams to Frederick Nicklaus, Apr. 15, 1964, Columbia.

473　Marion Vaccaro to Charles Bowden, May 1964, LLC.

473　Ibid.

473　Charles Bowden to Marion Vaccaro, June 18, 1964, LLC.

474　Marion Vaccaro to Henry Field, Sept. 9, 1964, LLC.

474　Williams to Paul Bowles, Sept. 1964, LLC.

474　Ibid.

474　Williams to Paul Bowles, Sept. 18, 1964, LLC.

474　Paula Laurence to Marion Vaccaro, Sept. 17, 1964, LLC.

475　Williams to Lady St. Just, Jan. 20, 1965, *FOA*, p. 190.

475　"你看，我没有观众。曾经有过，但我在60年代失去了。" Williams, *Topeka Daily Capital*, Sept. 10, 1971.

475　Williams to Mary Hunter, Apr. 1943, *L1*, p. 439.

475　LOA1, p. 400.

476　Harold Clurman, "The New Drama," *Nation*, Jan. 16, 1967.

476　Arthur Miller, *Timebends: A Life* (London: Methuen, 1999), p. 542.

476　Ibid.

476　Stefan Kanfer, "White Dwarf's Tragic Fade-Out," *Life*, June 13, 1969.

476　JLI with Tony Kushner, 2011, JLC.

477　Geoffrey Wansell, *Terence Rattigan: A Biography* (London: Oberon Books, 2009), p. 365.

477　Robert Brustein, "A Question of Identity," *New Republic*, Mar. 16, 1966.

477　*CWTW*, p. 218.

477　Ibid., p. 120.

478　Ibid., p. 157.

478　Tennessee Williams, *The Gnadiges Fraulein* (New York: Dramatists Play Service, 1967), p. 6.

478　Ibid., p. 10.

478　Ibid., p. 4.

479　Ibid., p. 20.

479　Williams called the play "a gothic comedy."

479　Williams, *Gnadiges Fraulein*, p. 4.

479　"通常是我们才走进一家餐馆，田还没喝完一杯酒，就会倒下，"玛伦·斯塔普莱顿回忆说，"过不了多久，他总会倒下。"(Spoto, *Kindness*, p. 264.)

479　*CWTW*, p. 98.

479　Alleane Hale, "The Gnadiges Fraulein: Tennessee Williams's Clown Show," in Philip C. Kolin, ed., *The Undiscovered Country: The Later Plays of Tennessee Williams* (New York: Peter Lang, 2002), p. 43.

479　Williams, *Gnadiges Fraulein*, p. 13.

479　Ibid., p. 12.

479　Ibid., p. 18.

480　Ibid., p. 19.

480　Ibid., p. 20.

480　Ibid., p. 35.

480　Ibid., p. 5.

480　Spoto, *Kindness*, p. 265.

480　Zoe Caldwell, *I Will Be Cleopatra: An Actress's Journey* (New York: W. W. Norton, 2001), p. 190.

480　Hale, "Gnadiges Fraulein," p. 42.

480　Mike Steen, *A Look at Tennessee Williams* (New York: Hawthorn Books, 1969), p. 70.

480　Ibid.

481　Caldwell, *I Will Be Cleopatra*, p. 190. 考德威尔还写道："三年后，那是1969 年了，我去了基韦斯特，看到海边那些被墨西哥湾的风吹得有点斜了的不大的灰色木板房，阳台上有两张饱经风霜的摇椅。码头上塘鹅们在抢鱼吃。嬉皮士们乔装成印第安人，水手们还是臀部绷得紧紧的。酒吧里好几位被挑剩的小姐，她们染了发，涂了口红，眼袋都上了亮色，穿着属于上一个时代或者别人的鞋——因为热，她们脸上涂的粉在脸上结了块。可悲的小丑。我意识到，像所有伟大的艺术家一样，田纳西不撒谎。……艺术家们让我们停下来观察。"

482　Steen, *Look*, p. 120.

482　*M*, p. 212.

482　Stanley Kauffmann, "Tennessee Williams Returns," *New York Times*, Feb. 23, 1966.

482　Walter Kerr, "Kerr Reviews Two by Tennessee Williams," *New York Herald Tribune*, Feb. 23, 1966.

482　*CWTW*, p. 235.

482　Harold Clurman, "Slapstick Tragedy," *Nation*, Mar. 14, 1966.

482　"毫无意义、自夸自大的噩梦"(《新闻周刊》);"一场枯燥的考验"(《好莱坞记者》);"装腔作势……一派荒唐。怎么会拍《砰!》这样的电影?"(《洛杉矶先驱观察报》)。Quoted in Harry Medved and Michael Medved, *The Hollywood Hall of Shame: The Most Expensive Flops in Movie History* (New York: Perigee Books, 1984), p. 109.

482　*RBAW*, p. 192.

482　*M*, p. 211.

483　*CWTW*, p. 235.

483　*M*, p. 210.

483　"认识一位像卡森这样精神纯洁而伟大的人是我此生得到的最大的恩典之一。"(Williams to Virginia Spencer Carr, Aug. 18, 1970, Delaware.)

483　JLI with John Hancock, 2012, JLC.

483　Ibid.

483　Murray Schumach, "Tennessee Williams Expresses Fear for Life in Note to Brother," *New York Times*, June 29, 1968.

483　Ibid.

483　Edwina Williams to Marion Vaccaro, Dec. 10, 1968, LLC.

483　Williams to David Lobdell, Aug. 22, 1965, LLC.

483　*Courier-Journal and Louisville Times*, June 6, 1971.

483　Tennessee Williams, *The Two-Character Play* (New York: New Directions, 1979), p. 2.《二人剧》的所有引用均出自这一版。

483　Ibid., p. 1.

483　Ibid., p. 14.

483　Tom Buckley, "Tennessee Williams Survives," *Atlantic Monthly*, Nov.

1970, p. 164.
483　Williams, *Two-Character Play*, p. 59.
483　Ibid.
483　Ibid., p. 63.
485　Williams to Oliver Evans, 无日期, Harvard.
485　Williams to James Laughlin, Mar. 10, 1968, LLC.
485　Williams to David Lobdell, Jan. 1968, LLC.
485　Williams to Robert MacGregor, Apr. 1968, LLC.
485　Audrey Wood to Lady St. Just, July 16, 1968, *FOA*, p. 196.
485　Williams to James Laughlin and Robert MacGregor, July 5, 1968, LLC.
485　Williams to Herbert Machiz, 无日期, THNOC.
486　Tennessee Williams, "The Negative"（未发表诗歌）, 无日期, Harvard.
486　Tennessee Williams, *In the Bar of a Tokyo Hotel* (New York: Dramatists Play Service, 1969), p. 23.
487　Ibid., p. 10.
487　Ibid., p. 30.
487　Ibid., p. 22.
487　Ibid., p. 28.
487　Ibid., p. 32.
487　沃尔特·克尔的评论提出,威廉斯"盲目崇拜不完整的句子"。（Walter Kerr, "The Facts Don't Add Up to Faces," *New York Times*, May 25, 1969.）"我不完整的句子是故意的,"威廉斯给克尔回信,"我认为它们给对话,甚至是独白,一种紧迫感。"（Williams to Walter Kerr, May 30, 1969, Wisconsin.）
487　Williams, *In the Bar of a Tokyo Hotel*, p. 24.
487　Ibid., p. 14.
488　*CWTW*, p. 136.
488　Williams to Herbert Machiz, Apr. 29, 1969, THNOC.
488　Williams, *In the Bar of a Tokyo Hotel*, p. 12.
488　Ibid., p. 15.
488　Ibid.

488　Ibid., p. 16.

488　Ibid., p. 23.

488　Ibid., p. 36.

488　Ibid., p. 38.

489　这封信的一部分后来被 1969 年 5 月 14 日《纽约时报》的一个广告引用。

489　Williams to Herbert Machiz, May 14, 1969, LLC.

489　Williams, *In the Bar of a Tokyo Hotel*, p. 23.

490　Ibid., p. 30.

490　Ibid., p. 38.

490　Ibid.

490　Ibid., p. 39.

490　Ibid., p. 40.

490　Ibid.

490　Ibid.

491　*TWIB*, p. 285.

491　Ted Kalem, "The Angel of the Odd," *Time*, Mar. 9, 1962.

491　*Miami Herald*, Jan. 11, 1969.

491　Williams to Robert MacGregor, Mar. 9, 1969, LLC. 皈依后，威廉斯告诉朋友，晚上在基韦斯特家中熄灭阅读灯后，"我会觉得圣母就坐在我的床边。一想到那不过是服用过两片多睡丹和一片 100 毫克硫利达嗪（精神病药）后产生的效果就难免心生悲哀。但！我是一个修女，我神圣的心被亵渎了，但我仍然是我"。（Williams to Andrew Lyndon, Nov. 4, 1969, Harvard.）

491　*Miami Herald*, Jan. 11, 1969.

491　Williams to Ruth Guttman, Nov. 7, 1969, Harvard. "我当初皈依罗马天主教是完全真诚的，现在也还是如此。"

491　"Salty Author Williams Takes Catholic Vows," *Miami Herald*, Jan. 11, 1969. 根据一封迈阿密大主教区给负责管理全基督教和各宗教之间事务的主教委员会行政长官的信来看，威廉斯的洗礼是一个错误。"威廉斯先生之前是圣公会教徒，受过洗礼。不过，他坚持要基韦斯特的雷诺伊神父给他洗礼，说是他想要'被天主教信仰接受的全部精神福利'。雷诺伊神父的确给他附带条件地洗礼了，现在承认并后悔自己的错误。雷诺伊神父刚到基韦斯特和迈阿密大主教区，也许没有查看相关规定。"(Rev. James D. Enright to Rev. Bernard F. Law, Feb. 6, 1969, LLC.)

491　*TWIB*, p. 285.
491　*Miami Herald*, Jan. 18, 1969.
491　Williams to Herbert Machiz, Apr. 2, 1969, THNOC.
492　Williams to James Laughlin, May 4, 1969, LLC.
492　Harold Clurman, "Theatre," *Nation*, June 2, 1969.
492　Jack Kroll, "Life Is a Bitch," *Newsweek*, May 26, 1969.
492　Clive Barnes, "Williams Play Explores Decay of an Artist," *New York Times*, May 12, 1969.
492　"New Plays," *Time*, May 23, 1969.
492　Stefan Kanfer, "White Dwarf's Tragic Fade-Out," *Life*, June 13, 1969.
492　*M*, p. 213.
492　*RBAW*, p. 197.
492　*New York Times*, June 10, 1969.
492　*M*, p. 216.
493　Yukio Mishima to Robert MacGregor, July 3, 1969, HRC.
494　Williams to Oliver Evans, 无日期, 1971, LLC.
494　*M*, p. 210.
494　Ibid., p. 208.
494　LLI with William Gray, 1986, LLC.
494　LLI with Robert Hines and Jack Fricks, 1986, LLC.
494　Ibid.
494　LLI with Dakin Williams, 1985, LLC.
494　*M*, p. 210.
495　LLI with Charles Bowden, 1996, LLC.
495　*M*, p. 210.
495　Ibid., p. 208.
495　Ibid., p. 210.
495　LLI with Dakin Williams, 1988, LLC.
495　*M*, p. 211.

495　Ibid.

495　Ibid.

495　Williams to William Glavin, ca. Mar. 20, 1971, LLC.

495　Ibid. "让格拉文搞定'死亡之舞'还真需要一种高水平的绝望中的幻觉。要指望他读了剧本并喜欢它是不可能的。实际上,就连他在场都让人感觉诡异。我从未听到威廉斯和他谈起什么智力方面的问题。谈工具箱,没问题;谈斯特林堡,没门。"(John Hancock to John Lahr, May 17, 2012, JLC.)

496　*CP*,"Old Men Go Mad at Night,"p. 85.

497　*TWIB*, p. 290.

497　Spoto, *Kindness*, p. 283.

497　Williams to Andrew Lyndon, Nov. 4, 1969, Harvard.

497　"Salty Author Williams Takes Catholic Vows," *Miami Herald*, Jan. 11, 1969.

499　*CWTW*, p. 173.

499　Spoto, *Kindness*, p. 283.

499　LLI with Dakin Williams, 1985, LLC.

499　*M*, p. 219.

499　Ibid.

500　LLI with Dakin Williams, 1985, LLC.

500　*M*, p. 220.

500　LLI with Dakin Williams, 1985, LLC.

500　戴金的竞选海报(in Tennessee Williams Papers at Harvard)上写着:"戴金·威廉斯竞选美国参议院/携手和平与爱(支持美国持枪者协会、支持禁止堕胎就选戴金)。"

500　*TWIB*, p. 293.

500　Williams to Andrew Lyndon, Nov. 10, 1969, Harvard.

501　LOA1, p. 417.

501　LLI with Dakin Williams, 1985, LLC. 威廉斯不同意这一说法。

501　Williams to William Glavin, 无日期, LLC.

501　Williams to Audrey Wood, Nov. 4, 1969, LLC.

501　Williams to William Glavin, 无日期, LLC.

501　LLI with Dakin Williams, 1985, LLC.

501　Williams to William Glavin, 无日期, LLC.

501　Williams to Andreas Brown, Nov. 4, 1969, HRC.

501　*CWTW*, p. 175.

501　Williams to Robert MacGregor, Aug. 19, 1970, Harvard.

502　Williams to Audrey Wood, Nov. 4, 1969, LLC.

502　Williams to Paul Bowles, Dec. 23, 1969, Delaware.

502　Williams to Andrew Lyndon, Dec. 7, 1967, LLC.

502　Williams to Andrew Lyndon, Nov. 1969, Harvard.

502　Williams to Robert MacGregor, Aug. 19, 1970, LLC.

502　Williams to Dakin Williams, Nov. 11, 1970, LLC.

503　*M*, p. 220.

503　Williams to James Laughlin and Robert MacGregor, Nov. 10, 1969, Harvard.

503　*CP*, "What's Next on the Agenda, Mr. Williams?," p. 152.

504　LLI with Dakin Williams, 1985, LLC.

505　Williams to William Glavin, 无日期, LLC.

506　Williams to Audrey Wood, Oct. 29, 1969, HRC.

506　Ibid.

506　Williams to David Lobdell, Nov. 12, 1969, LLC.

507　Williams to Andrew Lyndon, Nov. 1969, Harvard.

507　Ibid.

507　Williams to Andrew Lyndon, Nov. 10, 1969, Harvard.

507　Williams to Paul Bowles, Dec. 11, 1969, LLC.

507　Williams to Audrey Wood, Feb. 1970, LLC.

507　Ibid.

508　Williams to Dakin Williams, Feb. 4, 1970, LLC.

508　Williams to Jo Mielziner, Mar. 20, 1971, Harvard.

508　Ibid. 威廉斯对于"迷人的爱尔兰人"——他开始在信中这样称呼格拉文——的幻灭在1970年2月恶化：当威廉斯在酒吧无缘无故被人推去撞墙，右边头部严重受伤时，格拉文没有出面帮他。"酒吧里一个看上去很邪恶的男人开始盯着我。他站起来说,'你出来一下?'我说'为什么不呢',一边跟着他出去,"威廉斯向伍德解释,"格拉文留在酒吧里没出来,一直坐到两个陌生人把那个男的拖开。然后他们把我送回家。"威廉斯补充说:"他不仅是一流的骗子,还是非常危险的骗子,和'异教徒中国佬'一样聪明的骗子。"(Williams to Audrey Wood, Feb. 1970, HRC.)

508 JLI with Dotson Rader, 2013, JLC.
508 Williams to Audrey Wood, Nov. 4, 1969, LLC.
508 Audrey Wood to Williams, Nov. 9, 1969, HRC.
508 Ibid.

第九章:漫长的告别

509 LOA1, p. 809.
509 George Keathley,未出版 Ms., JLC.
509 Ibid.
509 Williams to Cheryl Crawford and Paul Bigelow, May 29, 1971, Columbia.
509 Williams to Oliver Evans, May 21, 1971, LLC.
510 Williams to Lady St. Just, Dec. 2, 1970, *FOA*, p. 221.
510 Keathley,未出版 Ms., JLC.
511 Ibid.
511 Audrey Wood to Williams, Nov. 11, 1970, LLC.
511 Keathley,未出版 Ms., JLC.
511 *FOA*, p. 231.
511 *NSE*, p. 132.
511 Keathley,未出版手稿, JLC.
512 *NSE*, p. 131.
512 Ibid.
512 Keathley,未出版手稿, JLC.
512 *M*, p. 228.
512 Ibid.
512 几周后,威廉斯向圣贾斯特坦承了一切,他还讲述了另一次爆发,他称之为

"我通常只向'寡妇'（伍德）展现的毁灭性暴怒。"（Williams to Lady St. Just, July 23, 1971, *FOA*, p. 232.）

512　Keathley, 未出版 Ms., JLC.

512　Ibid.

512　*RBAW*, p. 200.

512　Ibid.

512　Ibid.

512　Ibid.

513　Ibid., pp. 200–201.

513　JLI with Alan U. Schwartz, 2009, JLC.

513　Audrey Wood to Maria St. Just, Aug. 6, 1963, Columbia. 伍德对外宣称她还是威廉斯的经纪人，并迅速处理外界关于他们已分道扬镳的传闻。她写信告诉《纽约每日新闻》专栏作家查尔斯·麦克哈利——此君在报上说她与威廉斯的关系可能"结束了"："我不知道你从哪里听说的这个不实消息，我很高兴告诉你，威廉斯先生和我从 1937 年以来合作至今，我们的合作关系经过 11 个完整剧本的考验。请你哪天登一个更正声明。"（Audrey Wood to Charles McHarry, Mar. 19, 1962, HRC.）

513　Williams to Audrey Wood, Mar. 28, 1963, HRC.

514　James Laughlin to Audrey Wood, Aug. 21, 1971, HRC.

514　James Laughlin to Audrey Wood, Oct. 1, 1971, HRC.

514　Dotson Rader, *Tennessee: Cry of the Heart* (Garden City, N. Y.: Doubleday, 1985), p. 42. 雷德在信中补充道："1973 年在百老汇执导《呐喊》的彼得·格伦维尔告诉我，奥德丽被解雇是玛丽亚在背后运作。ICM 戏剧部负责人米尔顿·戈德曼也同意这一看法。"（Dotson Rader to John Lahr, Oct. 1, 1971, JLC.）

514　Williams to Ardis Blackburn and Oliver Evans, July 26, 1971, LLC.

514　Williams to Audrey Wood, Mar. 1970, HRC.

514　Williams to Lady St. Just, Mar. 16, 1970, *FOA*, p. 199.

515　*FOA*, p. 198.

515　"你没有收到我的信，主要是因为每次你给我写信都说你要换收信地址，可等你告诉我你的下一站时，你又没说什么宾馆，或任何联系方式。所以，请理解你没收到我的信不是因为我失职。"伍德给威廉斯写信说。(Audrey Wood to Williams, Nov. 11, 1970, HRC.)

515 Williams to Audrey Wood, July 1970, LLC.
515 *CWTW*, p. 190.
515 Williams to Lady St. Just, May 31, 1971, *FOA*, p. 227.
515 JLI with Dotson Rader, 2013, JLC.
515 Williams to Audrey Wood, Sept. 25, 1970, LLC.
515 Williams to Lady St. Just, Nov. 9, 1970, *FOA*, p. 218.
515 Williams to Audrey Wood, May 26, 1970, HRC.
515 John Lahr, "The Lady and Tennessee," *The New Yorker*, Dec. 19, 1994, p. 85.
515 Lady St. Just to Williams, Aug. 1, 1970, *FOA*, p. 206.
515 *FOA*, p. 7.
516 Williams to Audrey Wood, July 7, 1970, LLC.
516 Williams to Lady St. Just, Aug. 14, 1970, *FOA*, p. 206.
516 Williams to Frank Roberts, Aug. 25, 1970, Columbia.
516 Williams to Audrey Wood, Sept. 25, 1970, LLC.
516 Williams to Lady St. Just, Sept. 29, 1970, *FOA*, p. 209.
516 *FOA*, p. 211.
516 Williams to Lady St. Just, Sept. 24, 1970, ibid., p. 208.
517 Williams to Lady St. Just, Jan. 15, 1971, ibid., p. 222.
517 Williams to Audrey Wood, July 7, 1970, HRC.
517 Williams to Audrey Wood, Nov. 11, 1970, HRC.
517 Williams to Alan U. Schwartz, Jan. 27, 1971, LLC.
517 Ibid.
517 Williams to Audrey Wood, Oct. 2, 1970, LLC.
517 Williams to Audrey Wood, Oct. 2, 1970, HRC.
518 Rader, *Tennessee*, p. 74.
518 Williams to Audrey Wood, 无日期 (ca. July 1971), HRC.
519 JLI with Dotson Rader, 2012, JLC. "我和奥德丽·伍德在芝加哥闹翻了, 分道扬镳了,"威廉斯写信给母亲,"事情由来已久, 至少过去十年来她没给我任何帮助。现在我有了一位更加关心我职业事务的经纪人，人也更可爱。"（Williams to Edwina Williams, Nov. 5, 1971, LLC.）

519 *RBAW*, p. 202.

519 JLI with Arthur Kopit, 2012, JLC.

519 Ibid.

519 David Lobdell to Patricia Lobdell Hepplewhite, Dec. 6, 1970, LLC.

520 *NSE*, p. 131.

520 "我对成功的需求现在不同了。更像是需要被人接受而不是成功本身。我不再认为自己写的任何东西是什么杰作。你不过是碰巧勉强过关，或过不了关。" Craig Zadan, "Tennessee Williams: The Revitalization of a Great Dramatist," *Show*, May 1972.

520 Williams to Floria Lasky, Sept. 5, 1971, LLC.

520 Williams to unknown, Oct. 1972, THNOC.

520 Williams to Bill Barnes, Apr. 14, 1971, THNOC.

520 Charles Bowden to Lady St. Just, May 21, 1972, HRC.

520 Williams to Bill Barnes, Apr. 14, 1971, THNOC.

520 Williams to Floria Lasky, Sept. 5, 1971, LLC.

520 Ibid.

521 Williams to William Hunt, Dec. 24, 1971, LLC.

521 Williams to James Laughlin, ca. July 1972, LLC.

521 Williams to William Hunt, Dec. 24, 1971, LLC.

521 Mel Gussow, "Williams Looking to Play's Opening," *New York Times*, Mar. 31, 1972.

521 Harold Clurman, "Small Craft Warnings," *Nation*, Apr. 24, 1972.

521 *CWTW*, p. 146.

521 Ibid., p. 132.

521 John Weisman, "Sweet Bird of Youth at 60," *Detroit Free Press*, Feb. 20, 1972.

522 Williams to William Hunt, Dec. 24, 1971, LLC.

522 Williams to Dotson Rader, Aug. 2, 1971, Columbia.

522 Ibid.

522 Williams to Dotson Rader, Dec. 21, 1972, Columbia.

523 Rader, *Tennessee*, p. 23.

523 Williams to Dotson Rader, Aug. 2, 1971, Columbia.

523 JLI with Dotson Rader, 2012, JLC.

523 Ibid.

523 Rader, *Tennessee*, p. 9.

523 Williams to Dotson Rader, 无日期, Columbia.

524 Rader, *Tennessee*, p. 85.

524 JLI with Dotson Rader, 2012, JLC.

524 *NSE*, p. 165.

525 Williams to Dotson Rader, 无日期, Columbia.

525 Williams to Dotson Rader, Aug. 12, 1972, Columbia.

525 JLI with Dotson Rader, 2012, JLC.

525 Williams to Dotson Rader, 无日期, Columbia.

526 Dotson Rader to John Lahr, June 29, 1971, JLC.

526 Williams to Dotson Rader, 无日期, Columbia.

526 Tennessee Williams, "We Are Dissenters Now," *Harper's Bazaar*, Jan. 1972.

527 Dotson Rader to Williams, 无日期, Columbia.

527 Williams to William Hunt, Nov. 23, 1971, LLC.

527 Dotson Rader, *Blood Dues* (New York: Alfred A. Knopf, 1973), p. 97.

527 "声明将提交给克诺夫出版社"（关于雷德的《血债》），Oct. 1, 1972, LLC。

527 Williams to Dotson Rader, Dec. 21, 1972, Columbia.

528 Ibid. 威廉斯这篇文章是为回应雷德"The Day the Movement Died," *Esquire*, Dec. 1972.

528 Williams, "Last Will and Testament," June 21, 1972, LLC.

528 Williams to Dotson Rader, July 16, 1972, Columbia.

528 Ibid.

528 LOA2, p. 727.

528 William Glover, "Interview with Tennessee Williams: Playwright Subdues

His Demons," Associated Press, June 16, 1972.
528　LOA2, p. 744.
529　Williams to Bill Barnes, Jan. 1, 1972, LLC. 排练期间，威廉斯在广场酒店的酒吧碰到了戈尔·维达尔。"他向我保证，由于各种'糟糕的个人宣传'，我的戏再也不可能收获好评，"威廉斯写信告诉奥利弗·埃文斯，并补充道，"戈尔对其他作家的不公正态度已经病态了。我受够了。"（Williams to Oliver Evans, Mar. 23, 1972, LLC.）
529　Tennessee Williams, *Moise and the World of Reason*（London: Brilliance Books, 1984）, p. 42.
530　Williams to Bill Barnes, Jan. 9, 1972, THNOC.
530　Mel Gussow, "Williams Looking to Play's Opening," *New York Times*, Mar. 31, 1972.
530　Williams to Lady St. Just, Apr. 14, 1972, *FOA*, p. 256.
530　Zadan, "Tennessee Williams."
530　Clive Barnes, "Williams Accepting Life As Is," *New York Times*, Apr. 3, 1972.
530　Ted Kalem, "Clinging to a Spar," *Time*, Apr. 17, 1972.
530　Williams to Ted Kalem, Apr. 27, 1972, HRC.
530　Williams to Lady St. Just, June 9, 1972, *FOA*, p. 263.
530　Ibid.
530　JLI with Peg Murray, 2012, JLC. 默里还出演了《摇摇欲坠的房子》和《一个失恋者的快乐星期天》。
531　Ibid.
531　Ibid.
531　Williams to Lady St. Just, Sept. 18, 1972, *FOA*, p. 272.
531　Ibid.
532　Williams to Oliver Evans, Sept. 20, 1972, Harvard.
532　JLI with Peg Murray, 2012, JLC.
532　Williams to Oliver Evans, Sept. 20, 1972, Harvard.
532　"An Open Letter to Tennessee Williams," by Mike Silverstein, as quoted in Kaila Jay and Allen Young, eds., *Out of the Closet: Voices of Gay Liberation*

(New York: New York University Press, 1992), p. 69.

532 Lee Barton, "Why Do Homosexual Playwrights Hide Their Homosexuality?," *New York Times*, Jan. 23, 1972.

533 Arthur Bell, "Tennessee Williams: 'I've Never Faked It,'" *Village Voice*, Feb. 24, 1972.

533 Andrew Dvosin, "Outcast as Success," *Gay Sunshine*, Summer/Fall 1976.

533 Tennessee Williams, "A Reply to a Review," *Gay Sunshine*, Winter 1977.

533 Ibid.

533 Ibid.

534 David Lobdell to Patricia Lobdell Hepplewhite, Dec. 6, 1970, LLC.

534 Ibid.

534 Rader, *Tennessee*, p. 194.

534 基韦斯特警察局1979年1月28日的记事簿记录了威廉斯说的话:"他们只不过是一群朋克。事情发生太快了。没有伤人。我的一个镜片掉了。"后来被问到为何这次攻击没让他心烦,他说:"宝贝,因为我不让。"(See *N*, p. 742.)

534 Williams, *Moise*, p. 139.

534 Williams to Bill Barnes, Jan. 1, 1972, THNOC.

534 William A. Raidy, *St. Louis Globe-Democrat*, Apr. 15, 1972.

534 *CWTW*, p. 219.

535 Truman Capote, *Answered Prayers* (London: Penguin Books, 1988), p. 59.

535 *N*, "Mes Cahiers Noirs," Spring 1979, p. 737.

535 Ibid. 1978年,在凯特·莫道尔的建议下,威廉斯做了整容手术。

535 *M*, p. xviii.

535 *CWTW*, p. 220.

535 Williams to Oliver Evans, Oct. 18, 1972, Harvard.

535 Williams to Edmund Perret, Sept. 20, 1972, THNOC. 出身于新奥尔良一个贵族家庭的佩雷特本科毕业于圣约翰费舍尔学院,杜肯大学的硕士,布朗大学和天主教大学的博士。他后来成为眼科医师隐形眼镜协会的执行总监。他和威廉斯相识于1972年,当时他还是一名学生,两人成为好友。"我一直觉得如果我们俩出生在同一年,或者只有几岁的差距,我们之间会发生全世界最伟大的同性爱情故事。他也知道这一点。这就是为什么他说,'宝贝,我们没赶上船',佩雷特在1983年访谈时告诉莱尔·莱弗里奇,"他是我的精神恋人。没有性。"

535　JLI with Dotson Rader, 2012, JLC.

535　Williams to Oliver Evans, Oct. 18, 1972, Harvard.

536　Williams to Bill Barnes, May 31, 1973, THNOC.

537　JLI with Dotson Rader, 2012, JLC.

537　Ibid.

537　Williams to Lady St. Just, Dec. 4, 1972, *FOA*, p. 279.

537　*FOA*, p. 292.

537　Williams to Robert Carroll, Dec. 29, 1978, HRC.

537　Williams to Robert Carroll, Jan. 13, 1977, HRC.

537　Williams to Edmund Perret, Oct. 1972, LLC.

537　"麦卡勒斯之后我认识的最好的朋友。"他说。(Williams to Oliver Evans, Oct. 5, 1972, Harvard.)

537　*CP*, "Little Horse," pp. 75 – 76.

538　"Hound Dog" written by Doc Pomus/Mort Shuman. 由猫王录制的名曲。

538　Tennessee Williams, "Robert"(未发表), 无日期, Harvard.

538　Williams to Edmund Perret, Oct. 31, 1972, LLC.

538　Williams to Harry Rasky, Oct. 20, 1972, Harvard.

538　*Tennessee Williams's South*, DVD, written and directed by Harry Rasky (Canadian Broadcasting Corporation, 1972).

538　Williams to Harry Rasky, Oct. 20, 1972, Harvard.

539　June 1972, *FOA*, p. 264. 然而,当威廉斯将剧作转让给圣贾斯特的时候,她保留了版权。

539　Williams to Lady St. Just, Oct. 1973, *FOA*, p. 303.

539　Williams to Lady St. Just, May 8, 1973, ibid., p. 291.

539　Williams to Lady St. Just, May 26, 1973, ibid., p. 292.

539　Williams to Bill Barnes, May 31, 1973, LLC.

539　*N*, p. 738.

540　Williams to Andrew Lyndon, Dec. 18, 1976, Harvard. 两人彼此厌恶。雷德

说:"罗伯特当面叫她贱人。"(JLI with Dotson Rader, 2013, JLC.)

540 Williams to Lady St. Just, Dec. 4, 1972, *FOA*, p. 279.

540 Williams to Lady St. Just, Apr. 18, 1973, ibid., p. 289.

540 Williams to Lady St. Just, May 31, 1973, ibid., p. 294.

540 Williams to Bill Barnes, June 13, 1973, THNOC.

540 Williams to Oliver Evans, June 22, 1973, Harvard.

540 Williams to Lady St. Just, Feb. 5, 1974, *FOA*, p. 309.

541 Williams to Andrew Lyndon, Dec. 18, 1976, Harvard.

541 JLI with Dotson Rader, 2012, JLC.

541 Williams to Robert Carroll, Jan. 13, 1977, HRC.

541 Williams to Bruce Cook, Feb. 23, 1978, Harvard.

542 Pancho Rodriguez to Andreas Brown, Nov. 2, 1978, THNOC.

542 Williams to Robert Carroll, 无日期, HRC.

542 JLI with Dotson Rader, 2012, JLC.

544 Ibid.

544 Williams to Robert Carroll, Feb. 2, 1980, HRC.

544 Williams to Robert Carroll, July 14, 1980, HRC.

544 Williams to Bill Barnes, July 15, 1973, THNOC.

545 Williams to Bill Barnes, Apr. 10, 1973, JLC.

545 Michael Korda, "That's It, Baby," *The New Yorker*, Mar. 22, 1999. 在同一篇文章中,科尔达说:"我认为田纳西尝试写小说是很勇敢的,特别是小说还讴歌作品中人物性能力、艺术能力的衰退。"

545 Allean Hale, "Afterword," in Tennessee Williams, *Memoirs*(New York: New Directions, 2006), p. 253.

545 Williams to Lady St. Just, July 30, 1972, *FOA*, p. 270. 圣贾斯特被书中直言不讳的性描写所冒犯,直接把书给丢了。

545 Williams to Kate Medina, July 16, 1972, HRC.

545 Williams to Kate Medina, Feb. 1973, HRC.

546 Williams to Thomas Congdon, Apr. 4, 1973, HRC.

546 *San Francisco Chronicle*, Mar. 25, 1976.

546 威廉斯写道:"唐纳德·温德姆提议把故事(《你碰了我!》)改为戏剧,却是我从劳伦斯的遗孀那里获得授权。很不幸,唐纳德对于这个改编的贡献还真没被低估哪怕一点点。在我看来,唐纳德·温德姆已经是一位早熟的、有天赋的散文-小说作家,不过他还没学会写那种演员可以自如地用在专业舞台上的对话,在舞台下的也没学会。"(引自一篇没发表的文章:"The Flowers of Friendship Fade the Flowers of Friendship," LLC.)

546　*N*,Spring 1979,p. 749.

546　在一封致《纽约时报》的狡猾去信中——回应威廉斯对罗伯特·布鲁斯坦书评的抱怨,温德姆写道:"第一份协议于1976年1月6日签订。这封信让他,如果他同意的话,把随信附上的初稿文件给他的律师,让他起草一份我们两人之间的协议。因为TW当天晚上来吃饭的时候就在这份草稿上签名了,说没必要让律师干预,我这才去找了一位律师准备第二份协议,让我们彼此之间没有法律纠纷。TW1976年2月17日回到纽约后就拿到了这第二份协议,就在餐馆里,当时他邀请我和他姐姐还有几位朋友一起聚餐。他是当着餐桌上五位客人的面看过了协议才签字的,还用笔加了一句,第一份协议上他也加了的。"(*New York Times*,Jan. 15,1978.)

546　Williams to Floria Lasky, Nov. 21, 1976, LLC.

546　"What makes a Windham?": *N*, Spring 1979, p. 749.

547　Robert Brustein, "The Perfect Friend," *New York Times*, Nov. 20, 1977.

547　Williams to Hillard Elkins, June 18, 1974, LLC.

547　"我认为,当JFK和奥斯瓦尔德·威廉斯在达拉斯被谋杀时,我们这个时代的恐慌和腐坏才第一次完全显现;那是红魔电池标志的升华。"威廉斯写信告诉巴恩斯。(Williams to Bill Barnes, Oct. 19, 1973, THNOC.)

547　*N*, Spring 1979, p. 739.

547　Tennessee Williams, *The Red Devil Battery Sign* (New York: New Directions, 1984), p. 25.

547　Ibid., p. 24.

548　Ibid., p. 38.

549　Herbert Kretzmer, "High Level Plot That Is Hatched in Hell," *London Daily Express*, June 9, 1977, cited in William Prosser, *The Late Plays of Tennessee Williams* (New York: Scarecrow Press, 2009), p. 145.

549　Williams, *Red Devil Battery Sign*, p. 90.

注 释

549　Ibid., p. 92.

549　Ibid., p. 84.

549　Williams to David Merrick, Nov. 3, 1973, LLC.

549　Williams to Bill Barnes, 无日期, THNOC.

550　例如，约翰·西蒙在他发表在《纽约》上的《失恋者》评论中写道："要说得最好听的话，就假定威廉斯在写完《青春甜蜜鸟》之后不久就去世了。"(Cited in Prosser, *Late Plays*, p. 157.)

550　Williams to David Merrick, Nov. 23, 1973, LLC.

550　Williams to Elia Kazan, Dec. 1973, LLC.

550　Howard Kissel, *David Merrick: The Abominable Showman* (New York: Applause Books, 1993), p. 426.

550　Ed Sherin, "A View from inside the Storm"（未发表）, ESC.

551　Tennessee Williams, "The Curious History of This Play and Plans for the Future," LLC.

551　Sherin, "View," ESC.

551　Ibid.

551　Williams to Lady St. Just, May 4, 1975, *FOA*, p. 326.

551　Sherin, "View," ESC.

551　Williams to Lady St. Just, Apr. 1975, *FOA*, p. 325.

551　Sherin, "View," ESC.

551　Prosser, *Late Plays*, p. vi.

551　Ibid.

551　Sherin, "View," ESC.

553　Ibid.

553　Williams memo, 无日期, LLC.

553　Kissel, *David Merrick*, p. 429.

553　Sherin, "View," ESC.

553　Kissel, *David Merrick*, p. 429.

553　Prosser, *Late Plays*, p. 144.

553　Ibid.

554　Ibid.

554　Williams to Bill Barnes，无日期，LLC。

554　*Leicester Mercury*，May 11，1978。

554　Williams to Walter Kerr，Mar. 10，1978，LLC。

554　Teddy Vaughn，*Washington Star*，Dec. 2，1979。

554　Tennessee Williams，"I Am Widely Regarded as the Ghost of a Writer，"*New York Times*，May 8，1977。大卫·马梅特在收录于《餐馆随笔》中的《田纳西·威廉斯的墓志铭》一文中写道："他的人生和人生观我们无法立刻领会，我们的感激变成一种遥远的尊敬，尊敬一位我们觉得应该——如果我们要保持对他的良好感觉——认为他已死去的人。"

554　Williams，interview by Dick Cavett，*The Dick Cavett Show*，May 16，1979。

554　Prosser，*Late Plays*，p. xvi。

554　Ibid。

555　*FOA*，p. 333。女主角和导演分别是露丝·布林克曼（Ruth Brinkmann）和弗朗兹·沙弗拉内克。"露丝激动得对着田纳西尖叫……弗朗兹跪下，为她的失态道歉。"

555　Peter Hall，*Peter Hall's Diaries: The Story of a Dramatic Battle*，ed. John Goodwin（London：Oberon Books，2000），p. 274。

555　JLI with Dotson Rader，2012，JLC。

555　Ibid。

555　Richard F. Leavitt，*The World of Tennessee Williams*（New York：G. P. Putnam's Sons，1978），p. x。

555　有幽灵出现的剧还包括《老屋》《停止了摇摆》《有点缥缈，有点清澈》《夏日旅馆的服装》《梅里韦瑟先生会从孟菲斯归来吗?》《粉白物质》。

556　Williams to Bill Barnes，Nov. 18，1974，THNOC。

556　Tennessee Williams，*Stopped Rocking and Other Screenplays*（New York：New Directions，1984），p. 382。

556　Ibid。

556　Ibid.，p. 377。

556　Ibid.，p. 384。

556　Williams，*Stopped Rocking*，p. 327。《停止了摇摆》一剧中充满罗丝·威廉斯的影子。剧中珍妮特被送去的州立精神病医院——法明顿就是罗丝住过

19 年的医院。威廉斯像剧中的奥拉夫一样,也总是日渐强烈地被自己的死亡感和日益冷酷的心深深困扰。

557 JLI with John Hancock, 2012, JLC.

557 Ibid.

557 Ibid.

557 Ibid.

557 Ibid.

558 Ibid.

558 Ibid.

558 Opening stage direction, original Ms. of *Vieux Carré*, Harvard.

558 Tennessee Williams, *Vieux Carré* (New York: New Directions, 1979), p. 5.

558 Ibid., p. 116.

559 Early draft of *Vieux Carré*, HRC; 对白后来出现在 Tennessee Williams, *The Magic Tower and Other One-Act Plays* (New York: New Directions, 2011), p. 236。

559 Donald Spoto, *The Kindness of Strangers: The Life of Tennessee Williams* (Boston: Little, Brown, 1985), p. 324.

559 Williams to Arthur Seidelman, May 1977, LLC.

559 Williams to Andrew Lyndon, May 22, 1977, LLC.

560 Walter Kerr, "A Touch of the Poet Isn't Enough to Sustain Williams's Latest Play," *New York Times*, May 22, 1977.

560 Brendan Gill, "Body Snatching," *The New Yorker*, Apr. 7, 1980.

560 Walter Kerr, "The Stage: 'Clothes for a Summer Hotel'; People Out of Books," *New York Times*, Mar. 27, 1980.

560 Tennessee Williams, *Clothes for a Summer Hotel: A Ghost Play* (New York: New Directions, 1983), p. 84.

561 Michiko Kakutani, "'Ghosts' of the Fitzgeralds Rehearsing under the Watchful Eye of Williams," *New York Times*, Jan. 8, 1980.

561 As quoted in Tennessee Williams, "In Masks Outrageous and Austere"(未发表), JLC.

561 Kakutani, "'Ghosts,'" Jan. 8, 1980.

561 Ibid. 沃尔特·克尔如此评论杰拉丹·佩姬扮演的泽尔达："她看起来像一只经历过碎纸机的流浪飞蛾，只有粉色芭蕾舞鞋还算安然无恙。"（*New York Times*, Mar. 27, 1980.）

561 Williams, *Clothes for a Summer Hotel*, p. 9.

561 Ibid., p. 11.

561 Charles E. Shain, *F. Scott Fitzgerald* (St Paul: University of Minnesota Press, 1961), p. 31.

562 Williams, *Clothes for a Summer Hotel*, p. 50.

562 Ibid., p. 12.

562 Ibid., p. 48.

563 Ibid., p. 77.

563 在《特里果林的笔记本》——威廉斯对契诃夫《海鸥》的自由改编，位于温哥华的不列颠哥伦比亚大学委托定制，1981年在那儿演出——这出戏中，威廉斯继续他对自我毁灭和为了艺术利用他人的思考。如题所示，这个著名的特里果林创造了一个写作神话——"作家是疯子，保外释放的疯子"——这话证明艺术家气质中自鸣得意的残酷性。[Williams, *The Notebook of Trigorin* (New York: New Directions, 1997), p. 45.]他用自己的文学声誉引诱和背叛年轻而有抱负的演员妮娜。特里果林着了魔一样对写作的渴求让他榨干了他的经历的全部意义。特里果林不了解自己的残酷；威廉斯了解。该剧上演那年，威廉斯接受斯塔兹·特克尔的采访。对方在以下交谈（从录音转录）中界定了他的天赋：

> 特克尔：抒情大师，诗人，短篇小说家、剧作家。
> 威廉斯：剧作家，是的。可以说混蛋吗？
> 特克尔（笑）：那也是一门艺术啊，是吧？
> 威廉斯：入了娱乐圈，你就能学会的。

563 Williams, *Clothes for a Summer Hotel*, pp. 67-68.

564 Ibid., p. 77.

564 JLI with Dotson Rader, 2011, JLC.

564　Ibid.

566　Dotson Rader, *Tennessee: Cry of the Heart* (Garden City, N. Y.: Doubleday, 1985), p. 333.

566　Dotson Rader to John Lahr, Sept. 8, 2012, JLC.

566　Rader, *Tennessee*, p. 336.

566　Jack Kroll, "Slender Is the Night," *Newsweek*, Apr. 7, 1980.

566　Clive Barnes, "'Clothes' Needs Some Tailoring," *New York Post*, Mar. 27, 1980.

567　John Simon, "Damsels Inducing Distress," *New York*, Apr. 7, 1980.

567　Robert Brustein, "Advice for Broadway," *New Republic*, May 3, 1980.

567　Rex Reed, *New York Daily News*, Mar. 27, 1980.

567　Williams to Elia Kazan, July 5, 1980, Harvard.

567　Bruce Smith, *Costly Performances: Tennessee Williams: The Last Stage: A Personal Memoir* (St. Paul, Minn.: Paragon House, 1990), p. 158.

567　Earl Wilson, 1980, LLC.

567　威廉斯接替了因雕塑家亚历山大·考尔德之死而空出的第19号席位。

567　Elia Kazan, Kennedy Center Honors speech, 1979, WUCA.

567　President Jimmy Carter, "Presidential Medal of Freedom Remarks at the Presentation Ceremony," Jan. 9, 1980, The American Presidency Project, www. presidency. ucsb. edu/ws/?pid = 45389fiaxzz2ikgS3SEj.

568　Williams to Mitch Douglas, Apr. 14, 1980, LLC. "让我恶心、震惊到难以言表!"威廉斯给克里斯托弗·伊舍伍德和唐·贝查迪写信谈评论界对《服装》一剧的接受情况。(Williams to Christopher Isherwood and Don Bachardy, Mar. 29, 1979, LLC.)

568　JLI with Mitch Douglas, 2012, JLC.

568　Ibid.

568　Ibid.

568　Ibid.

569　Michiko Kakutani, "Tennessee Williams: 'I Keep Writing. Sometimes I Am Pleased,'" *New York Times*, Sept. 23, 1981.

569　Williams to Mitch Douglas, 无日期, Harvard.

569　Mitch Douglas to Williams, July 27, 1981, Harvard.

569　Ibid.

571　Williams to Mitch Douglas, Aug. 1981, LLC. 在同一封信中，威廉斯还写道："米奇，我在给自己的事儿收尾，没什么遗憾。我的意思是职业人生……我喜欢你，仰慕你，尊重你。但是我的人生已经到了一个你没必要来掺和的阶段。"

571　Williams to Milton Goldman, Dec. 18, 1981, LLC.

571　Ibid.

571　Harold Clurman, "Theatre," *Nation*, Apr. 19, 1980.

571　Williams to Oliver Evans, Jan. 12, 1981, Harvard.

571　Williams to Elia Kazan, July 5, 1980, Harvard.

571　JLI with Mitch Douglas, 2012, JLC.

571　*N*, Spring 1979, p. 739.

572　Williams to Oliver Evans, Jan. 12, 1981, Harvard.

572　Frank Rich, "Play: Adapted Memoirs of Tennessee Williams," *New York Times*, Sept. 11, 1981.

572　Tennessee Williams, *A House Not Meant to Stand* (New York: New Directions, 2008), p. 100.

572　Williams to Truman Capote, July 2, 1978, LLC.

573　*CWTW*, p. 341.

573　Tennessee Williams, *A House Not Meant to Stand: A Gothic Comedy* (New York: New Directions, 2008), p. 3.

573　Ibid.

573　Ibid.

573　Ibid.

573　Ibid.

573　William Butler Yeats, *The Collected Works of W. B. Yeats*, vol. 1: *The Poems*, rev. 2nd ed. (New York: Simon & Schuster, 2010), p. 187.

573　Williams, *House Not Meant to Stand*, p. 48.

575　Ibid., p. 35.

575　*NSE*, p. 93.

575　Williams, *House Not Meant to Stand*, p. 22.

575　Ibid., p. 7.

575　Williams to Edwina Williams, Mar. 3, 1972, LLC.

576　Williams, *House Not Meant to Stand*, p. 18.

576　Ibid., p. 17.

576　*M*, p. 116.

577　Williams, *House Not Meant to Stand*, p. 21.

577　Thomas Keith, "Introduction: A Mississippi Fun House," in ibid., p. xxi.

577　Williams, *House Not Meant to Stand*, p. 35.

577　Ibid., p. 6.

577　Ibid., p. 72.

577　Ibid., p. 71.

578　LOA1, p. 465.

578　Williams, *House Not Meant to Stand*, p. 82.

578　Ibid., p. 85.

578　Ibid.

578　Ibid., p. 86.

578　LOA1, p. 401.

578　Williams, *House Not Meant to Stand*, p. 86.

578　Ibid.

579　*N*, Nov. 24, 1981, p. 764.

579　Gerald Clarke, "Show Business: Sweating It out in Miami," *Time*, June 28, 1982.

579　Primus V, "Blessed Unexpectedly," *Harvard Magazine*, Jan. —Feb. 2013.

580　Spoto, *Kindness*, p. 363.

580　LLI with John Uecker, 1985, LLC.

580　Ibid.

580　Williams to Kate Moldawer, May 31, 1982, LLC.

580　Peter Hoffman, "The Last Days of Tennessee Williams," *New York*, July 25, 1983.

580　LLI with John Uecker, 1983, LLC.

580 "问他是否知道我会怎么处理这样一个废墟一样的房子。至少今年夏天。如果我真的回来（不太可能），我会和一个小个子、热心肠的西西里人一起。"威廉斯写信告诉莫道尔。（Williams to Kate Moldawer, May 31, 1982, LLC.）

580 Rader, *Tennessee*, p. 339.

580 Ibid.

582 Williams on James Laughlin, Jan. 1983, LLC.

582 Ibid.

582 JLI with Dotson Rader, 2011, JLC.

582 *RBAW*, p. 325.

582 *N*, p. 729.

第十章：突如其来的地铁

583 除非另作说明，本章材料均来自约翰·拉尔发表在 1994 年 12 月 19 日《纽约客》上的文章《圣贾斯特夫人与田纳西》。

583 James Laughlin, "Tennessee," in James Laughlin, Peter Glassgold, and Elizabeth Harper, *New Directions 47: An International Anthology of Poetry and Prose* (New York: New Directions, 1983), p. 180.

583 JLI with John Uecker, 2010, JLC.

583 Office of the Chief Medical Examiner, Report of Death, Case M83-1568.

583 *CP*, "Cried the Fox," pp. 6-7.

584 LLI with John Uecker, 2010, JLC.

584 Tennessee Williams, *The One Exception*, Jan. 1983, LLC.

584 Ibid.

584 Ibid.

584 Ibid.

584 Ibid.

584 JLI with John Uecker, 2010, JLC.

584 Ibid.

584 Ibid.

584　Ibid.

585　JLI with John Uecker，2010，JLC.

585　LLI with John Uecker，1985，LLC.

585　JLI with John Uecker，2010，JLC.

585　LOA1，p. 419.

585　JLI with John Uecker，2010，JLC.

585　Ibid.

585　LLI with John Uecker，1983，LLC.

586　JLI with John Uecker，2010，JLC.

586　JLI with John Uecker，2011，JLC.

586　JLI with John Uecker，2010，JLC.

586　托马斯·查特顿诗集《艾拉》（Aella）中有一首《游吟诗人之歌》，诗歌最后几行写道："戴着芦苇冠冕的水女巫/带我去你致命的潮汐/我死了！我来了！我的真爱在等待……/女孩说完这些就死了。"

587　JLI with John Uecker，2011，JLC.

587　JLI with John Uecker，2010，JLC.

587　Suzanne Daley, "Williams Choked on a Bottle Cap: No Evidence of Foul Play Seen by the Medical Examiner," New York Times, Feb. 27, 1983.

587　Michael M. Baden with Judith Adler Hennessee, Unnatural Death: Confessions of a Medical Examiner (New York: Ballantine, 2005), p. 73.

588　Daley, "Williams Choked on a Bottle Cap."

588　Ibid.

588　Philip Shenon, "Broad Deterioration in Coroner's Office Charged," New York Times, Jan. 30, 1985.

588　LLI with John Uecker，1984，LLC.

588　毒理学实验室的分析报告显示，威廉斯尸体中有分解的司可巴比妥。血液中含量 1.8 mg%，大脑中含量 2.6 mg%，胃里含量 96 mg/85 ml，肝里含量 5.5 mg%，肾里含量 3.7%，尿里含量 0.4%。报告由弥尔顿·雷萨·巴斯托斯医生于 1983 年 4 月 6 日签发。(Copy of report，LLC.)

588　Letter from Elia Kazan，Mar. 25，1983，LLC.

588　Ibid.

589　Michiko Kakutani, "The Legacy of Tennessee Williams," *New York Times*, Mar. 6, 1983.

589　"Williams Dies Alone in Midtown Hotel: Literary, Theater Greats Mourn a Towering Talent," *New York Post*, Feb. 26, 1983.

589　Peter Hoffman, "The Last Days of Tennessee Williams," *New York*, July 25, 1983, p. 41.

589　Sara Rimer, "Fans Give Williams Last Review," *Miami Herald*, Mar. 3, 1983.

589　*Tennessee Williams' South*, DVD, directed by Harry Rasky (Canadian Broadcasting Corporation, 1972).

590　David Richards, "The Long Shadow of Tennessee," *Washington Post*, Mar. 15, 1983.

590　Ibid.

590　Hoffman, "Last Days of Tennessee Williams," p. 42.

590　Margaria Fichtner, "Another Williams: Dakin for President," *Miami Herald*, June 9, 1983.

590　*New Orleans Times-Picayune*, Mar. 6, 1983.

590　JLI with Dotson Rader, 2011, JLC.

591　威廉斯研究专家罗伯特·布雷认识并采访过戴金，他回忆起戴金讲过其他利用威廉斯的如意算盘："戴金想把威廉斯从圣路易斯的墓地里挖出来，送去新奥尔良安葬，在那里建一个田纳西·威廉斯主题公园。他说：'你知道，我们可以让布里克在公园内撑着拐杖到处走，让阿曼达拿着黄水仙四处漫步，让香农找酒喝。'"（JLI with Robert Bray, 2012, JLC.）

591　*CWTW*, p. 180.

591　Lahr, "Lady and Tennessee," p. 88.

591　Maria St. Just died February 15, 1994.

591　Lahr, "Lady and Tennessee," p. 88.

591　Ibid.

592　*M*, p. 149.

- 592 Ibid.
- 592 Ibid., p. 215.
- 592 Lahr, "Lady and Tennessee," p. 86.
- 592 Ibid.
- 592 Ibid.
- 592 Ibid., p. 96.
- 593 Ibid.
- 593 Ibid.
- 593 Ibid.
- 593 Ibid.
- 593 Ibid., p. 92.
- 593 Ibid., p. 88.
- 594 Ibid.
- 594 埃德温娜在生前获得《玻璃动物园》50%的版税,死后归还给威廉斯。梅洛也得到《玫瑰文身》的部分版税。让威廉斯恼火的是,梅洛死后,他家人没有把这份版税签字返还给威廉斯。
- 594 莎士比亚的临终遗言(1616)里包含这样的约定:"物品类,我第二好的床连同家具留给妻子。"
- 594 Lahr, "Lady and Tennessee," p. 86.
- 594 Ibid.
- 595 Ibid., p. 92.
- 595 Ibid.
- 595 Ibid., p. 90.
- 595 Ibid.
- 595 Ibid., p. 86.
- 596 Ibid., p. 92.
- 596 Ibid.
- 596 Ibid., p. 88.
- 596 Ibid., p. 89.
- 596 Ibid., p. 96.

597　Lady St. Just to Ed Sherin, Mar. 27, 1983, ESC.

597　Lahr, "Lady and Tennessee," p. 93.

597　Ibid., p. 89.

597　Ibid., p. 95.

597　Ibid., p. 94.

598　bid., p. 89.

598　Ibid.

598　A. Scott Berg, Judith Thurman, Virginia Spencer Carr, John Lahr.

598　Lahr, "Lady and Tennessee," p. 89.

598　Ibid.

598　Ibid.

598　Ibid., p. 90.

599　Ibid.

599　Ibid.

599　Ibid., p. 91.

600　Ibid.

600　Ibid.

600　Ibid.

600　Ibid.

600　Ibid.

600　Ibid.

600　Ibid.

601　导演、戏剧教授威廉·普罗瑟1991年编辑的《田纳西·威廉斯晚期剧作集》（*The Late Plays of Tennessee Williams*）也因为圣贾斯特的授意而被搁置。该书在他逝世后的2009年出版。

601　这些数字由南方大学——威廉斯版权所有者——提供并确认。

601　*CP*, "Part of a Hero," p. 34.

601　LOA1, p. 563.

601　Ibid., p. 529.

601　Ibid., p. 465.

601	LOA1, p. 797.
601	Gilbert Maxwell, *Tennessee Williams and Friends: An Informal Biography* (Cleveland: World Publishing, 1965), p. 20.
602	Williams to Jessica Tandy, 无日期, as quoted in Mike Steen, *A Look at Tennessee Williams* (New York: Hawthorn Books, 1969), p. 181.
602	Lahr, "Lady and Tennessee," p. 91.
602	*NSE*, p. 188.

TENNESSEE WILLIAMS: Mad Pilgrimage of the Flesh
by John Lahr
Copyright © 2014 by John Lahr
Published by arrangement with Georges Borchardt, Inc.
through Bardon-Chinese Media Agency
Simplified Chinese translation copyright © (2024)
by Nanjing University Press Co., Ltd.
ALL RIGHTS RESERVED

江苏省版权局著作权合同登记　图字：10-2019-455

图书在版编目(CIP)数据

身体的疯狂朝圣：田纳西·威廉斯传/(美)约翰·拉尔著；张敏，凌建娥译. —南京：南京大学出版社，2024.4
　书名原文：Tennessee Williams：Mad Pilgrimage of the Flesh
　ISBN 978-7-305-26926-4

Ⅰ.①身… Ⅱ.①约… ②张… ③凌… Ⅲ.①威廉斯(Williams, Tennessee 1914-1983)—传记 Ⅳ.①K837.125.78

中国国家版本馆CIP数据核字(2023)第088145号

出版发行	南京大学出版社
社　　址	南京市汉口路22号　邮　编 210093

SHENTI DE FENGKUANG CHAOSHENG: TIANNAXI WEILIANSI ZHUAN

书　　名	身体的疯狂朝圣：田纳西·威廉斯传
著　　者	[美]约翰·拉尔
译　　者	张　敏　凌建娥
责任编辑	付　裕　　　编辑热线(025)83597520
照　　排	南京紫藤制版印务中心
印　　刷	江苏苏中印刷有限公司
开　　本	880mm×1230mm　1/32　印张26.375　字数661千
版　　次	2024年4月第1版　2024年4月第1次印刷
ISBN	978-7-305-26926-4
定　　价	136.00元

网　　址：http://www.njupco.com
官方微博：http://weibo.com/njupco
官方微信：njupress
销售咨询热线：(025)83594756

* 版权所有，侵权必究
* 凡购买南大版图书，如有印装质量问题，请与所购图书销售部门联系调换